U0511219

国家出版基金项目
NATIONAL PUBLICATION FOUNDATION
"十四五"国家重点图书
出 版 规 划 项 目

中国语言资源保护工程

# 中国濒危语言志 编委会

## 总主编

曹志耘

## 主 编

王莉宁

## 委 员（音序）

沈 明 邢向东 赵日新 庄初升

**本书执行编委 赵日新**

中国濒危语言志

汉语方言系列

总主编　曹志耘

主编　王莉宁

# 重庆潼南湘语

孙红举　著

创于1897
The Commercial Press
商务印书馆
The Commercial Press

**图书在版编目（CIP）数据**

重庆潼南湘语/孙红举著. --北京：商务印书馆，
2024. --（中国濒危语言志）. --ISBN 978-7-100
-24481-7

Ⅰ. H174

中国国家版本馆CIP数据核字第2024XB7435号

权利保留，侵权必究。

**重庆潼南湘语**

孙红举　著

出版发行：商务印书馆
地　　址：北京王府井大街36号
邮政编码：100710

印　　刷：北京雅昌艺术印刷有限公司

开　　本：787×1092　1/16　　印　　张：23¼
版　　次：2024年12月第1版　　印　　次：2024年12月北京第1次印刷
书　　号：ISBN 978-7-100-24481-7

定　　价：228.00元

潼南区龙形镇地形地貌　龙形镇池坝村 /2018.04.17/ 孙红举 摄

潼南区龙形镇村貌　龙形镇池坝村 /2018.05.07/ 孙红举 摄

调查工作现场　龙形镇池坝村 /2021.08.24/ 周永生　摄

潼南区龙形镇农民在收稻子　龙形镇池坝村 /2021.08.20/ 孙红举　摄

序

2022年2月16日，智利火地岛上最后一位会说Yagán语的老人，93岁的Cristina Calderón去世了。她的女儿Lidia González Calderón说："随着她的离去，我们民族文化记忆的重要组成部分也消失了。"近几十年来，在全球范围内，语言濒危现象正日趋普遍和严重，语言保护也已成为世界性的课题。

中国是一个语言资源大国，在现代化的进程中，也同样面临少数民族语言和汉语方言逐渐衰亡、传统语言文化快速流失的问题。根据我们对《中国的语言》（孙宏开、胡增益、黄行主编，商务印书馆，2007年）一书的统计，在该书收录的129种语言当中，有64种使用人口在10000人以下，有24种使用人口在1000人以下，有11种使用人口不足百人。而根据"语保工程"的调查，近几年中至少又有3种语言降入使用人口不足百人语言之列。汉语方言尽管使用人数众多，但许多小方言、方言岛也在迅速衰亡。即使是那些还在使用的大方言，其语言结构和表达功能也已大大萎缩，或多或少都变成"残缺"的语言了。

冥冥之中，我们成了见证历史的人。

然而，作为语言学工作者，绝不应该坐观潮起潮落。事实上，联合国教科文组织早在1993年就确定当年为"抢救濒危语言年"，同时启动"世界濒危语言计划"，连续发布"全球濒危语言地图"。联合国则把2019年定为"国际土著语言年"，接着又把2022—2032年确定为"国际土著语言十年"，持续倡导开展语言保护全球行动。三十多年来，国际上先后成立了上百个抢救濒危语言的机构和基金会，各种规模和形式的濒危语言抢救保护项目在世界各地以及网络上展开。我国学者在20世纪90年代已开始关注濒危语言问题，自21世纪初以来，开展了多项濒危语言方言调查研究课题，出版了一系列重要成果，例如孙宏开先生主持的"中国新发现语言研究丛书"、张振兴先生等主持的"汉语濒危方言调查研究丛书"、鲍厚星先生主持的"濒危汉语方言研究丛书（湖南卷）"等。

自2011年以来，党和政府在多个重要文件中先后做出了"科学保护各民族语言文字"、

"保护传承方言文化"、"加强少数民族语言文字和经典文献的保护和传播"、"科学保护方言和少数民族语言文字"等指示。为了全面、及时抢救保存中国语言方言资源,教育部、国家语委于2015年启动了规模宏大的"中国语言资源保护工程",专门设立了濒危语言方言调查项目,迄今已调查106个濒危语言点和138个濒危汉语方言点。对于濒危语言方言点,除了一般调查点的基本调查内容以外,还要求对该语言或方言进行全面系统的调查,并编写濒危语言志书稿。随着工程的实施,语保工作者奔赴全国各地,帕米尔高原、喜马拉雅山区、藏彝走廊、滇缅边境、黑龙江畔、海南丛林等地都留下了他们的足迹和身影。一批批鲜活的田野调查语料、音视频数据和口头文化资源汇聚到中国语言资源库,一些从未被记录过的语言、方言在即将消亡前留下了它们的声音。

为了更好地利用这些珍贵的语言文化遗产,在教育部语言文字信息管理司的领导下,商务印书馆和中国语言资源保护研究中心组织申报了国家出版基金项目"中国濒危语言志",并有幸获得批准。该项目计划按统一规格、以EP同步的方式编写出版50卷志书,其中少数民族语言30卷,汉语方言20卷(第一批30卷已于2019年出版,并荣获第五届中国出版政府奖图书奖提名奖)。自项目启动以来,教育部语言文字信息管理司领导高度重视,亲自指导志书的编写出版工作,各位主编、执行编委以及北京语言大学、中国传媒大学的工作人员认真负责,严格把关,付出了大量心血,商务印书馆则配备了精兵强将以确保出版水准。这套丛书可以说是政府、学术界和出版社三方紧密合作的结果。在投入这么多资源、付出这么大努力之后,我们有理由期待一套传世精品的出现。

当然,艰辛和困难一言难尽,不足和遗憾也在所难免。让我们感到欣慰的是,在这些语言方言即将隐入历史深处的时候,我们赶到了它们身边,倾听它们的声音,记录它们的风采。我们已经尽了最大的努力,让时间去检验吧。

曹志耘

2024年3月11日

# 目录

第一章 导论

# 第一节

# 调查点概况

　　潼南区位于涪江下游、重庆市西北部，地处东经105°31′41″—106°00′20″、北纬29°47′33″—30°26′28″之间。东接重庆市合川区、铜梁区，南临重庆市大足区，西连四川省资阳市安岳县、遂宁市安居区和船山区，北与四川省遂宁市蓬溪县、广安市武胜县相邻。距重庆市主城区约110公里，其东西宽47公里，南北长72公里，总面积1583平方公里。

　　潼南区历史悠久，公元373年建制设县，为潼南境内置县之始。1912年，设东安县。1914年，东安县因地处潼川府之南更名为潼南县，潼南正式得名。1950年，隶川北行署遂宁专区。1952年，隶四川省遂宁专区。1958年，隶绵阳专区。1976年，改隶江津地区。1981年，隶永川地区。1983年，开始隶属重庆市。2015年，潼南撤县设区。

　　截至2021年年底，潼南区下辖3个街道（桂林、梓潼、大佛）、20个镇（上和、龙形、古溪、宝龙、玉溪、米心、群力、双江、花岩、柏梓、崇龛、塘坝、新胜、太安、小渡、卧佛、五桂、田家、别口、寿桥），户籍总人口94.6万人，常住人口69.04万人[①]。

　　龙形镇是潼南湘语的主要所在地，当地俗称"茶店子"，位于潼南区东北部，是潼南的"东北门户"。东与合川区龙凤镇接壤，南临上和镇，西接桂林街道和群力镇，北与古溪镇相邻。镇政府距潼南城区8公里，距潼南火车站4公里，区域总面积80.36平方公里。

　　1920年，周姓人在当地设店卖茶，始称茶店。1925年，始名茶店乡。1950年，区域内设茶店乡、太平乡。1952年，析茶店乡、檬子乡置民主乡。1956年，撤销民主乡，划归茶店乡。1958年，相应地区更名为茶店公社、太平公社。1961年，复置民主公社。1967年，

---

① 人口数据源于重庆市潼南区统计局和国家统计局潼南调查队2022年3月21日发布的《2021年潼南区国民经济和社会发展统计公报》，参见http://www.cqtn.gov.cn/zjtn/tjgb/202206/t20220610_10801365.html。

太平公社更名为战旗公社。1981年，茶店公社因地形似龙形而更名为龙形公社，战旗公社更名为檬子公社。1983年，改称龙形乡、檬子乡。1993年年底，原龙形乡、民主乡合并为龙形镇。2006年，原龙形镇、檬子乡合并为现龙形镇。镇政府驻地在鹅形社区月亮街。截至2018年12月，下辖4个社区（鹅形、檬荗、大安、水口）、8个行政村（高桥、红岩、经堂、池坝、龙形、洪兴、高楼、丁坝），95个村民小组，户籍人口4万余人[1]。2020年末，常住人口1.8万余人[2]。

潼南区有世界第一室内金佛、"历史文化名镇"双江古镇、崇龛陈抟故里花海景区、西南最长人工运河、西南地区保存最完好的清代民居建筑群等名胜古迹。太安鱼、狮舞、车车灯[3]是重庆市级非物质文化遗产。龙形镇境内的龙多山是风景旅游名山，山上有自唐宋以来的题赋石刻、摩崖造像，有"龙多八景"等景观。

① 国家统计局农村社会经济调查司 2020《中国县域统计年鉴（乡镇卷）—2019》，北京：中国统计出版社。

② 重庆市潼南区统计局、重庆市潼南区人民政府第七次全国人口普查领导小组办公室《重庆市潼南区第七次全国人口普查公报（第二号）》[EB/OL]，2021年6月21日。

③ 有些地方又叫"逗幺妹""跑旱船""小车舞"，是一种传统民俗舞蹈。"车车灯"是用竹竿、彩绸、纸花制作装饰成的一种独轮车，小车周围用布围裹，两侧绘有车轮图案。表演者通常有3人或7人，表演方式主要是唱跳结合。

# 第二节

# 潼南湘语概况

潼南湘语主要分布在龙形镇，相邻的古溪镇廖家村（原属飞跃镇）、龙滩村和玉溪镇长沟村等地也有部分分布。潼南湘语在龙形当地俗称"茶店话""茶店子话""土话""辰州话"，潼南县城所说的话叫作"河对门的话"（潼南区原驻地在涪江的另一边，同龙形镇隔着大河涪江）。潼南今会说[①]湘语的人口约4万人，其中龙形镇约3万人，古溪镇和玉溪镇共约1万人。本书以龙形镇的湘语为调查对象，文中所称"潼南湘语"实际指龙形湘语，"潼南话"或"县城话"指潼南县城所说的西南官话。

潼南湘语分布的中心区域在经堂村、池坝村、檬茨社区、水口社区、高楼村。村子或社区离镇政府越近，受潼南话的影响就越大，自身所保留的湘语特点也就越少，会说地道湘语的人也就越少。我们的调查点经堂村和池坝村处于潼南湘语的腹地。

根据陈晖（2006）和彭建国（2010）等，潼南湘语不仅保留着湘语的一些典型语音特征，还有一些较有特点的词汇，使其与周围方言明显不同。语音方面，古全浊声母舒声韵字今逢塞音、塞擦音时多读不送气清音，如"祠"[tsɿ³¹]、"齐"[tɕi³¹]、"钱"[tɕiɛn³¹]、"锄"[tsɤɯ³¹]、"袍"[pɑɯ³¹]、"字"[tsɿ³⁵]、"抱"[pɑɯ³⁵/pɑɯ²¹⁴]、"暴"[pɑɯ²¹⁴]；古全浊声母入声字今逢塞音、塞擦音时则多读送气清音，如"拔"[pʰa³¹]、"截"[tɕʰiɛ³¹]、"辙"[tsʰɛ³¹]、"泽"[tsʰɛ³¹]、"弼"[pʰi³¹]。词汇上，他说"底="[ti⁴⁵³]、吃说"吃"[tɕʰia³⁵]、什么说"么个"[mu⁴⁵ko⁴²]、这里说"箇里"[ko⁴⁵li⁵⁵]、那里说"没=里"[mɛi³⁵li⁵⁵]、玩说"咍"[xai³⁵]、没有说"冇"[mɑɯ³⁵]、晚上说"夜［时候］"[ia³⁵sɤɯ³¹]。语法方面，人称代词复数标记用"之="[tsɿ³⁵]，我们说"我之="[ŋo⁴⁵tsɿ⁵⁵]、他们说"底=之="[ti⁴⁵tsɿ⁵⁵]；

---

[①] "会说"并非指讲得很好，实际上很多人只是会说一些有代表性的当地方音或方言词语而已。

用"嘎"[ka⁴⁵³]作完成体助词，吃了饭了说"吃嘎饭了"[tɕʰia³⁵ka⁴⁵fan³⁵liɑɯ⁴²]等。

湘语传入重庆，是湖南湘语区居民在明清时期"湖广填四川"的移民运动中徙居重庆造成的，这在川渝各地的方志和民间所藏族谱中均有记载。据崔荣昌《四川湘语记略》，来自湘语区的居民在重庆主要迁徙到了永川、合川、垫江、万州、开州、梁平、荣昌、潼南等地。

据当地族谱记载，讲潼南湘语的先民主要是明末清初从湖广地区迁徙而来的。据《陈氏家谱》记载，龙形镇陈氏先民在清康熙三十五年（1696年）从湖广省长沙府靖州天柱县白马溪，渡马场度暮寨（现贵州省天柱县渡马镇龙盘村）奉旨入川。龙形镇《周氏族谱》所载道光二十二年（1842年）"旧谱序"："越考前宋吾祖祥光公，实隶籍江西吉安府太和县，至明存一公，始业于湖南沅州府黔阳县太平乡老水溪，后又分移石保乡第二图，土名铜湾，居老龙口。"而光绪二十五年（1899年）"续修源流序"载其先祖先是从江西吉安府迁至湖南永州府、宝庆府等地，后"惟于康熙三十六七两年，奉诏填蜀，迁潼川府蓬溪县东八甲，号为入川始祖者试细详之"。当时的落叶地有龙形地、学堂湾、舒家坨、冷家屋基、土墙湾、大池坝、史家沟、玉咀钟家坨、长五间老龙、长冲坨、蒋家潭、孟家寺①等处。《周氏族谱》两处所载，周姓的先民均来自湖南，但来源地有所不同。当地话被称作"辰州话"应该与所载先民源于沅州府黔阳县有关，该地在明清时期隶属辰州府。

---

① 这些均为龙形当地行政村下面的小地名，不少今天仍在使用。

# 第三节

# 潼南湘语使用现状

　　潼南湘语一直处于西南官话的包围之中，随着当地交通状况的改善，随着当地因各种原因外出人口的日益增多，随着城市一体化的发展，尤其是随着人们受教育程度的提高，潼南湘语的话语面貌，无论是语音、词汇还是语法，都在越来越多地受到潼南话和普通话的影响。很多湘语的语音特点正在消失，如古全浊声母舒声韵平声字今逢塞音和塞擦音时读不送气清音这个特征所管辖的字越来越少；不少方言词汇正在被西南官话的词汇所替代，如人们开始转用"耍玩"[sua⁴⁵³]、"嘿＝很"[xɛ⁴⁵³]、"一点儿"[i³³tiɛʳ⁴²] 等，而少用或不用"哈玩"[xai³⁵]、"很"[xɛn⁴⁵³]、"一颗儿＝一点儿"[i³³kʰo⁴⁵ɚ³¹] 等；语法方面，有些语法特点也在向西南官话靠拢，如年轻人的完成体助词不再使用"嘎"[ka⁴⁵³]、否定词不再使用"冇"[mɑɯ³⁵]，而分别转用"了"[liɑɯ⁴⁵³]和"不"[pu³¹] 等。

　　龙形镇人认为当地的湘语相对于潼南其他地方的话语来说发音特殊、用词较怪，不好听，且听起来很土。潼南湘语目前的使用主体是四十岁以上的人，他们在乡村中同家庭内部成员（年龄较大的成员）和邻居交流时还会不自觉地运用湘语，但当他们去镇上赶集或同外地人交流时，则都用潼南话，属于双方言制。二十岁到四十岁的人，基本能听得懂，也会说一点湘语，但由于平时基本都在外面（龙形镇以外）生活、工作，不具备说湘语的条件，只有逢年过节，他们回到龙形镇时才能说一点，但使用潼南湘语交流时也经常夹带着龙形镇以外的话语。至于那些正在读书的中小学生或大学生，很多人已经不会说，甚至听不懂湘语，很多时候他们在心理上觉得湘语太土，也不愿意主动去学当地的话语。

　　随着潼南县城经济的发展，城市的区域范围和影响力正日益向其紧邻的龙形镇扩张。成渝动车在潼南的停靠点"潼南站"就设在离龙形镇政府驻地只有4公里的地方，由县城到龙多山下的公路于2019年正式贯通，潼南发展规划中的民用机场也将修在龙形镇内。可以说，随着交通的日渐便利，龙形当地与外界的交流将变得更加频繁，这虽然在很大程度上极大地方便了人们的出行，提高了人们的生活质量，但是从方言传承的角度来看，潼南湘语的使用空间却在变得越来越小，当地人使用湘语的机会也将变得越来越少，潼南湘语由濒危走向消亡的命运似难以避免。

# 第四节

# 研究现状

据崔荣昌（1987），川渝地区有三大汉语方言：西南官话、客家话和湘语。虽然湘语是川渝境内留存较久、规模较大的外来移民方言之一，但学界对川渝境内湘语的研究起步较晚，成果相对较少，研究的范围和深度远远比不上西南官话。前人时贤的相关研究，总体来看，语音方面的研究成果多于词汇和语法。

## 一 四川境内湘语研究

### （一）四川境内湘语来源考察和地理分布

崔荣昌较早把目光投向四川境内的湘语，研究成果主要收入《四川境内的湘方言》（1996a）中。《四川方言的形成》（1985）指出四川有官话、客家话、湘语三大方言，并论述了它们各自的来源、分布和特点。《四川湘语记略》（1993）梳理了四川境内湘语的不同种类，如"老湖广、辰州腔、安化腔、永州腔、靖州腔、长沙话、麻阳话"等，将其概括为老派湘语、新派湘语和川派湘语三大类，考察了它们的源流、地域分布和语音特点。这些论述通过田野调查，并结合家谱、族谱、宗谱和地方志等资料，确定了川渝境内湘语的地理分布状况，为进一步深入研究提供了极为重要的线索，并奠定了良好的研究基础。

### （二）四川境内湘语语音研究

1. 单点湘语语音情况的考察

这些成果一般对四川境内湘语点的声韵调进行系统描写，并结合与中古音的对比情况，揭示调查点湘语语音方面的特点。崔荣昌和李锡梅《四川境内的"老湖广话"》（1986），崔荣昌《四川乐至县"靖州腔"音系》（1988）、《四川达县"长沙话"记略》（1989）和彭金祥《达县安仁长沙话调查记要》（2005）分别考察和描写了中江等地的"老湖广话"、乐至县"靖州腔"、达县"长沙话"等新派湘语的语音面貌、地理分布和来源等。左福光《四川省宜宾王场方言记略》(1995)、曾晓舸《四川岳池顾县话的音系》(2000)、杨荣华《四川安岳"辰州话"记略》(2007)分别描写了宜宾王场话、四川岳池顾县话、安岳"辰州话"等湘语方言岛的语音面貌。陈荣泽《宜宾(白花镇)方音研究》(2006)描写了宜宾白花镇方言的语音系统和同音字汇,并同中古音进行了对比,并综合方言的特征和历史来源将当地方言归入崔荣昌(1993)所划分的"川派湘语"。曾晓舸《南充方言研究》(2009)描写了南充市新湘语长乐话和老湘语新城话的声韵调系统、语音特点、同音字表以及与普通话音系的异同。

还有些研究成果主要探讨了单点湘语的某一音韵特征或语音特点。张一舟《从中兴话古全浊声母字的读音看全浊声母的演变》(1987)对古全浊声母在四川中江中兴话中的演变情况进行了研究,认为古全浊声母的清化跟全浊字声母的发音方法、声调的平仄、使用频率等有关。何大安《方言接触与语言层次——以达县长沙话三类去声为例》(1990)从方言接触的角度论述了达县长沙话中三类去声中叠置的四个语音层次:入湘前的赣语层、在湘期间的湘语白话层和湘语文读层、入川后的西南官话层。郑伟《达县安仁乡"长沙话"帮系、知系声母与中古音之比较》(2008)将安仁"长沙话"的帮系、知系声母与中古音进行了比较。饶冬梅《四川中江话非晓组字演化分析》(2015b)认为,中江话中"独特的f/x混读现象是由于历史上的湖广移民尤其是湖南湘语所形成的方言植入性特征"。

2. 湘语语音情况的对比研究

韩子京《四川营山县"安化腔"与其祖籍方言音系的对比研究》(1999)和《四川石湾话和湖南温塘话声调比较——一种方言从原籍到移民地后的演变轨迹》(2000)都将调查点的湘语与其迁出地的方言语音进行了共时比较,分别考察了营山县"安化腔"与四川石塘话的语音现状及演变规律等。刘宗艳、罗昕如《湘黔"酸汤话"与四川"靖州腔"》(2013)将湘黔"酸汤话"与四川乐至县内"靖州腔"的语音进行了对比,并认为"靖州腔"是"酸汤话"的演变和继承,二者为非典型湘语的不同表现形式。刘萍《开江"永州腔"语音调查研究》(2016)描写了四川达州开江"永州腔"的语音系统,并与《广韵》、开江话和永州话进行了比较。王春玲《四川湘语古全浊声母今读音考察》(2019)考察了四川境内(其中"开县"在今重庆境内)8个湘语方言岛中古全浊声母的今读情况。

近些年来,四川境内湘语相关问题逐渐成为一些硕士论文的热门选题,这些成果多从共时或历时层面,将四川境内单点湘语与中古音、四川境内的西南官话或湖南湘语代表点进行对比。尹蔚《四川达县新胜"长沙话"语音研究》(2005)描写了新胜长沙话音系,分别比较了新胜"长沙话"与中古音、长益片长沙话和娄邵片双峰话的异同。尹蔚《四川达县新胜"长沙话"与湘语的比较》(2006)对比了四川达县新胜长沙话与湘语。吴萍《四川仪陇（新城）"永州话"语音词汇研究》（2005）描写了新城"永州话"的语音和词汇面貌，并与迁出地湖南永州话以及成都话进行了比较，揭示了新城"永州话"的湘语特征、四川官话特征和其自身的独有特征。杨荣华《四川安岳大平话音系研究》（2006）描写了四川安岳大平湘语的声韵调系统，并将其与中古音、普通话以及安岳城区话进行了对比，揭示了大平话声韵调历史演变的概况。饶冬梅《四川德阳黄许话音系调查研究》（2007）描写了德阳黄许湘语的音系，并分别同《广韵》音系、德阳城区话音系进行了比较，从所描写的语音情况来看，该点的湘语特征非常微弱，仅在古入声的归派上与西南官话有明显区别。陈凌川《广汉市"小汉话"语音研究》（2010）描写了广汉市小汉"湖广话"的语音系统，并将其与中古音和广汉城区话进行了对比。李琴《宜宾大坪方音研究》（2010）全面描写了宜宾市南溪县大坪乡湘语的语音系统，并将其与《广韵》音系、宜宾城区话、四川境内"老湖广话"（永兴话和竹篙话）的声韵调系统进行了比较。霍伟丽《四川达州市安仁乡"长沙话"语音研究》（2016）描写了安仁乡"长沙话"音系，将其与中古音系统进行了对比，并与长益片的长沙话、娄邵片的涟源话以及达州的西南官话进行了共时比较。梁三姗《四川金堂湘语语音研究》（2016）描写了金堂湘语的语音面貌，并将其和中古音、成都官话进行了对比。

**（三）四川境内湘语词汇和语法研究**

1. 词汇研究

词汇方面的研究成果相对较少，主要有崔荣昌《四川方言与巴蜀文化》（1996b）、曾晓舸《四川岳池顾县话的词汇》（2001）和《南充方言研究》（2009）、杨雪《四川南充"长乐话"研究》（2019）。崔荣昌将四川境内的部分新老湘语与西南官话进行对比，揭示了湘语词汇同西南官话互相交融的现象。曾晓舸（2001）从词形、词义两个方面将顾县湘语底层的词汇与普通话、成都话和长沙话进行了对比，曾晓舸（2009）则描写了南充湘语的词汇特点和常用词汇。杨雪（2019）对长乐话词汇的构词特点、构词理据、传承词和特征词等进行了描写与分析。这些论著主要从共时层面将四川境内单点湘语的词汇与普通话、西南官话或湖南湘语进行对比。

2. 语法研究

语法方面的研究起步相对较晚。曾晓舸《四川岳池顾县话的语法》（2003）涉及了顾县湘语底层的某些语法现象。曾晓舸《南充方言研究》（2009）分析了南充湘语的词缀、重叠式、方位名词、量词、助词"噶""过"等语法现象。饶冬梅《四川德阳黄许镇湘方言岛的代词系统》（2015a）考察了黄许镇湘语的代词系统，探究了所保留的湘语特征的痕迹。杨雪《四川南充"长乐话"研究》（2019）分析了长乐湘语的重叠式、体貌表达和相关句式结构等。语法方面的研究，人们对动态助词"咖"的讨论较多，如廖强《达县大树乡方言"呱"

的用法分析》（2003）、饶冬梅《浅析德阳黄许话中的"咖"字》（2006）、彭春林《四川乐至方言中的"咖"》（2008）等。

　　近年来，一些学位论文开始对四川境内湘方言岛的语法面貌进行系统描写和讨论。赵迎《方言接触视角下的四川湘方言体貌范畴研究》（2016）、欧雪雪《四川营山安化湘语语法研究》（2019）、赵涵《四川安岳辰州话语法研究》（2020）等着眼于单点方言的某一语法范畴或语法面貌，运用接触语言学和比较语言学的理论，对比考察各方言点的语法现象，描写分析了这些点湘语与其他方言的异同，揭示了相关语法现象在接触演变时的方式、特征和规律，使四川境内湘语语法的研究更加深入和全面。

　　另外，杨荣华《语言认同与方言濒危：以辰州话方言岛为例》（2010）接轨社会语言学"语言认同"这一热门话题，讨论城市化进程中濒危语言面临的语言接触和语言认同的矛盾。

## 二　重庆境内湘语研究

　　重庆境内湘语的研究起步较晚，成果较为有限。刘海燕、黄丹《重庆潼南龙形土话探略》（2007）调查了龙形镇高桥村土话，记录了当地湘语的声韵调系统、一些较有特色的词汇和几个语法现象。孟小嫒、刘海燕《龙形土话中的亲属称谓与当地风俗文化论略》（2010）通过对龙形亲属称谓系统及特点的描写，考察了当地的婚姻习俗及文化等。另外，吴立友《重庆开县话语音记略》（2001）提到，开县（现开州）内部存在"新化腔"和"长沙话"，"新化腔"主要在东里片区正坝镇和紫水乡廖姓、刘姓居民家里沿用，"长沙话"主要在江里片区临江镇和巫山乡①杨姓、魏姓、刘姓居民家里沿用，这些话都不对外使用，但作者没有深入介绍这些地方相关方言的情况。我们在同开州人吴立友沟通后得知，这些地方现在基本已找不到会说"新化腔"和"长沙话"的人了，更难找到大片说湘语的聚居区。王春玲《四川湘语古全浊声母今读音考察》（2019）曾提到重庆开州紫水乡，但从其文章对该点古全浊声母今读的描写来看，并结合典型湘语的语音特征，开州紫水乡古全浊声母字的今读已同西南官话无甚区别，顶多属于崔荣昌（1993）划分的"川派湘语"。开州境内这些所谓湘语的存在状况及语音面貌等也还有待进一步的深入调查。

---

① 2010年，撤销巫山乡，设立巫山镇。

# 第五节

# 调查说明

## 一　调查过程

对潼南湘语的初步了解是从阅读刘海燕、黄丹《重庆潼南龙形土话探略》（2007）一文开始的，当时就感觉龙形土话应该是一个方言岛。2015年下半年，赵日新教授让我了解一下重庆的几个方言岛。我于2015年12月20日在潼南区语委办陆德生老师的陪同下，前往龙形镇初步调查了潼南湘语的声韵调系统，了解了当地湘语的来源，确认当地的湘语实为"辰州话"，而非刘海燕、黄丹（2007）所述的"神州话"，它是在明末清初从湖南原辰州府随移民迁来的湘语。

2016年4月，潼南湘语获批为当年的濒危汉语方言调研项目，并由此成为我近些年来调研的重要任务。当年7月，我们两次来到潼南龙形镇，陆续选定了参与前期调查工作的四位发音人，分别承担《中国语言资源调查手册·汉语方言》（以下简称《手册》）中的老男、老女、青男、青女角色。8月初，赵日新教授带着我亲临龙形镇，现场进行调查指导工作。9月中旬，我们完成了《手册》的纸笔调查工作。10月初至中旬，我们完成了《手册》相应内容的音像摄录工作。2017年，我们对调查所获得的语料进行了整理，并对所摄录的音视频材料进行了相应处理。

前期调查阶段的老男发音人由于没有时间配合我们完成较为详细的后期调查，2018年2月，几番周折后我们重新选定发音人，并在春节前完成了《方言调查字表》单字音以及连读变调的调查任务。从2018年2月到2019年1月，利用课余时间通过近三十次的下乡调查，我们完成了《汉语方言词语调查条目表》中词条、《汉语方言语法调查例句》（248句）中语法例句的调查任务，收集到了丰富而翔实的潼南湘语语料。调查均在发音人家中进行。

2019年2月至10月，我们对调查语料进行了系统整理。2021年8月，我们再次到发音人家里核查了同音字汇、有些词汇的说法等。2021年10月至2024年8月，我们对书稿进行了多次全面修改和删减，其间多次通过打电话等方式核实并补充相关调查语料。

## 二　发音人简况

整个调查过程中的发音人有多位，尽管个别人没有作为写书时的主要发音人参与调查，但他们在进行《手册》相关条目的调查时也提供了不少方言信息，为后期调查的顺利开展奠定了重要基础，因此，发音人均列出。

1. 周少全，男，1943年生，龙形镇池坝村人，小学文化，原村党支部书记。会说龙形土话、潼南话，主要说龙形土话。《手册》外相关调查内容的发音人，也为此书的主要发音人。

2. 唐昌平，男，1955年生，龙形镇经堂村人，初中文化，原村党支部书记。会说龙形土话、潼南话，在家主要说龙形土话，同外人交流时说潼南话。《手册》纸笔调查部分老男发音人，口头文化发音人，并参与多人对话。

3. 石志国，男，1977年生，龙形镇池坝村人，函授本科，小学教师。会说龙形土话、潼南话和不标准的普通话，在家主要说龙形土话，同外人交流时说潼南话。《手册》纸笔调查部分青男发音人，地普1发音人，并参与多人对话。

4. 杨秋平，女，1958年生，龙形镇红岩村人，小学文化，农民。会说龙形土话和潼南话，主要说龙形土话。音像摄录阶段老女发音人，并参与多人对话。

5. 邹红梅，女，1981年生，龙形镇经堂村人，初中文化，农民。会说龙形土话、潼南话和不标准的普通话，主要说龙形土话。音像摄录阶段青女发音人，地普2发音人，并参与多人对话。

6. 唐当，男，1970年生，龙形镇檬茨社区（原檬子乡）人，函授本科，小学教师。会说龙形土话和潼南话，主要说龙形土话。音像摄录阶段地普3发音人。

值得一提的是，周少全和唐昌平的发音有一定差异，详情可参见第二章第一节"一　声母"下的说明和"二　韵母"下的说明。总体来讲，发音人周少全为老派发音，受潼南话影响相对较小；唐昌平为新派发音，受潼南话影响较大。记录音系时，以周少全的发音为准。第二章、第三章、第四章第一节和第二节、第五章第二节、第六章、第七章第二节的内容，均以周少全的发音为准；第四章第三节、第五章第一节、第七章第一节、第八章的内容，则以唐昌平的发音为准；部分字词的发音存在差异。

第二章 语音

# 第一节

# 声韵调

## 一 声母

共有声母19个，包括零声母在内。[①]

| p 布步盘别 | pʰ 派片别拔 | m 麦明母庙望 | f 飞副灰肥胡 |
| t 到道甜毒 | tʰ 天读脱特 | | l 脑老连热 |
| ts 字张茶床责 | tsʰ 清抽择船 | s 酸双晨唇ᵡ书 | z 日 |
| tɕ 酒全柱船解 | tɕʰ 轻趣族春捷揸 | ɕ 谢书响县唇ᵡ | |
| k 歌共街狂ᵡ解 | kʰ 开哭狂ᵡ敲揸 | ŋ 安崖牙哑爱 | x 风红鞋和汉 |
| ø 五年和崖望日 | | | |

说明：

1. [m l ŋ] 带有不同程度的同部位阻塞成分，实际音值为 [mᵇ lᵈ ŋᵍ]。

2. 老派读音中，晓匣母与合口韵相拼时一般读 [f]，其余情况下读 [x]；非组与通摄合口韵相拼时一般读 [x]，其余情况下读 [f]。新派读音则与潼南话相同，[xu-] 与 [f] 混读。老派读音分立 [f] 和 [x] 音位，新派可只立 [x] 音位。记音时，依照老派读音分立音位。[②]

3. [f] 发音时，唇齿接触面积较小，口腔后部呼出的气流较强，有时带有舌根擦音色彩。

4. [t tʰ] 与齐齿呼韵母相拼时，带有舌面色彩。

5. 泥来母在细音前读音有别，泥母常用字大都读零声母 [ø]，来母读 [l]；在洪音前读音混读为 [n] 或 [l]，大多都读为 [l]。记音时，洪音前统一记为 [l]。

---

① 例字下单横线表示白读音，双横线表示文读音；右下方的小字"又"表示又读。韵母和声调部分同此。

② 发音人周少全为老派读法，唐昌平为新派读法。

6. [ts tsʰ s z]接后元音开头的韵母时，主动发音部位靠后，带有舌叶的色彩。

7.零声母开口呼和撮口呼音节以纯元音开头；零声母齐齿呼音节，当韵母为单韵母[i]时，前面带有较重的舌面摩擦；零声母合口呼音节，当韵母为单韵母[u]时，前面带有轻微的唇齿同部位摩擦，声母的实际音值为[ʋ]。

## 二 韵母

共有韵母34个，无声化韵。

| | | | |
|---|---|---|---|
| ɿ师丝尺直日 | i米戏眉急七壁 | u苦驴骨绿皁 | y雨猪出橘速水又 |
| ɚ二儿耳而日 | | | |
| a牙车花辣拍 | ia价夜壁茄又 | ua瓜瓦话袜括又阔又 | |
| ɛ车舌北直拍贼 | iɛ写贴节穴夜 | uɛ国扩括又阔又 | yɛ绝靴月茄又屑阅 |
| o歌锅慕盒郭角 | io略脚雀岳药学 | | |
| ai开鞋或解怀 | iai皆解械谐懈 | uai揣快外怀 | |
| ɛi飞批梅灰丕 | | uɛi对鬼内贼趋水又 | |
| ɑɯ宝猫咬牡矛 | iɑɯ表桥交跃杳 | | |
| ɤɯ走粗皁六绿 | iɤɯ油九秋邹牛 | | |
| an班饭南半限 | | uan乱官关删船 | |
| ɛn心深寸灯横 | iɛn盐年巾轻心 | uɛn问横孕又绳又 | yɛn全春船绳又荣孕又 |
| ɑŋ糖讲张房窗又黄 | iɑŋ匠姜响筐又降 | uɑŋ床黄仓窗又筐又 | |
| oŋ东朋孟蒙亩弓 | ioŋ兄容用弓 | | |

说明：

1. [i y]发音时，带有一定的后滑音[ɪ]，实际音值是[iɪ yɪ]，有时后滑音接近[e]。

2. [u]发音时，带有一定的后滑音[ʊ]，实际音值接近[uʊ]；在零声母和舌根音[k kʰ]后发音时，前面带有轻微的唇齿摩擦。

3. [a ia ua]中的主要元音[a]，实际音值是[ʌ]。

4. [ai iai uai]的韵尾[i]，开口度稍大，实际音值接近[e]。

5. [ɛi uɛi]中的主要元音[ɛ]，有时开口度稍小，实际音值接近[e]。

6. [ɑɯ iɑɯ]中的主要元音[ɑ]，舌位略高，实际音值接近[ʌ]。

7. [ɛn iɛn yɛn]中的主要元音[ɛ]，舌位稍靠后，但不到[ə]；[uɛn]中[ɛ]的实际音值是[ə]。

8. 鼻音尾韵母的主要元音略带鼻化，鼻音尾发音稍松，后鼻音尾韵母体现得更明显。

9. 唐昌平的发音受县城话影响较大，周少全的发音则相对保守，二者略有差别：周少全读[ioŋ]的韵母，唐昌平读[yoŋ]；[ɛ iɛ uɛ yɛ]中的主元音[ɛ]，周少全发音时的开口度比唐昌平大；[ɤɯ iɤɯ]中的主元音[ɤ]，周少全发音时的舌位比唐昌平靠后。

### 三　声调

共有单字调4个。

阴平　[35]　　东饭哭罪<u>路谷地</u>　　　　阳平　[31]　　门铜急默毒<u>谷</u>活<u>绿</u>

上声　[453]　懂九苦草买五有　　　　去声　[214]　冻罪<u>路地</u>绿活

说明：

1. 阴平[35]动程稍短，但较上声[453]中[45]部分的上升幅度大。

2. 阳平[31]起点比3度稍低，调首轻微上扬或稍平，实际调值接近[231]或[331]。

3. 上声[453]调首上升的幅度较小，且[45]部分发音时，升幅较小，个别字发音时调首稍平。

4. 去声[214]调首下降的幅度较小，有时很不明显，整个声调以上升为主。

# 第二节

# 单字音表

　　本单字音表主要反映潼南湘语单字的声韵调配合情况，表格左侧是声母，表端先列韵母，再列声调，表中是例字。表中同一横行的字声母相同，同一竖行的字韵母和声调相同。空格表示不存在或尚未发现声韵调配合关系。表中例字均从潼南湘语同音字汇中选取，例字优先选取常用字，有音无字或本字不明的用圆圈数码表示，并在表下加注。表中还有一些例字用黑体显示，它们有的是生僻字、方言字，有的是又读字，有的是在同一个表里出现的多音异义字，有的表义比较特殊，还有一些是需要做特别说明的，这些黑体字也在表下加注说明。注释时，先注释有字的读音，再注释有音无字的读音。例字下加单横线"＿"表示白读，加双横线"＝"表示文读，文读和白读所出现的语音环境可参见第三章；斜线"/"表示几个音为或然关系；例词之间用竖线"|"隔开。

### 表2-1 潼南湘语单字音表之一

| | ɿ | | | | i | | | | u | | | | y | | | |
|---|---|---|---|---|---|---|---|---|---|---|---|---|---|---|---|---|
| | 阴平 35 | 阳平 31 | 上声 453 | 去声 214 | 阴平 35 | 阳平 31 | 上声 453 | 去声 214 | 阴平 35 | 阳平 31 | 上声 453 | 去声 214 | 阴平 35 | 阳平 31 | 上声 453 | 去声 214 |
| p | | | | | 鼻 | 毕 | 比 | 币 | ① | 菩 | 补 | 步 | | | | |
| pʰ | | | | | 胵 | 脾 | 痞 | 屁 | **铺** | 仆 | 普 | **铺** | | | | |
| m | | | | | 眯 | 迷 | 米 | 密 | 木 | 目 | 母 | 牧 | | | | |
| f | | | | | | | | | 呼 | 胡 | 虎 | 户 | | | | |
| t | | | | | 低 | 故 | 底 | 第 | **都** | 独 | 堵 | 杜 | | | | |
| tʰ | | | | | 梯 | 题 | 体 | 替 | | 途 | 吐 | | | | | |
| l | | | | | 痢 | 犁 | 李 | 丽 | | 驴 | 鲁 | 怒 | | | 铝 | 虑 |
| ts | 资 | 织 | 纸 | 志 | | | | | 诸 | 祝 | 组 | 注 | | | | |
| tsʰ | 尺 | 词 | 齿 | 次 | | | | | 初 | 束 | 础 | 措 | | | | |
| s | 丝 | 时 | 死 | 四 | | | | | 舒 | 蜀 | 署 | 素 | | | | |
| z | | 日 | | | | | | | | | | | | | | |
| tɕ | | | | | 鸡 | 极 | 挤 | 祭 | | | | | 猪 | 局 | 煮 | 句 |
| tɕʰ | | | | | 妻 | 其 | 起 | 器 | | | | | 区 | 族 | 取 | 趣 |
| ɕ | | | | | 西 | 习 | 喜 | 细 | | | | | 需 | 徐 | 许 | 序 |
| k | | | | | | | | | 姑 | 骨 | 古 | 故 | | | | |
| kʰ | | | | | | | | | 枯 | 酷 | 苦 | 库 | | | | |
| ŋ | | | | | | | | | | | | | | | | |
| x | | | | | | | | | | | | | | | | |
| ∅ | | | | | 医 | 泥 | 你 | 意 | 乌 | 吴 | 五 | 雾 | 淤 | 愚 | 女 | 预 |

胵 pʰi³⁵ 麻～<sub>女阴</sub>

铺 pʰu³⁵ 动词：～床

铺 pʰu²¹⁴ 名词：店～

都 tu³⁵ 名词：～城。副词：～去

① pu³⁵ 凹陷：用锤子把墙打～嘎下去了

### 表2-2　潼南湘语单字音表之二

| | ɚ | | | | a | | | | ia | | | | ua | | | |
|---|---|---|---|---|---|---|---|---|---|---|---|---|---|---|---|---|
| | 阴平 35 | 阳平 31 | 上声 453 | 去声 214 | 阴平 35 | 阳平 31 | 上声 453 | 去声 214 | 阴平 35 | 阳平 31 | 上声 453 | 去声 214 | 阴平 35 | 阳平 31 | 上声 453 | 去声 214 |
| p | | | | | 巴 | 爸 | 把 | 罢 | 壁 | | ③ | | | | | |
| pʰ | | | | | 炮 | 拔 | 趴 | 怕 | | | ④ | | | | | |
| m | | | | | 妈 | 麻 | 马 | 骂 | | | ⑤ | | | | | |
| f | | | | | 花 | 滑 | | 画 | | | | | | | | |
| t | | | | | 大 | 达 | 打 | 大 | ⑥ | | | 滴 | | | | |
| tʰ | | | | | 他 | 塔 | 遏 | 眔 | | | | | | | | |
| l | | | | | 拿 | 纳 | 哪 | 腊 | ⑦ | ⑧ | ⑨ | 沥 | | 授 | | |
| ts | | | | | 渣 | 茶 | 鲊 | 诈 | | | | | 抓 | 啄 | | 啄 |
| tsʰ | | | | | 叉 | 查 | 扯 | 岔 | | | | | | | | |
| s | | | | | 沙 | 蛇 | 洒 | 啥 | | | | | | 刷 | 耍 | 刷 |
| z | | | | | | | | | | | | | | | | |
| tɕ | | | | | | | | | 加 | 甲 | 贾 | 架 | | | | |
| tɕʰ | | | | | | | | | 吃 | 恰 | ⑩ | ⑪ | | | | |
| ɕ | | | | | | | | | 虾 | 霞 | | 夏 | | | | |
| k | | | | | 痂 | 甲 | ① | 嫁 | | | | | 瓜 | 刮 | 寡 | 挂 |
| kʰ | | | | | 掐 | | 卡 | 胯 | | | | | 夸 | 括 | 垮 | 跨 |
| ŋ | | | | | 丫 | 牙 | 哑 | 压 | | | | | | | | |
| x | | | | | 虾 | | ② | 下 | | | | | | | | |
| ∅ | 日 | 儿 | 耳 | 二 | 阿 | | 啊 | | 鸦 | 衙 | 雅 | 亚 | 话 | 娃 | 瓦 | ⑫ |

炮 pʰa³⁵ 软

遏 tʰa⁴⁵³ 邋~

鲊 tsa⁴⁵³ 浸泡：~粪

胯 kʰa²¹⁴ 两腿间：~裆裆部

丫 ŋa³⁵ 张开：~嘴

阿 a³⁵ ~姨

夏 ɕia²¹⁴ 姓~

授 lua³¹ 揉：~面

括 kʰua³¹ 包~，又音 kʰuɛ³¹

瓦 ua⁴⁵³ 名词

① ka⁴⁵³ ~~肉，儿语

② xa⁴⁵³ 傻

③ pia⁴⁵³ 扁

④ pʰia⁴⁵³ ~淡很淡

⑤ mia⁴⁵³ "~□" [mia⁴⁵u⁴²] 猫叫声

⑥ tia³⁵ 提

⑦ lia³⁵ ~~鞋拖鞋

⑧ lia³¹ 讲：~白吹牛

⑨ lia⁴⁵³ 舔

⑩ tɕʰia⁴⁵³ 树~~树枝

⑪ tɕʰia²¹⁴ 有气无力地走：走路~都~冇动

⑫ ua²¹⁴ 凹陷：~额髅凹陷的额头

## 表2-3 潼南湘语单字音表之三

| 声母 | ε 阴平35 | ε 阳平31 | ε 上声453 | ε 去声214 | iε 阴平35 | iε 阳平31 | iε 上声453 | iε 去声214 | uε 阴平35 | uε 阳平31 | uε 上声453 | uε 去声214 | yε 阴平35 | yε 阳平31 | yε 上声453 | yε 去声214 |
|---|---|---|---|---|---|---|---|---|---|---|---|---|---|---|---|---|
| p | 百 | 柏 |  | 北 | 憋 | 鳖 |  |  |  |  |  |  |  |  |  |  |
| pʰ | 拍 | 迫 |  |  |  | 别 | 撇 | 婺 |  |  |  |  |  |  |  |  |
| m | ① | 默 |  | ② | 撖 | 灭 |  | 灭 |  |  |  |  |  |  |  |  |
| f |  |  |  | 脉 |  |  |  |  |  |  |  |  |  |  |  |  |
| t | 得 | 德 |  | 德 | 爹 | 叠 |  |  |  |  |  |  |  |  |  |  |
| tʰ |  | 特 |  |  |  | 贴特 |  |  |  |  |  |  |  |  |  |  |
| l |  | 勒 | 惹 | 热 |  | 烈 |  | 列猎 |  |  |  |  |  |  |  |  |
| ts | 遮 | 哲 | 者 | 窄 |  |  |  |  |  |  |  |  |  |  |  |  |
| tsʰ | 车 | 册 | 扯 | 直 |  |  |  |  |  |  |  |  |  |  |  |  |
| s | 赊 | 设 | 舍 | 社 |  |  |  |  |  |  |  |  |  |  |  |  |
| z |  |  |  |  |  |  |  |  |  |  |  |  |  |  |  |  |
| tɕ |  |  |  |  | 揭 | 杰 | 姐 | 借 |  |  |  |  | 倔 | 绝 |  | 映 |
| tɕʰ |  |  |  |  | 切 | 捷 | 且 | 去 |  |  |  |  | 瘸 | 缺 |  |  |
| ɕ |  |  |  |  | 歇 | 协 | 写 | 谢 |  |  |  |  | 靴 | 屑 |  |  |
| k | 给 | 革 |  | 锯 |  |  |  |  |  | 国 |  |  |  |  |  |  |
| kʰ | 客 | 克 | ③ | 咳 |  |  |  |  |  | 扩 |  |  |  |  |  |  |
| ŋ |  | 额 |  |  |  |  |  |  |  |  |  |  |  |  |  |  |
| x | 黑 | 赫 | ④ |  |  |  |  |  |  |  |  |  |  |  |  |  |
| ∅ | 欸 |  | 欸 |  | 孽 | 页 | 也 | 液 |  |  | 喂 |  | 拐 | 越 |  | 月 |

得 tε³⁵ ~分

特 tʰε³¹ ~务，又音 tʰiε³¹

舍 sε⁴⁵³ ~弃｜宿~

欸 ε³⁵ 叹词，表惊讶

欸 ε⁴⁵³ 叹词，表提醒

撇 pʰiε⁴⁵³ 动词：~嘴巴

婺 pʰiε²¹⁴（质量）不好，坏：东西~

撖 miε³⁵ 掰：~开

特 tʰiε³¹ ~别，又音 tʰε³¹

姐 tɕiε⁴⁵³ ~~，又音 tɕia⁴⁵³

切 tɕʰiε³⁵ 动词：~菜

孽 iε³⁵ 穷困，可怜：着~

喂 uε⁴⁵³ 叹词，用于打电话或引起别人注意

倔 tɕyε³⁵ 脾气~，又音 tɕyε³¹

映 tɕyε²¹⁴ 骂：~人

瘸 tɕʰyε³⁵ ~子

拐 yε³⁵ 折：~断

① mε³⁵ "羊□~~" [iɑŋ³³ka³⁵mε³⁵mε⁵⁵]蜻蜓

② mε⁴⁵³ 想

③ kʰε⁴⁵³ 扑克牌中"K"的读音

④ xε⁴⁵³ ~得胜＝很能吃

## 表2-4　潼南湘语单字音表之四

| | o 阴平35 | o 阳平31 | o 上声453 | o 去声214 | io 阴平35 | io 阳平31 | io 上声453 | io 去声214 | ai 阴平35 | ai 阳平31 | ai 上声453 | ai 去声214 | iai 阴平35 | iai 阳平31 | iai 上声453 | iai 去声214 |
|---|---|---|---|---|---|---|---|---|---|---|---|---|---|---|---|---|
| p | 波 | 婆 | 跛 | 薄 | | | | | 稗 | 牌 | 摆 | 拜 | | | | |
| pʰ | 坡 | 颇 | | 破 | | | | | | 排 | ③ | 派 | | | | |
| m | 摸 | 魔 | **抹** | 墓 | | | | | 卖 | 埋 | 买 | 迈 | | | | |
| f | | | | | | | | | | 坏 | 或 | | | | | |
| t | 多 | 夺 | 朵 | 剁 | | | | | 呆 | 抬 | 歹 | 代 | | | | |
| tʰ | 拖 | 鸵 | 妥 | 唾 | | | | | 胎 | 苔 | 大 | 太 | | | | |
| l | 糯 | 罗 | 裸 | 摞 | | | | 略 | 癞 | 来 | 乃 | 耐 | | | | |
| ts | 桌 | 卓 | 左 | 座 | | | | | 灾 | 柴 | 宰 | 再 | | | | |
| tsʰ | 搓 | 浊 | | 错 | | | | | 猜 | | 才 | 彩 | | | | |
| s | 梭 | 勺 | 锁 | 索 | | | | | 腮 | | | 晒 | | | | |
| z | | | | | | | | | | | | | | | | |
| tɕ | | | | | 脚 | **角** | | ① | | | | | 皆 | | 解 | 介 |
| tɕʰ | | | | | 雀 | 却 | **啜** | ② | | | | | | | | |
| ɕ | | | | | | 学 | | 学 | | | | | | 谐 | | 懈 |
| k | 哥 | 郭 | 果 | 个 | | | | | 该 | | 改 | 丐 | | | | |
| kʰ | 科 | 渴 | 可 | 课 | | | | | 开 | | 楷 | 慨 | | | | |
| ŋ | **窝** | **握** | 我 | | | | | | 哀 | 崖 | 矮 | 爱 | | | | |
| x | 祸 | 河 | 火 | 货 | | | | | 哈 | 鞋 | 海 | 亥 | | | | |
| Ø | 蜗 | 禾 | **哦** | 卧 | 约 | 岳 | **哟** | 药 | | **哎** | **哎** | | | | | |

抹mo⁴⁵³ ～子抹灰、泥巴等的工具

窝ŋo³⁵ 鸡～，又音o³⁵

握ŋo³¹ ～手，又音o³¹

哦o⁴⁵³ 语气词

角tɕio³¹ 一～钱

啜tɕʰio⁴⁵³ 骗：～人

哟io⁴⁵³ 语气词

哈xai³⁵ 玩

哎ai³¹叹词，表叹气

哎ai⁴⁵³叹词，表提醒，引起注意

①tɕio²¹⁴量词，五根手指撮起所抓取的量：一～米

②tɕʰio²¹⁴呸～叹词

③pʰai⁴⁵³庹，两臂平伸后两手间的长度：一～长

表2-5　潼南湘语单字音表之五

| | uai | | | | Ei | | | | uEi | | | | aɯ | | | |
|---|---|---|---|---|---|---|---|---|---|---|---|---|---|---|---|---|
| | 阴平 35 | 阳平 31 | 上声 453 | 去声 214 | 阴平 35 | 阳平 31 | 上声 453 | 去声 214 | 阴平 35 | 阳平 31 | 上声 453 | 去声 214 | 阴平 35 | 阳平 31 | 上声 453 | 去声 214 |
| p | | | | | 杯 | 赔 | ③ | 贝 | | | | | 包 | 袍 | 保 | 报 |
| pʰ | | | | | 批 | 培 | 丕 | 配 | | | | | 抛 | ⑤ | 跑 | 炮 |
| m | | | | | ④ | 梅 | 每 | 昧 | | | | | 帽 | 毛 | 牡 | 冒 |
| f | | | | | 恢 | 肥 | 悔 | 费 | | | | | | | | |
| t | | | | | | | | | 堆 | | | 对 | 刀 | 桃 | 岛 | 到 |
| tʰ | | | | | | | | | 推 | 秃 | 腿 | 退 | 滔 | 陶 | 讨 | 套 |
| l | | | | | | | | | **累** | 雷 | 蕊 | 泪 | 闹 | 劳 | 脑 | ⑥ |
| ts | 跩 | ① | ② | | | | | | 追 | 捶 | 嘴 | 最 | 遭 | 槽 | 早 | 灶 |
| tsʰ | 揣 | | 喘 | | | | | | 崔 | 垂 | | 脆 | 抄 | 曹 | 草 | 造 |
| s | 衰 | | 甩 | 帅 | | | | | 绥 | 谁 | **水** | 税 | 烧 | 苕 | 嫂 | 哨 |
| z | | | | | | | | | | | | | | | | |
| tɕ | | | | | | | | | | | | | | | | |
| tɕʰ | | | | | | | | | | | | | | | | |
| ɕ | | | | | | | | | | | | | | | | |
| k | 乖 | | 拐 | 怪 | | | | | 规 | | 鬼 | 桂 | 高 | **搅** | 稿 | 告 |
| kʰ | | | **块** | 快 | | | | | 亏 | 葵 | 傀 | 愧 | 敲 | | 考 | 靠 |
| ŋ | | | | | | | | | | | | | 熬 | 鳌 | 咬 | 傲 |
| x | | | | | | | | | | | | | 蒿 | 毫 | **好** | 浩 |
| ∅ | 歪 | 怀 | 崴 | 外 | | | | | 煨 | 围 | 伟 | 卫 | | | | |

跩 tsuai³⁵ 摔倒

块 kʰuai⁴⁵³ 量词：一～钱

崴 uai⁴⁵³ ～号 绰号

累 luEi³⁵ 困乏：我～了

水 suEi⁴⁵³ ～车，又音 ɕy⁴⁵³

搅 kaɯ³¹ ～动

熬 ŋaɯ³⁵ ～锅肉

鳌 ŋaɯ³¹ ～鱼 传说中土地下面的大鱼，民间认为地震就是

鳌鱼翻身引起的

好 xaɯ⁴⁵³ 形容词：很～

①tsuai³¹ ～实 结实，牢实

②tsuai⁴⁵³ 叠音后缀：㲆～～的 食物软软的样子。

形容人浑身无力，身体发软的状态

③pEi⁴⁵³ 触碰，玩耍：～手机

④mEi³⁵ 指示代词，那

⑤pʰaɯ³¹ 量词，道：在开水中煮两～，又音

paɯ³¹

⑥laɯ²¹⁴ 量词，串：一～葡萄儿

## 表2-6　潼南湘语单字音表之六

| | iɑu | | | | ɤɯ | | | | iɤɯ | | | | an | | | |
|---|---|---|---|---|---|---|---|---|---|---|---|---|---|---|---|---|
| | 阴平 | 阳平 | 上声 | 去声 | 阴平 | 阳平 | 上声 | 去声 | 阴平 | 阳平 | 上声 | 去声 | 阴平 | 阳平 | 上声 | 去声 |
| | 35 | 31 | 453 | 214 | 35 | 31 | 453 | 214 | 35 | 31 | 453 | 214 | 35 | 31 | 453 | 214 |
| p | 标 | | 表 | | | | | | | | | | 班 | 盘 | 板 | 办 |
| pʰ | 飘 | 瓢 | 瞟 | 票 | | | | | | | | | 潘 | | | 盼 |
| m | 庙 | 苗 | 秒 | 妙 | | | | | | | | | 慢 | 蛮 | 满 | 漫 |
| f | | | | | | 浮 | 否 | | | | | | 饭 | 凡 | 反 | 范 |
| t | 刁 | 调 | 屌 | 钓 | 笃 | 徒 | 赌 | 斗 | 丢 | | | | 丹 | 痰 | 胆 | 旦 |
| tʰ | 挑 | 调 | **斛** | **跳** | 偷 | 投 | 土 | 兔 | | | | | 贪 | 谈 | 毯 | 炭 |
| l | **摺** | 辽 | **了** | 料 | 露 | 楼 | 篓 | 六 | 溜 | 流 | 柳 | 谬 | 烂 | 男 | 懒 | 滥 |
| ts | | | | | 周 | 锄 | 走 | 做 | | | | | 詹 | 蚕 | 盏 | 暂 |
| tsʰ | | | | | 抽 | 筹 | 丑 | 臭 | | | | | 餐 | 残 | 产 | 灿 |
| s | | | | | 收 | ① | 手 | 寿 | | | | | 三 | 蝉 | 闪 | 善 |
| z | | | | | | | | | | | | | | | | |
| tɕ | 郊 | 桥 | 狡 | 叫 | | | | | 纠 | | 九 | 救 | | | | |
| tɕʰ | 悄 | 瞧 | 巧 | 窍 | | | | | 秋 | 球 | **臼** | ② | | | | |
| ɕ | 消 | 淆 | 小 | 笑 | | | | | 修 | 囚 | 朽 | 秀 | | | | |
| k | | | | | 钩 | | 狗 | 够 | | | | | 甘 | | 感 | **干** |
| kʰ | | | | | 抠 | | 口 | 寇 | | | | | 堪 | | 砍 | **看** |
| ŋ | | | | | 欧 | | 藕 | 怄 | | | | | 淹 | **谙** | 眼 | 岸 |
| x | | | | | 厚 | 猴 | 吼 | 候 | | | | | 汗 | 寒 | 喊 | 旱 |
| ∅ | 妖 | 摇 | 鸟 | 跃 | | | | | 忧 | 牛 | 有 | 右 | | | | |

斛tʰiɑu⁴⁵³换：拿苹果跟你～一下

跳tʰiɑu²¹⁴～远

摺liɑu³⁵甩：～石头

了liɑu⁴⁵³动词：～结

斗tɤɯ²¹⁴～争|～钱<sub>凑钱</sub>

溜liɤɯ³⁵地上～|～冰|一～布条

谬liɤɯ²¹⁴～论，又音iɤɯ²¹⁴

臼tɕʰiɤɯ⁴⁵³脱～|～齿

囚ɕiɤɯ³¹～犯

干kan²¹⁴动词：～活

看kʰan²¹⁴～守|～见

谙ŋan³¹估计：～倒

①sɤɯ³¹夜～<sub>夜晚</sub>，sɤɯ³¹为"时候"的合音

②tɕʰiɤɯ²¹⁴躲在暗处看：～一眼

## 表2-7　潼南湘语单字音表之七

| 声母 | uan 阴平35 | 阳平31 | 上声453 | 去声214 | ɛn 阴平35 | 阳平31 | 上声453 | 去声214 | iɛn 阴平35 | 阳平31 | 上声453 | 去声214 | uɛn 阴平35 | 阳平31 | 上声453 | 去声214 |
|---|---|---|---|---|---|---|---|---|---|---|---|---|---|---|---|---|
| p | | | | | 奔 | 盆 | 本 | 笨 | 边 | 评 | 扁 | 变 | | | | |
| pʰ | | | | | | 凭 | 膨 | | 篇 | 屏 | 品 | 骗 | | | | |
| m | | | | | 闷 | 门 | | 杳 | 面 | 棉 | 免 | 命 | | | | |
| f | | | | | 昏 | 魂 | 粉 | 奋 | | | | | | | | |
| t | 端 | 团 | 短 | 锻 | 灯 | 停 | 等 | 邓 | 叮 | 田 | 点 | 店 | | | | |
| tʰ | | 拎 | | | 吞 | 疼 | ① | 听 | 添 | 廷 | 舔 | 听 | | | | |
| l | 乱 | 鸾 | 软 | 乱 | 嫩 | 人 | 冷 | 任 | 镰 | 廉 | 脸 | 练 | | | | 孕 |
| ts | 钻 | 传 | 转 | 钻 | 针 | 晴 | 井 | 镇 | | | | | | | 准 | |
| tsʰ | 川 | 船 | 铲 | 窜 | 村 | 臣 | 请 | 趁 | | | | | | | 蠢 | |
| s | 删 | | | 蒜 | 深 | 神 | 审 | 肾 | | | | | | 唇 | | 顺 |
| z | | | | | | | | | | | | | | | | |
| tɕ | | | | | | | | | 尖 | 钱 | 减 | 见 | | | | |
| tɕʰ | | | | | | | | | 千 | 秦 | 浅 | 欠 | | | | |
| ɕ | | | | | | | | | 先 | 嫌 | 显 | 县 | | | | |
| k | 官 | | 管 | 惯 | 跟 | | 耿 | 更 | | | | | | 榾 | 滚 | 棍 |
| kʰ | 宽 | | 款 | | 坑 | | 肯 | 綮 | | | | | | 昆 | 捆 | 困 |
| ŋ | | | | | 恩 | 嗯 | ② | 硬 | | | | | | | | |
| x | | | | | 哼 | 恒 | 狠 | 杏 | | | | | | | | |
| ∅ | 弯 | 完 | 碗 | 院 | | | | | 炎 | 盐 | 掩 | 艳 | 温 | 文 | 稳 | 罃 |

拎 $t^{h}uan^{31}$ 潼南崇龛镇有陈～故里

钻 $tsuan^{35}$ 动词：～进去

转 $tsuan^{453}$ ～眼

钻 $tsuan^{214}$ 名词：电～

川 $ts^{h}uan^{35}$ 四～省，又音 $tɕ^{h}yɛn^{35}$

杳 $mɛn^{214}$ 漫：杯子装～了

任 $lɛn^{214}$ ～务

更 $kɛn^{214}$ ～加

綮 $k^{h}ɛn^{214}$ ～节 关键时刻

嗯 $ŋɛn^{31}$ 叹词，应答声

硬 $ŋɛn^{214}$ 馒头～，又音 $ŋɛn^{35}$

孕 $luɛn^{214}$ 怀～，又音 $yɛn^{214}$

蠢 $ts^{h}uɛn^{453}$ 人～，又音 $tɕ^{h}yɛn^{453}$

唇 $suɛn^{31}$ 嘴～，又音 $ɕyɛn^{31}$

顺 $suɛn^{214}$ ～利，又音 $ɕyɛn^{214}$

榾 $kuɛn^{31}$ 完整的：～鸡蛋

罃 $uɛn^{214}$ 裂纹：打破砂锅～到底

① $t^{h}ɛn^{453}$ 打～说话时中断

② $ŋɛn^{453}$ 硌：牙齿～倒一块石头

表2-8　潼南湘语单字音表之八

|  | yɛn 阴平35 | yɛn 阳平31 | yɛn 上声453 | yɛn 去声214 | aŋ 阴平35 | aŋ 阳平31 | aŋ 上声453 | aŋ 去声214 | iaŋ 阴平35 | iaŋ 阳平31 | iaŋ 上声453 | iaŋ 去声214 | uaŋ 阴平35 | uaŋ 阳平31 | uaŋ 上声453 | uaŋ 去声214 |
|---|---|---|---|---|---|---|---|---|---|---|---|---|---|---|---|---|
| p |  |  |  |  | 帮 | **螃** | 榜 | 磅 |  |  |  |  |  |  |  |  |
| pʰ |  |  |  |  | **胮** | 庞 | ① | 胖 |  |  |  |  |  |  |  |  |
| m |  |  |  |  | 牤 | 忙 | 莽 |  |  |  |  |  |  |  |  |  |
| f |  |  |  |  | 方 | 房 | 访 | 放 |  |  |  |  |  |  |  |  |
| t |  |  |  |  | 裆 | 唐 | 党 | 荡 |  |  |  |  |  |  |  |  |
| tʰ |  |  |  |  | 汤 |  | 躺 | 趟 |  |  |  |  |  |  |  |  |
| l |  |  |  |  | <u>让</u> | 郎 | 朗 | 浪 | 亮 | 良 | 辆 | 谅 |  |  |  |  |
| ts |  |  |  |  | 张 | 肠 | 涨 | 账 |  |  |  |  | 庄 | 床 | ② | 壮 |
| tsʰ |  |  |  |  | 昌 | **藏** | 敞 | 唱 |  |  |  |  | 仓 | **藏** | 闯 | 创 |
| s |  |  |  |  | 伤 | 尝 | 嗓 | <u>尚</u> |  |  |  |  | 霜 |  | 爽 |  |
| z |  |  |  |  |  |  |  |  |  |  |  |  |  |  |  |  |
| tɕ | 捐 | 全 | <u>准</u> | 菌 |  |  |  |  | 江 | 墙 | 奖 | 酱 |  |  |  |  |
| tɕʰ | 春 | 琼 | 犬 | 劝 |  |  |  |  | 枪 | <u>强</u> | 抢 | 呛 |  |  |  |  |
| ɕ | 熏 | 寻 | 选 | 迅 |  |  |  |  | 乡 | 详 | 想 | 向 |  |  |  |  |
| k |  |  |  |  | 钢 |  | 讲 | 杠 |  |  |  |  | **光** | **狂** | 广 | 逛 |
| kʰ |  |  |  |  | 康 | **慗** | 抗 |  |  |  |  |  | 筐 | 狂 | ③ | 矿 |
| ŋ |  |  |  |  | 肮 | 昂 |  |  |  |  |  |  |  |  |  |  |
| x |  |  |  |  | 夯 | 杭 |  | 项 |  |  |  |  |  |  |  |  |
| ø | 冤 | 圆 | 远 | 怨 |  |  |  |  | 秧 | 羊 | 养 | 恙 | 汪 | 王 | 网 | 妄 |

螃paŋ³¹ ～蟹，又音pʰaŋ³¹

胮pʰaŋ³⁵ ～臭很臭

藏tsʰaŋ³¹ ～起来，又音tsuaŋ³¹/tsʰuaŋ³¹

慗kʰaŋ⁴⁵³动词，盖：把盖子～倒。名词，盖子：～～

藏tsʰuaŋ³¹ ～起来，又音tsʰaŋ³¹/tsuaŋ³¹

光kuaŋ³⁵灯～

狂kuaŋ³¹ ～风，又音kʰuaŋ³¹

筐kʰuaŋ³⁵箩～，又音tɕʰiaŋ³⁵

狂kʰuaŋ³¹ ～风，又音kuaŋ³¹

①pʰaŋ⁴⁵³碰：手～倒树了

②tsuaŋ⁴⁵³添加：～酒

③kʰuaŋ⁴⁵³碰：手～倒树了

### 表2-9　潼南湘语单字音表之九

| | oŋ | | | | ioŋ | | | |
|---|---|---|---|---|---|---|---|---|
| | 阴平 | 阳平 | 上声 | 去声 | 阴平 | 阳平 | 上声 | 去声 |
| | 35 | 31 | 453 | 214 | 35 | 31 | 453 | 214 |
| p | 崩 | 朋 | ① | 蹦 | | | | |
| pʰ | 棒 | ② | 捧 | 碰 | | | | |
| m | 梦 | 萌 | 亩 | 孟 | | | | |
| f | | | | | | | | |
| t | 东 | 铜 | 董 | 冻 | | | | |
| tʰ | 通 | 童 | 桶 | 痛 | | | | |
| l | 聋 | 龙 | 垄 | | | | | |
| ts | 终 | 虫 | 总 | 粽 | | | | |
| tsʰ | 葱 | 丛 | 宠 | 冲 | | | | |
| s | 松 | | 笼 | 送 | | | | |
| z | | | | | | | | |
| tɕ | | | | | 龚 | 穷 | 窘 | |
| tɕʰ | | | | | | | | |
| ɕ | | | | | 兄 | 熊 | ③ | 嗅 |
| k | 公 | | 巩 | 贡 | | | | |
| kʰ | 空 | | 孔 | 控 | | | | |
| ŋ | | | | | | | | |
| x | 风 | 红 | 讽 | 奉 | | | | |
| ∅ | 翁 | | | 齆 | 庸 | 容 | 拥 | 用 |

蹦 poŋ²¹⁴ ～起来，又音 poŋ³⁵

棒 pʰoŋ³⁵（尘土等）扬：灰灰～起好高

冲 tsʰoŋ²¹⁴ ～壳子<sub>吹牛</sub>|讲话～

松 soŋ³⁵ ～紧|～树

空 kʰoŋ³⁵ ～虚

齆 oŋ²¹⁴ ～鼻子<sub>齉鼻儿</sub>

龚 tɕioŋ³⁵ 姓～

嗅 ɕioŋ²¹⁴（人或动物）闻，又音 ɕiɤɯ²¹⁴

①poŋ⁴⁵³ 抱：～娃娃<sub>抱孩子</sub>

②pʰoŋ³¹ ～香，又音 pʰoŋ²¹⁴

③ɕioŋ⁴⁵³ ～鼻子<sub>擤鼻涕</sub>

# 第三节

# 连读变调及轻声

## 一 非叠字两字组连读变调

### 表 2-10 非叠字两字组连读变调表

| 后字<br>前字 | 阴平 35 | 阳平 31 | 上声 453 | 去声 214 |
|---|---|---|---|---|
| 阴平 35 | **35+55**<br>香菇　秋天　飞机<br>开关　铁路　稀饭<br>35+35（主谓、动宾）<br>山高　开车　搬家 | **35+31**<br>猪毛　今年　工农<br>开门　心齐　花钱 | **35+42**<br>乡长　风水　抓紧<br>枪响　抓鸟　喝水 | **35+33**<br>车票　车站　相信<br>路费　运气　害怕<br>35+214（主谓、动宾）①<br>鸡叫　心细　交货 |
| 阳平 31 | **33+35**<br>平安　年轻　床单<br>门窗　名字　皮蛋<br>31+35（动宾、主谓、动补）<br>骑车　提高　钱多 | **33+31**<br>农忙　羊毛　投球<br>长城　零钱　盘缠 | **33+42**<br>门口　羊奶　传染<br>来往　人好　骑马 | **33+33**<br>群众　迟到　棉裤<br>城镇　毛笔　埋怨<br>33+214（主谓、动宾、并列）<br>头痛　还账　肥瘦 |
| 上声 453 | **45+55**<br>火车　酒杯　米缸<br>祖宗　普通　马路<br>45+35（主谓、动宾）<br>嘴干　打针　起风 | **45+31**<br>好人　酒瓶　九年<br>草鞋　腿长　打雷 | **45+42**<br>水果　厂长　早晚<br>胆小　我有　养狗 | **45+33**<br>火箭　手续　水库<br>考试　以后　紧要<br>45+214（主谓、动宾）②<br>口臭　狗叫　买票 |

---

① 少量主谓式和内部结构关系紧密的动宾式，后字也读[33]。

② 个别主谓结构的后字也读[33]。

| 前字＼后字 | 阴平35 | 阳平31 | 上声453 | 去声214 |
|---|---|---|---|---|
| 去声214 | **21＋35**<br>教师 汽车 信封<br>放心 看书 惯恃 | **24＋31**<br>证明 化肥 线长<br>拜年 算钱 算盘 | **24＋42**<br>报纸 到底 半碗<br>要紧 课少 受苦 | **24＋33**<br>教训 世界 进退<br>笨蛋 墨笔 被告<br>**24＋214**（主谓、动宾）<br>背痛 进货 看戏 |

变调规律如下：

1. 阴平作前字时不变调；在阴平和上声后变读[55]，在阳平和去声后不变调。

2. 阳平作前字时变读[33]，但在动宾、主谓和动补结构中位于阴平前面时不变调；作两字组后字时不变调。

3. 上声作前字或在语流中处于非句末位置时，变读[45]；位于词句末尾时，变读[42]。

4. 去声在两字组中阴平前面时读[21]，其余前面读[24]；在动宾、主谓和并列结构中作后字时不变调，其余情况下作后字时读[33]。语流中单音节去声词一般读半去[21]。

说明：

1. 主谓和动宾结构中，阴平和上声后的阴平发音时，起点比3度稍高，但比4度低。

2. 阳平作前字发音时，尾部往往有轻微上扬，实际调值接近[23]。

3. 上声作前字发音时，升幅较小，且起点较高，有时听感上近于平调，统一记为[45]；作后字时多读降调，下降幅度小，调尾比3度低，有时听感上接近[31]，但与阳平有别，统一记为[42]。

4. 去声在阴平前面读[21]时，调首平起，下降的幅度较小，接近平调，实际调值为[221]；位于阳平和去声前时，读升调，调尾比4度稍低，且有些字的调首稍降；在上声前读升调时，实际调值接近[13]，统一记为[24]。

去声作后字读[33]时，个别字发音时调首有轻微下降；作主谓和动宾结构中的后字时统一记为[214]，但实际音值与其是否强调或重读有关：若发音较快，常读升调[14]，若发音较慢或有意强调，则读[214]。

5. 部分零星不成规律的特殊变调现象未在上表呈现。

6. 部分非叠字两字组的后字会出现不合上述变调表中变调规律的情况，多是后字读轻声的反映。

## 二 叠字两字组连读变调

### 表 2-11 叠字两字组变调表

| 叠字两字组 | 连读调及例词 |
|---|---|
| 阴平 35 + 阴平 35 | **35 + 55** 杯杯 筛筛 边边 |
| 阳平 31 + 阳平 31 | **33 + 31** 盘盘 皮皮 藤藤<br>**33 + 35** 婆婆 伯伯 |
| 上声 453 + 上声 453 | **45 + 42** 本本 铲铲 碗碗 |
| 去声 214 + 去声 214 | **21 + 35** 盖盖 棍棍 罐罐 |

说明:

1. 阴平和上声叠字两字组的变调规律分别与非叠字两字组的变调规律相同。

2. 阳平叠字两字组的变调式有两种,目前尚未发现明显规律。另外,还有一些阳平叠字两字组的后字读高降调的轻声[42],与常规情况下重叠后字的调值明显不同。

3. 去声在叠字两字组中作前字时变读[21],作后字时变读[35]。

4. 部分叠字两字组的后字会出现不合上述变调表中变调规律的情况,多是后字读轻声的反映。

## 三 轻声

潼南湘语没有普通话的那种读音又轻又短的轻声,但当地有一部分词语并不遵循上述表 2-10 和表 2-11 的变调规律,后字的变调与普通话中轻声的功能相同,我们也将其视作轻声。这些变调大多已具有强制性。下文举例时,先列调类组合,再列调值,原调值组合在前,连调后的调值组合在后,中间用横线"—"区分。调类组合下面列举例词,例词标变调后的读音,例词间用竖线"丨"隔开,一个词语有多个读音时用波浪线"～"隔开。

### (一)后字轻声调读[42]

部分两字组不论是否为叠字组,也不论前字读何种调值,后字都变读[42],与上声作后字时的调值相同。后字为阴平的这种情况较多。

1. 后字为阴平的

(1)阴平 + 阴平:[35 + 35]—[35 + 42]

双生<sub>双胞胎</sub>suaŋ³⁵sɛn⁴² 丨 花生 fa³⁵sɛn⁴² 丨 丝瓜 sɿ³⁵kua⁴² 丨 西瓜 ɕi³⁵kua⁴² 丨 香瓜 ɕiaŋ³⁵kua⁴² 丨 大家 ta³⁵tɕia⁴² ～ ta³⁵ka⁴² 丨 东家 toŋ³⁵ka⁴² 丨 播丝<sub>蜘蛛</sub>po³⁵sɿ⁴² 丨 相因<sub>便宜</sub>ɕiaŋ³⁵iɛn⁴² 丨 先生 ɕiɛn³⁵sɛn⁴² 丨 医生 i³⁵sɛn⁴² 丨 松香 soŋ³⁵ɕiaŋ⁴² 丨 光生<sub>漂亮</sub>kuaŋ³⁵sɛn⁴² 丨 风车<sub>扇车</sub>xoŋ³⁵tsʰa⁴² 丨 春天 tɕʰyɛn³⁵ tʰiɛn⁴²｜夏天ɕia³⁵tʰiɛn⁴²｜秋天tɕʰiɤɯ³⁵tʰiɛn⁴²｜冬天toŋ³⁵tʰiɛn⁴²｜乌龟u³⁵kuɛi⁴²｜家公<sub>外公</sub>ka³⁵koŋ⁴²｜夹衣<sub>棉衣</sub>ka³⁵i⁴²｜蓑衣so³⁵i⁴²｜夜饭<sub>晚饭</sub>ia³⁵fan⁴²｜锅巴ko³⁵pa⁴²｜边边piɛn³⁵piɛn⁴²

（2）阳平＋阴平：[31＋35]—[33＋42]

黄瓜uaŋ³³kua⁴²｜围腰uɛi³³iauɯ⁴²｜南瓜laŋ³³kua⁴²｜坟山<sub>坟</sub>fɛn³³san⁴²｜尼姑i³³ku⁴²｜荷包<sub>口袋</sub>xo³³pauɯ⁴²｜良心liaŋ³³sɛn⁴²｜河沙xo³³sa⁴²｜茅司<sub>厕所</sub>mauɯ³³sʅ⁴²｜箩篼lo³³tɤɯ⁴²｜银针iɛn³³tsɛn⁴²｜糍粑<sub>糯米制成的食品</sub>tsʰʅ³³pa⁴²～tsʅ³³pa⁴²｜重孙tsoŋ³³sɛn⁴²｜茴香fɛi³³ɕiaŋ⁴²｜桥墩tɕiauɯ³³tɛn⁴²

（3）上声＋阴平：[453＋35]—[45＋42]

牡丹mauɯ⁴⁵tan⁴²｜扁挑piɛn⁴⁵tʰiauɯ⁴²｜紫苏tsʅ⁴⁵sɤɯ⁴²｜管家kuan⁴⁵ka⁴²～kuan⁴⁵tɕia⁴²｜脑壳<sub>头</sub>lauɯ⁴⁵kʰo⁴²｜眼睛ŋan⁴⁵tsɛn⁴²～ŋan⁴⁵tɕiɛn⁴²～ŋan⁴⁵tɕiaŋ⁴²｜海参xai⁴⁵sɛn⁴²｜老生<sub>戏曲角色</sub>lauɯ⁴⁵sɛn⁴²｜小生<sub>戏曲角色</sub>ɕiauɯ⁴⁵sɛn⁴²｜武生<sub>戏曲角色</sub>u⁴⁵sɛn⁴²｜小家<sub>小气</sub>ɕiauɯ⁴⁵ka⁴²｜姐夫tɕiɛ⁴⁵fu⁴²｜冷天lɛn⁴⁵tʰiɛn⁴²

（4）去声＋阴平：[214＋35]—[24＋42]

石灰sʅ²⁴fɛi⁴²｜裤裆kʰu²⁴taŋ⁴²｜胯裆<sub>裆部</sub>kʰa²⁴taŋ⁴²｜撇脱<sub>容易</sub>pʰiɛ²⁴tʰo⁴²｜妹夫mɛi²⁴fu⁴²｜药汤io²⁴tʰaŋ⁴²｜更加kɛn²⁴tɕiɛn⁴²｜热天lɛ²⁴tʰiɛn⁴²｜藿香xo²⁴ɕiaŋ⁴²

2. 后字为非阴平的

部分词语中，后字为非阴平时也变读为[42]，如：

（1）阳平作后字时变读[42]的，如：

爷爷ia³³ia⁴²｜娃娃ua³³ua⁴²｜阎王iɛn³³uaŋ⁴²｜婆娘<sup>①</sup>po³³iaŋ⁴²

（2）去声作后字时变读[42]的，如：

闹热lauɯ³⁵lɛ⁴²～lauɯ³⁵ɚ⁴²｜菩萨pu³³sa⁴²｜记性tɕi²⁴sɛn⁴²｜忘性uaŋ³⁵sɛn⁴²

**（二）后字轻声调读[55]**

部分两字组的后字，不论前后字为何种调值，后字多变读[55]。为显示后字不受前字调影响及不受自身声调的限制，下列词语在标调时，将后字的原调值在短横"–"前也标出，变调[55]标在短横后面。

1. 前字为阴平的

没＝里<sub>那里</sub>mɛi³⁵li⁴⁵³⁻⁵⁵｜虾米ɕia³⁵mi⁴⁵³⁻⁵⁵～xa³⁵mi⁴⁵³⁻⁵⁵｜将就tɕiaŋ³⁵tɕiɤɯ²¹⁴⁻⁵⁵｜大麦ta³⁵mɛ²¹⁴⁻⁵⁵｜天气tʰiɛn³⁵tɕʰi²¹⁴⁻⁵⁵｜车站tsʰɛ³⁵tsan²¹⁴⁻⁵⁵

2. 前字为阳平的

婆屋<sub>婆家</sub>po³³u³⁵⁻⁵⁵｜娘屋<sub>娘家</sub>iaŋ³³u³⁵⁻⁵⁵｜辞帖tsʅ³³tʰiɛ³⁵⁻⁵⁵｜条桌tiauɯ³³tso³⁵⁻⁵⁵｜毛铁<sub>斧头</sub>

---

① 此词后字也可不变调，读[po³³iaŋ³¹]。

mɑɯ³³tʰiɛ³⁵⁻⁵⁵ | 黄鳝 uɑŋ³³san³⁵⁻⁵⁵ | 蜈蚣 u³³koŋ³⁵⁻⁵⁵

3. 前字为上声的

简里这里ko⁴⁵li⁴⁵³⁻⁵⁵ | 哪里 la⁴⁵li⁴⁵³⁻⁵⁵ | 海带 xai⁴⁵tai²¹⁴⁻⁵⁵ | 耳朵 ɚ⁴⁵to⁴⁵³⁻⁵⁵ | 小气 ɕiɑɯ⁴⁵ tɕʰi²¹⁴⁻⁵⁵ | 手劲手的力气 sɤɯ⁴⁵tɕiɛn²¹⁴⁻⁵⁵ | 把戏 pa⁴⁵ɕi²¹⁴⁻⁵⁵

4. 前字为去声的

案桌 ŋan²¹tso³⁵⁻⁵⁵ | 气色 tɕʰi²¹sɛ³⁵⁻⁵⁵ | 脉筋脉 me²¹tɕiɛn³⁵⁻⁵⁵ | 叔爷叔sɤɯ²¹iɛ³¹⁻⁵⁵

这些词语中后字读[55]的情况，当地人常常会将其本调对应为[35]，也即认为[55]是后字读本调[35]时的变调。当地方言中阴平的来源较多，事实上，有时很难分辨后字读[55]，究竟是后字读[35]时的以语音为条件的非叠字两字组的连读变调，还是无语音条件的变读轻声。如在词语"木鱼 mo³⁵y⁵⁵｜请帖 tsʰɛn⁴⁵tʰiɛ⁵⁵"中，后字的本调究竟是[35]还是[31]已很难确定，因为后字可以依照"部分次浊平读阴平"或"部分清入读阴平"的语音演变规律读阴平[35]，之后按两字组连调的规律变读[55]；后字也可能如潼南话一样，本字调读[31]，读[55]只是变读轻声的一种体现。这种情况下，我们将其作为后字读[35]时的变调处理。

**（三）后字轻声调自由变读[55]或[42]**

另外，还有部分词语的后字在语流中既可以读高降调[42]，也可以读高平调[55]（后字为阴平时，部分字也可读本字调[35]），存在自由变读的情况。

1. 前字读阴平的

烟囱 iɛn³⁵tsʰoŋ⁴²～iɛn³⁵tsʰoŋ⁵⁵ | 道士 tɑu³⁵sɿ⁴²～tɑu³⁵sɿ⁵⁵ | 自家 tsɿ³⁵ka⁴²～tsɿ³⁵ka⁵⁵ | 渣渣垃圾 tsa³⁵tsa⁴²～tsa³⁵tsa⁵⁵ | 角角 ko³⁵ko⁴²～ko³⁵ko⁵⁵ | 灰灰 fɛi³⁵fɛi⁴²～fɛi³⁵fɛi⁵⁵ | 嗇夹小气 sɛ³⁵ka⁴²～sɛ³⁵ka⁵⁵

2. 前字读阳平的

银针 iɛn³³tsɛn⁴²～iɛn³³tsɛn³⁵ | 镰刀 liɛn³³tɑu⁴²～liɛn³³tɑu³⁵ | 芫荽 iɛn³³ɕy⁴²～iɛn³³ɕy³⁵ | 头发 tɤɯ³³fa⁴²～tɤɯ³³fa⁵⁵ | 门闩 mɛn³³suan⁴²～mɛn³³suan⁵⁵ | 堂屋 ta³³u⁵⁵～ta³³u⁴²～tɑŋ³³u⁵⁵ | 房屋 fɑŋ³³u⁴²～fɑŋ³³u⁵⁵ | 娘屋 iɑŋ³³u⁴²～iɑŋ³³u⁵⁵ | 婆屋 po³³u⁴²～po³³u⁵⁵

3. 前字读上声的

茧壳蚕茧 tɕiɛn⁴⁵kʰo⁴²～tɕiɛn⁴⁵kʰo⁵⁵ | 土沙 tʰɤɯ⁴⁵sa⁴²～tʰɤɯ⁴⁵sa⁵⁵ | 水霜雾 suɛi⁴⁵suaŋ⁴²～suɛi⁴⁵suaŋ⁵⁵ | 蚂蚁 ma⁴⁵iɛn⁴²～ma⁴⁵iɛn⁵⁵

4. 前字读去声的

粽粑粽子 tsoŋ²⁴pa⁴²～tsoŋ²¹pa⁵⁵ | 裤脚 kʰu²⁴tɕio⁴²～kʰu²¹tɕio⁵⁵

需要注意的是，后字变调后在高平调[55]和高降调[42]之间两读的词语，自然状态下往往读[42]，注意或特别提醒后读[55]。据此，我们推测当地方言中[55]和[42]这两种后字变调之间可能存在先后的演变关系，即变调[55]可能是变调[42]的前身，变调[55]再向后发展就变为[42]，原因可能是后字高调起始发音后发音器官随后松弛造成的。

#### （四）其他调值

除了部分双音节词语的后字变读为高平调[55]或高降调[42]的轻声外，一些表义较虚的语素，如动态助词、结构助词、语气词等，在语流中大都读[453]，还有些读高升调[35]或中平调[33]，这些词语并非如普通话那样在不同的语境中，调值不固定。读[453]的音节在语流中遵循上声的变调规律，即处于非句末位置时读[45]，在句末位置时读[42]，如"别个㟼的话"[pʰiɛ²¹ko³⁵taŋ³³ti⁴⁵ua³⁵]、"吃嘎饭"[tɕʰia³⁵ka⁴⁵fan³⁵]、"底₌三年级了"[ti⁴⁵san³⁵iɛn³³tɕi³¹liɑɯ⁴²]、"快走嘛"[kʰuai²⁴tsɤɯ⁴⁵ma⁴²]、"身上好痛哟"[sɛn³⁵saŋ⁵⁵xɑɯ⁴⁵tʰoŋ²⁴io⁴²]等中的"的""嘎""了""嘛""哟"都变读为[45]或[42]；读[33]的，如"莫哭嚛"[mo²¹kʰu³⁵sɛ³³]、"我吃倒在"[ŋo⁴⁵tɕʰia³⁵tɑɯ⁴⁵tsai³³]等中的"嚛""在"；读[35]的，如"冇有学过"[mɑɯ³⁵iɤɯ⁴⁵ɕio²¹ko³⁵]中的"过"[ko³⁵]等。

本书在记录词语的读音时，均按照实际调值记出，即轻声也都记出实际调值。

# 第四节

# 异读

　　异读指同一个字有多种读音的情况。异读的存在体现了方言的动态演变，体现了某些单字音的发展演变，以及不同字音之间的竞争关系。潼南湘语长期处于西南官话的包围之中，在与西南官话的密切接触中，受西南官话影响较大，异读现象较多。当地异读主要体现为文白异读、又读、别义异读等类型。

## 一　文白异读

　　文白异读往往分布在不同的词语环境中，反映出文白读音的竞争情况，展现出它们各自"攻城略地"的现状，体现了读音通过词汇进行扩散的路径。文白异读体现为字音在声母、韵母、声调等单个或多个音类上的对立。根据对立音类的不同，异读有以下几种情况。下面的例子，斜线"/"前为文读、后为白读，竖线"|"隔开不同的单字，波浪线"～"前后的读音为又读关系。后文同此。

　　A. 声母不同：皮 pʰi³¹～肤/pi³¹～子｜勤 tɕʰiɛn³¹辛～/tɕiɛn³¹～快｜池 tsʰ̩³¹水～/tsɿ³¹～坝村（地名）

　　B. 韵母不同：秃 tʰu³¹光～～/tʰuɛi³¹～头｜炉 lu³¹火～/lɤɯ³¹～桥｜梳 su³⁵～头/sɤɯ³⁵～脑壳（梳头）

　　C. 声调不同：事 sɿ²¹⁴～故/sɿ³⁵～情｜麦 mɛ³¹～冬/mɛ³⁵小～～ mɛ²¹⁴～子｜近 tɕiɛn²¹⁴～视眼/tɕiɛn³⁵远～

　　D. 声母韵母不同：嫁 tɕia²¹⁴～奁/ka²¹⁴～人｜吹 tsʰuɛi³⁵～牛/tɕʰy³⁵～风｜情 tɕʰiɛn³¹爱～/tsɛn³¹事～

　　E. 声母声调不同：侧 tsɛ³¹～边/tsʰɛ³⁵～身｜爬 pʰa³¹摸～滚打/pa³⁵～山

　　F. 韵母声调不同：失 sɿ³¹损～/sɛ²¹⁴东西～了｜滴 ti³¹水～/tia²¹⁴一～水｜路 lu²¹⁴公～/lɤɯ³⁵修～

　　G. 声韵调都不同：直 tsɿ³¹正～/tsʰɛ²¹⁴路～｜日 zɿ³¹～记/ɚ³⁵～子｜掐 tɕʰia³¹～脱/kʰa³⁵～断

文白读音往往分别与新老词汇相对应，如"学"在新词"学校"[ɕio³¹⁻³³ɕiɑu²¹⁴⁻³³]中读文读音[ɕio³¹]，在老词"学堂"[ɕio²¹⁴⁻²⁴taŋ³¹]中读白读音[ɕio²¹⁴]。在现实语言生活中，文白读音的竞争会导致文读和白读音类杂配的情况，如：住tɕy³⁵雨~了（声白韵白调白）/tso³⁵~右下（声文韵白调白）/tso²¹⁴你在哪里~（声文韵白调文）。因此，一个音是文读还是白读，要从具体的音类来观察。下文主要从古今语音发展演变的规律，从声母、韵母和声调中某一个音类的视角，来讨论当地方言中文白异读的情况。

**（一）声母的文白异读**

1. 古全浊声母

古全浊声母舒声韵平声字逢塞音塞擦音时，今文读送气音，白读不送气音；古全浊声母入声字逢塞音塞擦音时，今文读不送气音，白读送气音。古匣母字，今读擦音[f][x]声母和零声母时，文读[f][x]，白读零声母；读塞音和擦音声母时，文读擦音，白读塞音。古禅母字，今文读塞擦音，白读擦音。古邪母字，今文读擦音，白读塞擦音。

（1）声母送气与不送气的文白异读

舒声韵平声字，如：

辞 tsʰɿ³¹~职/tsɿ³¹~帖｜皮 pʰi³¹~肤/pi³¹~子｜提 tʰi³¹手~包/ti³¹~篮｜骑 tɕʰi³¹~兵/tɕi³¹~马｜蒲 pʰu³¹菖~/pu³³~扇｜屠 tʰu³¹~杀/tɤɯ³¹~夫｜厨 tsʰu³¹~房/tɕy³¹~管师～ tsɤɯ³¹~管师｜排 pʰai³¹~长/pai³¹站一~｜台 tʰai³¹天~/tai³¹戏~｜财 tsʰai³¹~产/tsai³¹发｜裁 tsʰai³¹总~/tsai³¹~缝｜培 pʰEi³¹~养/pEi³¹~土｜潮 tsʰɑɯ³¹~湿/tsɑɯ³¹回~｜头 tʰɤɯ³¹老~子/tɤɯ³¹~发｜坛 tʰan³¹天~/tan³¹~~（坛子）｜弹 tʰan³¹~琴/tan³¹~绷子（弹弓）｜缠 tsʰan³¹纠~/tsan³¹~人｜平 pʰiɛn³¹~安/pEn³¹路~｜藤 tʰEn³¹~包儿（书包）/tEn³¹~~（藤子）｜停 tʰiɛn³¹~止/tiɛn³¹雨~了｜情 tɕʰiɛn³¹爱~/tsEn³¹~事｜沉 tsʰEn³¹~默/tsEn³¹~下去｜陈 tsʰEn³¹~列/tsEn³¹~粮｜存 tsʰEn³¹库~/tsEn³¹~钱｜层 tsʰEn³¹~次/tsEn³¹一~｜成 tsʰEn³¹~功/tsEn³¹收~｜前 tɕʰiɛn³¹~进/tɕiɛn³¹~头｜勤 tɕʰiɛn³¹辛~/tɕiɛn³¹~快｜旁 pʰaŋ³¹偏~/paŋ³¹~边｜同 tʰoŋ³¹~志/toŋ³¹~路｜从 tsʰoŋ³¹~容/tsoŋ³¹~小｜重 tsʰoŋ³¹~庆/tsoŋ³¹~复

入声字，如：

直 tsɿ³¹正~/tsʰɛ²¹⁴路~｜着 tso³¹~火/tso³⁵~孽/tsʰo³⁵困~/tsʰo²¹⁴困右~｜宅 tsɛ³¹大~门（电视剧名）/tsʰɛ²¹⁴住~

从声母来看，有些字只有白读（一个或多个），而无相应文读，如：择[①]tsʰɛ³¹选~~ tsʰɛ²¹⁴~菜｜辙 tsʰɛ³¹｜族 tɕʰy³¹｜截 tɕʰiɛ³¹｜弼 pʰi³¹｜勃 pʰu³¹。有不少已只有文读，如：夺 to³¹｜集 tɕi³¹｜蛰 tsɿ³⁵｜叠 tiɛ³¹。

---

① 从声母来看，"择"的两个读音都为白读音；从声调来看，[tsʰɛ³¹]为文读音。本段主要讨论声母的文白异读，因此用"~"连接两个读音。

（2）匣母读擦音、零声母和塞音的文白异读

匣母字的声母，一种情况是今文读擦音[f]或[x]，白读零声母。如：

怀 fai$^{31}$ 胸~ /uai$^{31}$ ~里｜黄 faŋ$^{31}$ 雄~ /uaŋ$^{31}$ ~色｜皇 faŋ$^{31}$ 太上~ /uaŋ$^{31}$ ~帝｜和 xo$^{31}$ ~气/ o$^{31}$ ~尚｜禾 xo$^{31}$ ~苗/o$^{31}$ ~桩子(稻茬)｜回 fɐi$^{31}$ ~~ /uɐi$^{31}$ ~去｜还 fan$^{31}$ 偿~ /uan$^{31}$ ~钱｜换 fan$^{35}$ ~娃娃(流产) /uan$^{35}$ ~衣服｜横 fɐn$^{31}$ ~竖/uɐn$^{31}$ ~起走（横着走）

有些字则只有白读，如：蝗蟆 uaŋ$^{31}$｜完 uan$^{31}$｜话 ua$^{35}$。

另一种情况是今文读擦音，白读塞音。如：

壶 fu$^{31}$ 水~ /ku$^{31}$ ~~（小瓶子）｜核 xɐ$^{31}$ 果~ /ku$^{31}$ ~~（果核）

只有白读的，如：皖 k$^{h}$uan$^{453}$ ~南事变。

（3）禅母读塞擦音和擦音的文白异读

禅母字的声母今文读多读塞擦音，白读擦音。如：

城 ts$^{h}$ɐn$^{31}$ ~市~ tsɐn$^{31}$ 进~ /sɐn$^{31}$ ~隍庙｜承 tsɐn$^{31}$ ~认/sɐn$^{31}$ 承受: 桌子~有起人｜常 tsaŋ$^{31}$ 扯~ / saŋ$^{31}$ 经~

个别字今读擦音或塞擦音声母没有词汇条件的限制，是又读，如：慎 sɐn$^{214}$ ~ ts$^{h}$ɐn$^{214}$。

有些字只有白读，如：乘 sɐn$^{31}$｜蝉禅 san$^{31}$｜尝偿 saŋ$^{31}$｜辰晨 sɐn$^{31}$。

（4）邪母读塞擦音和擦音的文白异读

邪母字的声母今文读擦音，白读塞擦音。如：

像 ɕiaŋ$^{214}$ 人~ /tɕ$^{h}$iaŋ$^{214}$ ~底˭老汉儿~ tɕiaŋ$^{35}$ ~底˭老汉儿

2. 非组

非组少数字声母的白读音保留上古读重唇音的残迹。声母今文读唇齿音或零声母，白读双唇音；个别字只有白读。如：

浮 fɤɯ$^{31}$ 漂~ /pɑɯ$^{31}$ 球~出来了｜伏 fu$^{31}$ ~烟/p$^{h}$u$^{214}$ ~倒困（趴着睡①）｜晚 uan$^{453}$ ~会/man$^{453}$ ~妹（最小的妹妹）｜望 uaŋ$^{214}$ 看~ /maŋ$^{35}$ ~起脑壳（抬起头）

3. 精组

深臻摄开口三等和梗摄开口三四等舒声精组字的声母今文读[tɕ tɕ$^{h}$ ɕ]，白读[ts ts$^{h}$ s]。文读声母[tɕ tɕ$^{h}$ ɕ]常与文读韵母[iɐn]相配合，白读声母[ts ts$^{h}$ s]常与白读韵母[ɐn]相配合。如：

心 ɕiɐn$^{35}$ 背~ /sɐn$^{35}$ ~子｜进 tɕiɐn$^{214}$ ~去/tsɐn$^{214}$ 前~｜亲 tɕ$^{h}$iɐn$^{35}$ 父~ /ts$^{h}$ɐn$^{35}$ ~戚｜信 ɕiɐn$^{214}$ 相~ / sɐn$^{214}$ 写~｜精 tɕiɐn$^{35}$ 昧~ /tsɐn$^{35}$ ~神｜静 tɕiɐn$^{214}$ 背~ /tsɐn$^{35}$ 清~｜睛 tɕiɐn$^{35}$ 目不转~ /tsɐn$^{35}$ 眼~｜青

---

① 有学者认为此处本字为"匍"，但"匍"为平声并母，声母和声调读音均不合；还有学者认为本字可能为"覆"，语义不甚合。"伏"为入声奉母，"伏"此处读去声，与该地古全浊入声字读入去声的特点一致。

tɕʰiᴇn$^{35}$ ～年/tsʰᴇn$^{35}$ ～菜 | 腥 ɕiᴇn$^{35}$ 血～ /sᴇn$^{35}$ ～臭 | 星 ɕiᴇn$^{35}$ 明～ /sᴇn$^{35}$ ～子

有些异读没有词汇条件的限制，是又读。如：

辛新 ɕiᴇn$^{35}$ ～ sᴇn$^{35}$ | 擤 ɕiᴇn$^{453}$ ～ sᴇn$^{453}$ | 性姓 ɕiᴇn$^{214}$ ～ sᴇn$^{214}$

有些只有白读，如：

晴 tsᴇn$^{31}$ | 浸 tsᴇn$^{214}$ | 清 tsʰᴇn$^{35}$ | 请 tsʰᴇn$^{453}$ | 省 sᴇn$^{453}$ 反～

通摄精组入声字的声母今文读[ts tsʰ s]，白读[tɕ tɕʰ ɕ]。文读声母[ts tsʰ s]与文读韵母[u]相配合，白读声母[tɕ tɕʰ ɕ]与白读韵母[y]相配合。如：

足 tsu$^{31}$ ～球/tɕy$^{31}$ 大～（地名）| 促 tsʰu$^{31}$ 督～ /tɕʰy$^{31}$ ～进～ tɕy$^{31}$ ～进

4. 知系

遇摄和山臻摄合口三等知庄章组舒声字的声母今文读[ts tsʰ s]，白读[tɕ tɕʰ ɕ]。文读声母[ts tsʰ s]常与文读合口呼韵母[u uan uᴇn]相配合，白读声母[tɕ tɕʰ ɕ]常与白读撮口呼韵母[y yᴇn]相配合，个别会出现文读声母[ts tsʰ s]与白读开口呼韵母[ɤɯ]错配的情况。如：

珠 tsu$^{35}$ 珍～ /tɕy$^{35}$ 弹～～ | 输 su$^{35}$ ～送/ɕy$^{35}$ ～赢 | 专 tsuan$^{35}$ ～家/tɕyᴇn$^{35}$ ～门（经常）| 准 tsuᴇn$^{453}$ ～则/tɕyᴇn$^{453}$ 标～ | 初 tsʰu$^{35}$ ～中/tsʰɤɯ$^{35}$ 大年～一/tɕʰy$^{35}$ ～中

有些字异读的分布没有词汇条件的限制，是又读。如：

纯唇醇 suᴇn$^{31}$ ～ ɕyᴇn$^{31}$ | 穿川 tsʰuan$^{35}$ ～ tɕʰyᴇn$^{35}$ | 赚 tsuan$^{214}$ ～ tɕyᴇn$^{214}$ | 蠢 tsʰuᴇn$^{453}$ ～ tɕʰyᴇn$^{453}$ | 串 tsʰuan$^{214}$ ～ tɕʰyᴇn$^{214}$ | 顺 suᴇn$^{214}$ ～ ɕyᴇn$^{214}$ | 殊 su$^{35}$ ～ ɕy$^{35}$ | 薯 su$^{453}$ ～ ɕy$^{453}$

还有些字只有白读。如：

猪 tɕy$^{35}$ | 书 ɕy$^{35}$ | 砖 tɕyᴇn$^{35}$ | 春 tɕʰyᴇn$^{35}$ | 舜 ɕyᴇn$^{214}$

5. 见系

古见系开口二等字的声母今文读[tɕ tɕʰ ɕ ∅]，白读舌根音[k kʰ ŋ x]。如：

家 tɕia$^{35}$ 作～ /ka$^{35}$ ～公 | 芽 ia$^{31}$ 发～ /ŋa$^{31}$ ～～ | 虾 ɕia$^{35}$ 龙～ /xa$^{35}$ ～米 | 崖 ia$^{31}$ 山～ /ŋai$^{31}$ ～坨（石头）| 阶 tɕiai$^{35}$ ～级/kai$^{35}$ ～檐 | 解 tɕiai$^{453}$ ～释/kai$^{453}$ ～手 | 界 tɕiai$^{214}$ 世～ /kai$^{214}$ 边～石 | 较 tɕiɑɯ$^{214}$ 比～ /kɑɯ$^{214}$ 尝试：～一下 | 掐 tɕʰia$^{31}$ ～脱/kʰa$^{35}$ ～断 | 甲 tɕia$^{31}$ ～乙/ka$^{31}$ 指～ | 鸭 ia$^{31}$ ～儿（赤子阴）/ia$^{35}$ ～子～ ŋa$^{35}$ ～子 | 间 tɕiᴇn$^{35}$ 空～ /kan$^{35}$ 中～ | 闲 ɕiᴇn$^{31}$ 空～ /xan$^{31}$ ～田 | 讲 tɕiɑŋ$^{453}$ ～台/kɑŋ$^{453}$ ～话 | 觉 tɕiɑɯ$^{31}$ 困～ /kɑɯ$^{214}$ 睡～

有不少字从声母来看，只有白读。如：

痂 ka$^{35}$ | 下 xa$^{35}$ ～次～ xa$^{453}$ 方位词：～头。动词：～来～ xa$^{214}$ 量词：打一～ | 鞋 xai$^{31}$ | 轧 ŋa$^{214}$ 被车～死了 | 窖 kɑɯ$^{214}$ | 敲 kʰɑɯ$^{35}$ | 阄 kɤɯ$^{35}$ | 嵌 kʰan$^{35}$ | 苋 xan$^{35}$ | 限 xan$^{214}$ | 虹 kɑŋ$^{214}$ 出～了 | 项巷 xɑŋ$^{214}$ | 硬 ŋᴇn$^{35}$ ～ ŋᴇn$^{214}$ | 杏 xᴇn$^{214}$

## （二）韵母的文白异读

韵母文白异读也只出现在某些韵摄中，有些文白韵母与声母文白音类配合出现，此种情况，下文不再举例。

1. 假摄

假摄开口三等主要元音今文读 [ɛ]，白读 [a]。如：

车 tsʰɛ³⁵ 汽~ /tsʰa³⁵ 水~｜扯 tsʰɛ⁴⁵³ ~常（经常）/tsʰa⁴⁵³ ~草（拔草）｜爷 iɛ³¹ 舅~ /ia³¹ ~~｜惹 lɛ⁴⁵³ ~是生非 /la⁴⁵³ 你莫~我｜野 iɛ⁴⁵³ ~人 /ia⁴⁵³ ~物｜夜 iɛ²¹⁴ ~晚 /ia³⁵ ~饭

2. 遇摄和通摄入声字

端系遇摄合口一等和通摄入声字的韵母今文读 [u]，白读 [ɤɯ] 或 [y]。如：

吐 tʰu⁴⁵³ 呕~ /tʰɤɯ⁴⁵³ ~痰｜炉 lu³¹ 火~ /lɤɯ³¹ ~桥｜芦 lu³¹ ~苇 /lɤɯ³¹ ~竹｜租 tsu³⁵ 房~ / tsɤɯ³⁵ ~谷｜祖 tsu⁴⁵³ ~宗 /tsɤɯ⁴⁵³ ~先人｜厨 tsʰu³¹ ~房 /tɕy³¹ ~管师~ tsɤɯ³¹ ~管师｜梳 su³⁵ ~头 / sɤɯ³⁵ ~脑壳（梳头）｜苏 su³⁵ ~州 /sɤɯ³⁵ 紫~｜绿 lu³¹ ~色 /lɤɯ²¹⁴ ~豆｜足 tsu³¹ ~球 /tɕy³¹ 大~（地名）｜烛 tsu³¹ ~光 /tsɤɯ³⁵ 蜡~｜叔 su³¹ ~~ /sɤɯ²¹⁴ ~爷｜属 su³¹ ~于 /ɕy³¹ ~家~

部分字只有白读。如：

赌 tɤɯ⁴⁵³｜土 tʰɤɯ⁴⁵³｜兔 tʰɤɯ²¹⁴｜锄 tsɤɯ³¹｜酥 sɤɯ³⁵｜读 tʰɤɯ²¹⁴｜六 lɤɯ²¹⁴｜竹 tsɤɯ³⁵｜族 tɕʰy³¹｜速肃宿 ɕy³¹

知系遇摄和通摄入声字的韵母今文读 [u]，常与文读声母 [ts tsʰ s] 相配；白读 [y] 或 [ɤɯ]，[y] 常与白读声母 [tɕ tɕʰ ɕ] 相配，[ɤɯ] 则常与文读声母 [ts tsʰ s] 错配。例字参见上述"（一）声母的文白异读"中"4.知系"相应内容，此不赘举。

3. 深摄、山摄、臻摄、曾摄和梗摄

（1）舒声字

深臻曾梗摄开口三四等帮组和端系舒声字的韵母今文读 [iɛn]，白读 [ɛn]。山臻摄合口三等知庄章组舒声字的韵母今文读 [uɛn uan]，白读 [yɛn]。精组字韵母文读 [iɛn] 时，与文读声母 [tɕ tɕʰ ɕ] 相配；白读 [ɛn] 时，与白读声母 [ts tsʰ s] 相配。知庄章组字韵母文读 [uɛn uan] 时，与文读声母 [ts tsʰ s] 相配；白读 [yɛn] 时，与白读声母 [tɕ tɕʰ ɕ] 相配。精组和知庄章组相应的例字可参见上述"（一）声母的文白异读"中"3.精组"和"4.知系"，此不赘举。帮组、端组和泥组文白异读的例字如下：

林 liɛn³¹ 森~ /lɛn³¹ 树~子｜鳞 liɛn³¹ 遍体~伤 /lɛn³¹ ~甲｜冰 piɛn³⁵ ~糕 /pɛn³⁵ 结~｜饼 piɛn⁴⁵³ ~干 / pɛn⁴⁵³ ~子｜平 pʰiɛn³¹ ~安 /pɛn³¹ 道路~｜凭 pʰiɛn³¹ ~借 /pʰɛn³⁵ 倒困（靠着睡）｜明 miɛn³¹ 光~ / mɛn³¹ ~天｜领 liɛn⁴⁵³ ~导 /lɛn⁴⁵³ 衣~｜鼎 tiɛn⁴⁵³ ~力相助 /tɛn⁴⁵³ ~锅｜灵 liɛn³¹ ~气 /lɛn³¹ ~牌

（2）入声字

山摄和深臻曾摄开口三等知庄章组入声字的韵母今文读 [ɿ]，白读 [ɛ]。如：

湿 sɿ³¹ ~气 /sɛ³⁵ 地上~｜十 sɿ²¹⁴ 二~ /sɛ²¹⁴ ~个｜侄 tsɿ³¹ ~儿 /侄 tsɛ²¹⁴ ~子｜失 sɿ³¹ 损~ /sɛ²¹⁴ 东西~了｜直 tsɿ³¹ 正~ /tsʰɛ²¹⁴ 路~｜蚀 sɿ³¹ 腐~ /sɛ²¹⁴ ~本

臻摄合口三等知庄章组入声字的韵母今文读 [u]，白读 [y]。如：

出 tsʰu³¹ 付~ /tɕʰy³⁵ ~门 | 术 su²¹⁴ 算~ /ɕy³¹ 白~~ tɕʰy³¹ 白~

梗摄开口二四等入声字韵母的主元音今文读[iŋ]，白读[a]。如：

滴 ti³¹ 水~ /tia²¹⁴ 一~水 | 壁 pi³¹ ~虎/pi³⁵ ~头/pia³⁵ ~上 | 吃 tsʰʅ³¹ 小~ /tɕʰia³⁵ ~饭 | 沥 li³¹ ~青/lia²¹⁴ 把米~干

### （三）声调的文白异读

#### 1. 古平声

少数古浊声母平声字，以古次浊平声字居多，声调今文读阳平，白读阴平。如：

模 mu³¹ ~子/mu³⁵ ~样 | 镰 liɛn³¹ ~刀/liɛn³⁵ 火~子 | 笼 loŋ³¹ 蒸~/loŋ³⁵ 笆~ | 篮 lan³¹ ~子/lan³⁵ 提~ | 蛾 ŋo³¹ ~子/ŋo³⁵ 飞~ | 鱼 y³¹ 小~ /y³⁵ 木~

部分字只有白读。如：

炎研蝇 iɛn³⁵ | 聋咙喉~窿窟~loŋ³⁵ | 挪啰 lo³⁵ | 拿 la³⁵ | 敹~边儿嫽~人家（串门儿）liɑɯ³⁵

全浊声母平声字的声调今文读阳平，白读阴平。如：

凭 pʰiɛn³¹ ~借/pʰɛn³⁵① ~倒墙上

#### 2. 古上声

古全浊声母上声字的声调今文读去声，白读阴平。如：

坐 tso²¹⁴ ~标/tso³⁵ ~牙 | 夏 ɕia²¹⁴ 姓~ /ɕia³⁵ 立~ | 棒 paŋ²¹⁴ 捶衣~/paŋ³⁵ 木~ | 罪 tsuɛi²¹⁴ 犯~/tsuɛi³⁵ ~人 | 抱 pɑɯ²¹⁴ 拥~/pɑɯ³⁵ ~孩子 | 动 toŋ²¹⁴ 运~/toŋ³⁵ ~一下 | 近 tɕiɛn²¹⁴ ~视/tɕiɛn³⁵ 离家~ | 在 tsai²¹⁴ 现~ /tsai³⁵ ~家 | 舅 tɕiɤɯ²¹⁴ ~~ /tɕiɤɯ³⁵ ~子 | 断 tuan²¹⁴ ~案/tuan³⁵ 线~了 | 弟 ti²¹⁴ ~兄/ti³⁵ 堂~ | 柿 sʅ²¹⁴ 西红~/sʅ³⁵ ~子 | 后 xɤɯ²¹⁴ 皇~/xɤɯ³⁵ ~来

部分字只有白读。如：

祸 xo³⁵ | 是 sʅ³⁵ | 跪 kuɛi³⁵ | 厚 xɤɯ³⁵ | 咎 tɕiɤɯ³⁵ | 淡 tan³⁵ | 重 tsoŋ³⁵ 轻~

部分字存在又读。如：

圈 tɕyɛn²¹⁴ 猪~~ tɕyɛn³⁵ 猪~

#### 3. 古去声

古浊声母去声字的声调今文读去声，白读阴平。如：

夜 ie²¹⁴ ~晚/ia³⁵ ~饭 | 骂 ma²¹⁴ 辱~/ma³⁵ ~人 | 败 pai²¹⁴ 失~/pai³⁵ ~家子 | 卖 mai²¹⁴ 买~/mai³⁵ ~东西 | 袋 tai²¹⁴ ~子/tai³⁵ 口~ | 外 uai²¹⁴ 城~/uai³⁵ ~国 | 背 pɛi²¹⁴ ~诵/pɛi³⁵ ~课文 | 柜 kuɛi²¹⁴ 掌~/kuɛi³⁵ ~子 | 闹 lɑɯ²¹⁴ 吵~/lɑɯ³⁵ ~热 | 料 liɑɯ²¹⁴ 材~/liɑɯ³⁵ ~食 | 尿 iɑɯ²¹⁴ 尿~~/iɑɯ³⁵ ~片儿 | 路 lu²¹⁴ 公~/lɤɯ³⁵ 修~ | 蛋 tan²¹⁴ ~糕/tan³⁵ 鸡~ | 难 lan²¹⁴ 患~/lan³⁵ 有~ | 乱 luan²¹⁴ 动~/luan³⁵ 屋里~ | 万 uan²¹⁴ 千辛~苦/uan³⁵ 一~ | 认 lɛn²¹⁴ 承~/lɛn³⁵ ~得 | 论 lɛn²¹⁴ 议~/lɛn³⁵ ~斤卖 | 面 miɛn²¹⁴ 海椒~/miɛn³⁵ 吃~ | 念

---

① 依《广韵》，"凭"还有"皮证切"一读。"凭"在当地读阴平也可能源于该读音，为浊去读阴平的情况。

iɛn²¹⁴ ~书/iɛn³⁵ ~经｜院 yɛn²¹⁴ 医~/yɛn³⁵ ~子｜让 laŋ²¹⁴ 谦~/laŋ³⁵ ~一下｜尚 saŋ²¹⁴ 高~/saŋ³⁵ 和~｜亮 liaŋ²¹⁴ 明~/liaŋ³⁵ 来~了（来电了）｜用 ioŋ²¹⁴ 作~/ioŋ³⁵ ~钱｜慢 man²¹⁴ ~阵（一会儿）/man³⁵ ~行（慢走）｜会 fɛi²¹⁴ 开~/fɛi³⁵ ~开车

部分字只有白读。如：

字 tsʅ³⁵｜糯 lo³⁵｜鼻 pi³⁵｜露漏 lɤɯ³⁵｜豆逗 tɤɯ³⁵｜瞪 tɛn³⁵｜梦 moŋ³⁵/弄 loŋ³⁵

### 4. 古入声

（1）古清入

古清声母入声字声调的文白异读，有两种情况。

一种是声调今文读阳平，白读阴平。如：

夹 ka³¹ ~肢窝/ka³⁵ ~菜｜接 tɕiɛ³¹ 直~/tɕiɛ³⁵ ~东西｜擦 tsʰa³¹ ~黑/tsʰa³⁵ ~脱（擦掉）｜脱 tʰo³¹ 摆~/tʰo³⁵ ~衣服｜刮 kua³¹ ~风/kua³⁵ ~子｜血 ɕyɛ³¹ ~压/ɕyɛ³⁵ 流~｜削 ɕyɛ³¹ 剥/ɕyɛ³⁵ ~苹果｜出 tsʰu³¹ 演~/tɕʰy³⁵ ~去｜钵 po³¹ 搖~/po³⁵ 烟杆~~｜脚 tɕio³¹ 底~/tɕio³⁵ ~底｜约 io³¹ ~会/io³⁵ ~人｜剥 po³¹ ~削/po³⁵ ~皮｜桌 tso³¹ 课~/tso³⁵ ~子｜角 ko³¹ 眼~/ko³⁵ ~尺｜壳 kʰo³¹ 鲫~/kʰo³⁵ 蛋｜得 tɛ³¹ ~罪/tɛ³⁵ ~分｜黑 xɛ³¹ ~暗/xɛ³⁵ 天~了｜侧 tsɛ³¹ ~边/tsʰɛ³⁵ ~身｜色 sɛ³¹ 颜~/sɛ³⁵ 脸~｜百 pɛ³¹ ~货铺/pɛ³⁵ 一~｜吓 xɛ³¹ 恐~/xɛ³⁵ ~人｜缩 so³¹ ~小/so³⁵ ~锅｜烛 tsu³¹ ~光/tsɤɯ³⁵ 蜡~｜节 tɕiɛ³¹ 春~/tɕiɛ³⁵ 一~课

另一种是声调今文读阳平，白读去声。如：

作 tso³¹ 工~/tso²¹⁴ ~坊｜失 sʅ³¹ 损~/sɛ²¹⁴ 东西~了｜索 so³¹ 火~/so²¹⁴ ~子｜觉 tɕio³¹ 感~/kaɯ²¹⁴ 睡~｜德 tɛ³¹ 品~/tɛ²¹⁴ 表~｜滴 ti³¹ 水~/tia²¹⁴ 一~水｜叔 su³¹ ~叔/sɤɯ²¹⁴ ~爷

还有个别清入字，声调有去声和阴平两种白读，读去声的层次应该更早一些。如：

刷 sua³⁵ ~墙/sua²¹⁴ ~把｜撇 pʰiɛ³⁵ 一~一捺/pʰiɛ²¹⁴ ~脱｜搁 ko³¹ 耽~/kʰo³⁵ ~东西~ kʰo²¹⁴ ~东西｜隔 kɛ³¹ ~壁/kɛ³⁵ ~开~ kɛ²¹⁴ ~断｜骨 ku³¹ 排~/ku³⁵ ~油~ ku²¹⁴ ~头

（2）古次浊入

古次浊声母入声字的文白异读，也有两种情况。

一种是声调文读阳平，白读去声。如：

密 mi³¹ ~度/mi²¹⁴ 红苕栽~了｜落 lo³¹ ~实/lo²¹⁴ ~雨｜叶 iɛ³¹ ~茶~/叶 iɛ²¹⁴ ~子｜药 io³¹ ~膏/io²¹⁴ 吃~｜墨 mɛ³¹ ~色/mɛ²¹⁴ 买~｜勒 lɛ³¹ ~索/lɛ²¹⁴ ~死｜肋 lɛ³¹ ~骨/lɛ²¹⁴ ~巴｜绿 lu³¹ ~色/lɤɯ²¹⁴ ~豆｜辣 la³¹ 油~子/la²¹⁴ ~菜｜沥 li³¹ ~青/li²¹⁴ 帕~ lia²¹⁴ ~水

另一种是声调今文读阳平，白读阴平。如：

物 u³¹ 礼~/u³⁵ 野~｜烈 liɛ³¹ ~火/liɛ³⁵ ~性格｜日 zʅ³¹ ~记/ɚ³⁵ ~子

还有些次浊入字，声调有阴平和去声两种白读。读去声的层次应该更早一些。如：

月 yɛ³¹ ~食/yɛ³⁵ 冬~（十一月）~ yɛ²¹⁴ ~亮｜麦 mɛ³¹ ~冬/mɛ³⁵ 小~~ mɛ²¹⁴ ~子

（3）古全浊入

古全浊入声字的文白异读，也有两种情况。

一种是声调今文读阳平，白读去声。如：

舌 sɛ³¹喉~/sɛ²¹⁴~条儿（舌头）｜活 xo³¹剥~路/xo²¹⁴~鱼｜薄 po³¹剥~（刻薄）/po²¹⁴衣服~｜侄 tsʅ³¹~儿/tsɛ²¹⁴~子｜学 ɕio³¹同~/ɕio²¹⁴~生｜择 tsʰɛ³¹选~/tsʰɛ²¹⁴~菜｜直 tsʅ³¹正~/tsʰɛ²¹⁴路~｜石 sʅ³¹姓~/sʅ²¹⁴~头｜蚀 sʅ³¹腐~/sɛ²¹⁴~本｜获 xo³¹俘~/xo²¹⁴~得｜熟 su³¹~视无睹/sɤɯ²¹⁴~田

另一种是声调今文读阳平，白读阴平。如：

实 sʅ³¹诚~/sʅ³⁵扎~｜核 xɛ³¹审~/xɛ³⁵桃~｜刍 sua³¹~子/so³⁵瓜~｜划 fa³¹~船/fa³⁵柴

个别全浊入字，声调有阴平和去声两种白读。如：

着 tso³¹~火/tso³⁵~鞏~ tsʰo³⁵困~~ tsʰo²¹⁴困行~

## （四）一字多音的文白异读

受方言接触和普通话等多种因素的影响，文白异读中的文读音类与白读音类往往会出现多种组配情况，导致方言中出现一字三音、四音，甚至五音的异读现象。另外，多个读音的分布有时并没有明显的词汇条件，呈现出又读的关系。这些情况体现了潼南湘语异读音类异常激烈的竞争关系，也体现了语音历史层次的丰富性和复杂性。这也会造成一个字的多个异读音从不同的音类来看，有时属于文读，有时属于白读。如"壁"[pi³⁵]，从声调来看，阴平读音属于白读；但从韵母论，[i]韵母的读音则属于文读。因此，下文呈现一个字的多个异读音时，不再明确单个字音的文读或白读定性，只以"音1、音2、音3、音4、音5"等标示。

### 1. 一字三音

| | 音1 | 音2 | 音3 |
|---|---|---|---|
| 初 | tsʰu³⁵~中 | tsʰɤɯ³⁵大年~一 | tɕʰy³⁵~中 |
| 壁 | pi³¹~虎 | pi³⁵~头 | pia³⁵高粱夹~（高粱夹在墙壁中） |
| 大 | ta²¹⁴~衣 | ta³⁵~家 | tʰai⁴⁵³雨~ |
| 城 | tsʰɛN³¹~市 | tsɛN³¹进~ | sɛN³¹~隍庙 |
| 陷 | ɕiɛN²¹⁴~阱 | xan²¹⁴地~ | xan³⁵~进去 |
| 夹 | tɕia³¹~克 | ka³¹~肢窝（腋窝） | ka³⁵~菜 |
| 瓶 | pʰiɛN³¹电~ | piɛN³¹水~ | pɛN³¹水~ |
| 船 | tsʰuan³¹轮~ | tsuan³¹晕~ | tɕyɛN³¹~工 |
| 储 | tsʰu³¹~存 | tsʰɤɯ³¹备粮 | tsɤɯ³¹备粮 |
| 拍 | pʰɛ³¹打~子 | pʰɛ³⁵~蚊子 | pʰa³⁵~键儿 |
| 肚 | tu²¹⁴~兜 | tɤɯ⁴⁵³~皮 | tɤɯ²¹⁴~腹 |
| 嫁 | tɕia²¹⁴~奁 | tɕia³⁵陪~ | ka²¹⁴~人 |
| 别 | piɛ³¹区~ | pʰiɛ³¹门~~（门闩） | pʰiɛ²¹⁴~个（别人） |

2. 一字四音

|  | 音1 | 音2 | 音3 | 音4 |
|---|---|---|---|---|
| 木 | mu³¹ 枕～ | mu³⁵ ～头 | mo³⁵ ～鱼 | mu²¹⁴ ～卵（笨蛋） |
| 伏 | fu³¹ ～烟 | fu²¹⁴ 进～ | pʰu²¹⁴ ～倒困 | pʰu³¹ ～倒困 |
| 术 | su²¹⁴ 算～ | tsʰu³¹ 白～ | ɕy³¹ 白～ | tɕʰy³¹ 白～ |
| 着 | tso³¹ ～火 | tso³⁵ ～孽 | tsʰo³⁵ 困～ | tsʰo²¹⁴ 困冇～ |
| 淋 | liɛn³¹ 日晒雨～ | liɛn²¹⁴ 落～雨 | lɛn³¹ ～粪 | lɛn³⁵ 落～雨 |

3. 一字五音

|  | 音1 | 音2 | 音3 | 音4 | 音5 |
|---|---|---|---|---|---|
| 住 | tsu²¹⁴ ～址 | tɕy²¹⁴ ～院 | tɕy³⁵ 雨～了 | tso³⁵ 在哪里～ | tso²¹⁴ 在哪里～ |
| 粟 | su³¹ ～裕\|～子 | su⁴⁵³ ～裕\|～子 | ɕy³¹ ～裕\|～子 | ɕy⁴⁵³ ～裕\|～子 | suɛi⁴⁵³ ～裕\|～子 |

## 二 其他异读

### （一）又读

又读是几个异读音没有词汇条件的限制，可以自由变读的一种语音现象。又读现象反映出几个读音之间的竞争处于胶着状态，暂时还难以分出胜负。下面主要谈系统性的又读现象。几个又读音之间用"～"隔开。

1. 果摄疑母开口字和咸摄影母开口入声字的又读。声母既可读[ŋ]，又可读零声母。如：鹅俄握 o³¹～ŋo³¹｜饿 o³⁵～ŋo³⁵｜蛾 o³⁵～o³¹～ŋo³⁵～ŋo³¹。

2. 山臻摄合口三等知庄章组舒声字的又读。一种读音是声母读[tɕ tɕʰ ɕ]，韵母读[yɛn]；另一种读音是声母读[ts tsʰ s]，韵母读[uɛn uan]。例字参见上述"（一）声母的文白异读"中"4.知系"相应内容，此不赘举。

3. 遇摄和止摄合口三等精组和知庄章组部分字的又读。一种读音是声母读[ts tsʰ s]，韵母读[uɛi]；另一种读音是声母读[tɕ tɕʰ ɕ]，韵母读[y]。如：絮 suɛi³⁵～ɕy²¹⁴｜锤 tsuɛi³¹～tɕy³¹｜锥 tsuɛi³⁵～tɕy³⁵｜水 suɛi⁴⁵³～ɕy⁴⁵³｜遂隧 suɛi²¹⁴～ɕy²¹⁴｜虽 suɛi³⁵～ɕy³⁵。同种读音情况的"鼠 suɛi⁴⁵³～ɕy⁴⁵³｜随 suɛi³¹～ɕy³¹｜吹 tsʰuɛi³⁵～tɕʰy⁴³⁵"是文白异读，不同读音仍有词语环境的差异。

### （二）别义异读

别义异读指同一个字词，字形相同，但表义不同，读音也不同。

锤子 tsuɛi³³tsʅ⁴²～tsʰuɛi³³tsʅ⁴²。读前音时指工具；读后音隐喻男性生殖器。通过"锤"字声母的异读来别义。

鸭儿 ia³⁵ɚ³¹～ia³³ɚ³¹。读前音时表示小鸭子或羹匙（因外形像鸭嘴）；读后音时指赤子阴或小鸭子。通过"鸭"字声调的异读来别义。

地下 ti³⁵xa⁴² ～ ti³⁵tɕia⁴²。读前音时指地表以下，如：～有黄金；读后音指地上、地表，如：～脏得很。通过"下"字声韵母的异读来别义。

人家 lɛn³³tɕia³⁵ ～ lɛn³³ka⁴²。读前音时表示别人；读后音时表示人户，如：走～。通过"家"字声韵调的异读来别义。

背心 pɛi²¹ɕien³⁵ ～ pɛi²¹sɛn³⁵。读前音时指衣服；读后音时指背部与心对着的地方。通过"心"字声韵母的异读来别义。

熬油 ŋɑɯ³³iɤɯ³¹ ～ ŋɑɯ³⁵iɤɯ³¹。读前音时表示用火将油高温加热，使水分蒸发；读后音时表示将肉经高温化为油。通过"熬"字声调的异读来别义。

# 第五节

# 其他音变

潼南湘语还存在同化、异化、脱落、合音、增音、弱化、吞音、儿化等音变现象。音变对单字音有一定的影响,特别是对那些较少单用的单字,有些变音在当地人们的心中甚至已经固化为单字音。下列例词中,">"表示后面的读音由前面的读音音变而来。

## 一 同化

八字胡 pa³⁵tsʅ³⁵fu³¹>pa³⁵tsa³⁵fu³¹。"字"[tsʅ³⁵]的韵母受前字"八"[pa³⁵]韵母顺同化而变为[a],字音变读[tsa³⁵]。

欢喜高兴 fan³⁵ɕi⁴²>fai³⁵ɕi⁴²。"欢"[fan³⁵]的韵尾受后字"喜"[ɕi⁴⁵³]韵母逆同化而变为[i],字音变读[fai³⁵]。

底下 ti⁴⁵ɕia²¹⁴>ti⁴⁵tɕia³¹、地下 ti³⁵ɕia²¹⁴>ti³⁵tɕia⁴²。"下"[ɕia²¹⁴]字声母受前字"底""地"塞音声母[t]顺同化而变为[tɕ],字音变调后分别读[tɕia³¹]、[tɕia⁴²]。

南瓜 lan³³kua⁴²>laŋ³³kua⁴²。"南"[lan³¹]的韵尾受后字"瓜"[kua³⁵]声母[k]逆同化而变为后鼻音[ŋ],字音变读[laŋ³¹]。

## 二 异化

黄秧白 uaŋ³³iaŋ³⁵pɛ³¹>uaŋ³³iɛn³⁵pɛ³¹。"秧"[iaŋ³⁵]的韵腹和韵尾与"黄"[uaŋ³¹]相同,受顺异化作用的影响,"秧"的韵尾[ŋ]异化为前鼻音尾[n],字音变读[iɛn³⁵]。

蚌壳 paŋ³⁵kʰo⁴²>pan³⁵kʰo⁴²。"蚌"[paŋ³⁵]的韵尾[ŋ]与"壳"[kʰo⁴⁵³]的声母[kʰ]同为舌根音,受逆异化作用的影响,"蚌"的韵尾[ŋ]异化为前鼻音尾[n],字音变读[pan³⁵]。

新郎公<sub></sub>新郎 sɛn$^{35}$lɑŋ$^{31}$koŋ$^{55}$>sɛn$^{35}$lan$^{31}$koŋ$^{55}$。"郎"[lɑŋ$^{31}$]的韵尾[ŋ]与后字"公"[koŋ$^{35}$]的声母[k]同为舌根音,受逆异化作用的影响,"郎"的韵尾[ŋ]异化为前鼻音尾[n],字音变读[lan$^{31}$]。

雁鹅<sub></sub>大雁 ŋan$^{24}$ŋo$^{31}$>ŋai$^{24}$ŋo$^{31}$。"雁"[ŋan$^{214}$]的韵尾[n]与后字"鹅"[ŋo$^{31}$]的声母[ŋ]同为鼻辅音,受逆异化作用的影响,"雁"的韵尾[n]异化为发音位置同样较靠前的元音[i],字音变调后读[ŋai$^{24}$]。

### 三 脱落

窟窿 ku$^{33}$loŋ$^{35}$>u$^{33}$lɤɯ$^{35}$。前字"窟"的声母脱落,读音由[ku$^{31}$]变为[u$^{31}$];后字"窿"的韵尾[ŋ]受前字韵母顺同化作用的影响而变为[u],因音系中无[ou]韵母,后字音变读为韵母相近的读音[lɤɯ$^{35}$]。

上半年 saŋ$^{35}$pan$^{55}$iɛn$^{31}$>saŋ$^{35}$pa$^{55}$iɛn$^{31}$、下半年 xa$^{35}$pan$^{55}$iɛn$^{31}$>xa$^{35}$pa$^{55}$iɛn$^{31}$。"半"[pan$^{214}$]的韵尾[n]受后字"年"[iɛn$^{31}$]韵尾逆异化作用的影响而脱落,字音变调后读[pa$^{55}$]。

堂屋 tɑŋ$^{33}$u$^{55}$>ta$^{33}$u$^{55}$、晌午 saŋ$^{45}$u$^{42}$>sa$^{45}$u$^{42}$。"堂"[tɑŋ$^{31}$]和"晌"[saŋ$^{453}$]的韵尾[ŋ]与后字韵母[u]的发音位置都靠后,韵尾受逆异化作用的影响而脱落,字音分别变读[ta$^{31}$]、[sa$^{453}$]。

荠菜 liɛn$^{24}$sɛ$^{31}$>li$^{24}$sɛ$^{31}$。前字"荠"[liɛn$^{214}$]的韵尾[n]脱落,字音变调后读[li$^{24}$]。

十来个 sɛ$^{24}$lai$^{45}$ko$^{33}$>sɛ$^{24}$la$^{45}$ko$^{33}$。语流中"来"的声调变读[453],韵尾脱落,字音变读[la$^{453}$]。"来"的这种音变一般只发生在"十"的后面,在"二十""三十"等后则不变。

还是 xai$^{33}$sɿ$^{35}$>xa$^{33}$sɿ$^{35}$。当用于选择问句时,"还"[xai$^{31}$]的韵尾[i]在发音时脱落,字音变调后读[xa$^{33}$]。

### 四 合音

我屋<sub></sub>我家 ŋo$^{45}$u$^{31}$>ŋɤɯ$^{453}$、你屋<sub></sub>你家 i$^{45}$u$^{31}$>iɤɯ$^{453}$、底゠屋<sub></sub>他家 ti$^{45}$u$^{31}$>tiɤɯ$^{453}$。这几例音变多用在亲属称谓词的前面,如:我屋老汉儿<sub></sub>我爸、你屋老汉儿<sub></sub>你爸、底゠屋老汉儿<sub></sub>他爸。音变时,代词"我"[ŋo$^{453}$]、"你"[i$^{453}$]、"底゠"[ti$^{453}$]的单元音韵母[o]、[i]分别与"屋"[u$^{31}$]的韵母[u]合音为[ɤɯ]、[iɤɯ]。使用时,合音成分"屋"还能叠加在合音形式后,如:"〔我屋〕屋"[ŋɤɯ$^{453}$u$^{31}$]、"〔你屋〕屋"[iɤɯ$^{453}$u$^{31}$]、"〔底゠屋〕屋"[tiɤɯ$^{453}$u$^{31}$],这种合音成分叠床架屋地加在合音词后的情况在合音词使用时经常发生。

地〔木耳〕<sub></sub>地皮菜 ti$^{35}$mu$^{35}$ɚ$^{42}$>ti$^{35}$mɚ$^{42}$。"木耳"[mu$^{35}$ɚ$^{42}$]合音为[mɚ$^{35}$],由于处于后字,同时发生类似轻声的变调,变读[mɚ$^{42}$]。

〔折耳〕根<sub></sub>鱼腥草 tsɛ$^{35}$ɚ$^{45}$kɛn$^{55}$>tsɚ$^{35}$ɚ$^{45}$kɛn$^{55}$。"折耳"[tsɛ$^{35}$ɚ$^{453}$]先合音为[tsɚ$^{35}$],使用时又叠加上了合音成分"耳"[ɚ$^{453}$]。当然也还有一种音变可能,即前字"折"[tsɛ$^{35}$]的韵

母受到后字"耳"[ɚ⁴⁵³]韵母同化作用的影响，字音变读[tsɚ³⁵]。

夜［时候］晚上ia³⁵sŋ³³xɣɯ>ia³⁵sɣɯ³¹。"时候"[sŋ³³xɣɯ³⁵]合音为[sɣɯ³¹]，合音音节取前字的声母、后字的韵母和前字的声调。

## 五 增音

旋儿旋ɕyɛn²¹ɚ³⁵>ɕyɛn²¹zɚ³⁵。后字"儿"受前字"旋"[ɕyɛn²¹⁴]韵尾的顺同化而增加声母[l]，日母字在当地老派读[l]，新派读[z]，发音时矫枉过正，将由音变而来的[l]也变读为[z]，"儿"由此变读为[zɚ³⁵]。

对门对面tuɛi²⁴mɛn³¹>toŋ²⁴mɛn³¹。前字"对"[tuɛi²¹⁴]受后字声母逆同化而增生鼻音尾[ŋ]，韵母变为[oŋ]，字音变调后读[toŋ²⁴]。

劳慰谢谢lɑɯ³³uɛi³³>lɑɯ³³uɛn³³>la³³uɛn⁴²。后字韵母受前字"劳"[lɑɯ³¹]作为泥母字仍读鼻音声母时顺同化作用的影响而增生鼻音尾[n]①，韵母变为[uɛn]，字音变调后读[uɛn³³]。进一步音变，前字"劳"[lɑɯ³¹]的韵尾[ɯ]受后字同为后元音的[u]的逆异化而脱落，韵母读为[a]，后字变读类似轻声的调值后，字音读[uɛn⁴²]。因此，"谢谢"在当地有[lɑɯ³³uɛn³³]、[la³³uɛn⁴²]等多种说法。

龙多山loŋ³³to³⁵san⁵⁵>loŋ³³toŋ³⁵san³⁵。"多"[to³⁵]的韵母受"龙"[loŋ³¹]韵母的顺同化而增生鼻音尾[ŋ]，韵母变为[oŋ]，字音变读[toŋ³⁵]。

黄历uaŋ³³li³¹>uaŋ³³liɛn³¹。"历"[li³¹]的韵母受前字"黄"[uaŋ³¹]鼻音韵尾[ŋ]的顺同化而增生鼻音尾[n]，韵母变为[iɛn]，字音变读[liɛn³¹]。

去年kʰɛ²⁴iɛn³¹>kʰɛn²⁴iɛn³¹。"去"[kʰɛ²¹⁴]的韵母受后字"年"[iɛn³¹]的鼻音韵尾[n]或声母脱落前鼻辅音声母的逆同化而增生鼻音尾[n]，字音变调后读[kʰɛn²⁴]。

簸箕po⁴⁵tɕi⁴²/po⁴⁵tɕi⁵⁵>po⁴⁵tɕiɛn⁴²/po⁴⁵tɕiɛn⁵⁵、簝箕liɑɯ³³tɕi⁴²>liɑɯ³³tɕiɛn⁴²。"箕"在这几个词中都增生鼻音尾[n]，韵母变读[iɛn]，字音变调后读[tɕiɛn⁴²]、[tɕiɛn⁵⁵]。

鸡骨朵鸡枞tɕi³⁵ku³⁵to⁴²>tɕi³⁵ku³⁵toŋ⁴²。"朵"[to⁴⁵³]的韵母受前字"骨"[ku³⁵]声母[k]的顺同化而增生鼻音尾[ŋ]，韵母变为[oŋ]，字音变调后读[toŋ⁴²]。

蚂蚁子ma⁴⁵i⁵⁵tsŋ⁴²>ma⁴⁵iɛn⁵⁵tsŋ⁴²、飞蚂蚁fei³⁵ma⁴⁵i⁵⁵/fɛi³⁵ma⁴⁵i⁴²>fɛi³⁵ma⁴⁵iɛn⁵⁵/fɛi³⁵ma⁴⁵iɛn⁴²。"蚁"[i³⁵]的韵母受前字"蚂"[ma⁴⁵³]声母[m]的顺同化而增生鼻音尾[n]，韵母变为[iɛn]，字音变调后读[iɛn⁵⁵]或[iɛn⁴²]。

腻虫蛴虫i²⁴tsoŋ³¹>iɛn²⁴tsoŋ³¹。"腻"[i²¹⁴]的韵母受后字"虫"[tsoŋ³¹]鼻音尾[ŋ]的逆同化而增生鼻音尾[n]，韵母变为[iɛn]，字音变调后读[iɛn²⁴]。

打发ta⁴⁵fa⁴²>ta⁴⁵fan⁴²。"发"[fa³⁵]的韵母受前字"打"[ta⁴⁵³]的舌尖中音声母[t]顺同

---

① 此音变当发生在洪音前的泥来母混同之前。

化而增生同部位的鼻音尾[n]，韵母变为[an]，字音变调后读[fan⁴²]。

忘记 uaŋ³⁵tɕi⁵⁵ > uaŋ³⁵tɕiɛn⁵⁵。"记"[tɕi²¹⁴]的韵母受前字"忘"[uaŋ³⁵]鼻音韵尾[ŋ]的顺同化而增生鼻音尾[n]，韵母变为[iɛn]，字音变调后读[tɕiɛn⁵⁵]。

更加 kɛn²⁴tɕia⁴² > kɛn²⁴tɕiɛn⁴²。"加"[tɕia³⁵]韵母受前字"更"[kɛn²¹⁴]鼻音韵尾[n]的顺同化而增生鼻音尾[n]，韵母变为[iɛn]，字音变调后读[tɕiɛn⁴²]。

## 六　弱化

摩托 mo³⁵tʰo³¹ > mo³⁵to³¹。"托"[tʰo³¹]的声母由[tʰ]弱读为[t]，字音变读[to³¹]。

打扑克 ta⁴⁵pʰu³³kʰɛ³¹ > ta⁴⁵pʰu³³kɛ³¹。"克"[kʰɛ³¹]的声母由[kʰ]弱读为[k]，字音变读[kɛ³¹]。

好像 xɑɯ⁴⁵tɕiaŋ³⁵ > xo³³tɕiaŋ³⁵。"好"[xɑɯ⁴⁵³]的韵母在语流中由[ɑɯ]弱读为[o]，声调也由[453]弱读为[31]，字音变调后读[xo³³]。

## 七　吞音

屁眼儿<sub>肛门</sub> pʰi²⁴iɛn⁴⁵ɚ⁴² > pʰi²⁴ɚ⁴²。"眼"[iɛn⁴⁵³]的读音被吞掉，不发出声音。

## 八　儿化

潼南湘语的儿化现象相对于潼南话来讲并不丰富。潼南话的很多儿化词在当地要么不儿化，要么以儿尾的形式说出。潼南湘语的儿化韵系是以[ɚ]为主要元音的一套儿化韵：[ɚ iɚ uɚ yɚ]，主元音[ɚ]发音时舌位稍靠后，且唇形稍圆。当地方言的儿化词及儿化韵的读音受潼南话的影响越来越大。儿化韵与本韵的对应关系及例词见下表2–12，[ɿ ɛi ɛ aŋ oŋ ia iɤɯ ioŋ uɛ uaŋ u（非唇音声母后）o（非舌根音声母后）yɛ y]等韵母尚未发现相应的儿化词例，表中空缺。

表2-12　潼南湘语儿化韵表

| 儿化韵 | 本韵 | 例词 |
| --- | --- | --- |
| ɚ | a | 撑花儿<sub>伞</sub> |
| | o（舌根音声母后） | 鲫壳儿<sub>鲫鱼</sub> |
| | u（唇音声母后） | 指拇儿<sub>指头</sub> |
| | ai | 簸盖儿<sub>簸箕</sub>、蒜薹儿 |
| | ɑɯ | 醪糟儿<sub>米酒</sub> |
| | ɤɯ | 抄手儿<sub>馄饨</sub> |

| 儿化韵 | 本韵 | 例词 |
|---|---|---|
| ɐr | an | 老汉儿、开山儿斧头 |
|  | ɛn | 氨粉儿碳氨 |
| iɐr | iɑu | 舌条儿舌头 |
|  | iɛn | 食店儿饭馆、凌冰儿 |
|  | iɑŋ | 小姑娘儿 |
|  | i | 糖梨儿、抱椅儿 |
|  | iɛ | 围碟儿 |
| uɐr | ua | 汗褂儿背心、细娃儿小孩儿 |
|  | uɛi | 碗柜儿 |
|  | uan | 新郎官儿、盖碗儿 |
|  | uɛn | 光棍儿 |
|  | uai | 一块儿 |
| yɐr | io | 麻雀儿 |
|  | yɛn | 菌儿、汤圆儿 |

# 第六节

# 古今语音比较

这一节进行古今语音的比较。古音指以《广韵》为代表的切韵音系，中古声母、韵摄、声调的分类参照《方言调查字表》（修订本）。今音指潼南湘语的今读音，分类和读音据本书第三章。为方便标示读音的类型，表中在标注字音的异读时，例字下加单横线"＿"表示白读，下加双横线"＿"表示文读，右下角标小字号的"又"表示又读。该部分表格的设计和编排参考了吴伟军（2019）和陈晖（2019）。

## 一　声调的古今比较

潼南湘语声调的古今比较见表2-13。表中例字分两种字体，宋体表示基本情况，楷体表示该情况所辖的字数相对较少。

表2-13　潼南湘语与中古声调比较表

| 古音＼今音 | | 阴平 | 阳平 | 上声 | 去声 |
|---|---|---|---|---|---|
| | | 35 | 31 | 453 | 214 |
| 古平声 | 清 | 东开春心 | | | |
| | 次浊 | 炎蝇挪猫 | 门龙牛油 | | |
| | 全浊 | 携瘸凭爬 | 平情房图 | | |
| 古上声 | 清 | | | 懂九苦草 | |
| | 次浊 | | | 买老五有 | |
| | 全浊 | 是跪厚抱 | | | 稻赵肾抱 |

| 古音＼今音 | | 阴平 | 阳平 | 上声 | 去声 |
|---|---|---|---|---|---|
| | | 35 | 31 | 453 | 214 |
| 古去声 | 清 | | | | 冻半怪报 |
| | 次浊 | 糯梦帽夜 | | | 冒怒耐夜 |
| | 全浊 | 豆饭树 柜 | | | 睡邓射柜 |
| 古入声 | 清 | 磕铁憋擦 | 急责匹骨 | | 窄笔北 骨 |
| | 次浊 | 肉袜蜡摸 | 律入默叶 | 褥烙抹~子 | 热莫绿 药 |
| | 全浊 | 鹤雹钹划~柴 | 毒罚集活 | | 昨嚼读活 |

## 二　声母的古今比较

声母的古今比较见表2-14。表左和表右把声母分为帮组、非组、端泥组、精组、知组、庄组、章组、日组、见晓组、影组等十组，表端按发音方法把古声母分为清、全浊、次浊三类，全浊下又按照舒声和入声分为两类，舒声下又分平仄两类，表心是古声母在潼南湘语中所对应的今读音。

表2-14　潼南湘语与中古声母比较表

| | | 清 | | 全浊 | | |
| | | | | 舒声 | | 入声 |
| | | 全清 | 次清 | 平 | 仄 | |
|---|---|---|---|---|---|---|
| 帮组 | | 帮 波po³⁵ | 滂 坡pʰo³⁵ | 並 婆po³¹ 排pʰai³¹ | 败pai²¹⁴ | 帛pɛ³¹ 弼pʰi³¹ |
| 非组 | | 非 分fɛn³⁵ 否xɤɯ⁴⁵³ | 敷 访faŋ⁴⁵³ 丰xoŋ³⁵ | 奉 肥fɛi³¹ 浮xɤɯ³¹ | 饭fan³⁵ 凤xoŋ²¹⁴ | 罚fa³¹ |
| 端泥组 | | 端 短tuan⁴⁵³ | 透 脱tʰo³⁵ | 定 谈tan³¹ 坛tʰan³¹ | 稻tɑɯ²¹⁴ | 达ta³¹ 读tʰɤɯ²¹⁴ |
| 精组 | 今洪 | 精 再tsai²¹⁴ | 清 草tsʰɑɯ⁴⁵³ | 从 蚕tsan³¹ 存tsʰɛn³¹ | 字tsɿ³⁵ | 贼tsuɛi³¹ 昨tsʰo²¹⁴ |
| 精组 | 今细 | 焦tɕiɑɯ³⁵ | 趣tɕʰy²¹⁴ | 钱tɕiɛn³¹ 勤tɕʰiɛn³¹ | 贱tɕiɛn²¹⁴ | 集tɕi³¹ 捷tɕʰiɛ³¹ |
| 知组 | 今洪 | 知 知tsɿ³⁵ | 彻 超tsʰɑɯ³⁵ | 澄 迟又tsɿ³¹ 持tsʰɿ³¹ | 赵tsɑɯ²¹⁴ | 泽tsʰɛ³¹ 逐tsu³¹ |
| 知组 | 今细 | 猪tɕy³⁵ | 椿tɕʰyɛn³⁵ | 厨tɕy³¹ 除tɕʰy³¹ | 柱tɕy³⁵ | 术tɕʰy³¹ |
| 庄组 | 今洪 | 庄 债tsai²¹⁴ | 初 抄tsʰɑɯ³⁵ | 崇 锄tsɤɯ³¹ 崇tsʰoŋ³¹ | 寨tsai²¹⁴ 事sɿ³⁵ | 镯tso³¹ |
| 庄组 | 今细 | | 初tɕʰy³⁵ | | 助tɕy²¹⁴ | |
| 章组 | 今洪 | 章 遮tsɛ³⁵ | 昌 唱tsʰaŋ²¹⁴ | 船 船tsuan³¹ 船tsʰuan³¹ 神sɛn³¹ | 射sɛ²¹⁴ | 舌sɛ²¹⁴ |
| 章组 | 今细 | 煮tɕy⁴⁵³ | 出tɕʰy³⁵ | 唇又ɕyɛn³¹ 船tɕyɛn³¹ | 顺又ɕyɛn²¹⁴ | 术ɕy³¹ |
| 日组 | | | | | | |
| 见晓组 | 今洪 | 见 哥ko³⁵ | 溪 可kʰo⁴⁵³ | 群 狂又kuaŋ³¹ 葵kʰuɛi³¹ | 跪kuɛi³⁵ | |
| 见晓组 | 今细 | 举tɕy⁴⁵³ | 区tɕʰy³⁵ | 穷tɕioŋ³¹ 渠tɕʰy³¹ | 仅tɕiɛn⁴⁵³ | 杰tɕiɛ³¹ |
| 影组 | 今洪 | 影 安ŋan³⁵ 委uɛi⁴⁵³ 握又o³¹ | | | | |
| 影组 | 今细 | 衣i³⁵ 冤yɛn³⁵ | | | | |

| 次浊 | | 清 | | 全浊 | | | | | |
|---|---|---|---|---|---|---|---|---|---|
| | | | | | 舒声 | | 入声 | | |
| | | | | | 平 | 仄 | | | |
| 明 | 买 mai$^{453}$ | | | | | | | | 帮组 |
| 微 | 袜 ua$^{35}$<br>晚 man$^{453}$ | | | | | | | | 非组 |
| 泥 | 脑 lɑɯ$^{453}$<br>女 y$^{453}$ | 来 | 老 lɑɯ$^{453}$ | | | | | | 端泥组 |
| 心 | | 司 sɿ$^{35}$ | 邪 | 随 suɛi$^{31}$<br>祠 tsɿ$^{31}$<br>词 tsʰɿ$^{31}$ | | 寺 sɿ$^{214}$ | | 今洪 | 精组 |
| | | 须 ɕy$^{35}$ | | 囚 ɕiɤɯ$^{31}$ | | 谢 ɕie$^{214}$<br>像 tɕiaŋ$^{35}$/<br>tɕʰiaŋ$^{214}$ | 习 ɕi$^{31}$ | 今细 | |
| | | | | | | | | 今洪 | 知组 |
| | | | | | | | | 今细 | |
| | | 生 | 沙 sa$^{35}$ | | | | | 今洪 | 庄组 |
| | | | 数 ɕy$^{214}$ | | | | | 今细 | |
| | | 书 | 世 sɿ$^{214}$ | 禅 | 承 tsɛn$^{31}$<br>垂 tsʰuɛi$^{31}$<br>蝉 san$^{31}$ | 慎又 tsʰɛn$^{214}$<br>市 sɿ$^{214}$ | 植 tsɿ$^{31}$<br>拾 sɿ$^{31}$ | 今洪 | 章组 |
| | | | 书 ɕy$^{35}$ | | 殊又 ɕy$^{35}$ | 树 ɕy$^{35}$ | 属 ɕy$^{31}$ | 今细 | |
| 日 | 乳 lu$^{453}$<br>且 zɿ$^{31}$<br>儿 ɚ$^{31}$ | | | | | | | | 日组 |
| 疑 | 咬 ŋɑɯ$^{453}$<br>瓦 ua$^{453}$<br>讹 o$^{31}$ | 晓 | 灰 fɛi$^{35}$<br>歪 uai$^{35}$<br>火 xo$^{453}$ | 匣 | 桓 fan$^{31}$<br>痕 xɛn$^{31}$<br>黄 uaŋ$^{31}$ | 很 xɛn$^{453}$<br>汇 fɛi$^{214}$<br>话 ua$^{35}$ | 鹤 xo$^{35}$<br>滑 fa$^{31}$ | 今洪 | 见晓组 |
| | 牛 iɤɯ$^{31}$<br>元 yɛn$^{31}$ | | 喜 ɕi$^{453}$<br>许 ɕy$^{453}$ | | 弦 ɕyɛn$^{31}$<br>萤 yɛn$^{31}$ | 校 ɕiɑɯ$^{214}$ | 协 ɕie$^{31}$ | 今细 | |
| 云 | 卫 uɛi$^{214}$ | 以 | 围 uɛi$^{31}$ | | | | | 今洪 | 影组 |
| | 有 iɤɯ$^{453}$<br>雨 y$^{453}$ | | 融 ioŋ$^{31}$<br>铅 yɛn$^{31}$<br>熊 ɕioŋ$^{31}$ | | | | | 今细 | |

有些字音的今读不合古今对应规律，属于古今演变中的例外现象，或所辖字很少，不放入以上表格，按中古声母的顺序排列在下面。

帮母　谱pʰu⁴⁵³｜鄙pʰi⁴⁵³｜泌~尿mi³¹｜庇包~pʰi³¹｜痹麻~pʰi³¹｜遍~地pʰiɛn²¹⁴｜绊~一脚pʰan²¹⁴｜卜占~pʰu³¹

滂母　玻po³⁵｜匹一~马pi³¹｜喷~泉fɛn²¹⁴

並母　佩又。~带pʰɛi²¹⁴｜傍~晚pʰaŋ³¹

明母　陌~生pɛ³¹

敷母　讣pʰu³¹

奉母　浮~起来paɯ³¹｜缚po³¹

端母　堤~坝tʰi³¹｜鸟iaɯ⁴⁵³｜抖tʰɤɯ⁴⁵³

透母　贷tai²¹⁴｜屉抽~ti³¹

定母　导领~tʰaɯ²¹⁴

泥母　鲇liɛn³¹｜宁liɛn³¹｜扭~秧歌liɤɯ⁴⁵³

来母　隶ti²¹⁴

精母　雀tɕʰio³¹ ~儿/tɕʰio³⁵麻~｜歼~灭tɕʰiɛn³⁵

清母　姜tɕiɛ³¹

从母　造tsʰaɯ²¹⁴

心母　碎tsʰuɛi²¹⁴｜粹tsʰuɛi²¹⁴｜纤~维tɕʰiɛn³⁵｜鞘ɕiaɯ³⁵

邪母　穗fɛi²¹⁴

知母　爹ti³⁵ ~娘/tiɛ³⁵老~

澄母　滞tsʰʅ²¹⁴｜撞tsʰuaŋ⁴⁵³｜瞪tɛn³⁵｜术白~ɕy³¹｜肇saɯ²¹⁴

初母　栅tsa²¹⁴

崇母　闸~门tɕia³¹

书母　翅tsʅ²¹⁴｜束tsʰu³¹

见母　概溉kʰai⁴⁵³｜会~计刽桧kʰuai²¹⁴｜懈ɕiai²¹⁴｜愧kʰuɛi²¹⁴｜括kʰua³¹~kʰuɛ³¹｜蜗o³⁵

溪母　廓ko³¹｜泣ɕi³¹

群母　臼脱~tɕʰiɤɯ⁴⁵³

疑母　疟~疾lio³¹｜阮luan⁴⁵³

晓母　况kʰuaŋ²¹⁴｜吸tɕi³¹

匣母　皖kʰuan⁴⁵³｜溃kʰuɛi²¹⁴｜汞koŋ⁴⁵³｜核~~ku³¹｜壶~~ku³¹｜厦~门sua⁴⁵³｜械tɕiai²¹⁴｜洽tɕʰia³¹｜合十~为一升ko³⁵

影母　杳miaɯ⁴⁵³

云母　　　熊雄 ɕioŋ³¹ | 汇 fɛi²¹⁴

以母　　　捐 tɕyɛn³⁵ | 锐 luɛi²¹⁴ | 孕 ﾒ luɛn²¹⁴

从古今对照来看，上述这些声母较为特殊的读音，有些与普通话一样，是共同的例外情况，如：谱<sub>帮母</sub>pʰu⁴⁵³ | 玻<sub>滂母</sub>po³⁵ | 贷<sub>透母</sub>tai²¹⁴ | 洽<sub>匣母</sub>tɕʰia³¹ | 雀<sub>精母</sub>tɕʰio³¹ ～儿/tɕʰio³⁵ <sub>麻～</sub> | 溃<sub>匣母</sub>kʰuɛi²¹⁴ | 汞<sub>匣母</sub>koŋ⁴⁵³ | 熊雄<sub>云母</sub>ɕioŋ³¹ | 况<sub>晓母</sub>kʰuaŋ²¹⁴ | 愧<sub>见母</sub>kʰuɛi²¹⁴ | 括<sub>见母</sub>kʰua³¹～kʰuɛ³¹ | 阮<sub>疑母</sub>luan⁴⁵³ | 捐<sub>以母</sub>tɕyɛn³⁵ | 锐<sub>以母</sub>luɛi²¹⁴ | 栅<sub>初母</sub>tsa²¹⁴。有些保留着较早时期声母的读音，如：浮<sub>奉母</sub>～起来 pɑɯ³¹ | 爹<sub>知母</sub>～娘 ti³⁵。还有一些当是读半边造成的，实为一种误读，但这种误读在当地使用普遍，已经成为固定的单字音，同样记出，如：陌<sub>明母</sub>～生 pɛ³¹ | 喷<sub>滂母</sub>～泉 fɛn²¹⁴ | 穗<sub>邪母</sub>fɛi²¹⁴ | 妻<sub>清母</sub>tɕiɛ³¹ | 廓<sub>溪母</sub>ko³¹ | 闸<sub>崇母</sub>～门 tɕia³¹ | 吸<sub>晓母</sub>tɕi³¹ | 械<sub>匣母</sub>tɕiai²¹⁴ | 歼<sub>精母</sub>～灭 tɕʰiɛn³⁵ | 纤<sub>心母</sub>～维 tɕʰiɛn³⁵ | 傍<sub>并母</sub>～晚 pʰaŋ³¹。还有些应该是受普通话读音影响所造成的古今对应规律的例外，如：疟<sub>疑母</sub>～疾 lio³¹ | 鲇<sub>泥母</sub>liɛn³¹ | 宁<sub>泥母</sub>liɛn³¹ | 扭<sub>泥母</sub>～秧歌 liɤɯ⁴⁵³，这些是当地少有的疑母和泥母细音读边音声母的单字，应该是受普通话影响所形成的。当地方言的有些字音与普通话差异较大，但从中古音来看，反倒是符合规律的读音，如：秘<sub>帮母</sub>pɛi²¹⁴ | 泊<sub>滂母</sub>梁山～ pʰɛ³¹ | 鞘<sub>心母</sub>ɕiɑɯ³⁵ | 栖<sub>心母</sub>ɕi³⁵ | 囚泗<sub>邪母</sub>ɕiɤɯ³¹ | 瑞<sub>禅母</sub>suɛi²¹⁴ | 禅蝉<sub>禅母</sub>san³¹ | 铅<sub>以母</sub>yɛn³¹。有些全浊声母舒声韵仄声字读送气音声母，这样的情况可能是移民过程中受到客家话影响的遗留，如：佩<sub>并母</sub>又。～带 pʰɛi²¹⁴ | 臼<sub>群母</sub>脱～ tɕʰiɤɯ⁴⁵³。

### 三　韵母的古今比较

韵母的古今比较见表2-15至表2-17。表左和表右是古音十六韵摄，各韵摄先开口后合口，有舒入相对的韵摄，舒声在前，入声在后。表端是一、二、三、四等以及各自下辖的中古声母的系组，表心为对应的例字和潼南湘语的读音。

表 2-15　潼南湘语与中古韵母比较表之一

| | 一等 | | | 二等 | | | |
|---|---|---|---|---|---|---|---|
| | 帮系 | 端系 | 见系 | 帮系 | 泥组 | 知庄组 | 见系 |
| 果开 | | 多 to³⁵<br>他 tʰa³⁵ | 歌 ko³⁵<br>阿 a³⁵ | | | | |
| 果合 | 婆 po³¹<br>薄 pɑɯ²¹⁴ | 锁 so⁴⁵³ | 祸 xo³⁵ | | | | |
| 假开 | | | | 麻 ma³¹ | 拿 la³⁵ | 茶 tsa³¹<br>厦 sua⁴⁵³ | 家 ka³⁵<br>霞 ɕia³¹ |
| 假合 | | | | | | 傻 sa⁴⁵³<br>耍 sua⁴⁵³ | 瓜 kua³⁵<br>花 fa³⁵<br>蜗 o³⁵ |
| 遇合 | 普 pʰu⁴⁵³<br>墓 mo²¹⁴ | 度 tu²¹⁴<br>土 tʰɤɯ⁴⁵³<br>错 tsʰo²¹⁴ | 苦 kʰu⁴⁵³ | | | | |
| 蟹开 | 贝 pɛi²¹⁴ | 抬 tai³¹ | 改 kai⁴⁵³ | 埋 mai³¹<br>罢 pa²¹⁴ | 奶 lai³⁵ | 柴 tsai³¹ | 鞋 xai³¹<br>戒 tɕiai²¹⁴<br>佳 tɕia³⁵<br>尬 ka⁴⁵³ |
| 蟹合 | 梅 mɛi³¹ | 内 luɛi²¹⁴ | 灰 fɛi³⁵<br>回 uɛi³¹<br>块 kʰuai⁴⁵³ | | | | 乖 kuai³⁵<br>坏 fai³⁵<br>画 fa²¹⁴<br>话 ua³⁵ |
| 止开 | | | | | | | |
| 止合 | | | | | | | |
| 效开 | 保 pɑɯ⁴⁵³ | 老 lɑɯ⁴⁵³ | 高 kɑɯ³⁵ | 包 pɑɯ³⁵ | 闹 lɑɯ³⁵ | 吵 tsʰɑɯ⁴⁵³<br>抓 tsua³⁵ | 孝 ɕiɑɯ²¹⁴<br>敲 kʰɑɯ³⁵ |
| 流开 | 剖 pʰo⁴⁵³<br>牡 mɑɯ⁴⁵³<br>亩 moŋ⁴⁵³ | 偷 tʰɤɯ³⁵ | 口 kʰɤɯ⁴⁵³ | | | | |

| 三四等 | | | | | | | | |
|---|---|---|---|---|---|---|---|---|
| 帮系 | 端组 | 泥组 | 精组 | 庄组 | 知章组 | 日母 | 见系 | |
| | | | | | | | 茄又tɕia³¹<br>茄又tɕyɛ³¹<br>靴ɕyɛ³⁵ | 果开 |
| | | | | | | | | 果合 |
| | | | 借tɕiɛ²¹⁴<br>斜ɕia³¹<br>些ɕi³⁵ | | 扯tsʰa⁴⁵³<br>遮tsɛ³⁵<br>爹ti³⁵<br>蔗tsʅ³⁵ | 惹lɛ⁴⁵³<br>惹la⁴⁵³ | 也iɛ⁴⁵³<br>夜ia³⁵ | 假开 |
| | | | | | | | | 假合 |
| 斧fu⁴⁵³ | | 女y⁴⁵³<br>驴lu³¹<br>吕又luɛi⁴⁵³ | 徐ɕy³¹<br>趋tsʰuɛi³⁵ | 阻tsu⁴⁵³<br>所so⁴⁵³<br>锄tsɤɯ³¹<br>数ɕy²¹⁴ | 猪tɕy³⁵<br>竖su²¹⁴<br>储tsɤɯ³¹<br>住tso²¹⁴ | 如又y³¹<br>乳lu⁴⁵³ | 举tɕy⁴⁵³<br>锯kɛ²¹⁴<br>去tɕʰiɛ²¹⁴ | 遇合 |
| 米mi⁴⁵³<br>批pʰɛi³⁵ | 低ti³⁵ | 犁li³¹ | 西ɕi³⁵<br>砌又tɕʰy²¹⁴ | | 世sʅ²¹⁴ | | 鸡tɕi³⁵ | 蟹开 |
| 肺fɛi²¹⁴ | | | 脆tsʰuɛi²¹⁴ | | 税suɛi²¹⁴ | 芮luɛi²¹⁴ | 桂kuɛi²¹⁴<br>眭ɕi³⁵<br>惠fɛi²¹⁴ | 蟹合 |
| 皮pi³¹<br>披pʰɛi³⁵ | 地ti³⁵ | 尼i³¹<br>履ly⁴⁵³ | 资tsʅ³⁵ | 师sʅ³⁵<br>厕tsʰɛ³¹ | 尸sʅ³⁵ | 耳ɚ⁴⁵³ | 戏ɕi²¹⁴ | 止开 |
| 肥fɛi³¹<br>尾uɛi⁴⁵³ | | 类luɛi²¹⁴ | 嘴tsuɛi⁴⁵³<br>遂又ɕy²¹⁴ | 帅suai²¹⁴ | 瑞suɛi²¹⁴<br>吹tɕʰy³⁵ | 蕊luɛi⁴⁵³ | 规kuɛi³⁵<br>季tɕi²¹⁴<br>辉fɛi³⁵ | 止合 |
| 标piau³⁵ | 刁tiau³⁵ | 辽liau³¹ | 笑ɕiau²¹⁴ | | 烧sau³⁵ | 饶lau³¹ | 叫tɕiau²¹⁴ | 效开 |
| 富fu²¹⁴<br>矛mau³¹<br>彪piau³⁵<br>谋moŋ³¹<br>阜xɤɯ²¹⁴<br>谬又iɤɯ²¹⁴ | 丢tiɤɯ³⁵ | 纽iɤɯ⁴⁵³<br>廖liau³⁵ | 囚ɕiɤɯ³¹ | 愁tsɤɯ³¹ | 手sɤɯ⁴⁵³ | 揉lɤɯ³¹ | 牛iɤɯ³¹<br>阄kɤɯ³⁵ | 流开 |

表2-16　潼南湘语与中古韵母比较表之二

| | 一等 | | | 二等 | | | |
|---|---|---|---|---|---|---|---|
| | 帮系 | 端系 | 见系 | 帮系 | 泥组 | 知庄组 | 见系 |
| 咸舒开 | | 蚕tsan³¹ | 敢kan⁴⁵³ | | | 斩tsan⁴⁵³<br>赚乂tɕyɛn²¹⁴ | 减tɕiɛn⁴⁵³<br>咸xan³¹ |
| 咸舒合 | | | | | | | |
| 深舒开 | | | | | | | |
| 山舒开 | | 丹tan³⁵<br>珊suan³⁵ | 安ŋan³⁵ | 班pan³⁵ | | 山san³⁵<br>删suan³⁵ | 奸tɕiɛn³⁵<br>间kan³⁵ |
| 山舒合 | 满man⁴⁵³ | 卵luan⁴⁵³ | 官kuan³⁵<br>丸yɛn³¹<br>欢fan³⁵ | | | 拴suan³⁵ | 关kuan³⁵<br>还fan³¹<br>还~有xai³¹ |
| 臻舒开 | | 吞tʰɛn³⁵ | 跟kɛn³⁵ | | | | |
| 臻舒合 | 本pen⁴⁵³ | 寸tsʰɛn²¹⁴<br>逊ɕyɛn²¹⁴ | 困kʰuɛn²¹⁴<br>婚fɛn³⁵ | | | | |
| 宕舒开 | 忙maŋ³¹ | 糖taŋ³¹ | 康kʰaŋ³⁵ | | | | |
| 宕舒合 | | | 光kuaŋ³⁵<br>慌faŋ³⁵ | | | | |
| 江舒开 | | | | 邦paŋ³⁵ | | 窗乂tsʰaŋ³⁵<br>双suaŋ³⁵ | 讲kaŋ⁴⁵³<br>江tɕiaŋ³⁵ |
| 曾舒开 | 朋poŋ³¹ | 能lɛn³¹ | 肯kʰɛn⁴⁵³ | | | | |
| 曾舒合 | | | 弘xoŋ³¹ | | | | |
| 梗舒开 | | | | 烹pʰɛn³⁵<br>猛moŋ⁴⁵³<br>盲maŋ³¹ | 冷lɛn⁴⁵³ | 生sɛn³⁵ | 耕kɛn³⁵<br>幸ɕiɛn²¹⁴ |
| 梗舒合 | | | | | | | 矿kʰuaŋ²¹⁴<br>宏xoŋ³¹<br>横fɛn³¹<br>横fan³¹<br>横uɛn³¹ |
| 通舒合 | 蒙moŋ³¹ | 东toŋ³⁵ | 孔kʰoŋ⁴⁵³ | | | | |

| 三四等 | | | | | | | | |
|---|---|---|---|---|---|---|---|---|
| 帮系 | 端组 | 泥组 | 精组 | 庄组 | 知章组 | 日母 | 见系 | |
| 贬 piɛn⁴⁵³ | 甜 tiɛn³¹ | 念 iɛn²¹⁴ | 尖 tɕiɛn³⁵ | | 闪 san⁴⁵³ | 染 lan⁴⁵³ | 盐 iɛn³¹<br>淹 ŋan³⁵ | 咸舒开 |
| 帆 fan³¹ | | | | | | | | 咸舒合 |
| 品 pʰiɛn⁴⁵³ | | 林 liɛn³¹<br>林 lɛn³¹ | 心 ɕiɛn³⁵<br>心 sɛn³⁵<br>寻 ɕyɛn³¹ | 森 sɛn³⁵ | 枕 tsɛn⁴⁵³ | 壬 lɛn³¹ | 今 tɕiɛn³⁵ | 深舒开 |
| 眠 miɛn³¹ | 田 tiɛn³¹ | 连 liɛn³¹ | 先 ɕiɛn³⁵<br>鲜 ɕyɛn³⁵ | | 蝉 san³¹ | 然 lan³¹ | 见 tɕiɛn²¹⁴<br>弦 ɕyɛn³¹ | 山舒开 |
| 反 fan⁴⁵³<br>挽 uan⁴⁵³ | | 恋 liɛn²¹⁴ | 选 ɕyɛn⁴⁵³ | | 专 tɕyɛn³⁵<br>专 tsuan³⁵ | 软 luan⁴⁵³ | 拳 tɕyɛn³¹<br>宛 uan⁴⁵³<br>县 ɕiɛn²¹⁴ | 山舒合 |
| 宾 piɛn³⁵<br>贫 pɛn³¹ | | 鳞 liɛn³¹<br>鳞 lɛn³¹ | 进 tsɛn²¹⁴<br>津 tɕiɛn³⁵ | 臻 tsɛn³⁵ | 真 tsɛn³⁵ | 人 lɛn³¹ | 斤 tɕiɛn³⁵ | 臻舒开 |
| 分 fɛn³⁵<br>文 uɛn³¹ | | 轮 lɛn³¹ | 笋 sɛn⁴⁵³<br>旬 ɕyɛn³¹ | | 春 tɕʰyɛn³⁵<br>唇乂 suɛn³¹ | 润乂 luɛn²¹⁴<br>润乂 yɛn²¹⁴ | 军 tɕyɛn³⁵<br>荤 fɛn³⁵ | 臻舒合 |
| | | 粮 liaŋ³¹<br>酿 laŋ⁴⁵³ | 想 ɕiaŋ⁴⁵³ | 床 tsuaŋ³¹<br>装 tsaŋ³⁵ | 伤 saŋ³⁵<br>饷 ɕiaŋ⁴⁵³ | 让 laŋ³⁵ | 向 ɕiaŋ²¹⁴ | 宕舒开 |
| 方 faŋ³⁵<br>网 uaŋ⁴⁵³ | | | | | | 王 uaŋ³¹ | 筐乂 tɕʰiaŋ³⁵ | 宕舒合 |
| | | | | | | | | 江舒开 |
| 冰 piɛn³⁵<br>冰 pɛn³⁵ | | 陵 liɛn³¹ | 甑 tsɛn²¹⁴ | | 升 sɛn³⁵<br>绳乂 suɛn³¹<br>绳乂 ɕyɛn³¹ | 仍 lɛn³¹ | 蝇 iɛn³⁵<br>孕乂 luɛn²¹⁴<br>孕乂 yɛn²¹⁴ | 曾舒开 |
| | | | | | | | | 曾舒合 |
| 兵 piɛn³⁵<br>名 mɛn³¹ | 停 tiɛn³¹<br>顶 tɛn⁴⁵³ | 领 liɛn⁴⁵³<br>领 lɛn⁴⁵³ | 精 tɕiɛn³⁵<br>井 tsɛn⁴⁵³<br>睛 tɕiaŋ⁴⁵³ | | 整 tsɛn⁴⁵³ | | 京 tɕiɛn³⁵<br>颈 tɕiaŋ⁴⁵³ | 梗舒开 |
| | | | | | | | 兄 ɕioŋ³⁵<br>倾 tɕʰyɛn³⁵ | 梗舒合 |
| 风 xoŋ³⁵ | | 龙 loŋ³¹ | 松 soŋ³⁵ | 崇 tsʰoŋ³¹ | 种 tsoŋ⁴⁵³ | 绒 loŋ³¹ | 宫 koŋ³⁵<br>穷 tɕʰioŋ³¹ | 通舒合 |

表2-17　潼南湘语与中古韵母比较表之三

| | 一等 | | | 二等 | | | |
|---|---|---|---|---|---|---|---|
| | 帮系 | 端系 | 见系 | 帮系 | 泥组 | 知庄组 | 见系 |
| 咸入开 | | 塔 tʰa³¹ | 喝 xo³⁵ | | | 插 tsʰa³⁵ | 狭 ɕia³¹<br>夹 ka³⁵ |
| 咸入合 | | | | | | | |
| 深入开 | | | | | | | |
| 山入开 | | 达 ta³¹ | 渴 kʰo³¹ | 拔 pʰa³¹ | | 杀 sa³⁵ | 瞎 xa³⁵<br>辖 ɕia³¹ |
| 山入合 | 泼 pʰo³⁵ | 夺 to³¹ | 括又 kʰua³¹<br>括又 kʰuɛ³¹<br>活 xo²¹⁴ | | | 刷 sua³⁵ | 滑 fa³¹<br>挖 ua³⁵ |
| 臻入开 | | | | | | | |
| 臻入合 | 勃 pʰu³¹<br>没沉~ mɛ³¹ | 突 tʰu³¹<br>卒 tɕy³¹ | 忽 fu³¹ | | | | |
| 宕入开 | 莫 mo²¹⁴<br>泊梁山~ pʰɛ³¹ | 落 lo²¹⁴ | 各 ko³⁵ | | | | |
| 宕入合 | | | 郭 ko³¹<br>扩 kʰuɛ³¹ | | | | |
| 江入开 | | | | 剥 po³⁵<br>朴 pʰu³¹<br>雹 pɑɯ³⁵ | | 桌 tso³⁵<br>啄 tsua²¹⁴ | 确 tɕʰio³¹<br>壳 kʰo³⁵<br>饺 tɕiɑɯ⁴⁵³ |
| 曾入开 | 默 mɛ³¹ | 德 tɛ²¹⁴<br>特又 tʰiɛ³¹<br>贼 tsuɛi³¹<br>塞 sai³⁵ | 刻 kʰɛ³¹ | | | | |
| 曾入合 | | | 国 kuɛ³¹<br>或 fai³¹ | | | | |
| 梗入开 | | | | 脉 mɛ²¹⁴ | | 窄 tsɛ²¹⁴ | 客 kʰɛ³⁵ |
| 梗入合 | | | | | | | 获 xo²¹⁴<br>划 fa²¹⁴ |
| 通入合 | 仆 pʰu³¹<br>木 mo³⁵<br>曝 pɑɯ²¹⁴ | 读 tʰɤɯ²¹⁴<br>毒 tu³¹<br>秃 tʰuɛi³¹<br>族 tɕʰy³¹ | 哭 kʰu³⁵<br>沃 o³¹ | | | | |

| | | | 三四等 | | | | | |
|---|---|---|---|---|---|---|---|---|
| 帮系 | 端组 | 泥组 | 精组 | 庄组 | 知章组 | 日母 | 见系 | |
| | 帖 tʰie³⁵ | 猎 lie²¹⁴ | 捷 tɕʰie³¹ | | 涉 sɛ³¹ | | 劫 tɕiɛ³¹ | 咸入开 |
| 乏 fa³¹ | | | | | | | | 咸入合 |
| | | 粒 li³¹ | 集 tɕi³¹ | 涩 sɛ³⁵ | 汁 tsʐ³¹<br>湿 sɛ³⁵ | 入 lu³¹ | 急 tɕi³¹<br>给 kɛ³⁵<br>给 tɕiɛ³¹ | 深入开 |
| 憋 pie³⁵ | 铁 tʰie³⁵ | 列 lie³¹ | 泄 ɕie²¹⁴<br>屑 ɕyɛ³¹ | | 设 sɛ³¹ | 热 lɛ²¹⁴ | 歇 ɕiɛ³⁵ | 山入开 |
| 罚 fa³¹<br>袜 ua³⁵ | | 劣 lɛ²¹⁴<br>劣 liɛ³¹ | 绝 tɕyɛ³¹ | | 说 so³¹ | | 缺 tɕʰyɛ³⁵ | 山入合 |
| 必 pi³¹ | | 栗 li³¹ | 疾 tɕi³¹ | 虱 sɛ³⁵ | 实 sʐ³¹<br>侄 tsɛ²¹⁴ | 日 ɚ³⁵<br>日 zʐ¹ | 吉 tɕi³¹ | 臻入开 |
| 佛 fu³¹ | | 律 lu³¹ | 戌 ɕy³¹ | | 出 tɕʰy³⁵<br>述 su²¹⁴ | | 橘 tɕy³¹<br>掘 tɕyɛ³¹ | 臻入合 |
| | | 略 lio³¹ | 鹊 tɕʰio³¹<br>嚼 tɕiɑu²¹⁴ | | 芍 so³¹<br>勺 sua³¹<br>着~人打 tsɑu³¹ | 弱 lo³¹ | 却 tɕʰio³¹<br>跃 iɑu²¹⁴ | 宕入开 |
| 缚 po³¹ | | | | | | | | 宕入合 |
| | | | | | | | | 江入开 |
| 逼 pi³⁵ | | 力 li³¹ | 息 ɕi³¹ | 测 tsʰɛ³¹ | 植 tsʐ³¹<br>直 tsʰɛ²¹⁴ | | 极 tɕi³¹ | 曾入开 |
| | | | | | | | 域 y³¹ | 曾入合 |
| 碧 pi³¹<br>劈 pʰie³⁵<br>壁 pia³⁵ | 笛 ti³¹<br>滴 tia²¹⁴ | 历 li³¹ | 惜 ɕi³¹ | | 尺 tsʰʐ³⁵<br>射 sɛ²¹⁴ | | 逆 i³¹<br>剧 tɕy²¹⁴<br>液 iɛ²¹⁴<br>吃 tɕʰia³⁵<br>吃 tsʰʐ³¹ | 梗入开 |
| | | | | | | | 疫 y³¹ | 梗入合 |
| 福 fu³¹ | | 绿 lɣɯ²¹⁴<br>陆 lu³¹ | 肃 ɕy³¹<br>足 tsu³¹ | 缩 so³⁵ | 竹 tsɣɯ³⁵<br>逐 tsu³¹<br>属 ɕy³¹ | 肉 lɣɯ³⁵<br>辱 lu³¹ | 菊 tɕy³¹ | 通入合 |

部分字的读音与上述表中所反映的古今韵母的对应规律不相符合，现按照古韵摄顺序排列在下面。

蟹开一泰韵　　　　　　大~黄 ta³⁵

蟹开四齐韵　　　　　　蓖 piɛn³⁵

止开三脂韵　　　　　　腻 iɛn²¹⁴

止开三微韵　　　　　　沂毅 iɛn³¹

止合三微韵　　　　　　翡 fɛn⁴⁵³

止合三脂韵　　　　　　差参~ tsʰa³⁵

效开三宵韵　　　　　　锹 tɕʰiɤɯ³⁵

咸开二咸韵　　　　　　杉 sa³⁵

咸开三监韵　　　　　　渐 tsan²¹⁴

咸开二入声洽韵　　　　闸 tɕia³¹

咸开三入声叶韵　　　　摄 iɛ³¹，又音 sɛ³¹

山开二山韵　　　　　　疝 suai²¹⁴

山合三仙韵　　　　　　喘 tsʰuai⁴⁵³

臻合一魂韵　　　　　　臀 tiɛn²¹⁴｜褪 tʰuɛi²¹⁴

臻合三入声术韵　　　　蟀率效~。~领 so³¹｜恤 ɕyɛ³¹

宕开一入声铎韵　　　　柞 tsa²¹⁴

曾开三蒸韵　　　　　　凝 i³¹

上述这些古今韵母演变的例外读音，有些是由于读半边音造成的，但这些读成半边的音在当地较为普遍，也作为单字音记录下来，如：渐 tsan²¹⁴｜闸 tɕia³¹｜摄 iɛ³¹｜柞 tsa²¹⁴｜恤 ɕyɛ³¹｜凝 i³¹｜臀 tiɛn²¹⁴｜褪 tʰuɛi²¹⁴｜锹 tɕʰiɤɯ³⁵。有些是因增生鼻音尾造成的，如：蓖 piɛn³⁵｜沂毅 iɛn³¹｜翡 fɛn⁴⁵³；流摄开口一三等侯韵明母字存在着系统的增生鼻音尾的现象，列进前文的古今韵母比较表中，如：某亩 moŋ⁴⁵³｜茂贸 moŋ²¹⁴｜谋 moŋ³¹。还有些是由于念成了另外音韵地位的读音造成的，如：大~黄 ta³⁵｜差参~ tsʰa³⁵。还有些是由于鼻音尾失落造成的，如：杉 sa³⁵｜疝 suai²¹⁴｜喘 tsʰuai⁴⁵³。个别是残存的白读音，从古今对应关系并结合其他方言来看，显示出当地方言在早期发展变化中可能受到过客家方言的影响，存在着客家方言曾梗摄舒声韵白读音的底层，如：泵 paŋ⁴⁵³｜睛眼~ tɕiaŋ³⁵｜颈吊~（上吊）tɕiaŋ⁴⁵³。

# 第七节

# 音韵特点

潼南湘语迁入潼南的时间已较为久远，迁入后处于西南官话的包围之中，长期受到它的影响，在与西南官话接触的过程中，湘语自身的语音特征有些得以保留，有些则正在不断地受到磨损。潼南湘语由于受到西南官话较大的影响，异读情况较多，语音层次较丰富，发音呈现出向潼南话靠拢的趋势。下列各部分举例时，例字或音节下加单横线"＿"表示白读音，加双横线"＿"表示文读音，右下角小字"又"表示又读音，同一个字的多个读音用"～"隔开，异读出现的语音环境参见第三章。

## 一 声母特点

（一）古全浊声母平声字不论平仄今逢塞音、塞擦音（白读）多读不送气清音，但文读多读送气清音，如：盘並母pan³¹｜抬定母tai³¹｜唐定母taŋ³¹｜柴崇母tsai³¹｜肠澄母tsaŋ³¹｜钱从母tɕien³¹｜穷群母tɕioŋ³¹。受西南官话的影响，部分古全浊声母平声字有不送气和送气两读，两个读音已成为又读关系，如：彭並母pɛn³¹～pʰɛn³¹｜狂群母kuaŋ³¹～kʰuaŋ³¹｜檀定母tan³¹～tʰan³¹｜迟澄母tsʅ³¹～tsʰʅ³¹｜棋群母tɕi³¹～tɕʰi³¹；部分非常用字只读送气声母，只有文读音，如：屏萍並母pʰiɛn³¹｜疼定母tʰɛn³¹｜童潼定母tʰoŋ³¹｜题定母tʰi³¹｜途涂定母tʰu³¹｜残惭从母tsʰan³¹｜除澄母tsʰu³¹～tɕʰy³¹｜臣忱禅母tsʰɛn³¹｜茬崇母tsʰa³¹｜渠群母tɕʰy³¹。

（二）古全浊声母入声字今逢塞音、塞擦音时有白读送气清音的情况，如：拔並母pʰa³¹｜截捷从母tɕʰiɛ³¹｜弼並母pʰi³¹｜术澄母tɕʰy³¹～tsʰu³¹｜着澄母tsʰo³⁵～tsʰo²¹⁴｜辙泽宅澄母tsʰɛ³¹｜沓定母tʰa²¹⁴。也有不少已读不送气清音，如：贼从母tsuɛi³¹～tsɛ³¹｜侄澄母tsʅ³¹～tsɛ²¹⁴｜夺定母to³¹｜集从母tɕi³¹｜蛰澄母tsʅ³⁵｜叠定母tie³¹。

（三）部分全清声母读送气音。帮母字如：谱pʰu⁴⁵³｜鄙pʰi⁴⁵³｜庇pʰi³¹｜痹pʰi³¹｜遍

pʰiɛn²¹⁴ | 绊 pʰan²¹⁴ | 卜 占～pʰu³¹；端母字如：抖 tʰɤɯ⁴⁵³；见母字如：概溉 kʰai²¹⁴ | 括 kʰuɛ³¹～kʰua³¹；心母字如：碎 tsʰuɛi²¹⁴ | 粹 tsʰuɛi²¹⁴。

（四）泥母和疑母细音字大都读零声母。泥母细音字如：拈 iɛn³⁵ | 年 iɛn³¹ | 碾 iɛn⁴⁵³ | 泥 i³¹ | 女 y⁴⁵³ | 尿 iɑɯ³⁵；疑母细音字如：牛 iɤɯ³¹ | 严 iɛn³¹ | 研 iɛn³⁵ | 艺义 i²¹⁴ | 业 iɛ³¹ | 孽 iɛ³⁵；端母个别细音字也读零声母，如：鸟 iɑɯ⁴⁵³。仅有极个别非常用疑母和泥母细音字声母仍读[l]，当是受普通话影响所致，如：疟 lio³¹ | 鲇 liɛn³¹ | 宁 liɛn³¹ | 扭 liɤɯ⁴⁵³。泥母在洪音前则与来母混读[l]，如：怒 = 路 lu²¹⁴ | 脑 = 老 lɑɯ⁴⁵³。

（五）日母在洪音前时，老派读音与来母相同，读[l]，新派基本上都读[z]声母；在细音前时，都读零声母。发音人周少全为老派读音，唐昌平为新派读音。如：

|  | 扰 | 肉 | 然 | 让 | 热 | 如 |
|---|---|---|---|---|---|---|
| 老派 | lɑɯ⁴⁵³ | lɤɯ³⁵ | lan³¹ | lɛn³¹ | lɛ²¹⁴ | y³¹ |
| 新派 | zɑɯ⁴⁵³ | zɤɯ³⁵ | zan³¹ | zɛn³¹ | zɛ²¹⁴ | y³¹ |

（六）仅有两套塞擦音声母。精组和知庄章组洪音字声母相同，都读[ts tsʰ s]，如：知 = 资 tsʅ³⁵ | 聪 = 充 tsʰoŋ³⁵ | 三 = 山 san³⁵。不分尖团，精组细音字与见系细音字合流，都读[tɕ tɕʰ ɕ]，如：集 = 急 tɕi³¹ | 秦 = 禽 tɕʰiɛn³¹ | 线 = 县 ɕiɛn²¹⁴。

（七）遇摄、山摄、臻摄合口三等知系字声母（白读）同精组和见组细音字一样，都读[tɕ tɕʰ ɕ]。如：猪 = 居 tɕy³⁵ | 出 = 曲 = 蛆 tɕʰy³⁵ | 煮 = 举 tɕy⁴⁵³ | 书 = 虚 = 需 ɕy³⁵ | 专 = 军 tɕyɛn³⁵ | 川 乂穿 乂 = 圈 = 春 tɕʰyɛn³⁵ | 船 = 群 tɕyɛn³¹ | 准 = 卷 = 转转送 tɕyɛn⁴⁵³ | 唇 乂 = 寻 = 询 = 玄 ɕyɛn³¹。

（八）古见系开口二等字（白读）的声母多保留舌根音的读法。如：家 ka³⁵ | 嫁 ka²¹⁴ | 瞎 xa³⁵ | 虾 xa³⁵ | 街 kai³⁵ | 解 kai⁴⁵³ | 崖 ŋai³¹ | 界 kai²¹⁴ | 敲 kʰɑɯ³⁵ | 搅 kɑɯ⁴⁵³ | 觉窖 kɑɯ²¹⁴ | 咬 ŋɑɯ⁴⁵³ | 咸衔 xan³¹ | 限 xan²¹⁴ | 苋 xan³⁵ | 项巷 xaŋ²¹⁴ | 杏 xɛn²¹⁴ | 行 xɛn³¹ | 掐 kʰa³⁵ | 夹 ka³⁵。

（九）古疑母和影母开口一二等字（白读）多读[ŋ]声母。疑母字如：我 ŋo⁴⁵³ | 艾 ŋai²¹⁴ | 熬 ŋɑɯ³¹ | 眼 ŋan⁴⁵³ | 雁 ŋan²¹⁴～ŋai²¹⁴ | 昂 ŋaŋ³¹ | 硬 ŋɛn²¹⁴～ŋɛn³⁵ | 牙 ŋa³¹ | 崖 ŋai³¹ | 咬 ŋɑɯ⁴⁵³ | 额 ŋɛ³¹ | 鄂 ŋo³¹；影母字如：哀 ŋai³⁵ | 挨 ŋai³¹ | 袄 ŋɑɯ⁴⁵³ | 欧 ŋɤɯ³⁵ | 暗晏 ŋan²¹⁴ | 恩 ŋɛn³⁵ | 肮 ŋaŋ³⁵ | 樱 ŋɛn³⁵ | 扼 ŋɛ³¹ | 鸭 ŋa³⁵ | 矮 ŋai⁴⁵³ | 坳 ŋɑɯ²¹⁴ | 恶凶～ ŋo²¹⁴。

（十）部分见系字的声母与普通话相比，存在腭化现象，如：刚宕开一见母 tɕiaŋ³⁵ | 孩蟹开一匣母 ɕiai³¹。还有些三等字（不论开合口）都有[i]介音，而这些字在普通话中要么没有介音，要么介音不同，如：弓通合三见母。弹棉花的用具 tɕioŋ³⁵ | 龚通合三见母 tɕioŋ³⁵ | 筐框眶宕合三溪母 tɕʰiaŋ³⁵ | 邹流开三庄母 tɕiɤɯ³⁵。

（十一）古晓匣母合口字声母读同非组，一般都读[f]，如：胡 = 扶 fu³¹ | 还 = 烦 fan³¹ | 魂 = 坟 fɛn³¹ | 灰 = 飞 fɛi³⁵ | 或 fai³¹ | 划 fa³¹。非组与通摄合口舒声韵相拼时，则与晓

匣母混读[x]，如：丰风xoŋ³⁵｜风缝xoŋ²¹⁴。音位[f]与[x]还存在对立，如：咸xan³¹≠烦<u>还</u>fan³¹｜痕xɛn³¹≠坟魂fɛn³¹｜行xaŋ³¹≠房簧磺faŋ³¹。另外，部分流摄开口三等非组字的白读声母读[x]，如：<u>否</u>xɤu⁴⁵³｜<u>浮</u>xɤu³¹｜<u>阜</u>xɤu²¹⁴。

（十二）部分匣母字声母白读为零声母。如：<u>回</u>～去uɛi³¹｜<u>怀</u>～里uai³¹｜<u>还</u>～钱uan³¹｜<u>换</u>～衣服uan³⁵｜<u>禾</u>～苗o³¹｜<u>和</u>～尚o³¹｜<u>横</u>～起走uɛn³¹｜<u>黄皇蟥蝗</u>uaŋ³¹｜<u>话</u>ua³⁵｜<u>完</u>uan³¹｜<u>丸</u>uan³¹～yɛn³¹。

## 二　韵母特点

### （一）鼻音尾方面

1. 当地方言无塞音韵尾。古阳声韵，[m]尾并入[n]尾，即咸山摄舒声韵合流、深臻摄舒声韵合流。中古以[ŋ]收尾的曾梗摄舒声韵（除开口一二等帮组字外）与深臻摄舒声韵合流，收[n]尾；宕江摄、通摄和曾梗摄开口一二等帮组舒声韵收[ŋ]尾。

2. 部分阴声韵字增生鼻音尾，读阳声韵。增生鼻音尾[n]的多来自蟹止摄，如：蓖蟹开四齐韵帮母piɛn³⁵｜沂止开三微韵疑母。～蒙山iɛn³¹｜毅止开三微韵疑母iɛn²¹⁴｜翡止合三微韵奉母fɛn⁴⁵³。增生鼻音尾[ŋ]的多来自流摄，如：某亩流开一侯韵明母moŋ⁴⁵³｜茂贸流开一侯韵明母moŋ²¹⁴｜谋流开三尤韵明母moŋ³¹。

3. 部分阳声韵字存在鼻音尾脱落的情况。咸山摄部分字如：杉咸开二咸韵生母sa³⁵｜疝山开二删韵生母suai²¹⁴｜喘山合三仙韵昌母tsʰuai⁴⁵³。

### （二）口呼方面

1. 部分山摄、宕摄和曾摄开口舒声字存在增生[u]介音的现象。如：珊山开一心母删山开二生母suan³⁵｜铲山开二初母tsʰuan⁴⁵³｜仓宕开一清母tsʰuaŋ³⁵｜桑宕开一心母suaŋ³⁵｜藏宕开一平从母。～起来tsuaŋ³¹～tsʰuaŋ³¹｜藏宕开一去从母。西～tsuaŋ²¹⁴｜绳曾开三船母suɛn³¹。个别开口字仍保留着无[u]介音的读法，如：装宕开三庄母。～饭tsaŋ³⁵｜窗江开二初母tsʰaŋ³⁵。"胯假合二溪母"[kʰa²¹⁴]则失去[u]介音。

2. 果摄字开合口合流，都读[o]。如：哥＝锅ko³⁵｜饿o³⁵｜卧o²¹⁴。

3. 部分开口三四等字可以读为撮口呼韵母。蟹摄开口四等字如：砌tɕʰy²¹⁴；深摄开口三等字如：寻ɕyɛn³¹；山摄开口三等字如：鲜轩掀ɕyɛn³⁵｜骞tɕyɛn⁴⁵³｜薛ɕyɛ³⁵，四等字如：弦ɕyɛn³¹｜屑ɕyɛ³¹。部分合口三等字的读音与普通话不同，却合乎古今演变的规律，山摄合口三等字如：沿铅yɛn³¹；梗摄合口三等字如：营茔颖萤荥yɛn³¹｜疫役y³¹｜倾顷tɕʰyɛn⁴⁵³。

4. 臻摄合口一三等端系舒声字的韵母无介音[u]，多读[ɛn]韵母。如：顿tɛn²¹⁴｜论lɛn²¹⁴｜嫩lɛn³⁵｜村tsʰɛn³⁵｜孙sɛn³⁵｜伦lɛn³¹｜笋sɛn⁴⁵³。

### （三）韵摄读音方面

1. 假摄开口三等字的主要元音大多读[ɛ]，部分残留读低元音[a]的层次。如：<u>姐</u>

tɕia⁴⁵³｜车 tsʰa³⁵｜斜 ɕia³¹｜蛇 sa³¹｜野 ia⁴⁵³｜夜 ia³⁵。

2. 遇摄合口一等端系字韵母白读合入流摄，读[ɤɯ]。如：赌 tɤɯ⁴⁵³｜徒 tɤɯ³¹｜炉 lɤɯ³¹｜租 tsɤɯ³⁵｜醋 tsʰɤɯ³⁵｜酥 sɤɯ³⁵。

遇摄合口三等知系字韵母白读多读[y]，如：猪朱柱 tɕy³⁵｜书殊 ɕy³⁵｜煮主 tɕy⁴⁵³；部分非常用字已读[u]，如：阻 tsu⁴⁵³｜株 tsu³⁵｜竖 su²¹⁴｜疏 su³⁵。

遇摄鱼虞韵部分字存在"鱼入支微"现象，读[uᴇi]。如：屡吕 luᴇi⁴⁵³｜絮 suᴇi³⁵｜趋 tsʰuᴇi³⁵｜鼠 suᴇi⁴⁵³。

3. 蟹摄开口一二等见晓组部分字韵母读[iai]。如：孩 ɕiai³¹｜谐 ɕiai³¹｜皆 tɕiai³⁵｜介界芥疥届戒械 tɕiai²¹⁴｜懈蟹 ɕiai²¹⁴。

4. 止摄开口帮组部分字韵母读[ᴇi]，如：披 pʰᴇi³⁵｜臂 pᴇi²¹⁴｜婢 pᴇi³⁵｜丕 pʰᴇi⁴⁵³；部分读[i]，如：被 pi²¹⁴｜媚眉 mi³¹｜备 pi²¹⁴。

止摄合口支脂韵部分字存在"支微入鱼"现象，读[y]。如：吹 tɕʰy³⁵｜随 ɕy³¹｜锤 tɕy³¹｜水 ɕy⁴⁵³｜遂隧 ɕy²¹⁴｜虽 ɕy³⁵｜锥 tɕy³⁵。

5. 咸山摄、深臻摄、曾梗摄舒声韵细音字韵母合流，这是相对于潼南话明显有区别的地方之一。如：减＝紧＝警 tɕiᴇn⁴⁵³｜千＝亲＝轻 tɕʰiᴇn³⁵｜先＝欣＝兴 ɕiᴇn³⁵｜练＝赁＝令 liᴇn²¹⁴｜烟＝音＝英 iᴇn³⁵｜专＝捐＝军 tɕyᴇn³⁵｜川＝圈＝春＝倾 tɕʰyᴇn³⁵｜原＝匀＝荣 yᴇn³¹｜弦＝悬＝寻＝绳 ɕyᴇn³¹｜面＝命 miᴇn³⁵。

6. 山臻摄合口知系舒声字及咸摄开口二等"赚"字的韵母存在异读：白读为[yᴇn]，此也是所保留的湘语特征之一；文读为[uan]或[uᴇn]。如：川穿 tɕʰyᴇn³⁵～tsʰuan³⁵｜船 tɕyᴇn³¹～tsʰuan³¹｜传 tɕyᴇn³¹～tsʰuan³¹｜蠢 tɕʰyᴇn⁴⁵³～tsʰuᴇn⁴⁵³｜唇纯 ɕyᴇn³¹～suᴇn³¹｜顺 ɕyᴇn²¹⁴～suᴇn²¹⁴。

7. 深臻摄开口三等和曾梗摄开口三四等帮组和端系舒声字的韵母存在文白异读，白读为[ᴇn]，文读为[iᴇn]。如：心 sᴇn³⁵～ɕiᴇn³⁵｜亲 tsʰᴇn³⁵～tɕʰiᴇn³⁵｜信 sᴇn²¹⁴～ɕiᴇn²¹⁴｜冰 pᴇn³⁵～piᴇn³⁵｜平 pᴇn³¹～pʰiᴇn³¹｜饼 pᴇn⁴⁵³～piᴇn⁴⁵³｜领 lᴇn⁴⁵³～liᴇn⁴⁵³｜静 tsᴇn²¹⁴～tɕiᴇn²¹⁴｜鼎 tᴇn⁴⁵³～tiᴇn⁴⁵³｜醒 sᴇn⁴⁵³～ɕiᴇn⁴⁵³。

8. 山摄和深臻曾摄开口三等知庄章组入声字韵母存在文白异读，白读为[ɛ]，文读为[ʅ]。如：湿 sɛ³⁵～ʂʅ³¹｜十 sɛ²¹⁴～ʂʅ³¹｜侄 tsɛ²¹⁴～tʂʅ³¹｜失 sɛ²¹⁴～ʂʅ³¹｜直 tsʰɛ²¹⁴～tʂʅ³¹｜蚀 sɛ²¹⁴～ʂʅ³¹。"虱"[sɛ³⁵]只有白读。

9. 臻摄和通摄合口精组入声字韵母（白读）读[y]，如：卒 tɕy³¹｜足 tɕy³¹｜族 tɕʰy³¹｜速 ɕy³¹｜肃宿 ɕy³¹｜俗 ɕy³¹。臻摄知系部分入声字韵母（白读）也读[y]，如：术 tɕʰy³¹～ɕy³¹｜出 tɕʰy³⁵～tsʰu³¹。通摄知系部分入声字韵母（白读）读[ɤɯ]，文读[u]，如：竹 tsɤɯ³⁵｜叔 sɤɯ²¹⁴～su³¹｜熟 sɤɯ²¹⁴～su³¹｜烛 tsɤɯ³⁵～tsu³¹｜肉 lɤɯ³⁵。

### 三　声调特点

（一）当地有四个单字调，即阴平、阳平、上声和去声。只有中古平声按声母清浊分为阴阳两类；去声不分阴阳，这是与湖南境内很多湘语方言点有区别的地方。当地声调古今演变的总体规律是：平分阴阳，浊上（全浊上）和浊去（包括次浊去和全浊去）归阴平，入派三声（阴平、阳平和去声）。

（二）潼南湘语已无入声调，中古入声字归入阴平、阳平和去声三个调类中，归并的方向与周边的西南官话有很大不同，这也是潼南湘语有别于潼南话的一个主要语音特点。

（三）当地方言中阴平调的来源较多，除了清声母平声字外，中古全浊声母上声字和浊声母去声字（包括次浊去和全浊去）白读也大都读入阴平，部分次浊甚至全浊声母平声字也读入阴平，不少清声母入声字和部分次浊声母入声字也读入阴平。浊声母平声字（白读）归阴平的，如：拿 la³⁵｜炎研蝇 iɛn³⁵｜摩摹磨 mo³⁵｜模 mu³⁵｜爬 pa³⁵｜挪啰 lo³⁵｜敹 liɑɯ³⁵｜瘸 tɕʰyɛ³⁵｜凭 pʰɛn³⁵｜蜷 tɕyɛn³⁵｜聋笼 loŋ³⁵。全浊声母上声字（白读）读阴平的，如：祸 xo³⁵｜是 sʅ³⁵｜跪 kuɐi³⁵｜厚 xɤɯ³⁵｜咎 tɕiɤɯ³⁵｜淡 tan³⁵｜重轻~ tsoŋ³⁵｜罪 tsuɐi³⁵｜抱 pɑɯ³⁵｜动 toŋ³⁵｜近 tɕiɛn³⁵。浊声母去声字（白读）读阴平的，如：字 tsʅ³⁵｜糯 lo³⁵｜鼻 pi³⁵｜露漏 lɤɯ³⁵｜豆逗 tɤɯ³⁵｜瞪 tɛn³⁵｜梦 moŋ³⁵｜弄 loŋ³⁵｜败 pai³⁵｜卖 mai³⁵｜袋 tai³⁵｜现 ɕiɛn³⁵｜夜 ia³⁵。清入和部分次浊入字读入阴平的例字见下文"（七）古入声字的归派"中的第1条和第2条。

（四）阳平字的来源有浊声母平声字和部分入声字，入声字读入阳平应该是受西南官话影响所形成的，归入情况见下文"（七）古入声字的归派"相关内容。

（五）上声的来源主要是中古清声母上声字和次浊声母上声字。

（六）去声的来源主要包括中古清声母去声字、浊声母入声字，以及少量清入字。

（七）古入声字的归派

受方言接触、自身语音演变以及普通话等多重因素的影响，中古入声字在潼南湘语中的今读情况较复杂。不少入声字存在声调异读现象，反映出了入声字读音在当地方言发展变化中的复杂性、丰富性和层次性。

1. 清入字的归派

清声母入声字在当地方言中主要读入阴平，有部分读入去声。从例字来看，读入去声的清入字明显较读入阴平的数量少，且有些为书面语或非常用字。受西南官话的影响，部分清入字存在文读阳平、白读阴平或去声的情况，部分字已只读阳平。

只读阴平的清入字，如：摘 tsɛ³⁵｜涩虱 sɛ³⁵｜磕 kʰo³⁵｜合 升~为一升 ko³⁵｜哭 kʰu³⁵｜插 tsʰa³⁵｜帖贴 tʰie³⁵｜揖 i³⁵｜萨 sa³⁵｜割 ko³⁵｜喝 xo³⁵｜杀 sa³⁵｜薛 ɕyɛ³⁵｜蝎歇 ɕie³⁵｜憋 pie³⁵｜切 tɕʰie³⁵｜泼 pʰo³⁵｜撮 tsʰo³⁵｜嚯 xo³⁵｜挖 ua³⁵｜黢 tɕʰy³⁵｜黑 xɛ³⁵｜拆坼 tsʰɛ³⁵｜客 kʰɛ³⁵｜只 一~鸟

tsʅ³⁵ | 尺 tsʰʅ³⁵ | 劈 pʰie³⁵ | 竹 tsɤɯ³⁵。

文读阳平、白读阴平的清入字，如：押 ia³¹～ia³⁵ | 雪 ɕyɛ³¹～ɕyɛ³⁵ | 塞 sɛ³¹～sɛ³⁵ | 八 pa³¹～pa³⁵ | 漆 tɕʰi³¹～tɕʰi³⁵ | 湿 sʅ³¹～sɛ³⁵ | 出 tsʰu³¹～tɕʰy³⁵ | 铁 tʰie³¹～tʰie³⁵ | 发 fa³¹～fa³⁵ | 谷 ku³¹～ku³⁵ | 结 tɕie³¹～tɕie³⁵ | 掐 tɕʰia³¹～kʰa³⁵。

只读去声的清入字，如：笔 pi²¹⁴ | 恶~人 o²¹⁴ | 藿~香 xo²¹⁴ | 式 sʅ²¹⁴ | 忆亿 i²¹⁴ | 郁 y²¹⁴ | 窄 tsɛ²¹⁴ | 栅 tsa²¹⁴ | 炙 tsʅ²¹⁴。

文读阳平、白读去声的清入字，如：北 pɛ³¹～pɛ²¹⁴ | 骨 ku³¹～ku²¹⁴ | 德 tɛ³¹～tɛ²¹⁴ | 叔 su³¹～sɤɯ²¹⁴ | 啄 tsua³¹～tsua²¹⁴。

有些清入字已只读阳平，这些多为非常用字。如：急 tɕi³¹ | 塔 tʰa³¹ | 刻 kʰɛ³¹ | 菊 tɕy³¹ | 沃 o³¹ | 速 ɕy³¹ | 括 kʰuɛ³¹～kʰua³¹ | 胁 ɕie³¹ | 甲 tɕia³¹～ka³¹ | 抑 i³¹。

2. 次浊入字的归派

次浊声母入声常用字在当地主要读入去声，部分读入阴平，尚未发现读入阴平和读入去声的分化条件。受西南官话的影响，部分次浊入字存在文读阳平、白读去声或阴平的情况，部分字已只读阳平。

只读去声的次浊入字，如：热 lɛ²¹⁴ | 莫幕 mo²¹⁴ | 腊 la²¹⁴ | 诺 lo²¹⁴ | 跃 iɑɯ²¹⁴ | 脉 mɛ²¹⁴ | 牧 mu²¹⁴ | 六 lɤɯ²¹⁴ | 玉 y²¹⁴。

文读阳平、白读去声的次浊入字，如：密 mi³¹～mi²¹⁴ | 落 lo³¹～lo²¹⁴ | 叶 ie³¹～ie²¹⁴ | 绿 lu³¹～lɤɯ²¹⁴ | 辣 la³¹～la²¹⁴ | 钥 io³¹～io²¹⁴。

只读阴平的次浊入字，如：拉 la³⁵ | 擘 ie³⁵ | 摸 mo³⁵ | 袜 ua³⁵ | 肉 lɤɯ³⁵。

文读阳平，白读阴平的次浊入字，如：物 u³¹～u³⁵ | 烈 lie³¹～lie³⁵ | 日 zʅ³¹～ɔ³⁵ | 蜡 la³¹～la³⁵。

个别次浊入字读入上声，如：抹~子 mo⁴⁵³ | 烙~铁 lo⁴⁵³ | 褥被~ lu⁴⁵³。

也有不少次浊入字已只读阳平，如：默 mɛ³¹ | 业镊聂 ie³¹ | 列裂 lie³¹ | 越悦粤阅曰 yɛ³¹。从使用情况来看，这些字多为非常用字。

3. 全浊入字的归派

大部分古全浊声母入声字今已读入阳平；部分读入去声，从使用情况来看，该部分全浊入字多为常用字，读去声应该是古全浊入字早期的读音层次；部分文读阳平，白读去声；少量白读阴平。

只读阳平的全浊入字，如：局 tɕy³¹ | 俗续 ɕy³¹ | 逐轴 tsu³¹ | 独犊 tu³¹ | 笛敌狄 ti³¹ | 帛 pe³¹ | 殖植 tsʅ³¹ | 镯 tso³¹ | 浊 tsʰo³¹ | 特 tʰɛ³¹～tʰie³¹ | 掘 tɕyɛ³¹ | 夺 to³¹ | 截 tɕʰie³¹ | 辙 tsʰɛ³¹ | 拾 sʅ³¹ | 席夕习袭 ɕi³¹ | 籍寂疾及集辑 tɕi³¹ | 捷 tɕʰie³¹ | 涉 sɛ³¹ | 杂 tsa³¹ | 合 xo³¹ | 辖 ɕia³¹ | 协穴 ɕie³¹。

只读去声的全浊入字，如：曝 pɑɯ²¹⁴｜嚼 tɕiɑɯ²¹⁴｜剧 tɕy²¹⁴｜读 tʰɤɯ²¹⁴。

文读阳平、白读去声的全浊入字，如：舌 sɛ³¹～sɛ²¹⁴｜活 xo³¹～xo²¹⁴｜薄 po³¹～po²¹⁴｜白 pɛ³¹～pɛ²¹⁴｜伥 tsʅ³¹～tsɛ²¹⁴｜学 ɕio³¹～ɕio²¹⁴｜择 tsʰɛ³¹～tsʰɛ²¹⁴｜直 tsʅ³¹～tsʰɛ²¹⁴｜石 sʅ³¹～sʅ²¹⁴｜蚀 sʅ³¹～sɛ²¹⁴｜获 xo³¹～xo²¹⁴｜熟 su³¹～sɤɯ²¹⁴｜十 sʅ³¹～sɛ²¹⁴｜昨 tso³¹～tso²¹⁴～tsʰo²¹⁴。

可以读（白读）阴平的全浊入字，如：鹤 xo³⁵｜钹 po³⁵｜雹 pɑɯ³⁵｜实 sʅ³¹～sʅ³⁵｜勺 so³¹～sua³¹～so³⁵｜划 fa³¹～fa³⁵。

第三章　同音字汇

说明：

1. 本字汇所收字音依据《方言调查字表》（修订本）及口语词汇、语法例句、话语材料等整理而得，共收入潼南湘语常用字约4000个。

2. 本字汇先按韵母分类，并以韵母表中韵母的次第为序，韵母相同的字又按声母表中声母的次第为序排列，声母、韵母都相同的字再按声调次序排列。声母、韵母和声调的排列次序参见第二章第一节。

3. 来历不详暂时写不出字形且没有适当的借音字可写的一律用方框"□"代替，并在右下角用小字加以注释或举例。冒号"："后面的内容是对相应释义的举例，举例时用波浪线"～"代替本字，例子如需注释则将解释放入例子后面的括号"（ ）"内。一个字有多个义项时，不同义项之间用句号"。"隔开，多个例词之间用竖线"｜"隔开，如：车白。名词：水～。动词：用风车～。举例时有写不出本字的音节时用"□"加音标表示，如：膝白。"□～头" [kʰe³³ɕi³⁵tʂʮ³¹]（膝盖）。如果所标示的"□"有变调，标音时只标变调。例子中读音较特殊的字，后加注国际音标，如"□li³¹"条的举例："～睛" [li³³tɕiaŋ⁴²]（"眼睛"的贬损说法）。

4. 文白异读在字的右下角加小字"文""白"表示，必要时标注释义或例词，"文"或"白"与释义或例词之间用句号"。"隔开。若文读音或白读音有几个，则在右下角用小字注明"文1、文2""白1、白2"。无词汇条件的又读，多个读音按照常用情况依次标号，在字的右下角用数字表示，用"1"表示最常用或最口语化的读音，"2"次之，依此类推。

5. 潼南湘语中常用但《方言调查字表》未收的生僻字、有词汇分布差异的文白异读字、来源不同的简化字，均用小字释义或举例词。来源不同的简化字，一律写作简化字，若简体、繁体读音不同，以例词或释义区别。如：后～头xɤɯ³⁵，后皇～xɤɯ²¹⁴。

6. 本字汇主要收录潼南湘语的单字音。当地方言中有不少读半边音或误读的情况，如果相应读音在当地较普遍，也收到字汇中来。当地的变调情况比较复杂，词中后字存在着类似普通话轻声的变调[42]、[55]，这些调值分别与上声和阴平处于后字时变调的调值相同。个别字不单用，只能读连读调，连调时的声调已经成了它的单字调。当地方言中阴平调的来源又较多，个别字读[42]或[55]调时，有时难以断定它究竟是本调还是类似轻声的变调。在单字音难以判定的这两种情况下，酌收连读音，连读音放在相应的单字音后面，前面加双竖线"‖"以示区别。如："艺"，疑母去声，在"手艺"中读[35]调，既与后字类似轻声的变调[35]相同，又与当地浊声母去声字多读入阴平的规律相合。这样，难以断定后字读[35]究竟是"轻声"变调还是符合规律的本调，故列在"‖"后。

7. 发音人唐昌平和周少全对某些字词的读音有差异，本字汇所收字音以发音人周少全的读音为准。

8. 本字汇在《重庆潼南（龙形）湘语同音字汇》（孙红举，2023a）的基础上有进一步的增益和完善。

## ɿ

**ts** [35]蔗知蜘支枝肢文。四~栀只一~鸟资姿咨自白。~家（自己）脂滋字痔辎之芝蛰 惊~指~拇儿（手指）趾口捏：~鼻子。握：~倒 手杆口刁~（故意，专门）口人称代词复数标记：我~（我们）口"～" [ie²¹tsɿ³⁵]（怎么）‖至冬~ [31]池白。~坝村（当地村名）糍1。~粑迟2。来~了辞白。~帖（告知别人不举办请宴活动的帖子，或拒绝受礼的帖子）祠执汁质值直文。~接织职殖植挪侄文。~儿茨~坝庙（庙名）瓷 [453]紫纸只~有姊旨指~路子籽梓滓止址兹 [214]智翅自文。~觉致雉雄~（野公鸡）稚治志痣炙牸~牛（公牛）制置巳十二地支之一伺2。~候刺鱼~

**tsʰ** [35]痴摛~手（伸手）尺 [31]雌池文。水~驰糍2。~粑迟1。来~了慈磁辞文。~职词持恃~强凌弱秩1。~序赤斥吃文。小~ [453]此侈耻齿 [214]滞停~刺~刀赐次秩2。~序

**s** [35]斯嘶撕施是1。行~私师狮尸司丝思

柿白。~子施事白。~情诗蛳螺~嘶~叫燍~臭（馊）实白。扎~（坚固）‖匙钥~食饮~侍服~十三~|四~恃惯~（娇惯，适应） [31]石文。条~十文。二~匙汤豉豆~时湿文。~气拾实文。老~室食~物蚀文。腐~识适释失文。损~男女交合口利~（利是，民间为讨吉利而给的小钱）口后缀：看~（看头）口"口~" [lian³⁵sɿ³¹]（小看） [453]死使史驶始屎口"口~" [tsan³⁵sɿ⁴²]（搭理） [214]事文。~故世势誓逝氏四肆示视似祀寺嗣饲士仕柿文。西红~市试式饰石白。~头伺1。~候侍~奉什~么是2。~哪个

**z** [31]日文1。~记

## i

**p** [35]鼻逼篦壁白1。~头（墙壁）~头 [31]算疲白。~沓（做事慢）皮白。牛~琶1。~邑枇~杷~毕必匹笔文。一~钱碧璧壁文。隔~口"～口" [pi³³ten³³]（特别直） [453]彼比 [214]陛备准~蔽敝弊币毙闭被~子|告笔白。毛~滗~药（将药汤与药渣分离，倾倒出来）

pʰ [35]胍麻~(女阴) [31]皮文。~肤疲文。~劳脾琵2。~琵庇痹弱僻辟开~ [453]鄙痞~子。讹诈,敲诈:~他200块钱 [214]屁

m [35]谜~子咪拟声词,猫叫声眯~一会儿(睡一会儿)沕拱~子(潜进水里) [31]迷糜弥靡眉楣泌媚密文。~度蜜猕~猴 [453]米 [214]密白。红苕栽~了

t [35]爹文。~娘低弟白。~兄地白。~势(地方)递白。~跟我(递给我)□一~~(一点点) [31]滴文。水~蹄屉的目~嫡笛敌狄提白。~篮涕□方位语素:后~(后面) [453]底抵的摩~(摩托)的结构助词。语气词,表确认语气地结构助词□第三人称代词□"口~"[ŋai³³ti⁴²](肯定) [214]地文。~主弟文。堂~帝第递文。传~隶奴~|~书

tʰ [35]锑①~锅(铝锅)梯剔白。~肉 [31]堤提题文。手~包啼踢 [453]体 [214]剃替剔文。挑~

l [35]例2。~子利白。对你有~痢白。屙~(患痢疾)躐~倒牛屎(踩到牛粪)□~菜(用铲子翻菜)‖狸狐~ [31]犁黎离篱璃琉~梨厘立文。~夏|~正笠粒栗鹂力历沥文。~青□"~睛"[li³³tɕiaŋ⁴²]("眼睛"的贬损说法) [453]礼李里理鲤娌妯~狸②~猫换太子哩结构助词,相当于"的"□~性(不结实) [214]立白。~房子(建房子时上大梁)|~起脚(踮脚)莉例1。~子厉励丽荔利文。胜~痢文。~疾吏沥白1。~帕

(过滤用的布)

tɕ [35]鸡稽儿茶~|~乎饥讥肌机叽基脊白。~梁肢白。夹~窝(腋窝)箕簸~□1。~死(勒死)□很:~酸(很酸) [31]击吉积齐脐肚~旗奇白。稀~骑白。~马棋1。下~缉~鞋口|通~集辑急级及吸~管儿|~烟疾即鲫极戟迹脊文。屋~籍绩杞枸~寂髻激□~米(糙米)□2。~死(勒死) [453]挤己纪白。~律儿一个 [214]祭际济剂计继系~皮带既季技妓寄纪文。~念记忌脐~橙

tɕʰ [35]妻溪~沟儿欺期七1。~个漆白。动词:~桌子沏‖契③地~|~税 [31]奇文。~怪骑文。~兵岐~山歧分~祁~连山其杞~人忧天棋2。下~祈讫乞戚漆文。名词:油~七2。~个 [453]启起岂吃2。~饭 [214]去文2。~学校契~约企器气汽弃砌1。~墙

ɕ [35]些西栖犀分奚牺熙希稀携锡白。金属元素,单用:金银铜铁~膝白。"□~头"[kʰe³³ɕi³⁵tɤɯ³¹](膝盖)窸~~嗦嗦(拟声词,形容小声说话、摩擦等轻微细小的声音)‖婿女~席挡~|晒~ [31]席桌~膝文。"牛□~"[iɤɯ³³kʰe³³ɕi³¹](牛膝盖)习袭泣悉息熄媳惜昔夕锡文。~箔纸析蟋婿翁~□~袋(嗦囊) [453]洗喜嬉玺 [214]细系关~戏

∅ [35]倚~架(婴幼儿坐的靠椅)伊医~病(治病)衣依揖一白。二十~‖艺手~ [31]泥尼倪缢谊宜仪蚁蚂~移夷姨疑沂2。临~|~蒙山

---

① 将铝锅叫为"锑锅",实为一种误解,因锑的颜色与铝接近。另一说,认为铝锅当为"锡锅",声母读[tʰ]当是将"锡"误读为"踢"所致,周围官话"踢"多读阴平。民间人们对"锑"的认知度要低于"锡",我们倾向于后一种看法。

② 上声读音当是读为"狸"的右半边所致。

③ "契"中古音还有入声读法,阴平读音还有可能源于其溪母去讫切的入声读音,也符合当地清入有读阴平的情况。

遗乙一文。~二三逸凝①1。面~了（面结成坨状）
匿抑逆亦译溺呢~子（一种毛织物）益1。有~驿
□老~（连襟）[453]椅你拟矣已以 [214]
益2。有~易艺~术义议意异冀②晋察~忆亿
翼翳~子（一种眼疾，指翼状胬肉）□吹~（吹熄）
□"~□"[i²⁴mo³¹]（小气）

## u

p [35]卜 萝~□凹陷：用锤把墙打~嘎下去了‖布
花~｜扯~破~ [31]蒲白。~扇菩葡不□~冲
（蚂蚱）[453]补 [214]部簿布~料｜~置怖
步捕

pʰ [35]铺~床扑2。~过去 □腌：~洋姜‖铺
杂货~｜药~ [31]蒲文。菖~卜占｜姓~扑
1。~过去仆讣朴~素瀑勃生机~~伏白3。~起
困（趴着睡）[453]谱普浦脯□灰~~（尘土
多，不干净，颜色不明亮丽的样子）[214]铺店~堡
瓦窑~伏白2。~起困（趴着睡）

m [35]木白1。~头模白。~样 [31]模文。~子
目穆木文。人字~ [453]母拇么~个（什么）
[214]牧木白3。~卵（笨蛋）

f [35]呼夫肤麸敷孵俘烰~炭（炭）瓠~瓜妇
白。媳~复白。~山（亡人安葬后第三日，后辈给新
坟添土）□骗‖袱包~ [31]胡湖狐壶文。
水~乎儿~葫符扶芙忽佛仿｜大~福幅蝠
复文。~杂腹覆服伏文。~烟（黄烟）煳饭~了
糊~在墙上凫~水□量词，片：一~田核③白2。
~~（果核）[453]虎浒府腑甫杜~斧釜抚
腐辅□~鼻子（擤鼻涕）乎辣~~的 [214]
户扈戽名词：~斗（灌田汲水用的旧式农具）。动
词：~水（用戽汲水）妇文。~女父付赋傅阜
文。~阳赴附负伏白1。进~富副

t [35]都~城都2。范围副词：~去嘟咕（拟声词，
水往外冒的声音）[31]独牍犊督毒笃昌文。
屁股~~（屁股蛋儿）□墩（身体健壮）[453]
堵 [214]杜妒度渡镀肚文。~兜

tʰ [31]途涂突屠文。~杀秃文。光~~图文。~片
[453]吐文。呕~

l [31]录奴庐炉文。火~芦文。~苇鸬~鹚
驴如2。~果入律鹿禄陆~地绿文。~色辱
儒 [453]努2。~力鲁橹虏卤汝乳褥被~
[214]怒鹭~鹭路2。公~

ts [35]租文。房~诸朱2。姓~｜~砂诛蛛株珠
文。珍 [31]筑文。建~逐轴文。车~足
文。~球烛文。光触接~祝猝仓｜~死 [453]
祖文。~宗组阻 [214]著1。名~驻住~挡
（住处）蛀铸炷一~香注助1。帮~苎~麻

tsʰ [35]初文。当~粗文。~粮 [31]除1。~开出
文。演~储文。~存厨文。~房术白3。畜~牲
妯束结~｜一~花促文。督 [453]楚2。
清~础处~理｜~女｜保安~拄1。~棒棒（拄棍子）
[214]醋文。买~措助3。帮~处到｜~暑｜好~

s [35]苏文。~州梳文。~头舒枢书文。~生输
文。~送殊2。特~疏蔬酥。油~（当地一种油炸
的面食）[31]叔文。~~淑粟1。姓~子嘱~托
蜀属文。~于塾熟文。~视无睹 [453]署薯2。
红~数2。动词：~数粟2。姓~子 [214]素
诉塑嗉1。~袋（嗉囊）庶1。~民恕1。饶~数文。
名词：~学竖树2。柏~戍漱~口术文。算~述

---

① 阴声韵读音当是读为"凝"的右半边所致。

② 零声母读音当是读为"冀"的下面部分所致。

③ 古字形作"橱"。"核"的第一种白读音，其古字形亦作此。

k　[35]姑菇孤跍₂。蹲箍白。～起手（两手交叉在胸前）咕～～(拟声词)谷白。～子骨白₂。～油　[31]骨文。排～窟₁。且漏～窾（揭穿别人）壶白。～～(小瓶子)核白₁。～～（果核）谷文。姓～|山～跍₁。蹲□矮～～的（矮矮的样子）　[453]古估牯股鼓□"翻～□架困"[fan³⁵ku⁴⁵la⁴⁵tɕia³³kʰuɛn³³]　[214]骨白₁。～头故固锢～露锅雇顾

kʰ　[35]哭枯箍文。金～棒|腿～～(猪腿的上部)　[31]酷　[453]苦　[214]库裤

ø　[35]乌污～水巫诬鹉鹦～物白。野～屋₁。房～恶白。"□～"[tse³⁵u⁵⁵]（厌恶，讨厌）　[31]吴蜈吾梧无窟₂①。～窿物文。礼～捂～倒嘴巴笑恶文₁。厌～屋₂。房～涂，抹：把字～嘎　[453]五伍午武舞侮□～起（使劲儿）□"□～"[mia⁴⁵u⁴²]（拟声词，猫叫声）　[214]误悟恶文。厌～务雾戊勿污②经～（耐脏）□怕：～寒冷

y

l　[453]吕₂。姓～旅缕屡₂。～次铝履侣　[214]虑滤

tɕ　[35]猪居车～马炮柱蛛朱₁。姓～|～砂珠白。弹～～拘驹锥白。蜇：蜂子～人住白₁。雨～了‖句两～|三～　[31]卒橘菊足白。～够|大～(地名)促白₂。～进局槌白₁。擂钵～厨白₁。～管师（厨师）瞿□厚～～的（厚厚的样子）　[453]主煮举矩□木～～的（人长得恶的样子）　[214]著₂。名～助₂。帮～住白₄。～院巨拒距据锯文。名词：～子|～木头聚俱句一～|～具惧剧□"～□"[tɕy²⁴tɕie³¹]（按手印儿）

tɕʰ　[35]蛆祛初白₂。～中区地～驱吹白。～风（刮风）

黢～黑出白。～去曲弯～　[31]除₂。～开渠水～术白₁。白～族促白₁。～进曲歌|酒～蛐～蟮屈委～　[453]处相～取娶挂₁。～棒棒（拄棍子）□矮～～的（矮矮的样子）□～时［从来（没有）]　[214]去文₃。～皮趣砌₂。～墙袪

ɕ　[35]书白。读～墟嘘须需输白。～赢殊₁。特树₁。柏～虽₁。～然虚害怕："冇～□"[mau³⁵ɕy³⁵ti⁴⁵³]（不怕他）。～弱菱缬～边（衣物的毛边）　[31]续徐戌速肃宿星～|住一～|～舍畜牲～蓄属白。家～术白₂。白～粟₃。姓～子俗随（随便）在～（随便）屈姓～赎　[453]粟₄。姓～子暑鼠₁。红～薯₁。许水₁。～车　[214]序叙绪庶₂。～民恕₂。饶～数白。名词：～字遂₁。～宁（地名）隧₁。道嗉₂。～袋（嗉囊）絮₂。棉～

ø　[35]淤遇白。～倒（遇见）迂₁。～芋₁。～儿铅钝，不锋利鱼白。木～　[31]如₁。～果鱼文。鲤～渔余剩～|姓～愚虞娱吁呼～迂₂。～腐于盂榆裕域疫役育狱欲浴渝　[453]女语与寓雨宇禹羽　[214]御抵～誉预像遇文。相～逾愉愈芋₂。～子喻郁玉

ɚ　[35]二白。～天|～心日白。过～子‖儿雀～　[31]儿幺～而日文₂。～头　[453]尔耳饵洱　[214]二文。～流子

a

p　[35]巴芭～蕉疤爬白。～山八白。六七～叭喇～粑～～（面制品的统称）扒～开笆笼‖琶琵～粑踩～把刀～坝地～茇～庙（庙子）　[31]扒～佬儿(小偷)爬白。在地上～杷枇～爸琶抓～（一种农具）八文。算～字钯钉～　[453]把动词：～守。量

─────────────

① 唐昌平发此音。零声母读音当是声母脱落所致。

② "污"去声读法应该来源于中古音中去声乌路切的读音。

76

词：一～米。处置介词：～苹果吃了屄～～（屎，儿语）
吧语气词　[214]霸坝～子耙动词：～田罢把铧
口～～（犁把）｜筑巢：～窝。动词，铺：～床（铺床）
□摔：～碗□～嘴巴（上下唇接触发出响声）

pʰ　[35]拍白2。～健儿炉软□"一～□"[i³³pʰa³⁵la⁵⁵]
（很多）　[31]拔～河爬文。摸～滚打　[453]趴
□量词，泡，把，常用于饼状物：猪油在冬天凝成
一～～的｜一～尿｜洗一～脸□干～～的（黏稠的状态）
□"□～"[lo⁴⁵pʰa⁴²]（末尾）　[214]怕帕

m　[35]妈骂白。～人　[31]麻麻蟆抹～桌子　[453]
马蚂码号码：～子。砌，堆积：～砖嘛语气词□
黑～～的（黑黢黢的）□"□□～～"[liɤu⁴⁵liɤu⁴⁵ma⁴⁵ma⁴²]
（接连不断的状态）　[214]骂文。辱～

f　[35]花发～财｜～面｜～引划白。～柴（劈柴）｜～篾
条□"～□酒"[fa³⁵yɛn³¹tɕiɤu⁴²]（女子出嫁当天早
上所摆的宴席）　[31]发头～华中～｜～山铧划
文。～船桦法乏滑猾伐筏罚　[214]化画
划文。计～□～儿（用纸折叠成的方形物）

t　[35]答白。～白（搭理）大白1。～黄（中药名）｜～伙
搭白。毛～儿（辫子）‖瘩疙～　[31]答文。～应
搭文。～车（搭便车）达跶摔倒哒～～面（一种面食）
沓文。疲～（做事慢）□背～子（黑颈鹤）　[453]
打　[214]大文。～衣

tʰ　[35]他它她　[31]踏塔榻塌獭　[453]‖
遢邋～　[214]沓白。量词：一～纸

l　[35]拿拉蜡1。～烛啦～～队邋兄腿巴～～（大
腿根儿）　□"一□～"[i³³pʰa³⁵la⁵⁵]（很多）　□
"□～"[tsa²¹la³⁵]（声音大）　[31]屄爬：小娃儿
在～纳捺撒～辣文。油～子蜡2。～烛□～尿（尿
床）　[453]哪喇惹白。你莫～我□撒～子（唢呐）
□"翻□～架困"[fan³⁵ku⁴⁵la⁴⁵tɕia³³kʰuɛn³³]□锅～墨
（锅底的烟灰）　[214]那腊辣白。菜～

ts　[35]楂文。山～渣喳打～嚛（打盆）咋～呼儿（咋
咋呼呼，大惊小怪）眨白。～眼睛扎～衣袖｜纸～
（用纸扎成的人或物）奓张开：～嘴　[31]茶搽杂
闸1。～门札扎用针～｜包～绵～（不易烂）轧～花
机铡炸酥肉眨文。眼～毛（睫毛）□～油（膏油）
□～皮（流氓）　[453]鲊浸泡：～粪（沤粪）｜放洗
衣粉把衣服～一下～密～～的（较密的样子）　[214]
诈榨～油｜～秤（指东西体积小，但重量大）炸～弹
乍柞～蚕棚□压：用石头～住□"～□"[tsa²¹la³⁵]
（声音大）

tsʰ　[35]叉刀～杈差～别车白。名词：水～。动词：用
风车～差参～冇齐插擦白。～手蹭踩：～倒牛屎了
□叠音后缀："～～"[pia⁴⁵tsʰa⁵⁵tsʰa³⁵]（很扁的样子）
[31]苴查擦文。胶～子（橡皮）察衩2。～（衣
服侧面的开衩）　[453]扯白。～草衩1。～裤（开
裆裤）叉～着腿　[214]岔～路

s　[35]沙纱杉萨杀挲～牛（母牛）砂痧发～（中暑）
鲨　[31]蛇白。一条～煞～气（威严）刹～车｜千
年古～　[453]洒撒哂～午□阵：一～雨
□"～□"[sa⁴⁵ko⁴²]（结束）□白～～的（白白的样子）
[214]啥

k　[35]家白。～公（外公）夹白1。～菜｜铁～｜舌
子（大舌头）咬：鹅～人夹～衣（棉衣）痂～～（灰
痂）□"羊～□□"[iɑŋ³³ka³⁵mɛ³⁵mɛ⁵⁵]（蜻蜓）　[31]
蛤2。～蟆夹白2。～肢窝（腋窝）甲指～　[453]
尬嘎动态助词，表完成□～～（肉，儿语）　[214]
嫁白。～二～（寡妇再嫁）

kʰ　[35]掐白。～断□从狭小的空间挤：从门缝～进去。
塞，嵌入：肉丝～牙齿｜山～～（山间）　[453]卡
鱼刺～着了□鱼～～（鱼刺）□瘦～～的（瘦瘦的样
子）□大拇指和中指或食指张开后的长度　[214]
胯两腿间：打光～（下身不穿衣服）

ŋ [35]伢~崽(小孩子)鸭白2。~青(公鸭)轧被车~死了压白2。用石头~住丫~嘴(张嘴)啊叹词□1。拟声词:咪~子(蝉)塞~牙齿 [31]牙芽白。~~(芽,现已少用) [453]哑 [214]压白1。用石头~住

x [35]虾白。~米下白2。~次|~力(出力)哈点头~腰瞎2。~子撘搅动,拨弄,找:~稀饭|在床下~鞋子 [453]下白1。方位词:底~|地~|~头。动词:~来□傻:~包儿(傻子) [214]下白3。量词:打一~

ø [35]阿~姨|~房宫□2。拟声词:咪~子(蝉) [453]啊语气词

### ia

p [35]壁白2。~头(墙上) [453]□扁□~淡(很淡)□~嘴巴(撇嘴巴)

pʰ [453]□~~叠音词缀):黄~~(黄黄的样子)|旧~~(旧旧的样子)

m [453]□"~□"[mia⁴⁵u⁴²](拟声词,猫叫声)□"□~~"[ye³⁵mia⁴⁵mia⁴²](不饱满的籽实)

t [35]□提 [214]滴白。动词:水~下来了。量词:一~水

l [35]□~~鞋(拖鞋) [31]□讲:~白(吹牛)|翻口~舌(搬弄是非)|扯谎~白(说谎话)|~龙门阵(聊天儿)□向下低垂:~秤(秤尾低)。形容精神不振或无力的样子:~垮垮的(无精打采的样子) [453]□舔。薄~~的(薄薄的样子)□~垮垮的(懒散,做事不用心,不认真,吊儿郎当的样子) [214]沥白2。~水

tɕ [35]家文。作~加嘉稼佳枷~档(牛轭,架于牛脖子上的农具)夹白3。雨~雪‖嫁陪~ [31]茄1。~子闸2。~门夹文。~钳|~口(涩口)甲~乙胛跨单腿跨入:~进屋 [453]贾假真~|放~

姐1。~~ [214]架驾嫁文。~夜价

tɕʰ [35]吃白1。~饭 [31]恰掐文。~脱(掐掉)洽 [453]□名词:树~~(树枝)。量词:一~花□叠音后缀:瘦~~的(瘦瘦的样子)|白~~的(苍白的样子) [214]□有气无力地走:~都~行动

ɕ [35]虾文。龙~夏立~下白3。~火 [31]霞瑕暇斜1。~线狭峡辖瞎1。~子匣 [214]下文。~台夏姓~厦文。~门

ø [35]鸦丫~头桠垭山坡之间可以通行的豁口:凉风~(地名)夜白。~饭鸭白1。~子押白。~犯人□动词,粘:~膏药|~锅。形容词,黏 [31]芽文。发~衙爷白。亲~老汉儿(岳父)|姨~(姨夫)涯崖文。山~押文。~金鸭文。~儿(赤子阴,小鸭子,羹匙) [453]雅野白。~物呀语气词 [214]亚压文。~力

### ua

l [31]挼

ts [35]抓 [31]啄文。~子(镐)|~~子(鸡的隐语)。踢:~你一脚 [214]啄白。鸟类用嘴取食或敲击:鸡~人

s [31]勺白1。~子(羹匙)刷文。~墙 [453]耍厦白。高楼大~ [214]刷白。~把

k [35]瓜刮白。~子(礤床儿)呱拟声词,鸟叫声 [31]刮文。~风|~胡子 [453]寡剐□清~~(稀稀的样子)|湿~~(湿湿的样子)□拟声词,乌鸦的叫声 [214]挂褂卦

kʰ [35]夸 [31]括1。包~阔1。宽~ [453]垮□两头小中间大:酒缸的肚皮~得很□左~子(左撇子) [214]跨

ø [35]蛙洼话挖袜 [31]娃鸹老~(乌鸦) [453]瓦名词,无动词用法挖昌□叠音后缀:"□~~"[ioŋ³³ua⁴⁵ua⁴²](食物很烂的样子)|水~~的

（有水的样子）|湿～～的（湿湿的样子） [214]□凹
陷：肚子～下去了|～额髅

## ε

p [35]百白。一～‖白明～ [31]百文。～货
铺 柏伯白文。黄秫～陌～生帛檗黄～北文。
东～别文1。分～ [214]北白。～方白白。长得

pʰ [35]拍白1。～蚊子魄1。魂～ [31]拍文。
打～子泊梁山～舶迫魄2。魂～

m [35]麦白2。小～□"羊□～～"[iɑŋ³³ka³⁵mε³⁵mε⁵⁵]
（蜻蜓） [31]麦文。～冬（中药名）没沉～默墨
文。～色 [453]唛语气助词□思考，想 [214]
墨白。单用：买～麦白1。～子脉摸～蟆～蚊子

t [35]得～90分|冇～（没有） [31]德文。品～得
吃～（能吃，可以吃）|～罪 [214]德白。丧～

tʰ [31]特2。～务|～别

l [31]肋文。～骨勒文。～索唻语气词。拟声词：
哦～（唤鹅声） [453]惹文。～是生非 [214]
热①肋白。～巴勒白。～死劣白。坏：简条人耍
癗，～得很烈白2。性子～（脾气厉害）□近指代
词，这

ts [35]遮摘折白。～起来蜇白。蜂子～人□～恶
（厌恶，讨厌） [31]哲浙则责蜇文。海～贼白。
盗～侧文。～边（旁边）折文。～尺|打～褶啧～～称
赞宅文。大～门（电视剧名） [453]者 [214]
侄白。～子窄这

tsʰ [35]车文。名词：汽～。动词：用风车～拆坼
开～（裂缝）|～～（小裂缝）侧白1。动词，转：～身
[31]厕泽沼～彻撤辙南辕北～测择文。选～宅
白。住～策册 [453]扯文。～常（经常） [214]
直白。路～择白。～菜

s [35]奢赊涩湿白。衣服～嘎了虱塞白1。把
洞洞～倒色白。脸～啬白。～夹（齐啬）噻语气
词 [31]蛇文。牛鬼～神佘姓～摄2。～影设瑟
塞白2。堵～色文。彩～啬文。齐～舌文。喉～涉
[453]舍～弃|宿～ [214]社射麝赦十白。单
念：～个舌白。～条儿|夹～子（口吃不清楚的人）
失白。东西～了色～子（骰子）蚀白。～本|偷鸡冇
成～把米

k [35]给白。～钱蚂2。～蚤（跳蚤）隔白1。吃～了
（积食） [31]骼格隔文。～壁蛤1。～蟆革嗝
疙2。～瘩 [214]隔白2。断胳～胳锯白。～树
子（锯树）|～柴（砍柴）圪～蒐（植物的桩）|～疤（竹
子、高粱等植物的节）蚂1。～蚤（跳蚤）疙1。～瘩

kʰ [35]客 [31]刻时～克□～膝头（膝盖）
[453]□扑克牌中的"K"□癞癞～～（物体表面不
光滑） [214]咳去白。～年

ŋ [31]额扼

x [35]核白3。～桃黑白。天～了吓白。～人 [31]
黑文。～板核文。果～赫吓文。恐～ [453]嘿
嗨叹词，表引起别人注意□程度副词，很□～起（使
劲儿）

Ø [35]欸叹词，表惊讶。语气词，表惊讶 [453]欸
叹词，表提醒嗳语气词，表感叹、请求或命令语气

## iε

p [35]憋 [31]别文2。分～鳖

pʰ [31]别白2。门～～（门闩）撇文。～捺劈～柴
[453]撇～嘴巴 [214]别白1。～针|～个（别人）
婓不好：质量～|人～撇白。～脱（容易，干脆）

m [35]搣辦篾2。青～ [31]灭文。消～ [214]
篾1。～块灭白。打～（消失）

---

① 另一发音人唐昌平读作[zε³¹]，不收入本字汇。

t [35]爹白。老~ [31]跌叠碟牒蝶谍

tʰ [35]贴帖铁白。~锅 [31]特1。~务|~别铁文。毛~（斧子）

l [35]烈白1。性子~（脾气厉害） [31]列烈文。~属裂劣文。~质咧洌 [214]猎

tɕ [35]揭白。~开盖子节白。一~课结白。~了果接白。~东西 [31]杰洁劫妾秸揭文。~发结文。~婚给文。供~节文。春~接文。直~□“□~”[tɕy$^{24}$tɕiɛ$^{31}$]（按手印儿） [453]姐2。~~ [214]借□犟

tɕʰ [35]切~菜 [31]捷怯截 [453]且 [214]去文1。一会儿再~

ɕ [35]歇蝎白。~子 [31]邪斜2。~线胁协蝎文。毒~穴~道（穴位）|墓~ [453]写 [214]泻卸谢泄

Ø [35]噎孽着~耶叹词叶白2。~子 ‖ 爷姨~|姑~ [31]页业镍叶文。茶~爷文。舅~聂镊蹑摄1。~像捏文。~掟子（握拳头） [453]也野文。~人 [214]液腋夜文。~晚捏白。~桃子叶白1。~子□1。“~□”[iɛ$^{21}$tsɿ$^{35}$]（怎么）

uɛ

k [31]国

kʰ [31]括2。包~阔2。宽~扩

Ø [453]喂叹词，用于打电话或引起别人注意：~，你去哪个垱？

yɛ

tɕ [35]倔2。脾气~ [31]决绝掘诀倔1。脾气~茄2。~子 [214]吷骂

tɕʰ [35]缺白。~~（缺口）瘸~子 [31]缺文。~少

ɕ [35]靴薛雪白。落~血白。流~削白。~苹果 [31]屑不~|木~恤体~削文。剥~雪文。~花血文。~压

Ø [35]月白2。冬~|十~|儿~拐折□收缩：肚子~。降低身子，少占空间：~倒桌子下头□“~□□”[yɛ$^{35}$mia$^{45}$mia$^{42}$]（不饱满的籽实） [31]悦阅越曰粤月文。~食 [214]月白1。~亮|~大（大月）□~口（田地或堰塘的出水口）

o

p [35]波菠玻钹播剥白。~皮钵白。烟杆~~（烟锅）膊胳~ [31]婆1。媒~拨博缚驳脖薄文。剥~（讲话尖酸刻薄）箔锡~剥文。~削钵文。擂~ [453]跛簸~箕 [214]薄白。厚~薄1。~荷啵打~（亲嘴）

pʰ [35]坡泼 [31]婆1。媒~ [453]颇廉~|景~族剖~腹产□~符子（一种牌） [214]破~鱼（杀鱼）

m [35]摩摹摸磨白。名词：~子木白2。~鱼 [31]魔磨动词：~刀|~面馍末沫茉~莉膜寞□“□~”[i$^{24}$mo$^{31}$]（小气） [453]抹~子（抹灰、泥巴等的工具） [214]暮慕墓募幕莫磨文。名词：石~□挪动

t [35]多厾1。扎，戳，捅：~他一刀|~到河底|牛鼻~（牛鼻拳）启白。碗底~（碗底儿）哆先事时助词 [31]夺驮拿：~起来。~架（牛马背上放置的装东西的工具）坨砣驼白。~背厾2。扎，戳，捅：用笔~一下 [453]朵躲垛~子（窗户） [214]舵惰剁堕拸放踱

tʰ [35]拖脱白。~衣服托白。用手~倒拓白。把字~下来 [31]驼文。骆~鸵托文。摩~|~儿所|推~脱文。摆~沱滂~拓文。开~ [453]妥椭 [214]唾□[①]量词，摞：一~书。动词，叠加

① 本字可能为“垛”，读送气声母可能是客家话的底层遗留。

着放：~起来

l [35]挪~用啰~唆糯啰拟声词 [31]罗锣箩萝骡逻漯螺朒烙~印|~粑粑骆洛络乐快~若弱落文。~实 [453]裸烙~铁|~他一下□"~□"[$lo^{45}p^{h}a^{42}$]（末尾）□~~货（做工简单粗糙，质量差的东西）□蒙混、将就或勉强着做□量词，串：一~葡萄□叠音后缀：泥~~的（很多泥巴的样子）□打~~（发音不清晰，只是嘴动的行为）[214]懦摞诺落白。~雨萝~卜

ts [35]坐白。~牙（大牙）着白3。穿~|~肥料（放肥料）桌白。~子捉白。~猫猫（捉迷藏）住白3。在哪里~作白2。~揖撮量词，把：一~筷子 [31]昨文。~年（去年）酌卓琢涿~县镯拙文。弄巧成~作文。~业着文。~火|划得~（划算）桌文。课~捉文。~弄 [453]左佐 [214]住白2。在哪里~坐文。~标座~位作白1。~坊昨白2。~天

$ts^{h}$ [35]搓撮量词：一~米龊龌~着白2。困~（睡着）[31]绰拙白。笨~戳文。油~|~穿浊凿文。确~ [214]锉错昨白1。~天着白1。困冇~（睡不着）凿白。~子戳白。拄：~棒棒（拄棍子）

s [35]蓑梭唆叫~莎~草勺白2。瓜~（瓢）嗦缩白。~锅（把肉放油锅里烧）说白。油~大仙（油嘴滑舌的人）|~书 [31]说文。小~率效~|~领蟀蟋~勺文。漏~芍缩文。~小索文。火~（引信） [453]锁琐所 [214]索白。~~（绳子）

k [35]歌哥过白。~冇倒河（过不去河）锅戈各~人（自己）合量词：十~为一升割~草角白。牛~莴2。~笋咽拟声词，唤鸡的声音‖个两~|三~ [31]葛鸽阁郭觉白2。"冇□~得"[$mau^{35}tɕiɛn^{45}ko^{33}tɛ^{31}$]（不知不觉）搁文。耽~廓轮~角文。眼~椆~子（椽子）|~板（建房时放在椽子上的薄板）和白2。~尚。已少用 [453]果裹箇近指代词，这□"□~"[$sa^{45}ko^{42}$]（结束）[214]个用于数字"一"后：一~过文。泻肚子：肚子~。传染：肺结核要~人|虱子要~到身上来|~年

$k^{h}$ [35]科磕瞌~睡壳白。蛋~搁白1。放置：~东西 [31]渴壳文。鲫~（鲫鱼）|~~（流血后所结的痂。籽实的外壳） [453]可棵颗□拟声词：~~（敲门声） [214]课搁白2。放置：~东西

ŋ [35]窝1。鸟~饿1。很~蛾1。~子屙1。~屎 [31]鄂蛾2。~子俄1。~国鹅1。天~握1。~手龌1。~龊（脏） [453]我

x [35]祸喝~水|~彩|吆~鹤白~蕴~人（使皮肤发痒发痛）盒白。抬~（旧时民间婚娶时所用的大型木制礼品盒，多为两层或三层）豁1。~出去了嚯辣~~的嗬拟声词，叹气声：叹气~~地□骗：~人 [31]河何荷~花|薄~禾文。~苗合~作盒文。~子豁~达获文。俘~活文。~路（事情）霍~乱|姓~和文。~气 [453]火伙莫要跟他~（不要跟他一起玩）□装模作样地做□拟声词，吆鸡声□拟声词：~~的（水流的声音） [214]贺货活白。~鱼藿~香获白。~得和~匀净|~面豁2。~出去了嚯哦~（叹词，表示惋惜）

ø [35]饿2。很~蛾3。~子阿~胶|~斗倭窝2。鸟~蜗涡莴1。~笋屙2。~屎沃白。肥~□凹：眼~下去了 [31]龌2。~龊（脏）鹅2。天~蛾4。~子俄2。~国握2。~手讹禾白。~桩子（稻茬）和白1。~尚沃文。~土哦~咪（拟声词，唤鹅声）[453]哦语气词 [214]恶~人渥发酵：~烂（沤烂）卧

io

l [31]略掠虐2。~待疟

tɕ [35]脚白。~底（下面） [31]觉文1。感~爵角

一~钱脚文。底~（下面） [214]□量词，五个手指撮起所抓取的量：一~米

tɕʰ [35]雀白。麻~‖鹊鸦~（喜鹊） [31]雀文。~儿 鹊~桥 却确剽~薄（讲话尖酸刻薄） [453]啜骗~人□①形容词，尖酸刻薄，常单用：讲话~得很 [214]□呸~（叹词）

ɕ [31]学文。~校 [214]学白。~堂|~生|有~好

Ø [35]约白。~人‖药膏~ [31]虐₁~待 岳乐音~药。~膏约文。~会 钥₂。~匙 [453]哟语气词 [214]药白。吃~ 钥₁。~匙□₂。"~□"[io²¹tsŋ³⁵]（怎么）

### ai

p [35]稗~草 败白。~家 子踉~子（跛子）拜~~（再见） [31]排白。站一~ 牌 [453]摆 [214]拜~堂 败文。打~

pʰ [31]排文。~长□~赖（脏） [453]□借助工具挑物：用棍子把蛇~开□庹，两臂平伸后两手间的长度：一~长□ "□~□长"[lai⁴⁵pʰai⁴⁵lai⁴⁵tsɑŋ³¹]（很长） [214]派

m [35]卖白。~东西 [31]埋~到地下|~怨 [453]买 [214]卖文。买~迈

f [35]坏 [31]怀文。~娃娃 槐淮或惑

t [35]呆~板 袋白。口~₁。在：你~哪里 [31]台白。戏~ 抬薹菜~|□才 [453]歹 [214]待招~ 怠殆戴贷代带袋文。~子大~|夫□₂。在：你~哪里

tʰ [35]胎名词：~儿。动词，缝进（棉花）：~得有棉花。~包袱（受贿）苔白。舌~ [31]台文。天~|~州 苔文。青~ [453]大②白₂。多作谓语

或补语：苹果~|雨落得~ [214]态太泰

l [35]癞白。~子 奶白。~娘 赖"□~"[pʰai³³lai³⁵]（脏）赖白。~账 奈白。~得何（会，能对付）|~有何（不会，不能对付）□名词：~角（动物头上的角）。动词，用角去顶：牛~人 [31]来 [453]乃奶文。吃~□"~□长"[lai⁴⁵pʰai⁴⁵lai⁴⁵tsɑŋ³¹]（很长） [214]耐奈文。无~|~何桥赖文。姓~|依~ 爛形容词，热：~水。动词，烫：莫~倒了 癞文。"~~~□□"[lai²¹lai³⁵kʰɛ⁴⁵kʰɛ⁴²]（有凸起不光滑的样子）

ts [35]灾栽在白。~家 斋寨白。~子 [31]才白。~来 材白。棺~ 财白。发~ 豺裁白。~缝 柴 [453]宰崽 [214]载年~|~重在文。现~再 债寨文。大~ 㩲在衣物上缝附加物

tsʰ [35]猜钗差出~‖菜小~|白~|酸~ [31]才文。人~材文。~料 财文。~产 裁文。总~ [453]彩采睬踩 [214]菜吃~蔡

s [35]腮鳃筛塞文。~子|~包袱（行贿） [214]赛晒

k [35]该街阶白。~檐‖盖铺~|锅~ [453]改解白。~手 [214]盖~子 丐钙界白。边~ 石

kʰ [35]开揩 [453]凯楷 [214]慨概大~溉灌~

ŋ [35]哀埃挨~近 艾白。陈~（艾草） [31]崖白。~坨（石头）捱遭受：~打|~嘎了□ "~□"[ŋai³³ti⁴²]（肯定） [453]蔼矮 [214]碍~事 艾文。~草 爱隘雁₁。~鹅（大雁）

x [35]害白。~人 咍玩：出去~ [31]鞋孩₂。三个~ 还₂。~有钱（年轻人多用） [453]海蟹白。螃~ [214]亥骇害文。对身体有~

---

① 意义同"剥"。

② 此读音当来源于蟹摄徒盖切。

## ∅

[31]哎叹词，表叹气　[453]哎叹词，表提醒，引起注意：～，你过来一下

### iai

tɕ　[35]皆阶文。台～　[453]解文。～释　[214]介界文。世～芥疥届戒械

ɕ　[31]谐孩1。三个～　[214]懈蟹文。大闸～

### uai

tʂ　[35]跩摔倒□～瞌睡（打瞌睡）　[31]□粗壮：筒棵树很～|～实（结实）　[453]□粑～～的（食物软软的样子。形容人浑身无力，身体发软的状态）

tʂʰ　[35]揣～测　[453]嘬湍

ʂ　[35]衰　[453]摔甩　[214]帅疝

k　[35]乖　[453]拐　[214]怪

kʰ　[453]块土～|一～钱　[214]会～计刽桧快筷

∅　[35]外白。～头歪□凶，厉害：人～得很□动词，挖：把葫芦里头～空　[31]怀白。～里（现已少用）　[453]崴～号（绰号）□东西质量差或人不靠谱　[214]外文。城～

### ɛi

p　[35]杯背白。～课文|手～|～孩子碑卑婢悲碚北～（地名）焙1。小火烤：～干费耗费多：～鞋子　[31]培白。～土陪赔　[453]□触碰，玩耍：莫去～手机□用土覆盖：把萝卜～倒　[214]贝倍臂辈被～迫背文。～壳（背）|～诵佩1。～戴焙2。小火烤：～干秘～密□ "～□" [pɛi²⁴kau³³]（合页）

pʰ　[35]批胚打个～子（做个样式）坏披文。～养装　[453]呸呸叹词，类似吐口水的声音，表示厌恶　[214]沛配譬佩2。～戴

m　[35]妹白。姊～没读字音□远指代词，那　[31]梅嵋枚玫媒煤莓霉酶　[453]每美　[214]魅昧寐妹文。～恩

f　[35]灰恢麾非飞妃会白。～有～挥辉徽痱1。

～子□～里～实（作风不正派）　[31]回文。来～茴肥　[453]悔毁匪□呕吐　[214]贿汇晦会文。开～绘惠慧秽穗痱2。～子费花～讳

### uɛi

t　[35]堆　[214]对碓队兑

tʰ　[35]推　[31]忒白。～子　[453]腿　[214]退蜕褪

l　[35]累困乏：我～了榴～子（砻，脱去谷壳外皮的农具）磟滚落：石头～下来了　[31]雷～子（水车上齿轮状的圆盘）　[453]累～积|连～吕1。姓～儡蕊磊垒屡1。～次　[214]泪内芮锐类睿

tʂ　[35]罪白。～人追锥文。圆～　[31]槌白2。鼓～锤白。～子（指工具）贼文。娃子捶嘴　[214]缀赘醉最坠罪文。犯～

tʂʰ　[35]趋～势催崔炊吹文。～牛　[31]垂锤文。～子（男阴）　[214]脆碎白。碗～了粹翠□耳寒（腮腺炎）

ʂ　[35]绥虽2。～然‖絮1。棉～岁用于二以上的数字或 "几" 后　[31]谁随文。～便髓隋水2。～车粟5。姓。～子鼠白。黄～佬儿（黄鼠狼）　[214]岁～数税睡瑞遂2。～宁（地名）隧2。～道碎文。杂～（猪牛羊等的内脏）

k　[35]龟圭闺规跪龟归柜白。～子　[453]诡轨鬼　[214]桂柜文。货～贵癸

kʰ　[35]盔魁亏窥　[31]奎逵葵夔馗　[453]傀　[214]溃愧馈匮

∅　[35]煨味白。～道威巍位白。到～　[31]桅回白。～家危为作～维惟唯帷潍违围微 "□～" [tan³⁵uɛi³¹]（稍微）　[453]委痿萎尾伟苇纬～度　[214]位文。～置卫伪喂未魏尉蔚畏慰胃谓猬渭为～什么味文。一～药

## ɑɯ

**p** [35]包苞胞雹菢1。~小鸡 煲~汤 刨~子（木工用具）抱白。小~媳妇（童养媳）[31]咆袍 刨~饭（使劲儿往嘴里扒饭）浮白1。球~上来了 □1。量词，道：在开水中煮两~ [453]保堡~垒 宝饱 煲电饭~ [214]抱文。拥~报暴鲍豹 鉋~牙齿 爆曝~光 曝打~（呕吐）薄2。~荷 菢2。~小鸡

**pʰ** [35]泡白。眼~ 鼻肿 抛蔍 桑~儿（桑葚）‖炮火~（鞭炮）[31]狍~子（一种鹿）□2。量词，道：在开水中煮两~ [453]跑 [214]泡文。馒头~（馒头松软，鼓起）‖~茶 炮~ 弹疱

**m** [35]帽猫 冇不 [31]毛锚矛蝥髦茅 [453]卯牡 [214]冒貌 □扑克牌中的"A"

**t** [35]刀叨 道白。做~场 [31]桃逃淘 萄1。葡~ 胃里缺油水，空空的感觉，老派多用 [453]祷岛捣 倒打~ 倒持续体助词。介词 [214]道文。~路 到 倒~水 盗导文。弹 蹈稻 □铸造：~锅

**tʰ** [35]滔 [31]涛掏陶 萄2。葡~ [453]讨 [214]套 导白。领~ 绚拴：~牛

**l** [35]闹白。~热（热闹）勝狐~臭（狐臭）涝洪~来了 □程度词缀，很：~㞎（很软）□动词，毒：~老鼠 [31]劳唠捞~鱼 牢铙~ 铍挠桡~片（船桨）痨醪崂屄~盖 膲1。胃里缺油水，空空的感觉，老派多用 [453]脑恼老扰绕围~线 拷用肩打 咾"了"的音变读法 □凉风~~的（形容凉风吹着很舒服的感觉）□缡缡~~（形容衣物有很多毛边。形容有很多杂质，不干净）[214]闹文。~洞房 □打~ 把筋斗（翻跟斗）□蔫：把青菜晒~□量词，串：一~葡萄儿 □铲，翻动：~几下菜

**ts** [35]遭糟 朝今~召~集 昭招沼~气 熸脆，易烂：麻糖吃起~。干：粮食晒~了 钊 □字：潦草的字 □小孩儿哭闹 [31]槽马~|~门（大门）朝往：~左走 潮白。回~（受潮）着介词，被动标记。动词，遭受 嘈2。胃里缺油水，空空的感觉，新派多用 [453]早枣蚤澡藻找 爪脚~~沼~泽 [214]皂躁灶罩赵兆召号~照诏

**tsʰ** [35]操~作 抄钞超 [31]曹巢嘲 潮文。~湿 [453]草 骒母的：~猪 炒吵~架 [214]造糙粗~噪~音 燥干~

**s** [35]骚瘙~痒 臊~气 梢捎稍 潲猪~：猪食 烧筲艄搔缫~丝 [31]韶~关苕 [453]扫打扫：~屋 嫂少多~ [214]绍邵肇~事|~庆（地名）哨 潲~水（泔水）少~年 扫~帚 亮~（明亮）

**k** [35]高镐皋膏石~篙羔糕 交白。遍：全国都跑~了 [31]搅用瓢瓢~□米~~（米糊）[453]稿搞搅白。风车~~（风车的手把）[214]告诰较白。尝试：你~一下 膏~油 窖名词，地~。动词，~藏 觉白1。睡~□花子（乞丐）□"□~" [pɛi²⁴kɑɯ³³]（合页）

**kʰ** [35]敲尻犒~劳 [453]考烤拷□~~（人或动物的睾丸）[214]靠铐□嫁接

**ŋ** [35]熬白。~油（将肉经高温化为油）熰~锅肉 [31]翱熬文。~汤|~油（加热使油中的水分蒸发）鳌~鱼（传说中引起地震的地下的大鱼）嗷拟声词□贵 [453]袄咬 [214]傲奥懊澳坳山~。难关：过不倒~凹拗~口。拗撬：把锁~开

**x** [35]蒿蓬~薅号白。儿~ [31]毫豪壕嚎撩 搅动：~汤 [453]好~坏 [214]浩好喜~耗号文。~码

## iɑɯ

**p** [35]标彪镖膘肥~飙 [31]瓢嫖 [453]婊表~示|钟~

**pʰ** [35]飘漂砍~~（打水漂儿）□斜着刀切薄片：~肉

[453]瞟 斜眼看。□用火燎：～鸭毛 [214]票漂～白。|～雨（潲雨）|衣服在水里～一下

m [35]庙 [31]苗描瞄看 [453]秒貌缈渺杳～无音信 [214]妙

t [35]刁貂雕叼 [31]条文。量词：一～鱼调白。～匀净 [453]屌 [214]钓吊～起来。拴：～牛。～边（动词，缲边、贴边）掉调声～|～动

tʰ [35]挑 [31]调文。～皮跳①跑：小偷～嘎了 [453]黄换：跟她～个位置 [214]跳～远

l [35]廖撂甩：～石头料白：～食（草料）籹缝合：～边儿嫽～人家（串门儿）[31]燎火急火～条白。通用量词，多用于代词"简"、"□"[mɛi³⁵]（那）或"哪"后：简～（这个）聊辽疗寮撩瞭镣手～潦～草簝～箕（箅箕）□焯，在水中稍煮～弯，不直：树子变～了 [453]了～结□～边边（把田埂外边的土翻到田里）了语气词 [214]料文。材～

tɕ [35]交文。～通郊胶教～书焦蕉椒骄娇轿浇矫～健 [31]乔侨桥荞□不听话，难缠：简条小娃儿～得很 [453]狡铰搅文。打～较文。比～剿缴饺绞 [214]教～育觉文2。困～噍回～（反刍）叫蕌～头嚼～烂

tɕʰ [35]悄～～缲用大针脚缝合：～边跷～腿橇撬～锁 [31]瞧樵 [453]巧 [214]窍翘峭□跟某物配合在一起：用蒜叶子～肉好吃

ɕ [35]消宵霄硝销鞘刀～嚣萧箫潇嚣□推：把桌子～翻 [31]淆 [453]小傃～幸晓 [214]校～对酵发～孝效校学～笑哮啸

ø [35]妖邀腰要～求尿白。～片儿幺一：～二三。小的：～儿吆～鸡（赶鸡）鹞白。麻～子（个头较大的老鹰）[31]肴摇遥窑遥瑶姚尧鹞文。～鹰 [453]舀鸟 [214]要重～|～账耀跃尿文。屙～～（尿尿，儿语）

## ɣɯ

f [31]浮文。沉～ [453]否文。是～

t [35]都1。范围副词：～去。时间副词：吃了饭～去兜豆白。～子逗痘篼蔸植物的根和近根的茎 [31]徒屠白。夫头白。柱～图白。画～ [453]陡赌肚白1。～皮。猪～斗十升为一～|门～|～士（下象棋时上士）[214]豆文。～浆斗～争斗拼合，拼凑：～进去|穿～房（卯榫构造的房子）|～钱（凑钱）肚白2。～腹（下水）□时间副词，就：现在～去。范围副词，只：他一个人去

tʰ [35]偷 [31]投头文。老～子 [453]土吐白。～痰抖身子打～嗽齐整，干净：穿得抻～。清楚，明白：讲冇抻～ [214]兔透读□②清洗泡沫：把衣服放在水里～一道

l [35]路白。修～露漏肉䁋啰唆：～倒讲瘘屁～（肛瘘）窭2。窀～‖髅额～（额头）[31]炉白。香～芦白。～竹楼搂～点柴（取柴）柔揉□脏：太～了□发～（庄稼长势不好，植株变矮，叶子发黄）[453]努1。～力篓搂～抱□绊，撞：～倒东西会择倒□～使（赶快）[214]陋六绿白。～豆□唤鸡、鸭、猪等

ts [35]租白。～谷周舟州洲竹烛白。蜡～粥 [31]锄绸稠酬1。～劳愁储白1。～备粮厨白2。～管师（厨师）仇1。～人轴白。苞谷～～（玉米芯）[453]祖白。～先人（祖先）走肘帚□硬～（硬实）[214]做奏揍纣昼咒宙筑白。～马路（修

---

① "跳"中古音有两读，此音源于定母平声。

② 本字疑为"敹"，但声调不合。

路）垇塞：把瓶子用木塞塞~倒

tsʰ [35]粗白。树~初白$_1$。大年~一抽搋推：把桌子~翻。撩：把衣服~起来‖醋白。麸~（醋）臭腥~ [31]筹仇$_1$。~人酬$_1$。~劳储$_1$$_2$。~备粮 [453]楚$_1$。清~ 丑 [214]臭凑骤暴风~雨

s [35]收搜飕馊酥白。~肉梳白。~子苏白。紫~嗖拟声词‖数名。岁~ [31]□"时候"的合音：夜~（夜晚）[453]手首守叟擞数$_2$。动词：~数 [214]嗽咳~瘦受~福（享福）授寿兽售叔白。~爷老汉儿熟白。煮~|~田

k [35]勾钩沟阄拈~ [453]狗苟 [214]够构购

kʰ [35]抠眍 [453]口 [214]叩扣寇蔻

ŋ [35]欧讴鸥 [453]藕偶呕殴~打 [214]怄

x [35]后~头厚齁~巴儿（气管炎患者）搝心贪心~ [31]侯喉猴瘊浮白$_2$。飘~①~子（螳螂）[453]吼否白。~认 [214]候后皇~阜白。~新煤矿

**iɤɯ**

t [35]丢

l [35]溜量词，长条：一~布条。形容词，光滑：地上~得很。动词：~冰 [31]流刘浏留榴石~硫~磺琉~璃馏蒸~水 [453]柳扭文。秧歌□"~~□"[liɤɯ$^{45}$liɤɯ$^{45}$ma$^{45}$ma$^{42}$]（接连不断的状态）[214]谬$_2$。~论

tɕ [35]邹姓鸠纠灸舅白。~子（妻弟）咎旧枢鬏揪~住|词头，很：~酸。叠音后缀：酸~~的 [453]酒九久韭殳$_2$。拧：~毛巾（拧毛巾）

[214]舅文。母亲的兄弟 救究就将~殴$_1$②。拧：~毛巾（拧毛巾）□扭，转：把脸~倒半边

tɕʰ [35]秋丘邱蚯熰熏：~腊肉鳅锹铁~ [31]求球屎男阴（多作话把子）[453]臼~齿|脱~ [214]□躲在暗处看：从门缝~一眼

ɕ [35]修羞休袖白。衣~ [31]囚~徒泅~渡 [453]朽 [214]秀绣锈袖文。领~嗅$_2$。（人或动物）闻：鼻子~一下

Ø [35]忧优悠又$_1$。~来幽 [31]牛尤邮由油名词：菜~。动词，刷漆：~家具游犹 [453]纽扭白。~动有友西 [214]诱又$_2$。~来右佑柚~子釉谬$_1$。~论幼趋动：树叶在~

**an**

p [35]班斑癍瘢颁扳~手（一种工具）。掰开：~开般搬蚌~壳伴白。搭~ [31]盘名词：~子。动词，收获：~藕。抚养，赡养：~孩子|~老人 [453]板版坂长~坡□翻转：在地上~ [214]瓣办扮拌~草料半跭摔倒伴文。~侣绊~桶（打谷子时用的防止谷子飞撒的木制容器）

pʰ [35]攀潘 [214]盼襻纽~|鞋~绊~倒判叛□触碰：坐车时，莫~窗子

m [35]慢白。~行（慢走）[31]蛮瞒馒□量词，把：简~牌（这把牌）□"一~□"[i$^{33}$man$^{33}$kʰa$^{42}$]（大拇指和中指张开后的长度），与"一小□"[i$^{33}$ɕiaɯ$^{45}$kʰa$^{42}$]（大拇指和食指张开后的长度）相对 [453]满晚白。~妹（最小的妹妹）[214]漫幔蔓慢慢文。缓~

f [35]饭犯白。~人欢换文。~娃娃（流产）潘翻番幡贩白。~东西 [31]凡帆桓还文。偿~还$_1$。~有钱（老派多用）环烦矾明~繁横白$_2$。

---

① 本字可能为"瘊"。当地人认为螳螂能吃掉人身上长的瘊子，且不会复发。

② 与此意相同的还有上声一读，应为同一字。发音人认为去声读法更土。

横：～起走。不听话，做事乱来：小娃～得很　[453]

缓反返　[214]范泛唤焕幻患宦犯文。劳改、～贩文。人～子

t　[35]耽担～任淡1。味道～丹坍单～独蛋白。鸡生～瘅风～（荨麻疹）□～微（稍微）　[31]潭谭痰坛白。～～（坛子）檀1。～香弹白。～绷子（弹弓）　[453]胆～子｜～水（含胆矾的水）疸黄～泹焯：～一下□红～～的（红通通的）　[214]担挑～淡2。味道～诞旦但弹子～石容量单位：十斗为一～蛋文。～糕

tʰ　[35]贪探①～险滩摊　[31]谈坛文。天～檀2。～香弹文。～琴　[453]毯坦平～坦1。～克　[214]炭碳叹

l　[35]难白。有～烂‖篮提～　[31]南男蓝篮～子难～听兰拦栏然燃　[453]蒌～菜（用糖、盐等调味品腌渍蔬菜，除去生味）览揽榄缆染冉懒　[214]滥难文。患～

ts　[35]詹瞻沾簪毡粘黏：把粉子调～｜～米（黏性不大的米）占卜錾～子蘸～料笔（一种旧式钢笔）栈～房（旅馆）□碗～（竹子编制的放碗的垫具）　[31]蚕馋缠白。～人　[453]斩崭盏展辗攒捃挪动　[214]暂站～立｜车～渐1。逐～占～领战赞溅绽颤湛

tsʰ　[35]参～加｜～差鲹～子（白鲦鱼）搀餐掺渗1。～透□黄鼠～（黄鼠狼）□办经～（念经）　[31]惭残谗～言缠文。纠～　[453]惨产阐□抽打：～老牛（打陀螺）｜～他一耳屎　[214]灿璨

s　[35]三衫山舢扇～风｜蒲～煽骟1。～猪鳝黄～蟮白。土～（蚯蚓）　[31]蝉禅　[453]闪陕散把钱打～伞馓～子（一种油炸面食）□高～～的（长

得高高的样子）　[214]散～会善扇～膳蟮文。蛐～（蚯蚓）骟2。～猪汕～头讪单姓～禅～让

k　[35]甘柑尴干～支｜～湿肝竿杆电线～间白中。量词：一～屋　[453]感敢橄秆擀赶～车（坐车）｜～饭（拨饭）杆手～（胳膊）　[214]干～活间动词，隔：～两天再来｜～墙（起隔开作用的墙）

kʰ　[35]堪勘刊嵌镶嵌，贴：～瓷砖龛　[453]坎砍槛　[214]看～守

ŋ　[35]庵淹阉安鞍氨铵鹌谙不～世事□刚～（刚才，刚刚。刚好）　[31]谙～倒（估计，估量）严白。"□丝～缝"[tɕʰiɛn³⁵sɿ⁵⁵ŋan³³xoŋ³³]（严丝合缝）　[453]眼白。～睛　[214]暗岸按案晏晚雁2。大～

x　[35]憨酣陷白1。泥巴～到大腿了鼾汗觅　[31]含函涵咸～淡｜～阳（地名）衔寒韩闲白。～田（没有种庄稼的田）　[453]喊罕　[214]旱限焊悍汉翰陷白2。地～撼震～

**uan**

t　[35]断白。索索～了（绳子断了）端‖段两～｜三～　[31]团名词：米～。动词，筛　[453]短形容词：长～。动词，拦截：把他～倒　[214]断文。～案锻段一～缎煅

tʰ　[31]抟陈～（人名，当地有陈抟故里）

l　[35]乱白。屋里～　[31]栾孪鸾圝圆的　[453]暖软阮卵　[214]乱文。动～

ts　[35]钻动词专文。～家　[31]传白2。～家宝船白2。晕～　[453]转～眼篆一～（一撮）｜毛～（辫子）　[214]篆赚2。钱转2。～圆圈｜打～～（原地转圈）钻名词：电～传自～

tsʰ　[35]川2。四～穿2。～衣□用铲子翻　[31]传

---

① "探"中古读音有两种，此音源于平声"他含且"。

文。~票船文。轮~ [453]铲名词:锅~。动词,翻 [214]窜篡串2。一~

s [35]珊删酸闩栓拴 [214]算蒜涮□嫩~(嫩。年轻漂亮)

k [35]官棺观~看|庙~关鳏冠皇~‖罐鼎~|沙~|酒~ [453]管馆 [214]贯惯灌罐~子冠~军

kʰ [35]宽 [453]款皖~南事变

ø [35]弯湾万白。一~换白。~衣服豌□时间更远:~后天(大后天) [31]完玩顽还白。~钱丸文。药~ [453]宛碗腕惋婉晚文。~会挽绾~线(绕线) [214]院白2。医~|住~|万文。千辛~苦

En

p [35]奔~波|投~铸病白。有~冰白。结□□口水~~(口水兜) [31]贫频~繁盆彭1。姓~平白。道路~坪瓶白1。水~ [453]本丙1。甲乙~饼白。~子 [214]笨□拉:~过来□蘸:~佐料

pʰ [35]凭白。凴:~倒墙上烹 [31]膨~胀彭2。姓~

m [35]闷~热焖命白1。~好 [31]门名明白。~天 [214]杏满,漫:杯子~了

f [35]昏婚浑~浊分~开芬纷荤 [31]魂坟横文。蛮~|~竖焚馄~饨 [453]粉翡 [214]愤喷~水|~嚏混~日子分过~忿粪奋份

t [35]敦墩磴灯丁靪疔~疮钉名词登瞪蹬镫马~子蹲仃□谙~(打算) [31]誊停2。~丧床(灵床)豚海~藤白。~~菜(空心菜)腾白。翻~ [453]等顶砧白。菜~~(小案板)|铁~(铁砧板)鼎白。~锅戥~子(一种小型的秤,用来称金、银、

中药等分量小的事物) [214]凳囤~积盾遁邓顿屯皇姑~炖钝炖吨饨馄~钉动词掟~子(拳头)□放:~桌子上□"□~"[pi³³tɛn³³](特别直)

tʰ [35]吞 [31]疼腾文。~飞藤文。~包儿(书包) [453]□肥~~的(肥肥的样子)□打~(说话时因遗忘等中断) [214]听白1。~见

l [35]淋白2。落~雨(下连阴雨)认白。~得(认识)嫩闰1。~年论白。~斤头(论斤卖)□用手指揉搓,捻:~痂痂(搓灰)|~~数(指数字"七")□巴~冇得(巴不得)□很:~碎(很碎) [31]壬任姓~人仁论~语仑伦沦轮鳞白。~甲能楞仍林白。树~子灵白。~牌|~活零1。~钱棱淋白1。粪(浇粪)睖~睛鼓眼(瞪眼) [453]檩忍冷领白。衣~刃韧纫缝~扔 [214]任~务论文。讨~认文。承~凌白。~冰儿(冰)闰2。~年

ts [35]针斟珍臻真诊疹尊遵曾姓~|~孙增征蒸争筝睁精白。~神晶亮~~的贞侦正~月砧文。~板腈~肉(瘦肉)净白。干~静白。清~睛白1。眼~(现多用)锃~亮 [31]晴尘丞橙呈程承文。~认情白。事~城1。进~沉白。~下去陈白。姓~|~粮存白。~钱曾~经层白。一~成白。做~诚 [453]枕振震拯井整尽~你吃。让:~他去做□腐烂,风化 [214]进白。~去镇阵澄把水~清赠证症郑正~确政憎挣浸~酸菜(泡酸菜)甑~子(一种传统的木制蒸饭器具)

tsʰ [35]村亲白。~戚青白。~菜称~呼|重量称对~撑~伞|~眼(睁眼)清~衣服(漂洗衣服)|~静皴抻伸~下棋时吃掉另一方的棋子□直:路行~‖寸两~|三~|四~ [31]忱臣城文2。~市陈文。~列成文。~功层文。~次澄~清原因沉文。~默存文。库~ [453]请逞惩揿

按：～门铃 [214]亲～家趁衬慎1。谨～蹭寸一～秤称～。十斤：买一～槟□名词，横木：椅子～。动词，支撑：拿根棒棒把树枝～起

s [35]森深心白。～子芯铅～辛1。～苦新1。～旧薪1。～水参人～渗2。～透身申孙僧升生牲笙甥声星白。～子腥白。～臭兴流行剩白。有吃有～隔壁邻□（左邻右舍）[31]神辰娠晨鹑1。鹌乘～法|～车城白。～隍庙承白。承：简条桌子～有起人 [453]审损笋榫省～长|节～省反～醒白。困～了搌1。～鼻子 [214]甚葚信白。写～肾□～白（很白）|白～～的（白白的样子）胜～任|～性1。～别姓1。～名圣剩文。～余盛兴～兴2。高～慎2。谨～□"□得～"[xɛ⁴⁵tɕ³¹sɛn²¹⁴]（很能吃）

k [35]跟根更五～庚羹耕粳～稻 [453]哽埂梗鲠耿□完整的：～天（整天）[214]更～换|～加

kʰ [35]坑吭 [453]肯愿意：我～去。经常：～去北京啃恳垦 [214]綮～节（关键时刻）去～年

ŋ [35]恩樱硬2。～得很 [31]嗯叹词，应答声 [453]□硌：牙齿～倒一块石头 [214]硬1。～得很

x [35]亨万事～通哼～哈二将 [31]痕恒衡行1。走：慢慢～ [453]很狠哼叹词，表提醒□使劲儿挣钱或干活：～钱|～活路 [214]恨杏□瞪：～人

iɛn

p [35]蓖鞭编编～鱼边鞶彬兵宾滨缤槟殡～葬鬓～角冰文。糕便方～|随～ [31]便1。～宜（价低）评白。讲～书瓶白2。水～苹1。～果 [453]贬禀蝙扁匾丙2。甲乙～秉柄饼文。～干 [214]辨辩变并汴病文。～重

pʰ [35]篇偏姘拼 [31]屏萍便2。～宜（价低）

评文。批～瓶文。电～苹2。～果平文。～安凭文～ [453]品片姜～ [214]聘片一～土地骗遍一～|～地□打～雀（打喷嚏）

m [35]面白。吃～命白2。～好 [31]绵棉眠民鸣铭明文。聪～ [453]免勉娩缅渑悯敏抿闽皿 [214]腼面文。～相|海椒～命文。～令

t [35]颠佃～客叮汀长～县掂～量定2。～下来 [31]甜田填亭停白1。雨～了 [453]点典碘鼎文。～力相助 [214]店殿奠垫臀踮电淀锭订定1。～下来靛脱～（掉色）□很：～重（很重）

tʰ [35]添天厅听文。～话 [31]廷庭蜓停文。～止 [453]舔腆艇挺 [214]听白2。～见

l [35]镰白。火～子□白。翻滚：打～滚（打滚）[31]廉镰文。～刀帘鲇临连莲鲢榱～盖（椽栅）联怜铃伶邻龄粼燐磷～肥鳞文。遍体～伤陵凌文1。欺～绫菱夌陪～宁安～|～可遂～（地名）灵文。～气零2。～钱林文。森～淋文1。日晒雨～历黄。[453]脸凛岭领文。～导敛收～ [214]殓练炼链楝恋赁吝令另蔺淋文2。落～雨（下连阴雨）凌文2。～构儿（冰）□动词，传统脱谷粒的方法，用桄柳摔打稻穗等，使之脱粒□文。翻滚：～转来～转去（翻来覆去）

tɕ [35]监尖兼今金禁～不住襟奸艰间文。空～涧铜煎肩坚巾斤筋近白。离家～京惊鲸荆精文。味～睛文。目不转～经～过|～纬津天～。吮吸：～奶奶□镞入：用钻子～烂‖件两～|三～|四～ [31]钳钱擎引～前白。～头勤白。～快芹琴～黄～～的（黄黄的样子）[453]减碱检俭捡锦简拣束谏剪茧跰～子笕～水（用竹子引水）紧仅谨景警颈文。～项（脖子）□行～觉得（不知不觉）□～壳（蚌壳）‖舰军～ [214]晋鉴箭剑践贱饯建健键腱健

犍~牛荐见进文。前~禁~止件一~净文。~化尽~量|吃~近文。~视眼劲~敌茎径敬竞竟究~镜境靖静文。背~渐2。逐~□凝固：猪油~了□让植物或果实多生长一段时间，以变得更好：简条苗太小，要~段时间|等果子~红再摘

tɕʰ [35] 签蜻谦钦千迁纤歼钎火~（通条）笺便~牵卿轻氢亲文。~嘴青文。~年□~丝严缝（严丝合缝）□巴~冇得（巴不得） [31] 秦潜禽擒虔前文。~进情文。爱~乾勤文。辛~ [453] 浅遣谴寝□~草（麻刀）□吮吸：~奶奶 [214] 倩歉欠侵浸冒：往外~水清凉：~水（泉水或冷水）庆磬捡~索（罄绳）□①~根（须根）

ç [35] 仙先欣馨籼稻现白。~成心文。背~（一种上衣）辛2。~苦新2。~旧薪2。~水兴~旺星文。明~腥文。血~猩‖线毛~ [31] 嫌闲文。空~涎贤行~李形刑邢型舷~~（边边） [453] 险显醒文。清~擤2。鼻子 [214] 县线~头羡宪献馅衅现文。表~兴1。高~镟阉，骟：~鸡幸性2。~别姓2。~名焮用微火或热气使变热：~洗脸水陷文。~阱信文。~仰

ø [35] 炎腌音阴荫名词：树~。动词，树挡了其他植物的光线焉蔫食物不新鲜。花萎研烟燕~京。姓因姻殷蝇莺英婴罂缨鹦鹰胭拈~菜|阉念白。~经蚁蚂~子飞蚂~□保~（保佑） [31] 岩②~石盐阎闫檐严文。~格颜延筵言芫年凝2。面~了银俨吟迎盈赢淫寅沂1。临~|~蒙山 [453] 掩碾~子~碎眼文。屁~儿饮~食|~马演撵兖引隐瘾影颖 [214] 验厌艳焰映念文。~书酽~茶谚堰砚

燕~子咽~东西宴印毅腻~虫（蚜虫）|生~（长蚜虫）应~当|回~

### uɛn

l [214] 孕1。怀~闰3。~年润1。回~（受潮）

ts [453] 准文。~则

tsʰ [453] 蠢2。愚~

s [31] 纯2。~粹唇2。嘴~鹑2。鹌~醇2。~香绳2。~子 [214] 顺2。~利

k [31] 楖完整的：~鸡蛋 [453] 滚磙 [214] 棍

kʰ [35] 昆坤 [453] 捆 [214] 困

ø [35] 温瘟问横白2。床~子（床上的横木） [31] 文纹蚊闻横白1。~起走（横着走）。蛮横：简条人~得很 [453] 稳吻刎 [214] 璺打破砂锅~到底

### yɛn

tɕ [35] 专白。~门（经常）砖绢娟捐鹃蜷腿~倒困圈1。猪~均钧君军肫鸡~子□发~儿（发际线）□脚手勤~（动作麻利）□皱：衣服是~起的 [31] 全泉1。~水船白1。~工传白1。~家宝拳权颧群裙□~~（尿布） [453] 转~送卷~起来准白。标~謇巴郎（口吃或言语说不清楚的人） [214] 赚1。~钱转1。打~~（原地转圈）眷卷~子券圈2。猪~俊峻竣菌郡倦肫~肝儿（胗子）

tɕʰ [35] 川1。四~穿1。~衣圈圆~春椿倾 [31] 泉2。~水琼 [453] 犬蠢1。愚~顷 [214] 串1。一~劝

ç [35] 鲜轩掀宣喧勋熏薰醺 [31] 玄弦舷眩旋~转悬纯1。~粹唇1。嘴~醇1。~香绳

---

① 该字的本字疑为"綮"。

② 该字常训读"崖"[ŋai³¹]。

1。~子 寻旬询荀循巡□①脸~（脸皮厚）[453]癣选 [214]旋~吃~做|~风楦头（做鞋时放入内部用以定型的工具）逊讯迅汛顺1。~利舜训驯□很：~黄（很黄）殉

Ø [35]院白1。~子（村落）冤渊愿白。许~筃~晕~车绲~条儿（包边用的小布条）运白。~气 [31]圆员缘沿铅元原源袁辕园援丸白。肉~勺云荣营茔萤荥□ "□~酒" [fa³⁵yɛn³¹tɕiɣɯ⁴²]（女子出嫁当天早上所摆的宴席） [453]远允尹永 [214]愿文。望运文。~输怨院文。学~熨韵孕2。怀~泳咏润2。回~（受潮）

## aŋ

p [35]邦帮浜棒白。草~（草鱼）□很：~硬 [31]旁白。~边螃1。~蟹 [453]膀榜谤诽~绑‖泵水~ [214]棒文。槌衣~蚌鸧相争磅~秤

pʰ [35]胮~臭（很臭）[31]旁文。偏~螃2。~蟹磅滂傍~晚庞 [453]髈蹄~（肘子）□②碰：手~倒树了□~田（地势较高的田）□~头鸟儿（个头小的老鹰）[214]胖□量词，群：一~人

m [35]牤~娃（四肢发达，头脑简单的人）望白2。~起脑壳（抬头）[31]忙芒麦~|~种茫盲虻牛~[453]莽蟒

f [35]荒慌方芳枋~子（棺材）[31]黄文。雄~簧弹~磺隍城~庙房防妨肪坊凰皇文。太上~□口扯~大（夸海口，说得多但做得少）[453]谎不真实或德行不好的：~话|简条人好~。骗：老人的钱晃虚~一枪仿~效纺访 [214]放晃~眼睛（光线刺眼）|~动

t [35]当~时裆档枊~□血乎淋~（血淋淋的样子）‖垱地方：住~ [31]堂棠螳唐糖塘搪~瓷碗 [453]党挡阻~档~案 [214]荡当~作|~铺挡遮挡：莫~倒我垱地方：哪个~凼水~（水坑）

tʰ [35]汤□斗~子（刮板）[453]倘躺蹚~浑水坦2。~克荡③涮洗：~杯子 [214]烫~笔（搛笔）趟

l [35]让白。~一下䶳（身材等）单薄，瘦小：~~（两头大中间小或凹下去的位置）|~巴（身体不好的人）|~长~长（长得瘦高的样子）眼睛干水分：~粮食□~稀（很稀）[31]囊郎廊狼螂瓢穰信~纸（信纸）榔啷当□~撒（浪费）□脚后（脚后跟）[453]朗壤攘嚷酿~酒□~~毛（家禽身上细小的软毛）□涮洗：~杯子 [214]浪让文。谦~

ts [35]赃脏肮~张装白。~饭（盛饭，现已少用）章樟瘴□ "~□" [tsaŋ³⁵sʅ⁴²]（搭理）‖丈两~|三~|四~ [31]长~短肠常文。场赶~（赶集）□用拳头捶：~一捵子 [453]长生~涨掌泥~子（抹子，抹灰用具）。扶：手~倒箱子 [214]葬藏2。西~脏心~丈~夫|一~仗杖帐账胀障

tsʰ [35]苍舱昌菖2。~蓬倡提~娼窗1。~子（老派多用）[31]藏3。~起来 [453]敞 [214]畅唱

s [35]丧婚~商伤上白1。~山|~面|山~绡1。~鞋子（把鞋帮和鞋底缝合起来）尚白。和~[31]常白。经~尝裳□堵塞：把洞洞~倒 [453]上白2。~来|~头磉~磴（柱下石）。垫：弄个东西把桌腿~倒嗓搡用拳头捶偿赏 [214]丧~失尚文。

---

① 疑本字仍为"横"。

② 该字与"□"[kʰuaŋ⁴⁵³]同义。

③ 古字形作"盪"。

高~绱2。~鞋子（把鞋帮和鞋底缝合起来）上文。赶~|~海

k [35]冈岗~位纲钢刚2。~才枫~儿（炭）缸豇 [453]讲白。说：~话港□阵：一~雨岗山~ [214]杠虹出~了

kʰ [35]康慷糠 [453]惢动词,盖：~瓦|把盖子~上。名词：~~（盖子） [214]抗炕伉

ŋ [35]肮~脏□①响：收音机冇~了 [31]昂□~口齐声（说话直率，且说话算数）

x [35]夯 [31]行银~航杭 [214]项巷

**iaŋ**

l [35]亮白。来~了（来电了）□~薄（很薄）□"~□"[liaŋ³⁵ɬɿ³¹]（小看） [31]良凉粮梁踉量商~ [453]两~个|半斤八~辆 [214]谅亮文。明~量动词：~长短。名词：数~

tɕ [35]将~来|麻~浆豆~浆2。泥~~疆僵姜缰匠江睛白2。眼~（现已少用）刚1。~才□~惜（爱惜）像2。相似：~妈妈 [31]墙强白。好：讲婆娘讲~了 [453]讲文。~台蒋奖桨颈白。吊~（上吊）□肿~眼（鼓眼泡儿） [214]强偲~酱糯犟将~降下~浆1。泥~~

tɕʰ [35]枪菖1。~蓬羌框白。门~匡姓~筐1。笋~眶眼~腔□瘦~~的（瘦瘦的样子） [31]强文。~大 [453]抢强勉~ [214]呛像1。相似：~妈妈

ɕ [35]相~处箱厢湘襄镶香乡 [31]详祥翔降投~ [453]想享响饷 [214]向象橡像人~相面~□会儿：等一~（等一段时间）

Ø [35]膁~人（因食物过于油腻而产生不适）娘姑~嬢~~（姑妈或阿姨）央秧殃鸯样白。~范（样

子）□不施加影响，以使其变好或变多，可用于人或物：~病（养病）|水塘里~的有水（水塘蓄的有水）

[31]娘爹~羊佯洋杨阳扬疡溃~炀隋~帝□~~风（很舒服的微风） [453]仰养痒氧 [214]恙漾样文。哪~

**uaŋ**

ts [35]庄装文。服~桩妆 [31]藏1。~起来床 [453]□添加：~酒 [214]藏2。西~壮状撞2。~到电线杆了|着车~了

tsʰ [35]仓窗2。~子（新派多用）疮 [31]藏2。~起来 [453]闯撞1。~到电线杆了|着车~了 [214]创

s [35]桑~树霜孀双~生 [453]爽

k [35]光灯~ [31]狂1。~风 [453]广□~线（建房子时拉的基准线） [214]光滑：地上~。~头儿（头上无发，引申作无收获）逛

kʰ [35]诓框文。~架筐2。笋~ [31]狂2。~风 [453]□碰：手~倒树了 [214]旷况矿

Ø [35]汪~~叫忘望白1。~牛（放牛）旺白。秤~（秤尾高） [31]黄白。~色皇白。~帝蝗亡王蟥 [453]网枉往 [214]妄旺文。兴~望文。看~

**oŋ**

p [35]崩迸~裂绷蹦2。~得高 [31]朋棚篷蓬溢溢：稀饭~出来了 [453]嘣拟声词：~的一声□抱：~娃娃 [214]蹦1。~得高

pʰ [35]捧扬,溅：灰灰~起好高喷香~~的□植物的"冠状"部分：简条树好大一~ [31]□1。很：~香（很香） [453]捧 [214]碰□2。很：~香（很香）

m [35]梦懵发~蒙细~~的 [31]谋萌盟

蒙~上眼睛矇~虫 [453]某亩猛□~里~懂
（恍恍惚惚） [214]茂贸孟

t [35]冬东动白。~一下洞白。崖~□马脸~嘴（拉长脸，脸色难看，生气或不高兴的样子） [31]同白。~路铜桐筒白。竹。~□酮~~的（较稠的样子）瞳1。~仁儿 [453]董懂□打光~~（赤身）□捅。拿：~个瓢瓢舀|举手里~个旗旗□胖~~的（胖胖的样子）□拟声词：~~的（在地板上走路发出的声音）|~鸡（秧鸡） [214]冻栋动文。~手洞文。山~□舀：~瓢水过来。浸入：把他~倒水里

tʰ [35]通捅白。~马蜂窝 [31]童瞳2。~仁儿潼同文。~志筒白。电~ [453]统桶名词：水~。动词：~棉絮（把棉絮装进被套） [214]痛

l [35]聋弄咙喉~笼白。箥~（鱼篓）窿1。窟~□2。食物较软较烂：㸆~~的 [31]龙笼文。蒸~茏草~~（草丛）农脓浓隆戎绒茸镕 [453]垄拢到：走~北碚陇垅

ts [35]宗综棕踪鬃中~国盅忠衷终重东西~钟 [31]虫重白。~复。摞：~起来从白。~小 [453]总种白。名词：~类。动词：~树肿 [214]纵~纹（皱纹）|~眉头（皱眉头）棕中射~仲众种文。芒~

tsʰ [35]匆葱聪囱充铳火~冲春 [31]丛从文。随~重文。~庆崇 [453]宠□水平方向用力推：把人~开 [214]冲~壳子（吹牛）|讲话~

s [35]松~紧|~树嵩 [453]怂~恿耸~鼻子（吸溜鼻涕）|黑~~的（黑黑的样子） [214]送宋

诵颂讼

k [35]公蚣工功攻弓文。名词：~箭。动词：~腰躬宫恭供~给 [453]巩汞拱地上~个泡泡|猪~泥巴 [214]贡供~应|~他读书|~祖先共拱~汤子（潜进水里）□黄~~的（黄灿灿的样子）

kʰ [35]空~虚□掼：他一掼子 [453]孔恐倥~饭（一种蒸饭方法）□撅，翘：~屁股□拟声词：~~的（跺脚声） [214]空~垱（空处）控

x [35]烘~烤风枫疯丰封密。树挡住其他植物的光线峰蜂锋 [31]弘宏红洪鸿虹彩~冯逢缝 [453]轰~炸。拟声词：~~的（轰隆轰隆的声音）哄~骗~起□讽烘臭~~的□脑~（疯子） [214]奉凤俸

Ø [35]翁壅覆盖，淹没：用土~住 [214]瓮~子|灶|~热（很热）齆~鼻子（鼻子堵塞）

ioŋ

tɕ [35]龚姓~弓白。名词：弹棉花的用具。动词，翘起：~起屁股 [31]穷~骨头（胫骨） [453]窘炯

ɕ [35]兄凶匈汹胸 [31]熊雄□调皮 [453]□~鼻子（擤鼻涕） [214]嗅1。（人或动物）闻：鼻子~一下

Ø [35]庸雍痈屁~（屁股上生的疮）用白。~钱佣1。~人 [31]容融蓉□1。食物较软较烂：把肉煮~点儿 [453]甬勇蛹拥涌恿□斜~~（斜坡） [214]用文。作~佣2。~人

第四章

词汇特点

潼南湘语自随移民迁入龙形以来，就一直处于西南官话的包围之中，难免与当地的强势方言潼南话发生方言接触。词汇层面，潼南湘语受潼南话影响很大，吸收了大量潼南话的词汇，使得潼南湘语的词汇已有相当一部分与潼南话相同，也有一些正处于与潼南话词汇的使用竞争中，还有一小部分词汇仍保留着湘语的特色，与湖南湘语词汇相同。

本部分将描述潼南湘语的方言特别词、方言古语词和民俗文化词。

# 第一节

# 方言特别词

## 一 区别于周边西南官话的词语特点①

潼南湘语中仍有不少词汇表现出鲜明的湘语特色。主要有以下表现。

### （一）同样的意思所使用的词语形式不同

#### 1.代词的差异

潼南湘语的代词有自己的鲜明特色。如：

| 普通话 | 潼南话 | 潼南湘语 |
| --- | --- | --- |
| 他 | 他 tʰa³⁵ | 底 ⁼ti⁴⁵³ |
| 你们 | 你们 li⁴⁵mɛn⁵⁵ | 你之 ⁼i⁴⁵tsɿ⁵⁵ |
| 我们 | 我们 ŋo⁴⁵mɛn⁵⁵ | 我之 ⁼ŋo⁴⁵tsɿ⁵⁵ |
| 他们 | 他们 tʰa³⁵mɛn⁵⁵ | 底⁼之 ⁼ti⁴⁵tsɿ⁵⁵ |
| 这样 | 勒⁼样 lɛ²⁴iɑŋ³³ | 简支 ⁼ko⁴⁵tsɿ⁵⁵ |
| 那样 | 那样 la²⁴iɑŋ³³ | 没⁼支 ⁼mɛi³⁵tsɿ⁵⁵ |
| 怎么（做） | 哪样 la⁴⁵iɑŋ³³ | 哪支 ⁼la⁴⁵tsɿ⁵⁵ |
| 什么 | 啥子 sa²⁴tsɿ⁴² | 么个 mu⁴⁵ko⁴² |
| 怎么 | 哪门 la⁴⁵mɛn⁵⁵ | 叶⁼支 ⁼iɛ²¹tsɿ³⁵ \| 药⁼支 ⁼io²¹tsɿ³⁵ |
| 为什么 | 为啥子 uɛi²⁴sa²⁴tsɿ⁴² \| 为哪样 uɛi²⁴la⁴⁵iɑŋ³³ | 为么个 uɛi²⁴mu⁴⁵ko⁴² |
| 做什么 | ［做啥］子 tsua²⁴tsɿ⁴² | 做么个 tsʁɯ²⁴mu⁴⁵ko⁴² |

---

① 此处以潼南县城梓潼街道的方言为代表。

| 这 | 勒=lɛ²¹⁴ | 箇 ko⁴⁵³ |
| 那 | 那 la²¹⁴ | 没=mɛi³⁵ |
| 这个 | 勒=个 lɛ²⁴ko³³ | 箇条 ko⁴⁵liɑu⁴² |
| 任何东西 | 啥子 sa²⁴tsʅ⁴² | 样啥 iaŋ³⁵sa³³ |

## 2. 称谓语的差异

与潼南话相比，潼南湘语中有些称谓语很有特色。如：

| 普通话 | 潼南话 | 潼南湘语 |
|---|---|---|
| 岳父 | 背称：老丈人 lau⁴⁵tsaŋ²⁴zɛn³¹<br>老汉儿 lau⁴⁵xɚ³³<br>面称：老汉儿 lau⁴⁵xɚ³³ | 背称：老丈人 lau⁴⁵tsaŋ³⁵lɛn³¹<br>面称：亲爷老汉儿 tsʰɛn³⁵ia⁵⁵lau⁴⁵xɚ³³<br>亲爷 tsʰɛn³⁵ia⁵⁵<br>老亲爷 lau⁴⁵tsʰɛn³⁵ia⁵⁵ |
| 岳母 | 背称：老丈母 lau⁴⁵tsaŋ²⁴mu⁴²<br>丈母娘 tsaŋ²⁴mu⁴⁵iaŋ³¹<br>面称：妈 ma³⁵ | 背称：老丈母 lau⁴⁵tsaŋ³⁵mu⁴²<br>面称：亲娘 tsʰɛn³⁵iaŋ³¹<br>亲娘妈 tsʰɛn³⁵iaŋ³¹ma⁵⁵<br>老亲娘 lau⁴⁵tsʰɛn³⁵iaŋ³¹<br>丈母娘 tsaŋ²⁴mu⁴⁵iaŋ³¹ |
| 干爹 | 老汉儿 lau⁴⁵xɚ³³ | 统称：保保 pau⁴⁵pau⁴² |
| 姨夫 | 姨爷 i³³iɛ³⁵<br>姨爹 i³³ti³⁵ | 统称：保保 pau⁴⁵pau⁴² |
| 姑父 | 姑爷 ku³⁵iɛ⁵⁵ | 统称：保保 pau⁴⁵pau⁴² |
| 继父 | 后老汉儿 xɤɯ²⁴lau⁴⁵xɚ³³ | 统称：保保 pau⁴⁵pau⁴² |
| 最小的叔叔 | 幺爸 iɑu³⁵pa³¹ | 晚晚 man⁴⁵man⁴² |
| 最小的儿子 | 幺儿 iɑu³⁵ɚ³¹ | 晚儿 man⁴⁵ɚ³¹<br>晚崽 man⁴⁵tsai⁴²<br>晚娃儿 man⁴⁵uɚ³¹ |
| 最小的女儿 | 幺女 iɑu³⁵ly⁴² | 晚女 man⁴⁵y⁴²<br>晚妹崽 man⁴⁵mɛi³⁵tsai⁴²<br>晚姑娘 man⁴⁵ku³⁵iaŋ⁵⁵ |

## 3. 其他词语

还有一些不成系统的词语，潼南湘语的说法与潼南话存在明显区别。这些词语基本成为潼南湘语区别于潼南话的特征词，集中列于下面：

| 普通话 | 潼南话 | 潼南湘语 |
|---|---|---|
| 玩 | 耍 sua⁴⁵³ | 哈 xai³⁵ |
| 地方 | 垱 taŋ²¹⁴ | 坨 to³¹｜垱 taŋ²¹⁴ |
| 很（热） | 嘿=xɛ⁴⁵³ | 很 xɛn⁴⁵³ |
| 放 | 搁 kʰo³⁵ | 顿=tɛn²¹⁴｜拃 to²¹⁴ |
| 说 | 说 so³¹ | 讲 kaŋ⁴⁵³ |
| 胃里缺少油水 | 膁 tsʰɑɯ³¹ | □ tɑɯ³¹｜□ lɑɯ³¹｜膁 tsɑɯ³¹ |
| 爬 | 爬 pa³⁵～pʰa³¹ | 㾟 la³¹｜爬 pa³⁵～pʰa³¹ |
| 泡酸菜 | 泡酸菜 pʰɑɯ²¹suan³⁵tsʰai³³ | 浸酸菜 tsɛn²¹suan³⁵tsʰai⁵⁵ |
| （一）点点 | 低=低=ti³⁵ti⁵⁵ | 点点 tiɛn⁴⁵tiɛn⁴²｜点点崽 tiɛn⁴⁵tiɛn⁴⁵tsai⁴² |
| 一点（意义也没有） | 一点 i³³tian⁴² | 一颗 i³³kʰo⁴² |
| 毛毛雨 | 牛毛雨 liʀɯ³³mɑɯ³¹y⁴² | 狗毛雨 kʀɯ⁴⁵mɑɯ³¹y⁴² |
| 看亲戚 | 走人户 tsʀɯ⁴⁵zɛn³³fu³³ | 走人家 tsʀɯ⁴⁵lɛn³³ka⁴² |

**（二）同样的词语所表示的意思不同**

1. 潼南湘语中"头"不表示方位"里头"，没有潼南话中"城头""屋头"等说法，一般用"里头"表示，如"城里头、屋里头"。

2. 词语"装"，潼南话主要表示把东西放进一个器物内，龙形当地除了这个意思外，还可以表示"插"，如"装香"表示把香插进香炉。

**（三）同样的词语发音不同**

由于语音系统不同并且受音变情况的影响，相较于潼南话，潼南湘语中词形相同而发音不同的词语较多，相关词语可参见第五章分类词表。如"鞋子、跨（进）、完整的（鸡蛋）"等意思，潼南话分别说"鞋子"[xai³³tsʅ⁴²]、"踦"[tɕʰia³¹]、"榾"[kʰuɛn³¹]，而潼南湘语则分别说"鞋子"[ɕiai³³tsʅ⁴²]、"踦"[tɕia³¹]、"榾"[kuɛn³¹]。

## 二　区别于湖南湘语的词汇特点

根据崔荣昌（1993；1996a），潼南湘语属于"辰州话"，当地湘语多从湖南老辰州府（今大多属辰溆片方言）迁来。辰溆片方言词汇以贺凯林《溆浦方言研究》（1999）为参照，并参考瞿建慧（2010），将潼南湘语词汇与辰溆片方言进行对比发现，二者仍有较多词语保持一致。溆浦方言中近指代词用"果="[kʊ²³]，也读上声，远指代词用"妹="[mɛi⁵³]，读阳去；"什么"说"么个"[mu²³kʊ³⁵]，"么"也读上声；岳父和岳母说"亲耶"[tsʰɔ̃⁴⁴iɒ¹³]、"亲娘"[tsʰɔ̃⁴⁴n̩iɑ̃¹³]；一些或一点的意思都用"颗"，如：病好颗儿了₍₎。这些说法与潼南湘语基本相同。就连溆浦方言中的叹词"呸巧"[pʰei⁴⁴tɕiɑʌ²³]、"阿嗬"[ʋ⁴⁴hʋ³⁵]，也与潼南湘语中的相应词语"呸□"[pʰɛi⁴⁵tɕʰio²¹⁴]、"哦嚯"[o⁴⁵xo²¹⁴]的读音一致。

当然，潼南湘语也有一些自己的特点。有些词汇的使用情况，潼南湘语与溆浦方言存在不同，如：

（一）潼南湘语表示量多的指代类后缀为"些"，溆浦方言则用"尼⁼"，如："果⁼尼⁼""妹⁼尼⁼"分别表示"这些""那些"。

（二）表示地方的后缀，潼南湘语用"垱"或"坨"，而溆浦方言则用"处"。

另外，溆浦方言中有些词汇或词汇的用法，在潼南湘语中不存在，如：

（一）溆浦方言中有些四字词，潼南湘语不说，如：涌波鼓浪、夹田胡子、腻牙烂齿、纠里麻强、四椅八辈、肥肥实实、牛犊马肠、如是如法、墨墨黑黑、墩墩鼓鼓。

（二）溆浦方言中有些叹词，潼南湘语不说，如：啧啧、天老爷、了了。

（三）用在形容词后表示程度高的有些附加成分，潼南湘语不说，如：霸儿了、包儿了、冰儿了、布了、喷儿了、分（儿）了、谿了、冻儿了、杠了、棱了。

（四）有些量词，溆浦方言用，但潼南湘语不用，如：骂一餐、一支戏、一本戏、一铺被物、一扇墙、一色种子、一庞人、一幢房子、一抓米。

## 三　处于与潼南话竞争使用中的词汇

潼南湘语词汇在与潼南话的竞争中，存在两种情况：一种是不同说法的竞争；另一种是词语语音形式的竞争。无论是说法还是词语的读音，潼南湘语均越来越多地受到潼南县城话的影响。

### （一）不同说法的竞争

潼南湘语和潼南话在表达某些相同意义时，说法存在较大差异，二者正处于竞争中。如：

| 普通话 | 潼南话 | 潼南湘语 | 普通话 | 潼南话 | 潼南湘语 |
|---|---|---|---|---|---|
| 很 | 嘿⁼ | 很 | 放 | 搁 | 顿⁼\|挼 |
| 他 | 他 | 底⁼ | 什么 | 哪样 | 么个 |
| 里面 | 头 | 里头 | 他们 | 他们 | 底⁼之⁼ |
| 言说 | 说 | 讲 | 怎么样 | 哪们 | 叶⁼支\|药⁼支⁼ |
| 没有 | 没有\|没得 | 冇有\|冇得 | 玩耍 | 耍 | 哈 |
| 溢 | □pʰu⁴⁵³ | 溢 | 很多 | 一摸⁼多 | 一□拉⁼i³³pʰa³⁵la⁵⁵ |
| 簸箕 | 篼箕 | 撮箕 | | | |

这些说法不同的词语，在竞争时，最开始多交替使用，然后往往是潼南话的说法逐

渐取得优势，最终完成对湘语说法的替换。交替使用时会出现词汇的"杂交"形式——"合璧词"，如"他之𡚼"：从潼南话借来第三人称代词"他"，加上湘语里表复数的"之𡚼"，构成合璧形式的"他之𡚼"。龙形人对词汇说法的差异还有清楚的认识，当他们强调自己的身份时多用湘语说法，但无意识状态下有不少已转用潼南话的说法。发音人周少全因与外界接触相对少，说法还相对保守，还能清楚分辨哪些是湘语，哪些是潼南话；而唐昌平与外界接触较多，使用时已夹杂较多潼南话的说法，有时甚至难以分辨哪些是湘语的说法。

### （二）词语语音形式的竞争

词语语音形式的竞争在当地更为常见。这种竞争在语音层面的体现有些是系统性的，有些是零散的。系统性的语音变化，多以词汇扩散的形式受到潼南话的影响，变化往往从一些词语的读音形式开始。潼南湘语中所存在的层次丰富、形式多样的异读现象，正是这种语音形式竞争的重要体现。这种系统性的语音变化在声韵调方面均有体现：

1. 辅音声母方面

（1）古全浊声母舒声字不分平仄今逢塞音塞擦音原读不送气音，但不少字现在已有了送气和不送气两读，部分非常用字已像潼南话一样只读送气音，如："雌、词、驰、持"[tsʰʅ³¹]、"脾、疲"[pʰi³¹]、"岐、歧、祁、其"[tɕʰi³¹]、"茌、查、察"[tsʰa³¹]。古全浊声母入声字今逢塞音和塞擦音原读送气音，但现在也有不少字只读不送气音，如："白"[pɛ³¹～pɛ²¹⁴]、"杰"[tɕie³¹]、"掘绝"[tɕye³¹]。

（2）日母原来多与来母混读[l]或读零声母，但受方言接触影响，年轻人也开始与潼南话一样，读[z]，个别字甚至出现了矫枉过正的情形，如将"暖"读同"软"，读[z]声母。

2. 韵母方面

深臻曾梗摄开口三四等帮组和端系部分舒声字的韵母白读开口呼韵母，如："檩"[lɛn⁴⁵³]、"鳞"[lɛn³¹]、"亲"[tsʰɛn³⁵]、"进"[tsɛn²¹⁴]、"信"[sɛn²¹⁴]。山摄合口知系舒声部分字韵母存在文白异读，白读[yɛn]，文读[uan]。遇摄合口一等端系字韵母与流摄合流，合口三等知系字韵母为[y]。假摄开口三等白读韵母的主要元音为[a]，如："车"[tsʰa³⁵]、"斜"[ɕia³¹]。这些语音特点也正受到潼南话的冲击，这些语音特征正处于同潼南话的激烈竞争中，不少字正在出现文读音或又读音。当然，有个别语音特点还顽强地保留着，如咸山摄、深臻摄、曾梗摄舒声韵细音字韵母合流。

3. 入声字声调的归派方面

入声字的声调归派受潼南话影响，情况复杂，造成的异读较多。古清入原多读阴平和去声，但不少已只读阳平，如："织、职"[tsʅ³¹]、"抑"[i³¹]、"积、迹"[tɕi³¹]、"惜、昔"[ɕi³¹]。古浊入字（包括次浊入和全浊入）原多读去声，部分读阴平，但也有不少已只读阳平，如："译、逆、历"[i³¹]、"笛、敌"[ti³¹]、"籍、寂"[tɕi³¹]、"独、犊"[tu³¹]。

4. 其他

还有些语音形式的竞争是零散的。如"吃"和"春"，潼南湘语分别读[tɕʰia³⁵]、[tsʰoŋ³⁵]，而县城话分别读[tsʰɿ³¹]、[tsoŋ³⁵]。一个词语有多个语音形式时，老年人往往尚能分清哪个形式是本地的，哪个是潼南县城的，但年轻人多已不能分辨，呈现出潼南话形式替代湘语形式的发展趋势。

## 四　方言特别词语

### （一）"相因"与"贵"

"相因"[ɕiaŋ³⁵iɛn⁴²]与"贵"[kuɛi²¹⁴]在潼南湘语中可以分别指价格便宜和高，还能分别表达事情简单和难。如：

简条题很相因<sub>这道题很简单</sub>。ko⁴⁵liɑɯ⁴⁵tʰi³¹xɛn⁴⁵ɕiaŋ³⁵iɛn⁴².

没=条题很贵<sub>那道题很难</sub>。mɛi³⁵liɑɯ⁴⁵tʰi³¹xɛn⁴⁵kuɛi²¹⁴.

### （二）词语的避讳

1. "痒"[iaŋ⁴⁵³]

"抠"[kʰɤɯ³⁵]与"痒"[iaŋ⁴⁵³]都可以形容身上发痒，但使用群体有性别之分："抠"，男女均可使用；但"痒"一般男性才用，因避讳性事方面的联想，女性则少用此词。

2. "屎"[sɿ⁴⁵³]

"屎"[sɿ⁴⁵³]与"死"[sɿ⁴⁵³]同音，"蚕屎"[tsan³³sɿ⁴²]因避讳改叫"蚕沙"[tsan³³sa³⁵]。

3. "蚌壳"[pan³⁵kʰo⁴²]

当地把女性生殖器常比作蚌壳，因此女性忌讳称河蚌为"蚌壳"[pan³⁵kʰo⁴²]，常换用"紧=壳"[tɕiɛn⁴⁵kʰo⁴²]来称说。

### （三）异性同称

有些亲属称谓语不分性别，也即男性和女性使用同一称呼。如："家家"[ka³⁵ka⁵⁵]指外公或外婆，"太太"[tʰai²¹tʰai³⁵]指曾祖父或曾祖母，"祖祖"[tsu⁴⁵tsu⁴²]指高祖父或高祖母，"保保"[pɑɯ⁴⁵pɑɯ⁴²]一词可以用来称呼干爸、干妈，也可以用于婚前女方称呼未婚夫的爸爸或妈妈等。在交际中，如果需要确定称呼某一方时，通常可以在这些词语的前面加"男"或"女"进行限定，且加上后都可以用作面称。

### （四）其他一些特别词

还有一些词语目前仅见于潼南湘语，而少见于潼南话，如："归一"[kuɛi³⁵i³¹]指身体或心理上舒服，多为年纪较大的人使用，如：心里冇～<sub>心里不舒服</sub>[sɛn³⁵li⁴²mɑɯ³⁵kuɛi³⁵i³¹]。同样的意思，潼南话和当地年轻人则多使用"安逸"[ŋan³⁵i³¹]。

# 第二节

# 方言古语词

潼南湘语保留了一定数量的古语词。这些古语词是从历史上传承下来的。有些带有明显的共同语特征，是从古代汉语共同语中传承下来的。有些则带有明显的方言特征：有的通行范围较广，广泛通行于多种汉语方言；有的通行范围较窄，只见于南方某些方言或只见于湘语。这部分词语数量不多，主要列举如下。

堅（築）tsʁɯ²¹⁴ 塞：把瓶子用木塞塞～倒。《广韵》屋韵张六切："築，捣也。"又屋韵侧六切："堅，塞也。"清入字在当地存在白读音读去声的情况，当地"堅"的读音与张六切相合。据罗昕如《湘方言词汇研究》，湖南长沙、湘潭、益阳、衡阳、娄底、双峰、新化等点均有此说法，读为入声、阳平或阴平，武冈和邵阳读为去声。《新唐书·酷吏传·姚绍之》："即引力士十余曳囚至，築其口，反接送狱中。"［宋］释妙伦《偈颂八十五首·其七十二》："俱胝竖起手指头，玄沙堅破脚指头，都来不出山僧拄杖头。"这两用例中，"築""堅"均为塞义。

剝 tɕʰio³¹ ～薄 尖酸刻薄。《方言》卷二："剝，（雀潦反，又子了反。）蹴，狯也。（古狡狭字。）秦晋之间曰狯，楚谓之剝，或曰蹴。"据罗昕如《湘方言词汇研究》，湖南娄底、双峰、新化等均说"剝薄鬼"，"剝薄"表示狡猾、顽皮之义，娄底读阳平、双峰读阴平、新化读入声。潼南湘语从《方言》和湖南话"剝"的狡猾义引申出尖酸刻薄的意义也很自然，"剝"读阳平，"剝薄话"表示尖酸刻薄的话。需要说明的是，当地还有一读上声的 [tɕʰio⁴⁵³]，也表同样的意思，其本字或许也为"剝"，如：底＝讲话～得很。

謰謱 lʁɯ³⁵ 啰唆：讲话～死人了。《楚辞·九思·疾世》："嗟此国分无良，谋女谄分謰謱。"洪兴祖《楚辞补注》："謰謱，语乱也。"《方言》卷十："哰哗，謰謱，（上音连，下力口反。）拏也。（言諸拏也。奴加反。）"《说文》："謰謱也，从言娄声。"《唐韵》："洛侯切。"《集韵》：

"郎侯切，音娄。"《说文解字注》："（謱）謰謱也，从言，娄声，洛侯切。"当地部分古次浊平声字今音有读入阴平的情况，潼南湘语中"謱"[lɤɯ³⁵]的阴平读音与《唐韵》和《集韵》相合，啰唆的意义也很容易从"言语繁杂"的本义中引申出。

賕 xɤɯ³⁵ 贪心。《广韵》侯韵胡遘切："賕，賕𧷷，贪财之貌。"《字汇·贝部》："賕，賕𧷷，贪财之貌。"杨树达《长沙方言考》六十四《賕𧷷》云："《广韵》云：賕𧷷，贪财之貌。今长沙谓多以物入己曰賕，又曰𧷷。"民国二十八年《巴县志》卷五《礼俗·方言》："《说文》：'䚋，欲也。'古音近侯，转作賕。……蜀语谓贪得为賕，贪欲为賕心。"罗昕如《湘方言词汇研究》提到："湘语大多点说，记作'賕'，贪吃之人叫'賕食婆'。新化不说'賕'，说'𧷷'，贪吃说'𧷷颈'。"当地浊去大多读阴平，潼南湘语"賕"的读音与古音相合，"心賕"[sɛn³⁵xɤɯ³⁵]表示贪心与其在《广韵》中的意思也相合，如：简条人心好～哦。该词分布较广，在中原官话南鲁片鲁山话中以分音词的形式存在，当地读音为[xɯ²⁴lɤɯ⁴²]，表示所得甚多。

燅 ɕiɛn²¹⁴ 用微火或热气使变热。《玉篇·火部》："燅，炙也。"《左传·昭公十八年》："司马、司寇列居火道，行火所燅。"杜预注："燅，炙也。"字又或作"炘"，《广雅·释诂二》："炘，热。"王念孙疏证："炘者，《玉篇》：'与燅同，炙也。又热也。'"《广韵·燅韵》亦云"炘"同"燅"。杨树达《长沙方言考》七十六《燅》："按今长沙谓置于火旁干之曰燅，读许靳切。"潼南湘语"燅"的读音同长沙话，并与其在《玉篇》和长沙话中的意义相同。当地将烧水壶或冷饭置于火旁加热，可以说：～燅水；把冷饭～燅。

趏 iɤɯ²¹⁴ 表示动。《说文》走部："趏，走也，从走有声，读若又。"《说文解字注》："篇（《玉篇》）、韵（《广韵》）皆作走貌。于救切。古音在一部。"潼南湘语中"趏"的读音与古音相合，并从古代"走"的意义引申出"动"的意义，如：树叶在～；小娃儿在～来～去。

荡 tʰaŋ⁴⁵³ 洗涤（器皿），古字形作"盪"。该词在汉语中很早就存在，《说文》："涤器也。"《唐韵》："徒朗切，又待朗切。"《广韵》："徒朗切，音唐。涤荡，摇动貌。"《集韵》："待朗切，又大浪切。"《正韵》："徒党切，唐上声。与荡同。又徒浪切，唐去声。"潼南湘语中"荡"的读音与古音相合，且仍保留着《说文》时代的意义。在汉语中，"盪/荡"表洗涤义一直都在使用，如颜之推《颜氏家训·序致》："习若自然，卒难洗荡。"［明］张岱《岱志》："江北地土，其中多有千岩万壑，特无九年洪水为之荡涤漱剔，一出其真面目耳。"

爁 lai³⁵ 热。《广韵》泰韵落盖切："爁，火之毒貌。"湖南很多湘语点都在使用。"爁水、爁人、爁倒了"等说法在潼南湘语中也常用。该词在成渝地区的西南官话中也广泛使用。

斢 tʰiɑɯ⁴⁵³ 调换。斢，《广韵》厚韵上声："天口切，斢䄺，兵夺人物。"《集韵》："他口切。"该词在赣语、湘语和西南官话中广泛存在，《现代汉语词典》释义为："〈方〉调换：～谷种。"

伏 pʰu²¹⁴ 趴：～起困。伏，《广韵》屋韵奉母："房六切，藏匿也，伺也，隐也，历也。"要匿藏自然要降低身体的高度，趴下来，因此，"伏"很早就有趴的意义，如《礼记·曲礼上》："坐毋箕，寝毋伏。"普通话中"倒伏、伏案"都表示身体向前倾靠在物体上，龙形当地把趴在桌子上睡觉叫"伏起困"，"伏"音 [pʰu²¹⁴]。"伏"为浊入字，按当地入声字的声调归派情况，白读正好读去声，音义相合。有学者认为表示趴义的词为"匍"，但"匍"在《说文解字》中注释为"手行也。从勹甫声。薄乎切"，为浊声母平声字，意义为手足并用地爬行，根据读音规律，该读阳平或阴平，读音和意义均不合，故"伏"当为趴义的本字。

紫 kʰɛn²¹⁴ ～节 关键时刻。紫，《集韵》："诘定切。肯紫，肋肉结处也。"又"弃挺切"。潼南湘语中"紫" [kʰɛn²¹⁴]，声母保留腭化前舌根音的读音，声调与古音相合，意义也与其本义"肋肉结处"有自然的引申关系。"紫"在古代汉语中很早就在使用，如《庄子·养生主》："因其固然，技经肯紫之未尝。"

肶 pʰi³⁵ 麻～ 女阴。肶，《广韵》臻摄质韵滂母入声："譬吉切，牝肶。"《玉篇》："肚肶也。"潼南湘语中清入字有读阴平的情况，"肶"的音义都与《广韵》相合。

丫 ŋa³⁵ 张开。丫，《广韵》麻韵影母："於加切，象物开之形。"《正韵》："於加切，音鸦。物之岐头。"《六书统》："丫，岐物之崇也。象其崇叉分之形。"《同文备考》："草木之枝，岐而上彻。""丫"从表示物体张开的形状能够自然引申出"张开"的意思，当地湘语"丫起嘴巴"表示张开嘴巴，"丫" [ŋa³⁵] 的读音和意义均与《广韵》等韵书相合。

膿 iɑŋ³⁵ 形容词，表示食物肥腻或过甜，使人难受：肥肉～人得很｜箇个粑粑太甜，～得很。《说文·肉部》："膿，益州鄙言人盛，讳其肥，谓之膿，从肉襄声。"《方言》卷二："膿，盛也，自关而西秦晋之间语也。……秦晋或曰膿，梁益之间，凡人言盛，及其所爱，讳其肥臧，谓之膿。"郭璞注《方言》"膿"，谓"肥膿多肉"。《广韵》宕摄上声养韵日母开口三等："膿，如两切。肥，蜀人云。"当地日母细音字同泥母细音一样，也读零声母。潼南湘语"膿" [iɑŋ³⁵] 与古用例意义相同，读音方面只有声调稍有不合。但该地阴平调来源较多，存在次浊上变读阴平的可能。

阰 la³¹ 爬行：小娃儿在地上～。《广韵》假摄平声麻韵："阰，女加切，爬阰以收除也。"湖南方言中有"阰丧"的说法，指孝子们在"端公"的指挥下绕着棺材爬行几圈①。潼南湘语中"阰" [la³¹] 与古音相合，且保留爬行的意义。

椢 kuɛn³¹ 完整的。《说文·木部》："椢，梡木未析也。"《广韵》平声魂韵匣母："椢，户昆切。大木未剖。"《说文解字注·木部》："此梡当作完，全也。《通俗文》曰：'合心曰椢。'《篆文》曰：'未判为椢。'页部顽下云：椢头也。凡全物浑大皆曰椢。完椢双声。完顽叠韵。

_____

① 湖南话用例引自罗昕如（2022：238）。

胡昆切。"从表木头的完整性引申到表其他事物的完整义，语义引申自然。当地"～鸡蛋"表示完整的鸡蛋，"楎"读音[kuɛn³¹]也与潼南湘语全浊平字今逢塞音塞擦音时读不送气音的特点一致，潼南话读音为[kʰuɛn³¹]。

咍xai³⁵ 玩耍。《楚辞·九章·惜诵》："行不群以巅越兮，又众兆之所咍。"王逸注："咍，笑也，楚人谓啁笑曰咍。"《说文》口部："咍，蚩笑也。从口从台。呼来切。"［魏晋］左思《三都赋·吴都赋》："东吴王孙馗然而咍。"注："楚人谓相调笑曰咍。"［宋］李昉等《太平广记》卷第四百五十二："俄而郑子至，与釜相视咍乐。"《广韵》平声咍母咍韵呼来切："咍，笑也。"潼南湘语中"咍"从本义表"笑"引申为表"玩耍"，读音[xai³⁵]与当地部分浊平字读入阴平的情况相合。

鲊tsa⁴⁵³ 腌制，浸泡。《释名》："鲊，菹也。以盐米酿之如菹，熟而食之也。"《集韵》上声马韵庄母："鲊，侧下切。南方谓之鲊，北方谓之鲝。""鲊"本义为在鱼中加盐等调料腌渍，使之久藏不坏，是古人对鲜鱼进行处理，防止变质的一种方法。《渊鉴类函》卷三八九引《汉书》："昭帝时，钓得蛟，长三丈，帝曰：此鱼鳝之类。命大官为鲊，骨肉青紫，食之甚美。"《晋书·列女传》："（陶）侃少为寻阳县吏，尝监鱼梁，以一坩鲊遗母。"［南朝齐］王融《谢司徒赐紫鲊启》："东越水羞，实罄乘时之美；南荆任土，方揖鲊鱼之最。"［唐］段成式《酉阳杂俎》："安禄山恩宠莫比，其所赐品，目有野猪鲊。"潼南湘语中"鲊"的读音与《集韵》相合，腌制义保留，且还引申出了浸渍义，如："～酸菜"指腌制酸菜；"～粪"指沤肥；"～衣裳"指水里放入洗衣粉后，把衣服放进去浸泡一段时间。

擖xa³⁵ 搅动，拨弄，翻寻。擖，匣母入声，《唐韵》胡秸切。《集韵》下瞎切，王念孙《广雅疏证·卷二下·释诂》："擖，搔也"。《红楼梦》（程乙本）第六二回："那边尤氏和鸳鸯隔着席，也'七'、'八'乱叫，擖起拳来。"潼南湘语中，部分古全浊入声字有读为阴平的现象，"擖"[xa³⁵]与《唐韵》和《集韵》读音相合，意义上仍保留"搔"义，如：我背上痒，你跟我～一下。"擖拳"也指划拳。另外，还引申出搅动、扒弄和翻弄之义，如："～稀饭"指搅稀饭；"～水"指扒水，即游泳；"在床下～鞋子"指在床下翻找鞋子。

簝liɑɯ³¹ ～箕筲箕。《说文·竹部》："簝，宗庙盛肉竹器也，从竹尞声。"《周礼》："供盆簝以待事。"《广韵》效摄宵韵平声："簝，落萧切，宗庙盛肉方竹器。"也就是说，"簝"在先秦时代就指竹编的一种器皿。潼南湘语中，"簝"已不单用，只出现在"～箕"[liɑɯ³³ tɕiɛn⁴² ～liɑɯ³³tɕi⁴²]中，表"筲箕"，其读音与《广韵》相合，仍保留竹编容器的意义。

搣mie³⁵ 掰开。《急就篇》："沐浴揃搣寡合同。"颜师古注："揃搣，谓鬓拔眉发也，盖去其不齐整者。"《广韵》明母薛韵入声："搣，亡列切，手拔，又摩也，批也，捽也。"《龙龛手鉴·手部》："搣，音灭，手拔也，摩搣也。"谓手裂物为"搣"。［明］李实《蜀语》："手裂物曰搣，搣音灭。""搣"在潼南湘语和周围西南官话中仍广泛使用，如：把橘子～开。

次浊入字在潼南湘语中有读为阴平的情况，"搣"的音义与《广韵》皆合。

拐yɛ³⁵改变物体的形状，使弯曲或变直：把棍子～断。《广韵》入声月韵："拐，鱼厥切，折也。"《说文·手部》："拐，折也。"王筠释例："吾乡谓两手执草木拗而折之曰拐。"［汉］扬雄《太玄·羡》："车轴折，其衡拐。"次浊入字在当地有读阴平的情况，潼南湘语中"拐"读[yɛ³⁵]，仍表"折"义，音义皆与《广韵》相合。

埲pʰoŋ³⁵（尘土）飞扬，（水、油等）飞溅。《广韵》通摄董韵上声："埲，蒲蠓切，塕埲，尘起。"《集韵》："蒲蠓切。又补孔切，音琫。"［宋］赵叔向《肯綮录·俚俗字义》："尘起曰埲塕。""埲"属并母，全浊上声字在潼南湘语中白读多读阴平，"埲"的读音与《广韵》《集韵》的蒲蠓切相合。表义上，"埲"仍可表示尘土飞扬，如：灰灰～起好高。并由此引申出水、油等飞溅之义，也顺理成章，如：车子～我一身水；油～我身上了。

# 第三节

# 民俗文化词

## 一 房舍建筑

立房子 li²⁴faŋ³³tsʅ⁴² 建造房子时，主人家择日将大梁放好。立房子当天，主人家往往要举行相应仪式，并宴请亲友和工人们。当天，工人们休息，但工钱照付。

踩梁 tsʰai⁴⁵liaŋ³¹ 上大梁的仪式。房子上大梁时一般都是在早上的某个时间，由建房子的"总工程师"拿着尺子沿着大梁走一趟，同时抛撒花生、零钱、糖块儿等，以讨吉利。

勾瓦 kɤɯ³⁵ua⁴² 有凹槽的瓦。使用时凹面朝上，便于雨水往下流。

愍瓦 kʰaŋ⁴⁵ua⁴² 盖在"勾瓦"上防止漏水的瓦。使用时拱面朝上，凹面朝下。

人字梁 lɛn³³tsʅ³⁵liaŋ³¹ 由"人字木""柱头""瓜儿"等构成的屋梁。

人字木 lɛn³³tsʅ³⁵mu³¹ 人字形的木头，是建造"人字梁"的主体。

柱头 tɕy³⁵tɤɯ³¹ 柱子。"人字梁"的柱子有三种：正柱（一根）、中柱（两根）、檐柱（两根）。

正柱 tsɛn²¹tɕy³⁵ "人字梁"正中间的柱子。一般最长。高度一般一丈二顶八，最高一丈三顶八。

中柱 tsoŋ³⁵tɕy⁵⁵ "正柱"与"檐柱"中间的两根柱子。

檐柱 iɛn³³tɕy³⁵ 屋檐下的柱子。

瓜儿 kua³⁵ɚ³¹ "人字梁"上起支撑人字木作用的短柱子。有三种：正瓜（一根）、中瓜（两根）、檐瓜（两根）。

正瓜 tsɛn²¹kua³⁵ 处于"人字木"正中间的竖立的木头。

中瓜 tsoŋ³⁵kua³⁵ 处于"正瓜"与"檐瓜"中间的两根木头。

檐瓜 iɛn³³kua³⁵ "人字梁"上处于屋檐位置的两根木头。

穿斗架子房子 tɕʰyɛn³⁵tɤɯ³³tɕia²⁴tsʅ⁴⁵faŋ³³tsʅ⁴² 一种木制"人字梁"结构的房子。

地穿方 ti³⁵tɕʰyɛn³⁵faŋ⁵⁵ 地下连接柱子的方形木头。

上穿方 saŋ³⁵tɕʰyɛn³⁵faŋ⁵⁵ 也叫"天穿方"[tʰiɛn³⁵tɕʰyɛn³⁵faŋ⁵⁵]。上面连接柱子的方形木头。

五柱落脚 u⁴⁵tɕy⁵⁵lo³³tɕio³⁵ 一种旧式房屋的样式,有五根柱子。根据房子柱子数量的多少,有"五柱落脚"和"三柱落脚"两种样式,一般柱子越多,房子越大。"脚"表示下面,"落脚"表示在下面支撑的意思。

三柱落脚 san³⁵tɕy⁵⁵lo³³tɕio³⁵ 有三根柱子的房子。

## 二 农业生产

梿盖 liɛn³³kai³⁵ 梿枷,一种农具。由一个长柄和一组平排的竹条或木条构成,这些竹条或木条并排呈球拍状,使用时挥动长柄,使顶端的"拍子"上下翻转,拍打小麦、豆子、芝麻等谷物,使籽粒脱落下来。

打枷 ta⁴⁵tɕia⁵⁵ 用木头做成的一种由多个横格构成的框架式农具。形状有点像古代套在罪犯脖子上的刑具"枷",用于将稻穗或籽实从谷秆上摔打下来。使用时,要将有较长横木的一端架在"样桶"上,另一端斜置于"样桶"内部。双手握着割下来的水稻,用力将有稻穗的一端摔打在"打枷"上,这样稻穗或籽实就落在"样桶"内。

梿盖　龙形镇池坝村 /2018.04.20/ 孙红举 摄

打枷　龙形镇池坝村 /2018.04.20/ 孙红举 摄

样桶 pan²⁴tʰoŋ⁴² 也叫"样斗"[pan²⁴tɤɯ⁴²]。用木片做成的可以放置"打枷"的一种较大的农用容器。在"打枷"上摔打水稻后，稻穗和籽实落在里面，周围再用"挡席"围着，防止籽实飞出。

桦桶　龙形镇池坝村/2021.08.21/孙红举　摄

挡席 taŋ⁴⁵ɕi⁵⁵ 放在"桦桶"周围，防止籽实飞出落在地上的用具。过去多用篾条编制，现在多用塑料布等替代。

打谷机 ta⁴⁵ku³⁵tɕi⁵⁵ 一种半机械化的农用机器。使用时，将其架在"桦桶"上，用柴油机带动打谷机运转，然后将长有稻穗的一端放进打谷机中，稻穗和籽实随着机器的旋转掉落在下面的"桦桶"中。为防止籽实飞撒，一般会在打谷机的一侧架一个篷子。

打谷机　龙形镇池坝村/2021.08.20/孙红举　摄

风车 xoŋ³⁵tsʰa⁴² 扇车。农业生产中用来去除水稻等农作物籽实中的杂质、瘪粒、碎屑等的木制传统农具。用"桩盖"拍打后脱落下来的籽实，要先用"风车"扇出里面的杂质。风车上的主要部件如下图所示：①"鼓"[ku⁴⁵³]，风车上圆形的部分，内部有产生风的装置"风车叶子";②"梭斗"[so³⁵tɤɯ⁴²],风车上米和糠皮等的出口,一般有两个,一个用于出米,一个用于出糠皮等杂质;③"风车叶子"[xoŋ³⁵tsʰa⁵⁵iɛ²⁴tsɿ⁴²],"鼓"内扇形的装置,主要作用是通过转动而产生风;④"风车斗斗"[xoŋ³⁵tsʰa⁵⁵tɤɯ⁴⁵tɤɯ⁴²],风车上部装稻谷的进口,多为漏斗状;⑤"风车搅搅"[xoŋ³⁵tsʰa⁵⁵kɑɯ⁴⁵kɑɯ⁴²～xoŋ³⁵tsʰa⁵⁵tɕiɑɯ⁴⁵tɕiɑɯ⁴²],连接在"鼓"上的摇转"风车叶子"的手把,多为铁制。

风车　龙形镇池坝村 /2021.08.21/ 孙红举 摄

碾子 iɛn⁴⁵tsɿ⁴²轧碎谷物或去掉谷物外皮的石制工具。主要由"碾磙"[iɛn⁴⁵kuɛn⁴²]、"骑筒"[tɕi³³toŋ³¹]和"碾槽"[iɛn⁴⁵tsɑɯ³¹]组成,"碾槽"多半弧形,两端站人可以互推。主要用来脱去稻米外面一层很薄的黄皮。完整的脱去谷子外壳的过程为:先用"櫑子"[luɛi³⁵tsɿ⁴²]櫑,再用"碾子"碾,最后用"风车"车。图中所示只是"碾槽","碾磙"和"骑筒"已难寻。

碾子　龙形镇池坝村 /2022.04.18/ 石志国 摄

檑子 luɛi³⁵tsʅ⁴² 砻，脱去谷壳外皮的农具。多用木头做成，外形像石磨，又像蒸笼。由"上盘"[saŋ³⁵pan³¹]、"下盘"[xa⁴⁵pan³¹]和"升子"[sɛn³⁵tsʅ⁴²]三部分组成。

磨子 mo³⁵tsʅ⁴² 磨，指整体。旧式常用石头做成，主要由上扇磨、下扇磨和磨盘三部分组成。主要用于磨粉或磨浆。

板板车 pan⁴⁵pan⁴⁵tsʰa⁵⁵ 一种以人力或畜力牵引的，用平板部分载货或载人的非机动车辆。过去多用木头做成。车子平板部分左右方向各有一个纵向的粗木，且向前延伸出平板部分，用作把手；把手前段部分略内向，以便挽拉；车底中部横一铁轴，左右各一轮子。现在也有用铁焊制的。使用时可以人拉或用牲畜牵引，上坡或所拉货物较重时其他人还可从车旁助推。

板板车　龙形镇池坝村 /2022.04.19/ 石志国　摄

草树 tsʰɑɯ⁴⁵ɕy⁵⁵ 谷草堆。当地常以一棵树为中心堆积谷草，以增加谷草堆的稳定性，使其在大风中不易垮塌。这样，谷草堆的外形看起来就像是草形成的树一样，故名"草树"。

## 三　日常器具

谷笆子 ku³⁵pa³³tsʅ⁴² 主要用于翻晒或收拢粮食的农具。笆子常一面平，可以收拢粮食；一面有锯齿状豁口，可以翻晒粮食或笆出其中的碎叶等杂物。

抓笆 tsua³⁵pa³¹ 用来收拢草、叶子等的齿状工具。多用竹子编制。

草树　龙形镇池坝村 /2018.06.20/ 孙红举　摄

谷笆子　龙形镇池坝村 /2018.04.20/ 孙红举 摄　　　抓笆　龙形镇池坝村 /2022.04.23/ 石志国 摄

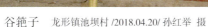

木锤 mu³⁵tsuɛi³¹ 用木头做的锤子。可用于清洗红薯上的泥土。

割草刀 ko³⁵tsʰɑɯ⁴⁵tɑɯ⁵⁵ 刀部的形状稍直，与一般的主要用于割稻子的镰刀不同，这种镰刀往往刀形弯长，而且上面往往会有一些齿，因此也叫"弯镰刀"[uan³⁵liɛn³³tɑɯ⁵⁵]或"齿镰刀"[tsʰʅ⁴⁵liɛn³³tɑɯ⁵⁵]。

布壳子 pu²⁴kʰo⁴⁵tsʅ⁴² 做鞋子前，用糨糊（一般由面粉熬制）将布块儿一块一块、一层一层地粘起来，一般要粘两三层，然后在太阳下晒干所形成的样子。做鞋子时，放在鞋面中间的夹层，一般只放一层，最里面和最外面用好的布料蒙起来。

斗筐 tɤɯ⁴⁵tɕʰiaŋ⁵⁵ 大号簸箕。主要用于盖苂子、晒粮食等。

撮箕 tsʰo³⁵tɕi⁴² 也叫"筅箦"[yɛn³⁵tɤɯ⁵⁵]。有梁的簸箕，一种农具。用于撮东西。主要有谷撮箕和土撮箕。

荷包筛筛 xo³³pɑɯ⁴⁵sai³⁵sai⁵⁵ 一种外形像荷包的筛子。网眼较大，比米筛的网眼要大一些。主要用于筛谷子、油菜、麦子等里面的叶子。筛东西时，叶子留在里面，籽实漏到下面。

麻篮 ma³³lan³⁵ 一种竹子编制的容器。样子与箩筐差不多，但比箩筐小。过去嫁女时，常用来放针线、布料等。

抱椅儿 pɑɯ²⁴iɚ⁴² 用绳子拴着，可挎在脖子上的一种座椅。一般在小孩儿几个月大时使用。

抱椅儿　龙形镇池坝村 /2018.05.06/ 孙红举　摄

沥架li²⁴tɕia³³ 也叫"摇架"[iɑu³³tɕia³³]。固定沥水用的帕子的架子。多为可以活动的十字形。帕子的四角绑在十字形的四端，可用两手摇来摇去，不用时可以收拢为一字形。

沥架　龙形镇池坝村 /2018.06.06/ 孙红举　摄

倒扑＝坛tɑu²¹pʰu³⁵tan³¹ 坛口朝下，下面置有装水器皿的坛子。坛下专门装水的器皿叫作"扑＝钵"[pʰu³⁵po⁵⁵]。可用来做"咸菜腌制的菜"[xan³³tsʰai³³]和"水盐菜用青菜叶做成的咸菜"[suɛi⁴⁵iɛn³³tsʰai³⁵]。

上水坛 saŋ³⁵suɛi⁴⁵tan³¹ 上面有盖子，坛口有坛舷可以加水的坛子。坛舷里用来密封坛子的水叫"坛舷水"[tan³³ɕiɛn³³suɛi⁴²]，也叫"坛口水"[tan³³kʰɤu⁴⁵suɛi⁴²]。一般用来做酸菜。

倒扑＝坛

龙形镇池坝村 /2018.05.21/ 孙红举 摄

上水坛

龙形镇池坝村 /2018.05.21/ 孙红举 摄

瓮子灶 oŋ²⁴tsʅ⁴⁵tsɑɯ³³ 也叫"大灶"[ta²⁴tsɑɯ³³]。顶上有瓮子的灶，是"响灶有炉桥的灶"[ɕiaŋ⁴⁵tsɑɯ³³]的一种。灶上往往会加一个由水泥或砖等做成的瓮子或甑子，以增加它的容量。可烧煤或柴，常用来煮猪食。

笆笼 pa³⁵loŋ⁵⁵ 也叫"笆篓"[pa³⁵lɤɯ⁴²]。鱼篓，竹编器具。钓鱼时常用来装钓到的鱼。

瓮子灶 龙形镇池坝村 /2018.05.21/ 孙红举 摄

笆笼 龙形镇池坝村 /2018.08.11/ 孙红举 摄

## 四　民间饮食

酸菜 suan³⁵tsʰai⁵⁵ 用"上水坛"将青菜发酵后所做成的一种菜。

咸菜 xan³³tsʰai³³ 腌制的菜，多为半干。多用"倒扑⁼坛"腌制而成，材料多为豇豆、萝卜、大头菜等。一般先将其切成丝，晒到半干，撒盐揉搓后再晒一下，最后放入坛中腌制。

水盐菜 suɛi⁴⁵iɛn³³tsʰai³⁵ 用青菜叶子做成的咸菜，用"倒扑⁼坛"腌制而成。蒸肉时多用来垫底。

栽秧肉 tsai³⁵iɑŋ⁵⁵lɤɯ⁵⁵ 过去帮别人家栽秧苗的人，吃过晚饭收工时，主人除了给工钱以外，还要将四块共半斤以上的猪肉（一般是煮熟的腊肉）穿成一串，让每人走时带一串，同时还要带个蛋（鸡蛋、鸭蛋等均可）。

过早 ko²⁴tsɑɯ⁴² 过去在正式吃早饭前吃东西。吃的一般都是比较好而精的食物，多用于招待尊贵的客人或坐月子的女人。

吃茶 tɕʰia³⁵tsa³¹ 过去吃午饭以前在半上午吃东西。一般用于招待尊贵的客人、坐月子的女人或干体力活的人。

吃坨坨肉 tɕʰia³⁵to³³to³¹lɤɯ⁵⁵ 吃块状的肉。

吃刨汤 tɕʰia³⁵pɑɯ³³tʰɑŋ³⁵ 当地的一个习俗，杀猪后会把亲友请来一起吃用新鲜的猪肉和内脏做成的"杀猪饭"[sa³⁵tɕy³⁵fan⁵⁵]。"刨汤"还可以专指饭菜里的一道用猪杂熬制的汤。

焖干饭 mɛn³⁵kan³⁵fan⁵⁵ 过去无电饭煲时的一种煮饭方法。把米倒进锅里稍加水焖制而成。

烃饭 kʰoŋ⁴⁵fan³⁵ 一种蒸制米饭的方法。先将大米稍煮至半熟，然后用筲箕将煮过的米沥干，最后将沥干的大米放在红苕、土豆或肉等耐煮的菜上蒸熟。

甑子饭 tsɛn²⁴tsʅ⁴⁵fan⁵⁵ 用"甑子"[tsɛn²⁴tsʅ⁴²]蒸的饭。制作时，先将大米煮得稍微发胀，然后捞出沥水，最后放在甑子上蒸。

饭坯子 fan³⁵pʰɛi³⁵tsʅ⁴² 稍煮过且沥过水的米，可以用来做"甑子饭"或"烃饭"。

盖面肉 kai²¹miɛn³⁵lɤɯ⁵⁵ 家里请人干活，在吃饭时，放在盘子上面最大的一块肉。一般情况下，谁吃了这块肉，其他人在干活时就都要听他指挥，受他管理。

炕腊肉 kʰɑŋ²¹⁴la²¹lɤɯ⁵⁵ 熏腊肉。当地每年过了冬至，就开始熏制腊肉。制作时要先将肉腌一下，然后用树枝熏烤。烧的柴以柏树枝为最佳，用它熏出来的腊肉较香。

## 五　婚丧嫁娶

成家 tsʰɛn³³tɕia³⁵ 也叫"结婚"[tɕɕiɛ³³fɛn³⁵]。男女二人结为夫妻。按照当地传统风俗，结婚的整个过程依次是：看人、看人家、订婚、开口庚、合八字、看期、送期单、探口风、过礼、发亲、接亲、谢媒、回门、倒媒子树。

看人 kʰan²⁴lɛn³¹ ①相亲。②看望他人。

看人家 kʰan²⁴lɛn³³ka⁴² 也叫"看亲家"[kʰan²¹tsʰɛn³⁵tɕia⁵⁵]。女方去男方家里看其家庭条件如何。一般是先"看人"，再"看人家"。

打包 ta⁴⁵pɑu³⁵ 订婚后，女方离开男方家里时，男方把备好的礼物（原来多是蛋、"粑粑"[pa³⁵pa⁵⁵]、糖等）包起来让女方带回去。

开口庚 kʰai³⁵kʰɤu⁴⁵kɛn⁵⁵ 询问女方生辰八字的仪式。具体做法是将女方的生辰八字写在红纸上，然后男方让算命先生去"测"男女双方的八字是否相合。

合八字 xo³³pa³³tsɿ³⁵ 算命先生"测"男女双方的生辰八字是否相合的仪式。结婚前把女方的八字带给男方，以测男女双方八字是否相合，并据此选定结婚的具体日子。

看期 kʰan²¹tɕʰi³⁵ 选定吉利的日子。当地在结婚或埋葬亡人时都要选日子。

送期单 soŋ²¹tɕʰi³⁵tan⁴² 告知女方具体结婚日期的仪式。结婚日期确定后，一般会将其写在红纸上，由男方送到女方家里，去的时候一般要带一条完整的猪腿作为礼物。

圆碗儿 yɛn³³uɐr⁴² 去女方家"送期单"时所带的猪腿的俗称。

背圆碗儿 pɛi³⁵yɛn³³uɐr⁴² 到女方家告知具体结婚日期时，送礼物给女方的行为。送给女方的礼物一般是一条完整的猪腿，因此也叫"背腿巴"[pɛi³⁵tʰuɛi⁴⁵pa⁵⁵]。

安媒人 ŋan³⁵mɛi³³lɛn³¹ 也叫"请媒人"[tsʰɛn⁴⁵mɛi³³lɛn³¹]旧时婚姻讲究"父母之命，媒妁之言"，有时男女双方尽管私下已经情投意合，但也要请个媒人做中间人，好在中间传话。

探口风 tʰan³⁵kʰɤu⁴⁵xoŋ⁵⁵ 媒人去男方或女方家中了解婚事相关的信息。

坐歌堂 tso³⁵ko³⁵taŋ³¹ 出嫁前几天，女方家庭举办的婚俗活动。主要由待嫁女子的姐妹及邻里好友参加，以唱嫁歌的形式为女子送行，并由此表达对出嫁女子的不舍。过去是婚嫁过程中的一个重要环节。"坐歌堂"时，正屋里往往放一张方桌，桌上放着炒货、糖果、茶点等，人们围坐在一起，边吃零食，边唱歌。唱歌时往往众人先齐唱"开声"[kʰai³⁵sɛn³⁵]，然后由一人领唱"起歌堂"[tɕʰi⁴⁵ko³⁵taŋ³¹]，接下去众人便轮流唱，所歌唱的内容多种多样，有劝慰出嫁女子的，有夸新郎的，有回忆姐妹情深的，有"骂"媒人把女子说出嫁的，等等。唱的形式也多样，或独唱，或齐唱，或一人领唱众人合唱等。众人唱的过程中会穿插出嫁女子唱哭嫁歌，这些歌会哭爹妈、兄弟姐妹、三亲六戚等，凡是哭的对象都要拿礼物给新娘作为送行礼，叫"讨压箱"[tʰɑu⁴⁵ia²¹ɕiaŋ³⁵]。活动多在出嫁前的晚上举行，少则一晚，多则持续几个晚上。

添箱 tʰiɛn³⁵ɕiaŋ³⁵ 女子出嫁前，女方的亲朋好友送礼表示祝贺。过去多在出嫁的前一天晚上去祝贺，送的往往是一些物件，如搪瓷盆、枕头、暖水瓶等，现在多送钱。

过礼 ko²⁴li⁴² 下聘。结婚的前一天下午，男方带上衣服、鞋子、半头或一头猪、大"糍粑"[tsɿ³³pa⁴²] 等礼物，到女方家住一晚，第二天与新娘一起回到男方家。

抬盒 tai³³xo³⁵ 过去民间婚娶时用来抬东西的木制礼盒。多为两至三层，使用时由两人抬着。

黑耳朵 xɛ³⁵ɚ⁴⁵to⁵⁵ 去"过礼"娶亲时，跟着新郎去新娘家的人的统称，包括轿夫、吹唢呐的人、抬"抬盒"的人等。这样叫，据说是因为这些人在去之前要用烟灰将耳朵涂抹成黑色，到了女方家里就要洗干净，"要洗"谐音"要喜"。这种习俗与不少地方婚俗中的"抹黑脸"或有相通之处。

回礼 fɛi³³li⁴² 男方送了礼物后，女方要再回一些礼物表示感谢。

发＝圆＝酒 fa³⁵yɛn³¹tɕiɤu⁴² 女子出嫁当天，女方家早上所摆的宴席。

做发＝圆＝酒 tsɤu²¹fa³⁵yɛn³¹tɕiɤu⁴² 嫁女儿时办宴席。

吃发＝圆＝酒 tɕʰia³⁵fa³⁵yɛn³¹tɕiɤu⁴² 去参加别人家嫁女的宴席。

吃嫁饭 tɕʰia³⁵ka²¹fan³⁵ 女子临出嫁时吃的饭。

送亲 soŋ²¹tsʰɛn³⁵ 女方家中兄弟嫂嫂等陪着女子到男方家中。

送亲客 soŋ²¹tsʰɛn³⁵kʰɛ⁴² 女子出嫁时，陪新娘到男方家去的亲朋好友。送亲时，男女都可以去，但总人数必须为偶数。一般要在新郎家住一晚，待第二天新郎和新娘"回门"[fɛi³³mɛn³¹] 时一起回去。

发亲 fa³⁵tsʰɛn³⁵ 结婚当天，新娘从娘家出发。

接亲 tɕiɛ³⁵tsʰɛn³⁵ 男方家人在屋外迎接新娘，一般有人在外面放鞭炮"驱邪"。

陪客 pɛi³³kʰɛ³⁵ 名词，结婚当天，男方家里陪"送亲客"的人。一般都由经验丰富且懂礼数的人来担任，主要工作是服务"送亲客"，陪他们喝酒吃饭。

开桶 kʰai³⁵tʰoŋ⁴² 结婚时启用新尿桶的仪式。婚房里放置新的尿桶，里面放有水果和少许钱，一般让小孩子去撒泡尿，这个过程叫"开桶"。"开桶"的人取走桶里的东西。

闹新房 lɑu²¹sɛn³⁵faŋ³¹ 闹洞房。当地人认为结婚时"三天不分大小"，甚至男方长辈也可以去闹洞房，认为闹得越厉害，将来生的孩子就越好养。

谢媒 ɕiɛ²⁴mɛi³¹ 新人为感谢媒人，在结婚的第二天早上所举行的婚俗环节。过去的做法是：在神龛旁边桌子上的盘子里放一个升子、一块肉、两瓶酒和两双鞋（一双给媒人，另一双送给其爱人）。升子里装上大米；新婚夫妇将准备感谢媒人的红包也放在升子里，钱上放个重东西压着，防止被风吹走；升子用红布盖上。这个环节开始时，媒人先对新人讲一些吉利话，如"发子发孙""一个长到头发白，一个长到牙齿缺"等，同时问新人"还要升（生）不？"，新人回答"升（生）"后，新人就再往升子里加钱，如此反复几次。然后，媒人假装先离开，由厨师端着盘子"追"上去，把礼物送给媒人，媒人收礼后也往往会给厨师一个红包。现在谢媒多是直接给钱。

回门 fɛi³³mɛn³¹ 结婚的第二天回娘家。回门时一般要带一些礼物。

人情肉 lɛn³³tsɛn³¹lɤɯ⁵⁵ 过去用作送礼的肉。多在拜年、女子"回门"时携带，多为两三斤的前夹肉。

倒媒子树 tɑɯ⁴⁵mɛi³³tsʅ⁴⁵ɕy⁵⁵ 当地有所谓"做媒人倒霉三年"的说法。为祛除"霉气"，化解"霉运"，新人结婚有了孩子以后，男的要拿着酒、肉、红布和鞭炮到媒人家里感谢媒人，并在媒人家里把鞭炮放了。

鸡脑壳 tɕ³⁵lɑɯ⁴⁵kʰo⁴² 鸡头。产妇生孩子后，给产妇炖好鸡汤，先让她的老公吃鸡头以示尊重，表示其老公功劳大。

打三朝 tɑ⁴⁵san³⁵tsɑɯ⁴² 产妇生孩子后，女方的亲属等去祝贺。所带礼物多是鸡、蛋、肉、油和小孩子的衣服等，现在多送钱。过去一般在孩子出生后的第三天去，现在则多在满月时。

做三朝酒 tsɤɯ²¹san³⁵tsɑɯ⁵⁵tɕiɤɯ⁴² 婴儿出生后，主家为表示庆祝所举办的酒席。过去一般在孩子出生后的第三天举办，现在多在满月时办。当地满月指的是满四十天，产妇坐月子一般也要在家待满四十天。

冲喜 tsʰoŋ³⁵ɕi⁴² 近60岁时提前办生日，希望以此祛除病痛的活动。

礼信 li⁴⁵sɛn³³ ～ li⁴⁵sɛn⁵⁵ 别人家因婚丧事办宴席时所送的钱或物。旧时别人家结婚时可以送谷子，小孩子出生后可以送蛋、鸡、挂面等（一般不送面粉和谷子），办丧事时可以送纸钱或鞭炮；现在一般都送钱。

喜礼 ɕi⁴⁵li⁴² 别人办喜事时送的礼。

烧香礼 sɑɯ³⁵ɕiaŋ³⁵li⁴² 别人办丧事时送的礼。

吃坨子肉 tɕʰia³⁵to³³tsʅ⁴⁵lɤɯ⁵⁵ 也叫"吃烧香酒"[tɕʰia³⁵sɑɯ³⁵ɕiaŋ³⁵tɕiɤɯ⁴²]。吃办丧事的酒席。

泼水饭 pʰo³⁵ɕy⁴⁵fan⁵⁵ 民间祭祀逝者或"孤魂野鬼"的习俗。基本做法是：在稀饭或干饭里加水后，泼到村口的路上，并将碗倒扣在地上。当地的人们常在中元节进行这项活动；有时人生病后，如果巫婆"算"后认为是鬼祟作怪，为了"驱邪"，也会这样做。

做道场 tsɤɯ²¹tɑɯ³⁵tsaŋ³¹ 人去世一段时间后，家里做的法事。有时也会在人去世后一两年，由其家人在亡人诞辰之日做。

放阳坟 faŋ²⁴iaŋ³³fɛn³¹ 活着的人"代替"已过世的人说话，即民间所说的"鬼上身"的情形。

烧年纸 sɑɯ³⁵iɛn³¹tsʅ⁴² 过年期间去上坟。常在腊月二十几到正月初几期间进行。

青须子 tsʰɛn³⁵ɕy⁵⁵tsʅ⁴² 用纸剪成的花式波纹纸条，一般在上坟时绑在坟头上。根据上坟人的辈分和性别，纸条的颜色各异：一般来说儿子挂白色的，女儿挂绿的、黄的等。

挂青 kua²¹tsʰɛn³⁵ 也叫"上坟"[saŋ³⁵fɛn³¹]。清明节去上坟。上坟时要培土，烧纸钱并放鞭炮，同时要将"青须子"绑到木棍上插在坟上，表示过世的人后继有人，后代人丁兴旺。

火纸 xo⁴⁵tsʅ⁴² ①用麦草、谷草或竹子等做成的很软的纸，容易引火，可以充当火绳。②给过世的人或"鬼神"烧的，尚未打孔的纸钱。

落气钱 lo²¹tɕʰi³⁵tɕʰiɛn³¹ 人去世后立马烧的纸钱，一般在搪瓷盆里烧，要烧5斤。烧完后，要把灰烬装进用黑布缝制的口袋里，亡人"入棺"时，一般将其放在亡人的腋窝处，以便让亡人带到阴间"使用"。人去世后的丧事活动从烧"落气钱"开始，之后依次有：请道士、写灵牌、做引灵花、打翻界、开路、念经、摆祭碗、堂祭、入棺、发引、出棺、煅井、扫井、兜泥巴、兜罗盘米、垒坟山、烧灵房子、照亮、送火、复山、交地契，等等。

灵房子 lɛn³³faŋ³³tsʅ⁴² 用纸扎成的纸房子，以供逝者在阴间"使用"。亡人埋葬后，道士会将其连同"搭脸帕"[ta³³liɛn⁴⁵pʰa³³]和纸钱等一起烧掉。

引灵花 iɛn⁴⁵lɛn³¹fa⁵⁵ 也叫"领幡旗旗"[lɛn⁴⁵fan³⁵tɕi³³tɕi³¹]。出殡时，走在棺木前面的人手里所拿的招魂幡。一般在人去世后由道士做成，上面往往要写上亡人的名字。

老衣老裤 lau⁴⁵i⁵⁵lau⁴⁵kʰu³³ 寿衣寿裤。缝制时一般用长针缝"跑马线针路较长的缝法"[pʰau⁴⁵ma⁴⁵ɕiɛn³³]，而不能缝"勾针针勾来勾去的缝法"[kɤɯ³⁵tsɛn⁵⁵]。

老鞋 lau⁴⁵xai³¹ 寿鞋。一般是用"布壳子"剪制的粘起来的鞋子，不用缝，一般会用墨水在鞋底点一些黑点，以当作是纳的鞋底。

冷尸 lɛn⁴⁵sʅ⁵⁵ 人在自家屋外去世时的尸身。

网死城 uaŋ⁴⁵sʅ⁴⁵tsɛn³¹ 如果人在床上去世，且床上罩有"帐子"，当地就认为魂灵会困在"网死城"中，很难从中出来，需要通过"打翻界"[ta⁴⁵fan³⁵kai⁴²]来破除。

打翻界 ta⁴⁵fan³⁵kai⁴² 人在自家屋外去世时要举行的一项丧事活动。这项活动要先把遗体或骨灰盒放在门口进门处，在挨着门口的屋内放一张席子，道士先在外面"开路"[kʰai³⁵lɤɯ³⁵]念经，然后在席子上连着翻六七个跟头，最后将遗体或骨灰盒放进屋内。在"网死城"去世的人一般也要举行这项活动，甚至只要不是在堂屋中去世的人都要做这项活动。

开路 kʰai³⁵lɤɯ³⁵ 按民间说法，人一去世，灵魂就要去阴曹地府报到，但人刚去世，不知道通往阴间的黄泉路在哪里，更不知道怎么走，所以，就必须请道士为亡人引路，好让亡人顺利地通过黄泉大道，避免成为孤魂野鬼。人去世后，先烧纸钱，然后将遗体停放在堂屋中，接着请道士、写灵牌、做"引灵花"，最后就由道士为亡灵引路。"开路"时，道士一边敲锣打鼓，一边唱念，亲属要随着道士跪拜作揖。

念经 iɛn²¹tɕiɛn³⁵ 也叫"办经参⁼"[pan²¹tɕiɛn³⁵tsʰan⁵⁵]。请道士来做法事以超度亡灵。道士一边念经一边敲木鱼，同时隔一阵还要敲一下锣；逝者的后人则在旁边站着，在道士念经句时，后人们要作揖。

摆祭碗 pai⁴⁵tɕi²⁴uan⁴² 给亡人摆放祭祀用的食物，过去一般是将两三条鲫鱼稍煎一下盛在碗里，然后放在摆放灵牌的桌子上。现在很多已不放鱼，会放上水果等。民间，偷了别人家鱼塘里鱼的人会被骂"拿回去摆祭碗"。

刀头 taɯ³⁵tʐɤu³¹ 祭祀时用的尚未煮熟的肉，一般为方形且带着肉皮的肥肉。祭祀时，一般要将带肉皮的一面朝上。祭奠亡人或过年给祖先烧香时都要用到"刀头"。

停尸 tiɛn³³sʅ³⁵ 遗体在堂屋中停放数日的丧葬环节。

兜匹 tʐɤu³⁵pi³¹ 铺在亡人身子下面的整块白布。一般由亡人的儿子们购买，每个儿子一张，长度一般近5尺，不能裁剪布的宽度。人去世后，会先将遗体停放在堂屋中。停放时先将床板放在三根板凳上，然后将"兜匹"铺在床板上，再将亡人放在"兜匹"上面。

盖匹 kai²⁴pi³¹ 盖在亡人身上的黑布，用其将亡人全部罩住，一般由逝者的女儿和其他亲戚们购买。过去，还要在"盖匹"上"开领"[kʰai³⁵lɛn⁴²]，即在黑布的头部位置开口，将亡人的头部露出；现在则是将亡人的头部也罩住。

搭脸帕 ta³³liɛn⁴⁵pʰa³³ 放在亡人面部用以遮脸的帕子。"烧灵房子"[sɑɯ³⁵lɛn³³faŋ³³tsʅ⁴²]时会将其一起烧掉。烧完后，一般还会看灰烬的纹路：据说如果纹路像花，亡人下辈子会投生做女人；如果像字，下辈子会投生做男人。

孝帕 ɕiɑɯ²¹pʰa³⁵ 孝布，办丧事时所用的白布。逝者的亲人多用来"戴孝"。

戴孝 tai²⁴ɕiɑɯ²¹⁴ 人去世后，孝子和孝孙都要将白布包裹在头上，孝子的一般要大一些。如果儿子在父母前面先去世，逝者的头上也要戴孝。据说这是因为其自己尚未尽孝，免得到了阴间"受惩罚"；也有说通过这样表示其将来在父母去世时仍要尽孝。

奈何桥 lai²⁴xo³¹tɕiɑɯ³¹ 民间传说，人去世后，灵魂在去往阴曹地府的路上要过的一座桥。在丧葬活动"破地狱"[pʰo²¹ti³⁵y³¹]中，道士会在地上倒扣几个碗，以此来象征"奈何桥"。

破地狱 pʰo²¹ti³⁵y³¹ 在下葬的前一天下午或晚上，请道士来做法事。做法事时，道士先在丧家旁边的空地（只能在自家的地界内）上用白石灰画一个长方形的图案，中间还要画一个庙，并倒扣三个碗，视为"奈何桥"。画完之后，道士光着脚，手持禅杖（禅杖上挂一双新鞋子，且一般为布鞋），带着孝子孝孙沿着地上撒的白色"灰线"走，端灵牌的走在前面，拿"引灵花"的跟在后面，走到哪个方向就拜哪个方向，同时还烧纸钱、烧香。四面八方拜完后，在中间画了庙的位置也要烧香、烧纸钱。到最后，道士用禅杖把倒扣的碗捣烂。民间认为这项丧俗能带引亡人的灵魂顺利到达阴间，防止亡人魂灵下地狱。

破血河 pʰo²¹ɕyɛ³⁵xo³¹ 如果亡人是女性，会冲兑一些红色液体，后人们每人象征性地喝一点，以此希望亡人的魂灵在阴间少流或不流血。后人喝时，道士会在旁边敲锣。

堂祭 taŋ³³tɕi²¹⁴ 亡人在堂屋停放的某个晚上，诵读祭奠逝者的祭文，追念亡人生前的主要经历，颂扬他的美德业绩，以寄托哀思，激励生者。诵读时，亲属跪在旁边聆听。

入棺 zu³¹kuan³⁵ 入殓。入棺前，一般会将每个儿子的裤子（每人一条）铺在棺材底部，抬放亡人时，直接抬着"兜匹"将亡人连同身上所覆盖的"盖匹"都放进棺材。另外，入棺时，一般还会将亡人的儿子、儿媳、女儿、女婿、孙子、外孙等后人们的衣服每人剪下一小块，放在亡人的手里。据说是为了到阴间报到时报告自己家有多少人口，也有说这样做可以保佑这些后人平安。亡人入棺时，孝子还要将亡人的头扶正，帮其整理衣服。另外，取"搭脸帕"时，为避免亡人的脸部见光，一般撑伞遮着或由两人扯着布罩着亡人的头部。

打狗粑粑 ta⁴⁵kɤɯ⁴⁵pa³⁵pa⁴² 民间传说去往阴曹地府的黄泉路上会有恶狗，为了赶走恶狗，会做一个圆烧饼，用棍子插着放在亡人的右手里，让亡人"拿着"。人们认为这样一来，如果遇到恶狗，甩出吃的就可以将恶狗赶走。

盖棺 kai²¹kuan³⁵ 合上棺材盖子。

送葬 soŋ²⁴tsaŋ²¹⁴ 送棺材去坟地。送葬时要敲锣打鼓，还要放鞭炮。

乱丧棒 to³⁵saŋ⁴⁵paŋ⁵⁵ 哭丧棒。逝者出殡时孝子手持的棍子，上面缠着白纸。现在已少见，但骂人时还会用，如小孩儿拿着棍子调皮或偷了别人的高粱秆时，会被骂"手里拿的乱丧棒"。

发引 fa³⁵iɛn⁴² 出殡时将灵柩从堂屋抬出的仪式。出殡前先由道士敲锣打鼓，然后杀一只会打鸣的公鸡，将鸡血在正屋的每个角落里滴一下，然后将鸡扔到正屋的门前，扔时要将鸡头朝外，不然认为不吉利。做完这个仪式后才抬着棺材出发。

出棺 tsʰu³¹kuan³⁵ 也叫"上山"[saŋ²¹san³⁵]。出殡。

端灵牌 tuan³⁵lɛn³³pai³¹ 出殡时，一般由逝者的长子端着灵牌走在棺材的前面。灵牌一般在人去世后由道士所写，上面一般写着亡人的姓名和生卒时间。

煅井 tuan²⁴tsɛn⁴² 将棺材放进墓穴前，用谷草在墓穴里面转着烧一圈。据说是为了祛除墓穴里面的湿气。

扫井 saɯ²⁴tsɛn⁴² "煅井"后打扫墓穴，将其中的草木灰等扫出来。

犯重丧 fan²⁴tsoŋ³³saŋ³⁵ 道士根据亡人去世的时间推算，如果离世的时间"不对"，就认为不久还会有丧事发生，这就是"犯重丧"。为避免将来发生这种情况，就会请道士事先做一个纸人，亡人出殡时通过"发假丧"[fa³⁵tɕia⁴⁵saŋ⁵⁵]的仪式来破"犯重丧"的情况。

发假丧 fa³⁵tɕia⁴⁵saŋ⁵⁵ 为了破"犯重丧"的情况而举行的仪式。在丧事活动"发引"举行后，将之前一般由道士做好的纸人放在纸箱子里，再把纸箱子放在板凳上，然后由两个人抬着先走，最后在坟墓旁边另挖一个坑将纸箱子埋掉。

兜泥巴 tɤɯ³⁵i³³pa⁴² 棺材下葬以后，逝者的后人用衣服的后襟兜一点土，然后背部对着棺材倒在棺材较小的一头上，每个人要兜三次。

牌子米 pai³³tsʅ⁴⁵mi⁴² 遗体在堂屋停放时，放在供桌上用升子装起来的米，多为半升。出殡时要将它带到坟上去。下葬时，道士会将罗盘放在其中看方位和朝向等，这时又叫"罗盘米"[lo³³pan³¹mi⁴²]。若家里粮食被偷，会用"偷了回家做牌子米"来咒骂小偷。

兜罗盘米 tɤu³⁵lo³³pan³¹mi⁴² 给亡人"兜泥巴"后，逝者的后人跪在坟前，道士散发"罗盘米"，放在后人们的前衣襟里，一边放，一边说吉利话。民间传说，这些米可以保佑生者健康平安、兴旺发财。散完后，逝者的后人要给道士"利实＝民间为讨吉利而给的小钱"[li³⁵sʅ³¹]。仪式结束后，后人们兜着"罗盘米"往家跑，民间认为谁跑得快，谁家就会更兴旺。回家后，将所接"罗盘米"用纸、布袋或碗等装起来放在盛放粮食的柜子里，过七天后取出，可以吃掉，也可做其他处理。

坟山 fɛn³³san⁴² 也叫"坟包"[fɛn³³pɑu³⁵]。坟。当地坟的形状为长形，高矮不等。棺材下葬时，一般脚朝外，头朝内，脚的一头要高一点。烧纸钱时都在放脚的一头烧，有时会在这一头专门做一个坑洞，用以烧纸钱。

垒坟山 luɛi⁴⁵fɛn³³san⁴² 也叫"垒坟"[luɛi⁴⁵fɛn³¹]。棺材下葬以后，在上面堆土，直到拢起一个土堆。

烧灵房子 sɑu³⁵lɛn³¹faŋ³³tsʅ⁴² "兜罗盘米"以后，道士就边敲边唱，把带到坟上的"灵房子""搭脸帕"以及带过去的所有纸钱等一起烧掉。烧完以后，要再搭一个小篷将灰烬罩起来，以免灰烬被吹走或淋湿。

照亮 tsɑu²¹liaŋ³⁵ 道士在逝者的坟前烧掉"灵房子""搭脸帕"和纸钱后，一般会再用塑料布搭一个小篷，避免烧后的灰烬被吹走或淋湿，同时要在里面点上灯。旧时多用灯草和菜油，现在多用蜡烛。一般要点三个晚上，目的是使亡人好"数钱"。

送火 soŋ²⁴xo⁴² 亡人下葬后连着三天，逝者的家人到坟前，用稻草烧一把火，无须放鞭炮，也无须烧纸钱。

复山 fu³⁵san³⁵ 亡人下葬后第三天，后辈上坟添土的祭奠活动。当天，逝者的后辈一般天还没亮就来到坟前烧纸钱、放鞭炮，祭奠亡人，而且还要将挑来的三挑新土添在坟堆上。

交地契 tɕiɑu³⁵ti³⁵tɕʰi³⁵ 亡人埋葬以后，由道士测定日子，将写着"地契"的黄纸或白纸在逝者坟前烧掉。

做寿生 tsɤu²⁴sɤu²¹sɛn⁵⁵ 在亡人诞辰当天做的法事活动。一般会请道士做法事，认为可以驱除家里的不顺。当天一般要宴请亲朋。

散衣样 san²¹i³⁵iaŋ⁵⁵ 过去会将亡人穿过的衣物送给亲戚们穿，认为穿了这样的衣服吉利；而现在则会将亡人的旧衣物全烧掉，就连放过遗体的床板也会被扔掉。

吃斋 tɕʰia³⁵tsai³⁵ 吃素食。当地原来在大年初一或正月十五都要吃素，孝子在亡人埋葬以前也只吃素食。

## 六　节庆习俗

过年 ko²⁴iɛn³¹ 当地"过年"的意义与普通话不同。"过年"除了指春节期间的活动外，还可以专指一家人过年期间在一起团圆，如一大家族的人在一起吃团圆饭的活动也叫"过年"。当地腊月二十三送灶，打扫灰尘；腊月三十贴对联。当地原来过年的习俗有：过年一般不吃饺子；大年初一吃素；出去一天回家时要带点儿柴火回家，寓意"进财（柴）"；过年时不吃汤泡饭，认为吃了来年要淋雨，等等。

端阳 tuan³⁵iaŋ³¹ 也叫"端阳节"[tuan³⁵iaŋ³¹tɕie⁵⁵]。端午节。当地端午节的习俗主要有：吃粽子，粽子主要用芦竹的竹叶等包制；挂陈艾或菖蒲；泼洒雄黄酒；把菖蒲根部的圆珠串起来，把艾叶的叶尖部分和菖蒲一起挂在小孩儿的脖子上；早晨起来不准坐门槛，据说坐了屁股要生疮。

涨磨刀水 tsaŋ⁴⁵mo³³tɑu⁵⁵ɕy⁴² 每年农历五月十三日，处于小暑前后，这一天一般都会降雨，且雨水往往较多，河流都会涨水。称"磨刀水"，是因为传说这一天是"关帝磨刀日"；又有人认为是因为这个季节秧苗已长大，牛羊已归舍圈养，农民要磨利镰刀，去割草喂养牛羊。

七月半 tɕʰi³⁵ye³³pan²¹⁴ 也叫"月半节"[ye²¹pan²⁴tɕie⁵⁵]。当地民间在农历七月十五祭祀故去亲人的一个节日，俗称"鬼节"。当地民间有"七月半，鬼乱窜"的说法，因此，一般在七月半时，晚上都不出门。农历七月初一一般把先人的亡魂"接"回家，然后从初一到十五这半个月每天吃饭时，都要先供奉祖先，然后自己才吃；到了七月十五这一天，焚烧纸钱，并且在外面的路上泼水饭"送走"先人的亡魂。

九防飞 tɕiɤɯ⁴⁵faŋ³¹fɛi³⁵ 当地人认为农历九月前九天的天气对应来年一到九月的天气情况。"防"指预防，如"九防飞来了，可以看天气"。

## 七　娱乐项目

塘毽儿 taŋ³³tɕiɛn²¹ɚ³⁵ 一种毽子。至少用四个铜钱，再加上鸡脖子上的羽毛一起做成。铜钱越多，毽子越重。

打塘毽儿 ta⁴⁵taŋ³³tɕiɛn²¹ɚ³⁵ 一种儿童游戏。玩的时候，每方四五个人，用树枝或粉笔在地上画一个圆圈，就是"塘"。一方将"塘毽儿"向另一方的塘中拍，而另一方则站在塘前阻拦"塘毽儿"进入塘中，将其打飞。进塘方在毽子首次落下的位置往塘里再次丢毽子，如没进塘，则重复此动作；如果毽子进塘，则进塘方赢，双方交换场地。如果守塘方将毽子阻挡过去时，进塘方接到了，则进塘方有两次投毽子的机会；如果守塘方没接到，则毽子再进塘时，守塘方不能再阻挡。

毛儿赖 mɑɯ³³ɤ³¹lai²¹⁴ 玩"打塘毽儿"游戏时的一种情况。毽子的羽毛在"塘"边，没有进"塘"。

哈香香棍 xai³⁵ɕiaŋ³⁵ɕiaŋ⁵⁵kuɛn³³ 一种儿童游戏。将一把细长的棍子（旧时多用冰糕棍）散落在地上，然后用其中一根将其他散落的棍子一一挑起来，挑时其他棍子不能动，否则就换对方来挑。最终棍子挑得多的一方获胜。

斗鸡 tɤɯ²¹tɕi³⁵ 一种儿童游戏。把一只腿挽起来互相撞击，看谁的腿先被撞落下去。先落下去的为输，腿坚持到最后不落下去的为赢。

修房子 ɕiɤɯ³⁵faŋ³³tsɿ⁴² ①一种儿童游戏，即跳房子，一只脚不落地将物体踢进目的格子中。②建房子。

棒棒拳 paŋ²¹paŋ³⁵tɕyɛn³¹ 喝酒时一种助兴的方式。玩耍时双方各自随机从棒子₍棍子₎、老虎、鸡、虫子等四种事物中任选一个，然后看谁能压过谁。规则是：棒子打老虎，老虎吃鸡，鸡吃虫子，虫子钻棒子。

跳拱 tʰiɑɯ²⁴koŋ⁴² 小孩子玩的一种跳高游戏。一人俯下身子，其他人跑步从其背上跨过，可以通过升高或降低蹲伏的高度以提高或降低游戏的难度。

罢⁼画⁼儿 pa²⁴fer²¹⁴ 小孩子玩的摔纸游戏。"画⁼儿"[fer²¹⁴]是用纸折叠成的方形物，形状像方形面包，有一定厚度。玩耍时，甲方摔乙方的，如果乙方的翻了面儿，则甲方就赢得了乙方的"画⁼儿"。这样轮流互摔，最后赢得多的一方获胜。

罢⁼叉 pa²¹tsʰa³⁵ 一种儿童游戏。将一把棍子散落在地上，然后用手中的棍子插到散落在地的棍子之间的空隙，用几根插就赢几根，插棍子时不能碰到散落在地上的棍子，否则就换对方玩。最后棍子多的一方获胜。

敲钵眼儿 kʰɑɯ³⁵po³⁵ier⁴² 一种以铜元、瓦块或碗底等为工具的儿童游戏。拿着己方的物品在一定高度往另一方的上面落，触碰到另一方的物品算赢，被触碰一方为输。

打三棋 ta⁴⁵san³⁵tɕi³¹ 当地的一种棋类游戏。棋盘可任意画在地面、石板或纸上，棋盘由3个大小不等的正方形以中心重合的方式套在一起，有4条直线分别连接3个正方形的各个顶角，4条直线连接3个正方形对应边的中点，最小的正方形完全空心，即所连接的线都不能穿过最中心的正方形。这样，棋盘上共有24个棋眼可以摆放旗子。对弈双方各执12枚棋子（可以由小石子、棍棒或纸团等充当），双方棋子的颜色或形状应有区别。下棋时，先后轮流将棋子摆放于自己想摆的直线相交处，布子力求己方三子连成1条直线，并设法阻止对方三子连成1条直线。谁的三子连成1条直线时称"打三"，谁就可以拿掉对方在棋盘上不利于己方的任何一子。谁的棋子无法走成三子一线或无路可走时为输。

汤圆儿水 tʰaŋ³⁵yer³¹suɛi⁴² 比喻不会游泳的人在水里的状态。不会游泳的人像汤圆一样沉下水去，喝饱了又飘起来，多指被淹死。开玩笑时多说"我只会游汤圆儿水"。

第五章　分类词表

说明：

1. 第一节收录《中国语言资源调查手册·汉语方言》中的词汇条目（原表1200词），根据潼南湘语的实际情况有所删减。共14类，均附视频。视频目录与《中国语言资源调查手册·汉语方言》词汇条目一致。（本方言不说的除外；同义词共用一个视频条目）

2. 第二节收词以《汉语方言词语调查条目表》为基础，根据潼南湘语的实际情况有所增删。增补的词条如与词表中某些词条意义有联系，则在该词条之后，否则按意义附在各大类或各次类之后。第一节和第二节的发音人不同，第二节中与第一节词表中重复且读音相同的条目不再列出，读音不同的条目则仍列出。共30类，均不附视频。

3. 每个词条先写汉字，后标读音，最后释义。有歧义的词条，即语音文字形式完全相同但表义完全不同的词条，分别列为不同的条目并注释；不同义项加"①②"等标示，并用"."隔开。

4. 一般实物性的名词只记录字形、字音，抽象名词、形容词、动词以及一些语法性的词语，不仅给出注释，必要时加上例句。例句中，相应词条用波浪线"～"代替。不同的例词之间用竖线"｜"隔开。方框"□"表示有音无字的音节。文字右上角的小等号"＝"表示相应的字为同音字。释义中的括号"( )"表示词义出现的条件或环境。汉字用方括号"[ ]"括起来表示合音。

5. 同义词或近义词排在一起，按使用频率呈降序排列，第一条顶格排列，其他各条缩一格另行排列。一个词条的内容超过一行时，回行缩二格排列。

6. 所收词语除第一节外，均注潼南湘语老派读音，用字和标音均依第三章潼南湘语同音字汇，词语只标实际读音，词条中个别字读音特殊时，在释义部分做相应说明。潼南湘语存在较为复杂的变调情况，特别是类似轻声的变调。因此，有些字词的标音无法直接与同音字汇中所标的读音对应，音变情况可参见第二章第三节和第五节相应内容。

7. 同一个发音人发音时，词条中如有一词多音现象，多个读音之间用"～"隔开。

8. 潼南湘语与普通话轻读位置相当的字的读音往往较重，处在词尾或多音节词语中间位置时，往往还存在相应的变调，标音时均标出实际调值，调值有[35][55][45][42]等多种情况。随着情感和语气的不同，叹词和语气词往往有多种声调，词表中只列出一两种常见读音。

9. 少量词条在不同小类中会有一定重复，为照顾各小类的系统性及与《汉语方言词语调查条目表》调查条目的对应性，会有一定保留。

10. 第四章第三节所收录的民俗文化词，本章第一节若有与之重复的词条，相应词条左上角加"*"标示，只写词条和音标，不做说明或解释。其余民俗文化词不在本章重复列出。

11. 因发音人不同，第一节和第二节中个别词语的说法和发音存在差异，均按照其实际发音记录。第一节的发音人唐昌平与外界联系较多，所用词语及其发音受潼南县城话影响较大；第二节的发音人周少全相对保留较多老派读音的特征。为便于新老派的对比，并根据语音事实，记录第一节的音系与2016年纸笔调查时相比，有些音位和音类的记音或处理有一定调整。

# 第一节

# 《中国语言资源调查手册·汉语方言》

## 一　天文地理

太阳 tʰai²⁴iaŋ³¹

月亮 yɛ²¹liaŋ³⁵

星子 sɛn³⁵tsʅ⁴² 星星

云 yɛn³¹

风 xoŋ³⁵

火闪 xo⁴⁵san⁴² 闪电

雷 luɛi³¹

雨 y⁴⁵³

落雨 lo²⁴y⁴² 下雨

打 ta⁴⁵³ 淋

晒 sai²¹⁴

雪 ɕyɛ³⁵

凌构儿 liɛn²¹kɐr³⁵① 冰

雪蛋子 ɕyɛ³⁵tan³⁵tsʅ⁴² 冰雹

霜 suaŋ³⁵

雾罩 u²⁴tsɑɯ³³ 雾
　　罩子 tsɑɯ²⁴tsʅ⁴²

露水 lɤɯ³⁵suɛi⁴²

虹 kaŋ²¹⁴ 彩虹

天狗吃太阳 tʰiɛn³⁵kɤɯ⁴⁵tɕʰia³⁵tʰai²⁴iaŋ³¹ 日食

天狗吃月亮 tʰiɛn³⁵kɤɯ⁴⁵tɕʰia³⁵yɛ²¹liaŋ³⁵ 月食
　　西狗吃月 ɕi³⁵kɤɯ⁴⁵tɕʰia³⁵yɛ²¹⁴

天色 tʰiɛn³⁵sɛ³¹ 天气

晴 tsɛn³¹

---

① "构"读[35]调，相当于轻声。

开天门 kʰai³⁵tʰiɛn³⁵mɛn³¹ 久雨后初晴

阴 iɛn³⁵

干 kan³⁵ 旱

天亮 tʰiɛn³⁵liaŋ³⁵

水田 suɛi⁴⁵tiɛn³¹

　　冬水田 toŋ³⁵suɛi⁴⁵tiɛn³¹

干田 kan³⁵tiɛn³¹ 旱地

田坎 tiɛn³³kʰan⁴² 田埂

路 lɤɯ³⁵

坡 pʰo³⁵ 坡度较缓的小山

　　山 san³⁵

山沟 san³⁵kɤɯ⁵⁵ 山谷

大河 ta³⁵xo³¹ 江

溪沟 tɕʰi³⁵kɤɯ⁵⁵ 溪

　　小溪 ɕiaɯ⁴⁵tɕʰi⁵⁵

水壕沟 suɛi⁴⁵xaɯ³³kɤɯ³⁵ 水沟儿

湖 fu³¹

　　水库 suɛi⁴⁵kʰu³³

堰塘 iɛn²⁴taŋ³¹ 池塘

水塘塘 suɛi⁴⁵taŋ³³taŋ³¹ 水坑儿

　　水凼凼 suɛi⁴⁵taŋ²¹taŋ³⁵

大水 ta³⁵suɛi⁴²

　　洪水 xoŋ³³suɛi⁴²

淹 ŋan³⁵

河坎 xo³³kʰan⁴² 河岸

堰坎 iɛn²⁴kʰan⁴² 坝

　　堤坝 tʰi³³pa³³

　　堤坎 tʰi³³kʰan⁴²

鳌鱼翻身 ŋaɯ³³y³¹fan³⁵sɛn³⁵ 地震

窟窿 u³³lɤɯ³⁵ ～ u³³loŋ³⁵ 窟窿

缝 xoŋ²¹⁴

　　缝缝 xoŋ²¹xoŋ³⁵

圻 tsʰɛ³⁵

石头 sɿ³³tɤɯ³¹

　　崖坨 ŋai³³to³¹

泥巴 i³³pa⁴² 土

稀泥巴 ɕi³⁵i³³pa⁴² 泥

　　泥浆浆 i³¹tɕiaŋ²¹tɕiaŋ³⁵

洋灰 iaŋ³³fɛi³⁵ 水泥

　　水泥 suɛi⁴⁵i³¹

河沙 xo³³sa⁴² 沙子

砖 tɕyɛn³⁵

　　砖头 tɕyɛn³⁵tɤɯ³¹

瓦 ua⁴⁵³

煤炭 mɛi³³tʰan³⁵ 煤

洋油 iaŋ³³iɤɯ³¹ 煤油

烤炭 fu³⁵tʰan⁵⁵ 炭

　　枫炭 kaŋ³⁵tʰan⁵⁵

灰 fɛi³⁵

灰 fɛi³⁵ 灰尘

火 xo⁴⁵³

烟子 iɛn³⁵tsɿ⁴² 烟

着火 tsaɯ³³xo⁴² 失火

水 suɛi⁴⁵³ ～ ɕy⁴⁵³

冷水 lɛn⁴⁵suɛi⁴² ～ lɛn⁴⁵ɕy⁴² 凉水

燗水 lai²⁴suɛi⁴² 热水

　　温燗水 uɛn³⁵lai²⁴suɛi⁴²

开水 kʰai³⁵suɛi⁴² ～ kʰai³⁵ɕy⁴²

磁铁 tsʰɿ³³tʰiɛ³¹

## 二　时间方位

那阵 la²⁴tsɛn³³ 时候

　　那下儿 la²⁴xɐr³³

　　时候 sɿ³³xɤɯ³⁵

哪阵 la⁴⁵tsɛn³³ 什么时候
　哪下儿 la⁴⁵xɐr³³
　哪个时候 la⁴⁵ko³³sʅ³³xɤɯ³⁵
勒＝下儿 lɛ²⁴xɐr³³ 现在
　勒＝阵 lɛ²⁴tsɛn³³
前 tɕiɛn³¹ 以前，不单用，多用于数量短语
　　后：十年～，他住在北京
　以前 i⁴⁵tɕiɛn³¹
后 xɤɯ³⁵ 以后，不单用，多用于数量短语后：
　　三天～
　以后 i⁴⁵xɤɯ³⁵
一辈子 i³³pɛi²⁴tsʅ⁴²
今年子 tɕiɛn³⁵iɛn³¹tsʅ⁴²
　今年 tɕiɛn³⁵iɛn³¹
明年子 mɛn³³iɛn³¹tsʅ⁴²
　明年 mɛn³³iɛn³¹
后年 xɤɯ³⁵iɛn³¹
去年 tɕʰy²⁴iɛn³¹
　昨年 tso³³iɛn³¹
　去年 kʰɛn²⁴iɛn³¹
前年子 tɕiɛn³³iɛn³¹tsʅ⁴²
　前年 tɕiɛn³³iɛn³¹
往年子 uaŋ⁴⁵iɛn³¹tsʅ⁴²
　往年 uaŋ⁴⁵iɛn³¹
年初 iɛn³¹tɕʰy³⁵
　开年 kʰai³⁵iɛn³¹
年底 iɛn³³ti⁴²
今天 tɕiɛn³⁵tʰiɛn⁵⁵
　今儿 tɕiɛn³⁵ɚ³¹
明天 mɛn³³tʰiɛn⁵⁵
　明儿 mɛn³³ɚ³¹
后天 xɤɯ³⁵tʰiɛn⁵⁵

后儿 xɤɯ³⁵ɚ³¹
外后天 uai³⁵xɤɯ⁵⁵tʰiɛn⁵⁵ 大后天
　大后天 ta³⁵xɤɯ³⁵tʰiɛn⁵⁵
昨天 tso²¹tʰiɛn⁵⁵
　昨儿 tso²⁴ɚ³¹
前天 tɕiɛn³³tʰiɛn⁵⁵
　前儿 tɕiɛn³³ɚ³¹
大前天 ta³⁵tɕiɛn³³tʰiɛn⁵⁵
梗＝天 kɛn⁴⁵tʰiɛn⁵⁵ 整天
　整天 tsɛn⁴⁵tʰiɛn⁵⁵
天天 tʰiɛn³⁵tʰiɛn⁵⁵ 每天
早晨 tsɑɯ⁴⁵sɛn³¹
　清早巴晨 tsʰɛn³⁵tsɑɯ⁴⁵pa³⁵sɛn³¹
上把＝儿 saŋ³⁵pɐr⁴² 上午
晌午 sɑɯ⁴⁵u⁴² 中午
下把＝儿 xa³⁵pɐr⁴² 下午
擦黑 tsʰa³³xɛ³⁵ 傍晚
白天 pɛ²⁴tʰiɛn⁵⁵
黑了 xɛ³⁵liɑɯ⁴² 夜晚
　夜［时候］ia³⁵sɤɯ³¹
半夜 pan²¹ia³⁵
正月 tsɛn³⁵yɛ⁵⁵
老大初一 lɑɯ⁴⁵ta³³tsʰɤɯ³⁵i³¹ 大年初一
大年 ta³⁵iɛn³¹ 元宵节
清明 tsʰɛn³⁵mɛn³¹
　清明节 tsʰɛn³⁵mɛn³¹tɕiɛ⁵⁵
*端阳 tuan³⁵iaŋ³¹
　*端阳节 tuan³⁵iaŋ³¹tɕiɛ⁵⁵
*七月半 tɕʰi³⁵yɛ³³pan²¹⁴
　*月半节 yɛ²¹pan²⁴tɕiɛ⁵⁵
中秋 tsoŋ³⁵tɕʰiɤɯ⁵⁵
　中秋节 tsoŋ³⁵tɕʰiɤɯ⁵⁵tɕiɛ⁵⁵

冬至 toŋ³⁵tsʅ⁵⁵

　　冬至节 toŋ³⁵tsʅ⁵⁵tɕiɛ⁵⁵

腊月 la²¹yɛ³⁵

老大三十天 lɑu⁴⁵ta³³san³⁵sʅ⁵⁵tʰiɛn⁵⁵ 除夕

黄历 uaŋ³³liɛn³¹ 历书

旧历 tɕixɯ²⁴li³¹ 阴历

新历 sɛn³⁵li³¹ 阳历

星期天 sɛn³⁵tɕʰi⁵⁵tʰiɛn⁵⁵

　　礼拜天 li⁴⁵pai³³tʰiɛn⁵⁵

垱 taŋ²¹⁴ 地方

　　地势 ti³⁵sʅ³¹

　　坨 to³¹

哪个垱 la⁴⁵ko³³taŋ²¹⁴ 什么地方

　　哪个地势 la⁴⁵ko³³ti³⁵sʅ³¹

　　哪个坨 la⁴⁵ko³³to³¹

屋里头 u³⁵li⁴⁵tɤɯ³¹ 家里

街上 kai³⁵saŋ⁵⁵ 城里

农村 loŋ³³tsʰɛn³⁵ 乡下

高头 kɑu³⁵tɤɯ³¹ 上面

　　高笛 ꞊kɑu³⁵ti³¹

　　上头 saŋ⁴⁵tɤɯ³¹

底下 ti⁴⁵tɕia³¹ 下面

　　脚底 tɕio³⁵ti⁵⁵

　　底脚 ti⁴⁵tɕio³¹

左手边 tso⁴⁵sɤɯ⁴⁵piɛn⁵⁵ 左边

　　左边 tso⁴⁵piɛn⁵⁵

顺手边 ɕyɛn²⁴sɤɯ⁴⁵piɛn⁵⁵ 右边

　　右手边 ixɯ²⁴sɤɯ⁴⁵piɛn⁵⁵

　　右边 ixɯ²¹piɛn⁵⁵

中间 tsoŋ³⁵kan⁴²

　　当中 taŋ³⁵tsoŋ³⁵

前头 tɕiɛn³³tɤɯ³¹

后头 xɤɯ³⁵tɤɯ³¹ 后面

　　后笛 ꞊xɤɯ³⁵ti³¹

尾巴 uɛi⁴⁵pa³⁵ 末尾

　　□□ lo⁴⁵pʰa⁴² 底꞊生得最～他最后一个出生

对门 tuɛi²⁴mɛn³¹ ～ toŋ²⁴mɛn³¹ 对面

前头 tɕiɛn³³tɤɯ³¹ 面前

后头 xɤɯ³⁵tɤɯ³¹ 背后

　　背后头 pɛi²¹xɤɯ³⁵tɤɯ³¹

里头 li⁴⁵tɤɯ³¹

外头 uai³⁵tɤɯ³¹

侧边 tsɛ³³piɛn³⁵ 旁边

高头 kɑu³⁵tɤɯ³¹ 上

　　高笛 ꞊kɑu³⁵ti³¹

　　上头 saŋ⁴⁵tɤɯ³¹

底下 ti⁴⁵tɕia³¹ 下

　　脚底 tɕio³⁵ti⁵⁵

　　底脚 ti⁴⁵tɕio³¹

舷舷 ɕiɛn³³ɕiɛn³¹ 边儿

　　边边 piɛn³⁵piɛn⁵⁵

　　边 piɛn³⁵

角角 ko³⁵ko⁵⁵ 角儿

上去 saŋ³⁵tɕʰiɛ⁵⁵

下来 xa⁴⁵lai³¹

进去 tsɛn²¹tɕʰiɛ³⁵

出来 tɕʰy³⁵lai³¹

出去 tɕʰy³⁵tɕʰiɛ⁵⁵

回来 uɛi³³lai³¹

　　转来 tsuan⁴⁵lai³¹

　　转回来 tsuan⁴⁵uɛi³³lai³¹

起来 tɕʰi⁴⁵lai³¹

## 三　植物

树子 su²⁴tsʅ⁴² ～ ɕy³⁵tsʅ⁴² 树

木头 mu³⁵tɤɯ³¹

松树 soŋ³⁵su³³ ～ soŋ³⁵ɕy⁵⁵

柏树 pɛ³³su³³ ～ pɛ³³ɕy³⁵

杉树 sa³⁵su³³ ～ sa³⁵ɕy⁵⁵

柳树 liɤɯ⁴⁵su³³ ～ liɤɯ⁴⁵ɕy⁵⁵

竹子 tsɤɯ³⁵tsʅ⁴²

笋子 sɛn⁴⁵tsʅ⁴² 笋

叶子 ie²⁴tsʅ⁴²

花 fa³⁵

花苞苞 fa³⁵pɑɯ⁵⁵pɑɯ⁵⁵ 花蕾

　　花苞 fa³⁵pɑɯ⁵⁵

梅花 mɛi³³fa³⁵

牡丹 mɑɯ⁴⁵tan⁴²

荷花 xo³³fa³⁵

　　莲花 liɛn³³fa³⁵

草 tsʰɑɯ⁴⁵³

藤子 tɛn³³tsʅ⁴² 藤

　　藤藤 tɛn³³tɛn³¹

刺 tsʅ²¹⁴ 鱼～

　　刺 tsʰʅ²¹⁴ ～刀

水果 suɛi⁴⁵ko⁴²

苹果 pʰiɛn³³ko⁴²

桃子 tɑɯ³³tsʅ⁴²

梨子 li³³tsʅ⁴²

李子 li⁴⁵tsʅ⁴²

杏儿 xɛn²¹ɚ³⁵

柑子 kan³⁵tsʅ⁴² 橘子

　　柑橘 kan³⁵tɕy³¹

橙子 tsɛn³³tsʅ⁴² ①柚子，圆形的，本地品种。

②橙子

柚子 iɤɯ²⁴tsʅ⁴² 外来品种的柚子

柿子 sʅ³⁵tsʅ⁴²

石榴 sʅ³³liɤɯ³¹

枣子 tsɑɯ⁴⁵tsʅ⁴²

板栗 pan⁴⁵li³¹ 栗子

核桃 xɛ³⁵tɑɯ³¹

白果 pɛ²⁴ko⁴² 银杏

甘蔗 kan³⁵tsʅ⁵⁵

　　甘蔗根 kan³⁵tsʅ⁵⁵kɛn⁵⁵

耳子 ɚ⁴⁵tsʅ⁴² 木耳

菌儿 tɕyer²¹⁴ 蘑菇

香菇 ɕiaŋ³⁵ku⁵⁵

谷子 ku³⁵tsʅ⁴² 水稻

谷子 ku³⁵tsʅ⁴² 稻谷

谷草 ku³⁵tsʰɑɯ⁴² 稻草

大麦 ta³⁵mɛ⁵⁵

麦子 mɛ²⁴tsʅ⁴² 小麦

　　小麦 ɕiɑɯ⁴⁵mɛ⁵⁵

麦草 mɛ²⁴tsʰɑɯ⁴² 麦秸

小米 ɕiɑɯ⁴⁵mi⁴² 谷子

高粱 kɑɯ³⁵liaŋ³¹

苞谷 pɑɯ³⁵ku³¹ 玉米

棉花 miɛn³³fa⁴²

油菜 iɤɯ³³tsʰai³⁵ ①植物。②油菜籽

芝麻 tsʅ³⁵ma³¹

太阳花 tʰai²⁴iaŋ³¹fa⁵⁵ 向日葵

胡豆 fu³³tɤɯ³⁵ 蚕豆

豌豆 uan³⁵tɤɯ⁵⁵

花生 fa³⁵sɛn⁴²

黄豆 uaŋ³³tɤɯ³⁵

绿豆 lɤɯ²¹tɤɯ³⁵

豇豆 kaŋ³⁵tɤɯ⁵⁵

黄秧白 uaŋ³³iaŋ³⁵pɛ³¹① 大白菜

裹心白 ko⁴⁵sɛn³⁵pɛ³¹ 包心菜

菠菜 po³⁵tsʰai⁵⁵

芹菜 tɕiɛn³³tsʰai³⁵

莴笋 ko³⁵sɛn⁴²②

韭菜 tɕiɤɯ⁴⁵tsʰai⁵⁵

香菜 ɕiaŋ³⁵tsʰai³³

　芫荽 iɛn³³ɕy⁴²

葱子 tsʰoŋ³⁵tsɿ⁴² 葱

　葱 tsʰoŋ³⁵

蒜子 suan²⁴tsɿ⁴²

生姜 sɛn³⁵tɕiaŋ⁵⁵ 姜

洋葱 iaŋ³³tsʰoŋ³⁵

海椒 xai⁴⁵tɕiɑɯ⁵⁵ 辣椒

茄子 tɕʮɛ³³tsɿ⁴²～tɕia³³tsɿ⁴²

酸茄 suan³⁵tɕʮɛ³¹ 西红柿

萝卜 lo³³pu³⁵

胡萝卜 fu³³lo³³pu⁵⁵

黄瓜 uaŋ³³kua⁴²

丝瓜 sɿ³⁵kua⁴²

南瓜 laŋ³³kua⁴²

慈菇子 tsɿ³³ku³⁵tsɿ⁴² 荸荠

红苕 xoŋ³³sɑɯ³¹ 红薯

洋芋 iaŋ³³y³⁵ 土豆

芋子 y²⁴tsɿ⁴² 芋头，统称

山药 san³⁵io³¹

藕 ŋɤɯ⁴⁵³

## 四　动物

老虎 lɑu⁴⁵fu⁴²

猴子 xɤɯ³³tsɿ⁴²

干黄鳝 kan³⁵uaŋ³³san³³ 蛇

耗子 xɑu²⁴tsɿ⁴² 老鼠

　耗儿 xɑu²⁴ɚ³¹

檐鼠佬儿 iɛn³³ɕy⁴⁵lɚ⁴² 蝙蝠

雀儿 tɕʰio³³ɚ³⁵ 鸟儿，统称

麻雀儿 ma³³tɕʰyɚ³⁵ 麻雀

鸦鹊 ia³⁵tɕʰio⁵⁵ 喜鹊

乌鸦 u³⁵ia⁵⁵

鸽子 ko³³tsɿ⁴²

腋翅拐儿 iɛ²¹tsɿ³⁵kuɚ⁴² 翅膀

　翅拐儿 tsɿ²⁴kuɚ⁴²

脚爪爪 tɕio³⁵tsɑu⁴⁵tsɑu⁴² 爪子

尾巴 uɛi⁴⁵pa³⁵

窝 ŋo³⁵

虫 tsoŋ³¹

飞蛾 fɛi³⁵ŋo⁵⁵ ①灯蛾。②蝴蝶

羊□咪咪 iaŋ³³ka³⁵mi³⁵mi³⁵ 蜻蜓

蜂子 xoŋ³⁵tsɿ⁴² 蜜蜂

　糖蜂 taŋ³³xoŋ⁵⁵

蜂糖 xoŋ³⁵taŋ³¹ 蜂蜜

咪啊子 mi³⁵ŋa⁵⁵tsɿ⁴² 知了

蚂蚁子 ma⁴⁵iɛn⁵⁵tsɿ⁴² 蚂蚁

土蟺 tʰɤɯ⁴⁵san⁵⁵ 蚯蚓

蚕子 tsan³³tsɿ⁴²

播丝 po³⁵sɿ⁴² 蜘蛛

———————

① 此为发音人唐昌平所发读音，未发生语流音变；发音人周少全发生语流音变，"黄秧白"的读音收录在本章第二节。

② 前字声母已变读为[k]。

蚊子 uᴇn$^{33}$tsɿ$^{42}$ 蚊子

蚊子 uᴇn$^{33}$tsɿ$^{42}$ 苍蝇

虼蚤 kɛ$^{24}$tsɑɯ$^{42}$ 跳蚤

虱子 sɛ$^{35}$tsɿ$^{42}$

　虱婆 sɛ$^{35}$po$^{31}$

　虱婆娘 sɛ$^{35}$po$^{31}$iɑŋ$^{55}$

鱼 y$^{31}$

鲤鱼 li$^{45}$y$^{31}$

花鲢 fa$^{35}$liᴇn$^{31}$ 鳙鱼

鲫鱼 tɕi$^{33}$y$^{31}$

　鲫壳儿 tɕi$^{33}$kʰɐr$^{31}$

团鱼 tuan$^{33}$y$^{31}$ 甲鱼

甲 tɕia$^{31}$ 鳞

虾米 ɕia$^{35}$mi$^{55}$～xa$^{35}$mi$^{55}$ 虾

爬夹子 la$^{33}$ka$^{35}$tsɿ$^{42}$ 螃蟹

　螃蟹 pɑŋ$^{33}$xai$^{42}$

蛤蟆 ka$^{33}$ma$^{42}$～kɛ$^{33}$ma$^{42}$ 青蛙

　蛤拐儿 kɛ$^{33}$kuɐr$^{42}$

癞蛤宝 lai$^{24}$kɛ$^{33}$pɑɯ$^{42}$ 癞蛤蟆

　癞蛤蟆 lai$^{24}$ka$^{33}$ma$^{42}$

马 ma$^{453}$

驴子 lu$^{33}$tsɿ$^{42}$ 驴

骡子 lo$^{33}$tsɿ$^{42}$ 当地不区分驴骡和马骡

牛 iɤɯ$^{31}$

牯牛 ku$^{45}$iɤɯ$^{31}$ 公牛

沙牛 sa$^{35}$iɤɯ$^{31}$ 母牛

望牛 uɑŋ$^{35}$iɤɯ$^{31}$ 放牛

羊子 iɑŋ$^{33}$tsɿ$^{42}$ 羊

猪 tɕy$^{35}$

脚猪 tɕio$^{35}$tɕy$^{55}$ 种猪

牙猪 ia$^{33}$tɕy$^{55}$ 公猪

母猪 mu$^{45}$tɕy$^{55}$

猪儿 tɕy$^{35}$ɚ$^{31}$ 猪崽

猪栏 tɕy$^{35}$lan$^{31}$

　猪圈 tɕy$^{35}$tɕyᴇn$^{55}$

喂猪 uᴇi$^{21}$tɕy$^{35}$ ①养猪。②给猪喂食

猫儿 mɑɯ$^{35}$ɚ$^{55}$ 猫

公猫儿 koŋ$^{35}$mɑɯ$^{55}$ɚ$^{55}$ 公猫

母猫儿 mu$^{45}$mɑɯ$^{55}$ɚ$^{55}$ 母猫

狗 kɤɯ$^{453}$

牙狗 ia$^{33}$kɤɯ$^{42}$ 公狗

母狗 mu$^{45}$kɤɯ$^{42}$

叫 tɕiɑɯ$^{214}$ 吠：狗～

兔儿 tʰɤɯ$^{21}$ɚ$^{35}$ 兔子

鸡 tɕi$^{35}$

鸡公 tɕi$^{35}$koŋ$^{42}$ 公鸡

鸡母 tɕi$^{35}$mu$^{42}$ 母鸡

　鸡婆 tɕi$^{35}$po$^{31}$

　鸡婆娘 tɕi$^{35}$po$^{31}$iɑŋ$^{55}$

叫 tɕiɑɯ$^{214}$ 打鸣儿：鸡～

生 sᴇn$^{35}$ 下

菢 pɑɯ$^{214}$ 孵

鸭子 ia$^{35}$tsɿ$^{42}$

鹅 ŋo$^{31}$

骟 san$^{214}$ 阉（公猪）

骟 san$^{214}$ 阉（母猪）

镦 ɕiᴇn$^{214}$ 阉鸡

　骟 san$^{214}$

喂 uᴇi$^{214}$ 喂（动物）

杀猪 sa$^{35}$tɕy$^{35}$

破 pʰo$^{214}$ 杀（鱼）

## 五　房舍器具

院子 yᴇn$^{35}$tsɿ$^{42}$ 村庄，多指同姓的人住在一

　　起所形成的小村落

巷子 xaŋ²⁴tsๅ⁴² 胡同

　　巷巷 xaŋ²¹xaŋ³⁵

街 kai³⁵ 街道

修房子 ɕiɤɯ³⁵faŋ³³tsๅ⁴²

　　起房子 tɕʰi⁴⁵faŋ³³tsๅ⁴²

房子 faŋ³³tsๅ⁴²

屋 u³⁵ 屋子

房屋 faŋ³³u³¹ 卧室

草房 tsʰɑɯ⁴⁵faŋ³¹ 茅屋

　　茅草房 mɑɯ³³tsʰɑɯ⁴⁵faŋ³¹

灶屋 tsɑɯ²⁴u⁴² 厨房

灶 tsɑɯ²¹⁴

锅 ko³⁵

锅 ko³⁵ 饭锅

　　鼎锅 tɛn⁴⁵ko⁵⁵

　　锑锅 tʰi³⁵ko⁵⁵

锅 ko³⁵ 菜锅

　　铁锅 tʰiɛ³⁵ko³⁵

　　耳锅 ɚ⁴⁵ko⁵⁵

茅司 mɑɯ³³sๅ⁴² 厕所

檩子 lɛn⁴⁵tsๅ⁴² 檩，统称

脊檩 tɕi³³lɛn⁴² 脊桁

*柱头 tɕy³⁵tɤɯ³¹

大门 ta³⁵mɛn³¹

门槛 mɛn³³kʰan⁴²

窗子 tsʰaŋ³⁵tsๅ⁴² 窗

楼梯 lɤɯ³³tʰi⁴² ①楼梯。②可移动的梯子

扫把 sɑɯ²⁴pa⁴² 统称，包括扫帚和笤帚

扫地 sɑɯ⁴⁵ti²¹⁴

渣渣 tsa³⁵tsa⁴² 垃圾

家具 tɕia³⁵tɕy³³

东西 toŋ³⁵ɕi⁴²

床 tsuaŋ³¹

枕头 tsɛn⁴⁵tɤɯ³¹

铺盖 pʰu³⁵kai⁵⁵ 被子

棉絮 miɛn³³suɛi³⁵ ①被子：拿两床～过来。②棉被的胎，即被子里的棉花胎

毯子 tʰan⁴⁵tsๅ⁴² ①床单。②毛毯

霸＝棉絮 pa²⁴miɛn³³suɛi⁵⁵ ①名词，褥子。②动词，铺床

席子 ɕi³³tsๅ⁴²

罩子 tsɑɯ²⁴tsๅ⁴² 蚊帐

　　蚊罩 uɛn³³tsɑɯ³³

桌子 tso³⁵tsๅ⁴²

柜子 kuɛi²⁴tsๅ⁴² 旧时的木制器具，多用来装粮食

抽屉 tsʰɤɯ³⁵ti³¹

案桌 ŋan²⁴tso³¹ 案子

椅子 i⁴⁵tsๅ⁴²

　　凭凭椅 pʰɛn³⁵pʰɛn⁵⁵i⁴²

板凳 pan⁴⁵tɛn⁵⁵ 凳子

尿桶 iɑɯ³⁵tʰoŋ⁴² 马桶

菜刀 tsʰai²⁴tɑɯ⁴²

瓜瓢 kua³⁵piɑɯ³¹ 瓢

　　瓢 piɑɯ³¹

缸子 kaŋ³⁵tsๅ⁴² 缸

坛子 tan³³tsๅ⁴²

　　坛坛 tan³³tan³¹

瓶子 pʰiɛn³³tsๅ⁴²

　　瓶瓶 pʰiɛn³³pʰiɛn³¹

盖盖 kai²¹kai³⁵ 盖子

　　盖子 kai²⁴tsๅ⁴²

碗 uan⁴⁵³

筷子 kʰuai²⁴tsɿ⁴²

撑杆 xɑɯ³³kan⁴² ①筷子。②篙

瓢羹 piɑɯ³³kɛn⁴² 汤匙

　瓢儿 piɑɯ³³ɚ³¹

柴 tsai³¹ 柴火

火草 xo⁴⁵tsʰɑɯ⁴² 火柴

　火柴 xo⁴⁵tsai³¹

　洋火 iaŋ³³xo⁴²

锁 so⁴⁵³

钥匙 io³³sɿ³⁵

水瓶 suɛi⁴⁵pʰiɛn³¹ 暖水瓶

洗脸盆 ɕi⁴⁵liɛn⁴⁵pɛn³¹

洗脸水 ɕi⁴⁵liɛn⁴⁵suɛi⁴²

洗脸帕 ɕi⁴⁵liɛn⁴⁵pʰa³³ 毛巾

手帕儿 sɤɯ⁴⁵pʰa²¹ɚ³¹ 手绢

洋碱 iaŋ³³tɕiɛn⁴² 肥皂

梳子 sɤɯ³⁵tsɿ⁴²

针 tsɛn³⁵

剪刀 tɕiɛn⁴⁵tɑɯ⁵⁵

蜡烛 la³⁵tsɤɯ⁵⁵～la³³tsu³¹

电筒 tiɛn³⁵tʰoŋ³¹ 手电筒

　洋火把 iaŋ³³xo⁴⁵pa⁴²

撑花儿 tsʰɛn³⁵fɛr⁵⁵ 伞

自行车 tsɿ²⁴ɕiɛn³¹tsʰɛ⁵⁵

　洋马儿 iaŋ³³mɐr⁴²

## 六　服饰饮食

衣裳 i³⁵saŋ³¹ 衣服

穿 tɕʰyɛn³⁵

脱 tʰo³⁵

捆 kʰuɛn⁴⁵³ 系

汗衣 xan³⁵i⁵⁵ ①衬衫。②上身穿的内衣

汗褂儿 xan³⁵kuɐr³³ 背心

毛衣 mɑɯ³³i³⁵

夹衣 ka³⁵i⁵⁵ 棉衣

衣袖 i³⁵ɕiɤɯ³⁵ 袖子

荷包 xo³³pɑɯ⁴² 口袋

裤儿 kʰu²⁴ɚ³¹

　裤子 kʰu²⁴tsɿ⁴²

短裤 tuan⁴⁵kʰu³³

裤脚 kʰu²⁴tɕio⁴² 裤腿

帽子 mɑɯ³⁵tsɿ⁴²

鞋子 xai³³tsɿ⁴²

袜子 ua³⁵tsɿ⁴²

围巾 uɛi³³tɕiɛn³⁵

围腰 uɛi³³iɑɯ⁴² 围裙

裙＝裙 tɕyɛn³³tɕyɛn³¹ 尿布

　尿片儿 iɑɯ²⁴pʰiɐr³³

扣子 kʰɤɯ²⁴tsɿ⁴²

扣 kʰɤɯ²¹⁴ 动词：～扣子

戒指 tɕiai²⁴tsɿ⁴²

箍子 kʰu³⁵tsɿ⁴² 手镯

　镯子 tso³³tsɿ⁴²

剪脑壳 tɕiɛn⁴⁵lɑɯ⁴⁵kʰo³¹ 理发

　剃脑壳 tʰi²⁴lɑɯ⁴⁵kʰo³¹

梳脑壳 sɤɯ³⁵lɑɯ⁴⁵kʰo³¹ 梳头

饭 fan³⁵ 米饭

稀饭 ɕi³⁵fan⁵⁵

灰面 fɛi³⁵miɛn⁵⁵ 面粉

面 miɛn³⁵～mɛn³⁵

粉 fɛn⁴⁵³ 面儿

　面 miɛn²¹⁴

馒头 man³³tʰɤɯ³¹

包子 pɑɯ³⁵tsɿ⁴²

饺子 tɕiɑɯ⁴⁵tsʅ⁴²

抄手儿 tsʰɑɯ³⁵sɐr⁴² 馄饨

心子 sɛn³⁵tsʅ⁴² ①馅儿。②心脏

油条 iɤɯ³³tʰiɑɯ³¹

豆浆 tɤɯ²¹tɕiɑŋ³⁵

豆花儿 tɤɯ²¹fɐr³⁵ 稍老的豆腐脑，可用筷子
　　夹起

汤圆儿 tʰɑŋ³⁵yɐr³¹ 元宵

粽子 tsoŋ²⁴tsʅ⁴²

糍粑 tsʰʅ³³pa⁴² 糯米蒸熟捣烂后制成的食品

菜 tsʰai²¹⁴

干货 kan³⁵xo³³ 干菜

豆腐 tɤɯ²⁴fu⁴²

旺子 uaŋ²⁴tsʅ⁴² 猪血

猪脚 tɕy³⁵tɕio⁵⁵ 猪蹄
　　猪蹄子 tɕy³⁵ti³³tsʅ⁴²

猪舌条儿 tɕy³⁵sɛ³¹tʰiɐr³⁵ 猪舌头
　　利子 li²⁴tsʅ⁴²

猪肝子 tɕy³⁵kan³⁵tsʅ⁴² 猪肝

肚腹 tɤɯ²⁴fu⁴² 下水
　　肚杂 tu²⁴tsa³¹

鸡蛋 tɕi³⁵tan⁵⁵

皮蛋 pi³³tan³⁵ 松花蛋

猪油 tɕy³⁵iɤɯ³¹

麻油 ma³³iɤɯ³¹ 芝麻油

豆油 tɤɯ³⁵iɤɯ³¹ 酱油

盐 iɛn³¹

麸醋 fu³⁵tsʰɤɯ³⁵ 醋

纸烟 tsʅ⁴⁵iɛn⁵⁵ 香烟

裹纸烟 ko⁴⁵tsʅ⁴⁵iɛn³⁵ 旱烟
　　叶子烟 iɛ²⁴tsʅ⁴⁵iɛn⁵⁵

白酒 pɛ²⁴tɕiɤɯ⁴²

黄酒 uaŋ³³tɕiɤɯ⁴²

甜酒 tiɛn³³tɕiɤɯ⁴² 江米酒
　　醪糟儿 lɑɯ³³tsɐr³⁵
　　米酒 mi⁴⁵tɕiɤɯ⁴²

茶叶 tsa³³iɛ³¹ ～ tsa³³iɛ³⁵

泡 pʰɑɯ²¹⁴ 沏
　　沏 tɕʰi³⁵

冰糕 piɛn³⁵kɑɯ⁵⁵ 冰棍儿

煮饭 tɕy⁴⁵fan³⁵ 做饭

炒菜 tsʰɑɯ⁴⁵tsʰai²¹⁴
　　煎菜 tɕiɛn³⁵tsʰai²¹⁴

煮 tɕy⁴⁵³

煎 tɕiɛn³⁵

炸 tsa³¹

蒸 tsɛn³⁵

挼 zua³¹ 揉

擀 kan⁴⁵³

吃早饭 tɕʰia³⁵tsɑɯ⁴⁵fan⁵⁵

吃晌午 tɕʰia³⁵sɑɯ⁴⁵u⁴² 吃午饭

吃夜饭 tɕʰia³⁵ia³⁵fan³³ 吃晚饭

吃 tɕʰia³⁵ ～ tɕʰi⁴⁵³ 吃：～饭

喝 xo³⁵ 喝：～酒
　　吃 tɕʰia³⁵

喝 xo³⁵ 喝：～茶

吃 tɕʰia³⁵ 抽：～烟

舀 iɑɯ⁴⁵³ 盛：～饭

拈 iɛn³⁵ 夹
　　夹 ka³¹

倒 tɑɯ²¹⁴ ①斟。②（把剩饭）倒（掉）
　　掺 tsʰan³⁵ 斟

干 kan³⁵ 渴

饿 ŋo³⁵

鲠 kɛn⁴⁵³ 噎

## 七　身体医疗

脑壳 lɑɯ⁴⁵kʰo³¹ 头

头发 tɤɯ³³fa⁵⁵

毛搭儿 mɑɯ³³ter³⁵ 辫子

旋儿 ɕyɛn²¹zer³⁵ 旋

额髅 ŋɛ³³lɤɯ³⁵ 额头

相官 ɕiɑŋ²¹kuan³⁵ 相貌

脸 liɛn⁴⁵³ 洗～

眼睛 ŋan⁴⁵tsɛn⁵⁵

眼仁儿 iɛn⁴⁵zer³¹ 眼珠

　　眼珠子 ŋan⁴⁵tɕy³⁵tsʅ⁴²

眼流水 ŋan⁴⁵liɤɯ³³suɛi⁴² 眼泪

眉毛 mi³³mɑɯ³¹

耳朵 ɚ⁴⁵to³⁵

鼻孔 pi³⁵kʰoŋ⁴² 鼻子

　　鼻子 pi³⁵tsʅ⁴²

鼻涌 pi³⁵ioŋ⁴² 鼻涕

　　鼻子 pi³⁵tsʅ⁴²

□ fu⁴⁵³ 擤

　　擤 ɕiɛn⁴⁵³

　　□ ɕioŋ⁴⁵³

嘴巴 tsuɛi⁴⁵pa⁵⁵

嘴皮 tsuɛi⁴⁵pi³¹ 嘴唇

口水 kʰɤɯ⁴⁵suɛi⁴²

舌条儿 sɛ³³tʰier³⁵ 舌头

牙齿 ŋa³³tsʰʅ⁴²

　　牙巴 ŋa³³pa³⁵

下巴儿 xa³⁵per³¹

　　下巴 xa³⁵pa³¹

胡子 fu³³tsʅ⁴²

颈杆儿 tɕiɛn⁴⁵ker⁵⁵ 脖子

喉咙 xɤɯ³³loŋ³⁵

肩膀 tɕiɛn³⁵paŋ⁴²

　　肩头 tɕiɛn³⁵tɤɯ³¹

手杆 sɤɯ⁴⁵kan⁴² 胳膊，包括手

手 sɤɯ⁴⁵³ 只指手

左手 tso⁴⁵sɤɯ⁴²

右手 iɤɯ²⁴sɤɯ⁴²

掟子 tɛn²⁴tsʅ⁴² 拳头

　　皮砣子 pi³³to³³tsʅ⁴²

手指拇 sɤɯ⁴⁵tsʅ³⁵mu⁴² 手指

　　手指拇儿 sɤɯ⁴⁵tsʅ³⁵mer⁴²

大手指 ta³⁵sɤɯ⁴⁵tsʅ³⁵ 大拇指

　　大指拇 ta³⁵tsʅ³⁵mu⁴²

　　大指拇儿 ta³⁵tsʅ³⁵mer⁴²

二指拇 ɚ²⁴tsʅ³⁵mu⁴² 食指

　　二指拇儿 ɚ²⁴tsʅ³⁵mer⁴²

中指拇 tsoŋ³⁵tsʅ³⁵mu⁴² 中指

　　中指拇儿 tsoŋ³⁵tsʅ³⁵mer⁴²

四指拇 sʅ²¹tsʅ³⁵mu⁴² 无名指

　　四指拇儿 sʅ²¹tsʅ³⁵mer⁴²

晚指拇 man⁴⁵tsʅ³⁵mu⁴² 小拇指

　　晚指拇儿 man⁴⁵tsʅ³⁵mer⁴²

指甲 tsʅ³⁵tɕia³¹

　　手指壳 sɤɯ⁴⁵tsʅ³⁵kʰo³¹

脚杆 tɕio³⁵kan⁴² 腿，不包括脚

脚 tɕio³⁵ 脚，只指脚

克⁼膝头 kʰɛ³³ɕi³⁵tɤɯ³¹ 膝盖

背壳 pɛi²⁴kʰo³¹ 背

肚皮 tɤɯ⁴⁵pi³¹ 肚子

肚脐儿 tɤɯ²⁴tɕi³³ɚ³¹ 肚脐眼

奶奶 lai⁴⁵lai⁴² ①乳房。②乳汁：吃～。③妈妈

勾墩子 kɣɯ³⁵tɛn⁵⁵tsɿ⁴² 屁股

屁眼儿 pʰi²⁴iɐr⁴² 肛门

鸡巴 tɕi³⁵pa⁵⁵ 阴茎

　锤子 tsʰuɛi³³tsɿ⁴²

　鸡儿 tɕi³⁵ʒ³¹

麻胐 ma³³pʰi³⁵ 女阴

□ sɿ³¹ 肏

精子 tɕiɛn³⁵tsɿ⁴² 精液

　浆 tɕiaŋ³⁵

洗身上 ɕi⁴⁵sɛn⁴⁵saŋ³³ 来月经

　来红的 lai³³xoŋ³³ti⁴²

屙屎 ŋo³⁵sɿ⁴² 拉屎

屙尿 ŋo³⁵iaɯ³⁵ 撒尿

打屁 ta⁴⁵pʰi²¹⁴ 放屁

适＝妈 sɿ³³ma⁴² 日妈，詈词，常用作话把子

害毛病了 xai³⁵maɯ³³pɛn³⁵liaɯ⁴² 病了

冷凉 lɛn⁴⁵liaŋ³¹ 着凉

咳 kʰɛ²¹⁴ 咳嗽

发烧 fa³⁵saɯ³⁵

打抖抖 ta⁴⁵tʰɣɯ⁴⁵tʰɣɯ⁴² 发抖

　发抖 fa³³tʰɣɯ⁴²

肚皮痛 tɣɯ⁴⁵pi³¹tʰoŋ²¹⁴ 肚子疼

肚皮过 tɣɯ²⁴pi³¹ko²¹⁴ 拉肚子

　拉稀 la³⁵ɕi³⁵

打摆子 ta⁴⁵pai⁴⁵tsɿ⁴² 患疟疾

发痧 fa³⁵sa³⁵ 中暑

肿 tsoŋ⁴⁵³

灌脓 kuan²⁴loŋ³¹ 化脓

疤子 pa³⁵tsɿ⁴² 疤

癣 ɕyɛn⁴⁵³

痣 tsɿ²¹⁴

疙瘩 kɛ³³ta³⁵

坨坨 to³³to³¹

狐膀臭 fu³³laɯ³⁵tsʰɣɯ³³ 狐臭

看毛病 kʰan²⁴maɯ³³pɛn³⁵ 看病

摸脉 mo³⁵mɛ²¹⁴ 诊脉

扎银针 tsa³⁵iɛn³³tsɛn³⁵ 针灸

打针 ta⁴⁵tsɛn³⁵

输液 ɕy³⁵iɛ²¹⁴ 打吊针

　输水 ɕy³⁵suɛi⁴²

　吊盐水 tiaɯ²⁴iɛn³³suɛi⁴²

吃药 tɕʰia³⁵io²¹⁴

中药 tsoŋ³⁵io³³

　草草药 tsʰaɯ⁴⁵tsʰaɯ⁵⁵io³³

毛病松了 maɯ³³pɛn³⁵soŋ³⁵liaɯ⁴² 病轻了

## 八　婚丧信仰

做媒 tsɣɯ²⁴mɛi³¹ 说媒

媒婆 mɛi³³pʰo³¹ 媒人

　大黄爷 ta³⁵faŋ³³iɛ⁵⁵

*看人 kʰan²⁴lɛn³¹

订婚 tiɛn²¹fɛn³⁵

　会亲 fɛi²¹tɕʰiɛn³⁵

陪奁 pɛi³³liɛn³¹ 嫁妆

　陪嫁 pɛi³³tɕia³⁵

*成家 tsʰɛn³³tɕia³⁵

　*结婚 tɕiɛ³³fɛn³⁵

讨婆娘 tʰaɯ⁴⁵po³³iaŋ³¹ 娶妻子

嫁人 ka²⁴lɛn³¹ 出嫁

拜堂 pai²⁴taŋ³¹

新郎公 sɛn³⁵laŋ³¹koŋ⁵⁵ 新郎

　新郎官儿 sɛn³⁵laŋ³¹kuɐr⁵⁵

新干娘 sɛn³⁵kan³⁵iaŋ⁵⁵ 新娘子

　新娘子 sɛn³⁵iaŋ³¹tsɿ⁴²

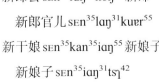

新姑娘 sɛn³⁵ku³⁵iaŋ⁵⁵

怀胎妇 fai³³tʰai³⁵fu³³ 孕妇

　四眼人 sʅ²¹ŋan⁴⁵zɛn³¹

有喜 iɤɯ⁴⁵ɕi⁴² 怀孕

　怀娃娃 fai³³ua³³ua⁴²

害喜 xai²⁴ɕi⁴²

生 sɛn³⁵ 分娩

换娃娃 fan³⁵ua³³ua⁴² 流产

　换娃儿 fan³⁵ua³³ɚ³⁵

双生 suaŋ³⁵sɛn⁴² 双胞胎

坐月 tso²⁴yɛ²¹⁴ 坐月子

吃奶奶 tɕʰia³⁵lai⁴⁵lai⁴² 吃奶

隔奶奶 kɛ³⁵lai⁴⁵lai⁴² 断奶

　隔奶 kɛ³⁵lai⁴²

满月 man⁴⁵yɛ²¹⁴

生日 sɛn³⁵zʅ³¹

做生 tsɤɯ²¹sɛn³⁵ 做寿

亡 uaŋ³¹ 死，统称

　死 sʅ⁴⁵³

过世 ko²⁴sʅ²¹⁴ 死，婉转的说法

　亡 uaŋ³¹

　老了 lauɯ⁴⁵liauɯ⁴²

寻短见 ɕyɛn³³tuan⁴⁵tɕiɛn³³ 自杀

落气 lo²⁴tɕʰi²¹⁴ 咽气

*入棺 zu³¹kuan³⁵

寿木 sɤɯ²⁴mu³¹ 棺材

　枋子 faŋ³⁵tsʅ⁴²

　棺材 kuan³⁵tsai³¹

*出棺 tsʰu³¹kuan³⁵

　*上山 saŋ²¹san³⁵

灵牌子 lɛn³³pai³³tsʅ⁴² 灵位

*坟山 fɛn³³san⁴²

*坟包 fɛn³³pauɯ³⁵

*上坟 saŋ³⁵fɛn³¹

　*挂青 kua²¹tsʰɛn³⁵

钱纸 tɕiɛn³³tsʅ⁴² 纸钱

天老爷 tʰiɛn³⁵lauɯ⁴⁵iɛ⁵⁵ 老天爷

　天王老爷 tʰiɛn³⁵uaŋ³¹lauɯ⁴⁵iɛ⁵⁵

菩萨 pu³³sa⁴²

观音菩萨 kuan³⁵iɛn⁵⁵pu³³sa⁴² 观音

灶王菩萨 tsauɯ²⁴uaŋ³¹pu³³sa⁴² 灶神

庙子 miɑuɯ³⁵tsʅ⁴² 寺庙

祠堂 tsʅ³³taŋ³¹

和尚 o³³saŋ³⁵

尼姑 i³³ku⁴²

端公 tuan³⁵koŋ⁵⁵ 道士，火居的道教徒

　道士先生 tauɯ³⁵sʅ⁴⁵ɕiɛn³⁵sɛn³⁵

算八字 suan²⁴pa³³tsʅ³⁵ 算命

　算命 suan²¹mɛn³⁵

　看相 kʰan²⁴ɕiaŋ²¹⁴

运气 yɛn³⁵tɕʰi³³

保荫 ⁼pauɯ⁴⁵iɛn⁵⁵ 保佑

## 九　人品称谓

人 zɛn³¹

男的 lan³³ti⁴²

　男人 lan³³zɛn³¹

女的 y⁴⁵ti⁴²

　女人 y⁴⁵zɛn³¹

　妇女 fu²⁴y⁴²

单身汉儿 tan³⁵sɛn⁵⁵xɚ³³

　光棍儿 kuaŋ³⁵kuɚ³³

老姑娘 lauɯ⁴⁵ku³⁵iaŋ⁵⁵ 年龄较大的未婚女人

娃娃 ua³³ua⁴² 婴儿

小细娃儿 ɕiaɯ⁴⁵ɕi²⁴ua³³ɤ³⁵ 小孩

　　细娃儿 ɕi²⁴ua³³ɤ³⁵

娃儿 ua³³ɤ³⁵ 男孩

　　娃儿头 ua³³ɤ³⁵tʰɤɯ³¹

妹崽 mɛi²⁴tsai⁴² 女孩

老人家 laɯ⁴⁵zɛN³³ka⁴² 老人

亲戚 tsʰɛN³⁵tɕʰi³¹ 亲戚

哥们儿 ko³⁵mɐr³¹ 朋友

　　弟兄 ti³⁵ɕioŋ⁴²

　　朋友 poŋ³³iɤɯ⁴²

邻居 liɛN³³tɕy³⁵

　　隔壁邻身 ᵏkɛ³⁵pi³¹liɛN³³sɛN³⁵

客 kʰɛ³⁵ 客人

　　人客 zɛN³³kʰɛ⁵⁵

农民 loŋ³³miɛN³¹

　　农活皮 loŋ³³xo³⁵pʰi³¹① 蔑称

生意人 sɛN³⁵i²⁴zɛN³¹ 商人

匠人 tɕiaŋ³⁵zɛN³¹ 手艺人

泥水匠 i³³suɛi⁴⁵tɕiaŋ³³

木匠 mu³⁵tɕiaŋ⁵⁵

裁缝 tsai³³xoŋ³¹

剃头匠 tʰi²⁴tɤɯ³¹tɕiaŋ⁵⁵ 理发师

厨子 tɕy³³tsʅ⁴² 厨师

老师 laɯ⁴⁵sʅ³⁵ ①师傅。②老师

徒弟 tɤɯ³³ti³⁵

讨口子 tʰaɯ⁴⁵kʰɤɯ⁴⁵tsʅ⁴² 乞丐

　　告=花子 kaɯ²¹fa³⁵tsʅ⁴²

卖胍的 mai²¹pʰi³⁵ti⁴² 妓女

　　鸡婆 tɕi³⁵po³¹

轧=皮 tsa³³pʰi³¹ 流氓

烂滚龙 lan³⁵kuɛn⁴⁵loŋ³¹

贼娃子 tsuɛi³³ua³³tsʅ⁴² 贼

瞎子 xa³⁵tsʅ⁴² ①瞎子。②喻指不识字的人

聋子 loŋ³⁵tsʅ⁴²

哑巴 ŋa⁴⁵pa⁵⁵

驼子 to³³tsʅ⁴² 驼背的人

　　驼背儿 to³³pɐr³⁵

蹁子 pai³⁵tsʅ⁴² 瘸子

　　跛子 po⁴⁵tsʅ⁴²

　　蹁蹁 pai³⁵pai⁵⁵

癫子 tiɛN³⁵tsʅ⁴² 疯子

　　神经病儿 sɛN³³tɕiɛN³⁵piɐr³³

　　脑□ laɯ⁴⁵xoŋ⁴²

□包儿 xa⁴⁵pɐr⁵⁵ 傻子

　　□儿 xa⁴⁵ɤ³¹

　　□子 xa⁴⁵tsʅ⁴²

木卵 mu²⁴luan⁴² 笨蛋

爷爷 ia³³ia⁴²

　　公公 koŋ³⁵koŋ⁵⁵

婆婆 po³³po³⁵ 奶奶

家公 ka³⁵koŋ⁵⁵ 外祖父

家婆 ka³⁵po³¹ 外祖母

　　家家 ka³⁵ka⁵⁵

妈老汉儿 ma³⁵laɯ⁴⁵xɐr³³ 父母

老汉儿 laɯ⁴⁵xɐr³³ 父亲

　　爹 ti³⁵

　　保保 paɯ⁴⁵paɯ⁴² 旧时为了孩子好养，让孩子称父亲为"保保"

妈 ma³⁵ ①亲妈。②后妈

　　保保 paɯ⁴⁵paɯ⁴² 旧时为了孩子好养，让

孩子称母亲为"保保"

娘屋妈 iaŋ³³u³⁵ma³⁵ 女方婚后背称自己的

母亲

爹 ti³⁵ 爸爸

老汉儿 lauɯ⁴⁵xɐr³³

爸 pa³¹

妈 ma³⁵ 妈妈

保保 pauɯ⁴⁵pauɯ⁴² 继父，面称

后老汉儿 xɣɯ²⁴lauɯ⁴⁵xɐr³³ 背称

后妈 xɣɯ²¹ma³⁵ 继母，背称

嬢嬢 iaŋ³⁵iaŋ⁵⁵ 面称

亲爷老汉儿 tsʰɛn³⁵ia⁵⁵lauɯ⁴⁵xɐr³³ 岳父，面称

老丈人 lauɯ⁴⁵tsaŋ³⁵zɛn³¹① 背称

亲娘 tsʰɛn³⁵iaŋ³¹ 岳母，面称

亲娘妈 tsʰɛn³⁵iaŋ³¹ma⁵⁵ 面称

丈母娘 tsaŋ²⁴mu⁴⁵iaŋ³¹ 背称

家爷老汉儿 ka³⁵iɛ⁵⁵lauɯ⁴⁵xɐr³³ 公公

公公 koŋ³⁵koŋ⁵⁵

婆屋妈 po³³u⁵⁵ma⁵⁵ 婆婆，老公的妈妈

家娘妈 ka³⁵iaŋ³¹ma⁵⁵

婆婆 po³³po³⁵

伯伯 pɛ³³pɛ³⁵ 伯父

伯 pɛ³¹

伯妈 pɛ³³ma³⁵ 伯母

爸 pa³¹ 叔父

晚晚 man⁴⁵man⁴² 排行最小的叔父

幺爸 iauɯ³⁵pa³¹

妈 ma³⁵ 伯母，叔母

嬢嬢 iaŋ³⁵iaŋ⁵⁵ 姑姑

姑姑 ku³⁵ku⁵⁵

姑妈 ku³⁵ma⁵⁵

保保 pauɯ⁴⁵pauɯ⁴² 姑父

姑父 ku³⁵fu³³

姑爹 ku³⁵ti⁵⁵

舅舅 tɕiɣɯ²¹tɕiɣɯ³⁵

舅娘 tɕiɣɯ²⁴iaŋ³¹ 舅妈

舅妈 tɕiɣɯ²¹ma³⁵

嬢嬢 iaŋ³⁵iaŋ⁵⁵ 阿姨

姨娘 i³³iaŋ³⁵

姨妈 i³³ma³⁵

保保 pauɯ⁴⁵pauɯ⁴² 姨夫

姨爷 i³³ia³⁵

兄弟 ɕioŋ³⁵ti⁵⁵ 弟兄

弟兄 ti³⁵ɕioŋ⁴²

姊妹 tsɿ⁴⁵mɛi⁵⁵ 姊妹，包括男女

哥哥 ko³⁵ko⁵⁵

哥 ko³⁵

嫂嫂 sauɯ⁴⁵sauɯ⁴² 嫂子

兄弟 ɕioŋ³⁵ti⁵⁵ 弟弟

老弟 lauɯ⁴⁵ti²¹⁴

兄弟媳妇 ɕioŋ³⁵ti⁵⁵ɕi³³fu⁵⁵ 弟媳

姐姐 tɕiɛ⁴⁵tɕiɛ⁴²

姐哥 tɕiɛ⁴⁵ko⁵⁵ 姐夫

姐夫哥 tɕiɛ⁴⁵fu³⁵ko⁵⁵

妹妹 mɛi²¹mɛi³⁵

妹夫 mɛi²⁴fu⁴²

堂兄弟 taŋ³³ɕioŋ³⁵ti³³

老表 lauɯ⁴⁵piauɯ⁴² 表兄弟

表兄弟 piauɯ⁴⁵ɕioŋ³⁵ti⁵⁵

妯娌 tsʰu³³li⁴²

---

① "丈"读[35]调，相当于轻声。

老姨 ˭lɑɯ⁴⁵i³¹ 连襟
　　老挑 lɑɯ⁴⁵tʰiɑɯ³⁵
儿子 ɚ³³tsɿ⁴²
　　娃儿 ua³³ɚ³⁵
媳妇 ɕi³³fu³⁵ 儿媳妇
妹崽 mɛi²⁴tsai⁴² 女儿
女婿 y⁴⁵ɕi⁵⁵
　　女婿娃儿 y⁴⁵ɕi⁵⁵ua³³ɚ³⁵
孙崽 sɛn³⁵tsai⁴² 孙子
　　孙儿 sɛn³⁵ɚ³¹
　　孙子 sɛn³⁵tsɿ⁴²
重孙崽 tsoŋ³³sɛn³⁵tsai⁴² 重孙子
侄儿 tsɿ³³ɚ³¹ 侄子
外侄 uai³⁵tsɿ³¹ 外甥
外孙崽 uai³⁵sɛn³⁵tsai⁴² 外孙
两口子 liaŋ⁴⁵kʰɤɯ⁴⁵tsɿ⁴² 夫妻
老公 lɑɯ⁴⁵koŋ⁵⁵ 丈夫
　　男人 lan³³zɛn³¹
　　男人家 lan³³zɛn³¹ka⁴²
婆娘 po³³iaŋ³¹ 妻子
　　女人家 y⁴⁵zɛn³¹ka⁴²
　　女的 y⁴⁵ti⁴²
名字 mɛn³³tsɿ³⁵
崴号 uai⁴⁵xɑɯ³³ 绰号

## 十　农工商文

做活路 tsɤɯ²⁴xo³³lɤɯ³⁵ 干活儿
事情 sɿ³⁵tsɛn³¹
栽秧子 tsai³⁵iaŋ³⁵tsɿ⁴² 插秧
割谷子 ko³⁵ku³⁵tsɿ⁴² 割稻
点菜 tiɛn⁴⁵tsʰai²¹⁴ 种菜
　　栽菜 tsai³⁵tsʰai²¹⁴

铧口 fa³³kʰɤɯ⁴² 犁
　　犁头 li³³tʰɤɯ³¹
锄头 tsɤɯ³³tɤɯ³¹
镰刀 liɛn³³tau⁴²
把 pa²¹⁴ 把儿
扁挑 piɛn⁴⁵tʰiɑɯ⁴² 扁担
箩筻 lo³³tɤɯ⁴² 箩筐
　　箩筐 lo³³kʰuaŋ³⁵ ～ lo³³tɕʰiaŋ³⁵
筛筛 sai³⁵sai⁵⁵ 筛子
　　筛子 sai³⁵tsɿ⁴²
*撮箕 tsʰo³⁵tɕi⁴²
　　*箢箕 yɛn³⁵tɤɯ⁵⁵
簸箕 po⁴⁵tɕi⁵⁵ 簸米用的农具
鸡公车 tɕi³⁵koŋ⁵⁵tsʰɛ⁵⁵ 独轮车
磙磙 kuɛn⁴⁵kuɛn⁴² 轮子
　　磙子 kuɛn⁴⁵tsɿ⁴²
擂钵 luɛi³³po⁴² 臼
*磨子 mo³⁵tsɿ⁴²
收成 sɤɯ³⁵tsɛn³¹ 年成
跑江湖 pʰɑɯ⁴⁵tɕiaŋ³⁵fu³¹ 走江湖
当丘儿 taŋ³⁵tɕʰiɤɯ³⁵ɚ⁵⁵ 打工
毛铁 mɑɯ³³tʰiɛ³¹ 斧子
　　开山儿 kʰai³⁵sɚ⁵⁵
　　金瓜儿 tɕiɛn³⁵kua⁴²ɚ³¹
夹钳 ka³⁵tɕiɛn³¹ 多指烧火时用的钳子
　　钳子 tɕiɛn³³tsɿ⁴²
解刀 kai⁴⁵tau⁵⁵ 螺丝刀
锤锤 tsuɛi³⁵tsuɛi³¹ 锤子
　　榔头 laŋ³³tɤɯ³¹
钉子 tɛn³⁵tsɿ⁴²
　　洋毛钉 iaŋ³³mɑɯ³¹tɛn³⁵
　　土钉子 tʰɤɯ⁴⁵tɛn³⁵tsɿ⁴²

索索 so²¹so³⁵ 绳子

　索子 so²¹tsʅ⁴²

　绳子 ɕyɛn³³tsʅ⁴²

棒棒 paŋ²¹paŋ³⁵ 棍子，一般稍粗

　棍棍 kuɛn²¹kuɛn³⁵ 微细

　棍子 kuɛn²⁴tsʅ⁴²

做生意 tsɤɯ²¹sɛn³⁵i⁵⁵ 做买卖

铺子 pʰu²⁴tsʅ⁴² 商店

食店儿 sʅ³³tiɚ³³ 饭馆

　馆子 kuan⁴⁵tsʅ⁴²

栈房 tsan³⁵faŋ³¹ 旅馆

贵 kuɛi²¹⁴ ①价钱高。②难

　□ŋaɯ³¹

相因 ɕiaŋ³⁵iɛn⁴² ①便宜。②容易

划算 fa³³suan²¹⁴ 合算

　划得着 fa³³tɛ³¹tso³¹

减价 tɕiɛn⁴⁵tɕia²¹⁴ 折扣

　折 tsɛ³¹

蚀本 sɛ²⁴pɛn⁴² 亏本

　亏本 kʰuɛi³⁵pɛn⁴²

钱 tɕiɛn³¹

零钱 liɛn³³tɕiɛn³¹

锡巴儿 ɕi³³pa³⁵ɚ³¹ 硬币

　锡毫子 ɕi³³xaɯ³³tsʅ⁴²

本钱 pɛn⁴⁵tɕiɛn³¹

　头钱 tɤɯ³³tɕiɛn³¹

活路钱 xo³³lɤɯ³⁵tɕiɛn³¹ 工钱

　工钱 koŋ³⁵tɕiɛn³¹

盘缠 pan³³tsan³¹ 路费

用 ioŋ³⁵ ①花。②使用

赚 tɕyɛn²¹⁴ 卖一斤能~两毛钱

挣 tsɛn²¹⁴ 打工~了一千块钱

争 tsɛn³⁵ 欠，差

　差 tsʰa³⁵

算盘 suan²⁴pan³¹

秤 tsʰɛn²¹⁴ 统称

称 tsʰɛn³⁵ 量轻重

　量 liaŋ³¹

赶场 kan⁴⁵tsaŋ³¹ 赶集

场 tsaŋ³¹ 集市

　市场 sʅ²⁴tsaŋ³¹

庙会 miaɯ³⁵fɛi³³

学校 ɕio³³ɕiaɯ³³ 现在多说

　学堂 ɕio²⁴taŋ³¹ 旧时多说

教室 tɕiaɯ²⁴sʅ³¹

　课堂 kʰo²⁴tʰaŋ³¹

读书 tʰɤɯ²¹ɕy³⁵ 上学

放学 faŋ²⁴ɕio³¹

考试 kʰaɯ⁴⁵sʅ³³

书包 ɕy³⁵paɯ⁵⁵

藤篮儿 tʰɛn³³lɚ³¹ 旧时用竹子编制，往往还有盖子，使用时可挂在胳膊上

本子 pɛn⁴⁵tsʅ⁴²

　本本 pɛn⁴⁵pɛn⁴²

铅笔 yɛn³³pi³³

钢笔 kaŋ³⁵pi³³

圆珠笔 yɛn³³tsu³⁵pi³³

毛笔 maɯ³³pi³³

　墨笔 mɛ³³pi³³

墨 mɛ²¹⁴

墨盘 mɛ²⁴pan³¹ 砚台

信 ɕiɛn²¹⁴

娃娃书 ua³³ua³³ɕy³⁵ 连环画

捉猫儿 tso³⁵maɯ³⁵ɚ⁵⁵ 捉迷藏

跳绳 tʰiɑɯ²⁴ɕyɛn³¹

毽儿 tɕiɛn²¹ɚ³⁵

风兜儿 xoŋ³⁵tɚ⁵⁵ 风筝

耍狮子 sua⁴⁵sʅ³⁵tsʅ⁴² 舞狮

火炮 xo⁴⁵pʰɑɯ⁵⁵ 鞭炮

唱歌 tsʰaŋ²¹ko³⁵

唱戏 tsʰaŋ²⁴ɕi²¹⁴ 演戏

锣鼓 lo³³ku⁴² 锣鼓

胡琴 fu³³tɕiɛn³¹ 统称，包括二胡、板胡等

笛子 ti³³tsʅ⁴²

划拳 fa³³tɕyɛn³¹ 划拳，行酒令

下棋 xa³⁵tɕi³¹

打牌 ta⁴⁵pai³¹ 打扑克，包括打长牌和扑克

　　打扑克 ta⁴⁵pʰu³³kɛ³¹

打麻将 ta⁴⁵ma³³tɕiaŋ³⁵

耍魔术 sua⁴⁵mo³³ɕy³⁵ 变魔术

讲故事 kaŋ⁴⁵ku²⁴sʅ³³

猜谜子 tsʰai³⁵mi³⁵tsʅ⁴² 猜谜语

哈 xai³⁵ 玩儿

到底＝屋去哈 tɑɯ²¹ti⁴⁵u³¹tɕʰi²¹xai³⁵ 串门儿

走人家 tsɤɯ⁴⁵zɛn³³ka⁴² 走亲戚

　　走人户 tsɤɯ⁴⁵zɛn³³fu³⁵

## 十一　动作行为

看 kʰan²¹⁴

听 tʰɛn²¹⁴～tʰiɛn²¹⁴～tʰiɛn³⁵

闻 uɛn³¹

喝 xo³⁵ 吸

撑 tsʰɛn³⁵ 睁：～眼

眯 mi³⁵ 闭

眨 tsa³¹

奓 tsa³⁵ 张开：～嘴

丫 ŋa³⁵

闭 pi²¹⁴

咬 ŋɑɯ⁴⁵³

嚼 tɕiɑɯ²¹⁴

吞 tʰɛn³⁵ 咽

□ lia⁴⁵³ 舔

　　舔 tʰiɛn⁴⁵³

含 xan³¹ 含着

　　包 pɑɯ³⁵

打啵 ta⁴⁵po²¹⁴ 亲嘴

津 tɕiɛn³⁵ 吮吸

吐 tʰɤɯ⁴⁵³

□ fɛi⁴⁵³ 吐

打片＝雀 ta⁴⁵pʰiɛn²⁴tɕʰio³¹ 打喷嚏

拿 la³⁵

给 kɛ³⁵

摸 mo³⁵

抻 tsʰɛn³⁵ 伸

抠 kʰɤɯ³⁵ 挠

搯 kʰa³⁵

车 tsʰɛ³⁵ 拧：把瓶盖～上

　　叙 tɕiɤɯ⁴⁵³

叙 tɕiɤɯ⁴⁵³ 拧：～毛巾

闰＝lɛn³⁵ 捻，用手指揉搓

搣 miɛ³⁵ 掰：把橘子～开

　　扳 pan³⁵

剥 po³⁵ ～花生

撕 sʅ³⁵

撇 pʰiɛ⁴⁵³ 折：～断

扯 tsʰɛ⁴⁵³ 拔：～萝卜

摘 tsɛ³⁵

站 tsan²¹⁴

凭 pʰɛn³⁵ 倚，靠

跍 ku³¹ 蹲

坐 tso²¹⁴

跳 tʰiɑɯ²¹⁴

踅 tɕia³¹① 迈

蹅 tsʰa³⁵ 踩

　踩 tsʰai⁴⁵³

跷 tɕʰiɑɯ³⁵ 翘

勾 kɤɯ³⁵ 弯：～腰

挺 tʰiɛn⁴⁵³

趴 pʰa⁴⁵³ ～倒睡

　伏 pʰu³¹

爬 pa³¹

走 tsɤɯ⁴⁵³

　行 xɛn³¹

跑 pʰɑɯ⁴⁵³ 跑

跑 pʰɑɯ⁴⁵³ 逃

　跳 tʰiɑɯ³¹

捧 iɛn⁴⁵³ 追

捉 tso³⁵ 抓

抱 pɑɯ²¹⁴

背 pɛi³⁵

牵 tɕʰiɛn³⁵ 搀

　扶 fu³¹

宠 ᵚtsʰoŋ⁴⁵³ 水平方向用力推：把人～开

　搠 tsʰɤɯ³⁵

跩 tsuai³⁵ 摔倒

　跩筋头 tsuai³⁵tɕiɛn³⁵tɤɯ⁵⁵

　跘 pan²¹⁴

碰 pʰoŋ²¹⁴ 撞

撞 tsuaŋ²¹⁴～tsʰuaŋ⁴⁵³

挡 taŋ⁴⁵³ 遮挡

　遮 tsɛ³⁵

藏 tsaŋ³¹ 躲藏

藏 tsaŋ³¹ 藏放，收藏：～东西

放 faŋ²¹⁴①放置。②添加：～油盐

码 ma⁴⁵³ 摞

　□ tʰo²¹⁴

　重 tsoŋ³¹

埋 mai³¹

慤 kʰaŋ⁴⁵³ 盖

　盖 kai²¹⁴

压 ŋa²¹⁴ 压

　□ tsa²¹⁴

按 ŋan²¹⁴ 摁

　揪 tsʰɛn⁴⁵³

董 ᵚtoŋ⁴⁵³ 捅

　乬 to³⁵

插 tsʰa³⁵

乬 to³⁵ 戳

锯 kɛ²¹⁴ 砍，多用锯子

宰 tsai⁴⁵³ 剁

削 ɕyɛ³⁵

炸 tsa²¹⁴ 裂

打纵 ta⁴⁵tsoŋ²¹⁴ 皱

臭 tsʰɤɯ²¹⁴ 腐烂

揩 kʰai³⁵ 擦

　擦 tsʰa³⁵

倒 tɑɯ²¹⁴

甩 suai⁴⁵³ 丢弃：东西坏了，～了它

① 声母读不送气音当为读半边音所致。

甩 suai⁴⁵³ 投掷：看哪个～得远

落 lo²¹⁴ 掉落，坠落：树上～下一个苹果

    跌 tiɛ³¹

滴 tia²¹⁴

失 sɛ²¹⁴ 丢

    跌 tiɛ³¹

    落 lo²¹⁴

找 tsɑɯ⁴⁵³ 寻找

捡 tɕiɛn⁴⁵³

□ tia³⁵ 提

担 tan³⁵ 挑

拷 lɑɯ⁴⁵³ 扛

抬 tai³¹ 一人或两人搬东西：你去把锅～下来

打 ta⁴⁵³ 举

    举 tɕy⁴⁵³

打 ta⁴⁵³ 撑

拗 ŋɑɯ²¹⁴ 撬：～起走 只用扁担一头儿挑东西 | ～起

    用扁担挑东西时一头重一头轻

    撬 tɕʰiɑɯ³⁵

选 ɕyɛn⁴⁵³ 挑

收 sɤɯ³⁵ 收拾

扎 tsa³⁵ 挽

洗 ɕi⁴⁵³ 涮

    荡①tʰaŋ⁴⁵³

    □ laŋ⁴⁵³

洗 ɕi⁴⁵³

打 ta⁴⁵³ 捞（鱼）

拴 suan³⁵ ～牛

    绚 tʰɑɯ²¹⁴

捆 kʰuɛn⁴⁵³ ～起来

绑 paŋ⁴⁵³

解 kai⁴⁵³

磨 mo²¹⁴ 挪

    捱 tsan⁴⁵³

    拖 tʰo³⁵

端 tuan³⁵

打 ta⁴⁵³ 摔：碗～碎了

    罢 ⁼pa²¹⁴（主动摔）

掺 tsʰan³⁵ 掺兑

    兑 tuɛi²¹⁴

    冲 tsʰoŋ²¹⁴

烧 sɑɯ³⁵ ～柴

拆 tsʰɛ³⁵

旋 ɕyɛn²¹⁴ 转

    转 tsuan²¹⁴

□ tsaŋ³¹ 用拳头捶

    揉 saŋ⁴⁵³

打 ta⁴⁵³ ～底 ⁼一下 打他一下

打架 ta⁴⁵tɕia²¹⁴

    打锤 ta⁴⁵tsʰuɛi³¹

歇 ɕiɛ³⁵ 休息

    歇气 ɕiɛ³⁵tɕʰi²¹⁴

打喝嗨 ta⁴⁵xo³⁵xai⁴² 打哈欠

跐⁼瞌睡 tsuai³⁵kʰo³⁵suɛi⁴² 打瞌睡

困 kʰuɛn²¹⁴ 睡

    困瞌睡 kʰuɛn²¹kʰo³⁵suɛi⁴²

打蒲鼾 ta⁴⁵pu³³xan³⁵ 打呼噜

做梦 tsɤɯ²¹moŋ³⁵

起来 tɕʰi⁴⁵lai³¹ 起床

漱口 su²⁴kʰɤɯ⁴² ①漱口。②刷牙

———————————

① 古字形作"盪"。

洗澡 $\varepsilon i^{45}tsɑɯ^{42}$

想 $\varepsilon iaŋ^{453}$ 思考

　□ $mɛ^{453}$

想 $\varepsilon iaŋ^{453}$ 想念

　歉 $t\varepsilon^h iɛn^{214}$

准备 $t\varepsilon yɛn^{45}pi^{33}$ 打算

　想 $\varepsilon iaŋ^{453}$

　打算 $ta^{45}suan^{33}$

记得 $t\varepsilon i^{24}tɛ^{31}$

　记得倒 $t\varepsilon i^{24}tɛ^{31}tɑɯ^{42}$

忘记 $uaŋ^{35}t\varepsilon iɛn^{55}$

怕 $p^h a^{214}$ 害怕

相信 $\varepsilon iaŋ^{35}sɛn^{33}$

　信得过 $sɛn^{24}tɛ^{31}ko^{214}$

焦 $t\varepsilon iɑɯ^{35}$ 发愁

好生 $xɑɯ^{45}sɛn^{55}$ ①小心：你要～走。②好好

　　儿：你要～照顾他

喜欢 $\varepsilon i^{45}fan^{55}$

烦 $fan^{31}$ 讨厌

　□恶 $tsɛ^{35}u^{55}$

安逸 $ŋan^{35}i^{31}$ 舒服

冇舒服 $mɑɯ^{35}su^{35}fu^{31}$ 难受

冇舒服 $mɑɯ^{35}su^{35}fu^{31}$ 难过

　难过 $lan^{33}ko^{214}$

欢喜 $fai^{35}\varepsilon i^{42}$ 高兴

　高兴 $kɑɯ^{35}sɛn^{33}$

使气 $sη^{45}t\varepsilon^h i^{214}$ 生气

　怄气 $ŋɤɯ^{24}t\varepsilon^h i^{214}$

怪 $kuai^{214}$ 责怪

　讲 $kaŋ^{453}$

失悔 $sη^{33}fɛi^{42}$ 后悔

眼红 $ŋan^{45}xoŋ^{31}$ 忌妒

　恨 $xɛn^{214}$

怕羞 $p^h a^{21}\varepsilon iɤɯ^{35}$ 害羞

丢人 $tiɤɯ^{35}lɛn^{31}$ 丢脸

欺负 $t\varepsilon^h i^{35}fu^{33}$

装 $tsuaŋ^{35}$ 假装：～生病

痛 $t^h oŋ^{214}$ 疼爱

　疼 $t^h ɛn^{31}$

　爱 $ŋai^{214}$

要 $iɑɯ^{214}$

有 $iɤɯ^{453}$

冇得 $mɑɯ^{35}tɛ^{35}$ 没有

是 $sη^{35}$

冇是 $mɑɯ^{35}sη^{35}$ ①不是。②连词，否则

在 $tsai^{35}$

冇在 $mɑɯ^{35}tsai^{35}$ 不在

晓得 $\varepsilon iɑɯ^{45}tɛ^{31}$ 知道

冇晓得 $mɑɯ^{35}\varepsilon iɑɯ^{45}tɛ^{31}$ 不知道

会 $fɛi^{35}$ 懂

冇会 $mɑɯ^{35}fɛi^{35}$ 不懂

会 $fɛi^{35}$

　V① 得来 $tɛ^{31}lai^{31}$

冇会 $mɑɯ^{35}fɛi^{35}$ 不会

　V 冇来 $mɑɯ^{35}lai^{31}$

认得 $zɛn^{35}tɛ^{31}$ 认识

　认得倒 $zɛn^{35}tɛ^{31}tɑɯ^{42}$

认冇倒 $zɛn^{35}mɑɯ^{35}tɑɯ^{42}$ 不认识

要得 $iɑɯ^{24}tɛ^{31}$ 行

　得行 $tɛ^{35}\varepsilon iɛn^{31}$～$tɛ^{35}xaŋ^{31}$

冇得行 $mɑɯ^{35}tɛ^{35}\varepsilon iɛn^{31}$～$mɑɯ^{35}tɛ^{35}xaŋ^{31}$ 不行

---

① "V" 代表单音节动词。下同。

愿意 yɛn²⁴i³³ 肯

    肯 kʰɛn⁴⁵³

应该 iɛn²¹kai³⁵

可以 kʰo⁴⁵i⁴²

讲 kaŋ⁴⁵³ 说

话 ua³⁵ 名词：讲～

摆龙门阵 pai⁴⁵loŋ³³mɛn³³tsɛn³³ 聊天儿

喊 xan⁴⁵³ 叫：～我一声

吼 xɤɯ⁴⁵³ ①大声喊，吆喝。②斥责

哭 kʰu³⁵

唤 tɕyɛ²¹⁴ 骂

    日唤 zʅ³³tɕyɛ³⁵

骂架 ma³⁵tɕia²¹⁴ 吵架

    争嘴 tsɛn³⁵tsuɛi⁴²

□ xo³⁵ 骗

    哄 xoŋ⁴⁵³

哄 xoŋ⁴⁵³

    逗 tɤɯ³⁵

    诓 kʰuaŋ³⁵

讲假话 kaŋ⁴⁵tɕia⁴⁵ua³⁵ 撒谎

    扯谎 tsʰɛ⁴⁵faŋ⁴²

    扯故 tsʰɛ⁴⁵ku²¹⁴

□白 lia³³pɛ³⁵ 吹牛

    冲壳子 tsʰoŋ²⁴kʰo³³tsʅ⁴²

    日白 zʅ³³pɛ²¹⁴

舔肥 tʰiɛn⁴⁵fɛi³¹ 拍马屁

    □肥 lia⁴⁵fɛi³¹

扮灯儿 pan²¹tɚ³⁵ 开玩笑

告声 kaɯ²¹sɛn³⁵ 告诉

劳慰 laɯ³³uɛn³³ 谢谢

    难为 lan³³uɛi³¹

对冇起 tuɛi²¹maɯ³⁵tɕʰi⁴² 对不起

二回见 ɚ²⁴fɛi³¹tɕiɛn³³ 再见

## 十二　性质状态

大 tʰai⁴⁵³～ta²¹⁴

小 ɕiaɯ⁴⁵³

    细 ɕi²¹⁴

粗 tsʰɤɯ³⁵ ①与细相对。②不光滑

细 ɕi²¹⁴

长 tsaŋ³¹

短 tuan⁴⁵³

久 tɕiɤɯ⁴⁵³ 时间～

短 tuan⁴⁵³ 时间～

宽 kʰuan³⁵ 路～

宽 kʰuan³⁵ 宽敞：房子～

窄 tsɛ²¹⁴

高 kaɯ³⁵ 飞机飞得～

矮 ŋai⁴⁵³ ①垂直高度低：小鸟飞得～。②价低

高 kaɯ³⁵ 他比我～

矮 ŋai⁴⁵³ 他比我～

远 yɛn⁴⁵³

近 tɕiɛn³⁵

深 sɛn³⁵

浅 tɕʰiɛn⁴⁵³

清亮 tsʰɛn³⁵liaŋ⁵⁵ 清

    清亮亮 tɕʰɛn³⁵liaŋ⁵⁵liaŋ⁵⁵

浑 fɛn³⁵ 浑浊

    浑浊浊 fɛn³⁵tsʰo³³tsʰo³¹

圞 luan³¹ 圆

    圞滚滚 luan³³kuɛn⁴⁵kuɛn⁴²

□ pia⁴⁵³ 扁

    □擦＝擦＝pia⁴⁵tsʰa⁵⁵tsʰa³⁵

方 faŋ³⁵

    方墩墩 faŋ³⁵tɛn⁵⁵tɛn³⁵

尖 tɕiɛn³⁵

尖溜溜 tɕiɛn³⁵liɤɯ⁵⁵liɤɯ³⁵

平 pɛn³¹

　平仰 pɛn³³iaŋ³¹

　平坦坦 pɛn³³tʰan⁴⁵tʰan⁴²

肥 fɛi³¹ 〜肉

瘦 sɤɯ²¹⁴ 〜肉

肥 fɛi³¹ 形容动物：猪〜

　肥□□ fɛi³³tʰɛn⁴⁵tʰɛn⁴²

胖 pʰaŋ²¹⁴ 形容人

瘦 sɤɯ²¹⁴ 形容人、动物

　瘦□□ sɤɯ²¹tɕʰiaŋ³⁵tɕʰiaŋ³⁵

黑 xɛ³⁵

　黑黢黢 xɛ³⁵tɕʰy⁵⁵tɕʰy³⁵

白 pɛ²¹⁴

　白生生 pɛ²¹sɛn³⁵sɛn³⁵

红 xoŋ³¹

　红咚咚 xoŋ³³toŋ³⁵toŋ³⁵

黄 uaŋ³¹

　黄□□ uaŋ³³pʰia⁴⁵pʰia⁴²

蓝 lan³¹

绿 lɤɯ²¹⁴

　绿汪汪 lɤɯ²¹uaŋ³⁵uaŋ³⁵

紫 tsʅ⁴⁵³

灰 fɛi³⁵

　灰普＝普＝fɛi³⁵pʰu⁴⁵pʰu⁴² 尘土多，不干净，
　　颜色不亮丽的样子

多 to³⁵

少 saɯ⁴⁵³

重 tsoŋ²¹⁴

　重坨坨 tsoŋ³⁵to³³to³¹

轻 tɕʰiɛn³⁵

　轻飘飘 tɕʰiɛn³⁵pʰiaɯ⁵⁵pʰiaɯ³⁵

抻＝tsʰɛn³⁵ 直

陡 tɤɯ⁴⁵³

弯 uan³⁵

　弯曲曲 uan³⁵tɕʰy³³tɕʰy³¹

歪 uai³⁵ 帽子戴〜了

厚 xɤɯ³⁵

　厚□□ xɤɯ³⁵tɕy³³tɕy³¹

薄 po²¹⁴

　薄□□ po²⁴lia⁴⁵lia⁴²

稠 tsɤɯ³¹

酽 iɛn²¹⁴

　酽□□ iɛn²⁴toŋ³³toŋ³¹

稀 ɕi³⁵

　清 tsʰɛn³⁵

　清寡＝寡＝tsʰɛn³⁵kua⁴⁵kua⁴²

密 mi²¹⁴

稀 ɕi³⁵ 不密

亮 liaŋ³⁵

　亮堂堂 liaŋ³⁵taŋ³³taŋ³¹

黑 xɛ³⁵

　黑笭笭 xɛ³⁵soŋ⁴⁵soŋ⁴² 外面〜的，很吓人

热 zɛ²¹⁴ 天气〜

　热乎乎 zɛ²¹fu³⁵fu³⁵

热和 zɛ²¹xo³⁵ 暖和

凉 liaŋ³¹ 天气〜

冷 lɛn⁴⁵³ 天气〜

烫 tʰaŋ²¹⁴ 热：水〜

　懒 lai²¹⁴

清 tɕʰiɛn²¹⁴ 凉，冷：水〜

　冷 lɛn⁴⁵³

干 kan³⁵

湿 sɛ³⁵

　湿□□ sɛ³⁵ua⁴⁵ua⁴²

干净 kan³⁵tsɛn⁵⁵

□赖 pʰai³³lai³⁵ 脏

　　楼 ˭lɤɯ³¹

　　齷齪 ŋo³³tsʰo³⁵

快 kʰuai²¹⁴ 刀～

木 mu³⁵ 钝

　　鉛 y³⁵ 刀口子～了①

快 kʰuai²¹⁴ 坐车比走路～

慢 man³⁵ 走路比坐车～

　　慢吞吞 man³⁵tʰɛn⁵⁵tʰɛn⁴²

早 tsɑu⁴⁵³ 来得～

晏 ŋan²¹⁴ 迟：来～了

　　迟 tsʅ³¹

　　晚 uan⁴⁵³

晏 ŋan²¹⁴ 时间晚：天色～

　　晚 uan⁴⁵³

松 soŋ³⁵

　　松垮垮 soŋ³⁵kʰua⁴⁵kʰua⁴²

紧 tɕiɛn⁴⁵³

　　紧绷绷 tɕiɛn⁴⁵poŋ⁵⁵poŋ³⁵

简单 tɕiɛn⁴⁵tan⁵⁵ 这道题～

　　便宜 piɛn³³i³¹

　　撇脱 pʰiɛ²⁴tʰo⁴²

难 lan³¹ 这道题～

　　贵 kuɛi²¹⁴

新 sɛn³⁵

　　新崭崭 sɛn³⁵tsan⁴⁵tsan⁴²

旧 tɕiɤɯ³⁵

　　旧□□ tɕiɤɯ³⁵pʰia⁴⁵pʰia⁴²

老 lɑu⁴⁵³

年轻 iɛn³³tɕʰiɛn³⁵

炪 pʰa³⁵ 软

炪和 pʰa³⁵xo³¹

炪分分的 pʰa³⁵ɕi⁵⁵ɕi³⁵

硬 ŋɛn²¹⁴

　　硬邦邦 ŋɛn²¹paŋ³⁵paŋ³⁵

□ zoŋ³¹ 食物煮得烂

　　□□□ zoŋ³³ua⁴⁵ua⁴²

煳 fu³¹ 食品经火变焦发黑

牢实 lɑu³³sʅ³¹ 结实

　　□实 tsuai³³sʅ³⁵

烂 lan³⁵ 破

富 fu²¹⁴

　　有钱 iɤɯ⁴⁵tɕiɛn³¹

穷 tɕioŋ³¹

忙 maŋ³¹

闲 ɕiɛn³¹

　　得空 tɛ³⁵kʰoŋ²¹⁴

累 luɛi³⁵

痛 tʰoŋ²¹⁴ 疼

痒 iaŋ⁴⁵³ 痒。女性忌讳说"身上～"

　　抠 kʰɤɯ³⁵ 男女均可用

　　咬 ŋɑu⁴⁵³ 男女均可用

闹热 lɑu³⁵zɛ³¹ 热闹

　　热闹 zɛ³³lɑu³⁵

熟 sɤɯ²¹⁴ 熟悉

生 sɛn³⁵ 陌生

　　陌生 pɛ³³sɛn³⁵

味道 uɛi³⁵tɑu³³ 吃的滋味

气味 tɕʰi²¹uɛi³⁵

　　味道 uɛi³⁵tɑu³³

咸 xan³¹

淡 tan²¹⁴

---

① 不能说"刀～了"。

淡□□ tan²⁴pʰia⁴⁵pʰia⁴²

　　□淡 pia³³tan³³

酸 suan³⁵

　　酸纠＝纠＝ suan³⁵tɕiɤɯ⁵⁵tɕiɤɯ³⁵

　　纠＝酸 tɕiɤɯ³⁵suan⁵⁵

甜 tiɛn³¹

　　咪＝咪＝甜 mi³⁵mi⁵⁵tiɛn³¹

154

　　甜蜜蜜 tiɛn³³mi³³mi³⁵

苦 kʰu⁴⁵³

辣 la²¹⁴

鲜 ɕyɛn³⁵

香 ɕiaŋ³⁵

　　碰＝香 pʰoŋ³³ɕiaŋ³⁵ 很香

臭 tsʰɤɯ²¹⁴

　　脖臭 pʰaŋ³⁵tsʰɤɯ³³ 很臭

馊 sɤɯ³⁵

　　撕臭 sɿ³⁵tsʰɤɯ³³

腥臭 sɛn³⁵tsʰɤɯ⁵⁵ 腥

好 xɑɯ⁴⁵³

坏 fai³⁵

孬 pʰiɛ²¹⁴ 东西质量差或人品不好

对 tuɛi²¹⁴

错 tsʰo²¹⁴

好看 xɑɯ⁴⁵kʰan²¹⁴ 漂亮

　　光生 kuɑŋ³⁵sɛn⁴²

　　漂亮 pʰiɑɯ²¹liaŋ³⁵

丑 tsʰɤɯ⁴⁵³

　　难看 lan³³kʰan²¹⁴

勤快 tɕiɛn³³kʰuai³⁵

懒 lan⁴⁵³

乖 kuai³⁵

　　听话 tʰɛn²¹ua³⁵

千翻 tɕʰiɛn³⁵fan⁵⁵ 调皮

　　横 fan³¹

　　□ ɕyɛn³¹

老实 lɑu⁴⁵sɿ⁵⁵

□ xa⁴⁵³ 傻

　　呆 tai³⁵

笨 pɛn²¹⁴

舍得 sɛ⁴⁵tɛ³¹ 大方

啬夹 sɛ³⁵ka⁵⁵ 小气

　　□□ i²⁴mo³¹

耿直 kɛn⁴⁵tsɿ³¹ 直爽

犟 tɕiaŋ²¹⁴

　　□① tɕiɛ²¹⁴

　　倔 tɕye³⁵

## 十三　数量

一 i³¹

二 ɚ²¹⁴

三 san³⁵

四 sɿ²¹⁴

五 u⁴⁵³

六 lɤɯ²¹⁴

七 tɕʰi³⁵

八 pa³⁵

九 tɕiɤɯ⁴⁵³

十 sɛ²¹⁴②

---

① 疑本字仍为"倔"。

② "十"单用，或在个位数上时，或在量词前时，念[sɛ²¹⁴]；在"二"后时，念[sɿ³¹]；在"三"及"三"以上的
　　数字后时，念[sɿ³⁵]。

二十 ɚ³⁵sɿ³¹ 不合音

三十 san³⁵sɿ⁵⁵ 不合音

一百 i³³pɛ³⁵

一千 i³³tɕʰiɛn³⁵

一万 i³³uan²¹⁴

一百零五 i³³pɛ³⁵liɛn³³u⁴⁵³

一百五十 i³³pɛ³⁵u⁴⁵sɿ³⁵

　　一百五 i³³pɛ³⁵u⁴²

第一 ti²⁴i³¹

二两 ɚ³⁵liaŋ⁴²

几个 tɕi⁴⁵ko⁵⁵①

　　几条 tɕi⁴⁵tiɑu³¹

两个 liaŋ⁵⁵ko⁵⁵ 俩，当地不合音

　　两条 liaŋ⁴⁵tiɑu³¹

三个 san³⁵ko⁵⁵ 仨，当地不合音

　　三条 san³⁵tiɑu³¹

个把 ko²⁴pa⁴² 个把，概数，表少：只有～人

个 ko²¹⁴ 一～人

　　条 tiɑu³¹

匹 pi³¹ 一～马

　　条 tiɑu³¹

头 tɤɯ³¹ 一～牛

　　条 tiɑu³¹

头 tɤɯ³¹ 一～猪

　　条 tiɑu³¹

条 tiɑu³¹ 一～狗

个 ko²¹⁴ 一～鸡

　　条 tiɑu³¹

个 ko²¹⁴ 一～蚊子

条 tiɑu³¹ 一～鱼

　　个 ko²¹⁴

条 tiɑu³¹ 一～蛇

　　根 kɛn³⁵

张 tsaŋ³⁵ 一～嘴

张 tsaŋ³⁵ 一～桌子

床 tsuaŋ³¹ 一～被子

床 tsuaŋ³¹ 一～席子

双 suaŋ³⁵ 一～鞋

把 pa⁴⁵³ 一～刀

个 ko²¹⁴ 一～锁

　　把 pa⁴⁵³

根 kɛn³⁵ 一～绳子

支 tsɿ³⁵ 一～毛笔

副 fu²¹⁴ 一～眼镜

面 miɛn²¹⁴ 一～镜子 | 一～旗

坨 to³¹ 块：一～香皂

辆 liaŋ⁴⁵³ 一～车

　　部 pu²¹⁴

　　架 tɕia²¹⁴

座 tso²¹⁴ 一～房子

　　墩 tɛn³⁵

座 tso²¹⁴ 一～桥

条 tiɑu³¹ 一～河

条 tiɑu³¹ 一～路

　　根 kɛn³⁵

根 kɛn³⁵ 棵：一～树子

　　棵 kʰo⁴⁵³

朵 to⁴⁵³ 一～花 | 一～旗

颗 kʰo⁴⁵³ 一～珠子

颗 kʰo⁴⁵³ 粒：一～米

　　粒 li³¹

顿 tɛn²¹⁴ 一～饭

---

① "个"在"一"后时，读去声[214]调；在"二"及"二"以上的数字后时，多读[55]调。

副 fu²¹⁴ 剂：一～中药

股 ku⁴⁵³ 一～香味 | 一～臭味

排 pai³¹ 行：一～字 | 一～桌子

　　行 xaŋ³¹

块 kʰuai⁴⁵³ 一～钱

　　元 yɛn³¹

角 tɕio³¹ 一～钱

　　毛 mɑɯ³¹

件 tɕiɛn²¹⁴ 一～衣服上衣 | 一～事情 | 一～事故

　　个 ko²¹⁴

　　桩 tsuaŋ³⁵ 一～事情

点 tiɛn⁴⁵³ 一～东西

些 ɕi³⁵ 一～东西

下 xa²¹⁴ 表动量：打一～

下 xa²¹⁴ 表时量，会儿，使用时前面以无"一"为常：坐～再走

　　下下儿 xa³⁵xɤr⁵⁵ 时间偏短，使用时前面以无"一"为常

　　岗＝岗＝kaŋ⁴⁵kaŋ⁴²

顿 tɛn²¹⁴ 打一～

岗＝kaŋ⁴⁵³ 阵：下了一～雨

　　阵 tsɛn²¹⁴

　　下下儿 xa³⁵xɤr⁵⁵

回 fei³¹ 趟：走一～ | 见一～ | 闹一～ | 去了一～

　　次 tsʰɿ²¹⁴ 见一～ | 去一～ | 喝一～

## 十四　代副介连词

我 ŋo⁴⁵³

你 i⁴⁵³

你 i⁴⁵³ 您①

底＝ti⁴⁵³ 他

他 tʰa³⁵

我之＝ŋo⁴⁵tsɿ⁵⁵ 我们（不包括听话的人）

我之＝ŋo⁴⁵tsɿ⁵⁵ 咱们（包括听话的人）

你之＝i⁴⁵tsɿ⁵⁵ 你们

底＝之＝ti⁴⁵tsɿ⁵⁵ 他们

　　他之＝tʰa³⁵tsɿ⁵⁵

大伙 ta³⁵xo⁴² 大家

　　大家 ta³⁵tɕia⁴²～ta³⁵ka⁴²

自家 tsɿ³⁵ka⁵⁵ 自己

　　各人 ko³⁵zɛn³¹

别个 pʰiɛ²¹ko³⁵ 别人

我老汉儿 ŋo⁴⁵lɑɯ⁴⁵xɤr³³ 我爸

　　我屋老汉儿 ŋo⁴⁵u³¹lɑɯ⁴⁵xɤr³³

　　我爸 ŋo⁴⁵pa³¹

你老汉儿 i⁴⁵lɑɯ⁴⁵xɤr³³ 你爸

　　你屋老汉儿 i⁴⁵u³¹lɑɯ⁴⁵xɤr³³

　　你爸 i⁴⁵pa³¹

底＝老汉儿 ti⁴⁵lɑɯ⁴⁵xɤr³³ 他爸

　　底＝屋老汉儿 ti⁴⁵u³¹lɑɯ⁴⁵xɤr³³

　　底＝爸 ti⁴⁵pa³¹

简个 ko⁴⁵ko³³ 这个

　　简条 ko⁴⁵liɑɯ⁴²

没＝个 mɛi³⁵ko³³ 那个

　　没＝条 mɛi³⁵liɑɯ⁴²

哪个 la⁴⁵ko³³

　　哪条 la⁴⁵liɑɯ⁴²

哪个 la⁴⁵ko³³ 谁

简里 ko⁴⁵li⁵⁵ 这里

　　简个垱 ko⁴⁵ko³³taŋ²¹⁴

　　简坨 ko⁴⁵to³¹

没＝里 mɛi³⁵li⁵⁵ 那里

---

① 潼南湘语没有专门用于表敬称的第二人称代词。

没＝个垱 mɛi³⁵ko³³taŋ²¹⁴

没＝坨 mɛi³⁵to³¹

哪里 la⁴⁵li⁵⁵

哪个垱 la⁴⁵ko³³taŋ²¹⁴

哪坨 la⁴⁵to³¹

箇支＝ko⁴⁵tsɿ⁵⁵ 这样：事情是～的

箇样 ko⁴⁵iaŋ⁵⁵

没＝支＝mɛi³⁵tsɿ⁵⁵ 那样：事情冇是～的

没＝样 mɛi³⁵iaŋ⁵⁵

哪支＝la⁴⁵tsɿ⁵⁵ 怎样，什么样：你要～的？

哪样 la⁴⁵iaŋ⁵⁵

箇支＝嘎＝ko⁴⁵tsɿ³⁵ka⁵⁵ 这么：～贵啊

箇支＝ko⁴⁵tsɿ⁵⁵

药＝支＝嘎 io²¹tsɿ³⁵ka⁵⁵ 怎么：这个字～写？

药＝支＝io²¹tsɿ³⁵

么个 mu⁴⁵ko⁵⁵ 什么：箇条是～字？

哪样 la⁴⁵iaŋ³³

啥子 sa²⁴tsɿ⁴²

么个 mu⁴⁵ko⁵⁵ 什么：你找～？

哪样 la⁴⁵iaŋ³³

啥子 sa²⁴tsɿ⁴²

为么个 uɛi²⁴mu⁴⁵ko⁵⁵ 为什么

为哪样 uɛi²⁴la⁴⁵iaŋ³³

为啥子 uɛi²⁴sa²⁴tsɿ⁴²

做么个 tsɤɯ²⁴mu⁴⁵ko⁵⁵ 干什么

做啥子 tsɤɯ²⁴sa²⁴tsɿ⁴²

做哪样 tsɤɯ²⁴la⁴⁵iaŋ³³

好多 xaɯ⁴⁵to³⁵ 多少

好 xaɯ⁴⁵³ 程度副词，很

嘿＝xɛ⁴⁵³

嘿＝们 xɛ⁴⁵mɛn⁵⁵ 非常

更 kɛn²¹⁴

还要 xai³³iaɯ³³

太 tʰai²¹⁴

最 tsuɛi²¹⁴

全部 tɕyɛn³³pu³³ 都

都 tɤɯ³⁵

一下 i³³xa²¹⁴

一下 i³³xa²¹⁴ 一共

一路 i³³lɤɯ³⁵ 一起

斗＝tɤɯ²¹⁴ 只

只 tsɿ⁴⁵³

刚刚 tɕiaŋ³⁵tɕiaŋ⁵⁵ 刚

刚 kaŋ³⁵

刚安＝kaŋ³⁵ŋan⁵⁵

才 tsai³¹ 刚

刚安＝kaŋ³⁵ŋan⁵⁵

刚下儿 kaŋ³⁵xɐr⁵⁵

才 tsai³¹ 我～20岁

斗＝tɤɯ²¹⁴ 就：吃了饭～走

经常 tɕiɛn³⁵saŋ³¹

肯 kʰɛn⁴⁵³

又 iɤɯ²¹⁴

还 xai³¹

再 tsai²¹⁴

又 iɤɯ²¹⁴

也 iɛ⁴⁵³

反正 fan⁴⁵tsɛn⁴²

冇有 maɯ³⁵iɤɯ⁴² 副词，没有

冇 maɯ³⁵ 不

莫 mo²¹⁴ 别

莫 mo²¹⁴ 甭

冇 maɯ³⁵

冇消 maɯ³⁵ɕiaɯ³⁵

要 iɑɯ²¹⁴ 快

　快 kʰuai²¹⁴

争点 tsɛn³⁵tiɛn⁴² 差点儿

　差点点 tsʰa³⁵tiɛn⁴⁵tiɛn⁴²

宁可 liɛn³³kʰo⁴²

　宁愿 liɛn³³yɛn³³

　情愿 tɕiɛn³³yɛn³³

158　刁滋＝tiɑɯ³⁵tsʅ⁵⁵①故意。②专门，特意

　有意 iɤɯ⁴⁵i³³

随便 suɛi³³piɛn³⁵

白 pe²¹⁴ ～跑一趟

　空 kʰoŋ³⁵

捱＝抵＝ŋai³³ti⁴² 肯定

谙 ŋan³¹ 可能，估计：～是他干的

边 piɛn³⁵ 一边

跟 kɛn³⁵ 连词，和：我～他都姓王

跟 kɛn³⁵ 介词，和：我昨天～他去城里了

对 tuɛi²¹⁴ 他～我很好

往 uɑŋ⁴⁵³ ～左走

　朝 tsɑɯ³¹

跟 kɛn³⁵ 介词，向，对：～他借一本书

按 ŋan²¹⁴ 按照

　依 i³⁵

帮 pɑŋ³⁵ 替

　替 tʰi²¹⁴

要是 iɑɯ²⁴sʅ³³ 如果

　如果 zu³³ko⁴²

　假如 tɕia⁴⁵zu³¹

冇管 mɑɯ³⁵kuan⁴² 不管：～怎么劝他都不听

　尽管 tɕiɛn²⁴kuan⁴²

# 第二节

# 《汉语方言词语调查条目表》

## 一 天文

太阳坝 tʰai²⁴iaŋ³¹pa³⁵ 太阳照到的地方

　　太阳坝坝 tʰai²⁴iaŋ³¹pa²¹pa³⁵

向阳 ɕiaŋ²⁴iaŋ³¹

　　当太阳 taŋ³⁵tʰai²⁴iaŋ³¹

背阴 pɛi³⁵iɛn³⁵

　　背太阳 pɛi³⁵tʰai²⁴iaŋ³¹

太阳戴帽 tʰai²⁴iaŋ³¹tai²¹mauɯ³⁵ 日晕

大太阳 ta³⁵tʰai²⁴iaŋ³¹ ①大晴天。②太阳光强

黄黄太阳 uaŋ³³uaŋ³¹tʰai²⁴iaŋ³¹ 太阳光不强，
　　但天又未转阴的状态

当西晒 taŋ³⁵ɕi³⁵sai³³ 西晒

大月亮 ta³⁵yɛ²¹liaŋ³⁵ ①月光很好。②圆月

鹅米月 ŋo³³mi⁴⁵yɛ²¹⁴ 月牙

月亮坝 yɛ²¹liaŋ³⁵pa³⁵ 月亮照到的地方

　　月亮坝坝 yɛ²¹liaŋ³⁵pa²¹pa³⁵

月亮戴帽 yɛ²¹liaŋ³⁵tai²¹mauɯ³⁵ 月晕

　　月亮起毛 yɛ²¹liaŋ³⁵tɕʰi⁴⁵mauɯ³¹

小月亮 ɕiauɯ⁴⁵yɛ²¹liaŋ³⁵ ①非圆月。②月光

不好

月亮小 yɛ²¹liaŋ³⁵ɕiɑɯ⁴²

北斗星 pɛ²⁴tɤɯ⁴⁵sɛN³⁵

七姊妹 tɕʰi³⁵tsʅ⁴⁵mɛi⁵⁵

启明星 tɕʰi⁴⁵mɛN³¹sɛN³⁵

银河 iɛN³³xo³¹

天河 tʰiɛN³⁵xo³¹

160 祸殃星 xo³⁵iaŋ⁵⁵sɛN⁵⁵ ①彗星：～落嘎了彗星落了。

②喻指带来灾祸的人：他像个～样

扫把星 sɑɯ²⁴pa⁴⁵sɛN⁵⁵

大风 ta³⁵xoŋ⁵⁵

狂风 kuaŋ³³xoŋ³⁵

小风 ɕiɑɯ⁴⁵xoŋ⁵⁵

□□风 iaŋ³³iaŋ³¹xoŋ³⁵ 微风

旋头风 ɕyɛN²⁴tɤɯ³¹xoŋ³⁵ 旋风

旋涡风 ɕyɛN²¹o³⁵xoŋ³⁵

劈面风 pʰiɛ³³miɛN³⁵xoŋ⁵⁵ 顶风

顶头风 tɛN⁴⁵tɤɯ³¹xoŋ³⁵

顺风 ɕyɛN²¹xoŋ³⁵

吹风 tɕʰy³⁵xoŋ³⁵ 刮风

风停嘎了 xoŋ³⁵tiɛN³¹ka⁴⁵³liɑɯ⁴²

风停了 xoŋ³⁵tiɛN³¹liɑɯ⁴²

风住了 xoŋ³⁵tɕy³⁵liɑɯ⁴²

住风了 tɕy³⁵xoŋ³⁵liɑɯ⁴²

黑云 xɛ³⁵yɛN³¹

乌云 u³⁵yɛN³¹

朵朵云 to⁴⁵to⁴²yɛN³¹ 棉花团状的白云

霞 ɕia³¹

红云 xoŋ³³yɛN³¹

花云 fa³⁵yɛN³¹

朝霞 tsɑɯ³⁵ɕia³¹

晚霞 uan⁴⁵ɕia³¹

火烧云 xo⁴⁵sɑɯ³⁵yɛN³¹

菩萨云 pu³³sa³⁵yɛN³¹ 人形的云

涨水 tsaŋ⁴⁵suEi⁴² 发洪水

打雷 ta⁴⁵luEi³¹

炸雷 tsa²⁴luEi³¹ 响声很大的雷

吼雷 xɤɯ⁴⁵luEi³¹

闷雷 mEN²⁴luEi³¹ 声音低沉的雷

着雷打嘎了 tsɑɯ³¹luEi³¹ta⁴⁵ka⁴⁵liɑɯ⁴² 被雷击了

着雷打了 tsɑɯ³¹luEi³¹ta⁴⁵liɑɯ⁴²

扯火闪 tsʰa⁴⁵xo⁴⁵san⁴² 打闪

扯闪 tsʰa⁴⁵san⁴²

雷火 luEi³³xo⁴² 由打雷所引起的火

雨点子 y⁴⁵tiɛN⁴⁵tsʅ⁴² 雨点

打雨点子 ta⁴⁵y⁴⁵tiɛN⁴⁵tsʅ⁴² 下雨点儿

小雨 ɕiɑɯ⁴⁵y⁴²

毛毛雨 mɑɯ³³mɑɯ⁵⁵y⁴²

狗毛雨 kɤɯ⁴⁵mɑɯ³¹y⁴²

大雨 ta³⁵y⁴²

暴雨 pɑɯ²⁴y⁴²

绵绵雨 miɛN³³miɛN³¹y⁴² 连阴雨

绵扎雨 miɛN³³tsa³¹y⁴²

长把伞雨 tsaŋ³³pa⁴⁵san⁴⁵y⁴²

扯长把伞雨 tsʰa⁴⁵tsaŋ³³pa⁴⁵san⁴⁵y⁴² 下连阴雨

落淋雨 lo²¹lɛN³⁵y⁴²

雷阵雨 luEi³³tsɛN²⁴y⁴²

偏东雨 pʰiɛN³⁵toŋ⁴⁵y⁴² 阵雨。"东"读轻声

天东雨 tʰiɛN³⁵toŋ⁴⁵y⁴²

住雨了 tɕy³⁵y⁴⁵liɑɯ⁴² 雨停了

雨住了 y⁴⁵tɕy³⁵liɑɯ⁴²

瓢倒雨 piɑɯ³¹tɑɯ²⁴y⁴² 瓢泼大雨

漂雨 pʰiɑɯ²⁴y⁴² 潲雨

弯脚杆雨 uan³⁵tɕio³⁵kan⁴²y⁴²

出虹了 tɕʰy³⁵kaŋ²¹⁴liɑu⁴²

凌冰儿 lɛn²¹⁴piɚ³⁵ 冰

冰棒 pɛn³⁵paŋ⁵⁵ 冰锥

落雪 lo²¹ɕyɛ³⁵

大雪 ta³⁵ɕyɛ⁵⁵

小雪 ɕiɑu⁴⁵ɕyɛ⁵⁵

雨夹雪 y⁴⁵tɕia³⁵ɕyɛ³⁵

雪化了 ɕyɛ³⁵fa²¹⁴liɑu⁴²

打露水 ta⁴⁵lɤɯ³⁵suɛi⁴² 下露

　扯露水 tsʰa⁴⁵lɤɯ³⁵suɛi⁴²

　起露水 tɕʰi⁴⁵lɤɯ³⁵suɛi⁴²

白头霜 pɛ²⁴tɤɯ³¹suaŋ⁵⁵ 地上、草上等所结的霜

打白头霜 ta⁴⁵pɛ²⁴tɤɯ³¹suaŋ⁵⁵ 下霜

　打霜 ta⁴⁵suaŋ³⁵

水霜 suɛi⁴⁵suaŋ⁴²～suɛi⁴⁵suaŋ⁵⁵ 雾

打雾 ta⁴⁵u²¹⁴

　起雾 tɕʰi⁴⁵u²¹⁴

　打雾罩 ta⁴⁵u²⁴tsɑu³³

　起雾罩 tɕʰi⁴⁵u²⁴tsɑu³³

　打水霜 ta⁴⁵suɛi⁴⁵suaŋ⁴²

　起水霜 tɕʰi⁴⁵suɛi⁴⁵suaŋ⁴²

　下雾罩 xa³⁵u²⁴tsɑu³³

　下罩子 xa³⁵tsɑu²⁴tsɿ⁴²

晴天 tsɛn³³tʰiɛn⁴²～tsɛn³³tʰiɛn⁵⁵

　出太阳天 tɕʰy³⁵tʰai²⁴iaŋ³¹tʰiɛn⁵⁵

阴天 iɛn³⁵tʰiɛn⁴²～iɛn³⁵tʰiɛn⁵⁵

伏天 fu²¹tʰiɛn⁵⁵

进伏 tsɛn²⁴fu²¹⁴ ①一伏的第一天。②开始进入伏天

头伏 tɤɯ³³fu³³ 初伏

　一伏 i³⁵fu³³

中伏 tsoŋ³⁵fu³³

　二伏 ɚ³⁵fu³³

末伏 mo³³fu³³

　三伏 san³⁵fu³³

送伏 soŋ²⁴fu²¹⁴ 三伏的最后一天

脱伏 tʰo³⁵fu²¹⁴ 出伏

　伏天撒꞊果 ꞊fu²¹tʰiɛn⁵⁵sa⁴⁵ko⁴² 伏天结束

水涝 ɕy⁴⁵lɑu³⁵ 水灾：今年着～了

雍 oŋ³⁵ 用土掩埋、掩盖

湿气 sɿ³³tɕʰi³⁵ 潮气：～大

落颗儿雨 lo²⁴kʰo⁴⁵ɚ³¹y⁴² 下小雨

药王水 io²⁴uaŋ³¹suɛi⁴² 传说农历四月二十八日是药王菩萨的生日，当天下的雨就叫"药王水"

端阳水 tuan³⁵iaŋ³¹suɛi⁴² 端午节当天下的雨

## 二 地理

平坝 pɛn³³pa³⁵ ①平原。②较平的地

鹅塘 o³³taŋ³¹～ŋo³³taŋ³¹～ŋo³taŋ³⁵ 屋前平地

　地坝 ti²¹pa³⁵

坝子 pa³⁵tsɿ⁴² 较平的土地

　坝坝 pa²¹pa³⁵

菜土 tsʰai³⁵tʰɤɯ⁴² 菜地

沙土 sa³⁵tʰɤɯ⁴²

　沙地 sa³⁵ti⁵⁵

土 tʰɤɯ⁴⁵³ 旱地

　坡土 pʰo³⁵tʰɤɯ⁴²

　坡地 pʰo³⁵ti⁵⁵

　斜土 ɕia³³tʰɤɯ⁴²

　坡盖土 pʰo³⁵kai²⁴tʰɤɯ⁴²

地 ti³⁵ 包括水田和旱地

河滩土 xo³¹tʰan³⁵tʰɤɯ⁴² 河滩地

山土 san³⁵tʰɤɯ⁴² 山上的土地

    山地 san³⁵ti⁵⁵

冬干田 toŋ³⁵kan³⁵tiɛn³¹ 冬天无水的田

清水 tɕʰiɛn²⁴suɛi⁴² ①冷水。②泉水

肥田 fɛi³³tiɛn³¹ 肥沃的水田

肥土 fɛi³³tʰɤɯ⁴² 肥沃的旱地

瘦田 sɤɯ²⁴tiɛn³¹ 贫瘠的水田

瘦土 sɤɯ²⁴tʰɤɯ⁴² 贫瘠的旱地

过水田 ko³⁵suɛi⁴⁵tiɛn³¹ ①洪水流经的田。②浇
    地时，水流经过的田

清水田 tɕʰiɛn²⁴suɛi⁴⁵tiɛn³¹ 有泉水的田，由于
    水温较低，庄稼长势一般不好

    冷清田 lɛn⁴⁵tɕʰiɛn²⁴tiɛn³¹

熟田 sɤɯ²⁴tiɛn³¹ 耕种过的水田

熟土 sɤɯ²⁴tʰɤɯ⁴² 耕种过的旱地

熟地 sɤɯ²⁴ti³³ 耕种过的土地

生田 sɛn³⁵tiɛn³¹ 未耕种过的水田

生土 sɛn³⁵tʰɤɯ⁴² 未耕种过的旱地

生地 sɛn³⁵ti³³ 未耕种过的土地

烂泥田 lan³⁵i³¹tiɛn³¹ 泥巴很深的水田

秧田 iaŋ³⁵tiɛn³¹ 育秧苗的田，土质多肥沃

闲田 xan³³tiɛn³¹ 未种庄稼的田

正垄田 tsɛn²⁴loŋ³¹tiɛn³¹ 沟里的田，常不缺水

□田 pʰaŋ⁴⁵tiɛn³¹ 地势较高的田，会缺水

沙土 sa³⁵tʰɤɯ⁴² 沙地

夹土 tɕia³³tʰɤɯ⁴² 容易板结的泥巴土，干时很
    硬，遇水则变成泥巴

壤土 laŋ⁴⁵tʰɤɯ⁴² 半沙半泥的土，土质较好，
    水分和肥料往往能保持得较好

谷子田 ku³⁵tsɿ⁴⁵tiɛn³¹ 种水稻的田

    藕田 ŋɤɯ⁴⁵tiɛn³¹ 种藕的田

苞谷土 paɯ³⁵ku³¹tʰɤɯ⁴² 玉米地

干田垄 kan³⁵tiɛn³¹loŋ³¹ 当地地名

卿家垄 tɕʰiɛn³⁵ka⁵⁵loŋ³¹ 当地地名

蛮子坝 man³³tsɿ⁴⁵pa²¹⁴ 地名，檬子坝的旧称

池坝村 tsʰɿ³³pa³⁵tsʰɛn⁵⁵～tsʰɿ³³pa²¹tsʰɛn⁵⁵ 当地
    村名

住垱 tsu²¹taŋ³⁵ 住处

□口 yɛ²⁴kʰɤɯ⁴² 田地或堰塘的出水口

种菜的地势 tsoŋ⁴⁵tsʰai²¹⁴ti⁴⁵ti³⁵sɿ³¹ 菜地

山包 san³⁵paɯ⁵⁵ 小山

    山包包 san³⁵paɯ⁵⁵paɯ⁵⁵

山腰 san³⁵iaɯ⁵⁵

    山半腰 san³⁵pan²¹iaɯ³⁵

    山半腰拦间 san³⁵pan²¹iaɯ³⁵lan³³kan³⁵

山沟沟 san³⁵kɤɯ⁵⁵kɤɯ⁵⁵ 山谷

山坡 san³⁵pʰo⁵⁵

    山坡坡 san³⁵pʰo⁵⁵pʰo⁵⁵

山顶 san³⁵tɛn⁴²

    山顶顶 san³⁵tɛn⁴⁵tɛn⁴²

山□□ san³⁵kʰa³⁵kʰa⁴² 山间

崖坎 ŋai³³kʰan⁴² 山崖

坳 ŋaɯ²¹⁴ ①山坡上较陡的地方。②难关：过
    了这个～就好了

垄 loŋ³¹ 较高的地势所围起的地方，可作量
    词：一～谷子

    沟垄 kɤɯ³⁵loŋ³¹ 可作量词：一～谷子

垭口 ia³⁵kʰɤɯ⁴² 山坡之间可以通行的豁口。
    往往两边高，中间低

湾 uan³⁵

堡坎 paɯ⁴⁵kʰan⁴² 护坡

坨湾 to³³uan³⁵ 河流拐弯的地方

崖洞 ŋai³³toŋ³⁵ 山崖上的洞

崖坎 ŋai³³kʰan⁴² 山崖

斜□□ ɕiɛ³³ioŋ⁴⁵ioŋ⁴² 斜坡

河 xo³¹

河里头 xo³³li⁴⁵tɤɯ³¹ 河里

水沟 suɛi⁴⁵kɤɯ⁵⁵

水壕 suɛi⁴⁵xɑɯ³¹ 小水沟

　　水壕壕 suɛi⁴⁵xɑɯ³³xɑɯ³¹

洞塘 toŋ²⁴taŋ³¹ 潭

水塘 suɛi⁴⁵taŋ³¹

海 xai⁴⁵³

河堤 xo³³tʰi³¹ 堤

清水 tsʰɛn³⁵suɛi⁴²

　　清亮水 tsʰɛn³⁵liaŋ⁵⁵suɛi⁴²

浑水 fɛn³⁵suɛi⁴²

　　浑浊水 fɛn³⁵tsʰo³¹suɛi⁴²

雨水 y⁴⁵suɛi⁴²

涨大水 tsaŋ⁴⁵ta³⁵suɛi⁴²

　　涨洪水 tsaŋ⁴⁵xoŋ³³suɛi⁴²

桥墩 tɕiɑɯ³³tɛn⁴²

石头 sʅ²⁴tɤɯ³¹

石板 sʅ²⁴pan⁴²

条石 tiɑɯ³³sʅ³¹

光鹅卵石 kuaŋ²⁴o³³luan⁴⁵sʅ³¹ 鹅卵石

　　元宝石 yɛn³³pɑɯ⁴⁵sʅ³¹

沙子 sa³⁵tsʅ⁴² 河沙和土沙，一般指河沙

土沙 tʰɤɯ⁴⁵sa⁴²～tʰɤɯ⁴⁵sa⁵⁵ 自然风化形成的

　　沙子

沙土 sa³⁵tʰɤɯ⁴²

　　沙沙土 sa³⁵sa⁵⁵tʰɤɯ⁴²

沙滩 sa³⁵tʰan⁵⁵

泥砖 i³³tɕyɛn³⁵

　　泥坯砖 i³³pʰɛi³⁵tɕyɛn⁵⁵

土坯砖 tʰɤɯ⁴⁵pʰɛi⁵⁵tɕyɛn⁵⁵

土砖 tʰɤɯ⁴⁵tɕyɛn⁵⁵

草筋 tsʰɑɯ⁴⁵tɕiɛn⁵⁵ 麻刀

□草 tɕʰiɛn⁴⁵tsʰɑɯ⁴²

砖坨 tɕyɛn³⁵to³¹ 砖块

　　烂砖 lan³⁵tɕyɛn⁵⁵

红砖 xoŋ³³tɕyɛn³⁵

青砖 tsʰɛn³⁵tɕyɛn⁵⁵

空心砖 kʰoŋ³⁵sɛn⁵⁵tɕyɛn⁵⁵

水泥砖 suɛi⁴⁵i³¹tɕyɛn⁵⁵

火砖 xo⁴⁵tɕyɛn⁵⁵

烂瓦 lan³⁵ua⁴²

　　碎瓦 tsʰuɛi²⁴ua⁴²

檐口瓦 iɛn³³kʰɤɯ⁴⁵ua⁴² 屋檐处有滴水作用的

　　瓦，便于水流走

　　屋檐瓦 u³⁵iɛn³³ua⁴²

灰尘 fɛi³⁵tsɛn³¹

扬尘 iaŋ³³tsɛn³¹ ①墙壁上的灰尘。②刮风后

　　飘在空中的土

干泥巴 kan³⁵i³³pa⁴² 干泥土

湿泥巴 sɛ³⁵i³³pa⁴²

金子 tɕiɛn³⁵tsʅ⁴²

银子 iɛn³³tsʅ⁴²

铜 toŋ³¹

铁 tʰiɛ³⁵

锡 ɕi³⁵

无烟煤 u³³iɛn³⁵mɛi³¹

　　焦煤 tɕiɑɯ³⁵mɛi³¹

有烟煤 iɤɯ⁴⁵iɛn³⁵mɛi³¹

焦炭 tɕiɑɯ³⁵tʰan⁵⁵ 无烟的炭

煤炭夹子 mɛi³³tʰan³⁵tɕia³³tsʅ⁴² 混有石头等杂

　　质的煤炭

煤夹子 mɛi³³tɕia³³tsʅ⁴²

二炭 ɚ³⁵tʰan⁵⁵ 燃烧不充分的炭

汽油 tɕʰi²⁴iɤɯ³¹

柴油 tsai³³iɤɯ³¹

石灰 sʅ²⁴fɛi⁴² 统称

白灰 pɛ²¹fɛi³⁵ 用水泡过后的石灰

玉 y²¹⁴

　　玉石 y²⁴sʅ³¹

白矾 pɛ²⁴fan³¹ 明矾

煤粑 mɛi³³pa³⁵ 将煤、黄土和到一起所摊成
　　的饼状煤

城里 tsɛn³³li⁴² ①与"农村"相对，指城市。
　　②与"城外"相对，指城内

城里头 tsɛn³³li⁴⁵tɤɯ³¹ 城内

城外 tsɛn³³uai²¹⁴

　　城外头 tsɛn³³uai³⁵tɤɯ³¹

城墙 tsɛn³³tɕiaŋ³¹

城门舷 tsɛn³³mɛn³³ɕiɛn³¹ 城边、郊区

壕沟 xɑɯ³³kɤɯ³⁵

护城河 fu²⁴tsɛn³³xo³¹

城门 tsɛn³³mɛn³¹

乡下 ɕiaŋ³⁵xa⁵⁵～ɕiaŋ³⁵ɕia³³

　　乡头 ɕiaŋ³⁵tɤɯ³¹

乡里 ɕiaŋ³⁵li⁴² ①农村。②乡镇上

家乡 tɕia³⁵ɕiaŋ⁵⁵

场镇 tsaŋ³³tsɛn³³ 集市所在地

马路 ma⁴⁵lɤɯ⁵⁵

大路 ta³⁵lɤɯ⁵⁵

小路 ɕiɑɯ⁴⁵lɤɯ⁵⁵

猫狗路 mɑɯ³⁵kɤɯ⁴⁵lɤɯ⁵⁵ 很小很窄的路

## 三　时令时间

春天 tɕʰyɛn³⁵tʰiɛn⁴²

夏天 ɕia³⁵tʰiɛn⁴²

　热天 lɛ²⁴tʰiɛn⁴²

秋天 tɕʰiɤɯ³⁵tʰiɛn⁴²

冬天 toŋ³⁵tʰiɛn⁴²

　冷天 lɛn⁴⁵tʰiɛn⁴²

交春 tɕiɑɯ³⁵tɕʰyɛn³⁵

　立春 li³³tɕʰyɛn³⁵

雨水 y⁴⁵ɕy⁴² 二十四节气之一。雨水后，树开
　　始发芽，可栽树

惊蛰 tɕiɛn³⁵tsʅ⁵⁵ 二十四节气之一。过了惊
　　蛰，可下田干活

春分 tɕʰyɛn³⁵fɛn⁵⁵ 二十四节气之一。过了春
　　分，可以种菜、下种、种豆子、育秧
　　苗等

谷雨 ku³⁵y⁴² 二十四节气之一。谷雨后天气
　　开始逐渐热起来，小麦开始灌浆

立夏 li³³ɕia³⁵ 立夏后开始栽秧苗

小满 ɕiɑɯ⁴⁵man⁴²

芒种 maŋ³³tsoŋ³³

夏至 ɕia³⁵tsʅ⁵⁵

小暑 ɕiɑɯ⁴⁵ɕy⁴²

大暑 ta³⁵ɕy⁴²

立秋 li³³tɕʰiɤɯ³⁵

　　交秋 tɕiɑɯ³⁵tɕʰiɤɯ⁵⁵

处暑 tsʰu²⁴ɕy⁴²

白露 pɛ²¹lɤɯ³⁵ 二十四节气之一。当地认为
　　白露当天下了雨，要下很久。过了白
　　露，核桃开始成熟

秋分 tɕʰiɤɯ³⁵fɛn⁵⁵ 二十四节气之一。秋分

时，当地谷子往往已收完，预示着秋天
的结束

寒露 xan³³lɤɯ³⁵

霜降 suaŋ³⁵tɕiaŋ³³

立冬 li³³toŋ³⁵

小雪 ɕiaɯ⁴⁵ɕyɛ⁵⁵

大雪 ta³⁵ɕyɛ⁵⁵

小寒 ɕiaɯ⁴⁵xan³¹

大寒 ta³⁵xan³¹

阴历 iɛn³⁵li³¹

　农历 loŋ³³li³¹

阳历 iaŋ³³li³¹

腊月三十天 la²⁴yɛ³³san³⁵sʅ⁵⁵tʰiɛn⁵⁵ 除夕

　大年三十 ta³⁵iɛn³¹san³⁵sʅ⁵⁵

团年 tuan³³iɛn³¹ 吃团圆饭

杀年猪 sa³⁵iɛn³³tɕy³⁵ 过年时杀猪

重阳节 tsoŋ³³iaŋ³³tɕiɛ⁵⁵

腊八节 la²¹pa³⁵tɕiɛ⁵⁵

大前年 ta³⁵tɕiɛn³³iɛn³¹

　向前年 ɕiaŋ²⁴tɕiɛn³³iɛn³¹

万⁼后年 uan³⁵xɤɯ³⁵iɛn³¹

　大后年 ta³⁵xɤɯ³⁵iɛn³¹

年年 iɛn³³iɛn³¹ 每年

年中 iɛn³³tsoŋ³⁵

年末 iɛn³³mo³¹ 年底

　年尾 iɛn³³uɛi⁴²

上半年 saŋ³⁵pa⁵⁵iɛn³¹

　前半年 tɕiɛn³³pan²⁴iɛn³¹

下半年 xa³⁵pa⁵⁵iɛn³¹

　后半年 xɤɯ³⁵pan⁵⁵iɛn³¹

一年 i³⁵iɛn³¹ ~ i³³iɛn³¹ ①一年。②整年

一梗⁼年 i³³kɛn⁴⁵iɛn³¹ 一整年

一对年 i³³tuɛi²⁴iɛn³¹

梗⁼年 kɛn⁴⁵iɛn³¹

闰年 lɛn²⁴iɛn³¹

正月间 tsɛn³⁵yɛ⁵⁵kan⁴²

闰月 lɛn²⁴yɛ²¹⁴

月初 yɛ²¹tɕʰy³⁵

半个月 pan²¹ko³⁵yɛ³⁵ 月半

月底 yɛ²⁴ti⁴²

一个月 i³³ko³³yɛ³⁵

前个月 tɕiɛn³³ko³³yɛ³⁵

上个月 saŋ³⁵ko³³yɛ⁵⁵

箇个月 ko⁴⁵ko³³yɛ⁵⁵ 这个月

下个月 xa³⁵ko³³yɛ⁵⁵

月月 yɛ²¹yɛ³⁵ 每月

　月打月 yɛ²¹ta⁴⁵yɛ²¹⁴

个打个月 ko²¹ta⁴⁵ko²¹yɛ²¹⁴ 个把月

冬月 toŋ³⁵yɛ⁵⁵ 农历十一月

冬月间 toŋ³⁵yɛ⁵⁵kan⁴² 农历十一月里

腊月间 la²¹yɛ³⁵kan⁴² 农历十二月里

上旬 saŋ³⁵ɕyɛn³¹

中旬 tsoŋ³⁵ɕyɛn³¹

下旬 xa³⁵ɕyɛn³¹

月大 yɛ²¹ta³⁵ 大月

月小 yɛ²⁴ɕiaɯ⁴² 小月

今天 tɕiɛn³⁵tʰiɛn⁴²

明天 mɛn³³tʰiɛn⁴²

后天 xɤɯ³⁵tʰiɛn⁴²

万⁼后天 uan³⁵xɤɯ³⁵tʰiɛn⁴² ~ uan³⁵xɤɯ³⁵tʰiɛn⁵⁵
　大后天

　大后天 ta³⁵xɤɯ³⁵tʰiɛn⁴²

昨天 tsʰo²⁴tʰiɛn⁴² ~ tsʰo²¹tʰiɛn⁵⁵

前天 tɕiɛn³³tʰiɛn⁴²

大前天 ta³⁵tɕiɛn³³tʰiɛn⁴²

　　向前天 ɕiaŋ²⁴tɕiɛn³³tʰiɛn⁴²～ɕiaŋ²⁴tɕiɛn³³tʰiɛn⁵⁵

前几天 tɕiɛn³³tɕi⁴⁵tʰiɛn⁵⁵

一天 i³³tʰiɛn³⁵ 整天

　　一天到黑 i³³tʰiɛn³⁵taɯ²¹xɛ³⁵

天打天 tʰiɛn³⁵ta⁴⁵tʰiɛn⁵⁵ 每天

十几天 sε²⁴tɕi⁴⁵tʰiɛn⁵⁵

半天 pan²⁴tʰiɛn⁴² ①与"一天"相对。②形容时间久

大半天 ta³⁵pan²⁴tʰiɛn⁴² ①比半天长、比一天短的时间段。②形容时间很久

麻麻亮 ma³³ma³⁵liaŋ³⁵ 凌晨

天开亮口 tʰiɛn³⁵kʰai³⁵liaŋ³⁵kʰɤɯ⁴² 清晨

　　清早晨 tsʰɛn³⁵tsaɯ⁴⁵sɛn³¹

晌午前 sa⁴⁵u⁴⁵tɕiɛn³¹ 午前

晌午 sa⁴⁵u⁴² 中午

晌午后 sa⁴⁵u⁴⁵xɤɯ⁵⁵ 午后

白天 pε²⁴tʰiɛn⁴²

　　一黑了 i³³xɛ³⁵liaɯ⁴² 整夜

　　梗＝夜 kɛn⁴⁵ia⁵⁵

　　通夜 tʰoŋ³⁵ia⁵⁵

每天黑了 mɛi⁴⁵tʰiɛn⁴²xɛ³⁵liaɯ⁴² 每天晚上

年份 iɛn³³fɛn³³

月份 yε³⁵fɛn³³

日子 ɚ³⁵tsʅ⁴²

好久 xaɯ⁴⁵tɕiɤɯ⁴² 什么时候

先头 ɕiɛn³⁵tɤɯ³¹ 刚才：他～还在简里

　　先才 ɕiɛn³⁵tsai³¹

　　刚安＝kaŋ³⁵ŋan⁵⁵

二天 ɚ³⁵tʰiɛn⁵⁵ 副词，以后：我们～见

后来 xɤɯ³⁵lai³¹

简阵 ko⁴⁵tsɛn³³ 现在

　　简下儿 ko⁴⁵xər³³

　　眼目下 ŋan⁴⁵mu³¹ɕia³³

往回子 uaŋ⁴⁵fɛi³³tsʅ⁴² 原来，过去

　　往回 uaŋ⁴⁵fɛi³¹

　　往天 uaŋ⁴⁵tʰiɛn⁵⁵

逢场天 xoŋ³³tsaŋ³¹tʰiɛn⁵⁵ 集市日

　　赶场天 kan⁴⁵tsaŋ³¹tʰiɛn⁵⁵

## 四　农业

春耕 tɕʰyɛn³⁵kɛn⁵⁵

　　春种 tɕʰyɛn³⁵tsoŋ⁴²

夏收 ɕia³⁵sɤɯ⁵⁵

秋种 tɕʰiɤɯ³⁵tsoŋ⁴² 秋天种庄稼

大季 ta³⁵tɕi³³ 收获粮食较多的一季

秋收 tɕʰiɤɯ³⁵sɤɯ⁵⁵

　　收大季 sɤɯ³⁵ta³⁵tɕi⁵⁵

早秋 tsaɯ⁴⁵tɕʰiɤɯ⁵⁵

晚秋 uan⁴⁵tɕʰiɤɯ⁵⁵

整地 tsɛn⁴⁵ti³⁵

　　打整土地 ta⁴⁵tsɛn⁴⁵tʰɤɯ⁴⁵ti⁵⁵

下种 xa³⁵tsoŋ⁴²

秧 iaŋ³⁵ ①幼苗：育～。②鱼苗：鱼～

倒苗 taɯ⁴⁵miaɯ³¹ 移栽：葱要～

扯草 tsʰa⁴⁵tsʰaɯ⁴² 用手拔草

　　扯草草 tsʰa⁴⁵tsʰaɯ⁴⁵tsʰaɯ⁴²

薅 xaɯ³⁵ 锄去杂草：～秧子|～麦子

薅草草 xaɯ³⁵tsʰaɯ⁴⁵tsʰaɯ⁴² 用锄头锄去杂草

　　薅草 xaɯ³⁵tsʰaɯ⁴²

谷线线 ku³⁵ɕiɛn²¹ɕiɛn³⁵ 稻穗

坐兜 tso²¹to³⁵ 庄稼根部发烂，长势差

发□ fa³⁵lɤɯ³¹ 庄稼植株矮小，叶子发黄

点 tiɛn⁴⁵³ 动词，种：～麦子|～花生

打谷子 ta⁴⁵ku³⁵tsʅ⁴² 收稻子

割麦子 ko³⁵mɛ²¹tsʅ⁴²

挖土 ua³⁵tʰɤɯ⁴² 松土

撒肥料 sa⁴⁵fɛi³³liaɯ³³ 大面积地施肥

　　打肥料 ta⁴⁵fɛi³³liaɯ³³

着肥料 tso³⁵fɛi³³liaɯ³³ 一点一点地施肥

　　上肥料 saŋ³⁵fɛi³³liaɯ³³

打粪 ta⁴⁵fɛn²¹⁴ 浇粪，往往是较稀的水粪

　　淋粪 lɛn³³fɛn²¹⁴

　　泼水粪 pʰo³⁵suɛi⁴⁵fɛn³³

茅司塘塘 maɯ³³sʅ³⁵taŋ³³taŋ³¹ 粪坑，一般指
　　室内的

渥烂 o²¹lan³⁵ 沤烂：把叶子～

存粪 tsɛn³³fɛn²¹⁴ 积肥

水粪 suɛi⁴⁵fɛn³³ 人或牲畜的粪便等腐熟后加
　　水后而成的肥料

农家粪 loŋ³³tɕia³⁵fɛn³³ 由牲畜粪便形成的肥料

肥料 fɛi³³liaɯ³⁵ 化肥

尿素肥 iaɯ³⁵su³³fɛi³¹ 属于氮肥，当地主要用
　　来使苗长得肥壮

　　鱼蛋肥 y³³tan³⁵fɛi³¹

专用肥 tsuan³⁵ioŋ³⁵fɛi³¹

复合肥 fu³³xo³³fɛi³¹

氨粉儿 ŋan³⁵fer⁴² 碳氨，氮肥的一种

磷矿粉儿 liɛn³³kʰuaŋ³³fer⁴² 磷肥

过钙粉儿 ko²⁴kai³³fer⁴² 促使庄稼长籽实的含
　　钙化肥，常为灰色

硝酸铵 ɕiaɯ³⁵suan³⁵ŋan⁵⁵ 氮肥的一种

锌肥 ɕiɛn³⁵fɛi³¹ 作物发蔫时用的一种肥料

淋水 lɛn³³suɛi⁴² 浇水

放水 faŋ²⁴suɛi⁴² 灌水

笕水 tɕiɛn⁴⁵ɕy⁴² 排水，常用竹筒或塑料管
　　戽水 fu²⁴ɕy⁴²

车水 tsʰɛ³⁵suɛi⁴² 用水车抽水

扯水 tsʰɛ⁴⁵suɛi⁴² 从井里打水

舀水 iaɯ⁴⁵suɛi⁴² 用瓢等容器取水

井眼 tsɛn⁴⁵ŋan⁴² 水井

担水 tan³⁵ɕy⁴² 用扁挑挑水

井绳 tsɛn⁴⁵ɕyɛn³¹ 打水绳

水车 suɛi⁴²tsʰa⁵⁵ 根据踩水车时人数的多少，
　　水车有二人梁、三人梁、四人梁等多
　　种。四人梁的最大，较少用

雷=luɛi³¹ 水车上齿轮状的圆盘，有两个
　　雷=子 luɛi³³tsʅ⁴²

大雷=ta³⁵luɛi³¹ 水车上较大的齿轮状的圆盘

小雷=ɕiaɯ⁴⁵luɛi³¹ 水车上较小的齿轮状的圆
　　盘，一般在水车下面，基本淹没在水里

桶子 tʰoŋ⁴⁵tsʅ⁴² 水车上可以滚动的履带

叶子 iɛ²⁴tsʅ⁴² 水车履带上像扇叶一样抽水用
　　的木片

水车架架 ɕy⁴⁵tsʰa⁵⁵tɕia²¹tɕia³⁵

枷档 tɕia³⁵taŋ⁵⁵ 牛轭

龙头 loŋ³³tɤɯ³¹ 自行车、摩托车等的车把

牛笼嘴 iɤɯ³³loŋ³³tsuɛi⁴² 套在牛嘴巴上的笼子

牛鼻乱 iɤɯ³³pi³⁵to⁵⁵ 牛鼻桊

捵索 tɕʰiɛn²⁴so⁴² 辔绳

犁壳儿 li³³kʰer³⁵ 连接横木和犁的主体的呈横
　　8字形的挂钩

打脚 ta⁴⁵tɕio⁵⁵ 套牛拉车或犁地时，牛屁股后
　　绑辔绳用的横木

犁牵儿 li³³tɕʰier³⁵ 犁辕，即犁身，犁上弯曲
　　的曲木

铧口把把 fa³³kʰɤɯ⁴²pa²¹pa³⁵ 犁把

踩耙 tsʰai⁴⁵pa⁵⁵ 长方形的两面都有铁齿的农具。多用于打整旱地，把土块儿弄碎。为增加压力，使用时人常站在上面

耙子 pa²⁴tsʅ⁴² 用于打整水田，只一面有齿的农具。使用时有把手可扶

钉耙 tɛn³⁵pa³¹ 一种农具。长柄，前端有齿，用铁制成，便于碎土及平土

围席 uɛi³³ɕi³⁵ 芖子。用竹席或芦席围成的圆形储粮器具

仓 tsʰuaŋ³⁵ 囤，大型储粮容器。旧时多用木片做成，现在多用铁皮，多为方形

石磋 sʅ²⁴kuɛn⁴²

檑 luɛi³⁵ 动词，滚动或用力摩擦

磨盘 mo³⁵pan³¹ 磨子底部放磨扇的大圆石
　　磨盘盘 mo³⁵pan³³pan³¹

磨扇 mo³⁵san³³ 磨盘上面的圆石头。有两个，包括上扇磨和下扇磨

米筛 mi⁴⁵sai⁵⁵ 把稻米、菜籽等与外壳分开的农具。孔较大，使用时，籽实漏下去，外壳留在其中

粑粑筛 pa³⁵pa⁵⁵sai⁵⁵ 一种细眼筛子

箩筛 lo³³sai³⁵ 网眼最细的一种箩。常用来筛面粉、豆粉等

链 ⁼liɛn²¹⁴ 动词，用梿枷脱粒：～谷子

胶纸 tɕiɑɯ³⁵tsʅ⁴² 塑料布

碓窝 tuɛi²¹o³⁵ ①指整体。②整体中下面的部分

碓锤 tuɛi²⁴tsuɛi³¹ 碓杵

擂钵槌槌 luɛi³³po⁴²tɕy³³tɕy³¹

钉耙 tɛn³⁵pa³¹

啄子 tsua³³tsʅ⁴² 镐。两头尖或一头尖一头扁的农具

磙子 kuɛn⁴⁵tsʅ⁴² ①轮子。②放置在碾槽上的圆形石头

碾磙 iɛn⁴⁵kuɛn⁴² ①放置在碾槽上的圆形石头。②铁制的研药用具

骑筒 tɕi³³toŋ³¹ "碾磙"上的木架。因使用时小孩儿可以骑在上面而得名

碾槽 iɛn⁴⁵tsɑu³¹ ①碾子上的凹槽。②研船

米糠 mi⁴⁵kʰaŋ⁵⁵ 碾米时碾出的糠

渣渣 tsa³⁵tsa⁵⁵ 垃圾

毛铁 mɑu³³tʰiɛ⁵⁵ 斧子

洋铲ʳ iaŋ³³tsʰuan⁴² 铁锨

簸箕 po⁴⁵tɕi⁴² ～ po⁴⁵tɕiɛn⁴² ～ po⁴⁵tɕiɛn⁵⁵ 中号簸箕

簸盖儿 po⁴⁵kɐr⁵⁵ 小号簸箕
　　团簸 tuan³³po⁴²
　　团响 tuan³³ɕiaŋ⁴²

团 tuan³¹ 动词，筛：用簸箕把谷子～一下

背篼 pɛi²⁴tʏɯ⁴² 用双肩背的竹筐。一般编得较稀疏，篾条之间的缝隙较大

提篮 ti³³lan³⁵ 有提梁的篮子。旧时多用竹子编成

担担子 tan³⁵tan²⁴tsʅ⁴² 挑担子

大扫把 ta³⁵sɑu²⁴pa⁴² 扫帚。多用来打扫院子，常用水竹或芭茅做成

地扫把 ti³⁵sɑu²⁴pa⁴² 笤帚。多用来打扫屋子，常用高粱或扫帚苗做成

## 五　植物

庄稼 tsuaŋ³⁵tɕia⁴²

粮食 liaŋ³³sʅ³⁵

五谷 u⁴⁵ku⁵⁵

麦苨苨 mɛ²¹tʏɯ³⁵tʏɯ⁴² 麦芒

麦桩桩 mε²¹tsuaŋ³⁵tsuaŋ⁴²

麦秆秆 mε²⁴kan⁴⁵kan⁴² 麦秸

苞谷苋苋 pɑɯ³⁵ku³¹tɤɯ³⁵tɤɯ⁴² 玉米茬

苞谷管管 pɑɯ³⁵ku³¹kuan⁴⁵kuan³¹ 玉米穗

天花 tʰiɛn³⁵fa⁵⁵ 玉米植株最上面开的花

种谷 tsoŋ⁴⁵ku³¹ 谷种

早稻 tsɑu⁴⁵tɑu³³ 成熟季节较早的水稻

　　早谷 tsɑu⁴⁵ku⁵⁵

晚稻 uan⁴⁵tɑu³³ 成熟季节较晚的水稻

　　晚谷 uan⁴⁵ku⁵⁵

禾桩子 o³³tsuaŋ³⁵tsɿ⁴² 稻茬

谷头子 ku³⁵tɤɯ³³tsɿ⁴² 筛过后的混有稻谷的米

麦线线 mε²⁴ɕiɛn²¹ɕiɛn³⁵ 麦穗

　　麦子线线 mε²⁴tsɿ⁴⁵ɕiɛn²¹ɕiɛn³⁵

须须 ɕy³⁵ɕy⁵⁵～ɕy³⁵ɕy⁴² 麦穗、稻穗的芒子
　　或玉米须等

禾把子 o³³pa⁴⁵tsɿ⁴² 割下来的一堆一堆还没脱
　　粒的水稻

稗子 pai³⁵tsɿ⁴² 稗草

半花米 pan²¹fa³⁵mi⁴² 空的或不饱满的米

空壳壳 kʰoŋ³⁵kʰo³⁵kʰo⁴²～kʰoŋ³⁵kʰo³³kʰo³⁵

　　□□□ yε³⁵mia⁴⁵mia⁴² 名词，不饱满的
　　籽实

饱胀 pɑɯ⁴⁵tsaŋ⁵⁵ 颗粒饱满

扬花 iaŋ³³fa³⁵ 授粉

米 mi⁴⁵³ 相对糯米而言

粳稻 kɛn⁴⁵tɑu³³

籼稻 ɕiɛn³⁵tɑu³³

糯谷 lo³⁵ku⁵⁵

粘谷 tsan³⁵ku⁵⁵ 黏性不大的稻子

糯米 lo³⁵mi⁴²

粘米 tsan³⁵mi⁴² 黏性不大的米

糙米 tsʰɑu²⁴mi⁴² 未舂碾过的米

　　□米 tɕi³³mi⁴²

　　□子米 tɕi³³tsɿ⁴⁵mi⁴²

熟米 sɤɯ²⁴mi⁴² 白米，经过舂碾过的米

棉花桃子 miɛn³³fa⁴²tɑu³³tsɿ⁴² 棉花的果实，
　　因外形似桃，故名

麻秆秆 ma³³kan⁴⁵kan⁴² 麻秆

苎麻 tsu²⁴ma³¹ 常用来做大绳的一种麻

蘫麻 xo³⁵ma³¹ 荨麻

地瓜儿 ti²¹kuɚ³⁵ 豆薯，沙葛

番苕 fan³⁵sɑɯ³¹ 红薯

种苕 tsoŋ⁴⁵sɑɯ³¹ 做种的红薯

白心间红苕 pe²¹sɛn³⁵kan⁴²xoŋ³³sɑɯ³¹ 白心红
　　薯。"间"读轻声

红心间红苕 xoŋ³³sɛn³⁵kan⁴²xoŋ³³sɑɯ³¹ 红心
　　红薯。"间"读轻声

黄心间红苕 uaŋ³³sɛn³⁵kan⁴²xoŋ³³sɑɯ³¹ 黄心
　　红薯。"间"读轻声

芋儿 y³⁵ɚ³¹ 小芋头

　　芋崽崽 y³⁵tsai⁴⁵tsai⁴²

芋洋婆 y³⁵iaŋ³³po³¹ 较大的芋头，多用于育苗

魔芋 mo³³y³⁵

麻芋子 ma³³y³⁵tsɿ⁴² 半夏

淮山 fai³³san³⁵ 多指切成片作为中药的山药

藕根根 ŋɤɯ⁴⁵kɛn⁵⁵kɛn⁴² 藕

莲米 liɛn³³mi⁴² 莲子

莲蓬 liɛn³³poŋ³¹

管管 kuan⁴⁵kuan⁴² 豆荚

鹅米豆 o³³mi⁴⁵tɤɯ⁵⁵ 扁豆。有绿色和紫色两种

　　小刀豆 ɕiɑu⁴⁵tɑu³⁵tɤɯ⁵⁵

苦瓜 kʰu⁴⁵kua⁴²

冬瓜 toŋ³⁵kua⁴²

葫芦 fu³³lu³¹

瓠瓜 fu³⁵kua⁴² 瓠子

火葱 xo⁴⁵tsʰoŋ⁵⁵ 植株较细，味儿浓的一种葱，当地常用来拌面吃

葱叶子 tsʰoŋ³⁵iɛ³⁵tsɻ⁴²

葱白 tsʰoŋ³⁵pɛ³¹ ①大葱。②葱根处色白的部分

蒜儿 suan²¹ɚ³⁵ 蒜

蒜儿脑壳 suan²¹ɚ³⁵lɑu⁴⁵kʰo⁴² 蒜头

蒜儿梗梗 suan²¹ɚ³⁵kɛn⁴⁵kɛn⁴² 蒜梗

蒜儿瓣瓣 suan²¹ɚ³⁵pan²¹pan³⁵ 蒜瓣儿

蒜薹儿 suan²⁴tɚ³¹

蒜苗子 suan²⁴miɑu³³tsɻ⁴² 蒜苗

蒜泥 suan²⁴i³¹

苋菜 xan³⁵tsʰai⁵⁵

番茄 fan³⁵tɕyɛ³¹

仔姜 tsɻ⁴⁵tɕiaŋ⁵⁵ 可以当菜吃的嫩姜

老姜 lɑu⁴⁵tɕiaŋ⁵⁵

　　老姜疙瘩 lɑu⁴⁵tɕiaŋ⁵⁵kɛ²¹ta³⁵

海椒面儿 xai⁴⁵tɕiɑu⁴⁵miɚ³³

灯笼椒 tɛn³⁵loŋ³³tɕiɑu⁵⁵ 柿子椒

芦笋 lu³³sɛn⁴² 芦苇的幼苗，可食用

莲花白 liɛn³³fa³⁵pɛ³¹ 包心菜

　　坨坨白 to³³to³³pɛ³¹

小白菜 ɕiɑu⁴⁵pɛ²¹tsʰai³⁵

黄秧白 uaŋ³³iɛn³⁵pɛ³¹ 大白菜

瓢儿白 piɑu³³ɚ³⁵pɛ³¹ 上海青

莴笋脑壳 o³⁵sɛn⁴⁵lɑu⁴⁵kʰo⁵⁵ 莴笋颈部

莴笋蔸蔸 o³⁵sɛn⁴⁵tɤu³⁵tɤu⁴² 莴笋根部生长在土里的部分

生菜 sɛn³⁵tsʰai⁵⁵

牛皮菜 iɤu³³pi³³tsʰai⁵⁵ 厚皮菜

青菜 tsʰɛn³⁵tsʰai³⁵ 块茎较大的一种青菜。当地主要用来腌制酸菜

菜薹 tsʰai³⁵tai³¹ 菜心。常见的有紫色和绿色两种

高笋 kɑu³⁵sɛn⁴² 茭白

黄油菜 uaŋ³³iɤu³³tsʰai³⁵

黑油菜 xɛ³⁵iɤu³³tsʰai³⁵ 比黄油菜出油率高

油菜薹 iɤu³³tsʰai³⁵tai³¹

菜籽 tsʰai²⁴tsɻ⁴²

　　油菜籽 iɤu³³tsʰai³⁵tsɻ⁴²

藤藤菜 tɛn³³tɛn³³tsʰai³⁵ 空心菜

　　藤儿菜 tɛn³³ɚ³³tsʰai³⁵

清明菜 tsʰɛn³⁵mɛn³¹tsʰai⁵⁵ 面条菜

折耳根 tsɚ³⁵ɚ⁴⁵kɛn⁵⁵～tsɤu³⁵ɚ⁴⁵kɛn⁵⁵ 鱼腥草

马思苋 ma⁴⁵sɻ⁵⁵xan³⁵ 马齿苋

浸酸菜 tsɛn²¹suan³⁵tsʰai⁵⁵ 泡酸菜

芽芽 ŋa³³ŋa³⁵ 芽

树林子 ɕy³⁵lɛn³³tsɻ⁴²

树秧秧 ɕy³⁵iaŋ³⁵iaŋ⁴² 树苗

　　树苗子 ɕy³⁵miɑu³³tsɻ⁴²

树干 ɕy³⁵kan³³

树子尖尖 ɕy³⁵tsɻ⁴⁵tɕiɛn³⁵tɕiɛn⁴² 树梢

树根根 ɕy³⁵kɛn³⁵kɛn⁴²

树蔸蔸 ɕy³⁵tɤu³⁵tɤu⁴² 树桩

树叶叶 ɕy³⁵iɛ²¹iɛ³⁵

　　树叶子 ɕy³⁵ie²⁴tsɻ⁴²

树丫丫 ɕy³⁵ia³⁵ia⁴² 树枝

　　树□□ ɕy³⁵tɕʰia⁴⁵tɕʰia⁴²

□ tɕʰia⁴⁵ ①名词，树枝：树～～。②量词，枝：简一～还有很多果子

栽树子 tsai³⁵ɕy³⁵tsɻ⁴²

砍树子 kʰan⁴⁵ɕy³⁵tsɻ⁴² 用斧头砍树木

锯树子 $kɛ^{21}ɕy^{35}tsʅ^{42}$ 用锯子锯树木

松树叶叶 $soŋ^{35}ɕy^{55}iɛ^{21}iɛ^{35}$ 松针

　　松树叶子 $soŋ^{35}ɕy^{55}iɛ^{24}tsʅ^{42}$

松树果果 $soŋ^{35}ɕy^{55}ko^{45}ko^{42}$ 松球

松香 $soŋ^{35}ɕiaŋ^{42}$

野麻 $ia^{45}ma^{31}$ 构树的幼苗

杉树干 $sa^{35}ɕy^{55}kan^{33}$ 杉篙

桑树 $suaŋ^{35}ɕy^{55}$

桑蔗儿 $suaŋ^{35}pʰɐr^{55}$ 桑葚

桑叶 $suaŋ^{35}iɛ^{55}$

白杨树 $pɛ^{24}iaŋ^{33}ɕy^{35}$ 杨树

黄荆条条 $uaŋ^{33}tɕiɛn^{35}tiau^{33}iau^{31}$ 黄荆条

　　黄荆条子 $uaŋ^{33}tɕiɛn^{35}tiau^{33}tsʅ^{42}$

桐子树 $toŋ^{33}tsʅ^{45}ɕy^{55}$ 桐油树

桐子 $toŋ^{33}tsʅ^{42}$

桐油 $toŋ^{33}iɤɯ^{31}$

苦楝子树 $kʰu^{45}liɛn^{24}tsʅ^{45}ɕy^{35}$

苦楝子 $kʰu^{45}liɛn^{24}tsʅ^{42}$ 楝树结的果子

红豆树 $xoŋ^{33}tɤɯ^{35}ɕy^{55}$

慈竹 $tsʅ^{33}tsɤɯ^{42}\sim tsʅ^{33}tsɤɯ^{55}$

斑竹 $pan^{35}tsɤɯ^{42}\sim pan^{35}tsɤɯ^{55}$

黄竹 $uaŋ^{33}tsɤɯ^{42}\sim uaŋ^{33}tsɤɯ^{55}$ 木质坚硬，中

　　空较小的一种竹子，用处较小

　　硬头黄 $ŋɛn^{24}tɤɯ^{31}uaŋ^{31}$

水竹 $ɕy^{45}tsɤɯ^{42}\sim ɕy^{45}tsɤɯ^{55}$

观音竹 $kuan^{35}iɛn^{55}tsɤɯ^{42}\sim kuan^{35}iɛn^{55}tsɤɯ^{55}$

楠竹 $lan^{33}tsɤɯ^{42}\sim lan^{33}tsɤɯ^{55}$

　　毛竹 $mau^{33}tsɤɯ^{42}\sim mau^{33}tsɤɯ^{55}$

芦竹 $lɤɯ^{33}tsɤɯ^{42}\sim lɤɯ^{33}tsɤɯ^{55}$

圪蔸 $kɛ^{24}tɤɯ^{42}$ 植物的桩

冬笋 $toŋ^{35}sɛn^{42}$

春笋 $tɕʰyɛn^{35}sɛn^{42}$

笋壳 $sɛn^{45}kʰo^{42}$ 笋子外表的皮

竹竿竿 $tsɤɯ^{35}kan^{55}kan^{42}$

竹叶子 $tsɤɯ^{35}iɛ^{24}tsʅ^{42}$

篾条 $miɛ^{24}tiau^{31}$

篾块 $miɛ^{24}kʰuai^{42}$ 篾片

青篾 $tsʰɛn^{35}miɛ^{55}$ 篾青

黄篾 $uaŋ^{33}miɛ^{35}$ 篾黄

果木 $ko^{45}mu^{55}\sim ko^{45}mu^{31}$ 水果

白花桃 $pɛ^{21}fa^{35}tau^{31}$ 白色、汁水较多、甜度

　　高的一种桃子

花红 $fa^{35}xoŋ^{31}$ 沙果

葡萄儿 $pu^{33}tʰɐr^{31}\sim pu^{33}tɐr^{31}$

枇杷 $pi^{33}pa^{31}$

柿饼 $sʅ^{35}piɛn^{42}$

　　干柿子 $kan^{35}sʅ^{35}tsʅ^{42}$

柑子筋 $kan^{35}tsʅ^{45}tɕiɛn^{55}$ 橘络

脐橙 $tɕi^{24}tsɛn^{31}$

樱桃儿 $ŋɛn^{35}tɐr^{31}$

西瓜 $ɕi^{35}kua^{42}$

香瓜 $ɕiaŋ^{35}kua^{42}$ 甜瓜

瓜子 $kua^{35}tsʅ^{42}$

花生米米 $fa^{35}sɛn^{45}mi^{45}mi^{42}$ 花生米。"生"读

　　轻声

核核① $ku^{33}ku^{35}\sim fu^{33}fu^{31}$ 果核

桂花 $kuɐi^{21}fa^{35}$

菊花 $tɕy^{33}fa^{35}$

指甲花 $tsʅ^{35}ka^{31}fa^{55}$ 凤仙花

荷叶 $xo^{33}iɛ^{31}$

———————

① "核"的古字形作"槶"。

藕叶叶 ŋɤɯ⁴⁵iɛ²¹iɛ³⁵

水仙花 suɛi⁴⁵ɕiɛn⁵⁵fa⁵⁵

茉莉花 mo³³li³¹fa⁵⁵

含羞草 xan³³ɕiɤɯ³⁵tsʰaɯ⁴²

喇叭花 la⁴⁵pa⁵⁵fa⁵⁵ 牵牛花

菖蓬 tsʰaŋ³⁵poŋ³¹～tɕʰiaŋ³⁵poŋ³¹ 菖蒲

仙人掌 ɕiɛn³⁵lɛn³¹tsaŋ⁴²

花苞苞 fa³⁵paɯ³⁵paɯ⁴² 花蕾

花瓣 fa³⁵pan³³

　　花瓣瓣 fa³⁵pan²¹pan³⁵

花心心 fa³⁵sɛn³⁵sɛn⁴² 花蕊

芦苇 lu³³uɛi⁴² 多长在河滩上，叶片比芦竹小

清潭 tsʰɛn³⁵tan³¹ 苔藓

　　潭屎 tan³³sɿ⁴²

起潭 tɕʰi⁴⁵tan³¹ 长苔藓

鸡骨朵 tɕi³⁵ku³⁵to⁴²～tɕi³⁵ku³⁵toŋ⁴² 鸡枞菌

菌儿 tɕyɛn²¹ɚ³⁵ 蘑菇

地［木耳］ti³⁵mer⁴² 地衣。真菌和藻类共生
　　的一类特殊植物

　　地耳子 ti³⁵ɚ⁴⁵tsɿ⁴²

薄荷 po²⁴xo³¹～paɯ²⁴xo³¹

紫苏 tsɿ⁴⁵sɤɯ⁴²

藿香 xo²⁴ɕiaŋ⁴²～xo²¹ɕiaŋ³⁵

圪疤 kɛ³³pa³⁵ 竹子、高粱等植物的节

陈艾 tsɛn³³ŋai³⁵ 艾草

紧节 kʰɛn²¹tɕiɛ⁵⁵ 关键时刻

## 六　动物

牲口 sɛn³⁵kʰɤɯ⁴²

　　畜牲 tsʰu³³sɛn³⁵ 多用于骂人

　　牲畜 sɛn³⁵ɕy³¹

公马 koŋ³⁵ma⁴²

母马 mu⁴⁵ma⁴²

脚牛 tɕio³⁵iɯ³¹ 种牛

黄牛 uaŋ³³iɤɯ³¹

水牛 ɕy⁴⁵iɤɯ³¹

牛崽崽 iɤɯ³³tsai⁴⁵tsai⁴² 牛犊

公驴子 koŋ³⁵lu³³tsɿ⁴²

母驴子 mu⁴⁵lu³³tsɿ⁴²

骆驼 lo³³tʰo³¹

绵羊 miɛn³³iaŋ³¹

山羊 san³⁵iaŋ³¹

羊儿崽崽 iaŋ³³ɚ³¹tsai⁴⁵tsai⁴² 羊羔

骚巴羊子 saɯ³⁵pa⁵⁵iaŋ³³tsɿ⁴² 公羊

癞＝角 lai³⁵ko⁵⁵～lai³⁵ko⁴² 牛羊等头上的角

　　角头 ko³⁵tɤɯ³¹～ko³⁵tɤɯ⁵⁵

狗崽崽 kɤɯ⁴⁵tsai⁴⁵tsai⁴²

　　狗儿 kɤɯ⁴⁵ɚ³¹

哈巴狗 xa⁴⁵pa⁵⁵kɤɯ⁴²

牸猫 tsɿ²¹maɯ³⁵ 母猫

小猪儿 ɕiaɯ⁴⁵tɕy³⁵ɚ³¹ 猪崽

　　猪儿崽崽 tɕy³⁵ɚ³¹tsai⁴⁵tsai⁴²

　　笼子猪儿 loŋ³³tsɿ⁴⁵tɕy³⁵ɚ³¹

青猪 tsʰɛn³⁵tɕy⁵⁵ ①黑猪。②骟过的猪

骟猪 san²¹tɕy³⁵

小鸡公 ɕiaɯ⁴⁵tɕi³⁵koŋ⁴² 未成年的小公鸡

菢鸡母 paɯ³⁵tɕi³⁵mu⁴² 菢小鸡的母鸡

　　菢鸡婆 paɯ³⁵tɕi³⁵po³¹ 常用来骂人

镦鸡公 ɕiɛn²¹tɕi³⁵koŋ⁴² 阉过的公鸡

骟鸡 san³⁵tɕi³⁵

　　镦鸡 ɕiɛn²¹tɕi³⁵ 此种说法已少用

鸡崽崽 tɕi³⁵tsai⁴⁵tsai⁴² 小鸡儿

小鸡母 ɕiaɯ⁴⁵tɕi³⁵mu⁴² 未成年的小母鸡

　　小鸡婆 ɕiaɯ⁴⁵tɕi³⁵po³¹

啄啄子 tsua³³tsua³⁵tsʅ⁴² 过去土匪的隐语，鸡

扁嘴子 piɛn⁴⁵tsuɛi⁴⁵tsʅ⁴² 过去土匪的隐语，鸭子

黄壳子 uaŋ³³kʰo³⁵tsʅ⁴² 过去土匪的隐语，谷子

姜片子 tɕiaŋ³⁵pʰiɛn⁴⁵tsʅ⁴² 过去土匪的隐语，腊肉

生蛋 sɛn³⁵tan³⁵ 下蛋

菢 pau³⁵ 孵

鸡冠子 tɕi³⁵kuan³⁵tsʅ⁴² 鸡冠

鸡下帘儿 tɕi³⁵ɕia³⁵liɚ³¹ 肉髯

鸡爪爪 tɕi³⁵tsau⁴⁵tsau⁴² 鸡爪

凤鸭 xoŋ²¹ia³⁵ 羽毛多为黑色，且眼睛周围有红圈的一种鸭子

鸭子 ŋa³⁵tsʅ⁴²

鸭青 ŋa³⁵tsʰɛn⁵⁵ ～ ia³⁵tsʰɛn⁵⁵ 公鸭

鸭母 ŋa³⁵mu⁴² ～ ia³⁵mu⁴² 母鸭

鸭婆 ŋa³⁵po³¹ ～ ia³⁵po³¹

小鸭儿 ɕiau⁴⁵ŋa³⁵ɚ³¹ ～ ɕiau⁴⁵ia³⁵ɚ³¹ 小鸭子

鸭儿 ŋa³⁵ɚ³¹ ～ ia³⁵ɚ³¹

鸭蛋 ŋa³⁵tan⁵⁵ ～ ia³⁵tan⁵⁵

鹅 o³¹

鹅青 o³³tsʰɛn³⁵ 公鹅

鹅母 o³³mu⁴² 母鹅。不说"鹅婆"

鹅儿 o³³ɚ³¹ 小鹅

鹅蛋 o³³tan³⁵ 当地认为吃鹅蛋可以祛毒

骟 san³⁵ 阉猪、鸡等

叫 tɕiau²¹⁴ 母的猪牛羊等发情

嚎春 xau³³tɕʰyɛn³⁵ 猫叫春

走草 tsɤɯ⁴⁵tsʰau⁴² 狗交配：箇条母狗想～

踩水 tsʰai⁴⁵suɛi⁴² 鸟或鸡鸭等交配：两条鸡在～

打菢叫 ta⁴⁵pau³⁵tɕiau³³ 母鸡要菢小鸡时不停地叫

寡蛋 kua⁴⁵tan⁵⁵ 孵不出小鸡的蛋

野兽 ia⁴⁵sɤɯ³³

野物 ia⁴⁵u⁵⁵ 野外的动物

狮子 sʅ³⁵tsʅ⁴²

大头猫 ta³⁵tɤɯ³¹mau⁵⁵ 老虎

母老虎 mu⁴⁵lau⁴⁵fu⁴²

猴儿 xɤɯ³³ɚ³¹ 小猴子

熊 ɕioŋ³¹

豹子 pau²⁴tsʅ⁴²

毛狗 mau³³kɤɯ⁴² 狐狸

豺狗 tsai³³kɤɯ⁴² 狼

黄鼠餐 ᵘuaŋ³³ɕy⁴⁵tsʰan³⁵ ～ uaŋ³³suɛi⁴⁵tsʰan³⁵ 黄鼠狼

　黄鼠佬儿 uaŋ³³ɕy⁴⁵lɚ⁴²

松鼠 soŋ³⁵ɕy⁴²

蛇 sa³¹

　干黄鳝 kan³⁵uaŋ³³san⁵⁵

　梭老二 so³⁵lau⁴⁵ɚ³³

　长虫 tsaŋ³³tsoŋ³¹

脆蛇 tsʰuɛi²⁴sɛ³¹ 一种四肢退化的蜥蜴，遇到危险会断尾求生

　秤杆子蛇 tsʰɛn⁵⁵kan⁴⁵tsʅ⁴⁵sɛ³¹

四脚蛇 sʅ²¹tɕio³⁵sɛ³¹ 石龙子，一种蜥蜴

饿老鸹 o³⁵lau⁴⁵ua³¹ 乌鸦

燕儿 iɛn²⁴ɚ³¹

　燕子 iɛn²⁴tsʅ⁴²

雁鹅 ŋai²⁴ŋo³¹ ～ ŋai²⁴o³¹ 大雁

斑鸡 pan³⁵tɕi⁵⁵ 斑鸠

鹌鹑 ŋan³⁵sɛn³¹

苞谷雀儿 pau³⁵ku³¹tɕʰio³³ɚ³⁵ 布谷鸟

啄木官 tsua²⁴mu⁵⁵kuan⁵⁵ 啄木鸟

猫咕条 mɑu³⁵ku⁵⁵tiɑu³¹ 猫头鹰

夜娃子 ia³⁵ua³³tsʅ⁴² 夜莺

　　夜管虫 ia³⁵kuan⁴⁵tsoŋ³¹

鹦鹉 iɛn³⁵u⁵⁵

白鹤 pɛ²¹xo³⁵ ①全身羽毛为白色的鹤，常在田里吃鱼。②当地白色的鹭鸶

背达⁼子 pɛi³⁵ta³¹tsʅ⁴² 黑颈鹤。头部、前颈及飞羽边缘为黑色，尾羽褐黑色，头顶前方暗红色

麻鹞子 ma³³iɑu³⁵tsʅ⁴² 个头较大的老鹰

髈头鸟儿 pʰaŋ⁴⁵tɤɯ³¹iɑu⁴⁵ɚ³¹ ~ pʰaŋ⁴⁵tɤɯ³¹iɚ⁴² 个头小的老鹰

野鸡 ia⁴⁵tɕi⁵⁵ 野鸡

水鸭子 suɛi⁴⁵ia³⁵tsʅ⁴² 野鸭

老鸹 lɑu⁴⁵ua³¹ 鸹鹚

腋夹 iɛ²¹ka³⁵ 翅膀

霸⁼ pa²¹⁴ ①筑巢：~窝。②动词，铺：~床

罢⁼ pa²¹⁴ 摔：~碗

嘴壳子 tsuɛi⁴⁵kʰo³⁵tsʅ⁴² 鸟类和家禽的嘴

鸟窝 iɑu⁴⁵o⁵⁵

茧壳儿 tɕiɛn⁴⁵kʰo⁵⁵ɚ³¹ 蚕茧

　　茧子 tɕiɛn⁴⁵tsʅ⁴²

　　蚕壳儿 tsan³³kʰo³⁵ɚ³¹

蚕蛹蛹 tsan³³ioŋ⁴⁵ioŋ⁴² 蚕蛹

蚕沙 tsan³³sa³⁵ 蚕屎

土狗崽 tʰɤɯ⁴⁵kɤɯ⁴⁵tsai⁴² 蝼蛄

黑壳壳虫 xɛ³⁵kʰo³⁵kʰo⁴²tsoŋ³¹ 土鳖

豌豆象 uan³⁵tɤɯ⁵⁵ɕiaŋ³³ 豆牛

　　象 ɕiaŋ²¹⁴

蛐蟮 tɕʰy³³san³³ 蚯蚓

天螺蛳 tʰiɛn³⁵lo³³sʅ⁴² 蜗牛

红螺蛳 xoŋ³³lo³³sʅ⁴² 福寿螺

螺蛳蛋 lo³³sʅ⁴⁵tan⁵⁵ 螺蛳所产的卵

鱼夹子 y³³ka³⁵tsʅ⁴² 水蜈蚣

推屎爬 tʰuɛi³⁵sʅ⁴⁵pa³¹ 蜣螂

蜈蚣虫 u³³koŋ³⁵tsoŋ³¹ 蜈蚣

蝎子 ɕiɛ³⁵tsʅ⁴²

壁虎 pi³³fu⁴²

蠚辣子 xo³⁵la²⁴tsʅ⁴² 一种毛虫。皮肤碰到后会痒疼

毛跕虫 mɑu³³ku³⁵tsoŋ³¹ 一种毛虫。常为黑色，周身有细毛，常吃菜叶子

腻虫 iɛn²⁴tsoŋ³¹ 蚜虫

大蚊子 ta³⁵uɛn³³tsʅ⁴² 苍蝇

饭蚊子 fan³⁵uɛn³³tsʅ⁴² 常在室内活动的苍蝇

蛆蚊子 tɕʰy³⁵uɛn³³tsʅ⁴² 厕所里的苍蝇

长脚蚊 tsaŋ³³tɕio³⁵uɛn³¹ 腿脚长的蚊子

蠛蠛蚊 mɛ²¹mɛ³⁵uɛn³¹ 一种黑色的小蚊子

虱蛋 sɛ³⁵tan⁵⁵ 虱子的幼虫

臭虫 tsʰɤɯ²⁴tsoŋ³¹

牛蚊子 iɤɯ³³uɛn³³tsʅ⁴² 牛虻

灶鸡子 tsɑu²¹tɕi³⁵tsʅ⁴² ①灶马蟋。②喻指调皮的人

灶鸡 tsɑu²¹tɕi³⁵ 灶马蟋

骚嘎子 sɑu³⁵ka⁴⁵tsʅ⁴² 蟑螂

　　偷油婆 tʰɤɯ³⁵iɤɯ³¹po³¹

□冲 pu³³tsʰoŋ³⁵ 蚂蚱

□子 xɤɯ³³tsʅ⁴² 螳螂。传说螳螂能吃掉人身上长的瘊子，且不易复发

牛角蜂 iɤɯ³³ko⁵⁵xoŋ³⁵ 大蜂子

　　马蜂 ma⁴⁵xoŋ⁵⁵

锥 tsuɛi³⁵ ~ tɕy³⁵ 蜇

蜂子窝 xoŋ³⁵tsʅ⁴⁵³o⁵⁵ 蜂窝

亮火虫 liaŋ³⁵xo⁴⁵tsoŋ³¹ 萤火虫

打屁虫 ta⁴⁵pʰi³⁵tsoŋ³¹ 蜻蜓，臭屁虫

飞蛾 fɛi³⁵o⁵⁵①灯蛾。②蝴蝶

羊□□□iaŋ³³ka³⁵mɛ³⁵mɛ⁵⁵ 蜻蜓

花姑娘 fa³⁵ku³⁵iaŋ⁵⁵ 花大姐，瓢虫

纳＝尿牯 la³³iaɯ³⁵ku⁴² ①螳螂的幼虫聚合为
　　一堆形成的物体。②喻指经常尿床的
　　孩子

鲫壳儿 tɕi³³kʰo³³ɚ³¹ 鲫鱼

鳊鱼 piɛn³⁵y³¹

草棒 tsʰɑɯ⁴⁵paŋ⁵⁵ 草鱼
　　草鱼 tsʰɑɯ⁴⁵y³¹

盘子鱼 pan³³tsʅ⁴⁵y³¹ 平鱼。个头一般很小，
　　当地少吃

鲶鱼 liɛn³³y³¹
　　胡子鱼 fu³³tsʅ⁴⁵y³¹

鲹子 tsʰan³⁵tsʅ⁴² 白鲦鱼
　　白鲹子 pɛ²¹tsʰan³⁵tsʅ⁴²

乌棒 u³⁵paŋ⁵⁵ 乌鱼
　　乌鱼 u³⁵y³¹

鲢鱼 liɛn³³y³¹ 胖头鱼

翘壳儿 tɕʰiɑɯ²⁴kʰo³¹ɚ³¹ 白鱼。嘴巴上翘

鱼鳅 y³³tɕʰiɤɯ³⁵ 泥鳅
　　鳅鱼 tɕʰiɤɯ³⁵y³¹

黄鳝 uaŋ³³san³⁵

干鱼 kan³⁵y³¹ 鲞。制作时要抹盐

鱼卡卡 y³³kʰa⁴⁵kʰa⁴² 鱼刺
　　鱼刺 y³³tsʅ²¹⁴

鱼泡儿 y³³pʰɑɯ²¹ɚ⁵⁵ 鱼鳔

滑水翅 fa³³suɛi⁴⁵tsʅ³³ 鱼鳍

鱼鳃 y³³sai³⁵

鱼蛋 y³³tan³⁵ 鱼子
　　鱼子 y³³tsʅ⁴²

鱼苗 y³³miɑɯ³¹
　　鱼秧 y³³iaŋ³⁵

钓鱼 tiɑɯ²⁴y³¹

钓鱼竿 tiɑɯ²⁴y³¹kan³⁵

钓钩 tiɑɯ²¹kɤɯ³⁵

钓儿 tiɑɯ²¹ɚ³⁵

虾 ɕia³⁵

虾仁 ɕia³⁵lɛn³¹

虾蛋 ɕia³⁵tan⁵⁵ 虾的卵

乌龟 u³⁵kuɛi⁴² 鳖

屎夹子黄黄 la³³ka³⁵tsʅ⁴²uaŋ³³uaŋ³⁵ 蟹黄

癞蛤蟆 lai²⁴kɛ³³ma⁴²
　　癞蛤拐儿 lai²⁴kɛ³³kuɐr⁴²

蛤蟆崽崽 ka³³ma⁴⁵tsai⁴⁵tsai⁴² 蝌蚪

蚂蟥 ma⁴⁵uaŋ³¹ 水蛭

螺蛳 lo³³sʅ⁴²

蚌壳 pan³⁵kʰo⁴² ①蛤蜊。②蚌。③喻指女性
　　生殖器
　　紧＝壳 tɕiɛn⁴⁵kʰo⁴²

## 七　房舍

住宅 tɕy³⁵tsʰɛ³¹ ～ tso³⁵tsʰɛ³¹

修 ɕiɤɯ³⁵造（房子）
　　起 tɕʰi⁴⁵³

院坝 yɛn³⁵pa³³ 有围墙的院子

围墙 uɛi³³tɕiaŋ³¹ 院墙

间墙 kan²⁴tɕiaŋ³¹ 作为分界的墙壁
　　间壁 kan²⁴pi³¹

房屋 faŋ³³u⁵⁵ 卧室
　　房圈儿 faŋ³³tɕʰyɐr³⁵ 卧室

灶屋 tsɑɯ²¹u³⁵ ～ tsɑɯ²¹u⁵⁵ 厨房

堂屋 ta³³u⁵⁵ ～ ta³³u⁴² ～ taŋ³³u⁵⁵ 正屋，客厅

正屋 tsɛn²¹u³⁵ 正房

　　正房子 tsɛn²⁴faŋ³³tsʅ⁴²

磨角 mo³⁵ko⁵⁵ 偏房，包括厢房

　　偏偏 pʰiɛn³⁵pʰiɛn⁴²

提尖房 tʰi³¹tɕiɛn³⁵faŋ³¹ 顶上起屋脊的房子

平房 pɛn³³faŋ³¹

楼房 lɤɯ³³faŋ³¹

洋房 iaŋ³³faŋ³¹

　　西式洋房 ɕi³⁵sʅ³³iaŋ³³faŋ³¹

楼高头 lɤɯ³³kaɯ³⁵tɤɯ³¹

　　楼上头 lɤɯ³³saŋ⁴⁵tɤɯ³¹

楼下头 lɤɯ³³xa⁴⁵tɤɯ³¹

　　楼脚底 lɤɯ³³tɕio³⁵ti⁵⁵

　　楼底脚 lɤɯ³³ti⁴⁵tɕio³¹

阳台 iaŋ³³tai³¹

　　凉台 liaŋ³³tai³¹

房盖 faŋ³³kai³³ ①晒台。②房顶

屋脊 u³⁵tɕi³¹

　　房脊 faŋ³³tɕi³¹

屋檐 u³⁵iɛn³¹

　　屋檐口 u³⁵iɛn³¹kʰɤɯ⁴²

　　房檐口 faŋ³³iɛn³¹kʰɤɯ⁴²

　　檐口 iɛn³³kʰɤɯ⁴²

抬梁 tai³³liaŋ³¹ 梁

椰子 ko³³tsʅ⁴² 椽子

磉磴 saŋ⁴⁵tɛn⁴² 柱下石

台阶 tai³³tɕiai³⁵

望板 uaŋ²⁴pan⁴² 天花板

脊梁 tɕi³⁵liaŋ³¹ 房子最上面的那根横梁

榫头 sɛn⁴⁵tɤɯ³¹ 器物两部分利用凹凸相接法

　　　连接的凸出的部分

衔口 xan³³kʰɤɯ⁴² 器物两部分利用凹凸相接

法连接的凹下去的部分。相当于接口

穿斗架子 tɕʰyɛn³⁵tɤɯ³³tɕia²⁴tsʅ⁴²

堂屋门 ta³³u⁵⁵mɛn³¹ 正门

后门 xɤɯ³⁵mɛn³¹

房屋门 faŋ³³u⁵⁵mɛn³¹ 房间的门

槽门 tsaɯ³³mɛn³¹ 院落的大门

门背后 mɛn³³pɛi²⁴xɤɯ³³

门闩 mɛn³³suan⁴² ～ mɛn³³suan⁵⁵

　　门别别 mɛn³³pʰiɛ³³pʰiɛ³⁵

钥匙 io²¹sʅ³⁵

垛子 to⁴⁵tsʅ⁴² 窗户

　　窗格子 tsʰuaŋ³⁵kɛ³³tsʅ⁴²

窗台 tsʰuaŋ³⁵tai³¹

阶檐 kai³⁵iɛn³¹ 屋檐下的地方

过道 ko²¹taɯ³⁵

楼道 lɤɯ³³taɯ³⁵

楼板 lɤɯ³³pan⁴² 楼上的板子

灶眼 tsaɯ²⁴ŋan⁴² 灶

茅房 maɯ³³faŋ³¹ 厕所

马圈 ma⁴⁵tɕyɛn⁵⁵ 马棚

牛圈 iɤɯ³³tɕyɛn⁵⁵ ～ iɤɯ³³tɕyɛn³⁵

　　牛栏 iɤɯ³³lan³¹

羊圈 iaŋ³³tɕyɛn⁵⁵

狗窝 kɤɯ⁴⁵o⁵⁵

鸡笼 tɕi³⁵loŋ⁵⁵ ①鸡窝。②用竹子编的带盖子

　　　的笼子

鸡窝 tɕi³⁵o⁵⁵ 鸡下蛋或抱小鸡的地方

围围 uɛi³³uɛi³¹ 像栅栏一样围家禽的用具

鸡围子 tɕi³⁵uɛi³³tsʅ⁴² 围起来挡鸡的用具

　　鸡围围 tɕi³⁵uɛi³³uɛi³¹

## 八 器具用品

家私 tɕia³⁵sɿ⁵⁵ 家具

仓 tsʰuaŋ³⁵ 囤

桌桌 tso³⁵tso⁵⁵

案桌 ŋan²¹tso⁵⁵ 案子

衣柜 i³⁵kuɛi⁵⁵ 装衣服用的柜子

　高柜 kɑɯ³⁵kuɛi⁵⁵

箱子 ɕiaŋ³⁵tsɿ⁴² ①老式多用木片或牛皮制成，
　　用来装衣服或棉絮，形状像现在的拖
　　箱。②手提箱

碗柜儿 uan⁴⁵kuɐr⁵⁵

圆桌 yɛn³³tso⁴²

方桌 faŋ³⁵tso⁴²

条桌 tiɑɯ³³tso⁵⁵ 条案

办公桌 pan²¹koŋ³⁵tso⁵⁵

吃饭桌 tɕʰia³⁵fan³⁵tso⁵⁵ 饭桌

桌布 tso³⁵pu⁵⁵ 台布

抽箱 tsʰɤɯ³⁵ɕiaŋ⁴² 抽屉
　　桌子箱箱 tso³⁵tsɿ⁴²ɕiaŋ³⁵ɕiaŋ⁴²

凉椅 liaŋ³³i⁴² 椅子
　躺椅 tʰaŋ⁴⁵i⁴²

椅子靠背 i⁴⁵tsɿ⁴²kʰɑɯ²¹pɛi³⁵～i⁴⁵tsɿ⁴²kɑɯ²⁴
　　pɛi³³
　　椅子背背 i⁴⁵tsɿ⁴²pɛi²¹pɛi³⁵
　　椅子凭凭 i⁴⁵tsɿ⁴²pʰɛn³⁵pʰɛn⁵⁵

椅子方方 i⁴⁵tsɿ⁴²faŋ³⁵faŋ⁴² 椅子樘儿
　　樘樘 tsʰɛn²¹tsʰɛn³⁵

板凳儿 pan⁴⁵tɛn⁵⁵ɚ³¹ 长条形板凳

独凳 tu³³tɛn³⁵ 方凳

小板凳 ɕiɑɯ⁴⁵pan⁴⁵tɛn⁵⁵
　　矮板凳 ŋai⁴⁵pan⁴⁵tɛn⁵⁵

圝板凳 luan³³pan⁴⁵tɛn⁵⁵ 圆板凳

高板凳 kɑɯ³⁵pan⁴⁵tɛn⁵⁵

钓鱼板凳 tiɑɯ²⁴y³¹pan⁴⁵tɛn⁵⁵ 马扎

倚架 i³⁵ka⁵⁵ 小孩儿不会走路时坐的座椅

桥桥 tɕiɑɯ³³tɕiɑɯ³¹ ①小桥。②家里搭的可
　　　以放东西的平台：搭个～，放东西

□□货 lo⁴⁵lo⁴⁵xo³³ 做工简单且粗糙的东西

滑竿儿 fa³³kɐr³⁵ 一种旧式的交通工具。在两
　　　根长竹竿中间，架上类似躺椅的座位，
　　　形似轿子而无顶，由两个人抬着走

床铺 tsuaŋ³³pʰu³⁵ 床

床板 tsuaŋ³³pan⁴² 拼搭床铺的木板

床搭 tsuaŋ³³ta⁴² 用篾块编的铺在床上的垫子
　　篾搭搭 miɛ²¹ta³⁵ta⁴²

棕垫子 tsoŋ³⁵tiɛn⁵⁵tsɿ⁴² 棕绷

竹床 tsɤɯ³⁵tsuaŋ³¹

罩钩 tsɑɯ²¹kɤɯ⁵⁵ 帐钩

罩檐 tsɑɯ²⁴iɛn³¹ 帐檐儿

被窝 pɛi²¹o⁵⁵ 长筒形的被子

底单 ti⁴⁵tan⁵⁵ 被里

包单 pɑɯ³⁵tan⁵⁵ 被面

铺盖桶桶 pʰu³⁵kai⁵⁵tʰoŋ⁴⁵tʰoŋ⁴² 被套

霸⁼单 pa²⁴tan⁴² 床单
　　床单 tsuaŋ³³tan⁴²

草席 tsʰɑɯ⁴⁵ɕi³¹ 草编的席子

篾席 miɛ²⁴ɕi³¹ 竹席

枕套 tsɛn⁴⁵tʰɑɯ³³

枕心 tsɛn⁴⁵sɛn⁵⁵

梳妆台 sɤɯ³⁵tsuaŋ⁵⁵tai³¹

镜子 tɕiɛn²⁴tsɿ⁴²

衣架 i³⁵tɕia³³
　　晾衣架 laŋ³⁵i⁵⁵tɕia³³

夜壶 ia³⁵fu³¹

　　尿罐儿 iɑu³⁵kuɐr³³

烘笼 xoŋ³⁵loŋ⁵⁵ 手笼

　　灰笼 fɛi³⁵loŋ⁵⁵

火盆 xo⁴⁵pɛn³¹

茶壶 tsa³³fu³¹ 泡茶叶的壶

瓦茶壶 ua⁴⁵tsa³³fu³¹ 土烧制的茶壶

风箱 xoŋ³⁵ɕiaŋ⁴²

炉钎 lɤu³³tɕʰiɛn⁵⁵ 通条

　　火钎 xo⁴⁵tɕʰiɛn⁵⁵

铁夹 tʰiɛ³⁵ka⁴² 火钳

　　火钳 xo⁴⁵tɕiɛn³¹

　　夹火钳 tɕia³³xo⁴⁵tɕiɛn³¹

　　火筷子 xo⁴⁵kʰuai²⁴tsɿ⁴²

火铲 xo⁴⁵tsʰuan⁴² 铲炉灰用的工具

柴火 tsai³³xo⁴² 统称

柴草 tsai³³tsʰɑu⁴²

　　毛毛柴 mɑu³³mɑu³⁵tsai³¹

硬柴 ŋɛn²⁴tsai³¹

　　块子柴 kʰuai⁴⁵tsɿ⁴⁵tsai³¹

麦草 mɛ³⁵tsʰɑu⁴² 麦秸

高粱梗梗 kɑu³⁵liaŋ³¹kɛn⁴⁵kɛn⁴² 高粱秆儿

豆子梗梗 tɤu³⁵tsɿ⁴⁵kɛn⁴⁵kɛn⁴² 豆秸

锯木灰 tɕy²¹mu³⁵fɛi⁵⁵ 锯末

刨木壳儿 pɑu³³mu³⁵kʰo³³ɚ³¹ 刨花

接火 tɕiɛ³⁵xo⁴² 引燃

锅烟子 ko³⁵iɛn⁵⁵tsɿ⁴² 锅底的烟灰

　　锅惹＝墨 ko³⁵la⁴⁵mɛ³³

烟筒 iɛn³⁵toŋ³¹ ①车子上的排气筒。②烟囱

烟囱 iɛn³⁵tsʰoŋ⁴² ～ iɛn³⁵tsʰoŋ⁵⁵

响灶 ɕiaŋ⁴⁵tsɑu³³ 有炉桥的灶，可烧煤或柴

炉桥 lɤu³³tɕiɑu³¹ 用钢条做的放在炉子中起

支撑煤炭或柴火作用的架子

锅子 ko³⁵tsɿ⁴² 锅

铝锅 ly⁴⁵ko⁵⁵

砂罐 sa³⁵kuan⁵⁵

　　砂锅 sa³⁵ko⁵⁵

大锅 ta³⁵ko⁵⁵

小锅 ɕiɑu⁴⁵ko⁵⁵

　　锅儿 ko³⁵ɚ³¹

鼎罐 tɛn⁴⁵kuan⁵⁵ 旧式的一种圆桶形罐子

桶锅 tʰoŋ⁴⁵ko⁵⁵ 较深的一种锅

坦坦锅 tʰan⁴⁵tʰan⁴⁵ko⁵⁵ 较浅的一种锅

钢精锅 kaŋ³⁵tɕiɛn⁵⁵ko⁵⁵ 用铝合金做成的锅

□锅 tɑu²¹ko³⁵ 铸锅

锅盖 ko³⁵kai⁵⁵

锅铲 ko³⁵tsʰuan⁴²

水壶 suɛi⁴⁵fu³¹ 烧开水用的壶

大碗 ta³⁵uan⁴² 海碗

盅盅 tsoŋ³⁵tsoŋ⁵⁵ 多指带把的瓷杯

杯杯 pɛi³⁵pɛi⁴² 多指无把的杯子

围碟儿 uɛi³³tiɐr³¹ ～ uɛi³³tiɛ³¹ɚ³¹ 碟子

饭瓢儿 fan³⁵piɑu³³ɚ³¹ 饭勺

小瓢儿 ɕiɑu⁴⁵piɑu³³ɚ³¹ 羹匙

　　勺子 sua³³tsɿ⁴²

　　勺儿 sua³³ɚ³¹

　　瓢瓢 piɑu³³piɑu³¹

鸭儿 ia³⁵ɚ³¹ ①小鸭子。②羹匙。③指赤子阴

　　时读 ia³³ɚ³¹

筷儿篓篓 kʰuai²⁴ɚ³¹lɤu⁴⁵lɤu⁴² 筷笼

　　筷篓 kʰuai²⁴lɤu⁴²

茶盘 tsa³³pan³¹ 放水瓶、茶杯等的盘子

掌盘 tsaŋ⁴⁵pan³¹ 端席时所用的大木盘

碗盏 uan⁴⁵tsan⁴² 过去用以放碗的竹编器具

盖碗儿 kai²⁴ueɚ⁴²

酒杯 tɕiɤɯ⁴⁵pɛi⁵⁵

    酒杯杯 tɕiɤɯ⁴⁵pɛi³⁵pɛi⁴²

盘子 pan³³tsʅ⁴²

    盘盘 pan³³pan³¹

酒壶 tɕiɤɯ⁴⁵fu³¹ 茶壶形的酒壶

酒坛子 tɕiɤɯ⁴⁵tan³³tsʅ⁴²

    酒坛坛 tɕiɤɯ⁴⁵tan³³tan³¹

罐子 kuan²⁴tsʅ⁴²

    罐罐 kuan²¹kuan³⁵

水瓢 ɕuɛi⁴⁵piɑɯ³¹

    瓜勺 kua³⁵so⁵⁵

漏屎瓢 lɤɯ³⁵sʅ⁴⁵piɑɯ³¹ 笊篱

筲箕 sɑɯ³⁵tɕi⁵⁵

    簝箕 liɑɯ³³tɕiɛn⁴² ∼ liɑɯ³³tɕi⁴²

甑子 tsɛn²⁴tsʅ⁴² 一种传统的木制蒸饭用具

甑箅搭 tsɛn²¹pi³⁵ta⁴² 用竹子编的放在甑子里
    防止米粒落下去的一种圆形箅子。"搭"
    读轻声

瓶子 piɛn³³tsʅ⁴²

    瓶瓶 piɛn³³piɛn³¹

壶壶 ku³³ku³¹ 小瓶子

瓶盖 piɛn³³kai³³

    瓶子盖盖 piɛn³³tsʅ⁴⁵kai²¹kai³⁵

刮子 kua³⁵tsʅ⁴² 礤床儿

    刮刮 kua³⁵kua⁵⁵

砧板 tsɛn³⁵pan⁴² 有圆形和方形两种

面板 miɛn³⁵pan⁴² 一般较大，多做面食时用

水桶 suɛi⁴²tʰoŋ⁴²

饭桶 fan³⁵tʰoŋ⁴²

    饭甑子 fan³⁵tsɛn²⁴tsʅ⁴²

蒸笼 tsɛn³⁵loŋ³¹

蒸格 tsɛn³⁵kɛ³¹ 蒸食物用的箅子

水缸 ɕy⁴⁵kaŋ⁵⁵

潲水缸 sɑɯ²⁴ɕy⁴⁵kaŋ⁵⁵

潲水 sɑɯ²⁴ɕy⁴²

抹桌帕 ma³³tso³⁵pʰa³³ 抹布

    抹帕 ma³³pʰa³³

拖把 tʰo³⁵pa⁴²

刷把 sua²⁴pa⁴² 多用小竹条捆成的刷子

生花 sɛn³⁵fa³⁵ 泡菜水上面起白毛

沥帕 li²⁴pʰa³³ 起过滤作用的帕子。多由纱布
    制成

刨子 pɑɯ³⁵tsʅ⁴²

锛锄 pɛn³⁵tsɤɯ³¹ 锛子

锯子 tɕy²⁴tsʅ⁴²

    手锯子 sɤɯ⁴⁵tɕy²⁴tsʅ⁴²

凿子 tsʰo²⁴tsʅ⁴² 用于打眼儿的工具

尺子 tsʰʅ³⁵tsʅ⁴²

弯尺 uan³⁵tsʰʅ⁵⁵ 曲尺

折尺 tsɛ³³tsʰʅ³⁵ 可以折起来的尺子

卷尺 tɕyɛn⁴⁵tsʰʅ⁵⁵

角尺 ko³⁵tsʰʅ⁵⁵

墨斗 mɛ²⁴tɤɯ⁴²

墨斗线 mɛ²⁴tɤɯ⁴⁵ɕiɛn³³

    墨线 mɛ²¹ɕiɛn³⁵

角钉 ko³⁵tɛn⁵⁵ 钉木板用的较长较大的钉子

门斗钉 mɛn³³tɤɯ⁴⁵tɛn⁵⁵ 钉门墩的铁钉。一般
    较长

老虎钳 lɑɯ⁴⁵fu³¹tɕiɛn³¹ 很大的，常固定在车
    床上主要用于夹断钢材的一种钳子

羊角锤 iaŋ³³ko⁵⁵tsuɛi³¹

    钉锤 tɛn³⁵tsuɛi³¹

夹夹 tɕia³³tɕia³¹

夹子 tɕia$^{33}$tsʅ$^{42}$

镊子 iɛ$^{33}$tsʅ$^{42}$ 医用工具

合页 xo$^{33}$iɛ$^{31}$

贝＝膏＝ pɛi$^{24}$kaɯ$^{33}$

砖刀 tɕyɛn$^{35}$taɯ$^{55}$ 瓦刀

泥掌子 i$^{33}$tsaŋ$^{45}$tsʅ$^{42}$ 抹子

抹子 mo$^{45}$tsʅ$^{42}$

抹板 mo$^{45}$pan$^{42}$

灰桶儿 fɛi$^{35}$tʰoŋ$^{45}$ɚ$^{31}$ 灰斗子

錾子 tsan$^{35}$tsʅ$^{42}$ 凿石头或金属的小凿子

铁砧 tʰiɛ$^{35}$tɛn$^{42}$

剃刀 tʰi$^{21}$taɯ$^{35}$

推子 tʰuɛi$^{35}$tsʅ$^{42}$

刮胡刀 kua$^{33}$fu$^{31}$taɯ$^{55}$

篦子 pi$^{35}$tsʅ$^{42}$

烫刀布 tʰaŋ$^{21}$taɯ$^{35}$pu$^{55}$ 鐾刀布

理发椅 li$^{45}$fa$^{31}$i$^{42}$

缝纫机 xoŋ$^{33}$lɛn$^{45}$tɕi$^{55}$

熨斗 yɛn$^{24}$tɤɯ$^{42}$

烙铁 lo$^{45}$tʰiɛ$^{55}$

弓 tɕioŋ$^{35}$ 弹棉花的用具

纺车 faŋ$^{45}$tsʰa$^{55}$

织布机 tsʅ$^{33}$pu$^{35}$tɕi$^{55}$

机头 tɕi$^{35}$tɤɯ$^{31}$

梭子 so$^{35}$tsʅ$^{42}$

梭头 so$^{35}$tɤɯ$^{31}$

洗澡盆 ɕi$^{45}$tsaɯ$^{45}$pɛn$^{31}$

香皂 ɕiaŋ$^{35}$tsaɯ$^{33}$

洗衣粉儿 ɕi$^{45}$i$^{35}$fɚ$^{42}$

脚盆 tɕio$^{35}$pɛn$^{31}$ 洗脚盆

抹脚帕 ma$^{33}$tɕio$^{35}$pʰa$^{33}$ 擦脚布

马灯 ma$^{45}$tɛn$^{55}$ 老式气灯。一般烧煤油

汽灯 tɕʰi$^{21}$tɛn$^{35}$ 一种燃烧气体照明的灯

煤油灯 mɛi$^{33}$iɤɯ$^{31}$tɛn$^{35}$

灯芯 tɛn$^{35}$sɛn$^{55}$

灯罩 tɛn$^{35}$tsaɯ$^{33}$

灯盏 tɛn$^{35}$tsan$^{42}$

油灯 iɤɯ$^{33}$tɛn$^{35}$

神灯 sɛn$^{33}$tɛn$^{35}$ 祭祀时用的灯

灯草 tɛn$^{35}$tsʰaɯ$^{42}$

灯油 tɛn$^{35}$iɤɯ$^{31}$

灯笼 tɛn$^{35}$loŋ$^{31}$

亮 liaŋ$^{35}$①灯：你屋里有几个～。②灯光：屋里～有好。③明亮：屋里有～。④动词，变亮：天～了

手提包 sɤɯ$^{45}$ti$^{31}$paɯ$^{55}$

钱包 tɕiɛn$^{33}$paɯ$^{35}$

望远镜 uaŋ$^{24}$yɛn$^{45}$tɕiɛn$^{33}$

糨子 tɕiaŋ$^{24}$tsʅ$^{42}$ 糨糊。多用面粉熬制

抵针儿 ti$^{45}$tsɚr$^{55}$ 顶针儿

缠线坨 tsan$^{33}$ɕiɛn$^{24}$to$^{31}$ 线轴儿

针屁股 tsɛn$^{35}$pʰi$^{24}$ku$^{42}$ 针眼

针鼻孔 tsɛn$^{35}$pi$^{35}$kʰoŋ$^{42}$

针尖尖 tsɛn$^{35}$tɕiɛn$^{55}$tɕiɛn$^{42}$ 针尖

线路 ɕiɛn$^{21}$lɤɯ$^{35}$ 针脚

针路 tsɛn$^{45}$lɤɯ$^{55}$

穿针 tɕʰyɛn$^{35}$tsɛn$^{35}$

穿线 tɕʰyɛn$^{35}$ɕiɛn$^{214}$

钻子 tsuan$^{24}$tsʅ$^{42}$ 锥子

挖耳瓢 ua$^{35}$ɚ$^{45}$piaɯ$^{31}$ 耳挖子

挖耳子 ua$^{35}$ɚ$^{45}$tsʅ$^{42}$

搓衣板 tsʰo$^{35}$i$^{35}$pan$^{42}$

捶衣棒 tsuɛi$^{33}$i$^{35}$paŋ$^{33}$ 棒槌

鸡毛刷子 tɕi$^{35}$maɯ$^{31}$sua$^{33}$tsʅ$^{42}$ 鸡毛掸子

鸡毛刷刷 tɕi³⁵mɑu³¹sua³³sua³⁵

扇子 san²⁴tsʅ⁴²

蒲扇 pu³³san³⁵

截路棒 tsʰo²¹lɤɯ³⁵paŋ³³

　拄路棒 tɕʰy⁴⁵lɤɯ³⁵paŋ³³

刮屎片 kua³³sʅ⁴⁵pʰiɛn³³ 手纸

　揩屎片 kʰai³⁵sʅ⁴⁵pʰiɛn³³

笒索 lo³³so³⁵ 笒篼上的绳子

行针 xaŋ³³tsɛn⁴² ～xaŋ³³tsɛn⁵⁵ 缝被子时用的
　　长针

蚊烟儿 uɛn³³iɐr³⁵ 蚊香

## 九　称谓

娃娃 ua³³ua⁴² ①几天到几岁大的孩子。②大
　　人称呼自己的孩子

嫩细娃儿 lɛn³⁵ɕi²⁴ua³³ɚ³⁵ ～lɛn³⁵ɕi²⁴uɐr³¹ 刚
　　出生不久的婴儿

大细娃儿 ta³⁵ɕi²⁴ua³³ɚ³⁵ 十多岁的小孩儿

男娃儿 lan³³ua³³ɚ³⁵ ①男孩儿。②岁数较大
　　的人称呼晚一辈的男性。③男人

男子汉 lan³³tsʅ⁴⁵xan³³ 一般指成年男性

老人 lau⁴⁵lɛn³¹ ①老年人。②父母：他～在家
　　娃儿头 ua³³ɚ³⁵tɤɯ³¹

女娃儿 y⁴⁵ua³³ɚ³⁵ ①女孩儿。②岁数较大的
　　人称呼晚一辈的女性。③女人

　姑娘 ku³⁵iaŋ⁵⁵

妹崽 mɛi²⁴tsai⁴² ①女孩儿。②没结婚的女性。
　　③老人称呼晚一辈的女性

兄弟伙 ɕioŋ³⁵ti⁵⁵xo⁴² 朋友

　弟兄伙 ti³⁵ɕioŋ⁵⁵xo⁴²

老头儿 lau⁴⁵tʰɐr³¹

老头子 lau⁴⁵tʰɤɯ³¹tsʅ⁴² ①老头儿。②年纪大

的女性称呼自己的老公

老婆婆 lau⁴⁵po³³po³⁵ ①年纪大的男性称自己
　　的妻子。②年龄较大的女性

　老太婆 lau⁴⁵tʰai³⁵po³¹

年轻娃儿 iɛn³³tɕʰiɛn³⁵ua³³ɚ³⁵

　小伙子 ɕiɑu⁴⁵xo⁴⁵tsʅ⁴²

城里头的 tsɛn³³li⁴⁵tɤɯ³¹ti⁴²

　城头人 tsɛn³³tɤɯ³¹lɛn³¹

乡巴佬儿 ɕiaŋ³⁵pa⁵⁵lau⁴⁵ɚ³¹ 见识少、笨拙、
　　迟钝又粗俗的人

乡下人 ɕiaŋ³⁵ɕia³³lɛn³¹

　乡下的 ɕiaŋ³⁵ɕia³³ti⁴²

　乡头人 ɕiaŋ³⁵tɤɯ³¹lɛn³¹

自家屋的 tsʅ³⁵ka⁵⁵u³⁵ti⁴² ①自己人。②同宗同
　　姓的人

　一家人 i³³tɕia³⁵lɛn³¹

　自家人 tsʅ³⁵ka⁵⁵lɛn³¹

外头人 uai³⁵tɤɯ³¹lɛn³¹ 外地人

　外地人 uai³⁵ti⁵⁵lɛn³¹

本地人 pɛn⁴⁵ti³⁵lɛn³¹

　本垱人 pɛn⁴⁵taŋ³³lɛn³¹

外国人 uai³⁵kuɛ³¹lɛn³¹

　洋人 iaŋ³³lɛn³¹ 一般指欧洲人

外人 uai³⁵lɛn³¹

老庚 lau⁴⁵kɛn³⁵ 同年出生的人

　同年 toŋ³³iɛn³¹

内行 luɛi²⁴xaŋ³¹

外行 uai³⁵xaŋ³¹

半罐水 pan²¹kuan³⁵suɛi⁴² 半瓶醋。喻指对某
　　种知识或技术略知一二的人

中人 tsoŋ³⁵lɛn³¹ 旧时以介绍佣工为业的人

老单身 lau⁴⁵tan³⁵sɛn⁴² 单身汉。此说法不

礼貌

小抱媳妇 ɕiau⁴⁵pau³⁵ɕi³³fu³⁵ 童养媳

嫁二嫁的 ka²¹ɚ³⁵ka³³ti⁴² 再婚的女人

　出二道姓的 tɕʰy³⁵ɚ³⁵tau³³sɛn³³ti⁴²

婊子 piau⁴⁵tsɿ⁴²

当大黄爷 taŋ³⁵ta³⁵faŋ³³iɛ⁵⁵ 做媒

媒人 mɛi³³lɛn³¹

　媒婆大人 mɛi³³po³¹ta³⁵lɛn³¹ 当面尊敬叫法

偷人婆 tʰɤu³⁵lɛn³¹po³¹ 乱搞男女关系的女性

　娼妇 tsʰaŋ³⁵fu⁴²

　野婆娘 ia⁴⁵po³³iaŋ⁴²

龟儿子 kuɛi³⁵ɚ³³tsɿ⁴² 私生子

　龟儿 kuɛi³⁵ɚ³¹

　私娃子 sɿ³⁵ua³³tsɿ⁴²

劳改犯 lau³³kai⁴⁵fan³³ 囚犯

铁鸡公 tʰiɛ³⁵tɕi³⁵koŋ⁴² 小气的人

　小气鬼 ɕiau⁴⁵tɕʰi³⁵kuɛi⁴²

发财人家 fa³⁵tsai³¹lɛn³³ka⁴² 暴发户

败家子 pai³⁵ka⁵⁵tsɿ⁴²

走江湖的 tsɤu⁴⁵tɕiaŋ³⁵fu³¹ti⁴²

　跑江湖的 pʰau⁴⁵tɕiaŋ³⁵fu³¹ti⁴²

骗子 pʰiɛn²⁴tsɿ⁴²

二流子 ɚ²⁴liɤu³³tsɿ⁴² 流氓

人贩子 lɛn³³fan³⁵tsɿ⁴² 拐卖人口的人

棒〔老二〕paŋ²⁴lɚ⁴² 土匪

　棒客 paŋ²⁴kʰɛ³¹

抢匪 tɕʰiaŋ⁴⁵fɛi⁴² 抢劫犯

贼娃子 tsɛ³³ua³³tsɿ⁴² ①贼。②扒手

　偷儿 tʰɤu³⁵ɚ⁵⁵

扒佬儿 pa³³lau⁴⁵ɚ³¹ 扒手

　扒手 pa³³sɤu⁴²

　摸哥儿 mo³⁵ko⁵⁵ɚ⁵⁵

三只手 san³⁵tsɿ⁵⁵sɤu⁴²

摸包包的 mo³⁵pau³⁵pau⁵⁵ti⁴²

活路 xo³³lɤu³⁵ 工作

工人 koŋ³⁵lɛn³¹

雇工 ku²¹koŋ³⁵ 名词，雇的人

长年 tsaŋ³³iɛn³¹ 长工

丘儿 tɕiɤu³⁵ɚ⁵⁵ 打工者

短工 tuan⁴⁵koŋ⁵⁵

零工 lɛn³³koŋ³⁵

庄稼人 tsuaŋ³⁵tɕia⁵⁵lɛn³¹ 农民

　庄稼汉儿 tsuaŋ³⁵tɕia⁵⁵xɚ³³

老板儿 lau⁴⁵pɚ⁴²

东家 toŋ³⁵ka⁴²

老板娘 lau⁴⁵pan⁴⁵iaŋ³¹

伙计 xo⁴⁵tɕi⁵⁵ ①合伙人。②店员或长工

顾客 ku²⁴kʰɛ³¹

贩子 fan²⁴tsɿ⁴²

　小商贩 ɕiau⁴⁵saŋ³⁵fan³³

摊贩 tʰan³⁵fan³³

齁包儿 xɤu³⁵pɚ⁴² 哮喘病患者

黄眼狗 uaŋ³³ŋan⁴⁵kɤu⁴² 白眼狼

冲棒 tsʰoŋ²⁴paŋ³³ 说话或做事很冲的人

油嘴猫儿 iɤu³³tsuɛi⁴⁵mau³⁵ɚ⁵⁵ 馋嘴的人

牤子 maŋ³⁵tsɿ⁴² 身体壮实但不很聪明的人

蛮子 man³³tsɿ⁴² ①当地称少数民族的人。②称

　呼讲外地话的人，该话本地人听不懂

犟牛 tɕiaŋ²⁴iɤu³¹ 不听劝的人

　犟拐拐 tɕiaŋ²⁴kuai⁴⁵kuai⁴²

宝儿 pau⁴⁵ɚ³¹ 出洋相的人

二杆子 ɚ³⁵kan⁴⁵tsɿ⁴² 傻子

　二冲棒 ɚ³⁵tsʰoŋ²⁴paŋ³³

　天冲 tʰiɛn³⁵tsʰoŋ³³ 简条人～地冲的

地冲 ti³⁵tsʰoŋ³³

天棒 tʰiɛn³⁵paŋ³³

教书先生 tɕiaɯ³⁵ɕy³⁵ɕiɛn³⁵sɛn⁴²（私塾）教师

读书娃儿 tʰɤɯ²¹ɕy³⁵ua³³ʅ³⁵ 学生

　　学生娃儿 ɕio²¹sɛn³⁵ua³³ʅ³⁵

同学 toŋ³³ɕio³¹

兵 piɛn³⁵ ~ pɛn³⁵

警察 tɕiɛn³⁵tsʰa³¹

先生 ɕiɛn³⁵sɛn⁴² ①医生。②教师

医生 i³⁵sɛn⁴²

司机 sʅ³⁵tɕi⁵⁵

瓦匠 ua⁴⁵tɕiaŋ⁵⁵

锡匠 ɕi³⁵tɕiaŋ⁵⁵

铜匠 toŋ³³tɕiaŋ³⁵

铁匠 tʰiɛ³⁵tɕiaŋ⁵⁵

篾匠 miɛ²¹tɕiaŋ³⁵

补锅匠 pu⁴⁵ko⁵⁵tɕiaŋ⁵⁵

掫油匠 ua⁴⁵iɤɯ³¹tɕiaŋ⁵⁵ 偷师学艺的人

焊洋铁壶的 xan²¹iaŋ³³tʰiɛ³⁵fu³¹ti⁴²

　　焊工 xan²¹koŋ³⁵

杀猪匠 sa³⁵tɕy³⁵tɕiaŋ⁵⁵

屠夫儿 tɤɯ³³fer³⁵ 屠夫

搬夫 pan³⁵fu⁵⁵

　　脚夫 tɕio³⁵fu⁵⁵

　　挑夫 tʰiaɯ³⁵fu⁵⁵

轿夫 tɕiaɯ³⁵fu⁵⁵

艄公 saɯ³⁵koŋ⁵⁵ 掌舵的人

管事 kuan⁴⁵sʅ⁵⁵

　　管家 kuan⁴⁵ka⁴² ~ kuan⁴⁵tɕia⁴²

厨管师 tɕy³³kuan⁴⁵sʅ⁵⁵ 多指农村做宴席的厨师

放牛匠 faŋ²⁴iɤɯ³¹tɕiaŋ⁵⁵ 放牛郎

　　望牛匠 uaŋ³⁵iɤɯ³¹tɕiaŋ⁵⁵

奶娘 lai³⁵iaŋ³¹

　　奶妈 lai³⁵ma⁵⁵

佣人 ioŋ³⁵lɛn³¹ 仆人

女佣人 y⁴⁵ioŋ³⁵lɛn³¹ 女仆

丫鬟 ia³⁵fan³¹

　　丫头子 ia³⁵tʰɤɯ⁴⁵tsʅ⁴² "头"读轻声

接生婆 tɕiɛ³⁵sɛn³⁵po³¹

道人 taɯ³⁵lɛn³¹ 道士。出家的道教徒

　　道长 taɯ³⁵tsaŋ⁴²

道士 taɯ³⁵sʅ⁴² ~ taɯ³⁵sʅ⁵⁵ 火居道士

　　端公先生 tuan³⁵koŋ⁵⁵ɕiɛn³⁵sɛn⁴²

## 十　亲属

老辈子 laɯ⁴⁵pɛi³⁵tsʅ⁴² 长辈

祖祖 tsu⁴⁵tsu⁴² 高祖父或高祖母

男祖祖 lan³³tsu⁴⁵tsu⁴² 高祖父

女祖祖 y⁴⁵tsu⁴⁵tsu⁴² 高祖母

太太 tʰai²¹tʰai³⁵ 曾祖父或曾祖母

男太太 lan³³tʰai²¹tʰai³⁵ 曾祖父

女太太 y⁴⁵tʰai²¹tʰai³⁵ 曾祖母

公 koŋ³⁵ 爷爷

婆 po³¹ 奶奶

家公 ka³⁵koŋ⁴² 外祖父

　　男家家 lan³³ka³⁵ka⁵⁵

女家家 y⁴⁵ka³⁵ka⁵⁵ 外祖母

男老人 lan³³laɯ⁴⁵lɛn³¹ 父亲，多用于背称

女老人 y⁴⁵laɯ⁴⁵lɛn³¹ 母亲，多用于背称

娘屋妈 iaŋ³³u⁵⁵ma⁵⁵ 女方婚后背称自己的
　　母亲

　　娘屋女老人 iaŋ³³u⁵⁵y⁴⁵laɯ⁴⁵lɛn³¹

娘屋男老人 iaŋ³³u⁵⁵lan³³laɯ⁴⁵lɛn³¹ 女方婚后
　　背称自己父亲

亲爷 tsʰɛn³⁵ia⁵⁵ ①岳父，面称。②前加姓氏
　　称呼弟兄的岳父或姐妹的公公
老亲爷 lau⁴⁵tsʰɛn³⁵ia⁵⁵ 岳父，面称
　　老丈人 lau⁴⁵tsaŋ³⁵lɛn³¹ 背称
老丈母 lau⁴⁵tsaŋ³⁵mu⁴² 岳母，背称
　　老亲娘 lau⁴⁵tsʰɛn³⁵iaŋ³¹ 面称
老人公 lau⁴⁵lɛn³¹koŋ⁵⁵ 老公的爸爸
　　公公老汉儿 koŋ³⁵koŋ⁵⁵lau⁴⁵xer³³
　　婆屋老汉儿 po³³u⁴⁵lau⁴⁵xer³³ "屋"读轻声
保保 pau⁴⁵pau⁴² ①称呼干爸或干妈。②旧时
　　为了孩子好养，让孩子称呼父亲和母
　　亲。③结婚以前，女方称呼未婚夫的爸
　　妈，当面可叫"男保保""女保保"。④
　　称呼自己的姑父、姨夫、继父等
后妈 xɤɯ³⁵ma⁵⁵ 背称
家娘老婆婆 ka³⁵iaŋ⁵⁵lau⁴⁵po³³po³⁵ 婆婆
老汉儿 lau⁴⁵xer³³ ①伯父，叔父可加排行：
　　大～。②父亲。③老年男性
娘 iaŋ³¹ 伯母。前可加排行
　　伯娘 pe³³iaŋ³¹
叔 sɤɯ²¹⁴
　　叔爷 sɤɯ²¹iɛ⁵⁵
　　叔老汉儿 sɤɯ²¹lau⁴⁵xer³³
　　叔爷老汉儿 sɤɯ²⁴iɛ⁵⁵lau⁴⁵xer⁵⁵
叔娘 sɤɯ²⁴iaŋ³¹ 叔母
　　婶 sɛn⁴⁵³ 前可加排行
幺叔 iau³⁵su³¹ 排行最小的叔父
　　幺老汉儿 iau³⁵lau⁴⁵xer³³
　　幺晚 iau³⁵man⁴²
　　幺晚晚 iau³⁵man⁴⁵man⁴²
　　晚 man⁴⁵³
幺婶 iau³⁵sɛn⁴² 排行最小的婶婶

幺妈 iau³⁵ma⁵⁵
幺娘 iau³⁵iaŋ³¹
舅爷 tɕiɤɯ²⁴iɛ³¹ 舅舅
姑爷 ku³⁵ia⁵⁵～ku³⁵iɛ⁵⁵ 姑父
舅公 tɕiɤɯ²¹koŋ³⁵ 父母的舅舅
姨公 i³³koŋ³⁵ 父母的姨夫
姑婆 ku³⁵po³¹ 孩子称呼父母的姑姑
姨婆 i³³po³¹ 孩子称呼父母的姨妈
班辈 pan³⁵pɛi⁵⁵
　　辈分 pɛi²⁴fɛn³³
平辈 pɛn³³pɛi³⁵
　　一个班辈 i³³ko³³pan³⁵pɛi⁵⁵
男人 lan³³lɛn³¹ ①男人。②背称自己的老公
当家人 taŋ³⁵tɕia³⁵lɛn³¹ 丈夫
　　娃儿底=爹 ua³³ɚ³⁵ti⁴⁵ti³⁵
　　妹崽底=爹 mɛi²⁴tsai⁴²ti⁴⁵ti³⁵
　　娃儿底=老汉儿 ua³³ɚ³⁵ti⁴⁵lau⁴⁵xer³³
老太爷 lau⁴⁵tʰai³⁵iɛ³¹ 年龄大的女性称呼自己
　　的老公
屋里 u³⁵li⁴² 妻子
　　婆娘 po³³iaŋ⁴²
　　娃儿底=妈 ua³³ɚ³⁵ti⁴⁵ma³⁵
小婆娘 ɕiau⁴⁵po³³iaŋ⁴² 小老婆
　　小婆子 ɕiau⁴⁵po³³tsɿ⁴²
姐姐 tɕiɛ⁴⁵tɕiɛ⁴² ①自己的姐姐。②大姑子。
　　③男方称呼爱人的姐姐
舅子 tɕiɤɯ³⁵tsɿ⁴² 妻子的兄弟，背称
舅母子 tɕiɤɯ³⁵mu⁴⁵tsɿ⁴² 内弟的爱人
大舅子 ta³⁵tɕiɤɯ³⁵tsɿ⁴² 内兄
小舅子 ɕiau⁴⁵tɕiɤɯ³⁵tsɿ⁴² 内弟
　　幺舅子 iau³⁵tɕiɤɯ³⁵tsɿ⁴²
姨姐 i³³tɕiɛ⁴² 大姨子

姐姐 tɕiɛ⁴⁵tɕiɛ⁴²

姨妹 i³³mɛi³⁵ 小姨子

　　姨妹儿 i³³mɐr³⁵

姐妹 tɕiɛ⁴⁵mɛi⁵⁵

弟弟 ti²¹ti³⁵

　　老弟 lauɯ⁴⁵ti⁵⁵

姐夫 tɕiɛ⁴⁵fu⁴²

堂兄堂弟 taŋ³³ɕioŋ³⁵taŋ³³ti³³ 堂兄弟

　　堂弟堂兄 taŋ³³ti³³taŋ³³ɕioŋ³⁵

堂兄 taŋ³³ɕioŋ³⁵

　　堂哥 taŋ³³ko³⁵

堂弟 taŋ³³ti³³

堂姊妹 taŋ³³tsʅ⁴⁵mɛi⁵⁵

　　堂姊堂妹 taŋ³³tsʅ⁴⁵taŋ³³mɛi³⁵

　　堂姐妹 taŋ³³tɕiɛ⁴⁵mɛi⁵⁵

　　堂姐堂妹 taŋ³³tɕiɛ⁴⁵taŋ³³mɛi³⁵

堂姐 taŋ³³tɕiɛ⁴²

堂妹 taŋ³³mɛi³⁵

表兄表弟 piauɯ⁴⁵ɕioŋ³⁵piauɯ⁴⁵ti³³ 表兄弟

表兄 piauɯ⁴⁵ɕioŋ³⁵

　　表哥 piauɯ⁴⁵ko³⁵

表嫂 piauɯ⁴⁵sauɯ⁴²

表弟 piauɯ⁴⁵ti³³

表姊表妹 piauɯ⁴⁵tsʅ⁴⁵piauɯ⁴⁵mɛi⁵⁵ 可以有男有女

表姐表妹 piauɯ⁴⁵tɕiɛ⁴⁵piauɯ⁴⁵mɛi⁵⁵

　　表姐妹 piauɯ⁴⁵tɕiɛ⁴⁵mɛi⁵⁵

表姐 piauɯ⁴⁵tɕiɛ⁴²

表妹 piauɯ⁴⁵mɛi⁵⁵

小辈 ɕiauɯ⁴⁵pɛi³³

　　晚辈 uan⁴⁵pɛi³³

儿女 ɚ³³y⁴²

　　子女 tsʅ⁴⁵y⁴²

少爷 sauɯ²⁴iɛ³¹ 说话人戏称别人的儿子

大娃儿 ta³⁵uɐr³¹ ～ ta³⁵ua³³ɚ³⁵ 大儿子

　　大儿 ta³⁵ɚ³¹

　　大崽 ta³⁵tsai⁴²

小娃儿 ɕiauɯ⁴⁵uɐr³¹ ～ ɕiauɯ⁴⁵ua³³ɚ³⁵

　　小儿 ɕiauɯ⁴⁵ɚ³¹

　　小崽 ɕiauɯ⁴⁵tsai⁴²

二娃子 ɚ³⁵ua³³tsʅ⁴² 第二个儿子

养子 iaŋ⁴⁵tsʅ⁴² 抱养的孩子

　　养崽 iaŋ⁴⁵tsai⁴²

女 y⁴⁵³ 女儿

　　姑娘 ku³⁵iaŋ⁵⁵

养女 iaŋ⁴⁵y⁴²

孙媳妇 sɛn³⁵ɕi³³fu³⁵

孙女 sɛn³⁵y⁴²

孙女婿 sɛn³⁵y⁴⁵ɕi⁵⁵

幺儿 iauɯ³⁵ɚ³¹ 排行最小的儿子

　　幺娃儿 iauɯ³⁵uɐr³¹ ～ iauɯ³⁵ua³³ɚ³⁵

　　晚娃儿 man⁴⁵uɐr³¹ ～ man⁴⁵ua³³ɚ³⁵

　　晚儿 man⁴⁵ɚ³¹

　　晚崽 man⁴⁵tsai⁴²

　　晚崽崽 man⁴⁵tsai⁴⁵tsai⁴²

晚女 man⁴⁵y⁴² 排行最小的女儿

　　晚妹崽 man⁴⁵mɛi³⁵tsai⁴²

　　晚姑娘 man⁴⁵ku³⁵iaŋ⁵⁵

重孙 tsoŋ³³sɛn⁴² 孙辈统称，包括男女

　　重孙崽 tsoŋ³³sɛn³⁵tsai⁴²

　　重孙儿 tsoŋ³³sɛn³⁵ɚ⁵⁵

重孙女 tsoŋ³³sɛn³⁵y⁴²

外孙 uai³⁵sɛn⁴²

外孙女 uai³⁵sɛn⁵⁵y⁴²

外侄女 uai³⁵tsʅ³³y⁴² 外甥女

侄女 tsɛ²⁴y⁴² ～ tsʅ³³y⁴²

侄子 tsɛ²⁴tsʅ⁴² 侄子

外孙儿 uai³⁵sɛn⁵⁵ɚ⁵⁵ 外孙儿

妻侄 tɕʰi³⁵tsʅ³¹ 内侄

　妻侄儿 tɕʰi³⁵tsʅ³³ɚ³¹

妻侄女 tɕʰi³⁵tsʅ³³y⁴² 内侄女

外侄孙儿 uai³⁵tsʅ³¹sɛn³⁵ɚ⁵⁵

外侄孙女 uai³⁵tsʅ³¹sɛn³⁵y⁴²

干亲家 kan³⁵tsʰɛn²⁴ka⁴² 孩子的干爹干妈与孩子父母之间的关系

幺儿晚崽 iɑu³⁵ɚ³¹man⁴⁵tsai⁴² 排行最小的孩子

亲家 tsʰɛn²⁴ka⁴² ①干儿女的父母。②女儿老公的父母。③亲家翁

亲家母 tsʰɛn²⁴ka⁴⁵mu⁴² "家"读轻声

爬轿杆的 pa³⁵tɕiɑu³⁵kan⁴⁵ti⁴² 改嫁时带的儿女

男人家 lan³³lɛn³¹ka⁴² 爷儿们。男子通称

　男儿汉 lan³³ɚ⁴⁵xan³³

　男子汉 lan³³tsʅ⁴⁵xan³³

女人家 y⁴⁵lɛn³¹ka⁴² 娘儿们。妇女通称

　娘们儿 iaŋ³³mɚ³¹ 使用时无蔑视意味

娘屋 iaŋ³³u⁴² ～ iaŋ³³u⁵⁵ 娘家

婆屋 po³³u⁴² ～ po³³u⁵⁵ 婆家

男方 lan³³faŋ³⁵ 男家

　男家 lan³³tɕia³⁵

女方 y⁴⁵faŋ⁵⁵ 女家

　女家 y⁴⁵tɕia⁵⁵

家婆屋 ka³⁵po³¹u⁵⁵ 外婆家

　家公屋 ka³⁵koŋ⁵⁵u⁵⁵

亲爷屋 tsʰɛn³⁵ia⁵⁵u⁵⁵ ～ tsʰɛn³⁵ia³¹u⁵⁵ 岳父母家

　亲娘屋 tsʰɛn³⁵iaŋ³¹u⁵⁵

---

① "门"读[55]调，相当于轻声。

# 十一　身体

身体 sɛn³⁵tʰi⁴²

　体子 tʰi⁴⁵tsʅ⁴²

身材 sɛn³⁵tsai³¹

脑壳 lau⁴⁵kʰo⁴² 头

锛锄脑壳 pɛn³⁵tsɤu³¹lau⁴⁵kʰo⁴² 奔儿头

秃头 tʰuɐi³³tɤɯ³¹

光脑壳 kuaŋ²⁴lau⁴⁵kʰo⁴² 病理性的秃头或理发形成的光头

光头儿 kuaŋ²⁴tɐr³¹ ①头上无头发。②做事情无收获：打牌打了个～

头发 tɤɯ³³fa⁴²

秃顶 tʰu³³tɛn⁴²

　光顶 kuaŋ²⁴tɛn⁴²

　毛儿稀 mau³³ɚ³¹ɕi³⁵

脑壳顶顶 lau⁴⁵kʰo⁴⁵tɛn⁴⁵tɛn⁴² 头顶

后脑勺 xɤɯ³⁵lau⁴⁵sau³¹ 后脑窝子

旋儿 ɕyɛn²¹ɚ³⁵ 旋

颈子 tɕian⁴⁵tsʅ⁴² 脖子

　颈项 tɕian⁴⁵xaŋ³³

少年白 sau²⁴iɛn³¹pɛ³³ 少白头

落头发 lo²⁴tɤɯ³³fa⁴² 掉头发

脑门心 lau⁴⁵mɛn⁵⁵sɛn⁵⁵① 囟门。

鬓角 piɛn³⁵ko⁵⁵

毛纂 mau³³tsuan⁴² 女性盘在脑后的鬏。旧时代表已出嫁

　鬏鬏 tɕiɤɯ³⁵tɕiɤɯ⁵⁵

发海 fa³³xai⁴² 刘海

脸蛋儿 liɛn⁴⁵tɐr³³ 脸

脸泡儿 liɛn⁴⁵pʰɐr⁴² 脸两侧鼓起的部分，相当

于腮帮子

颧骨 tɕyɛn³³ku³¹

酒窝窝 tɕiɤɯ⁴⁵o³⁵o⁴² ～ tɕiɤɯ⁴⁵o³⁵o⁵⁵

人中 lɛn³³tsoŋ³⁵

牙腮骨 ŋa³³sai³⁵ku³¹ 腮帮子

　牙墙骨 ŋa³³tɕiaŋ³¹ku³¹

眼睛 ŋan⁴⁵tsɛn⁴² ～ ŋan⁴⁵tɕiɛn⁴² ～ ŋan⁴⁵tɕiaŋ⁴²①

眼眶 ŋan⁴⁵tɕʰiaŋ⁵⁵

白眼仁儿 pɛ²⁴ŋan⁴⁵lɚ³¹

黑眼仁儿 xɛ³⁵ŋan⁴⁵lɚ³¹

瞳孔 toŋ³³kʰoŋ⁴²

眼角 ŋan⁴⁵ko³¹ 当地不分大小眼角

眼圈圈 ŋan⁴⁵tɕʰyɛn³⁵tɕʰyɛn⁴²

眼屎 ŋan⁴⁵sɿ⁴²

眼皮 ŋan⁴⁵pi³¹

单眼皮 tan³⁵ŋan⁴⁵pi³¹

双眼皮 suaŋ³⁵ŋan⁴⁵pi³¹

眼眨毛 ŋan⁴⁵tsa³¹maɯ³¹ 眼睫毛

纵眉头 tsoŋ²⁴mi³³tɤɯ³¹ 皱眉头

干鼻子 kan³⁵pi³⁵tsɿ⁴² 干鼻屎

　干鼻涌 kan³⁵pi³⁵ioŋ⁴²

鼻孔洞洞 pi³⁵kʰoŋ⁴²toŋ²¹toŋ³⁵ 鼻孔

鼻毛 pi³⁵maɯ³¹

鼻子尖尖 pi³⁵tsɿ⁴²tɕiɛn³⁵tɕiɛn⁴² 鼻子顶端

　鼻尖 pi³⁵tɕiɛn⁵⁵

鼻子灵 pi³⁵tsɿ⁴²liɛn³¹ 嗅觉灵敏

耳朵 ɚ⁴⁵to⁵⁵

耳朵尖 ɚ⁴⁵to⁵⁵tɕiɛn³⁵ 听觉灵敏

眼睛尖 ŋan⁴⁵tsɛn⁴²tɕiɛn³⁵ 视觉灵敏

鼻梁杆 pi³⁵liaŋ³¹kan⁴² 鼻梁

红鼻子 xoŋ³³pi³⁵tsɿ⁴² 酒糟鼻子

嘴夹子 tsuɛi⁴⁵tɕia³³tsɿ⁴² 长形的嘴，如鸬鹚的

嘴巴皮 tsuɛi⁴⁵pa⁵⁵pi³¹ 嘴唇

口水星子 kʰɤɯ⁴⁵suɛi⁴⁵sɛn³⁵tsɿ⁴² 唾沫星儿

口痰 kʰɤɯ⁴⁵tan³¹ 痰

清口水 tsʰɛn³⁵kʰɤɯ⁴⁵suɛi⁴² 口水

舌条儿 sɛ²⁴tiɚ³¹ 舌头

舌苔 sɛ²¹tʰai³⁵

謇巴郎 tɕyɛn⁴⁵pa⁵⁵laŋ⁵⁵①大舌头，指说话时口齿不清的人。②说话结巴的人

　夹舌子 ka³⁵sɛ²⁴tsɿ⁴²

下壳 xa³⁵kʰo⁴² 下巴

门牙 mɛn³³ŋa³¹

坐牙 tso³⁵ŋa³¹ 大牙

獠牙 liaɯ³³ŋa³¹ 虎牙

牙网屎 ŋa³³uaŋ⁴⁵sɿ⁴² 牙垢

牙梗 ŋa³³kɛn⁴² 牙床

虫牙 tsoŋ³³ŋa³¹

耳朵眼眼 ɚ⁴⁵to⁵⁵ŋan⁴⁵ŋan⁴²

　耳朵洞洞 ɚ⁴⁵to⁵⁵toŋ²¹toŋ³⁵

耳屎 ɚ⁴⁵sɿ⁴²①耳垢。②打在脸上的巴掌：产゠他一～

耳背 ɚ⁴⁵pɛi³⁵ 耳朵听力不好

耳朵肮゠ɚ⁴⁵to⁵⁵ŋaŋ³⁵ 耳鸣

喉管 xɤɯ³³kuan⁴² 喉咙

喉包 xɤɯ³³paɯ³⁵ 喉结

络儿胡 lo³³ɚ³⁵fu³¹ 络腮胡

八字胡 pa³⁵tsɿ³⁵fu³¹ ～ pa³⁵tsa³⁵fu³¹ 八字胡子

扇子骨 san²⁴tsɿ⁴⁵ku³¹ 肩胛骨

□肩膀 lia³³tɕiɛn³⁵paŋ⁴² 指肩膀向下吊

---

① 第三种说法 [ŋan⁴⁵tɕiaŋ⁴²] 发音人小时候听到过，现已不用。

□膀子 lia$^{33}$paŋ$^{45}$tsɿ$^{42}$

□肩头 lia$^{33}$tɕiᴇn$^{35}$tɤɯ$^{31}$

倒拐子 tɑɯ$^{24}$kuai$^{45}$tsɿ$^{42}$ 胳膊肘儿

夹肢窝 ka$^{33}$tɕi$^{35}$o$^{55}$ 腋窝

腋肢窝 iɛ$^{21}$tɕi$^{35}$o$^{55}$

手颈颈 sɤɯ$^{45}$tɕiɑŋ$^{45}$tɕiɑŋ$^{42}$ ～ sɤɯ$^{45}$tɕiᴇn$^{45}$tɕiᴇn$^{42}$ 手腕

骨骨 ku$^{33}$ku$^{35}$ 指头的关节

骨节 ku$^{33}$tɕiɛ$^{31}$

指甲 tsɿ$^{35}$ka$^{31}$ 指甲

小指拇儿 ɕiɑɯ$^{45}$tsɿ$^{35}$mɐr$^{42}$ 小拇指

小手指 ɕiɑɯ$^{45}$sɤɯ$^{45}$tsɿ$^{55}$

手指拇儿叉叉 sɤɯ$^{45}$tsɿ$^{35}$mɐr$^{42}$tsʰa$^{35}$tsʰa$^{42}$ 手指缝儿

手指拇儿丫丫 sɤɯ$^{45}$tsɿ$^{35}$mɐr$^{42}$ŋa$^{35}$ŋa$^{42}$

茧疤 tɕiᴇn$^{45}$pa$^{55}$ 茧子

茧子 tɕiᴇn$^{45}$tsɿ$^{42}$

手板 sɤɯ$^{45}$pan$^{42}$ 手

砣儿 to$^{33}$ɚ$^{31}$ 拳头

巴掌 pa$^{35}$tsɑŋ$^{42}$

手板心 sɤɯ$^{45}$pan$^{45}$sᴇn$^{55}$ 手心

手背 sɤɯ$^{45}$pᴇi$^{55}$

大腿巴 ta$^{35}$tʰuᴇi$^{45}$pa$^{55}$ 大腿

腿巴旯旯 tʰuᴇi$^{45}$pa$^{55}$la$^{35}$la$^{42}$ 大腿根儿

小腿巴 ɕiɑɯ$^{45}$tʰuᴇi$^{45}$pa$^{55}$

脚肚子 tɕio$^{35}$tɤɯ$^{45}$tsɿ$^{42}$ 小腿肚

腿肚子 tʰuᴇi$^{45}$tɤɯ$^{45}$tsɿ$^{42}$

穷骨头 tɕioŋ$^{33}$ku$^{35}$tɤɯ$^{31}$ ①胫骨。②喻指贫贱之身

胯 kʰa$^{214}$ 两腿间

胯裆 kʰa$^{24}$tɑŋ$^{42}$ 裆部

屁股 pʰi$^{24}$ku$^{42}$

勾子 kɤɯ$^{35}$tsɿ$^{42}$

箩篼 lo$^{33}$tɤɯ$^{42}$ 开玩笑时的说法

屁股顶顶 pʰi$^{24}$ku$^{42}$tᴇn$^{45}$tᴇn$^{42}$ 屁股蛋儿

屁股启启 pʰi$^{24}$ku$^{42}$tu$^{33}$tu$^{31}$

屁眼儿 pʰi$^{24}$ɚ$^{42}$ 肛门。发音时“眼”的音被吞掉

屁股丫丫 pʰi$^{24}$ku$^{42}$ŋa$^{35}$ŋa$^{42}$ 屁股沟儿

屁股旯旯 pʰi$^{24}$ku$^{42}$la$^{35}$la$^{42}$

尾脊骨 uᴇi$^{45}$tɕi$^{33}$ku$^{31}$ 尾骨

鸭儿 ia$^{33}$ɚ$^{31}$ 赤子阴

卵子 luan$^{45}$tsɿ$^{42}$

雀雀 tɕʰio$^{33}$tɕʰio$^{35}$

雀儿 tɕʰio$^{33}$ɚ$^{35}$

鸡鸡 tɕi$^{35}$tɕi$^{55}$

□□ kʰɑɯ$^{45}$kʰɑɯ$^{42}$ 人或动物的睾丸

麻肥 ma$^{33}$pʰi$^{42}$ 女阴

适$^{=}$麻肥 sɿ$^{33}$ma$^{33}$pʰi$^{35}$ 交合

做空事 tsɤɯ$^{24}$kʰoŋ$^{21}$sɿ$^{35}$

空事 kʰoŋ$^{21}$sɿ$^{35}$ ～ kʰoŋ$^{21}$sɿ$^{55}$ ①无用的事。②喻指交合

脚颈颈 tɕio$^{35}$tɕiɑŋ$^{45}$tɕiɑŋ$^{42}$ ～ tɕio$^{35}$tɕiᴇn$^{45}$tɕiᴇn$^{42}$ 脚腕

螺蛳骨 lo$^{33}$sɿ$^{45}$ku$^{31}$ 踝子骨

脚板 tɕio$^{35}$pan$^{42}$ 脚

光脚板 kuɑŋ$^{35}$tɕio$^{35}$pan$^{42}$ 赤脚

脚背 tɕio$^{35}$pᴇi$^{55}$

脚板底底 tɕio$^{35}$pan$^{45}$ti$^{45}$ti$^{42}$ 脚掌

脚板心 tɕio$^{35}$pan$^{45}$sᴇn$^{55}$ 脚心

脚尖尖 tɕio$^{35}$tɕiᴇn$^{35}$tɕiᴇn$^{42}$ 脚尖

脚趾拇儿 tɕio$^{35}$tsɿ$^{55}$mɐr$^{42}$ 脚指头

脚趾壳 tɕio$^{35}$tsɿ$^{55}$kʰo$^{42}$ 脚趾甲

脚后跟 tɕio$^{35}$xɤɯ$^{35}$kᴇn$^{42}$

脚后廊 ⁼tɕio³⁵xɤɯ³⁵laŋ³¹

脚屁股 tɕio³⁵pʰi²⁴ku⁴²

脚印 tɕio³⁵iɛn⁵⁵

鸡眼睛 tɕi³⁵ŋan⁴⁵tsɛn⁴²～tɕi³⁵ŋan⁴⁵tɕiɛn⁴² 鸡眼。
　　　一种脚病

心窝子 sɛn³⁵o³⁵tsɿ⁴² 心口

心口腔 sɛn³⁵kʰɤɯ⁴⁵taŋ³¹ 胸脯

肋巴骨 lɛ²¹pa³⁵ku³¹ 肋骨

奶水 lai⁴⁵suɛi⁴² 奶汁

肚子 tɤɯ⁴⁵tsɿ⁴² 腹部

　肚囊皮 tu²⁴laŋ³¹pi³¹

小肚子 ɕiaɯ⁴⁵tɤɯ⁴⁵tsɿ⁴²

　小肚皮 ɕiaɯ⁴⁵tɤɯ⁴⁵pi³¹

腰杆 iaɯ³⁵kan⁴² 腰

背颈 pɛi²⁴tɕiaŋ⁴² 背

背脊骨 pɛi²⁴tɕi³³ku³¹ 脊梁骨

　背梁骨 pɛi²⁴liaŋ³¹ku³¹

双旋儿 suaŋ³⁵ɕyɛn²¹ɔ⁵⁵

指纹 tsɿ³⁵uɛn³¹

腡 lo³¹ 圆形的指纹

筲箕 saɯ³⁵tɕi⁵⁵ 簸箕形的指纹

寒毛 xan³³maɯ³¹

寒毛眼眼 xan³³maɯ³¹ŋan⁴⁵ŋan⁴²

骨头 ku²⁴tɤɯ³¹

筋 tɕiɛn³⁵

血 ɕyɛ³⁵

血管 ɕyɛ³⁵kuan⁴²

　青筋 tsʰɛn³⁵tɕiɛn⁵⁵

脉 mɛ²¹⁴

　脉筋 mɛ²¹tɕiɛn⁵⁵

五脏 u⁴⁵tsaŋ³³

肝子 kan³⁵tsɿ⁴² 肝

肺 fɛi²¹⁴

胆 tan⁴⁵³

　苦胆 kʰu⁴⁵tan⁴²

连贴 liɛn³³tʰiɛ⁴² 脾脏

肚子 tɤɯ⁴⁵tsɿ⁴² ①腹部。②胃

腰子 iaɯ³⁵tsɿ⁴² 肾

肠子 tsaɯ³³tsɿ⁴²

大肠 ta³⁵tsaŋ³¹

小肠 ɕiaɯ⁴⁵tsaŋ³¹

盲肠 maŋ³³tsaŋ³¹

穴道 ɕiɛ³³taɯ³⁵ 穴位

## 十二　疾病医疗

小毛病 ɕiaɯ⁴⁵maɯ³³pɛn⁵⁵ 小病

大毛病 ta³⁵maɯ³³pɛn⁵⁵ 重病

　大病 ta³⁵pɛn⁵⁵

　恼火病 laɯ⁴⁵xo⁴⁵pɛn⁵⁵

好脱体了 xaɯ⁴⁵tʰo³³tʰi⁴⁵liaɯ⁴² 完全好了

请先生 tsʰɛn⁴⁵ɕiɛn³⁵sɛn⁴² 请医生

　喊先生 xan⁴⁵ɕiɛn³⁵sɛn⁴²

医病 i³⁵pɛn³⁵ 治病

看病 kʰan²¹pɛn³⁵

亲脉 tsʰɛn³⁵mɛ²¹⁴ 诊脉

　看脉 kʰan²⁴mɛ²¹⁴

输液 su³⁵iɛ²¹⁴ 打吊针

开单子 kʰai³⁵tan³⁵tsɿ⁴² 开药方

　开药单子 kʰai³⁵io²¹tan³⁵tsɿ⁴²

土方 tʰɤɯ⁴⁵faŋ⁵⁵ 偏方儿

捡药 tɕiɛn⁴⁵io²¹⁴ 抓药。一般指抓中药

拿药 la³⁵io²¹⁴ 买药。多指买西药

药铺 io²¹pʰu⁵⁵ 中药店和西药店的统称

　药店 io²⁴tiɛn³³

药房 io²⁴faŋ³¹ 医院里的

药引子 io²⁴iɛn⁴⁵tsʅ⁴²

药罐罐 io²⁴kuan²¹kuan⁵⁵ ①熬中药的罐子。②喻指经常吃药的人

煨药 uɛi³⁵io²¹⁴ 煎药

　　熬药 ŋauu³³io²¹⁴

药膏 io²¹kauu³⁵ 西药膏

膏药 kauu³⁵io⁵⁵ 中药膏药

药面面 io²⁴miɛn²¹miɛn⁵⁵

　　药粉粉 io²⁴fɛn⁴⁵fɛn⁴²

上药 saŋ³⁵io³³

发汗 fa³⁵xan³⁵

　　出汗 tɕʰy³⁵xan³⁵

祛风 tɕʰy³⁵xoŋ³⁵

提火 tʰi³³xo⁴² 食物上火：海椒是～的

下火 ɕia³⁵xo⁴² 去火

回凉 fɛi³³liaŋ³¹ ①去火：薄荷吃了～。②天气转凉

祛湿 tɕʰy³⁵sʅ³¹ 去湿

解毒 kai⁴⁵tu³¹ 去毒

　　祛毒 tɕʰy³⁵tu³¹

扯火罐 tsʰɛ⁴⁵xo⁴⁵kuan⁵⁵ 拔火罐

过 ko²¹⁴ ①传染：箇条病要～人。②拉肚子

发寒冷 fa³⁵xan³³lɛn⁴² 发冷

起鸡瘫子 tɕʰi⁴⁵tɕi³⁵fɛi³⁵tsʅ⁴² 起鸡皮疙瘩

夯气 xaŋ³⁵tɕʰi²¹⁴ 气喘，出大气

　　出气有赢 tɕʰy³⁵tɕʰi²¹⁴mauu³⁵iɛn³¹

气管炎 tɕʰi²⁴kuan⁴⁵iɛn⁵⁵

吃隔嘎了 tɕʰia³⁵kɛ³⁵ka⁴⁵liauu⁴² 积滞

心口膛痛 sɛn³⁵kʰɤuu⁴⁵taŋ³¹tʰoŋ²¹⁴ 胸口疼

脑壳昏 lauu⁴⁵kʰo⁴²fɛn³⁵ 头晕

晕车 yɛn³⁵tsʰɛ³⁵

晕船 yɛn³⁵tsuan³¹ ～ yɛn³⁵tɕyɛn³¹

脑壳痛 lauu⁴⁵kʰo⁴²tʰoŋ²¹⁴ 头痛

疝气 suai²⁴tɕʰi³³

溜肛 liɤuu³⁵kaŋ³⁵ 脱肛

　　掉大肠 tiauu²¹ta³⁵tsaŋ³¹

气莽 tɕʰi²⁴maŋ⁴² 哮喘

　　駒包儿病 xɤuu³⁵pɚ⁵⁵pɛn⁵⁵

掉绝袋 tiauu²⁴tɕyɛ³³tai³⁵ 子宫脱垂

霍乱 xo³³luan³⁵

麻子 ma³³tsʅ⁴² ①麻疹。②出天花后留下的疤痕。③代指脸上有麻子的人

水果果 suɛi⁴⁵ko⁴⁵ko⁴² 水痘

　　水痘 suɛi⁴⁵tɤuu⁵⁵

烂痘子 lan³⁵tɤuu³⁵tsʅ⁴² 天花

点痘子 tiɛn⁴⁵tɤuu³⁵tsʅ⁴² 种痘

伤寒 saŋ³⁵xan³¹

黄肿病 uaŋ³³tsoŋ⁴⁵pɛn⁵⁵ 黄疸

肝炎 kan³⁵iɛn⁵⁵

肺炎 fɛi²¹iɛn³⁵

胃病 uɛi²¹pɛn³⁵

痨病 lauu³³pɛn³⁵ ①慢性病。②劳累引起的病

　　吐血痨 tʰɤuu⁴⁵ɕyɛ³⁵lauu³¹

饿痨病 o³⁵lauu³¹pɛn⁵⁵ 甲亢

饿痨 o³⁵lauu³¹ ①想吃东西的状态。②甲亢

红沙症 xoŋ³³sa⁴⁵tsɛn³³ 痢疾

屙红沙症 o³⁵xoŋ³³sa⁴⁵tsɛn³³ 患痢疾

　　屙血 o³⁵ɕyɛ³⁵

　　屙痢 o³⁵li³⁵

盲肠炎 maŋ³³tsaŋ³¹iɛn⁵⁵ 阑尾炎

肺结核 fɛi²¹tɕiɛ³⁵xɛ³¹

　　肺痨 fɛi²⁴lauu³¹

□ lɤuu⁴⁵³ 绊，撞：～倒东西会摔倒

跐伤 tsuai³⁵saŋ³⁵ 摔伤

滚伤 kuɛn⁴⁵saŋ³⁵

跶伤 ta³³saŋ³⁵

碰伤 pʰoŋ²¹saŋ³⁵

撞伤 tsʰuaŋ⁴⁵saŋ³⁵

□伤 pʰaŋ⁴⁵saŋ³⁵

□伤 kʰuaŋ⁴⁵saŋ³⁵

□破皮 kʰuaŋ⁴⁵pʰo²⁴pi³¹ 蹭破皮

□破皮 pʰaŋ⁴⁵pʰo²⁴pi³¹

撞破皮 tsʰuaŋ⁴⁵pʰo²⁴pi³¹

擦破皮 tsʰa³⁵pʰo²⁴pi³¹

挂个口口 kua²⁴ko³³kʰɤɯ⁴⁵kʰɤɯ⁴² 刺个口子

疋个洞洞 to³⁵ko³³toŋ²¹toŋ³⁵

流血 liɤɯ³³ɕyɛ³⁵

出血 tɕʰy³⁵ɕyɛ³⁵

瘀血 y³⁵ɕyɛ⁵⁵

乌血 u³⁵ɕyɛ⁵⁵

又红又肿 iɤɯ²⁴xoŋ³¹iɤɯ²⁴tsoŋ⁴² 红肿

脆＝耳寒 tsʰuɛi²⁴ɚ⁴⁵xan³¹ 腮腺炎

生包包 sɛn³⁵paɯ³⁵paɯ⁴²

生疮 sɛn³⁵tsʰuaŋ³⁵

生疔疮 sɛn³⁵tɛn³⁵tsʰuɑŋ⁵⁵

痔疮 tsʅ³⁵tsʰuaŋ⁵⁵

灰虱蛋 fɛi³⁵sɛ⁵⁵tan⁵⁵ 疥疮

干疙瘩 kan³⁵kɛ³³laɯ⁴²

牛皮癣 iɤɯ³³pi³¹ɕyɛn⁴²

铜元儿癣 toŋ³³yɐr³¹ɕyɛn⁴²

疙瘩 kɛ²¹ta³⁵

癞子 lai³⁵tsʅ⁴² 头癣

沙痱子 sa³⁵fɛi³⁵tsʅ⁴² 痱子

汗斑 xan³⁵pan⁴² 花斑癣，即花斑糠疹

鱼鳅痣 y³³tɕʰiɤɯ³⁵tsʅ³³ 猴子。当地人认为鱼

甲或黄鳝的血弄到手上会长这种痣

鱼鳅疮 y³³tɕʰiɤɯ³⁵tsʰuaŋ⁵⁵

记 tɕi²¹⁴ 胎记：那人脸上打起有～

胎记 tʰai³⁵tɕi³³

麻斑 ma³³pan³⁵ 雀斑

土斑 tʰɤɯ⁴⁵pan⁵⁵

骚籽籽 saɯ³⁵tsʅ⁴⁵tsʅ⁴² 青春痘

骚米米 saɯ³⁵mi⁴⁵mi⁴²

籽籽 tsʅ⁴⁵tsʅ⁴² 粉刺

米米 mi⁴⁵mi⁴²

口臭 kʰɤɯ⁴⁵tsʰɤɯ³³

鼻子有灵 pi³⁵tsʅ⁴²maɯ³⁵liɛn³¹ 嗅觉不好

鼻孔有灵 pi³⁵kʰoŋ⁴²maɯ³⁵liɛn³¹

齇鼻子 oŋ²¹pi³⁵tsʅ⁴² 齇鼻儿

齇鼻孔 oŋ²¹pi³⁵kʰoŋ⁴²

柳条腰 liɤɯ⁴⁵tiaɯ³¹iaɯ⁵⁵ 水蛇腰

嘶喉咙 sʅ³⁵xɤɯ³³loŋ³⁵ 公鸭嗓

鸭公青 ŋa³⁵koŋ⁵⁵tsʰɛn⁵⁵ ～ ia³⁵koŋ⁵⁵tsʰɛn⁵⁵ 喻指公鸭嗓的人

独眼龙 tu³³ŋan⁴⁵loŋ³¹ 瞎了一只眼睛的人

近视眼 tɕiɛn²⁴sʅ³³ŋan⁴²

远视眼 yɛn⁴⁵sʅ³³ŋan⁴²

老花眼 laɯ⁴⁵fa³⁵ŋan⁴²

肿桨＝眼 tsoŋ⁴⁵tɕiaŋ⁴⁵ŋan⁴² 鼓眼泡儿

鼓眼睛 ku⁴⁵ŋan⁴⁵tsɛn⁴² ～ ku⁴⁵ŋan⁴⁵tɕiɛn⁴²

斗鸡眼儿 tɤɯ²¹tɕi³⁵ŋɐr⁴² 内斜视

怕光 pʰa²¹kuaŋ³⁵ 羞明

鸡摸眼 tɕi³⁵mo³⁵ŋan⁴² 夜盲眼

瞟眼儿 pʰiaɯ⁴⁵iɐr⁴² 外斜视的人

火把眼 xo⁴⁵pa⁴⁵ŋan⁴² 红眼病

烂眼舷 lan³⁵ŋan⁴⁵ɕiɛn³¹ 眼皮溃烂的病

挑疹 tʰiaɯ³⁵tsɛn⁴² 睑腺炎

翳子 i²⁴tsʅ⁴² 眼睛上所长的翼状胬肉

胮酸臭 pʰaŋ³⁵suan³⁵tsʰɤɯ⁵⁵ 出汗

　　胮汗臭 pʰaŋ³⁵xan³⁵tsʰɤɯ⁵⁵

错钵 tsʰo²¹po³¹ 脱臼：胳膊～了

母猪疯 mu⁴⁵tɕy⁵⁵xoŋ⁵⁵ 癫痫

　　羊儿疯 iaŋ³³ɚ³¹xoŋ⁵⁵

扯七风 tsʰɛ⁴⁵tɕʰi³⁵xoŋ⁴² 小儿在出生七天内所生的一种病。主要症状为全身痉挛，人们认为是小儿得破伤风后引起的

扯惊 tsʰɛ⁴⁵tɕiɛn³⁵ ①惊风，小儿病。②抽风

中风 tsoŋ²¹xoŋ³⁵

倒床了 tau⁴⁵tsuaŋ³¹liaɯ⁴² 瘫痪

　　风瘫 xoŋ³⁵tʰan³⁵

□□ xa⁴⁵xa⁴² 傻子

　　□卵 xa⁴⁵luan⁴²

　　憨包 xan³⁵paɯ⁵⁵

　　痴儿 tsʰʅ³⁵ɚ³¹

抓手儿 tsua³⁵ser⁴² 手残者，即拽子

秃子 tʰuɛi³³tsʅ⁴² 头发掉光的人

缺子 tɕʰyɛ³⁵tsʅ⁴² 先天性唇裂的人，俗称豁唇

龅牙齿 paɯ²⁴ŋa³³tsʰʅ⁴² 龅牙

巴手指 pa³⁵sɤɯ⁴⁵tsʅ⁵⁵ 六指儿

　　六手指 lɤɯ²⁴sɤɯ⁴⁵tsʅ⁵⁵

左□子 tso⁴⁵kʰua⁴⁵tsʅ⁴² 左撇子

## 十三　衣服穿戴

穿戴 tɕʰyɛn³⁵tai³³

　　穿着 tɕʰyɛn³⁵tso⁵⁵

打扮 ta⁴⁵pan³³

衣服 i³⁵fu³¹ 上衣

制服 tsʅ²⁴fu³¹

　　工作服 koŋ³⁵tso³¹fu³¹

中山服 tsoŋ³⁵san⁵⁵fu³¹ 中装

西装 ɕi³⁵tsuaŋ⁵⁵

长衣裳 tsaŋ³³i³⁵saŋ³¹ 长衫

　　长衫子 tsaŋ³³san³⁵tsʅ⁴²

马褂 ma⁴⁵kua³³

旗袍 tɕi³³paɯ³¹

皮袍子 pi³³paɯ³³tsʅ⁴² 皮外套

　　皮大衣 pi³³ta²¹i³⁵

长大衣 tsaŋ³³ta²¹i³⁵

短大衣 tuan⁴⁵ta²¹i³⁵

罩衣 tsaɯ²¹i³⁵ 外衣

褂褂 kua²¹kua³⁵ 坎肩

毛线 maɯ³³ɕiɛn³⁵ ①针织圆领衫。②毛衣

背心 pɛi²¹ɕiɛn³⁵ 汗背心

衣襟 i³⁵tɕiɛn⁵⁵

大衣襟 ta³⁵i³⁵tɕiɛn⁵⁵ 大襟

小衣襟 ɕiaɯ⁴⁵i³⁵tɕiɛn⁵⁵ 小襟

对襟 tuɛi²¹tɕiɛn³⁵

下摆 xa³⁵pai⁴²

衣领 i³⁵lɛn⁴² ～ i³⁵liɛn⁴²

长衣袖 tsaŋ³³i³⁵ɕiɤɯ⁵⁵

短衣袖 tuan⁴⁵i³⁵ɕiɤɯ⁵⁵

汗衫 xan²¹san⁵⁵ T恤衫

秋衣 tɕʰiɤɯ³⁵i⁵⁵ 秋天所穿的内衣

裙子 tɕyɛn³³tsʅ⁴²

衬裙 tsʰɛn²⁴tɕyɛn³¹

单裤儿 tan³⁵kʰu²⁴ɚ³¹ 薄裤子

窑裤 iaɯ³³kʰu³³ 内裤

　　窑裤儿 iaɯ³³kʰu³⁵ɚ³¹

踩踩裤 tsʰai⁴⁵tsʰai⁴⁵kʰu³³ 连脚裤

丫裆裤 ŋa³⁵taŋ³⁵kʰu³³ 开裆裤

衩衩裤 tsʰa⁴⁵tsʰa⁴⁵kʰu³³

闤裆裤 luan³³taŋ³⁵kʰu³³ 封裆裤

裤裆 kʰu²⁴taŋ⁴²

裤腰 kʰu²¹iɑɯ³⁵

裤腰带 kʰu²¹iɑɯ³⁵tai³³ 老式腰带

裤包 kʰu²¹pɑɯ³⁵ 裤子上的口袋

布扣子 pu²¹kʰɤɯ²⁴tsʅ⁴² 传统用布做的扣子

扣襻 kʰɤɯ²¹pʰan³⁵ 传统用布做的扣眼儿

扣眼儿 kʰɤɯ²⁴iɚ⁴²

塑料扣子 su²⁴liɑɯ³³kʰɤɯ²⁴tsʅ⁴² 西式扣子

□□鞋 lia³⁵lia⁵⁵xai³¹ 拖鞋

　　拖鞋 tʰo³⁵xai³¹

棉花鞋子 miɛn³³fa⁴⁵xai³³tsʅ⁴² 棉鞋

　　鸡婆鞋 tɕi³⁵po³¹xai³¹

毡鞋 tsan³⁵xai³¹

布鞋子 pu²⁴xai³³tsʅ⁴² 布鞋

鞋底 xai³³ti⁴²

　　鞋子底底 xai³³tsʅ⁴⁵ti⁴⁵ti⁴²

鞋面子 xai³³miɛn³⁵tsʅ⁴² 鞋帮

鞋楦头 xai³³ɕyɛn³⁵tɤɯ³¹ 鞋楦子

水鞋 suɛi⁴⁵xai³¹ 下雨或走泥巴路时穿的鞋子

　　水靴 suɛi⁴⁵ɕyɛ⁵⁵

　　桶靴 tʰoŋ⁴⁵ɕyɛ⁵⁵

□板鞋 lia³⁵pan⁴⁵xai³¹ 木屐

鞋带 xai³³tai³³

线袜子 ɕiɛn²¹ua³⁵tsʅ⁴²

丝光袜子 sʅ³⁵kuaŋ⁵⁵ua³⁵tsʅ⁴² 丝袜

长袜子 tsaŋ³³ua³⁵tsʅ⁴²

　　长桶袜子 tsaŋ³³tʰoŋ⁴⁵ua³⁵tsʅ⁴²

短袜子 tuan⁴⁵ua³⁵tsʅ⁴²

箍袜带 kʰu³⁵ua⁵⁵tai³³ 袜带

尖尖鞋 tɕiɛn³⁵tɕiɛn⁵⁵xai³¹ 弓鞋

裹脚布 ko⁴⁵tɕio⁵⁵pu³³

绑腿 paŋ⁴⁵tʰuɛi⁴² ①指行为。②绑腿用的布

帽儿 mɑɯ³⁵ɚ³¹ 帽子

瓜儿皮 kua³⁵ɚ⁴⁵pi³¹ 瓜皮帽。"儿"读轻声

军帽 tɕyɛn³⁵mɑɯ⁵⁵

草帽子 tsʰɑɯ⁴⁵mɑɯ³⁵tsʅ⁴²

斗篷 tɤɯ⁴⁵poŋ³¹ 斗笠

帽啄啄 mɑɯ³⁵tsua³³tsua³¹ 帽檐儿

　　帽撮撮 mɑɯ³⁵tsʰo³⁵tsʰo⁵⁵～mɑɯ³⁵tsʰo³⁵tsʰo⁴²

耍须 sua⁴⁵ɕy⁵⁵ 流苏

首饰 sɤɯ⁴⁵sʅ⁵⁵

手圈圈 sɤɯ⁴⁵tɕʰyɛn³⁵tɕʰyɛn⁴² 镯子

　　手圈子 sɤɯ⁴⁵tɕʰyɛn³⁵tsʅ⁴²

项链 xaŋ²⁴liɛn³³

项圈 xaŋ²¹tɕʰyɛn³⁵

长命锁 tsaŋ³³miɛn³⁵so⁴² 百家锁

锁针 so⁴⁵tsɛn⁵⁵ 别针

簪子 tsan³⁵tsʅ⁴²

耳环 ɚ⁴⁵fan³¹

胭脂 iɛn³⁵tsʅ⁵⁵

　　胭脂粉 iɛn³⁵tsʅ⁵⁵fɛn⁴²

粉 fɛn⁴⁵³ 脸上抹～

口水□□ kʰɤɯ⁴⁵suɛi⁴⁵pɛn³⁵pɛn⁵⁵ 口水兜

片儿 pʰiɚ²¹⁴ 尿布

　　尿屎布 iɑɯ³⁵sʅ⁴⁵pu⁵⁵

　　裙＝tɕyɛn³¹

手巾 sɤɯ⁴⁵tɕiɛn⁵⁵ 手绢儿

　　帕帕 pʰa²¹pʰa³⁵

　　帕儿 pʰa²⁴ɚ³¹

　　手帕子 sɤɯ⁴⁵pʰa⁵⁵tsʅ⁴²

网网 uaŋ⁴⁵uaŋ⁴² ①名词，网状物。②动词，结网或网东西

手笼子 sɤɯ⁴⁵loŋ³³tsʅ⁴² 手套

眼镜儿 ŋan⁴⁵tɕier³³ ①眼镜。②代指戴眼镜的人

蓑衣 so³⁵i⁴²

雨衣 y⁴⁵i⁵⁵

手表 sɤu⁴⁵piɑu⁴²

## 十四 饮食

吃饮食 tɕʰia³⁵iɛn⁴⁵sɿ⁵⁵ 吃饭，吃东西

吃抹和 tɕʰia³⁵mo⁴⁵xo³¹ ①不给钱白吃。②占
　　便宜

早饭 tsɑu⁴⁵fan⁵⁵

晌午饭 sa⁴⁵u⁴⁵fan⁵⁵

夜饭 ia³⁵fan⁴²

零食 lɛn³³sɿ³¹

粑粑 pa³⁵pa⁵⁵ ～ pa³⁵pa⁴² 面制品的统称
　　粑粑饼饼 pa³⁵pa⁵⁵pɛn⁴⁵pɛn⁴²

二道夜饭 ɚ³⁵tɑu³³ia³⁵fan⁴² 夜宵

吃二道夜饭 tɕʰia³⁵ɚ³⁵tɑu³³ia³⁵fan⁴² 吃夜宵
　　消二道夜 ɕiɑu³⁵ɚ³⁵tɑu³³ia⁵⁵

膹腥臭 pʰaŋ³⁵sɛn³⁵tsʰɤu⁵⁵ 很臭：箇条鱼～
□ pʰiɑu⁴⁵³ 用火燎：～鸭毛|把猪毛～一下

回润 fɛi³³yɛn²¹⁴ 受潮，发潮：麻花儿～了

夹生饭 tɕia³³sɛn³⁵fan⁵⁵ 半生不熟的饭

剩饭 sɛn³⁵fan⁵⁵
　　现饭 ɕiɛn³⁵fan⁵⁵

冷饭 lɛn⁴⁵fan⁵⁵ ①放凉了的饭。②现成的饭，
　　即剩饭：吃的～，冇有煮

酸 suan³⁵ 饭菜变味：稀饭～嘎了
　　酸臭 suan³⁵tsʰɤu⁵⁵
　　膹酸臭 pʰaŋ³⁵suan³⁵tsʰɤu⁵⁵

锅巴 ko³⁵pa⁴²

焖饭 fu³³fan³⁵ 煮焖了的饭

米汤 mi⁴⁵tʰaŋ⁵⁵ ～ mi⁴⁵tʰaŋ⁴² 煮米后所沥出的水

米□□ mi⁴⁵kɑu³³kɑu³¹ 米糊

粽粑 tsoŋ²⁴pa⁴² ～ tsoŋ²¹pa⁵⁵ 粽子

糍粑 tsɿ³³pa⁴² 糯米蒸熟捣烂后制成的食品

馓子 san⁴⁵tsɿ⁴² 一种用发面炸制的细条面食

水面 suɛi⁴⁵miɛn⁵⁵ 湿面条。当地鲜面多放碱

干面 kan³⁵miɛn⁵⁵ 挂面。一般不放碱

干宽面 kan³⁵kʰuan³⁵miɛn⁵⁵ 干切面

汤面 tʰaŋ³⁵miɛn⁵⁵

生锅 sɛn³⁵ko³⁵ 饭菜粘着在锅底
　　巴锅 pa³⁵ko³⁵
　　□锅 ia³⁵ko³⁵

社粑 sɛ²¹pa³⁵ 清明节时用面条菜做成的饼

臊子 sɑu²⁴tsɿ⁴²

灰面□□ fɛi³⁵miɛn⁵⁵kɑu³³kɑu³¹ 面糊

酥肉 sɤu³⁵lɤu⁴² ～ sɤu³⁵lɤu⁵⁵

花卷儿 fa³⁵tɕyer⁴²

蛋糕 tan²¹kɑu³⁵
　　蛋糕粑粑 tan²¹kɑu³⁵pa³⁵pa⁴²

糯米汤圆儿 lo³⁵mi⁴⁵tʰaŋ³⁵yer³¹ 汤圆儿
　　吊颈汤圆儿 tiɑu²⁴tɕiaŋ⁴⁵tʰaŋ³⁵yer³¹
　　吊坨汤圆儿 tiɑu²⁴to³¹tʰaŋ³⁵yer³¹

月饼 yɛ²⁴piɛn⁴²

饼干 piɛn⁴⁵kan⁵⁵

老面 lɑu⁴⁵miɛn⁵⁵ 面酵头

肉颗颗 lɤu³⁵kʰo⁴⁵kʰo⁴² 肉丁

肉片片 lɤu³⁵pʰiɛn²¹pʰiɛn⁵⁵ 肉片

肉丝丝 lɤu³⁵sɿ³⁵sɿ⁴² 肉丝

肉末 lɤu³⁵mo³¹

肉皮子 lɤu³⁵pi³³tsɿ⁴²

肉坨坨 lɤu³⁵to³³to³¹ 大块的肉

嘎嘎 ka⁴⁵ka⁴² 肉，儿语

烧腊 sɑu³⁵la³¹ 卤肉

腊肉 la²¹lɤɯ⁵⁵

猪脚杆 tɕy³⁵tɕio⁵⁵kan⁴² 猪腿

腿箍箍 tʰuɛi⁴⁵kʰu³⁵kʰu⁵⁵ 猪腿的上部

蹄髈 ti³³pʰaŋ⁴² 肘子

    髈 pʰaŋ⁴⁵³

里肉 li⁴⁵lɤɯ⁵⁵ 里脊

蹄筋 ti³³tɕiɛn³⁵

牛舌条儿 iɤɯ³³sɛ²⁴tiɐr³¹

    牛口条 iɤɯ³³kʰɤɯ⁴⁵tiɑɯ³¹

杂碎 tsa³³suɛi³⁵ 猪牛羊的内脏

猪心肺 tɕy³⁵sɛn⁵⁵fɛi³³ 猪肺

肠子 tsaŋ³³tsʅ⁴²

下水 ɕia³⁵suɛi⁴² 动物内脏中的大肠和小肠

龙骨 loŋ³³ku³¹ 腔骨

    背脊骨 pɛi²⁴tɕi³³ku³¹

筒筒骨 toŋ³³toŋ³¹ku³¹ 中空且有骨髓的骨头

排骨 pai³³ku³¹

    肋巴骨 lɛ²¹pa³⁵ku³¹

百叶肚 pɛ³⁵iɛ²⁴tɤɯ⁴² 牛百叶

    毛肚 mɑɯ³³tɤɯ⁴²

草肚 tsʰɑɯ⁴⁵tɤɯ⁴² 光滑的牛肚儿

肝子 kan³⁵tsʅ⁴² 肝

猪腰子 tɕy³⁵iɑɯ³⁵tsʅ⁴²

鸡杂 tɕi³⁵tsa³¹

鸡肫子 tɕi³⁵tɕyɛn⁵⁵tsʅ⁴² 鸡的胃

肫肝儿 tɕyɛn²¹kɐr³⁵

猪旺子 tɕy³⁵uaŋ²⁴tsʅ⁴² 猪血

鸡旺子 tɕi³⁵uaŋ²⁴tsʅ⁴² 鸡血

炒鸡蛋 tsʰɑɯ⁴⁵tɕi⁵⁵tan⁵⁵ ①动词，将鸡蛋打烂后翻炒。②名词，打烂炒好的鸡蛋

煎鸡蛋 tɕiɛn³⁵tɕi⁵⁵tan⁵⁵ ①动词，煎制完整的鸡蛋（鸡蛋不打碎）。②名词，煎好的完整鸡蛋

煎荷包蛋 tɕiɛn³⁵xo³³pɑɯ⁴⁵tan⁵⁵ "包"读轻声

开水蛋 kʰai³⁵suɛi⁴⁵tan⁵⁵ 水煮的不带壳鸡蛋

煮鸡蛋 tɕy⁴⁵tɕi³⁵tan⁵⁵ 连壳煮的鸡蛋

蒸蛋 tsɛn³⁵tan⁵⁵ 蛋羹

盐蛋 iɛn³³tan³⁵ 咸鸡蛋、鸭蛋等

盐鸡蛋 iɛn³³tɕi³⁵tan⁵⁵

盐鸭蛋 iɛn³³ia³⁵tan⁵⁵ ~ iɛn³³ŋa³⁵tan⁵⁵

灌肠 kuan²⁴tsaŋ³¹ 香肠

素菜 su²⁴tsʰai³³

荤菜 fɛn³⁵tsʰai⁵⁵

青菜 tsʰɛn³⁵tsʰai⁵⁵ 泛指青叶子的菜

小菜 ɕiɑɯ⁴⁵tsʰai⁵⁵ ①非正式菜的总称。②蔬菜

豆腐皮 tɤɯ³⁵fu⁴⁵pi³¹

干豆腐 kan³⁵tɤɯ⁵⁵fu³¹ 豆腐干

粉丝 fɛn⁴⁵sʅ⁵⁵

线粉 ɕiɛn²⁴fɛn⁴² 粉条

    粉条 fɛn⁴⁵tiɑɯ³¹

    片粉 pʰiɛn²⁴fɛn⁴²

牛皮粉 iɤɯ³³pi³¹fɛn⁴² 粉皮

凉粉 liaŋ³³fɛn⁴²

藕粉 ŋɤɯ⁴⁵fɛn⁴²

豆豉 tɤɯ³⁵sʅ³¹

豆粉 tɤɯ³⁵fɛn⁴² 各种芡粉的统称

银耳 iɛn³³ɚ⁴²

黄花 uaŋ³³fa⁴² ~ uaŋ³³fa⁵⁵ 金针

金针菇 tɕiɛn³⁵tsɛn⁵⁵ku⁵⁵

海参 xai⁴⁵sɛn⁴²

    海蚂蟥 xai⁴⁵ma⁴⁵uaŋ³¹

海带 xai⁴⁵tai⁵⁵

海蜇 xai⁴⁵tsɛ³¹

气色 tɕʰi²¹sɛ⁵⁵～tɕʰi²⁴sɛ⁴² ①气味。②人的身体状况所反映出来的健康情况

颜色 iɛɴ³³sɛ³⁵

油 iɤɯ³¹ ①名词，各种油的统称。②动词，上漆

花生油 fa³⁵sɛɴ⁵⁵iɤɯ³¹

菜油 tsʰai³⁵iɤɯ³¹ 菜籽油

　香油 ɕiaŋ³⁵iɤɯ³¹

盐巴 iɛɴ³³pa³⁵

锅巴盐 ko³⁵pa⁵⁵iɛɴ³¹ 粗盐

　坨坨盐 to³³to³¹iɛɴ³¹

粉粉盐 fɛɴ⁴⁵fɛɴ⁴⁵iɛɴ³¹ 精盐

　雪花盐 ɕyɛ³³fa³⁵iɛɴ³¹

芝麻酱 tsʅ³⁵ma³¹tɕiaŋ³³

甜酱 tiɛɴ³³tɕiaŋ³³ 甜面酱

豆瓣儿海椒 tɤɯ³⁵per³³xai⁴⁵tɕiɑɯ⁵⁵ 豆瓣酱

海椒 xai⁴⁵tɕiɑɯ⁴² 辣椒

酱海椒 tɕiaŋ²⁴xai⁴⁵tɕiɑɯ⁵⁵ 用发酵后的豆子和辣椒一起做成的辣椒酱

料酒 liɑɯ³⁵tɕiɤɯ⁴²

水糖 suɛi⁴⁵taŋ³¹～ɕy⁴⁵taŋ³¹ 红糖

白糖 pɛ²⁴taŋ³¹

冰糖 pɛɴ³⁵taŋ³¹～piɛɴ³⁵taŋ³¹

水果糖 suɛi⁴⁵ko⁴⁵taŋ³¹ 糖块

　颗颗糖 kʰo⁴⁵kʰo⁴⁵taŋ³¹

花生糖 fa³⁵sɛɴ⁴⁵taŋ³¹ "生" 读轻声

麻糖 ma³³taŋ³¹ 麦芽糖

佐料 tso³³liɑɯ³⁵

八角 pa³⁵ko⁵⁵

花椒 fa³⁵tɕiɑɯ⁴²

桂皮 kuɛi²⁴pi³¹

花椒面儿 fa³⁵tɕiɑɯ⁴⁵mier³³ 花椒粉

胡椒面儿 fu³³tɕiɑɯ⁴⁵mier³³

烟 iɛɴ³⁵

烟叶 iɛɴ³⁵iɛ³³

烟丝 iɛɴ³⁵sʅ⁵⁵

伏烟 fu³³iɛɴ³⁵ 黄烟。烟味儿较冲

水烟杆 ɕy⁴⁵iɛɴ³⁵kan⁴² 水烟袋

　烟杆 iɛɴ³⁵kan⁴²

烟棒 iɛɴ³⁵paŋ⁵⁵ 旱烟袋

烟杆钵钵 iɛɴ³⁵kan⁴⁵po³⁵po⁴² 烟锅

烟盒 iɛɴ³⁵xo³¹ ①装烟的金属盒。②香烟外包装

　烟盒盒 iɛɴ³⁵xo³³xo³¹

烟屎 iɛɴ³⁵sʅ⁴² 烟油子

烟灰 iɛɴ³⁵fɛi³⁵

　烟灰灰 iɛɴ³⁵fɛi⁵⁵fɛi⁴²

火镰子 xo⁴⁵liɛɴ⁵⁵tsʅ⁴² 旧时取火用具

钢片 kaŋ³⁵pʰiɛɴ⁴²

火镰石 xo⁴⁵liɛɴ⁵⁵sʅ⁵⁵ 火石

　火石 xo⁴⁵sʅ⁵⁵

纸媒子 tsʅ⁴⁵mɛi³³tsʅ⁴² 用 "火纸" 做的引火材料。一般把火纸做成绳子的样子

茶 tsa³¹

　茶水 tsa³³suɛi⁴²

温水 uɛɴ³⁵suɛi⁴²

　温开水 uɛɴ³⁵kʰai³⁵suɛi⁴²

泡茶 pʰɑɯ²⁴tsa³¹ 沏茶

倒茶 tɑɯ²⁴tsa³¹

　筛茶 sai³⁵tsa³¹

　掺茶 tsʰan³⁵tsa³¹

懒开水 lai²¹kʰai³⁵suɛi⁴² 热开水

白干儿 pɛ²¹ker³⁵ 白酒

## 十五　红白大事

亲事 tsʰɛn³⁵sʅ⁵⁵

岁数 suɛi²¹sɤɯ³⁵ 年龄

　年纪 iɛn³³tɕi³³

看八字 kʰan²⁴pa³³tsʅ³⁵

打红包 ta⁴⁵xoŋ³³pɑɯ³⁵ 订亲结束时，男方给
　　女方红包的仪式

　拿红包 la³⁵xoŋ³³pɑɯ³⁵

定礼 tiɛn²⁴li⁴²

　订婚钱 tiɛn²¹fɛn³⁵tɕiɛn³¹

喜日 ɕi⁴⁵ɚ³¹ 喜期

喜酒 ɕi⁴⁵tɕiɤɯ⁴²

收亲 sɤɯ³⁵tsʰɛn³⁵ 男子娶亲：我娃儿明天～

嫁奁 tɕia²⁴liɛn³¹ 嫁妆

过门 ko²⁴mɛn³¹

打发女 ta⁴⁵fan⁴⁵y⁴² 嫁女。

　嫁女 ka²⁴y⁴²

接媳妇 tɕiɛ³⁵ɕi³³fu³⁵ 男方迎娶新娘

打脱离 ta⁴⁵tʰo³³li³¹ 离婚

轿子 tɕiɑɯ³⁵tsʅ⁴²

　花轿 fa³⁵tɕiɑɯ⁵⁵

哭嫁 kʰu³⁵ka²¹⁴

新郎公 sɛn³⁵lan³¹koŋ⁵⁵ 新郎

新房 sɛn³⁵faŋ³¹ 洞房

交杯酒 tɕiɑɯ³⁵pɛi³⁵tɕiɤɯ⁴²

嫁二嫁 ka²¹ɚ³⁵ka³³ 寡妇再嫁

　出姓 tɕʰy³⁵sɛn²¹⁴

　出二道姓 tɕʰy³⁵ɚ³⁵tɑɯ³³sɛn²¹⁴

结二门 tɕiɛ³⁵ɚ³⁵mɛn³¹ 男性续弦

　讲二门 kaŋ⁴⁵ɚ³⁵mɛn³¹

　讨二门 tʰɑɯ⁴⁵ɚ³⁵mɛn³¹

讲婆娘 kaŋ⁴⁵po³³iaŋ⁴² 介绍对象

填房 tiɛn³³faŋ³¹

搭亲家 ta³⁵tsʰɛn³⁵ka⁴² 成为亲家

探亲 tʰan³⁵tsʰɛn³⁵ ①看望亲戚。②男子看望
　　自己的岳父母

换细娃儿 fan³⁵ɕi²⁴uɐr³¹ 流产

生细娃儿 sɛn³⁵ɕi²⁴uɐr³¹

　生娃娃 sɛn³⁵ua³³ua⁴²

　生娃儿 sɛn³⁵ua³³ɚ³⁵

捡 tɕiɛn⁴⁵³ ①接生：～娃娃。②拾取

接生 tɕiɛ³⁵sɛn³⁵

胞衣 pɑɯ³⁵i⁴²

坐月 tso³⁵yɛ²¹⁴ 坐月子

头胎 tɤɯ³³tʰai³⁵

月婆子 yɛ²⁴po³³tsʅ⁴² 坐月子的女人

　月母子 yɛ²⁴mu⁴⁵tsʅ⁴²

双胞胎 suaŋ³⁵pɑɯ⁵⁵tʰai⁵⁵

　双双 suaŋ³⁵suaŋ⁵⁵

打细娃儿 ta⁴⁵ɕi²⁴uɐr³¹ ①抽打小孩儿。②堕胎

遗腹子 i³³fu³¹tsʅ⁴² 孕妇于丈夫死后所生的孩子

　孝儿 ɕiɑɯ²⁴ɚ³¹

奶嘴嘴 lai⁴⁵tsuɛi⁴⁵tsuɛi⁴² 奶头

喂奶奶 uɛi²⁴lai⁴⁵lai⁴² 喂奶

纳⸗尿 la³³iɑɯ³⁵ 尿床

　流尿 liɤɯ³³iɑɯ³⁵

礼 li⁴⁵³ 礼物或礼金

择期 tsʰɛ³³tɕʰi³⁵ 选择吉日

　择日子 tsʰɛ³³ɚ³⁵tsʅ⁴²

　选期 ɕyɛn⁴⁵tɕʰi³⁵

口庚 kʰɤɯ⁴⁵kɛn⁵⁵ 生辰八字

正酒天 tsɛn²⁴tɕiɤɯ⁴⁵tʰiɛn⁵⁵ 结婚当天

利实⸗li³⁵sʅ³¹ 民间为讨吉利而给的小钱

喜钱 ɕi⁴⁵tɕiɛn³¹ 喜事中给帮工的吉利钱

吃酒 tɕʰia³⁵tɕiɤɯ⁴² ①喝酒。②吃宴席

生 sɛn³⁵ 生日

吃生 tɕʰia³⁵sɛn³⁵ 祝寿

　吃生日酒 tɕʰia³⁵sɛn³⁵ɚ³¹tɕiɤɯ⁴²

寿星老 sɤɯ²¹sɛn³⁵lauɯ⁴² 寿星

丧事 saŋ³⁵sɿ⁵⁵

吊孝 tiauɯ²⁴ɕiauɯ²¹⁴ 奔丧。较亲近的人说

烧香 sauɯ³⁵ɕiaŋ³⁵ 关系一般的人去悼念亡人

看地 kʰan²¹ti³⁵ 看阴宅的风水

木头 mu³⁵tɤɯ³¹ 棺材

　寿材 sɤɯ²⁴tsai³¹

灵堂 lɛn³³taŋ³¹

灵牌 lɛn³³pai³¹

停丧床 tɛn³³saŋ³⁵tsuaŋ³¹ 灵床

守灵 sɤɯ⁴⁵lɛn³¹

出殡 tɕʰy³⁵piɛn³⁵

烧七 sauɯ³⁵tɕʰi³⁵ 做七。死后每七天祭拜一次

佛堂 fu³³taŋ³¹

守孝 sɤɯ⁴⁵ɕiauɯ²¹⁴

孝子 ɕiauɯ²⁴tsɿ⁴²

正孝子 tsɛn²⁴ɕiauɯ²⁴tsɿ⁴² 逝者的大儿子及大
　　儿媳

孝孙 ɕiauɯ²¹sɛn³⁵

纸扎 tsɿ⁴⁵tsa⁵⁵

坟地 fɛn³³ti³⁵

碑 pɛi³⁵

墓碑 mo²¹pɛi³⁵

烧纸 sauɯ³⁵tsɿ⁴² 上坟。包括"烧年纸"和"挂青"

跳水 tʰiauɯ²⁴suɛi⁴² 投水（自尽）

　跳堰塘 tʰiauɯ²¹iɛn²⁴taŋ³¹

吊颈 tiauɯ²⁴tɕiaŋ⁴² 上吊

尸首 sɿ³⁵sɤɯ⁴²

尸身 sɿ³⁵sɛn⁴²

骨灰盒 ku³⁵fɛi⁵⁵xo³¹

　骨灰盒盒 ku³⁵fɛi⁵⁵xo³³xo³⁵

天老爷 tʰiɛn³⁵lauɯ⁴⁵iɛ⁴² 老天爷

佛 fu³¹

观音 kuan³⁵iɛn⁵⁵ ①菩萨。②民间对巫婆的
　　雅称

土地庙子 tʰɤɯ⁴⁵ti⁵⁵miauɯ³⁵tsɿ⁴² 土地庙

　土地庙 tʰɤɯ⁴⁵ti⁵⁵miauɯ⁵⁵

关帝庙 kuan³⁵ti⁵⁵miauɯ⁵⁵

城隍庙 sɛn³³faŋ³¹miauɯ⁵⁵

阎王 iɛn³³uaŋ⁴²

　阎王菩萨 iɛn³³uaŋ⁴⁵pu³³sa⁴² "王"读轻声

周家祠 tsɤɯ³⁵tɕia⁵⁵tsɿ³¹

　周家祠堂 tsɤɯ³⁵tɕia⁵⁵tsɿ³³taŋ³¹

神龛 sɛn³³kʰan⁴² 佛龛

供桌 koŋ²¹tso⁵⁵ 香案。放供品和香的桌子

敬 tɕiɛn²¹⁴ 上供。敬的东西在烧纸后要拿走

供 koŋ²¹⁴ 上供。供的东西不带走

香 ɕiaŋ³⁵ 线香

祭日 tɕi²⁴ɚ³¹ 去世的日子

求神 tɕʰiɤɯ³³sɛn³¹

祷告 tauɯ⁴⁵kauɯ³³

　讲好话 kaŋ⁴⁵xauɯ⁴⁵ua⁵⁵

监督帖 tɕiɛn³⁵tu⁵⁵tʰiɛ⁵⁵ 祈求小儿停止夜哭的
　　帖子，常张贴在道路两旁的树上或电线
　　杆上。如有的帖子上写着："小儿夜哭，
　　请你监督；若是不哭，谢谢叔叔。"

香炉 ɕiaŋ³⁵lɤɯ⁵⁵

　香炉钵钵 ɕiaŋ³⁵lɤɯ⁵⁵po³⁵po⁴²

装香 tsuaŋ³⁵ɕiaŋ³⁵ 动词，烧香

签 tɕʰiɛn³⁵ 刻有卜问吉凶相关诗句的竹签

抽签 tsʰɤu³⁵tɕʰiɛn³⁵ 求签

卦 kua²¹⁴ 一般用老竹做成，通常有两片

打卦 ta⁴⁵kua²¹⁴

阴卦 iɛn³⁵kua³³ 阴爻。两面都朝下

阳卦 iaŋ³³kua³³ 阳爻。两面都朝上

圣卦 sɛn²⁴kua³³ 一正一反。从卦象来看一般
　　阳卦最好，阴卦次之，圣卦最差

寿生 sɤu²¹sɛn⁵⁵ 诞辰

敲木鱼 kʰau³⁵mo³⁵y⁵⁵

测字 tsʰɛ³³tsʅ³⁵

看风水 kʰan²¹xoŋ³⁵ɕy⁴²

八字先生 pa³³tsʅ³⁵ɕiɛn³⁵sɛn⁴² 算命先生
　　看相的 kʰan²⁴ɕiaŋ³³ti⁴²

阴阳先生 iɛn³⁵iaŋ³¹ɕiɛn³⁵sɛn⁴²
　　风水先生 xoŋ³⁵ɕy⁴⁵ɕiɛn³⁵sɛn⁴²

仙娘 ɕiɛn³⁵iaŋ⁵⁵ 巫师。不分男女

跳大神 tʰiau²¹ta³⁵sɛn³¹ 跳神

许愿 ɕy⁴⁵yɛn³⁵

还愿 uan³³yɛn³⁵

## 十六　日常生活

穿衣裳裤儿 tɕʰyɛn³⁵i³⁵saŋ³¹kʰu²⁴ɚ³¹ 穿衣服

脱衣裳裤儿 tʰo³⁵i³⁵saŋ³¹kʰu²⁴ɚ³¹ 脱衣服

脱鞋子 tʰo³⁵xai³³tsʅ⁴²

打折子 ta⁴⁵tsɛ³⁵tsʅ⁴² 做衣服时量身体的尺寸
　　比折子 pi⁴⁵tsɛ³⁵tsʅ⁴²

连衣裳 liɛn³³i³⁵saŋ³¹ 做衣服。一般指做上衣
　　缝衣裳 xoŋ³³i³⁵saŋ³¹

吊边 tiau²⁴piɛn⁴² ～ tiau²¹piɛn⁵⁵ ～ tiau²¹piɛn³⁵
　　动词，缲边，贴边
　　搛边 tsai²¹piɛn³⁵

包边 pau³⁵piɛn⁵⁵ 名词，滚边

包边 pau³⁵piɛn³⁵ 动词，用一块儿布把边包住

缊条儿 yɛn³⁵tiɚ³¹ 包边用的小布条

扔边 ye³⁵piɛn⁵⁵ 衣服较长时，卷起来一些
　　折边 tsɛ³⁵piɛn⁵⁵

绞边 tɕiau⁴⁵piɛn³⁵ 用机器缲边
　　缲边儿 tɕʰiau³⁵piɚ³⁵

敉边 liau³⁵piɛn³⁵ 手工缲边。针脚常较细密

滚边 kuɛn⁴⁵piɛn³⁵ 动词，用熨斗将衣服的边
　　滚一下

蒙鞋面子 moŋ³³xai³³miɛn³⁵tsʅ⁴²

缔鞋子 saŋ²⁴xai³³tsʅ⁴² 将鞋面和鞋底缝到一起

打鞋底 ta⁴⁵xai³³ti⁴² 纳鞋底
　　打鞋底底 ta⁴⁵xai³³ti⁴⁵ti⁴²

搛扣子 tsai²⁴kʰɤu²⁴tsʅ⁴² 钉扣子

绣花 ɕiɤu²¹fa³⁵

补巴 pu⁴⁵pa³⁵ 动词，打补丁

补巴 pu⁴⁵pa⁵⁵ 名词，补丁

缝铺盖 xoŋ³³pʰu³⁵kai⁵⁵ 做被卧。多手工缝制
　　缝桶桶 xoŋ³³tʰoŋ⁴⁵tʰoŋ⁴²

打铺盖桶桶 ta⁴⁵pʰu³⁵kai⁵⁵tʰoŋ⁴⁵tʰoŋ⁴² 用机器
　　做被子

洗衣裳 ɕi⁴⁵i³⁵saŋ³¹ 洗衣服

下一水 ɕia³⁵i³³ɕy⁴² 洗一水

清 tsʰɛn³⁵ 用清水漂洗

晒衣裳 sai²¹i³⁵saŋ³¹

晾衣裳 laŋ³⁵i³⁵saŋ³¹ 晒衣服，有无太阳均可

浆衣裳 tɕiaŋ³⁵i³⁵fu³¹ 把土布衣裳放米汤里浸
　　泡后再洗

鲊衣裳 tsa⁴⁵i³⁵saŋ³¹ 浸泡衣服

烫衣裳 tʰaŋ²¹i³⁵fu³¹

敲抻 tʰɤu⁴⁵tsʰɛn³⁵ 抖动使其平展

脱靛 tʰo³⁵tiɛn²¹⁴ 掉色，脱色

败色 pai²⁴sɛ³¹ 褪色

架火 tɕia²⁴xo⁴² 生火

架柴 tɕia²⁴tsai³¹ 往炉子里加柴

淘米 tɑu³³mi⁴²

发面 fa³⁵miɛn³⁵

　发灰面 fa³⁵fɛi³⁵miɛn⁵⁵

和灰面 xo³³fɛi³⁵miɛn⁵⁵

接面 lua³³miɛn³⁵ 揉面

　接灰面 lua³³fɛi³⁵miɛn⁵⁵

擀面 kan⁴⁵miɛn³⁵

拉面 la³⁵miɛn³⁵ 抻面条

蒸馒头 tsɛn³⁵man³³tɤɯ³¹

择菜 tsʰɛ²⁴tsʰai²¹⁴

　理菜 li⁴⁵tsʰai²¹⁴

烧汤 sɑu³⁵tʰaŋ³⁵ 做汤

　打汤 ta⁴⁵tʰaŋ³⁵

饭煮好了 fan³⁵tɕy⁴⁵xɑu⁴⁵liɑu⁴² 饭好了

夹生 tɕia³³sɛn³⁵ 半生不熟

吃饭了 tɕʰia³⁵fan³⁵liɑu⁴² 开饭

装饭 tsuaŋ³⁵fan³⁵ 盛饭

添饭 tʰiɛn³⁵fan³⁵ ①盛饭。②往碗里添加饭

吃晌午 tɕʰia³⁵sa⁴⁵u⁴² 吃午饭

吃夜饭 tɕʰia³⁵ia³⁵fan⁴² ～ tɕʰia³⁵ia³⁵fan⁵⁵ 吃晚饭

　消夜 ɕiɑu³⁵ia³⁵

拈菜 iɛn³⁵tsʰai³⁵ 夹菜

舀汤 iɑu⁴⁵tʰaŋ³⁵

缩锅 so³⁵ko³⁵ 将食物放油锅里稍炸，除去
　　水分

吃零食 tɕʰia³⁵lɛn³³sʅ³¹ 打尖。正餐外吃东西

拿筷子 la³⁵kʰuai²⁴tsʅ⁴² 使筷子

肉冇㶶 lɤɯ³⁵mɑu³⁵pʰa³⁵ 肉不烂

嚼冇动 tɕiɑu²¹mɑu³⁵toŋ³⁵

鲠倒了 kɛn⁴⁵tɑu⁴⁵liɑu⁴² 噎着了

　卡倒了 kʰa⁴⁵tɑu⁴⁵liɑu⁴² 卡着了

口冇得味 kʰɤɯ⁴⁵mɑu³⁵tɛ³⁵uɛi³⁵ 嘴里没味儿。
　　形容无食欲

喝茶 xo³⁵tsa³¹

喝酒 xo³⁵tɕiɤɯ⁴² 喝酒

吃酒 tɕʰia³⁵tɕiɤɯ⁴² 吃酒席

吃烟 tɕʰia³⁵iɛn³⁵ 抽烟

喝烟 xo³⁵iɛn³⁵ 过去吃叶子烟时，几个人轮着
　　抽，请别人抽时会说："你喝一口。"故名

洗手 ɕi⁴⁵sɤɯ⁴²

洗脸 ɕi⁴⁵liɛn⁴²

刷牙 sua³³ŋa³¹

捆毛搭儿 kʰuɛn⁴⁵mɑu³³tɚ³⁵ 梳辫子

　梳毛搭儿 sɤɯ³⁵mɑu³³tɚ³⁵

扎毛搭儿 tsa³⁵mɑu³³tɚ³⁵ 编辫子

　编毛搭儿 piɛn³⁵mɑu³³tɚ³⁵

挽毛纂 uan⁴⁵mɑu³³tsuan⁴² 梳髻

　挽鬏鬏 uan⁴⁵tɕiɤɯ³⁵tɕiɤɯ⁵⁵

剪指甲 tɕiɛn⁴⁵tsʅ³⁵ka⁴²

　剪手指壳 tɕiɛn⁴⁵sɤɯ⁴⁵tsʅ³⁵kʰo⁴²

掏耳屎 tʰɑu³⁵ɚ⁴⁵sʅ⁴²

　掏耳朵 tʰɑu³⁵ɚ⁴⁵to⁵⁵

冲凉 tsʰoŋ³⁵liaŋ³¹ 夏天洗澡

抹澡 ma³³tsɑu⁴² 擦澡

　抹汗 ma³³xan³⁵

　抹身上 ma³³sɛn³⁵saŋ⁵⁵

解小手 kai⁴⁵ɕiɑu⁴⁵sɤɯ⁴²

屙尿尿 o³⁵iɑu²¹iɑu³⁵ 撒尿，儿语

解大手 kai⁴⁵ta³⁵sɤɯ⁴²

屙屁屁 o³⁵pa⁴⁵pa⁴² 拉屎，儿语

歇凉 ɕie³⁵liaŋ³¹ 乘凉

晒太阳 sai²⁴tʰai²⁴iaŋ³¹

烤火 kʰaɯ⁴⁵xo⁴²

　向火 ɕiaŋ²⁴xo⁴²

关灯 kuan³⁵tɛn³⁵ 熄灯

吹□ tɕʰy³⁵i²¹⁴ 将油灯吹熄

　吹亮 tɕʰy³⁵liaŋ³⁵

打喝嗨 ta⁴⁵xo³⁵xai⁵⁵ 打哈欠

打饱嗝 ta⁴⁵paɯ⁴⁵kɛ³¹ 吃饱后打嗝

扯嗝嗝 tsʰa⁴⁵kɛ³³kɛ³⁵ 呃逆，打嗝

累倒了 luɐi³⁵taɯ⁴⁵liaɯ⁴² 困了

　累了 luɐi³⁵liaɯ⁴²

霸＝床 pa²⁴tsuaŋ³¹ 铺床

困下去 kʰuɐn²⁴xa⁴⁵tɕie⁵⁵ 躺下

困着了 kʰuɐn²¹tsʰo³⁵liaɯ⁴² 睡着了

扯蒲鼾 tsʰa⁴⁵pu³³xan³⁵ 打鼾

困有着 kʰuɐn²¹maɯ³⁵tsʰo²¹⁴ 睡不着，失眠

困午觉 kʰuɐn²⁴u⁴⁵tɕiaɯ³³ 午休

仰起困 iaŋ⁴⁵tɕʰi⁴⁵kʰuɐn²¹⁴ 仰面睡

　翻股＝喇＝架困 fan³⁵ku⁴⁵la⁴⁵tɕia³³kʰuɐn³³

侧起困 tsɛ³³tɕʰi⁴⁵kʰuɐn²¹⁴ 侧着睡

　侧倒困 tsɛ³³taɯ⁴⁵kʰuɐn²¹⁴

　棱起困 lɐn³³tɕʰi⁴⁵kʰuɐn²¹⁴

　棱倒困 lɐn³³taɯ⁴⁵kʰuɐn²¹⁴

趴起困 pʰa⁴⁵tɕʰi⁴⁵kʰuɐn²¹⁴ 趴着睡

　趴倒困 pʰa⁴⁵taɯ⁴⁵kʰuɐn²¹⁴

　伏起困 pʰu²⁴tɕʰi⁴⁵kuɐn²¹⁴

　伏倒困 pʰu²⁴taɯ⁴⁵kuɐn²¹⁴

放敞猪 faŋ²⁴tsʰaŋ⁴⁵tɕy⁵⁵ 敞开放猪

失枕 sɿ³³tsɛn⁴² 落枕

转筋 tɕyɐn²¹tɕien³⁵ 抽筋

扯筋 tsʰɛ⁴⁵tɕien³⁵ 闹矛盾，闹别扭

扯拐 tsʰɛ⁴⁵kuai⁴² ①出问题：机器～。②闹矛盾，闹别扭：底＝之＝两个在～

讲梦话 kaŋ⁴⁵moŋ³⁵ua⁵⁵ 说梦话

　发梦冲 fa³⁵moŋ²¹tsʰoŋ³⁵

迷倒了 mi³³taɯ⁴⁵liaɯ⁴² 魇住了

熬夜 ŋaɯ³³ia³⁵

加夜班 tɕia³⁵ia³⁵pan⁵⁵ 开夜车

囚烦 ɕiɤɯ³³fan³¹ 长期保持一种状态，感觉厌倦：坐～了，要伸懒腰

　囚 ɕiɤɯ³¹

　难 lan³¹

出工 tɕʰy³⁵koŋ³⁵ 上工

架势做活路 tɕi²⁴sɿ³³tsɤɯ²⁴xo³³lɤɯ³⁵ 开工

　上工 saŋ³⁵koŋ³⁵

收活路 sɤɯ³⁵xo³³lɤɯ³⁵ 收工

出去嘎了 tɕʰy³⁵tɕie⁵⁵ka⁴⁵liaɯ⁴² 出去了

回去了 uɐi³³tɕie³⁵liaɯ⁴²

　转去了 tɕyɐn⁴⁵tɕʰie⁵⁵liaɯ⁴²

在街上哈 tsai³⁵kai³⁵saŋ⁵⁵xai³⁵ 逛街

走起哈 tsɤɯ⁴⁵tɕʰi⁴⁵xai³⁵ 散步

　行起哈 xɐn³³tɕʰi⁴⁵xai³⁵ 老一辈人说

过趟路 ko²⁴tʰaŋ²¹lɤɯ³⁵ 面对面地走

祸事 xo³⁵sɿ⁵⁵ 灾祸

## 十七　讼事

打官司 ta⁴⁵kuan³⁵sɿ⁴²

　告状 kaɯ²⁴tsuaŋ²¹⁴

原告 yɐn³³kaɯ³³

被告 pi²⁴kaɯ³³

呈纸 tsɐn³³tsɿ⁴²

　状子 tsuaŋ²⁴tsɿ⁴²

坐堂 tso³⁵taŋ³¹ ①官吏在公堂上审理案件。

②医生坐诊

退堂 tʰuɛi²⁴taŋ³¹

断案 tuan²⁴ŋan²¹⁴

　　问案 uɛn³⁵ŋan²¹⁴

过堂 ko²⁴taŋ³¹ 当事人到公堂上接受审问

证明人 tsɛn²⁴mɛn³¹lɛn³¹

　　证人 tsɛn²⁴lɛn³¹

人证 lɛn³³tsɛn³³

物证 u³³tsɛn³³

对质 tuɛi²⁴tsʅ³¹

　　当倒讲 taŋ³⁵tɑɯ⁴⁵kaŋ⁴²

刑事 ɕiɛn³³sʅ³⁵

民事 miɛn³³sʅ³⁵

家务事 tɕia³⁵u⁴⁵sʅ⁵⁵

律师 lu³³sʅ³⁵

代写呈纸的 tai²⁴ɕiɛ⁴⁵tsɛn³³tsʅ⁴⁵ti⁴² 代书

　　代写状子的 tai²⁴ɕiɛ⁴⁵tsuaŋ²⁴tsʅ⁴⁵ti⁴²

服 fu³¹

有服 mɑɯ³⁵fu³¹ 不服

上告 saŋ³⁵kɑɯ³³ 上诉

判 pʰan²¹⁴

　　宣判 ɕyɛn³⁵pʰan³³

　　判决 pʰan²⁴tɕyɛ³¹

招 tsɑɯ³⁵ 招认

　　承认 tsɛn³³lɛn³³

口供 kʰɤɯ⁴⁵koŋ³³

拱 koŋ⁴⁵³ 供：～出同伙

　　咬 ŋɑɯ⁴⁵³

同伙 toŋ³³xo⁴² 同谋

故意犯罪 ku²⁴i³³fan³⁵tsuɛi²¹⁴

　　故意犯法 ku²⁴i³³fan³⁵fa³¹

误犯 u²¹fan³⁵

犯法 fan³⁵fa³¹

犯罪 fan³⁵tsuɛi²¹⁴

诬告 u³⁵kɑɯ³³

家人跟倒着 tɕia³⁵lɛn³¹kɛn³⁵tɑɯ⁴⁵tsɑɯ³¹ 连坐

保出来 pɑɯ⁴⁵tɕʰy³⁵lai³¹ 保释

保人 pɑɯ⁴⁵lɛn³¹ 保证人

捉嘎了 tso³⁵ka⁴⁵liɑɯ⁴² 抓住了

　　抓嘎了 tsua³⁵ka⁴⁵liɑɯ⁴²

押送 ia³⁵soŋ³³ 押解

囚车 ɕiɤɯ³³tsʰɛ³⁵

清官 tsʰɛn³⁵kuan⁵⁵ 青天老爷

污官 u³⁵kuan⁵⁵ 赃官

　　贪官 tʰan³⁵kuan⁵⁵

昏官 fɛn³⁵kuan⁵⁵

胎包袱 tʰai³⁵pɑɯ³⁵fu⁵⁵ 受贿

送包袱 soŋ²¹pɑɯ³⁵fu⁵⁵ 行贿

　　塞包袱 sai³⁵pɑɯ³⁵fu⁵⁵

　　塞背手 sai³⁵pɛi³⁵sɤɯ⁴²

背脖子 pɛi²⁴po³³tsʅ⁴² 靠山

背脖子厚 pɛi²⁴po³³tsʅ⁴²xɤɯ³⁵ 靠山大

罚款 fa³³kʰuan⁴²

砍脑壳 kʰan⁴⁵lɑɯ⁴⁵kʰo⁴² 斩首

敲沙罐儿 kʰɑɯ⁴⁵sa³⁵kuɛr⁵⁵ 枪毙

嗨＝起打 xɛ⁴⁵tɕʰi⁴⁵ta⁴² 拷打

打屁股 ta⁴⁵pʰi²⁴ku⁴²

带枷 tai²¹tɕia³⁵ 上枷

手镣 sɤɯ⁴⁵liɑɯ³¹

　　手铐 sɤɯ⁴⁵kʰɑɯ³³

捆起来 kʰuɛn⁴⁵tɕʰi⁴⁵lai³¹ 绑起来

　　扎起来 tsa³³tɕʰi⁴⁵lai³¹ 有大扎、小扎两种

大扎 ta³⁵tsa³¹ 将手脚全捆起来的捆法

小扎 ɕiɑɯ⁴⁵tsa³¹ 只捆手的捆法

关起来 kuan³⁵tɕʰi⁴⁵lai³¹ 囚禁起来

坐班房 tso³⁵pan³⁵faŋ³¹ 坐牢

到班房去看人 tɑu²¹pan³⁵faŋ³¹tɕʰiɛ²¹kʰan²⁴lɛn³¹
　　探监

翻监 fan³⁵tɕiɛn³⁵ 越狱

　　从班房跑嘎了 tsoŋ³³pan³⁵faŋ³¹pʰɑu⁴⁵ka⁴⁵
　　　liɑu⁴²

立字据 li³³tsʅ³⁵tɕy³³

　　写字据 ɕiɛ⁴⁵tsʅ³⁵tɕy³³

画押 fa²⁴ia³¹

盖手印 kai²⁴sɤɯ⁴⁵iɛn³³

　　盖指拇儿印印 kai²⁴tsʅ³⁵mɐr⁴²iɛn²¹iɛn³⁵

　　按手印 ŋan²⁴sɤɯ⁴⁵iɛn³³

　　按指拇儿印印 ŋan²⁴tsʅ³⁵mɐr⁴²iɛn²¹iɛn³⁵

　　聚＝杰＝tɕy²⁴tɕiɛ³¹

派款 pʰai²⁴kʰuan⁴² 捐税

租谷 tsɤɯ³⁵ku⁵⁵ 上交的谷子

　　租子 tsɤɯ³⁵tsʅ⁴²

地契 ti²¹tɕʰi³⁵

佃约 tiɛn³⁵io⁵⁵ 租地的租约

税契 suɛi²¹tɕʰi³⁵

完税 uan³³suɛi²¹⁴ 纳税

执照 tsʅ³³tsɑu³³

布告 pu²⁴kɑu³³ 告示

通知 tʰoŋ³⁵tsʅ⁵⁵

路条 lɤɯ³⁵tiɑu³¹ 一种简易的通行凭证

命令 miɛn²⁴lɛn³³

公章 koŋ³⁵tsaŋ⁵⁵

私章 sʅ³⁵tsaŋ⁵⁵ 私人用的图章

阴倒了解 iɛn³⁵tɑu⁴⁵liɑu⁴⁵tɕiai⁴² 私访

　　阴倒问 iɛn³⁵tɑu⁴⁵uɛn³⁵

交跟 tɕiɑu³⁵kɛn⁵⁵ 交给：这个事情我～他

到位 tɑu²¹uɛi³⁵ 上任

退下来 tʰuɛi²⁴xa⁴⁵lai³¹ 卸任

下台 ɕia²⁴tai³¹ 领导因受处分而被退职

开除 kʰai³⁵tɕʰy³¹ 罢免

材料 tsai³³liɑu³⁵ 案卷

传票 tsʰuan³³pʰiɑu³³

做□孽 tsɤɯ²⁴xa⁴⁵iɛ⁵⁵ 做坏事

## 十八　交际

来往 lai³³uɑŋ⁴² 跟底＝有有～跟他没有来往

　　走动 tsɤɯ⁴⁵toŋ⁵⁵

拜望 pai²⁴uɑŋ³³

　　看望 kʰan²⁴uɑŋ³³

还礼 uan³³li⁴² 还人情

人客 lɛn³³kʰɛ⁴² 客人

请客 tsʰɛn⁴⁵kʰɛ³⁵

　　办招待 pan²¹tsɑu³⁵tai³³

　　招待 tsɑu³⁵tai³³

男客 lan³³kʰɛ⁵⁵

女客 y⁴⁵kʰɛ⁵⁵

送礼 soŋ²⁴li⁴²

　　送人情 soŋ²⁴lɛn³³tsɛn³¹

人情 lɛn³³tsɛn³¹

待客 tai²¹kʰɛ³⁵

送客 soŋ²¹kʰɛ³⁵ 动词，送客人

冇送了 mɑu³⁵soŋ²⁴liɑu⁴² 别送了

　　冇消送了 mɑu³⁵ɕiɑu³⁵soŋ²⁴liɑu⁴²

希求 ɕi³⁵tɕʰiɤɯ³¹ 求：～你帮忙

劳慰 la³³uɛn⁴² 谢谢

冇消劳慰 mɑu³⁵ɕiɑu³⁵la³³uɛn⁴² 不客气

　　冇消客气 mɑu³⁵ɕiɑu³⁵kʰɛ³⁵tɕʰi³³

　　莫客气 mo²¹kʰɛ³⁵tɕʰi³³

有得事 mɑɯ³⁵tɛ³⁵sɿ³⁵ 没关系

做酒 tsɤɯ²⁴tɕiɤɯ⁴² 办宴席

办生活 pan²¹sɛn³⁵xo³¹

办席 pan²⁴ɕi³¹

摆席 pai⁴⁵ɕi³¹ 办席时把桌子摆开

一桌席 i³³tso³⁵ɕi³¹ 一桌酒席

一桌客 i³³tso³⁵kʰɛ⁵⁵

帖子 tʰiɛ³⁵tsɿ⁴² ①包括请帖和辞帖。②字帖

请帖 tsʰɛn⁴⁵tʰiɛ⁵⁵

辞帖 tsɿ³³tʰiɛ⁵⁵ 告知别人己方不举办宴请活动

的帖子

下帖子 ɕia²¹tʰiɛ³⁵tsɿ⁴² 发邀请

下请帖 ɕia²⁴tsʰɛn⁴⁵tʰiɛ⁵⁵

坐席 tso³⁵ɕi³¹ 入席

出席 tɕʰy³⁵ɕi³¹ 上菜

出菜 tɕʰy³⁵tsʰai²¹⁴

筛酒 sai³⁵tɕiɤɯ⁴² 斟酒

倒酒 tɑɯ²⁴tɕiɤɯ⁴²

□酒 tsuaŋ⁴⁵tɕiɤɯ⁴² 酒不满时再添加一些

添酒 tʰiɛn³⁵tɕiɤɯ⁴²

掺酒 tsʰan³⁵tɕiɤɯ⁴² 倒酒

□ tsuaŋ⁴⁵³ 添加：水不多了，我给他～满

升 sɛn³⁵

劝酒 tɕʰyɛn²⁴tɕiɤɯ⁴²

干杯 kan³⁵pɛi³⁵

冇出门 mɑɯ³⁵tɕʰy³⁵mɛn³¹ 划拳时手指都不出

独一个 tu³³i³³ko²¹⁴ 划拳时一的说法

两弟兄 liaŋ⁴⁵ti²¹ɕioŋ³⁵ 划拳时二的说法

兄弟好 ɕioŋ³⁵ti⁵⁵xɑɯ⁴²

三桃园儿 san³⁵tɑɯ³³yɐr³¹ 划拳时三的说法

四季财 sɿ²⁴tɕi³³tsai³¹ 划拳时四的说法

五魁首 u⁴⁵kʰuɛi³⁵sɤɯ⁴² 划拳时五的说法

六六子顺 lɤɯ²¹lɤɯ³⁵tsɿ⁴⁵ɕyɛn²¹⁴ 划拳时六的

说法

七个巧 tɕʰi³⁵ko³³tɕʰiɑɯ⁴² 划拳时七的说法

八大财 pa³³ta³⁵tsai³¹ 划拳时八的说法

夹白佬 tɕia³³pɛ³¹lɑɯ⁴²

九长寿 tɕiɤɯ⁴⁵tsaŋ³³sɤɯ²¹⁴ 划拳时九的说法

九在手 tɕiɤɯ⁴⁵tsai³⁵sɤɯ⁴²

全打开 tɕyɛn³³ta⁴⁵kʰai⁵⁵ 划拳时，手指全出

有得名字的帖子 mɑɯ³⁵tɛ³⁵mɛn³³tsɿ⁴⁵ti⁴⁵tʰiɛ³⁵

tsɿ⁴² 匿名帖

过有倒 ko³⁵mɑɯ³⁵tɑɯ⁴² 关系不合

对头 tuɛi²⁴tɤɯ³¹

冤家 yɛn³⁵tɕia⁵⁵

冇合理的事情 mɑɯ³⁵xo³³li⁴²ti⁴⁵sɿ³⁵tsɛn³¹ 不

平：路见～

冤枉 yɛn³⁵uaŋ⁴²

诬赖 u³⁵lai⁵⁵ ①诬告。②冤枉

插话 tsʰa³⁵ua³⁵

打岔 ta⁴⁵tsʰa²¹⁴

插嘴 tsʰa³⁵tsuɛi⁴²

找麻烦 tsau⁴⁵ma³³fan³¹ 吹毛求疵

装模作样 tsuaŋ³⁵mu³¹tso³³iaŋ³⁵ 做作

摆架子 pai⁴⁵tɕia²⁴tsɿ⁴²

哈资格 xai³⁵tsɿ³⁵kɛ³¹

扳翘 pan³⁵tɕʰiɑɯ²¹⁴

耍架子 sua⁴⁵tɕia²⁴tsɿ⁴²

装□ tsuaŋ³⁵xa⁴² 装傻

装□包儿 tsuaŋ³⁵xa⁴⁵pɐr⁴²

出洋相 tɕʰy³⁵iaŋ³³ɕiaŋ³³

出丑 tɕʰy³⁵tsʰɤɯ⁴²

舔勾子 tʰiɛn⁴⁵kɤɯ³⁵tsɿ⁴² 拍马屁

舔肥勾子 tʰiɛn⁴⁵fɛi³³kɤɯ³⁵tsɿ⁴²

□勾子 lia⁴⁵kɤɯ³⁵tsʅ⁴²

□肥勾子 lia⁴⁵fɛi³³kɤɯ³⁵tsʅ⁴²

喝肥和尚 xo³⁵pʰi³⁵o³³saŋ³⁵ 巴结逢迎的人

走底＝屋去哈 tsɤɯ⁴⁵ti⁴⁵u⁴⁵tɕʰiɛ²¹xai³⁵ 串门儿。"屋"读轻声

嫽人家 liaɯ³⁵lɛn³³ka⁴²

拉关系 la³⁵kuan³⁵ɕi³³ 拉近乎

看得起 kʰan²⁴tɛ³¹tɕʰi⁴²

　瞧得起 tɕʰiɑɯ³¹tɛ³¹tɕʰi⁴²

看冇起 kʰan²¹maɯ³⁵tɕʰi⁴²

　瞧冇起 tɕʰiɑɯ³¹maɯ³⁵tɕʰi⁴²

打伙 ta⁴⁵xo⁴² 合伙儿

打平伙 ta⁴⁵pɛn³³xo⁴² 每人均摊费用

答应 ta³³iɛn³⁵

冇答应 maɯ³⁵ta³³iɛn³⁵

撑出去 iɛn⁴⁵tɕʰy³⁵tɕʰiɛ⁵⁵ 赶出去

　吆出去 iɑɯ³⁵tɕʰy³⁵tɕʰiɛ⁵⁵

招呼 tsaɯ³⁵fu⁴² ①问候：打～。②动作或行为上对别人有所反应：搦根板凳～别人。③款待：今天冇有～好

剥薄话 tɕʰio³³po³¹ua⁵⁵ 尖酸刻薄的话

棒棒腔 paŋ²¹paŋ³⁵tɕʰiaŋ⁵⁵ 形容不讲道理的人乱闹、乱吼

二甩甩话 ə²⁴suai⁴⁵suai⁴⁵ua³⁵ 不确定的话

反词 fan⁴⁵tsʰʅ³¹ 反话

反起讲 fan⁴⁵tɕʰi⁴⁵kaŋ⁴² 反着说

俗话 ɕy³³ua³⁵ 老年人常讲的话

德性儿 tɛ³³ɕiɚ³⁵ 脾气

　脾气 pi³³tɕʰi³⁵

烂嘴巴 lan³⁵tsuɛi⁴⁵pa⁵⁵ 喜欢讲小道消息的人

跟倒别个伙 kɛn³⁵tɑɯ⁴⁵piɛ²¹ko³⁵xo⁴² 跟着别人做。一般指跟着别人做坏事

油说大仙 iɤɯ³³so³⁵ta³⁵ɕiɛn⁵⁵ 油嘴滑舌的人

一根毛遮脸 i³³kɛn³⁵maɯ³¹tsɛ³⁵liɛn⁴² ①不讲理，说翻脸就翻脸。②不要脸

理骂 li⁴⁵ma³³ 教训，收拾

## 十九　商业交通

字号 tsʅ³⁵xaɯ³³

牌牌 pai³³pai³¹

　牌子 pai³³tsʅ⁴²

　招牌 tsaɯ³⁵pai³¹

广告 kuaŋ⁴⁵kaɯ³³

帮丘儿 paŋ³⁵tɕʰiɤɯ³⁵ɚ⁵⁵ 打工

　帮长年 paŋ³⁵tsaŋ³³iɛn³¹

开铺子 kʰai³⁵pʰu²⁴tsʅ⁴² 开店

铺面 pʰu²⁴miɛn³³

　门面 mɛn³³miɛn³³

摆摊摊 pai⁴⁵tʰan³⁵tʰan⁴² 摆摊儿

　摆摊子 pai⁴⁵tʰan³⁵tsʅ⁴²

跑买卖 pʰaɯ⁴⁵mai⁴⁵mai³³ 跑单帮

旅馆 ly⁴⁵kuan⁴²

　旅社 ly⁴⁵sɛ³³

歇栈房 ɕiɛ³⁵tsan³⁵faŋ³¹ 住旅馆

写宾馆 ɕiɛ⁴⁵pin³⁵kuan⁴² 订宾馆，宾馆入住登记。过去都是在本子上写，所以叫"写宾馆"

下馆子 ɕia²⁴kuan⁴⁵tsʅ⁴²

布店 pu²⁴tiɛn³³

百货铺 pɛ³⁵xo³³pʰu³⁵

　杂货铺 tsa³³xo³³pʰu³⁵

油盐店 iɤɯ³³iɛn³¹tiɛn³³

粮店 liaŋ³³tiɛn³³

瓷器店儿 tsʅ³³tɕʰi³⁵tiɚ³³

文具店 uɛn³³tɕy³⁵tiɛn³³

茶馆儿 tsa³³kuɐr⁴²

梳脑壳 sʐuɯ³⁵lɑuɯ⁴⁵kʰo⁴² 梳头

理发店 li⁴⁵fa³¹tiɛn³³

　　剃头铺 tʰi²⁴tʐuɯ³¹pʰu³³

卖肉的垱 mai³⁵lʐuɯ³⁵ti⁴⁵taŋ³³ 肉铺

磨坊 mo³⁵faŋ³¹

油坊 iʐuɯ³³faŋ³¹

当铺 taŋ²⁴pʰu³³

租屋 tsʐuɯ³⁵u³⁵ 租房子

　　写屋 ɕiɛ⁴⁵u³⁵

当屋 taŋ²¹u³⁵ 典房子

煤场 mɛi³³tsaŋ³¹ 煤铺

煤球 mɛi³³tɕʰiʐuɯ³¹ 坨状的煤

　　煤坨 mɛi³³to³¹

蜂窝煤 xoŋ³⁵o⁵⁵mɛi³¹ 圆柱形蜂窝状煤

开张 kʰai³⁵tsaŋ³⁵ 开业

关门 kuan³⁵mɛn³¹ 停业

盘存 pan³³tsɛn³¹ 盘点，清点

　　盘点 pan³³tiɛn⁴²

　　清 tsʰɛn³⁵

喊价 xan⁴⁵tɕia²¹⁴ 开价

还价 uan³³tɕia²¹⁴

相因 ɕiaŋ³⁵iɛn⁴² ①便宜。②容易

贵 kuɛi²¹⁴ ①价钱高。②难

合适 xo³³sʅ³¹ 价格公道

一下买了 i³³xa³⁵mai⁴⁵liɑuɯ⁴² 包圆儿

生意好 sɛn³⁵i⁵⁵xɑuɯ⁴² 买卖好

　　生意旺相 sɛn³⁵i⁵⁵uaŋ²⁴ɕiaŋ³³ 现已少用

生意有好 sɛn³⁵i⁵⁵mɑuɯ³⁵xɑuɯ⁴²

　　生意婑 sɛn³⁵i⁵⁵pʰiɛ²¹⁴

工价 koŋ³⁵tɕia³³ 一个工的价格

保本 pɑuɯ⁴⁵pɛn⁴²

赚钱 tɕyɛn²⁴tɕiɛn³¹ 通过做生意来赚钱

挣钱 tsɛn²⁴tɕiɛn³¹ 通过打工或做生意来赚钱

找钱 tsɑuɯ⁴⁵tɕiɛn³¹ 通过干活来挣钱

镍币 iɛ³³pi³³ 硬币

　　毫子 xɑuɯ³³tsʅ⁴²

犁辕儿钱 li³³yɐr³⁵tɕiɛn³¹ 工钱

利钱 li³⁵tɕiɛn³¹ 利息

运气好 yɛn³⁵tɕʰi³³xɑuɯ⁴²

做犁辕儿 tsʐuɯ²⁴li³³yɐr³⁵ 做零工

押金 ia³³tɕiɛn³⁵

底金 ti⁴⁵tɕiɛn⁵⁵ 定金

扳老价 pan³⁵lɑuɯ⁴⁵tɕia³³ 卖东西不降价

账房 tsaŋ²⁴faŋ³¹

开支 kʰai³⁵tsʅ⁵⁵ 开销

　　缴用 tɕiɑuɯ⁴⁵ioŋ⁵⁵

收入账 sʐuɯ³⁵lu³¹tsaŋ³³ 收账

开支账 kʰai³⁵tsʅ⁵⁵tsaŋ³³ 出账

欠账 tɕʰiɛn²⁴tsaŋ³³

收账 sʐuɯ³⁵tsaŋ³³

　　要账 iɑuɯ²⁴tsaŋ³³

烂账 lan³⁵tsaŋ³³ 要不回来的账

记账牌 tɕi²⁴tsaŋ³³pai³¹

亏账 kʰuɛi³⁵tsaŋ³³ 亏了本钱的账

　　蚀账 sɛ²⁴tsaŋ³³

发票 fa³³pʰiɑuɯ³³

收条 sʐuɯ³⁵tiɑuɯ³¹ 收据

存款 tsɛn³³kʰuan⁴² 名词，存下的钱

存钱 tsɛn³³tɕiɛn³¹ 动词

梗＝钱 kɛn⁴⁵tɕiɛn³¹ 整钱

铜板 toŋ³³pan⁴² 铜板儿

　　铜元儿 toŋ³³yɐr³¹

铜钱 toŋ³³tɕiɛn³¹

小钱 ɕiɑu⁴⁵tɕiɛn³¹

银元 iɛn³³yɛn³¹

　硬洋 ŋɛn²⁴iaŋ³¹ 戏指硬币

　光洋 kuaŋ³⁵iaŋ³¹

一分钱 i³³fɛn³⁵tɕiɛn³¹

一角钱 i³³tɕio³¹tɕiɛn³¹

一块钱 i³³kʰuai⁴⁵tɕiɛn³¹

十块钱 sɛ²⁴kʰuai⁴⁵tɕiɛn³¹

一百块钱 i³³pɛ³⁵kʰuai⁴⁵tɕiɛn³¹

一张票子 i³³tsaŋ³⁵pʰiau²⁴tsɿ⁴²

一个铜板 i³³ko³³toŋ³³pan⁴²

　一个小钱 i³³ko³³ɕiɑu⁴⁵tɕiɛn³¹

天平 tʰiɛn³⁵pɛn³¹

　天平秤 tʰiɛn³⁵pɛn³¹tsʰɛn³³

戥子 tɛn⁴⁵tsɿ⁴²

磅秤 paŋ²⁴tsʰɛn³³

秤盘 tsʰɛn²⁴pan³¹

秤星子 tsʰɛn²¹sɛn³⁵tsɿ⁴²

　刻刻 kʰɛ³³kʰɛ³⁵

秤杆 tsʰɛn²⁴kan⁴²

秤钩 tsʰɛn²¹kɤu³⁵

秤砣 tsʰɛn²⁴to³¹ 秤锤

秤毫索 tsʰɛn²⁴xɑu³³so³¹ 手提悬秤的条状物。
　　一般有两根，多用细绳或皮条制成

　秤索索 tsʰɛn²⁴so²¹so³⁵

旺秤 uaŋ³⁵tsʰɛn³³ 秤尾高

　秤旺 tsʰɛn²¹uaŋ³⁵

□秤 lia³³tsʰɛn³³ 秤尾低

　秤□ tsʰɛn²⁴lia³¹

斗汤＝子 tɤu⁴⁵tʰaŋ³⁵tsɿ⁴² 刮板。平斗斛的木片

秤 tsʰɛn²¹⁴ ①统称各种秤。②重量单位，可

能与原来的杆秤最多称重十斤有关：
　　一～等于十斤

合筒 ko³⁵toŋ³¹ 将竹筒或木头中间挖空做成的
　　一种量具

铁路 tʰiɛ³⁵lɤu⁵⁵

铁轨 tʰiɛ³⁵kuɛi⁴²

火车 xo⁴⁵tsʰɛ⁵⁵

火车站 xo⁴⁵tsʰɛ⁵⁵tsan³³

马路 ma⁴⁵lɤu⁵⁵ 公路

车子 tsʰɛ³⁵tsɿ⁴² 统称

汽车 tɕʰi²¹tsʰɛ³⁵ 统称，括巴士、轿车等

班车 pan³⁵tsʰɛ⁵⁵ 巴士

　客车 kʰɛ³³tsʰɛ³⁵

货车 xo²¹tsʰɛ³⁵

公交车 koŋ³⁵tɕiɑu⁵⁵tsʰɛ⁵⁵

　公共汽车 koŋ³⁵koŋ³³tɕʰi²¹tsʰɛ³⁵

小车 ɕiɑu⁴⁵tsʰɛ⁵⁵

　小轿车 ɕiɑu⁴⁵tɕiɑu²¹tsʰɛ⁵⁵

托儿车 tʰo³³ɚ³¹tsʰɛ⁵⁵ 出租车

摩托 mo³⁵to³¹

　摩托车 mo³⁵to³¹tsʰɛ⁵⁵

摩的 mo³⁵ti⁴² 载人摩托

三轮儿 san³⁵lɚ³¹ 三轮车

平板三轮儿车 pɛn³³pan⁴⁵san³⁵lɚ³¹tsʰɛ⁵⁵

搭车 ta³³tsʰɛ³⁵ 搭便车

　搭抹和车 ta³³mo⁴⁵xo³¹tsʰɛ⁵⁵

赶车 kan⁴⁵tsʰɛ³⁵ 坐车

黄包车 uaŋ³³pɑu³⁵tsʰɛ⁵⁵ 人力车

架架 tɕia²¹tɕia³⁵ "板板车"的框架

把手 pa⁴⁵sɤu⁴² 车把手

梢棒 sɑu³⁵paŋ⁵⁵ "板板车"尾部所系的下坡
　　时可起缓冲减速作用的物体。所用材料

都是耐磨经用的物品，原来多用木棒，
现多用破旧轮胎

拖棒 tʰo³⁵paŋ⁵⁵

杠子 kaŋ²⁴tsɿ⁴² 连接两个轮子的铁轴

独轮儿车 tu³³lɚ³¹tsʰɛ⁵⁵

手推车 sɤɯ⁴⁵tʰuɛi⁵⁵tsʰɛ⁵⁵

船 tsuan³¹ ～ tɕyɛn³¹

风篷 xoŋ³⁵poŋ³¹ 帆

风帆 xoŋ³⁵fan³¹

船篷 tɕyɛn³³poŋ³¹ 篷

桅子 uɛi³³tsɿ⁴² 桅杆

桅杆 uɛi³³kan⁴²

舵 to²¹⁴

舵盘 to²⁴pan³¹

艄 saɯ³⁵ 可以掌握方向的长的橹

桡片 laɯ³³pʰiɛn⁴² 桨

撑撬杆 tsʰɛn³⁵xaɯ³³kan⁴² 撑篙

跳板 tʰiaɯ²⁴pan⁴² 上下船用的板子

帆船 fan³³tɕyɛn³¹

风篷船 xoŋ³⁵poŋ³¹tɕyɛn³¹

舢板 san³⁵pan⁴² 舢

渔船 y³³tɕyɛn³¹

打鱼船 ta⁴⁵y³¹tɕyɛn³¹

渡船 tu²⁴tɕyɛn³¹

过河船 ko²⁴xo³¹tɕyɛn³¹

轮船 luɛn³³tsʰuan³¹

坐船 tso²⁴tɕyɛn³¹ 过摆渡

坐渡船 tso²⁴tu²⁴tɕyɛn³¹

渡口 tu²⁴kʰɤɯ⁴²

码头 ma⁴⁵tɤɯ³¹

□油 tsa³³iɤɯ³¹ 膏油

# 二十　文化教育

读书 tʰɤɯ²¹ɕy³⁵ ①出声地读书。②去学校上
课。③上学：六岁开始～

发蒙 fa³⁵moŋ³¹ 启蒙教育

放学 faŋ²⁴ɕio²¹⁴

散学 san²⁴ɕio²¹⁴

放晚学 faŋ²⁴uan⁴⁵ɕio³³ 下午放学

躲学 to⁴⁵ɕio²¹⁴ 逃学

躲课 to⁴⁵kʰo³³ 旷课

托儿所 tʰo³³ɚ³¹so⁴²

幼儿园 iɤɯ²⁴ɚ³¹yɛn³¹

学前班 ɕio³³tɕiɛn³¹pan³⁵ 幼小过渡的衔接班

私塾 sɿ³⁵su³¹

学费 ɕio³³fɛi³³

放假 faŋ²⁴tɕia⁴²

暑假 ɕy⁴⁵tɕia⁴²

寒假 xan³³tɕia⁴²

请假 tsʰɛn⁴⁵tɕia⁴²

初小 tɕʰy³⁵ɕiaɯ⁴² 小学低年级段，四年级以下

高小 kaɯ³⁵ɕiaɯ⁴² 小学高年级段

站列子 tsan²⁴liɛ³³tsɿ⁴² 站队

站轮子 tsan²⁴lɛn³³tsɿ⁴²

排列子 pai³³liɛ³³tsɿ⁴² 排队

排轮子 pai³³lɛn³³tsɿ⁴²

□轮子 kʰa³⁵lɛn³³tsɿ⁴² 插队

上课 saŋ²⁴kʰo³³ ①教师讲课。②学生听课。
③开始学习

下课 ɕia²⁴kʰo³³

讲台 tɕiaŋ⁴⁵tai³¹

黑板 xɛ³³pan⁴²

白墨 pɛ²⁴mɛ³³ 粉笔

粉笔 fɛn⁴⁵pi³¹

黑板刷子 xɛ³³pan⁴⁵sua³³tsʅ⁴² 板擦儿

点名册 tiɛn⁴⁵mɛn³¹tsʰɛ³¹

戒尺 tɕiai²¹tsʰʅ³⁵ 旧时用篾块做的惩戒用具

笔记本 pi³³tɕi³³pɛn⁴²

书 ɕy³⁵ 课本

胶擦子 tɕiaɯ³⁵tsʰa³³tsʅ⁴² 橡皮

拓蓝纸 tʰo³³lan³³tsʅ⁴² 可以复印的蓝色纸

铅笔刀 yɛn³³pi³³taɯ⁵⁵

圆规 yɛn³³kuɛi³⁵

三角板 san³⁵ko³⁵pan⁴²

压枋 ia²⁴faŋ⁴² 镇纸

作文本 tso³³uɛn³¹pɛn⁴²

大字本 ta³⁵tsʅ³⁵pɛn⁴²

墨笔 mɛ²⁴pi³³ 毛笔

笔筒 pi²⁴toŋ³¹ ①笔帽。②笔筒

　　笔筒筒 pi²⁴toŋ³³toŋ³¹

笔筒壳 pi²⁴toŋ³¹kʰo⁴² 笔帽

磨墨 mo³³mɛ²¹⁴ 研墨

墨盒 mɛ²⁴xo³¹

　　墨盒盒 mɛ²⁴xo³³xo³⁵

墨汁 mɛ²⁴tsʅ³¹ 液体的

烫笔 tʰaŋ²⁴pi²¹⁴ 搋笔

　　烫墨 tʰaŋ²⁴mɛ²¹⁴

墨水 mɛ²⁴suɛi⁴² 钢笔用的

教鞭 tɕiaɯ²¹piɛn³⁵

　　条子 tiaɯ³³tsʅ⁴²

藤包儿 tʰɛn³³pɐr³⁵ 书包

信 sɛn²¹⁴

信壳 sɛn²⁴kʰo⁴² 信封

连环画 liɛn³³fan³¹fa³³

读书人 tʰɤɯ²¹ɕy³⁵lɛn³¹ 读书人

认得倒字的 lɛn³⁵tɛ³¹taɯ⁴⁵tsʅ³⁵ti⁴² 识字的

认冇倒字的 lɛn³⁵maɯ³⁵taɯ⁴⁵tsʅ³⁵ti⁴² 不识字的

看书 kʰan²¹ɕy³⁵ 读书

复习 fu³³ɕi³¹ 温书

背书 pɛi³⁵ɕy³⁵

报考 paɯ²⁴kʰaɯ⁴²

考场 kʰaɯ⁴⁵tsaŋ³¹

进考场 tsɛn²⁴kʰaɯ⁴⁵tsaŋ³¹

卷子 tɕyɛn²⁴tsʅ⁴²

　　考卷 kʰaɯ⁴⁵tɕyɛn³³

满分儿 man⁴⁵fɐr⁵⁵

零分儿 liɛn³³fɐr³⁵

　　大锣 ta³⁵lo³¹

　　鸭蛋 ŋa³⁵tan⁵⁵ ~ ia³⁵tan⁵⁵

　　零包蛋 liɛn³³paɯ³⁵tan⁵⁵

巴榜 pa³⁵paŋ⁴² 发榜

头名 tʰɤɯ³³mɛn³¹

毕业 pi³³iɛ³¹

冇得毕业证 maɯ³⁵tɛ³⁵pi³³iɛ³¹tsɛn³³ 肄业

文凭 uɛn³³pʰiɛn³¹

读望天书 tʰɤɯ²¹uaŋ³⁵tʰiɛn⁵⁵ɕy⁵⁵ 读书时不认真，眼睛看着别处的状态

大楷 ta³⁵kʰai⁴²

小楷 ɕiaɯ⁴⁵kʰai⁴²

字帖 tsʅ³⁵tʰiɛ⁵⁵

　　帖子 tʰiɛ³⁵tsʅ⁴²

摹帖 mo³⁵tʰiɛ⁵⁵

　　比倒写 pi⁴⁵taɯ⁴⁵ɕiɛ⁴²

　　仿倒写 faŋ⁴⁵taɯ⁴⁵ɕiɛ⁴²

擦嘎 tsʰa³⁵ka⁴² 涂抹了。用笔或橡皮均可

　　□嘎 u³³ka⁴²

写白字 ɕiɛ⁴⁵pɐ²¹tsʅ³⁵ 写成了别的字

写倒字 ɕiɛ⁴⁵tau²¹tsɿ³⁵ 写字时笔顺不对

    写倒笔 ɕiɛ⁴⁵tau²⁴pi³³

拉落字 la³⁵lo²¹tsɿ³⁵ 掉字

    打落字 ta⁴⁵lo²¹tsɿ³⁵

草稿 tsʰau⁴⁵kau⁴²

打草稿 ta⁴⁵tsʰau⁴⁵kau⁴² 起稿子

誊 tɛn³¹

    誊写 tɛn³³ɕiɛ⁴²

一点 i³³tiɛn⁴²

一横 i³³fɛn³¹

一竖 i³³su²¹⁴

一撇 i³³pʰiɛ³¹

一捺 i³³la³¹

一勾 i³³kɤɯ³⁵

一提 i³³tʰi³¹ 一挑

一笔 i³³pi³¹ 一画

偏旁 pʰiɛn³⁵pʰaŋ³¹

单人旁 tan³⁵lɛn³¹pʰaŋ³¹

双人旁 suaŋ³⁵lɛn³¹pʰaŋ³¹

弓长张 koŋ³⁵tsaŋ³¹tsaŋ³⁵

立早章 li²⁴tsau⁴⁵tsaŋ⁵⁵

禾旁程 xo³³pʰaŋ³¹tsɛn³¹

口字框 kʰɤɯ⁴⁵tsɿ³⁵tɕʰiaŋ⁵⁵ 四框栏儿

宝盖 pau⁴⁵kai³³

秃宝盖 tʰu³³pau⁴⁵kai³³

竖心旁 su²¹sɛn³⁵pʰaŋ³¹

反爪旁 fan⁴⁵tsau⁴⁵pʰaŋ³¹ 反犬旁

单包耳 tan³⁵pau⁵⁵ɚ⁴² 单耳刀儿

双包耳 suaŋ³⁵pau⁵⁵ɚ⁴² 双耳刀儿

反文 fan⁴⁵uɛn³¹ 反文旁

斜王旁 ɕia³³uaŋ³¹pʰaŋ³¹ 斜玉儿

斜土旁 ɕia³³tʰɤɯ⁴⁵pʰaŋ³¹ 提土旁

竹字头 tsɤɯ³⁵tsɿ⁵⁵tɤɯ³¹

火字旁 xo⁴⁵tsɿ³⁵pʰaŋ³¹

四点水 sɿ²⁴tiɛn⁴⁵suɛi⁴²

三点水 san³⁵tiɛn⁴⁵suɛi⁴²

门字框 mɛn³³tsɿ³⁵tɕʰiaŋ⁵⁵

竖钩 su²¹kɤɯ³⁵

斜钩 ɕia³³kɤɯ³⁵

弯钩 uan³⁵kɤɯ⁵⁵

两点水 liaŋ⁴⁵tiɛn⁴⁵suɛi⁴²

病字旁 piɛn²¹tsɿ³⁵pʰaŋ³¹

之字旁 tsɿ³⁵tsɿ³⁵pʰaŋ³¹

丝纽纽 sɿ³⁵iɤɯ⁴⁵iɤɯ⁴²

    绞丝旁 tɕiau⁴⁵sɿ⁵⁵pʰaŋ³¹

提手旁 tʰi³³sɤɯ⁴⁵pʰaŋ³¹

草头 tsʰau⁴⁵tɤɯ³¹

鬼画桃符 kuɛi⁴⁵fa²¹⁴tau³³fu³¹ 形容字写得潦草

## 二十一　文体活动

捉瞎子 tso³⁵ɕia³³tsɿ⁴² 捉迷藏

    捉猫猫 tso³⁵mau³⁵mau⁵⁵

躲猫猫 to⁴⁵mau³⁵mau⁵⁵ 躲猫猫，藏老蒙儿

    躲猫儿 to⁴⁵mau³⁵ɚ⁵⁵

打毽儿 ta⁴⁵tɕiɛn²¹ɚ³⁵ 统称，可脚踢或手打

    打盘盘毽儿 ta⁴⁵pan³³pan³¹tɕiɛn²¹ɚ³⁵

    打盘毽儿 ta⁴⁵pan³³tɕiɛn²¹ɚ³⁵

盘盘毽儿 pan³³pan³¹tɕiɛn²¹ɚ³⁵ 手工制作的毽子

    盘毽儿 pan³³tɕiɛn²¹ɚ³⁵

拍拍 pʰa³⁵pʰa⁵⁵ ～ pʰɛ³⁵pʰɛ⁵⁵ 拍子

进塘 tsɛn²⁴taŋ³¹ 落入坑内

抓子儿 tsua³⁵tsɿ⁴⁵ɚ³¹ 抓石子儿

弹珠珠 tan³³tɕy³⁵tɕy⁵⁵ 弹球儿

砍漂漂 kʰan⁴⁵pʰiau³⁵pʰiau⁵⁵ 打水漂儿

砍水漂 kʰan⁴⁵suɛi⁴⁵pʰiɑɯ⁵⁵

出谜子 tɕʰy³⁵mi³⁵tsʅ⁴² 出谜语

纸牌 tsʅ⁴⁵pai³¹ 包括扑克和长牌

麻将 ma³³tɕiaŋ³⁵

丢色子 tiɣɯ³⁵sɛ²⁴tsʅ⁴² 掷色子

搭漂 ta³³pʰiɑɯ³⁵ 押宝

抱膀子 pɑɯ³⁵paŋ⁴⁵tsʅ⁴² 打牌时，围观者看了
　　一家的牌，又告诉另外一家的行为

放火炮 faŋ²⁴xo⁴⁵pʰɑɯ⁵⁵ 放鞭炮

冲天炮 tsʰoŋ³⁵tʰiɛn⁵⁵pʰɑɯ⁵⁵ 双响爆竹

花炮 fa³⁵pʰɑɯ⁵⁵ 烟火

放花炮 faŋ²¹fa³⁵pʰɑɯ⁵⁵

须儿 ɕy³⁵ɚ⁵⁵ 鞭炮的引信

扮家家娘 pan²¹ka³⁵ka⁵⁵iaŋ³¹ 玩过家家

叫叫 tɕiɑɯ²¹tɕiɑɯ³⁵ 口哨

撒哪＝子 sa⁴⁵la⁴⁵tsʅ⁴² 唢呐

老牛 lɑɯ⁴⁵iɣɯ³¹ 陀螺

打老牛 ta⁴⁵lɑɯ⁴⁵iɣɯ³¹ 打陀螺

　产＝老牛 tsʰan⁴⁵lɑɯ⁴⁵iɣɯ³¹

弹绷子 tan³³poŋ³⁵tsʅ⁴² 弹弓

画＝儿 fɚ²¹⁴ 用纸折叠成的方形物

梭梭板 so³⁵so⁵⁵pan⁴² 滑滑梯

拈阄 iɛn³⁵kɣɯ³⁵ 抓阄

象棋 ɕiaŋ²⁴tɕi³¹

老王 lɑɯ⁴⁵uaŋ³¹ 象棋中的将和帅

将 tɕiaŋ²¹⁴

帅 suai²¹⁴

士 sʅ²¹⁴

象 ɕiaŋ²¹⁴

相 ɕiaŋ²¹⁴

车 tɕy³⁵

马 ma⁴⁵³

炮 pʰɑɯ²¹⁴

兵子 piɛn³⁵tsʅ⁴²

　兵 piɛn³⁵

卒子 tɕy³³tsʅ⁴²

　卒 tɕy³¹

拱卒子 koŋ⁴⁵tɕy³³tsʅ⁴²

　拱卒 koŋ⁴⁵tɕy³¹

上士 saŋ³⁵sʅ³³

　斗士 tɣɯ⁴⁵sʅ²¹⁴

下士 ɕia³⁵sʅ³³ 落士

飞象 fɛi³⁵ɕiaŋ³³

落象 lo²⁴ɕiaŋ³³

将军 tɕiaŋ³⁵tɕyɛn³⁵

　将老王 tɕiaŋ³⁵lɑɯ⁴⁵uaŋ³¹

围棋 uɛi³³tɕi³¹

黑子 xɛ³⁵tsʅ⁴²

　黑子子 xɛ³⁵tsʅ⁴⁵tsʅ⁴²

白子 pɛ²⁴tsʅ⁴²

　白子子 pɛ²⁴tsʅ⁴⁵tsʅ⁴²

和棋 xo³³tɕi³¹ 不分输赢

　平棋 pɛn³³tɕi³¹

□ tsʰɛn³⁵ 下棋时一方的棋子把另一方的
　　吃掉

裤裆棋 kʰu²¹taŋ³⁵tɕi³¹ 棋路像裤裆的一种棋

*打三棋 ta⁴⁵san³⁵tɕi³¹

下打三棋 xa³⁵ta⁴⁵san³⁵tɕi³¹

拔河 pʰa³³xo³³ 拔河

　拉索索 la³⁵so²¹so³⁵

游水 iɣɯ³³suɛi⁴² 游泳

　搧水 xa³⁵suɛi⁴²

撂水 xɑu³³suɛi⁴²

凫水 fu³³suɛi⁴²

翻叉水 fan³⁵tsʰa⁴⁵suɛi⁴² 仰泳

蛙泳 ua³⁵yɛn³³

游蛤蟆水 iɤu³³ka³³ma⁴⁵suɛi⁴²

乱游 luan³⁵iɤu³¹ 自由泳

沕子水 mi³⁵tsɿ⁴⁵suɛi⁴² 名词，潜泳

拱沕子 koŋ²¹mi³⁵tsɿ⁴² 潜进水里

狗刨骚 kɤu⁴⁵pɑu³¹sɑu³⁵ 狗刨式游泳

打球 ta⁴⁵tɕʰiɤu³¹

赛球 sai²⁴tɕʰiɤu³¹

乒乓球 pʰiɛn⁴⁵pʰaŋ⁴⁵tɕʰiɤu³¹

篮球 lan³³tɕʰiɤu³¹

排球 pʰai³³tɕʰiɤu³¹

足球 tɕy³³tɕʰiɤu³¹

羽毛球 y⁴⁵mɑu³¹tɕʰiɤu³¹

跳远 tʰiɑu²⁴yɛn⁴²

跳高 tʰiɑu²¹kɑu³⁵

打□把筋斗 ta⁴⁵lɑu²⁴pa⁴⁵tɕiɛn³⁵tɤu⁴² 翻跟头。头着地与否均可

连倒翻筋斗 liɛn³³tɑu⁴⁵fan³⁵tɕiɛn³⁵tɤu⁴² 打车轮子

打□滚 ta⁴⁵liɛn³⁵kuɛn⁴² 打滚

立天水 li²¹tʰiɛn³⁵suɛi⁴² 倒立

立倒水 li²⁴tɑu²⁴suɛi⁴²

踩踩灯儿 tsʰai⁴⁵tsʰai⁴⁵tɚ⁵⁵ 旱船

唱踩踩灯儿 tsʰaŋ²¹tsʰai⁴⁵tsʰai⁴⁵tɚ⁵⁵ 跑旱船

踩高桩 tsʰai⁴⁵kɑu³⁵tsuaŋ⁴² 踩高跷

做过场 tsɤu²⁴ko²⁴tsaŋ³¹ ①做表面的形式活动，如唱戏中走形式的对刀、耍刀等。②没事找事，耍花招，耍心眼。③小孩儿生病、哭闹、赌气、生气、闹别扭等：小娃儿又～了。④玩耍：小孩子～的一种游戏。⑤故意使坏，让人为难

舞刀 u⁴⁵tau³⁵ 耍刀

舞花枪 u⁴⁵fa³⁵tɕʰian⁵⁵ 耍枪

花枪 fa³⁵tɕʰian⁵⁵

矛杆子 mau³³kan⁴⁵tsɿ⁴²

耍流星锤 sua⁴⁵liɤu³³sɛn³⁵tsuɛi³¹ 耍流星

抱腰箍子 pɑu²¹iɑu³⁵ku⁵⁵tsɿ⁴² 摔跤

罢=腰箍子 pa²¹iɑu³⁵ku⁵⁵tsɿ⁴²

扭秧歌 liɤu⁴⁵ian³⁵ko⁵⁵

打腰鼓 ta⁴⁵iɑu³⁵ku⁴²

跳舞 tʰiɑu²⁴u⁴²

跳坝坝舞 tʰiɑu²⁴pɑu²¹pa³⁵u⁴² 跳广场舞

木脑壳戏 mu³⁵lɑu⁴⁵kʰo⁴⁵ɕi³³ 木偶戏

皮影戏 pi³³iɛn⁴⁵ɕi³³

大戏 ta³⁵ɕi³³

京戏 tɕiɛn³⁵ɕi³³

新剧 sɛn³⁵tɕy³³ 话剧

戏园子 ɕi²⁴yɛn³³tsɿ⁴² 戏院

戏台子 ɕi²⁴tai³³tsɿ⁴²

戏班子 ɕi²¹pan³⁵tsɿ⁴² 整个戏剧团

演员儿 iɛn⁴⁵yɚ³¹

戏子 ɕi²⁴tsɿ⁴² 对演戏人的贬称

讲评书 kaŋ⁴⁵piɛn³³ɕy³⁵ 说书

花脸 fa³⁵liɛn⁴²

大花脸 ta³⁵fa³⁵liɛn⁴²

小丑 ɕiɑu⁴⁵tsʰɤu⁴²

小花脸 ɕiɑu⁴⁵fa³⁵liɛn⁴²

老生 lɑu⁴⁵sɛn⁴²

小生 ɕiɑu⁴⁵sɛn⁴²

武生 u⁴⁵sɛn⁴²

武旦 u⁴⁵tan³³

老旦 lɑɯ⁴⁵tan³³

青衣 tsʰɛn³⁵i⁵⁵

花旦 fa³⁵tan³³

小旦 ɕiɑɯ⁴⁵tan³³

陪伴的 pɐi³³pan³³ti⁴² 跑龙套的

土戏 tʰɤɯ⁴⁵ɕi³³ 地方戏

## 二十二 动作

□pʰai⁴⁵³ 借助工具挑物：用棍子把蛇～开

跐 ku³⁵ 蹲

滚倒了 kuɛn⁴⁵tɑɯ⁴⁵liɑɯ⁴² 摔倒，跌倒

　　踹倒了 tsuai³⁵tɑɯ⁴⁵liɑɯ⁴²

　　跶倒了 ta³³tɑɯ⁴⁵liɑɯ⁴²

　　跘倒了 pan²⁴tɑɯ⁴⁵liɑɯ⁴²

　　滚筋斗 kuɛn⁴⁵tɕiɛn³⁵tɤɯ⁴²

　　踹筋斗 tsuai³⁵tɕiɛn³⁵tɤɯ⁴²

跶伏爬 ta³³pʰu²⁴pa³¹ 摔倒。一般用于骂人，

　　多指人遭砍头或枪毙时一下子跌倒

爬起来 pa³³tɕʰi⁴⁵lai³¹

摇脑壳 iɑɯ³³lɑɯ⁴⁵kʰo⁴² 摇头

　　撂脑壳 liɑɯ³⁵lɑɯ⁴⁵kʰo⁴²

啄脑壳 tsua³³lɑɯ⁴⁵kʰo⁴² 点头

抬脑壳 tai³³lɑɯ⁴⁵kʰo⁴² 抬头

　　望脑壳 uaŋ³⁵lɑɯ⁴⁵kʰo⁴² ～maŋ³⁵lɑɯ⁴⁵kʰo⁴²

勾脑壳 kɤɯ³⁵lɑɯ⁴⁵kʰo⁴² 低头

侧脑壳 tsʰɛ³⁵lɑɯ⁴⁵kʰo⁴² 回头，转头

脸侧过去 liɛn⁴⁵tsʰɛ³⁵ko²¹tɕʰiɛ³⁵ 脸转过去

撑眼睛 tsʰɛn³⁵ŋan⁴⁵tsɛn⁴² 睁眼

鼓起眼睛 ku⁴⁵tɕʰi⁴⁵ŋan⁴⁵tsɛn⁴² 瞪眼

　　□xɛn²¹⁴

眯起眼睛 mi³⁵tɕʰi⁴⁵ŋan⁴⁵tsɛn⁴² 闭眼

眨眼睛 tsa³⁵ŋan⁴⁵tsɛn⁴² 挤眼睛或眨眼

鬼眨眼 kuɐi⁴⁵tsa³⁵ŋan⁴² 眨巴眼

碰倒 pʰoŋ²⁴tɑɯ⁴² 遇见

眼睛乱侧 ŋan⁴⁵tsɛn⁴²luan³⁵tsʰɛ⁵⁵ 眼睛乱转

流眼流水 liɤɯ³³ŋan⁴⁵liɤɯ³³suɐi⁴² 流眼泪

丫起嘴巴 ŋa³⁵tɕʰi⁴⁵tsuɐi⁴⁵pa⁵⁵ 张开嘴巴

　　㸑起嘴巴 tsa³⁵tɕʰi⁴⁵tsuɐi⁴⁵pa⁵⁵

撇嘴巴 pʰiɛ⁴⁵tsuɐi⁴⁵pa⁵⁵ 努嘴

翘起嘴巴 tɕʰiɑɯ²⁴tɕʰi⁴⁵tsuɐi⁴⁵pa⁵⁵ 噘嘴

举手 tɕy⁴⁵sɤɯ⁴²

摇手 iɑɯ³³sɤɯ⁴² 摆手

放手 faŋ²⁴sɤɯ⁴² 撒手

抻手 tsʰɛn³⁵sɤɯ⁴²

　　摘手 tsʰʅ³⁵sɤɯ⁴²

动手 toŋ³⁵sɤɯ⁴² ①开始做。②打人

拍手板 pʰɛ³⁵sɤɯ⁴⁵pan⁴² 鼓掌

背起手 pɐi³⁵tɕʰi⁴⁵sɤɯ⁴² 背着手

箍起手 ku³⁵tɕʰi⁴⁵sɤɯ⁴² 两手交叉在胸前

捧起手 pʰoŋ⁴⁵tɕʰi⁴⁵sɤɯ⁴² 两手在胸前靠下交叉

抄手 tsʰɑɯ³⁵sɤɯ⁴² 双手交叉伸到袖筒里

刨 pɑɯ³¹ 扒拉：～算盘珠子

捂倒 u³³tɑɯ⁴⁵ ～嘴巴笑

　　盖倒 kai²⁴tɑɯ⁴²

　　蒙倒 moŋ³³tɑɯ⁴²

□kʰa³⁵ ①从狭小的空间挤：从门缝～进去。

　　②塞，嵌入：肉丝～牙齿|把手机～进去

嵌 kʰan³⁵ ①镶嵌：把底＝～进去。②贴：

　　～瓷砖

较 kɑɯ²¹⁴ 尝试：你～一下

□tʰɤɯ²¹⁴ 清洗泡沫：把衣服在水里～一道

搊 tsʰɤɯ³⁵ ①平着推：在后面～一下车子。

　　②竖向托举：上车时，把重东西～上去

搊屎 tsʰɤɯ³⁵sʅ⁴² 给小孩儿把屎

撧屄屄 tsʰɤɯ³⁵pa⁴⁵pa⁴²

撧尿 tsʰɤɯ³⁵iaɯ³⁵ 把尿

　撧尿尿 tsʰɤɯ³⁵iaɯ²¹iaɯ³⁵

扶倒 fu³³tau⁴² 扶着

　托倒 tʰo³⁵tau⁴²

　拉倒 la³⁵tau⁴²

弹指拇儿 tan³³tsʅ³⁵mɐr⁴² 弹指头

捏掟子 iɛ³³tɛn²⁴tsʅ⁴² 握拳头

　□掟子 tsʅ³⁵tɛn²⁴tsʅ⁴²

顿脚 tɛn²¹tɕio³⁵ 跺脚

立起脚 li²⁴tɕʰi⁴⁵tɕio⁵⁵ 踮脚

　踮起脚 tiɛn²⁴tɕʰi⁴⁵tɕio⁵⁵

跷起二郎腿 tɕʰiaɯ³⁵tɕʰi⁴⁵ɤ³⁵laŋ³¹tʰuɛi⁴²

　翘起脚 tɕʰiaɯ²⁴tɕʰi⁴⁵tɕio⁵⁵

蜷脚 tɕyɛn³⁵tɕio³⁵ 蜷腿

抖脚 tʰɤɯ⁴⁵tɕio³⁵ 抖腿

踢腿 tʰi³³tʰuɛi⁴²

啄一脚 tsua³³i³³tɕio⁵⁵ 踢一脚

勾腰 kɤɯ³⁵iaɯ³⁵ 弯腰

伸腰 tsʰɛn³⁵iaɯ³⁵ ①舒展腰部。②事情做好了，做完了：事情做～了

伸懒腰 tsʰɛn³⁵lan⁴⁵iaɯ⁵⁵

撑腰 tsʰɛn³⁵iaɯ³⁵ 撑腰，支持

□屁股 kʰoŋ⁴⁵pʰi²⁴ku⁴² 撅屁股

　□勾子 kʰoŋ⁴⁵kɤɯ³⁵tsʅ⁴²

翘屁股 tɕʰiaɯ²⁴pʰi²⁴ku⁴² 名词，向上翘的屁股

　翘勾子 tɕʰiaɯ²⁴kɤɯ³⁵tsʅ⁴²

掌 tsaŋ⁴⁵³ 用手扶：～倒车把

扳 pan³⁵ ①拧，旋转：把螺丝～紧。②掰开

毁 tɕiɤɯ²¹⁴～tɕiɤɯ⁴⁵³ 拧：把毛巾～干

拗 yɛ³⁵ 折（断）

扯 tsʰɛ⁴⁵³ ①拔：～草。②买：～布

扯萝卜 tsʰa⁴⁵lo³³pu³⁵

捶背 tsuɛi³³pɛi²¹⁴

撣 sɛn⁴⁵³ 撣（鼻涕）

耸鼻子 soŋ⁴⁵pi³⁵tsʅ⁴² 吸溜鼻涕

　耸鼻涌 soŋ⁴⁵pi³⁵ioŋ⁴²

打片＝雀 ta⁴⁵pʰiɛn²¹tɕʰio³⁵ 打喷嚏

　打喷雀 ta⁴⁵fɛn²¹tɕʰio³⁵

嗅 ɕioŋ²¹⁴～ɕiɤɯ²¹⁴ （人或动物）闻：鼻子～一下

丫腮 ŋa³⁵sai³⁵ 长时间哭：勒＝个小娃儿肯～

□tsaɯ³⁵ 不停地哭闹

跑 pʰaɯ⁴⁵³ ①快速地跑。②逃走：小偷～嘎了

顿＝tɛn²¹⁴ 放

　挢 to²¹⁴

　搁 kʰo³⁵～kʰo²¹⁴

掺 tsʰan³⁵ ①兑入：酒里～水。②添加，倒水、酒等：给他～点儿水

滗 pi²¹⁴ ①挡住渣滓等，把液体倒出。②倒：我给你～点水

收拾 sɤɯ³⁵sʅ⁵⁵ ①收拾整理。②打扮。③批评或打：～他一顿

□起 tia³⁵tɕʰi⁴² 提起

捡起来 tɕiɛn⁴⁵tɕʰi⁴⁵lai³¹

擦脱 tsʰa³⁵tʰo⁵⁵ 擦掉

　抹脱 ma³³tʰo³⁵

打落 ta⁴⁵lo⁵⁵ 弄丢

拉脱 la³⁵tʰo³⁵ 落，把东西遗忘在某处

　拉落 la³⁵lo²¹⁴

找倒了 tsau⁴⁵tau⁴⁵liaɯ⁴² 找着了

冇找倒 maɯ³⁵tsau⁴⁵tau⁴²

藏 tsuaŋ³¹ ①藏放：把东西～起来。②躲藏

躲 to⁴⁵³ 人藏起来

重起来 tsoŋ³³tɕʰi⁴⁵lai³¹ 摞起来

　　码起来 ma⁴⁵tɕʰi⁴⁵lai³¹

伏 pʰu²¹⁴ 趴：～倒困

㞎 la³¹ 爬：小孩儿在地上～

抱 pɑu²¹⁴ ～ pɑu³⁵①双手抱：～娃娃。②抱

　　养：他～了个儿子养。③量词，双臂合

　　围的长度：那棵树有三～大

□ poŋ⁴⁵³ 抱：～娃娃

壅 oŋ³⁵ 用土覆盖：把萝卜～倒

　　□ pɛi⁴⁵³

董 ⁼toŋ⁴⁵³①捅：用棍子～鸟窝。②拿：～个

　　瓢儿去舀水

冻 ⁼toŋ²¹⁴①舀：用瓢儿～点水 | ～瓢水过来。

　　②浸入：把他～倒水里

装 tsuaŋ³⁵ 插：～香

车 tsʰɛ³⁵ 削：～苹果

开坼 kʰai³⁵tsʰɛ³⁵ 开裂

　　炸坼 tsa²¹tsʰɛ³⁵

纵 tsoŋ²¹⁴ 皱：衣服是～起的

　　□ tɕyɛn³⁵

　　起皱皱 tɕʰi⁴⁵tsoŋ²¹tsoŋ³⁵

抹 ma³¹①擦。②使……平展：把衣服～押

丢 tiɤu³⁵①丢弃。②丢失

别 pʰiɛ³¹ 动词，用闩子插上：把门～倒

磉 saŋ⁴⁵³ 用东西垫：把桌子腿～倒

摞手 liɑu³⁵sɤu⁴² 走路时手自然地前后摆动

递点子 ti²¹tiɛn⁴⁵tsʅ⁴² 出主意或不出声地告诉

　　别人信息，包括使眼色和努嘴等

垮起脸 kʰua⁴⁵tɕʰi⁴⁵liɛn⁴² 黑着脸，表示生气

　　黑脸 xɛ³⁵liɛn⁴²

伙 xo⁴⁵³ 动词，跟……一起：莫去和他～

□ tɕʰiɛn⁴⁵³ 吮，吸

吐 tʰɤu⁴⁵³①吐出。②呕吐

想□ ɕiaŋ⁴⁵fɛi⁴² 恶心

屙倒屎 o³⁵tɑu²⁴sʅ⁴² 呕吐。骂人时用

打干嗝 ta⁴⁵kan³⁵kɛ³¹ 打干呕

　　打噗 ta⁴⁵pɑu²¹⁴

　　打干□ ta⁴⁵kan³⁵fɛi⁴²

　　打呕 ta⁴⁵ŋɤu⁴²

　　打干呕 ta⁴⁵kan³⁵ŋɤu⁴²

摞 liɑu³⁵ 甩：～石头

问 uɛn³⁵

适 ⁼映 sʅ³³tɕyɛ²¹⁴ 骂

映架 tɕyɛ²⁴tɕia³³ 吵架

　　吵嘴 tsʰɑu⁴⁵tsuɛi⁴²

　　闹架 lɑu²⁴tɕia³³

　　吵架 tsʰɑu⁴⁵tɕia³³

堁 tsɤu²¹⁴ 塞：把瓶子用木塞塞～倒

　　塞 sɛ³⁵

闸 tsa³¹ 拦，把缺口堵上：把水～倒

□ pɛi⁴⁵³ 摸，触碰：莫去～电视

掀 ɕyɛn³⁵①用力推：过路时把人～开。②向

　　上撩：～衣服

□ ɕiɑu³⁵ 推

揿 tsʰɛn⁴⁵³①按：～开关。②用力压：～图钉

□ li³⁵ 炒菜时用铲子翻

　　□ tsʰuan³⁵

　　□ lɑu²¹⁴

搅 kɑu³¹ 用勺子搅稀饭、鸡蛋等

撽 xɑu³¹①搅动：～稀饭。②～水 游水或玩水

和 xo³¹ 搅拌：把佐料～匀净

　　拌 pan²¹⁴ 把黄瓜～匀净

搚 xa³⁵①～水：游泳。②搅动，扒弄，寻

　　找：他把我东西～得到处都是

吊 tiau²¹⁴ 拴牲口

□pɛn²¹⁴ 用力拉：拔河时，把另一方～过来

打野望 ta⁴⁵ia⁴⁵uaŋ⁵⁵ 思想开小差，不专心

打野白 ta⁴⁵ia⁴⁵pɛ³³ 不相关的人在别人说话时插话的行为

打 ta⁴⁵³ ①敲：～鼓。②殴打。③～官司。④手工制作：～裤子。⑤～汤 做汤。⑥买：～豆油。⑦发射，发送：～电报。⑧摔：碗～烂了。⑨～望 有目的地看｜～屁 放屁

短 tuan⁴⁵³ 动词，拦截：我帮底＝～鸭儿

□kʰuaŋ⁴⁵³ 碰：手～倒树了
    □pʰaŋ⁴⁵³

□kʰoŋ³⁵ 捶：～底＝一捉子

晓有得 ɕiau⁴⁵mau³⁵tɛ³¹ 不知道

明白了 mɛn³³pɛ³⁵liau⁴²
    懂了 toŋ⁴⁵liau⁴²

认字 lɛn³⁵tsɿ³⁵

估 ku⁴⁵³ 估量
    记谙 tɕi²⁴ŋan⁴²

打个主意 ta⁴⁵ko³³tɕy⁴⁵i⁵⁵ 想主意

猜 tsʰai³⁵

肯定 kʰɛn⁴⁵tiɛn³³ 料定：～他有会来了
    算倒 suan²⁴tau⁴²

觉得 tɕio³³tɛ³¹ 认为

信有过 sɛn²¹mau³⁵ko²¹⁴ 不相信
    有相信 mau³⁵ɕiaŋ³⁵sɛn³³

怀疑 fai³³i³¹

勾倒脑壳想 kɤu³⁵tau⁴⁵lau⁴⁵kʰo⁴⁵ɕiaŋ⁴² 沉思

拿有定主意 la³⁵mau³⁵tiɛn³³tɕy⁴⁵i⁵⁵ 犹疑

注意 tsu²⁴i²¹⁴ 留神

害怕 xai³⁵pʰa³³ 底＝一个人在家～

谙登＝ŋan³⁵tɛn⁵⁵ 打算

吓倒了 xɛ³⁵tau⁴⁵liau⁴² 吓着了
    着吓倒嘎了 tsau³³xɛ³⁵tau⁴⁵ka⁴⁵liau⁴²

着急 tso³³tɕi³³

挂牵 kua²¹tɕʰiɛn³⁵ 挂念，想念：老人～儿女

放心 faŋ²¹sɛn³⁵

望倒 uaŋ³⁵tau⁴² 期盼，盼望：小娃儿～过年

巴牵＝有得 pa³⁵tɕʰiɛn⁵⁵mau³⁵tɛ⁵⁵ 巴不得
    巴论＝有得 pa³⁵lɛn⁵⁵mau³⁵tɛ⁵⁵
    巴有得 pa³⁵mau³⁵tɛ⁵⁵

记倒 tɕi²⁴tau⁴² 记着，多表祈使语气：～早点来

搞忘记嘎了 kau⁴⁵uaŋ³⁵tɕiɛn⁵⁵ka⁴⁵liau⁴² 搞忘了

眼歉 ŋan⁴⁵tɕʰiɛn⁴² ①羡慕。②嫉妒

害红眼病 xai³⁵xoŋ³³ŋan⁴⁵piɛn³³ ①眼疾。②嫉妒

讨厌 tʰau⁴⁵iɛn³³
    讨嫌 tʰau⁴⁵ɕiɛn³¹

讨厌恶 tʰau⁴⁵iɛn³³u⁵⁵ 令人讨厌的人或事物：简条人～
    讨□恶 tʰau⁴⁵tsɛ³⁵u⁵⁵

寡毒 kua⁴⁵tu³¹ 很毒：底＝做事情～

受气 sɤu²⁴tɕʰi²¹⁴ 怄气

埋怨 mai³³yɛn³³

憋气 piɛ³⁵tɕʰi²¹⁴

发气 fa³⁵tɕʰi²¹⁴ 生气

发态度 fa³³tʰai²⁴tu³³ 发脾气

爱惜 ŋai²⁴ɕi³¹
    □惜 tɕiaŋ³⁵ɕi³¹

惯恃 kuan²¹sɿ³⁵ ～kuan²⁴sɿ⁴² ①娇惯，宠爱：～小娃儿。②舒服，适应，自由，自在，多用于否定：有得车子，心里有～

顺倒 ɕyɛn²⁴tau⁴² 迁就

打憨 ta⁴⁵piɛ³⁵ 故意：为了把事情闹大，底＝都去～吊颈

欢喜 fan³⁵ɕi⁴² 高兴

受福 sɤɯ²⁴fu³¹ 享福

有争究 maɯ³⁵tsɛn³⁵tɕiɤɯ³³ 不在意，不计较

　　冇放倒心上 maɯ³⁵faŋ²⁴taɯ⁴⁵sɛn³⁵saŋ⁵⁵

心虚 sɛn³⁵ɕy³⁵ ①无把握：要考试了，底＝有点～。②不踏实：底＝做了坏事，～

起心 tɕʰi⁴⁵sɛn³⁵ ①起坏心：～害人。②打算：～开个店

起歹心 tɕʰi⁴⁵tai⁴⁵sɛn⁵⁵ 起坏心

安逸 ŋan³⁵i³¹ ①形容词，舒服：空调吹起～。②动词，对……没意见，多用于否定句：人家冇～你

亮＝实＝liaŋ³⁵sʅ³¹ 小看

心赚 sɛn³⁵xɤɯ³⁵ 贪心：箇条人心好赚哦

　　心凶 sɛn³⁵ɕioŋ³⁵ 箇条人心好凶哦

怨烦 yɛn²⁴fan³¹ 不喜欢，厌烦，心里厌恶

讲话 kaŋ⁴⁵ua³⁵ 说话

□龙门阵 lia³³loŋ³³mɛn³¹tsɛn³³ 聊天儿

摆闲条 pai⁴⁵ɕiɛn³³tiaɯ³¹ 说闲话

　　扯闲条 tsʰɛ⁴⁵ɕiɛn³³tiaɯ³¹

声气 sɛn³⁵tɕʰi⁵⁵ 声音

大喉咙 ta³⁵xɤɯ³³loŋ³⁵ 说话声音大

　　声气大 sɛn³⁵tɕʰi⁵⁵ta³⁵

话把把 ua³⁵pa²¹pa³⁵ 说话时习惯性所带的没有意义的词，如语气词或脏字

打喳嚎 ta⁴⁵tsa³⁵xaɯ³¹ 打岔

冇做声 maɯ³⁵tsɤɯ²¹sɛn³⁵ 不出声，不说话

谎 faŋ⁴⁵³ ①动词，欺骗：～老人的钱用。②品行不好：～壳品行不好的人

□fu³⁵ 骗

□哄 fu³⁵xoŋ⁴²

啜 tɕʰio⁴⁵³

打拗挂 ta⁴⁵ŋaɯ²⁴kua³³ 抬杠

顶嘴 tɛn⁴⁵tsuɛi⁴²

打帮帮锤 ta⁴⁵paŋ³⁵paŋ⁵⁵tsuɛi³¹ 帮别人吵架或打架的行为

　　打帮忙锤 ta⁴⁵paŋ³⁵maŋ³¹tsuɛi³¹

挨刮胡子 ŋai³³kua³³fu³³tsʅ⁴² 挨批评

　　着刮胡子 tsaɯ³³kua³³fu³³tsʅ⁴²

　　着讲了 tso³³kaŋ⁴⁵liaɯ⁴²

啰唆 lo³⁵so⁵⁵ 唠叨，啰唆

念 iɛn³⁵ ～倒冇歇气 唠叨个不停

謰 lɤɯ³⁵ 讲话～死人了

喊 xan⁴⁵³ ①称说：小娃儿会～爸爸了。②叫：你～他一路去。③喊：～他回来吃饭

涮坛子 suan²⁴tan³³tsʅ⁴² 开玩笑

𤆤漏窟窿 to³⁵lɤɯ³⁵ku³³loŋ³⁵ 揭穿别人

适＝白 sʅ³³pɛ²¹⁴ 吹牛

扯谎□白 tsʰa⁴⁵faŋ⁴⁵lia³³pɛ²¹⁴ 说谎

　　扯谎把把 tsʰa⁴⁵faŋ⁴⁵pa²¹pa³⁵

　　扯把子 tsʰa⁴⁵pa⁴⁵tsʅ⁴²

□口□舌 lia⁴⁵kʰɤɯ⁴⁵lia⁴⁵sɛ³¹ 说话讨好别人

扯故 tsʰɛ⁴⁵ku²¹⁴ ①撒谎。②找借口：他～冇来

答白 ta³⁵pɛ²¹⁴ 应答，回答，接话

□tsaŋ³⁵ 搭理：冇～他，冇放倒心上

　　□使＝tsaŋ³⁵sʅ⁴²

野话 ia⁴⁵ua⁵⁵ 脏话或荤段子

讲趣话 kaŋ⁴⁵tɕʰy²¹ua³⁵ 说笑话

讲笑 kaŋ⁴⁵ɕiaɯ²¹⁴ 开玩笑

讲小话 kaŋ⁴⁵ɕiaɯ⁴⁵ua⁵⁵ 暗地里发牢骚

莫做声 mo²⁴tsɤɯ²¹sɛn³⁵ 不要出声

摆故事 pai$^{45}$ku$^{24}$sɿ$^{33}$ 讲故事

开口 kʰai$^{35}$kʰɤɯ$^{42}$ ①张嘴。②说话

交代 tɕiaɯ$^{35}$tai$^{33}$ 给别人安排事情

白舌子 pɛ$^{21}$sɛ$^{24}$tsɿ$^{42}$ ①说话不算数，不守信用的人。②说话无凭无据

作数 tso$^{33}$su$^{214}$ 算数：说话～

冇作数 maɯ$^{35}$tso$^{33}$su$^{214}$ 不算数

赌咒 tɤɯ$^{45}$tsɤɯ$^{214}$

讲礼 kaŋ$^{45}$li$^{42}$ 客气

耍礼 sua$^{45}$li$^{42}$

声唤 sᴇn$^{35}$fan$^{214}$ 大声叫唤

□ saŋ$^{31}$ 堵塞：找个东西把洞洞～倒

间 kan$^{214}$ 隔：把屋子～开

隔 kɛ$^{35}$

将就 tɕiaŋ$^{35}$tɕiɤɯ$^{55}$ ①迁就。②勉强应对，凑合：我们中午就吃这些，～一下

依倒 i$^{35}$taɯ$^{42}$ 迁就：总是～小娃儿

□倒 iaŋ$^{35}$taɯ$^{42}$ ①依着：大人走得快，小娃儿走得慢，于是就～小娃儿。②耐心地做：事情只能～做，莫着急。③将息：这种病只能～，动冇得手术

膿 iaŋ$^{35}$ 油过多而使人产生不适感：他～倒了

焮 ɕiᴇn$^{214}$ 将物品置于火旁，用微火或热气加热：把冷饭～燘

兴 ɕiᴇn$^{35}$ 流行：今年～这个衣服

啷$^{=}$撒 laŋ$^{33}$sa$^{42}$ 浪费或非故意情况下东西散落在地上：手里东西太多，边走边～

抛撒 pʰaɯ$^{35}$sa$^{42}$ 损耗：卖水果，～大

错脱 tsʰo$^{21}$tʰo$^{35}$ 错过：好机会～嘎了

熨 yᴇn$^{214}$

烫 tʰaŋ$^{214}$

漤 lan$^{453}$ 用糖、盐等腌渍蔬菜，除去生味

奈得何 lai$^{35}$tɛ$^{31}$xo$^{31}$ 会，能对付：车子我～

奈冇何 lai$^{35}$maɯ$^{35}$xo$^{31}$ 不会，不能对付：车子我～。使用时后面不能加宾语

掌火 tsaŋ$^{45}$xo$^{42}$ 主持，负责，掌管：修这个房子时他掌的火 | 他～勒$^{=}$个工程

铺摆 pʰu$^{35}$pai$^{42}$ 安排，指挥

架势 tɕia$^{24}$sɿ$^{33}$ 开始：我们架得势了

架墨 tɕia$^{24}$mɛ$^{33}$ 午休后，我们架得墨了

排头 pai$^{33}$tɤɯ$^{31}$ 吃过夜饭，我之$^{=}$又～了

撒$^{=}$果$^{=}$ sa$^{45}$ko$^{42}$ 结束

绷 poŋ$^{35}$ ～得很紧

齐 tɕi$^{31}$ 与……高度相同：水～克$^{=}$膝头了水与膝盖高度相同了

慢下儿 ma$^{24}$xɐr$^{33}$ 过一会儿，等一下

等下儿 tᴇn$^{45}$xɐr$^{33}$

慢阵 man$^{24}$tsᴇn$^{33}$ ～ man$^{35}$tsᴇn$^{42}$

慢点 man$^{24}$tiᴇn$^{42}$

熬油 ŋaɯ$^{33}$iɤɯ$^{31}$ 将油高温加热，使水分蒸发

熬油 ŋaɯ$^{35}$iɤɯ$^{31}$ 将肉经高温化为油

榨油 tsa$^{214}$iɤɯ$^{31}$

戽 fu$^{214}$ 动词，向上汲水：把河里的水～干

趡 iɤɯ$^{214}$ 动：树叶在～

□ pᴇn$^{214}$ 蘸：～点儿佐料

□ xo$^{453}$ 装模作样地做：～倒人家读书

□ lo$^{453}$ 蒙混，将就，勉强：他读书跟人家～

鼓倒 ku$^{45}$taɯ$^{42}$ 逼迫：他～我去

占强 tsan$^{24}$tɕiaŋ$^{31}$ 占上风，占优势

拱 koŋ$^{453}$ ①向上突出：地上～起个泡泡。②动物用嘴翻地：猪～泥巴

拱拱 koŋ$^{45}$koŋ$^{42}$ 名词，拱形物：箇里有个～

冒 maɯ$^{214}$ 动词：～汗水

溅 tsan$^{214}$ 口水～倒别个脸上了

脚杆炸 tɕio³⁵kan⁴⁵pʰa³⁵ 腿发软

脚敲帮 tɕio³⁵kʰɑɯ³⁵paŋ³⁵ 两脚碰撞在一起

划柴 fa³⁵tsai³¹ 劈柴

打耳巴子 ta⁴⁵ɚ⁴⁵pa⁵⁵tsʅ⁴² 打耳光
　　甩耳巴子 suai⁴⁵ɚ⁴⁵pa⁵⁵tsʅ⁴²

开皴 kʰai³⁵tsʰɛn³⁵ 皮肤皴裂

得 tɛ³⁵ 获得：～了90分

盘 pan³¹ ①抚养：把孩子～大。②赡养：～老
　　人。③收获：～藕。④量词，玩扑克、
　　棋等的次数

巴 pa³⁵ 粘贴：把纸～倒墙上
　　□ ia³⁵

干扯 kan³⁵tsʰɛ⁴² 胡搅蛮缠，没有道理地闹

干冲 kan³⁵tsʰoŋ³³ 虚张声势：箇条人个头小，
　　跟人打架时，只有～

揌油 ua⁴⁵iɤɯ³¹ 偷师学艺

瓯牙 to³⁵ŋa³¹ 剔牙

靠゠ kʰɑɯ²¹⁴ 嫁接

丧良心 saŋ³⁵liaŋ³³sɛn⁴² 坏良心

该着 kai³⁵tso³¹ 活该

抵命 ti⁴⁵mɛn³⁵ ～ti⁴⁵miɛn³⁵ 偿命

出老 tɕʰy³⁵lɑɯ⁴² 显老

飙 piɑɯ³⁵ ①极速喷射：黄狗～尿。②极速地
　　走、飞奔：转眼他就～很远

梭 so³⁵ ①从上面往下滑：慢慢～，莫滚倒。
　　②快速溜走、钻出等：箇条蛇～出来了

舍死 sɛ⁴⁵sʅ⁴² 做事不吝惜力气，不偷奸要滑：
　　他做事～
　　舍得死 sɛ⁴⁵tɛ³¹sʅ⁴²

耍泼 sua⁴⁵pʰo³⁵ 撒泼
　　放泼 faŋ²¹pʰo³⁵

溢 poŋ³¹ 溢：稀饭～出来了

沓 mɛn²¹⁴ 满：水太～了，就要溢出来了

溢舷四海 poŋ³³ɕiɛn³¹sʅ²⁴xai⁴² 器皿的边缘都
　　　　溢满了水的状态

搞溜点 kɑɯ⁴⁵liɤɯ³⁵tiɛn⁴² 搞快点儿
　　　搞起点 kɑɯ⁴⁵tɕʰi⁴⁵tiɛn⁴²

磨洋工 mo²⁴iaŋ³³koŋ⁵⁵ 磨时间

□ yɛ³⁵ 降低身子，少占空间：他～到桌子下

□ pu³⁵ 动词，凹陷：把盆子敲～嘎了

□□ pu³⁵pu⁵⁵ 名词，凹坑：盆子上有个～

□□ yɛ³⁵pu³⁵ 变瘪：轮胎～了

打抿笑 ta⁴⁵miɛn⁴⁵ɕiɑɯ³³ 微笑

打哈哈 ta⁴⁵xa³⁵xa⁵⁵ 高兴时发出的笑声

吃亏 tɕʰia³⁵kʰuɛi³⁵ ①吃苦：箇个人做活路吃
　　得亏。②受损失：弟兄两个，老大吃得
　　亏。③伤痛或不好的影响：他手上吃了
　　很多亏

有了 iɤɯ⁴⁵liɑɯ⁴² 够了

打挤 ta⁴⁵tɕi⁴² 拥挤

打望 ta⁴⁵uaŋ³⁵ 有目的地看：～远处

照蚊烟儿 tsɑɯ²⁴uɛn³³iɚ³⁵ 点蚊香
　　烧蚊烟儿 sɑɯ³⁵uɛn³³iɚ³⁵

置 tsʅ²¹⁴ 买：～家具

喂熟 uɛi²⁴sɤɯ²¹⁴ 买的鸡，还冇～
　　喂家 uɛi²⁴tɕia³⁵

晃 faŋ²¹⁴ 刺眼：强光～眼睛
　　射 sɛ²¹⁴

巴谱 pa³⁵pʰu⁴² 靠谱：底゠讲话有～
　　粘谱 tsan³⁵pʰu⁴²

出洋相 tɕʰy³⁵iaŋ³³ɕiaŋ³³

出风头 tɕʰy³⁵xoŋ³⁵tɤɯ³¹ ①表现自己：到台
　　上～。②掺和跟自己不相关的事

闲肌管野卵 ɕiɛn³³pʰi³⁵kuan⁴⁵iɛ⁴⁵luan⁴² 形容多

管闲事

帮 paŋ³⁵ ①动词，帮忙。②介词，替：～我写信。③介词，给：～大家讲话

喷 fen²¹⁴ 把花露水～到手杆上

拢 loŋ⁴⁵³ 动词，到：你赶～哪里了

尽 tɕien⁴⁵³ ～tsen⁴⁵³ 让：～我来收拾碗

捧 pʰoŋ³⁵ ①尘土、水等扬起。②飞溅

凝 i³¹ 凝结：面～嘎了

□ ŋen⁴⁵³ 碰：牙齿～倒一块儿石头

□ lɤu²¹⁴ 唤：～鸡｜～猪

□ lau³⁵ 动词，毒：～老鼠

浸 tɕʰien²¹⁴ 冒：往外～水

　冒 mau²¹⁴

行 xen³¹ 走：～路。

走 tsɤu⁴⁵³ ①动词，行走。②介词，从，可作始发介词，但不能表位移经过：～箇坨过去。

拿 la³⁵ ①动词，持拿。②动词，掌握：箇个事我也～有准。③动词，领取，获得：一个月～ 200块。④介词，表凭借：～棍子打他。⑤介词，引进需说明的事物或情况：～他来讲

敲 kʰau³⁵ ①敲：～门。②讹诈：出租车～我

啄 tsua²¹⁴ 鸟类用嘴取食或敲去：鸭儿怕鸡～

肮＝ŋaŋ³⁵ ①动词，响：喇叭开始～了。②形容词，吵闹：喇叭好～哦

爱人 ŋai²⁴len³¹ 让人喜欢

出头 tɕʰy³⁵tɤu³¹ ①离合词，解脱：日子出有倒头。②出面：箇条事情，我给你～

打□ ta⁴⁵tʰen⁴² 说话时因想不起来或不知怎么说而中断

□ tsen⁴⁵³ 因腐烂、风化而变得易碎易断

搞空灯儿 kau⁴⁵kʰoŋ²¹ter³⁵ 做事后没有收获

点天灯 tien⁴⁵tʰien³⁵ten⁵⁵ ①旧时的一种刑法，头上浇油后用火烧。②一种治病方法，用艾草熏眼睛

劳神 lau³³sen³¹ 费神

费 pɛi³⁵ 消耗较多：小娃儿～鞋子

背 pɛi³⁵ 背诵：底＝～有倒

借 tɕiɛ²¹⁴

　剥借 po³⁵tɕiɛ³³

交 kau³⁵ 遍：全国都跑～了

放空炮 faŋ²¹kʰoŋ³⁵pʰau³³ 只说不做事

带人 tai²⁴len³¹ 照看小孩

打灭 ta⁴⁵miɛ²¹⁴ 消失，不见：箇阵～了

管 kuan⁴⁵³ ①连词，不管。②值：有～钱。③照看：～娃儿。④使用：箇条笔～得久

## 二十三　位置

最上头 tsuɛi²⁴saŋ⁴⁵tɤu³¹

　顶顶上 ten⁴⁵ten⁴⁵saŋ³³

下头 xa⁴⁵tɤu³¹

地下 ti³⁵xa⁴² 地表以下：～有黄金

地下 ti³⁵tɕia⁴² 地表上：当心，别掉～了

天上 tʰien³⁵saŋ⁵⁵

山上 san³⁵saŋ⁵⁵

　山高头 san³⁵kau³⁵tɤu³¹

山下头 san³⁵xa⁴⁵tɤu³¹ 山下

　山脚脚 san³⁵tɕio³⁵tɕio⁵⁵

　山底脚 san³⁵ti⁴⁵tɕio³¹

　山脚底 san³⁵tɕio³⁵ti⁵⁵

路上 lɤu³⁵saŋ⁵⁵

墙上 tɕiaŋ³³saŋ³⁵

　墙高头 tɕiaŋ³³kau³⁵tɤu³¹

门上 mɛn³³saŋ³⁵

门高头 mɛn³³kau³⁵tɤɯ³¹

桌子上 tso³⁵tsʅ⁴⁵saŋ⁵⁵

桌子高头 tso³⁵tsʅ⁴⁵kau³⁵tɤɯ³¹

椅子上 i⁴⁵tsʅ⁴⁵saŋ⁵⁵

椅子高头 i⁴⁵tsʅ⁴⁵kau³⁵tɤɯ³¹

棱子 lɛn³³tsʅ⁴² 棱

边边上 piɛn³⁵piɛn⁴⁵saŋ⁵⁵

舷舷上 ɕiɛn³³ɕiɛn³¹saŋ⁵⁵

角角 ko³⁵ko⁴² 角儿，角落

里头里头 li⁴⁵tɤɯ³¹li⁴⁵tɤɯ³¹ 最里面

最里头 tsuɛi²⁴li⁴⁵tɤɯ³¹

最外头 tsuɛi²¹uai³⁵tɤɯ³¹

手里头 sɤɯ⁴⁵li⁴⁵tɤɯ³¹ 手里

手里 sɤɯ⁴⁵li⁴²

手上 sɤɯ⁴⁵saŋ⁵⁵

心里 sɛn³⁵li⁴²

心上 sɛn³⁵saŋ⁵⁵

心里头 sɛn³⁵li⁴⁵tɤɯ³¹

坡上 pʰo³⁵saŋ⁵⁵ 野外

大门外头 ta³⁵mɛn³¹uai³⁵tɤɯ³¹ 大门外

门外头 mɛn³³uai³⁵tɤɯ³¹ 门外

墙外头 tɕiaŋ³³uai³⁵tɤɯ³¹ 墙外

垛子外头 to⁴⁵tsʅ⁴⁵uai³⁵tɤɯ³¹ 窗户外头

车子里头 tsʰɛ³⁵tsʅ⁴⁵li⁴⁵tɤɯ³¹ 车上

车高头 tsʰɛ³⁵kau³⁵tɤɯ³¹

车外头 tsʰɛ³⁵uai³⁵tɤɯ³¹ 车外

车前头 tsʰɛ³⁵tɕiɛn³³tɤɯ³¹ 车前

车当门 tsʰɛ³⁵taŋ³⁵mɛn³¹

车后头 tsʰɛ³⁵xɤɯ³⁵tɤɯ³¹ 车后

山前头 san³⁵tɕiɛn³³tɤɯ³¹ 山前

山当门 san³⁵taŋ³⁵mɛn³¹

山后头 san³⁵xɤɯ³⁵tɤɯ³¹ 山后

房子后头 faŋ³³tsʅ⁴⁵xɤɯ³⁵tɤɯ³¹ 房后

房子背后头 faŋ³³tsʅ⁴⁵pɛi²¹xɤɯ³⁵tɤɯ³¹

东方 toŋ³⁵faŋ⁴²～toŋ³⁵faŋ⁵⁵

东边 toŋ³⁵piɛn⁵⁵

西方 ɕi³⁵faŋ⁴²～ɕi³⁵faŋ⁵⁵

西边 ɕi³⁵piɛn⁵⁵

南方 lan³³faŋ⁵⁵

南边 lan³³piɛn⁵⁵

北方 pɛ²¹faŋ⁵⁵

北边 pɛ²¹piɛn⁵⁵

东南挂角 toŋ³⁵lan³¹kua²⁴ko³¹ 东南

东北挂角 toŋ³⁵pɛ³¹kua²⁴ko³¹ 东北

西南挂角 ɕi³⁵lan³¹kua²⁴ko³¹ 西南

西北挂角 ɕi³⁵pɛ³¹kua²⁴ko³¹ 西北

正中间 tsɛn²¹tsoŋ³⁵kan⁴² 最中间

正中 tsɛn²¹tsoŋ³⁵

中中间间 tsoŋ³⁵tsoŋ⁵⁵kan⁴⁵kan⁴² "间"读轻声

床底下 tsuaŋ³³ti⁴⁵tɕia³¹

床下头 tsuaŋ³³xa⁴⁵tɤɯ³¹

床底脚 tsuaŋ³³ti⁴⁵tɕio³¹

床脚底 tsuaŋ³³tɕio³⁵ti⁵⁵

楼底下 lɤɯ³³ti⁴⁵tɕia³¹

楼下头 lɤɯ³³xa⁴⁵tɤɯ³¹

楼底脚 lɤɯ³³ti⁴⁵tɕio³¹

楼脚底 lɤɯ³³tɕio³⁵ti⁵⁵

脚底底 tɕio³⁵ti⁴⁵ti⁴²

脚底下 tɕio³⁵ti⁴⁵tɕia³¹

碗底底 uan⁴⁵ti⁴⁵ti⁴²

碗屁股 uan⁴⁵pʰi²⁴ku⁴²

碗底启 uan⁴⁵ti⁴⁵to⁵⁵

锅底底 ko³⁵ti⁴⁵ti⁴²

锅屁眼儿 ko³⁵pʰi³⁵ier⁴²

锅屁股 ko³⁵pʰi³⁵ku⁴²

缸底底 kaŋ³⁵ti⁴⁵ti⁴²

半边 pan²¹piɛn³⁵ 旁边

挨倒 ŋai³⁵tau⁴² 与……靠近

当门 taŋ³⁵mɛn³¹ 前面，面前：我坐在你～

身当门 sɛn³⁵taŋ³⁵mɛn³¹ 面前：我～有本书

眼当门 ŋan⁴⁵taŋ³⁵mɛn³¹ ①跟前，面前。②附近

往里头走 uaŋ⁴⁵li⁴⁵tɤɯ³¹tsɤɯ⁴²

往外头走 uaŋ⁴⁵uai³⁵tɤɯ³¹tsɤɯ⁴²

往东走 uaŋ⁴⁵toŋ³⁵tsɤɯ⁴²

往西走 uaŋ⁴⁵ɕi³⁵tsɤɯ⁴²

往回走 uaŋ⁴⁵fɛi³¹tsɤɯ⁴²

走转去 tsɤɯ⁴⁵tɕyɛn⁴⁵tɕʰiɛ⁵⁵

往前走 uaŋ⁴⁵tɕiɛn³¹tsɤɯ⁴²

往前头走 uaŋ⁴⁵tɕiɛn³³tɤɯ³¹tsɤɯ⁴²

以东 i⁴⁵toŋ³⁵

以西 i⁴⁵ɕi³⁵

以南 i⁴⁵lan³¹

以北 i⁴⁵pɛ²¹⁴

以内 i⁴⁵luɛi²¹⁴

以外 i⁴⁵uai²¹⁴

以来 i⁴⁵lai³¹

之间 tsɿ³⁵tɕiɛn⁵⁵

以上 i⁴⁵saŋ²¹⁴

以下 i⁴⁵ɕia²¹⁴

向子 ɕiaŋ²⁴tsɿ⁴² 方向：往茶店走，走倒龙多山了，～走反了

## 二十四　代词等

你老人家 i⁴⁵lau⁴⁵lɛn³¹ka⁴² 您老人家

底＝老人家 ti⁴⁵lau⁴⁵lɛn³¹ka⁴² 他老人家

自家 tsɿ³⁵ka⁴² 自己

人家 ①lɛn³³tɕia³⁵ 人家，别人。②lɛn³³ka⁴² 人户：走～

我的 ŋo⁴⁵ti⁴²

勒＝个 lɛ²⁴ko³³ 这个

那个 la²⁴ko³³ 那个

简些 ko⁴⁵ɕi⁵⁵ 这些

没＝些 mɛi³⁵ɕi⁵⁵ 那些

哪些 la⁴⁵ɕi⁵⁵

简支＝ ko⁴⁵tsɿ⁵⁵ ①表方式，这么，这样：事情是～的。②表程度：～多人

简支＝嘎 ko⁴⁵tsɿ⁵⁵ka⁵⁵

勒＝支 lɛ²¹tsɿ³⁵

简多 ko⁴⁵to⁵⁵ 这么多

简支＝多 ko⁴⁵tsɿ⁵⁵to⁵⁵

没＝支＝ mɛi³⁵tsɿ⁵⁵ 那么，那样：事情是～的

没＝支＝嘎 mɛi³⁵tsɿ⁵⁵ka⁵⁵

哪支＝ la⁴⁵tsɿ⁵⁵ ①表示事物，什么样：你要～的？②表方式：到潼南要～走？

哪样 la⁴⁵iaŋ⁵⁵

叶＝支＝嘎 iɛ²¹tsɿ³⁵ka⁵⁵ 怎样

叶＝支＝ iɛ²¹tsɿ³⁵

么个 mu⁴⁵ko⁴² 什么

哪样 la⁴⁵iaŋ⁵⁵～la⁴⁵iaŋ⁴²

为么个 uɛi²⁴mu⁴⁵ko⁴² 为什么

为哪样 uɛi²⁴la⁴⁵iaŋ⁵⁵

做么个 tsɤɯ²⁴mu⁴⁵ko⁴² 做什么

做哪样 tsɤɯ²⁴la⁴⁵iaŋ⁵⁵

样啥 iaŋ³⁵sa³³ 任何东西

好多 xaɯ⁴⁵to⁵⁵ 多少

我两个 ŋo⁴⁵liaŋ⁴⁵ko⁵⁵ 我们俩或咱们俩

你两个 i⁴⁵liaŋ⁴⁵ko⁵⁵ 你们俩

你之＝两个 i⁴⁵tsʅ⁵⁵liaŋ⁴⁵ko⁵⁵

底＝两个 ti⁴⁵liaŋ⁴⁵ko⁵⁵ 他们俩

　底＝之＝两个 ti⁴⁵tsʅ⁵⁵liaŋ⁴⁵ko⁵⁵

　他两个 tʰa³⁵liaŋ⁴⁵ko⁵⁵

　他之＝两个 tʰa³⁵tsʅ⁵⁵liaŋ⁵⁵ko⁵⁵

两老儿 liaŋ⁴⁵laɯ⁴⁵ɚ⁴² ～ liaŋ⁴⁵lɛr⁴² 夫妻俩

两娘母儿 liaŋ⁴⁵iaŋ³¹mer⁴² 娘儿俩

两爷子 liaŋ⁴⁵iɛ³³tsʅ⁴² 爷儿俩

　两爷崽 liaŋ⁴⁵ia³³tsai⁴²

两公孙 liaŋ⁴⁵koŋ³⁵sɛn⁵⁵ 爷孙俩

两妯娌 liaŋ⁴⁵tsʰu³³li⁴² 妯娌俩

两姑嫂 liaŋ⁴⁵ku³⁵saɯ⁴² 姑嫂俩

两婆媳 liaŋ⁴⁵po³³ɕi³¹ 婆媳俩

两弟兄 liaŋ⁴⁵ti³⁵ɕioŋ⁴² 兄弟俩

两哥子 liaŋ⁴⁵ko³⁵tsʅ⁴² 哥儿俩

　两弟兄 liaŋ⁴⁵ti³⁵ɕioŋ⁴²

两姊妹 liaŋ⁴⁵tsʅ⁴⁵mɛi⁵⁵ ①姐妹俩。②兄妹俩。

　③姐弟俩

两姐妹 liaŋ⁴⁵tɕiɛ⁴⁵mɛi⁵⁵ 姐儿俩

两兄妹 liaŋ⁴⁵ɕioŋ³⁵mɛi⁵⁵ 兄妹俩

两姐弟 liaŋ⁴⁵tɕiɛ⁴⁵ti³³ 姐弟俩

舅爷外侄两 tɕiɤɯ²⁴iɛ³¹uai³⁵tsʅ³¹liaŋ⁴² 舅甥俩。

　"舅爷"指舅舅

两孃孙 liaŋ⁴⁵iaŋ³⁵sɛn⁵⁵ 姑侄俩

两叔侄 liaŋ⁴⁵su³³tsʅ³¹ ～ liaŋ⁴⁵sɤɯ²⁴tsʅ³¹ 叔

　侄俩

两师徒 liaŋ⁴⁵sʅ³⁵tɤɯ³¹ 师徒俩

哪些人 la⁴⁵ɕi⁵⁵lɛn³¹ 谁们

人们 lɛn³³mɛn³⁵

妯娌们 tsʰu³³li⁴⁵mɛn³¹

姑嫂们 ku³⁵saɯ⁴⁵mɛn³¹

师徒们 sʅ³⁵tɤɯ³¹mɛn³¹

师生们 sʅ³⁵sɛn⁵⁵mɛn³¹

　老师学生些① laɯ⁴⁵sʅ⁵⁵ɕio²¹sɛn³⁵ɕi⁵⁵

箇些道理 ko⁴⁵ɕi⁵⁵taɯ³⁵li⁴² 这些道理

没＝些事 mɛi³⁵ɕi⁵⁵sʅ³⁵ 那些事

箇些椅子 ko⁴⁵ɕi⁵⁵i⁴⁵tsʅ⁴² 这些椅子

没＝些书 mɛi³⁵ɕi⁵⁵ɕy³⁵ 那些书

桌子些 tso³⁵tsʅ⁴⁵ɕi⁵⁵ 多张桌子

椅子些 i⁴⁵tsʅ⁴⁵ɕi⁵⁵ 多把椅子

书些 ɕy³⁵ɕi⁵⁵ 多本书

## 二十五　形容词

痞 pʰi⁴⁵³ ①形容词：箇条人耍～，劣得很。

　②动词，讹诈：底＝～了我200块钱

要得 iaɯ²⁴tɛ³¹ 可以，不错，很好

　冇错 maɯ³⁵tsʰo²¹⁴

差冇多 tsʰa³⁵maɯ³⁵to³⁵ 差不多

还要得 xai³³iaɯ²⁴tɛ³¹ 还行

冇当好 maɯ³⁵taŋ³³xaɯ⁴² 不怎么样

要冇得 iaɯ²¹maɯ³⁵tɛ³⁵ 不行，很差

□ uai⁴⁵³ 次，人的品行不好或东西质量差

　差 tsʰa³⁵

嫳性 pʰiɛ²⁴ɕiɛn⁴² 品行败坏：箇条人～得很

强 tɕiaŋ³¹ 比……好：箇个手机比没＝个～些。

　使用时比较对象也可不出现：斠～了用

不太好的东西换到了更好的

刁歪 tiaɯ³⁵uai³⁵ 挑剔

冇听 maɯ³⁵tʰɛn²¹⁴ 没有效果：箇药吃起～

冇管事 kuan⁴⁵sʅ³⁵ ①没有效果：箇条药～。

---

① "些"作复数标记的用法很可能来自西南官话，老派较少用。

②不负责：底～，么个也冇清楚

经饿 tɕiɛn³⁵o³⁵ 耐饿：吃东西冇～

标致 piau³⁵tsʅ³³ 美。一般形容男性

苏气 su³⁵tɕʰi³³ 生活方式讲究，性格高傲

闹热 lau³⁵lɛ⁴² ～ lau³⁵ɤ⁴² ～ lau³⁵lɛ⁵⁵ 热闹

经事 tɕiɛn³⁵sʅ⁵⁵ ①耐用，耐穿。②牢固，结实

经用 tɕiɛn³⁵ioŋ³⁵ 耐用

牢实 lau³³sʅ³⁵ 结实

□性 li⁴⁵sɛn⁵⁵ ～ li⁴⁵ɕiɛn⁵⁵ 不结实，不牢实：勒=个桌子很～

硬 ŋɛn³⁵

硬□ ŋɛn³⁵tsɤu⁴² ～ ŋɛn²⁴tsɤu⁴² 硬实：水泥路很～

帮=硬 paŋ³⁵ŋɛn²¹⁴ 很硬

□㞎 lau³⁵pʰa⁵⁵ 很软

□loŋ³¹ ～ ioŋ³¹ 烂

干干净净 kan³⁵kan⁵⁵tsɛn⁵⁵tsɛn⁵⁵

稀脏 ɕi³⁵tsaŋ³⁵ 很脏

叽=酸 tɕi³⁵suan⁵⁵ 很酸

□淡 pia⁴⁵tan⁵⁵ 很淡

淡淡甜 tan²¹tan³⁵tiɛn³¹

淡甜 tan³⁵tiɛn³¹

碰=香 pʰoŋ²¹ɕiaŋ³⁵ 很香

清稀 tsʰɛn³⁵ɕi⁵⁵ 很稀

干 kan³⁵（稀饭等）稠

肥实 fɛi³³sʅ³⁵ ①富有：底=屋很～。②动物长得肥：猪长得好～哦

胖 pʰaŋ²¹⁴ 人胖

瘦 sɤu²¹⁴ 不肥，不胖

巴适 pa³⁵sʅ³¹ 舒服

归一 kuɛi³⁵i³¹ 心里冇～

难受 lan³³sɤu²¹⁴ 心理或生理上不适

冇安逸 mau³⁵ŋan³⁵i³¹

冇听招呼 mau³⁵tʰɛn²¹tsau³⁵fu⁴²

冇听话 mau³⁵tʰɛn²¹ua³⁵

□tɕiau³¹ 形容人不听话，难缠

横 uɛn³¹ 蛮横，不讲理：这个人～得很

□uai³⁵ ①凶恶，可恶。②胡搅蛮缠

脸厚 liɛn⁴⁵xɤu³⁵ 脸皮厚

脸□ liɛn⁴⁵ɕyɛn³¹

能干 lɛn³³kan³⁵ ①有能力，有水平。②小孩乖，听话：箇条小孩儿冇～，尽倒哭

得行 tɛ³⁵ɕiɛn³¹ 能干

冇中用 mau³⁵tsoŋ³⁵ioŋ⁵⁵ ①没出息。②笨

要冇得 iau²¹mau³⁵tɛ³⁵ 不应该，不行

丧德 san³⁵tɛ²¹⁴ 缺德

剃薄 tɕʰio³³po³¹ 尖酸刻薄：箇条人说话很～

精 tɕiɛn³⁵ ①机灵，聪明。②聪明过度

巧 tɕʰiau⁴⁵³ 灵巧

糊涂 fu³³tʰu³¹

糊里糊涂 fu³³li⁴⁵fu³³tʰu³¹

稀里糊涂 ɕi³⁵li⁴⁵fu³³tʰu³¹

呆板 tai³⁵pan⁴² 死心眼儿

板眼儿 pan⁴⁵iɛr⁴² 心眼儿

□脓包 xa⁴⁵loŋ³¹pau⁵⁵ 脓包，喻指无用的人

娑种 pʰiɛ²⁴tsoŋ⁴² 孬种

丑种 tsʰɤu⁴⁵tsoŋ⁴²

大方 ta³⁵faŋ⁵⁵

小气鬼 ɕiau⁴⁵tɕʰi³⁵kuɛi⁴²

啬夹子 sɛ³⁵ka⁴⁵tsʅ⁴²

小气 ɕiau⁴⁵tɕʰi³³ ①物质上小气。②性格上气量小

小见 ɕiau⁴⁵tɕiɛn³³ 小气

小家 ɕiau⁴⁵ka⁴²

夹黄 tɕia³³faŋ³¹ 簡条人～得很

舍冇得 sɛ⁴⁵mɑɯ³⁵tɛ⁵⁵ 舍不得

小里小气 ɕiɑɯ⁴⁵li⁴⁵ɕiɑɯ⁴⁵tɕʰi³³

有着 iʁɯ⁴⁵tso³¹ ①有钱：底＝晓得开车的～。

②有收获：今天钓鱼～

做得着 tsʁɯ²⁴tɛ³¹tso³¹ 工作轻松简单又赚钱：

簡活路儿～

榍 kuɛn³¹ 完整的

周 tsʁɯ³⁵ ～身是汗

窝 o³⁵ 动词，凹：～下去了

窝窝 o³⁵o⁴² 名词，凹下去的地方：脸上有个～

凉快 liaŋ³³kʰuai³⁵

背静 pɛi³⁵tɕiɛn³³

清静 tsʰɛn³⁵tsɛn⁵⁵

冇牢靠 mɑɯ³⁵lɑɯ³³kʰɑɯ³⁵

活 xo²¹⁴ 簡条锄头是～的

牢靠 lɑɯ³³kʰɑɯ³⁵ 靠得住：我做事～

正宗 tsɛn²¹tsoŋ³⁵ 地道

整齐 tsɛn⁴⁵tɕi³¹

齐整 tɕi³³tsɛn⁴²

齐崭 tɕi³³tsan⁴²

顺心 ɕyɛn²¹sɛn³⁵ 称心

丢脸 tiʁɯ³⁵liɛn⁴² 丢人

臊皮 sɑɯ²⁴pʰi³¹

大 ①ta³⁵ 构词语素：～家。②tʰai⁴⁵ 大，主要

作谓语：雨下得～

纠＝圝 tɕiʁɯ³⁵luan³¹ 很圆

□薄 liaŋ³⁵po³³ 很薄

□薄 lɑɯ³⁵po³³

飞薄 fɛi³⁵po³³

滚爤 kuɛn⁴⁵lai³³ 很烫

滚烫 kuɛn⁴⁵tʰaŋ³³

正 tsɛn²¹⁴

斜 ɕia³¹ ～ɕiɛ³¹

飞红 fɛi³⁵xoŋ³¹ 朱红

大红 ta³⁵xoŋ³¹

嫩红 lɛn³⁵xoŋ³¹

粉红 fɛn⁴⁵xoŋ³¹

老红 lɑɯ⁴⁵xoŋ³¹ 深红

深红 sɛn³⁵xoŋ³¹

紫红 tsɿ⁴⁵xoŋ³¹

淡红 tan³⁵xoŋ³¹

嫩红 lɛn³⁵xoŋ³¹

淡蓝 tan³⁵lan³¹

深蓝 sɛn³⁵lan³¹

老蓝 lɑɯ⁴⁵lan³¹

天蓝 tʰiɛn³⁵lan³¹

绿 lu³¹

草绿 tsʰɑɯ⁴⁵lu³¹

深绿 sɛn³⁵lu³¹

嫩绿 lɛn³⁵lu³¹ 浅绿

淡绿 tan³⁵lu³¹

灰白 fɛi³⁵pɛ³¹

苍白 tsʰaŋ³⁵pɛ³¹

漂白 pʰiɑɯ²⁴pɛ³¹

深灰 sɛn³⁵fɛi⁵⁵

淡灰 tan³⁵fɛi⁵⁵ 浅灰

瓦灰 ua⁴⁵fɛi⁵⁵

金黄 tɕiɛn³⁵uaŋ³¹

土黄 tʰʁɯ⁴⁵uaŋ³¹

深黄 sɛn³⁵uaŋ³¹

淡黄 tan³⁵uaŋ³¹

□黄 ɕyɛn²⁴uaŋ³¹ 很黄

青 tsʰɛn³⁵ ①绿：～草。②黑：～布｜～猪

青蓝 tsʰɛn³⁵lan³¹ 藏青

紫红 tsɿ⁴⁵xoŋ³¹ 玫瑰紫

　　鸡血红 tɕi³⁵tɕyɛ⁵⁵xoŋ³¹

猪肝色 tɕy³⁵kan⁵⁵sɛ³¹ 藕荷色

泥巴色 i³³pa⁴⁵sɛ³¹ 古铜色

乌 u³⁵ 黑：天变～嘎了

黢麻黑 tɕʰy³⁵ma⁴⁵xɛ³⁵ 很黑

恼火 lau⁴⁵xo⁴² ①严重：病太～了。②艰难，
　　困难：生活～。③烦心，劳心，伤脑
　　筋：最近事情多，我～得很。④事情难
　　做，问题难解决：这个事情太～了。⑤
　　情况不好，让人不舒服：天气热得～

下细 ɕia³⁵ɕi²¹⁴ 细致，细心：做作业要～点

壁═盾═pi³³tɛn³³ 特别直：墙壁～
　　笔直 pi³³tsʰɛ²¹⁴

苗 miau³¹ 说话口音重：外省人讲话好～

蛮 man³¹ ①长相不好，不精致。②蛮横，不
　　讲道理。③讲话听不懂

苕 sau³¹ 笨，傻：箇条人好～

燋 tsau³⁵ 脆，不结实：箇条东西很～

墩独═tɛn³⁵tu³¹ 形容人身体健壮

通泰 tʰoŋ³⁵tʰai³³ 通顺：箇条句子很～

疲沓 pi³³ta³³ 做事缓慢且不负责任

细刷 ɕi²⁴sua³¹ ①工艺品、布料等的表面做工
　　光滑细腻。②食物口感细腻

大套 ta³⁵tʰau³³ 衣服宽大。当地衣服不说
　　"肥"或"宽"

敞阳 tsʰaŋ⁴⁵iaŋ³¹ ①透亮，开阔：箇条地势
　　很～。②大方：箇条小娃儿很～

亮响 liaŋ³⁵ɕiaŋ⁴² （光线）明亮

亮少═liaŋ³⁵sau³³ 形容词，明亮：皮鞋擦得～

光 kuaŋ²¹⁴ 光滑：地上～得很
　　溜 liɤw³⁵

光皮溜 kuaŋ²⁴pi³¹liɤw³⁵ 地面最上面一层很光
　　滑的情况

大锯 ta³⁵tɕy³³ 形容词，趾高气扬的样子：他
　　讲话～得很

炸═啦═tsa²¹la³⁵ 声音大：箇条人声气很～

贵气 kuɛi²¹tɕʰi³⁵ 贵重，宝贵

咋呼儿 tsa³⁵fer⁵⁵ 咋咋呼呼，大惊小怪

错拐 tsʰo²⁴kuai⁴² 错

熟 sɤw²¹⁴ ①成熟：柚子～了。②煮至可
　　食：饭～了。③熟悉，不陌生：我们俩
　　是～人。④习惯：写～了

熟套 sɤw²¹tʰau³⁵ ① 熟悉：我教书已教～了

经污 tɕiɛn³⁵u²¹⁴ 耐脏

利水 li²⁴suɛi⁴² 衣物等不沾水

笨拙 pɛn²⁴tsʰo³¹ 笨

傲气 ŋau²⁴tɕʰi³³ 觉得自己了不起

活套 xo²¹tʰau³⁵ 灵活，不死板：做事说话很～
　　灵活 liɛn³³xo³¹

轻巧 tɕʰiɛn³⁵tɕʰiau⁴² 轻松：做箇条事情很～

撇脱 pʰiɛ²⁴tʰo⁴² ①干脆：底═讲话冇～。②容
　　易，轻松：箇条题做起～

烂松活 lan³⁵soŋ³⁵xo⁵⁵ 很简单：箇条题～

□哄 fu³⁵xoŋ⁴² 当面说好话，背地里说坏话
　　□□哄哄 fu³⁵fu⁵⁵xoŋ⁴⁵xoŋ⁴²

冇□哄 mau³⁵fu³⁵xoŋ⁴² 耿直

紧火 tɕiɛn⁴⁵xo⁴² ①要紧，重要：调查很～。
　　②紧张：他家的钱很～

---

① 后字"套"读[35]调，相当于轻声。

尖 tɕiɛn³⁵①末端尖小：～下巴。②视觉、听觉灵敏。③声音高而细：声气～。④聪明过度：做生意的人～得很

灵 liɛn³¹①嗅觉等灵敏：鼻子很～。②聪明：脑壳冇～

灵醒 lɛn³³sɛn⁴²灵敏：鼻子冇得那么～了

老古套 lɑu⁴⁵ku⁴⁵tʰɑu³³过去的事情、东西等

抻展 tsʰɛn³⁵tsan⁴²①平展，不皱：衣服穿得～。②清楚，明白：这个题你搞～冇？
　　抻敨 tsʰɛn³⁵tʰɤu⁴²

冲 tsʰoŋ²¹⁴劲儿大：勒＝个烟闻起很～

淡 tan³⁵①味道不浓。②劲儿小：烟很～

正 tsɛn²¹⁴正宗：味道～

油和 iɤu³³xo³¹醇和：勒＝个酒喝起很～

木钝 mu²⁴tɛn³³钝：箇条刀～了

难 lan³¹①不容易：～写。②不好：～吃。③累，厌烦：坐这么久坐～了

□ lia³¹①事物向下低垂。②形容精神不振或无力的样子：走路走～了

□ liɑu⁴⁵³弯，不直：树子变～
　　直 tsʰɛ²¹⁴

木 mu²¹⁴刀钝

老 lɑu⁴⁵³①完全成熟：稻子～了。②与嫩相对：鸡蛋煎～了。③年纪大：我～了。④死：那个人～了。⑤很：站倒～远吼

嫩 lɛn³⁵①与老相对：菜～。②年轻：人长得～。③浅色的：～的

嫩算＝lɛn³⁵suan³³①嫩：箇条菜好～哦。②年轻漂亮：箇条女娃儿长得好～哦

嫩＝碎 lɛn³⁵tsʰuɛi³³很烂

绵扎 miɛn³³tsa³¹不易烂：箇种东西吃起～

精奔 tɕiɛn³⁵pɛn⁵⁵身体好、精神好：箇个人很～

毛 mɑu³¹脾气暴躁：德性儿～

粉 fɛn⁴⁵³口感不脆：～南瓜

脆 tsʰuɛi²¹⁴①爽口：～苹果。②易烂：纸很～

夹 tɕia³¹涩：柿子冇熟，吃起要～
　　夹口 tɕia³³kʰɤu⁴²

甜咪＝了 tiɛn³¹mi³⁵liɑu⁴²甜得很

甜得膿心 tiɛn³¹tɛ³¹iaŋ³⁵sɛn³⁵甜得发腻

遭孽 tsɑu³⁵ie³⁵①穷困：底＝屋好～。②可怜：箇条娃儿好～哟，冇得人管

凶 ɕioŋ³⁵①凶狠。②厉害：这个人好～哦，一年赚几百万

匀净 yɛn³³tsɛn³⁵均匀

稀散 ɕi³⁵san⁵⁵不密集：雨很～

适＝怪 sɿ³³kuai²¹⁴奇怪，不合常理

宝气 pɑu⁴⁵tɕʰi³³言语、穿戴或行为有失水准

好颗儿 xɑu⁴⁵kʰo⁴⁵ɚ³¹好一点儿：比过去～

懒饱 lan⁴⁵pɑu⁴²要饱未饱的，半饱的状态：吃得～～的

□垮 lia⁴⁵kʰua⁴²懒散，做事不认真，不用心

活甩甩的 xo²⁴suai⁴⁵suai⁴⁵ti⁴²①活络，不稳固，不牢靠。②事情没落实
　　掉甩甩的 tiɑu²⁴suai⁴⁵suai⁴⁵ti⁴²

落实 lo³³sɿ³⁵～lo³³sɿ³¹做人做事实在：箇条人做事很～

讲话冇掉底 kaŋ⁴⁵ua³⁵mɑu³⁵tiɑu²⁴ti⁴²说话不实在、不确定，没有明确的结论
　　讲话冇落实 kaŋ⁴⁵ua³⁵mɑu³⁵lo²⁴sɿ³⁵～kaŋ⁴⁵ua³⁵mɑu³⁵lo³³sɿ³¹

毛糟糟的 mɑu³³tsɑu³⁵tsɑu³⁵ti⁴²心里烦躁不安的状态
　　毛抓抓的 mɑu³³tsua³⁵tsua³⁵ti⁴²

虚飘飘的 ɕy³⁵pʰiɑu⁵⁵pʰiɑu³⁵ti⁴²①身体虚的

状态。②说话不实在，做事不踏实

□垮垮的 lia³³kʰua⁴⁵kʰua⁴⁵ti⁴² 无精打采的样子

□垮垮的 lia⁴⁵kʰua⁴⁵kʰua⁴⁵ti⁴² 懒散，做事不用心，不认真，吊儿郎当的样子

炰□□的 pʰa⁴⁵tsuai⁴⁵tsuai⁴⁵ti⁴² ①食物软软的样子。②形容人浑身无力，身体发软的状态

□□□的 loŋ³³ua⁴⁵ua⁴²ti⁴² ～ioŋ³³ua⁴⁵ua⁴²ti⁴² 食物很烂的样子

昏沉沉的 fɛn³⁵tsɛn³³tsɛn³¹ti⁴²

瓜分分的 kua³⁵ɕi⁵⁵ɕi³⁵ti⁴² 傻傻的样子

□戳戳的 xa⁴⁵tsʰo³³tsʰo³¹ti⁴² 傻乎乎的样子

笨戳戳的 pɛn²⁴tsʰo³³tsʰo³¹ti⁴² 笨拙的样子

牤戳戳的 maŋ³⁵tsʰo³³tsʰo³¹ti⁴² 笨笨的样子

干□□的 kan³⁵lia³³lia³¹ti⁴² 一无所有的状态

香碰＝碰＝的 ɕiaŋ³⁵pʰoŋ²¹pʰoŋ³⁵ti⁴² 香喷喷的

冷嗦嗦的 lɛn⁴⁵so⁵⁵so³⁵ti⁴² 冷飕飕的

冷分分的 lɛn⁴⁵ɕi⁵⁵ɕi³⁵ti⁴²

凉悠悠的 liaŋ³³iɤɯ³⁵iɤɯ³⁵ti⁴²

热烘烘的 lɛ²⁴xoŋ⁴⁵xoŋ⁴⁵ti⁴²

哭分分的 kʰu³⁵ɕi⁵⁵ɕi³⁵ti⁴²

雨分分的 y⁴⁵ɕi⁵⁵ɕi³⁵ti⁴²

穷分分的 tɕioŋ³³ɕi⁵⁵ɕi³⁵ti⁴²

丑分分的 tsʰɤɯ⁴⁵ɕi⁵⁵ɕi³⁵ti⁴²

笑嘻嘻的 ɕiaɯ²¹ɕi³⁵ɕi³⁵ti⁴²

紧邦邦的 tɕiɛn⁴⁵paŋ⁵⁵paŋ³⁵ti⁴²

清汤汤的 tsʰɛn³⁵tʰaŋ⁵⁵tʰaŋ³⁵ti⁴² 稀稀的状态

稀汤汤的 ɕi³⁵tʰaŋ⁵⁵tʰaŋ³⁵ti⁴²

高闪＝闪＝的 kaɯ³⁵san⁴⁵san⁴⁵ti⁴² 长得很高的样子

矮□□的 ŋai⁴⁵tɕʰy⁴⁵tɕʰy⁴⁵ti⁴² 长得矮的样子

矮□□的 ŋai⁴⁵ku³³ku³¹ti⁴²

红艳艳的 xoŋ³³iɛn³³iɛn²⁴ti⁴²

红□□的 xoŋ³³tan⁴⁵tan⁴⁵ti⁴² 红通通的

青油油的 tsʰɛn³⁵iɤɯ³³iɤɯ³¹ti⁴² 绿油油的

绿油油的 lu³³iɤɯ³³iɤɯ³¹ti⁴²

绿映映的 lu³³iɛn³³iɛn²⁴ti⁴²

白甚＝甚＝的 pe³³sɛn³³sɛn²⁴ti⁴²

白蒙蒙的 pɛ²¹moŋ³⁵moŋ³⁵ti⁴²

白洒＝洒＝的 pe²⁴sa⁴⁵sa⁴⁵ti⁴² 太阳光～

白□□的 pe²⁴tɕʰia⁴⁵tɕʰia⁴⁵ti⁴² 苍白的样子

白茫茫的 pɛ²⁴maŋ³³maŋ³¹ti⁴²

黄钱＝钱＝的 uaŋ³³tɕiɛn³³tɕiɛn³¹ti⁴²

黄共＝共＝的 uaŋ³³koŋ³³koŋ²⁴ti⁴² 黄灿灿的样子

青乎乎的 tsʰɛn³⁵fu⁴⁵fu⁴⁵ti⁴²

黑蛮蛮的 xɛ³⁵man³³man³¹ti⁴² 黑乎乎的

黑漆漆的 xɛ³⁵tɕʰi⁵⁵tɕʰi³⁵ti⁴²

黑码＝码＝的 xɛ³⁵ma⁴⁵ma⁴⁵ti⁴²

蓝飞飞的 lan³³fɛi³⁵fɛi³⁵ti⁴²

臭熏熏的 tsʰɤɯ²¹ɕyɛn³⁵ɕyɛn³⁵ti⁴²

臭烘烘的 tsʰɤɯ²¹xoŋ⁴⁵xoŋ⁴⁵ti⁴²

酸利利的 suan³⁵li⁵⁵li³⁵ti⁴²

酸咪＝咪＝的 suan³⁵mi⁵⁵mi³⁵ti⁴² 酸酸的

甜滋滋的 tiɛn³³tsɿ³⁵tsɿ³⁵ti⁴²

辣分分的 la²¹ɕi³⁵ɕi³⁵ti⁴²

辣乎乎的 la²⁴fu⁴⁵fu⁴⁵ti⁴²

辣嚯嚯的 la²¹xo³⁵xo³⁵ti⁴²

胀鼓鼓的 tsaŋ²⁴ku⁴⁵ku⁴⁵ti⁴²

孤零零的 ku³⁵lɛn³³lɛn³¹ti⁴²

肿泡泡的 tsoŋ⁴⁵pʰɑɯ⁵⁵pʰɑɯ³⁵ti⁴²

## 二十六　副词介词等

刚 安＝kaŋ³⁵ŋan⁵⁵～tɕiaŋ³⁵ŋan⁵⁵ 刚好：～十块钱

刚好 kaŋ³⁵xaɯ⁴²

刚刚 tɕiaŋ³⁵tɕiaŋ⁵⁵～kaŋ³⁵kaŋ⁵⁵ 不大不小，
　　不多不少：～合适

　刚 tɕiaŋ³⁵～kaŋ³⁵

　刚安꞊ tɕiaŋ³⁵ŋan⁵⁵

单꞊ 微 tan³⁵uɛi³¹ 稍微

肯 kʰɛn⁴⁵³ ①愿意：底꞊ 冇～来。②喜欢：
　　牛～吃箇种草。③经常：黄秧白～生
　　虫。④某种情况发生得较快：箇猪～长

光 kuaŋ³⁵ ①净，只：～吃菜，冇吃肉。②经
　　常，总是：底꞊ 上课～迟到

都 tɤɯ³⁵ ①范围副词，全部。②时间副词，
　　就：吃了饭～去

有颗儿 iɤɯ⁴⁵kʰo⁴⁵ɚ³¹ 有一点儿：～冷

　有颗儿崽 iɤɯ⁴⁵kʰo⁴⁵ɚ³¹tsai⁴²

有些 iɤɯ⁴⁵ɕi³⁵ 比"有颗儿"程度稍高

怕 pʰa²¹⁴ ①也许，恐怕：明天～要落雨。②
　　大约：一个班～有50人。③害怕：底꞊
　　～狗。④担心：我～把你累倒了

虚 ɕy³⁵ 害怕：从来冇～底꞊

争颗儿 tsɛn³⁵kʰo⁴⁵ɚ³¹ 差点儿：～摔了

　稀乎 ɕi³⁵fu³¹

　争点点 tsɛn³⁵tiɛn⁴⁵tiɛn⁴²

　差颗儿 tsʰa³⁵kʰo⁴⁵ɚ³¹

　差颗儿崽 tsʰa³⁵kʰo⁴⁵ɚ³¹tsai⁴²

冇……冇 maɯ³⁵…maɯ³⁵ 非……不

　冇有……冇 maɯ³⁵iɤɯ⁴⁵…maɯ³⁵

　非……冇 fɛi³⁵…maɯ³⁵

　非要……才 fɛi³⁵iaɯ²¹⁴…tsai³¹

　非……才 fɛi³⁵…tsai³¹

　硬要……才 ŋɛn³⁵iaɯ²¹⁴…tsai³¹

　硬……才 ŋɛn³⁵…tsai³¹

跟倒 kɛn³⁵taɯ⁴² 马上：你前头走，我～来

立马 li³³ma⁴²

趁早 tsʰɛn²⁴tsauu⁴²

递꞊ 倒 ti²⁴tauu⁴² 赶快：你～把箇碗饭吃嘎|时
　　间冇早了，我之꞊ ～走嘛

篓꞊ 使 lɤɯ⁴⁵sʅ⁴²

冇管哪个时候 maɯ³⁵kuan⁴⁵la⁴⁵ko³³sʅ³³xɤɯ³⁵
　　不管什么时候，早晚：你～去都得行

　冇论哪个时候 maɯ³⁵lɛn³⁵la⁴⁵ko³³sʅ³³xɤɯ³⁵

早晏 tsauu⁴⁵ŋan³³ 迟早：你～要出事

　迟早 tsʅ³³tsauu⁴²

看倒 kʰan²⁴tauu⁴² ①眼看：～要过年了。②看
　　见：早上～底꞊ 来了的

还好 xai³³xauu⁴² 幸亏

　喜得好 ɕi⁴⁵tɛ³¹xauu⁴²

　幸好 ɕiɛn²⁴xauu⁴²

当倒 taŋ³⁵tauu⁴² 当面

　当面 taŋ³⁵miɛn³⁵

阴倒 iɛn³⁵tauu⁴² 背地里

　背倒 pɛi³⁵tauu⁴²

顺便 ɕyɛn²⁴piɛn³³

到底 tauu²⁴ti⁴² ①究竟：你～来冇来。②毕竟：
　　人家～是兄弟

　究竟 tɕiɤɯ²⁴tɕiɛn⁴²

根本 kɛn³⁵pɛn⁴² 压根儿：底～不知道

确实 tɕʰio³³sʅ³¹ 实在，真的，无虚假

　真的 tsɛn³⁵ti⁴²

接近 tɕie³³tɕiɛn³³ 平

　挨边 ŋai³⁵piɛn⁵⁵

　挨倒 ŋai³⁵tauu⁴²

一下 i³³xa³⁵～i³³xa²¹⁴ 一共

　加拢来 tɕia³⁵loŋ⁴⁵lai³¹

　合拢来 xo³³loŋ⁴⁵lai³¹

230

总起来 tsoŋ⁴⁵tɕʰi⁴⁵lai³¹

笼统 loŋ³³tʰoŋ⁴²①一共：买东西～花了50块钱。②大概：我再～讲一下

白 pɛ²¹⁴①副词，无代价：～吃了一顿，冇花钱。②副词，徒劳：～跑一趟

白白 pɛ³³pɛ³¹无代价：～吃了一顿，一分钱没给

空 kʰoŋ²¹⁴徒劳，无收获：～跑一趟

乱 luan³⁵胡：～说｜～搞

先 ɕiɛn³⁵你～走，我跟倒都来

（VP）倒 tɑɯ⁴⁵³你前头走～，我跟倒都来

格外 kɛ³³uai³⁵另外

单独 tan³⁵tu³¹①专门，特地：早上冇吃饭，～去街上吃。②一个人：我～来

特地 tʰɛ³³ti³³特意

专门 tɕyɛn³⁵mɛn³¹①经常：他～去北京。②特地，专门：我～来调查湖南话

取＝时 tɕʰy⁴⁵sɿ³¹从来，一直，多用于否定句：他～冇害过病

撞倒……撞倒 tsʰuaŋ⁴⁵tɑɯ⁴²…tsʰuaŋ⁴⁵tɑɯ⁴²有时……有时：底＝～回来，～又冇回来

撞倒 tsʰuaŋ⁴⁵tɑɯ⁴²①碰上：车子～树了。②碰见：底＝之＝两个在街上～嘎了

搭早 ta³³tsɑɯ⁴²趁早：要～走哦

搭倒 ta³³tɑɯ⁴²

尽倒 tsɛn⁴⁵tɑɯ⁴²表动作行为或状态一直持续，多表示消极情绪：天～落雨，落得冇歇气｜底＝～生病

尽 tsɛn⁴⁵³①任意，随便：菜弄得多，～你吃。

②让某人或某事物尽先：坐车的人多，先～老年人上嘎哆。③表动作行为或状态一直持续：你莫～敲

总 tsoŋ⁴⁵³应该：简条事情你～晓得

冇为 mɑɯ³⁵uɛi³¹不很，不太：勒＝个海椒～辣｜底＝～胖

冇当 mɑɯ³⁵taŋ³³①①程度轻，不太：菜～嫩。②很少：有些话我～讲

冇了 mɑɯ³⁵liɑɯ⁴²不止：～五个

很 xɛn⁴⁵³

需冇着 ɕy³⁵mɑɯ³⁵tso³¹不需要：～下老力苦力

高矮 kɑɯ³⁵ŋai⁴²无论如何：底＝～都要去

硬是 ŋɛn³⁵sɿ⁵⁵①确实：他昨天～冇来。②偏：我～要一路去。③压根儿：我～冇知道

把领 pa⁴⁵lɛn⁴²全部，多作状语，使用时后面多加"都"：把简些笔～都拿跟我

正南齐北 tsɛn²⁴lan³¹tɕi³³pɛ³¹正儿八经

正南八百 tsɛn²⁴lan³¹pa³³pɛ³¹

□起 u⁴⁵tɕʰi⁴²使劲儿：～喊

夯起 xaŋ³⁵tɕʰi⁴²硬要：～吃｜～做

扯常 tsʰɛ⁴⁵tsaŋ³¹经常

下蛮 xa³⁵man³¹①卖力，一般做事情超出了自身承受能力：～去挣钱。②勉强：本来不想来，但又必须去，就～来

憋起 piɛ³⁵tɕʰi⁴²①没办法的情况下不得不：我～去借钱。②勉强，强迫：莫～别个喝酒

鼓倒 ku⁴⁵tɑɯ⁴²①勉强，用话语去劝：你～让底＝去。②想办法去做：我～吃

好 xɑɯ⁴⁵³连词，以便：你来了，我之＝～开饭

---

① 溆浦方言用"冇大儿"，"冇当"可能为儿化为鼻音尾而形成的。见贺凯琳（1999：205）。

还是 xa³³sๅ³⁵ 连词，用于选择问句

在便 tsai³⁵piɛn³³ 连词，随便，常用于句首

    在随 tsai²⁴ɕy³¹

    在甚 tsai²⁴sɛn³³

冇论 mau³⁵lɛn⁵⁵ 无论：～讲么个，我都冇信

着 tsau³¹ 被

把 pa⁴⁵³ ①处置介词：～饭吃嘎再走。②致使
    义：～你累坏了哦。③量词：一～青菜

向倒 ɕiaŋ²⁴tau⁴² 对着：底＝～我一直笑

    对倒 tuɛi²⁴tau⁴²

    朝倒 tsau³³tau⁴²

到 tau²¹⁴ ～哪天为止｜～哪儿去

倒 tau⁴⁵³ 常用于动词后：扔～水里

在 tsai³⁵ 你～哪个垱住

从 tsoŋ³¹ ～哪儿走

自从 tsๅ³⁵tsoŋ³¹ ～他走后我一直冇放心

    从 tsoŋ³¹

照倒 tsau²⁴tau⁴² ①仿照：～写。②按照：～箇
    支＝做就好

    比倒 pi⁴⁵tau⁴²

照 tsau²¹⁴ ～我看，冇算错

    依 i³⁵

弄 loŋ³⁵ 使，用

顺倒 ɕyɛn²⁴tau⁴² ①顺着：～箇条路走。②沿
    着：～河边走

    跟倒 kɛn³⁵tau⁴²

跟我 kɛn³⁵ŋo⁴² 给我，可用于加重说话的语
    气：你～把饭吃嘎

和 xo³¹ ①介词，跟：箇条杯子～没＝个差冇
    多。②介词，向：～你打听一件事。③
    连词：小王～小张冇有来

跟 kɛn³⁵ ①介词，向：～你问路。②介词，

问：～你借钱。③连词，和：书～笔都
    有了。④动词，跟随：我～他走。⑤表
    示动作行为的方向：嫁～我

向 ɕiaŋ²¹⁴ ～他打听一件事

过 ko²¹⁴ 通过……的方式：吃饭要～喂

跟倒 kɛn³⁵tau⁴² ①动词，跟着。②介词，顺
    着。③副词，马上

喊……喊 xan⁴⁵³…xan⁴⁵³ 管……叫

    把……喊 pa⁴⁵³…xan⁴⁵³

把……当 pa⁴⁵³…taŋ²¹⁴ 拿……当：箇里把谷
    草当柴烧

    弄……当 loŋ³⁵…taŋ²¹⁴

    把……做 pa⁴⁵³…tsɤɯ²¹⁴

    弄……做 loŋ³⁵…tsɤɯ²¹⁴

从小 tsoŋ³³ɕiau⁴² 底＝～就能吃苦

往外 uaŋ⁴⁵uai³⁵ 向外：我钱不多，不～拿

## 二十七　量词

把 pa⁴⁵³ 一～椅子｜一～钥匙｜一～青菜｜
    一～刀｜一～锁｜一～锯｜一～秤

张 tsaŋ³⁵ 一～嘴｜一～桌子｜一～床单｜一～画｜
    一～票｜一～菜叶子

架 tɕia²¹⁴ 一～椅子｜一～车｜一～飞机｜
    一～床｜一～火车｜一～船

枚 mɛi³¹ 一～奖章

颗 kʰo⁴⁵³ 一～奖章｜一～米｜一～葡萄单个的｜
    一～雨｜一～钓钩一个鱼钩

本 pɛn⁴⁵³ 一～书｜一～戏可以有几场

笔 pi³¹ 一～款｜一～账

匹 pi³¹ 一～马｜一～砖｜一～瓦｜一～篾条｜
    一～菜叶子

条 liau³¹ 通用量词，只用于"箇""没＝""哪"

后：箇～人|箇～鸡|没＝～桌子|没＝～
树子

条tiɑɯ³¹ 一～牛|一～猪|一～鸡|一～蚊子|
一～步枪|一～路

个ko²¹⁴ 一～牛|一～鱼|一～蚊子|一～蛇|
一～虫子|一～佛像|一～电视

封xoŋ³⁵ 一～信

副fu²¹⁴ 一～药|一～棋|一～扑克|一～碗一副
碗有十个|一～棺材

包pɑɯ³⁵ 一～药|一～花生|一～行李|一～烟
一包烟有十盒

味uɐi²¹⁴ 一～药

种tsoŋ⁴⁵³ 一～药

顶tɛn⁴⁵³ 一～帽子

筒toŋ³¹ 一～墨圆柱形的|一～竹子一节竹子

块kʰuai⁴⁵³ 一～墨方形的|一～砖|一～肉|一～
香皂|一～田|一～银元

坨to³¹ 一～砖|一～肉形状不规则|一～饭|
一～纸卷状的|一～香皂

根kɛn³⁵ 一～蛇|一～路|一～绳|一～裤子|
一～板凳|一～田坎|一～树子

样iaŋ³⁵ 一～事一档子事|一～药

档子taŋ²⁴tsɿ⁴⁵³ 一～事

部pu²¹⁴ 一～车|一～电视

起tɕʰi⁴⁵³ 帮，群：一～鸭子|一～鸡|一～人|
一～事故

伙xo⁴⁵³ 帮，伙儿：一～人多用于指坏人
帮子paŋ³⁵tsɿ⁴²
帮paŋ³⁵

队tuɐi²¹⁴ 一～人

胖＝pʰaŋ²¹⁴ 群：一～人|一～～人

群tɕyɛn³¹ 一～牛|一～鸭子|一～狗|一～虫

子|一～人多指坏人

捆kʰuɛn⁴⁵³ 一～香|一～筷子无固定数目|一～炮|
一～行李

炷tsu²¹⁴ 一～香

堂taŋ³¹ 一～法事

管kuan⁴⁵³ 一～坟|一～苞谷

盏tsan⁴⁵³ 一～油灯

桌tso³⁵ 一～酒席|一～客|一～菜

泼pʰo³⁵ 一～雨

场tsaŋ³¹ 一～雨|一～戏|哭一～

床tsuaŋ³¹ 一～棉絮|一～席子|一～毛毯

套tʰɑɯ²¹⁴ 一～衣裳|一～肚腹下水

支tsɿ³⁵ 一～枪|一～笔|一～烟

杆kan⁴⁵³ 一～枪|一～秤|一～烟用烟锅抽的烟或
纸烟

挺tʰiɛn⁴⁵³ 一～机枪

门mɛn³¹ 一～炮

窝o³⁵ 一～狗|一～树子|一～蜂子多为野蜂|一～
苞谷

蔸tɤɯ³⁵ 一～草|一～菠菜|一～树子

饼pɛn⁴⁵ 一～蜂子多指野蜂|一～火炮

桶tʰoŋ⁴⁵³ 一～蜂子多为家蜂|一～汽油

间kan³⁵ 一～屋子

墩tɛn³⁵ 一～房子|一～钱

□lɑɯ²¹⁴ 串：一～葡萄|一～珠子|一～钥匙

挂kua²¹⁴

□lo⁴⁵³

铺pʰu³⁵ 一～床

阵tsɛn²¹⁴ 一～香味|一～臭味

岗＝kaŋ⁴⁵³ 阵：下一～雨|下一～～雨

向＝ɕiaŋ²¹⁴ 会儿：等一～

篇pʰiɛn³⁵ 一～文章

页 iɛ³¹ 一张纸有两～

节 tɕiɛ³⁵ 一～文章|一～电池

段 tuan²¹⁴ 一～文章

片 pʰiɛn²¹⁴ 一～好心|一～肉|一～土|一～田

层 tsɛn³¹ 一～纸

门 mɛn³¹ 一～亲事

刀 tɑu³⁵ 一～纸

沓 tʰa²¹⁴ 一～纸

缸 kɑŋ³⁵ 一～水|一～金鱼

碗 uan⁴⁵³ 砍三～水漂儿|一～饭

杯 pɛi³⁵ 一～茶|一～酒

袋子 tai²⁴tsʅ⁴² 一～糖|一～油菜|一～灰面|一～干粮

　　袋 tai²¹⁴

口袋 kʰɤɯ⁴⁵tai⁵⁵ 一～油菜

挑 tʰiɑu³⁵ 一～米|一～水

连 liɛn³¹ 一～洋碱 一连有两个

对 tuɛi²¹⁴ 一～电池|一～牛 一犋牛|一～新人|一～双胞胎

双 suɑŋ³⁵ 一～鞋子|一～手套|一～筷子

圆 yɛn³¹ 挂：一～火炮 鞭炮

句 tɕy²¹⁴ 一～话

套 tʰɑu²¹⁴ 一～书 有多本

种 tsoŋ⁴⁵³ 一～虫子

批 pʰɛi³⁵ 一～货|一～人

□ kʰa⁴⁵³ 大拇指和中指或食指张开后的长度

一大□ i³³ta²⁴kʰa⁴² 大拇指和中指张开后的长度

　　一□□ i³³man³¹kʰa⁴²①

一小□ i³³ɕiɑu⁴⁵kʰa⁴² 大拇指和食指张开后的长度

□ pʰai⁴⁵³ 庹，两臂平伸后两手间的长度：一～长

指拇儿 tsʅ³⁵mɚ⁴² 指头：一～长|一～厚

指 tsʅ⁴⁵³ 一～厚|箇条板子只有一～厚

脸 liɛn⁴⁵³ 一～土|一～灰灰

身 sɛn³⁵ 一～水|一～泥巴

肚子 tɤɯ⁴⁵tsʅ⁴² 一～气

趟 tʰɑŋ²¹⁴ 去了潼南三～|我之＝坐一～火车

下 xa³⁵ 表时量，会儿。使用时前面以无"一"为常

岗＝岗＝儿 kɑŋ⁴⁵kɚ⁴² 阵

　　晌＝sa⁴⁵³

班 pan³⁵ 一～车

眼 ŋan⁴⁵³ 看一～

口 kʰɤɯ⁴⁵³ ①动量词：咬一～。②名量词：一～牙|一～锅|一～棺材

扇 san²¹⁴ 一～门|一～牙|一～墙

堵 tu⁴⁵³ 一～墙

幅 fu³¹ 一～画|一～字

瓣 pan²¹⁴ 一～蒜|一～花瓣

水 suɛi⁴⁵³ 衣服洗一～

窑 iɑu³¹ 烧一～瓷器

板 pan⁴⁵³ 一～鸡蛋 一般有三十个

堆 tuɛi³⁵ 一～雪

列 liɛ³¹ 一～火车

撮 tso³⁵ 把：一～筷子 有固定数目

路 lu²¹⁴ 坐几～公交车

一□拉＝ i³³pʰa³⁵la⁵⁵ 一系列，形容很多：一～问题|一～事情

---

① 中间的字"□"[man³¹]年纪大的人读阳平，年轻人读上声。

军 tɕyɛn³⁵ 一～兵

师 sɿ³⁵ 一～兵

旅 ly⁴⁵³ 一～兵

团 tuan³¹ 一～兵

营 yɛn³¹ 一～兵

连 liɛn³¹ 一～兵

排 pʰai³¹ 一～兵

班 pan³⁵ 一～兵

组 tsu⁴⁵³ 一～兵

纂 tsuan⁴⁵³ 撮：一～毛|一～头发

手 sɤɯ⁴⁵³ 做一～好菜|起一～好牌

票 pʰiɑɯ²¹⁴ 当<sub>典</sub>当一～

届 tɕiai²¹⁴ 做一～官

盘 pan³¹ 下一～棋|打一～麻将|一～水果

台 tai³¹ 唱一～戏|喝一～酒

丝 sɿ³⁵ 一～肉

点点 tiɛn⁴⁵tiɛn⁴²

颗儿 kʰo⁴⁵ɚ³¹ 点。常用来表少或表小，使用
时不能重叠

滴 tia²¹⁴ 一～雨

盒 xo³¹ 一～火柴|一～烟<sub>一盒烟有二十根</sub>

湾 uan³⁵ 住这一～

笼 loŋ³¹ 一～馒头|一～下水

垄 loŋ³¹ 一～田

□ fu³¹ 片：一～田|一～土

家 tɕia³⁵ 一～人家

匣 çia³¹ 一～首饰

箱 çiaŋ³⁵ 一～衣服

架子 tɕia²⁴tsɿ⁴² 一～书
架 tɕia²¹⁴

抽屉 tsʰɤɯ³⁵ti³¹ 一～文件

筐 kʰuaŋ³⁵ 一～菜|一～～菜

箩篼 lo³³tɤɯ⁴² 一～菜

背篼 pɛi²⁴tɤɯ⁴² 一～菜

提篮 ti³³lan³⁵ 一～梨子

篮 lan³¹ 一～菜|一～～菜

篓 lɤɯ⁴⁵³ 一～炭|一～～炭

筛子 sai³⁵tsɿ⁴² 一～菠菜

通 tʰoŋ³⁵ 套或排：一～房子

炉 lɤɯ³¹ 一～柴

池子 tsʰɿ³³tsɿ⁴² 一～水
池 tsʰɿ³¹

瓶 piɛn³¹ 一～醋|一～罐头

壶 fu³¹ 一～醋|一～酒|一～茶

罐 kuan²¹⁴ 一～酒|一～～酒

坛 tan³¹ 一～酒|一～～酒

盆 pɛn³¹ 一～洗澡水|一～～洗澡水

锅 ko³⁵ 一～饭

碟 tiɛ³¹ 一～小菜

气火 tɕʰi²⁴xo⁴² 一～一口气儿

道 tɑɯ²¹⁴ ①动量词，遍或次：这个字写两～。
②名量词：一～大门

□ pɑɯ³¹～pʰɑɯ³¹ 动量词，道：在开水中
煮两～

瓢 piɑɯ³¹ 一～汤
瓢羹儿 piɑɯ³³kɐr³⁵

个把两个 ko²⁴pa⁴⁵liaŋ⁴⁵ko³³ 一两个
一个把两个 i³³ko³³pa⁴⁵liaŋ⁴⁵ko³³

个是个 ko²¹sɿ³⁵ko²⁴ 一个一个地：学生～地进
教室

两个是两个 liaŋ⁴⁵ko³³sɿ³⁵liaŋ⁴⁵ko³³ 两个两个地

百把个 pɛ³⁵pa⁴⁵ko³³ 百把来个
一百把个 i³³pɛ³⁵pa⁴⁵ko³³

百来个 pɛ³⁵lai³¹ko³³

一百来个 i$^{33}$pɛ$^{35}$lai$^{31}$ko$^{33}$

　　百把来个 pɛ$^{35}$pa$^{45}$lai$^{31}$ko$^{33}$

　　一百把来个 i$^{33}$pɛ$^{35}$pa$^{45}$lai$^{31}$ko$^{33}$

千把人 tɕʰiɛn$^{35}$pa$^{45}$lɛn$^{31}$

　　一千把人 i$^{33}$tɕʰiɛn$^{35}$pa$^{45}$lɛn$^{31}$

万把块 uan$^{35}$pa$^{45}$kʰuai$^{42}$

　　一万把块 i$^{33}$uan$^{35}$pa$^{45}$kʰuai$^{42}$

里来路 li$^{45}$lai$^{31}$lɤɯ$^{35}$

　　一里来路 i$^{33}$li$^{45}$lai$^{31}$lɤɯ$^{35}$

　　里把路 li$^{45}$pa$^{45}$lɤɯ$^{35}$

　　一里把路 i$^{33}$li$^{45}$pa$^{45}$lɤɯ$^{35}$

里把两里路 li$^{45}$pa$^{45}$liaŋ$^{45}$li$^{45}$lɤɯ$^{35}$

　　一里把两里路 i$^{33}$li$^{45}$pa$^{45}$liaŋ$^{45}$li$^{45}$lɤɯ$^{35}$

　　一两里路 i$^{33}$liaŋ$^{45}$li$^{45}$lɤɯ$^{35}$

亩把两亩 moŋ$^{45}$pa$^{45}$liaŋ$^{45}$moŋ$^{42}$

　　一亩把两亩 i$^{33}$moŋ$^{45}$pa$^{45}$liaŋ$^{45}$moŋ$^{42}$

　　一两亩 i$^{33}$liaŋ$^{45}$moŋ$^{42}$

□tɕio$^{214}$ 量词,五个手指撮起所抓取的量: 一～米|一～～米

手板窝窝 sɤɯ$^{45}$pan$^{45}$o$^{35}$o$^{42}$ 手心: 一～米

□tʰo$^{214}$ 一～书|一～纸

　　摞 lo$^{214}$

号 xau$^{214}$ 类,种: 箇～人 常指坏人

行 xaŋ$^{31}$ 一～果树|一～苞谷|一～麦子

屋 u$^{35}$ 一～家产

捧 pʰoŋ$^{453}$ 一～粮食

□pʰa$^{453}$ 量词,泡,把,常用于饼状物: 一～屎|一～尿|洗一～脸 洗一把脸

厢 ɕiaŋ$^{35}$ 畦: 一～田|一～秧子

□man$^{31}$ 把: 箇～牌

盘 pʰan$^{31}$ 箇～牌

大颗 ta$^{35}$kʰo$^{42}$ 大个儿: 箇条花椒好～哦

大个 ta$^{35}$ko$^{33}$ 箇条柿子好～哦

小颗 ɕiau$^{45}$kʰo$^{42}$ 小个儿: 箇条花椒好～哦

　　小个 ɕiau$^{45}$ko$^{33}$ 箇条柿子好～哦

一个人 i$^{33}$ko$^{24}$lɛn$^{31}$

十一个人 sɛ$^{21}$i$^{35}$ko$^{35}$lɛn$^{31}$

溜 liɤɯ$^{35}$ 长条状物的量词: 一～布条

萢 pɑɯ$^{35}$ 窝: 一～猪儿|一～鸡崽崽

升子 sɛn$^{35}$tsɿ$^{42}$ 量粮食的容器,容量为一升

合 ko$^{35}$ 一种量器: 十～为一升

升 sɛn$^{35}$ 一种量器: 十～为一斗

斗 tɤɯ$^{453}$ 一种量器: 十～为一石

石 tan$^{214}$ 一～米

## 二十八　附加成分等

帮 $^{=}$paŋ$^{35}$ 很: ～硬|～紧

锭 $^{=}$tiɛn$^{214}$ 很: ～重

胖 pʰaŋ$^{35}$ 很: ～臭|～酸臭|～骚臭

溜 liɤɯ$^{35}$ 很: ～滑|～光|～尖

甑 tsɛn$^{214}$ ～热 阿热

瓮 oŋ$^{214}$ ～热 阿热

死 sɿ$^{453}$ ～要面子

崭 tsan$^{453}$ ～新|～齐

飞 fɛi$^{35}$ 很: ～红|～薄

蜜 mi$^{31}$ ～甜

抿 miɛn$^{453}$ 很: ～甜

嫩 $^{=}$lɛn$^{35}$ 很: ～碎|～脆|～糟|～细

清 tsʰɛn$^{35}$ 很: ～亮|～酸|～辣|～苦|～甜|～咸|～痛

焦 tɕiau$^{35}$ 很: ～干|～煳|～巴湿|～湿|～巴浑|～浑

碰 $^{=}$pʰoŋ$^{21}$ 很: ～香

纠 $^{=}$tɕiɤɯ$^{35}$ 很: ～圞 很圆|～酸

叽 ⸗tɕi³⁵ 很：～酸

黢 tɕʰy³⁵ ～麻黑|～黑

迅 ⸗ɕyɛn²¹⁴ 很：～黄|～白

稀 ɕi³⁵ ～散不密|～巴烂|～烂

□ laŋ³⁵ 很：稀饭～稀

酽 iɛn²¹⁴ ～稠很干稠

□□□长 lai⁴⁵pʰai⁴⁵lai⁴⁵tsaŋ³¹ 很长

□ laɯ³⁵ 很：～烀很软|～轻|～松|～薄|～清
很稀

□ pia⁴⁵ 很：～淡

几坨 tɕi⁴⁵to³¹ 很：～大|～宽|～长|～重|～高|
～多|～粗

滚 kuɛn⁴⁵³ ～懒很烫

更加 kɛn²⁴tɕiɛn⁴²

登了 tɛn³⁵liaɯ⁴² 极了，多用在形容词性词语
的后面：饿～

很了 xɛn⁴⁵liaɯ⁴²

得很 tɛ³¹xɛn⁴²

惨了 tsʰan⁴⁵liaɯ⁴²

死人了 sʅ⁴⁵lɛn³¹liaɯ⁴²

死人 sʅ⁴⁵lɛn³¹

死了 sʅ⁴⁵liaɯ⁴²

要死 iaɯ²⁴sʅ⁴² 很，多用在形容词性词语的后
面，前面一般有"得"：冷得～|烦得～

死人 sʅ⁴⁵lɛn³¹

恼火 laɯ⁴⁵xo⁴²

好恼火 xaɯ⁴⁵laɯ⁴⁵xo⁴²

承冇过 sɛn³¹maɯ³⁵ko³³ 受不了：冷得～|饿
得～|痒得～

冇得了 maɯ³⁵tɛ³⁵liaɯ⁴² 不得了：烦得～|热
得～|大得～|臭得～

吃头 tɕʰia³⁵tɤɯ³¹ 这个菜冇～

吃时 ⸗tɕʰia³⁵sʅ³¹

喝头 xo³⁵tɤɯ³¹ 哪个酒冇得么个～

喝时 ⸗xo³⁵sʅ³¹

哈头 xai³⁵tɤɯ³¹ 玩头儿

哈时 ⸗xai³⁵sʅ³¹

看头 kʰan²⁴tɤɯ³¹

看时 ⸗kʰan²⁴sʅ³¹

做头 tsɤɯ²⁴tɤɯ³¹

做时 ⸗tsɤɯ²⁴sʅ³¹

想头 ɕiaŋ⁴⁵tɤɯ³¹ 奔头儿，盼头儿

望头 uaŋ³⁵tɤɯ³¹

苦头 kʰu⁴⁵tɤɯ³¹ 磨难或不幸：长大吃～

甜头 tiɛn³³tɤɯ³¹ 利益或好处：吃到了～

嘎 ka⁴⁵³ 动态助词

嘎了 ka⁴⁵liaɯ⁴² 动态助词与语气词的组合

嘎……了 ka⁴⁵³… liaɯ⁴⁵³ 动态助词与语气词
的组合

嘎起 ka⁴⁵tɕʰi⁴²

倒 taɯ⁴⁵³ 持续体助词

倒……在 taɯ⁴⁵³… tsai³⁵ 持续体结构

倒在 taɯ⁴⁵tsai³³ 持续体助词

正在 tsɛn²¹tsai³⁵ 表进行

在 tsai³⁵

哆 to³⁵ 先行体助词

起 tɕʰi⁴⁵³ 进行体助词，持续体助词

起在 tɕʰi⁴⁵tsai³³

倒在 taɯ⁴⁵tsai³³

过 ko³⁵ 经历体助词

得 tɛ³¹ 结构助词，用于补语前面，补语多表
可能、程度或情态

的 ti⁴⁵³ 结构助词，用于定语和中心语之间，
或某些叠音式形容词末尾

地 ti$^{453}$ 结构助词，常用于状语和中心语之间

哩 li$^{453}$ 结构助词，"的"或"地"的弱化读法

了 liɑɯ$^{453}$ 语气词

唠 lɑɯ$^{453}$ 语气词，"了"的弱化读法

嘛 ma$^{453}$ 语气词

哦 o$^{453}$ ①语气词。②叹词，可表应答、醒悟等

哟 io$^{453}$ 语气词

的 ti$^{453}$ 语气词

噻 sɛ$^{33}$ 语气词

唻 lɛ$^{35}$ 语气词

欸 ɛ$^{35}$ 语气词，表惊讶

欸 ɛ$^{453}$ ①叹词，表感叹、应答、提醒、惊讶等。②语气词

耶 iɛ$^{35}$ 叹词，表惊讶：～，你还有走哦

嗯 ɛn$^{31}$ 叹词，表同意或肯定

啊 a$^{35}$ 叹词，表惊讶：～，我读错了

哦嚯 o$^{45}$xo$^{214}$ 叹词。①表惋惜：～，手机打烂嘎了。②表突然想起或发现：～，肉臭嘎了

哼 xɛn$^{453}$ 叹词，表不满：～，我有同意

喂 uɛ$^{453}$ 叹词，用于打电话或引起别人注意：～，你莫挡倒我了

嗨 xɛ$^{453}$ 叹词，表感叹：～，天气真好

哎 ai$^{31}$ 叹词，表感叹：～，又有搞倒着

哎呀 ai$^{45}$ia$^{31}$ 叹词。①表感叹：～，东西失嘎了。②表惊讶：～，忘记嘎了

哎哟 ai$^{45}$io$^{42}$ 叹词，表感叹：～，身上好痛哦

呸□ pʰɛi$^{45}$tɕʰio$^{214}$ 叹词，惊吓别人时的用语

# 二十九　数字等

二 ə$^{35}$

一号 i$^{33}$xɑɯ$^{33}$

二号 ə$^{35}$xɑɯ$^{33}$

三号 san$^{35}$xɑɯ$^{33}$

四号 sʅ$^{24}$xɑɯ$^{33}$

五号 u$^{45}$xɑɯ$^{33}$

六号 lɤɯ$^{21}$xɑɯ$^{35}$

七号 tɕʰi$^{35}$xɑɯ$^{33}$

八号 pa$^{35}$xɑɯ$^{33}$

九号 tɕiɤɯ$^{45}$xɑɯ$^{33}$

十号 sɛ$^{21}$xɑɯ$^{35}$ ～ sʅ$^{33}$xɑɯ$^{33}$

初一 tsʰɤɯ$^{35}$i$^{31}$

初二 tsʰɤɯ$^{35}$ə$^{35}$

初六 tsʰɤɯ$^{35}$lɤɯ$^{214}$

初十 tsʰɤɯ$^{35}$sɛ$^{214}$

老大 lɑɯ$^{45}$ta$^{35}$ 大儿子

　　冒顶 mɑɯ$^{24}$tɛn$^{42}$

老二 lɑɯ$^{45}$ə$^{35}$

　　夹儿子 tɕia$^{33}$ə$^{33}$tsʅ$^{42}$

　　连二杆 liɛn$^{33}$ə$^{35}$kan$^{42}$

老三 lɑɯ$^{45}$san$^{35}$

老四 lɑɯ$^{45}$sʅ$^{214}$

老五 lɑɯ$^{45}$u$^{42}$

老六 lɑɯ$^{45}$lɤɯ$^{214}$

老幺 lɑɯ$^{45}$iɑɯ$^{35}$ 排行最小的孩子

　　老晚 lɑɯ$^{45}$man$^{42}$

大老官 ta$^{35}$lɑɯ$^{45}$kuan$^{55}$ 大儿子

二老官 ə$^{35}$lɑɯ$^{45}$kuan$^{55}$ 二儿子

三老官 san$^{35}$lɑɯ$^{45}$kuan$^{55}$ 三儿子

四老官 sʅ$^{24}$lɑɯ$^{45}$kuan$^{55}$ 四儿子

幺老官 iɑɯ³⁵lɑɯ⁴⁵kuan⁵⁵ 排行最小的儿子

　　□□子 lo⁴⁵pʰa⁴⁵tsɿ⁴²

　　□□儿 lo⁴⁵pʰa⁴⁵ɚ³¹

大哥 ta³⁵ko⁵⁵

二哥 ɚ³⁵ko⁵⁵

一个 i³³ko²¹⁴

四个 sɿ²¹ko³⁵

六个 lɤɯ²¹ko³⁵

十个 sɛ²¹ko³⁵

第二 ti²¹ɚ³⁵

第三 ti²¹san³⁵

第六 ti²⁴lɤɯ²¹⁴

第十 ti²⁴sɛ²¹⁴

第一个 ti²⁴i³³ko³³

　　头一个 tɤɯ³³i³³ko³³

　　头个 tɤɯ³³ko³³

第二个 ti²¹ɚ³⁵ko⁵⁵

　　二一个 ɚ³⁵i³³ko³³

第三个 ti²¹san³⁵ko⁵⁵

　　三一个 san³⁵i³³ko³³

第六个 ti²⁴lɤɯ²¹ko³⁵

　　六一个 lɤɯ²⁴i³³ko³³

第十个 ti²⁴sɛ²¹ko³⁵

头两个 tɤɯ³³liaŋ⁴⁵ko⁵⁵

　　前两个 tɕiɛn³³liaŋ⁴⁵ko⁵⁵

□□数 lɛn³⁵lɛn⁵⁵su³³ 七

十一 sɿ³³i³⁵

十二 sɿ³³ɚ³⁵

十六 sɿ³³lɤɯ²¹⁴

二十一 ɚ³⁵sɿ³¹i³⁵

二十六 ɚ³⁵sɿ³¹lɤɯ²¹⁴

三十一 san³⁵sɿ³¹i³⁵

一百一 i³³pɛ³⁵i³⁵ 一百一十

一百个 i³³pɛ³⁵ko⁵⁵

一百一十个 i³³pɛ³⁵i³⁵sɿ⁵⁵ko³³～i³³pɛ³⁵i³⁵sɿ⁵⁵ko⁵⁵

一百一十一 i³³pɛ³⁵i³⁵sɿ⁵⁵i³⁵

一百一十二 i³³pɛ³⁵i³⁵sɿ⁵⁵ɚ³⁵

一百二 i³³pɛ³⁵ɚ³⁵ 一百二十

一百三 i³³pɛ³⁵san³⁵ 一百三十

一百五十个 i³³pɛ³⁵u⁴⁵sɿ⁵⁵ko³³～i³³pɛ³⁵u⁴⁵sɿ⁵⁵ko⁵⁵

一百六 i³³pɛ³⁵lɤɯ²¹⁴ 一百六十

二百五 ɚ³⁵pɛ³⁵u⁴² 二百五十

二百五十个 ɚ³⁵pɛ³⁵u⁴⁵sɿ⁵⁵ko³³～ɚ³⁵pɛ³⁵u⁴⁵sɿ⁵⁵ko⁵⁵

三百一 san³⁵pɛ³⁵i³⁵ 三百一十

三百三 san³⁵pɛ³⁵san³⁵ 三百三十

三百六 san³⁵pɛ³⁵lɤɯ²¹⁴ 三百六十

三百八 san³⁵pɛ³⁵pa³⁵ 三百八十

一千一 i³³tɕʰiɛn³⁵i³⁵ 一千一百

一千一百个 i³³tɕʰiɛn³⁵i³⁵pɛ³⁵ko³³～i³³tɕʰiɛn³⁵i³⁵pɛ³⁵ko⁵⁵

一千九 i³³tɕʰiɛn³⁵tɕiɤɯ⁴² 一千九百

一千九百个 i³³tɕʰiɛn³⁵tɕiɤɯ⁴⁵pɛ³⁵ko³³～i³³tɕʰiɛn³⁵tɕiɤɯ⁴⁵pɛ³⁵ko⁵⁵

三千 san³⁵tɕʰiɛn⁵⁵

五千 u⁴⁵tɕʰiɛn⁵⁵

八千 pa³⁵tɕʰiɛn⁵⁵

一万 i³³uan³⁵

一万二 i³³uan³⁵ɚ³⁵ 一万两千

一万二千个 i³³uan³⁵ɚ³⁵tɕʰiɛn⁵⁵ko³³～i³³uan³⁵ɚ³⁵tɕʰiɛn⁵⁵ko⁵⁵

三万五 san³⁵uan⁵⁵u⁴² 三万五千

三万五千个 san³⁵uan⁵⁵u⁴⁵tɕʰiɛn⁵⁵ko³³～san³⁵
　　uan⁵⁵u⁴⁵tɕʰiɛn⁵⁵ko⁵⁵

零 liɛn³¹

两斤 liaŋ⁴⁵tɕiɛn⁵⁵一般不说二斤

两钱 liaŋ⁴⁵tɕiɛn³¹一般不说"二钱"

两块 liaŋ⁴⁵kʰuai⁴²一般不说"二块""二元"

两角 liaŋ⁴⁵tɕio³¹一般不说"二角""两毛"

两分 liaŋ⁴⁵fɛn⁵⁵

两厘 liaŋ⁴⁵li³¹

一丈 i³³tsaŋ²¹⁴一丈为十尺

两丈 liaŋ⁴⁵tsaŋ⁵⁵

一尺 i³³tsʰʅ³⁵

两尺 liaŋ⁴⁵tsʰʅ⁵⁵

一寸 i³³tsʰɛn²¹⁴一寸等于十分

两分 liaŋ⁴⁵fɛn⁵⁵"分"可作长度单位或面积
　　单位

两里 liaŋ⁴⁵li⁴²

两挑 liaŋ⁴⁵tʰiaɯ⁵⁵

两顷 liaŋ⁴⁵tɕʰyɛn⁴²

两亩 liaŋ⁴⁵moŋ⁴²一亩等于十分

十分 sɛ²¹fɛn⁵⁵

十厘 sɛ²⁴li³¹一分等于十厘

十毫 sɛ²⁴xaɯ³¹一厘等于十毫

好几个 xaɯ⁴⁵tɕi⁴⁵ko³³～xaɯ⁴⁵tɕi⁴⁵ko⁵⁵很多个

一些 i³³ɕi³⁵一些

甲 tɕia³¹

乙 i³¹

丙 piɛn⁴⁵³～pɛn⁴⁵³

丁 tɛn³⁵

戊 u²¹⁴

己 tɕi⁴⁵³

庚 kɛn³⁵

辛 sɛn³⁵

壬 lɛn³¹

癸 kuɛi²¹⁴

子 tsʅ⁴⁵³

丑 tsʰɤɯ⁴⁵³

寅 iɛn³¹

卯 maɯ⁴⁵³

辰 sɛn³¹

巳 tsʅ²¹⁴

午 u⁴⁵³

未 uɛi²¹⁴

申 sɛn³⁵

酉 iɤɯ⁴⁵³

戌 ɕy³¹

亥 xai²¹⁴

鼠 ɕy⁴⁵³

牛 iɤɯ³¹

虎 fu⁴⁵³

兔 tʰɤɯ²¹⁴

龙 loŋ³¹

蛇 sɛ³¹～sa³¹

马 ma⁴⁵

羊 iaŋ³¹

猴 xɤɯ³¹

鸡 tɕi³⁵

狗 kɤɯ⁴⁵³

猪 tɕy³⁵

□□的 xo⁴⁵xo⁴⁵ti⁴²水流的声音：水流得～

轰轰的 xoŋ⁴⁵xoŋ⁴⁵ti⁴²轰隆轰隆的声音，打雷
　　声或敲门声等：门敲得～

颗＝颗＝的 kʰo⁴⁵kʰo⁴⁵ti⁴²敲门声：门敲得～
　　　～响

239

孔=孔=的 kʰoŋ⁴⁵kʰoŋ⁴⁵ti⁴² 跺脚声：脚顿得～

懂=懂=的 toŋ⁴⁵toŋ⁴⁵ti⁴² 在地板上走路发出的声音

叹气嘀嘀地 tʰan²⁴tɕʰi³³xo³⁵xo⁵⁵ti⁴² 唉声叹气地

咕嘟 ku³⁵tu⁵⁵ 水往外冒的声音

咕嘟咕嘟 ku³⁵tu⁵⁵ku³⁵tu⁵⁵ ～地往外浸水

哦咪—哦咪—哦咪① o³¹lɛ³⁵—o³¹lɛ³⁵—o³¹lɛ³⁵ 唤鹅时的声音

咽—咽咽咽 ko³⁵—ko³⁵ko³⁵ko⁴² 唤鸡的声音

啰—啰啰啰 lo³⁵—lo³⁵lo³⁵lo⁴² 唤猪的声音

## 三十　四字词

三魂七魄 san³⁵fɛn³¹tɕʰi³³pʰɛ³¹

四邻八舍 sʅ²⁴liɛn³¹pa³³sɛ³¹

二麻二麻 ɚ³⁵ma³¹ɚ³⁵ma³¹ 似醉非醉的状态

二甩二甩 ɚ³⁵suai⁴²ɚ³⁵suai⁴² 讲话做事不确定

四方四正 sʅ²¹faŋ³⁵sʅ²⁴tsɛn³³ 形容很方正

七弯八翘 tɕʰi³⁵uan⁵⁵pa³⁵tɕʰiau³³
　弯弯拱拱 uan³⁵uan⁵⁵koŋ⁴⁵koŋ⁴²

谎里谎气 faŋ⁴⁵li⁴⁵faŋ⁴⁵tɕʰi³³ 整天不干正事，总违法乱纪
　谎里胡气 faŋ⁴⁵li⁴⁵fu³³tɕʰi³³

打憋作怪 ta⁴⁵piɛ³⁵tso³⁵kuai³³ 因不顺意而生气、赌气，从而做些怪事

昂=口齐声 ŋaŋ³³kʰɤu⁴⁵tɕi³³sɛn³⁵ 说话直率，且说话算数

弄里弄嘎 loŋ³⁵li⁴⁵loŋ³⁵ka⁴² 形容小孩子一天到晚不停地哭闹

邋里邋遢 la³⁵li⁴⁵la³⁵tʰa⁴² ①不爱清洁。②做事拖拉

---

① "—"代表声音延长，下同。

亡里亡魂 uaŋ³³li⁴⁵uaŋ³³fɛn³¹ 头脑混乱、记忆不好或丢三落四的状态

窸窸嗦嗦 ɕi³⁵ɕi⁴⁵so³⁵so⁵⁵ 拟声词，形容小声说话、摩擦等轻微细小的声音

棍棍棒棒 kuɛn²¹kuɛn³⁵paŋ²¹paŋ³⁵ ～kuɛn²¹kuɛn³⁵paŋ³³paŋ³³ 形容倒霉事接二连三地发生的情况：今年他家里～的

壁=壁=盾=盾 pi³³pi³¹tɛn²¹tɛn³⁵ ～pi³³pi³¹tɛn³³tɛn³³ 笔直笔直：箇条墙～的

癞癞□□ lai²¹lai³⁵kʰɛ⁴⁵kʰɛ⁴² 物体表面不光滑，有凹凸的样子

窝窝凼凼 o³⁵o⁵⁵taŋ²¹taŋ³⁵ ～o³⁵o⁵⁵taŋ³³taŋ³³ 物体表面有较多凹陷的样子

平平顺顺 pɛn³³pɛn³¹ɕyɛn²¹ɕyɛn³⁵ ～pɛn³³pɛn³¹ɕyɛn³³ɕyɛn³³ 平平坦坦：箇条坝子～的

毛焦火辣 mɑɯ³¹tɕiɑɯ³⁵xo⁴⁵la³¹ ①胃里难受的状态。②心情不愉快、不耐烦的状态

柳=柳=马=马 liɤu⁴⁵liɤu⁴⁵ma⁴⁵ma⁴² 接连不断的状态：三月三上龙多山的人～的

冇进油盐 mɑɯ³⁵tsɛn²¹iɤu³³iɛn³¹ ①什么也不吃。②形容固执，听不进别人的意见

马脸东=嘴 ma⁴⁵liɛn⁴⁵toŋ³⁵tsuei⁴⁵ 拉长脸，脸色难看，生气或不高兴的样子

繿繿□□ ɕy³⁵ɕy⁵⁵lɑɯ⁴⁵lɑɯ⁴² ①形容衣物有很多毛边。②形容有很多杂质，不干净

筋筋吊吊 tɕiɛn³⁵tɕiɛn⁵⁵tiɑɯ²¹tiɑɯ³⁵ ①形容衣服破烂不堪。②形容菜或肉里有筋丝，不易嚼烂

筋筋襻襻 tɕiɛn³⁵tɕiɛn⁵⁵pʰan²¹pʰan³⁵ ①肉里很

多筋丝的状态。②比喻做事时遇到各种
困难的情况

勻勻净净 yɛn³³yɛn³¹tsɛn²¹tsɛn³⁵ ～ yɛn³³yɛn³¹
tsɛn³³tsɛn³³

光光生生 kuaŋ³⁵kuaŋ⁵⁵sɛn⁵⁵sɛn⁴² 形容女孩儿
长得漂亮

标标致致 piaɯ³⁵piaɯ⁵⁵tsʅ²¹tsʅ³⁵ ～ piaɯ³⁵piaɯ⁵⁵
tsʅ³³tsʅ³³ 形容男子长相俊俏

怪眉适＝眼 kuai²⁴mi³¹sʅ³³iɛn⁴² 言辞或举止怪
诞，让人不舒服

干精火旺 kan³⁵tɕiɛn³⁵xo⁴⁵uaŋ³³ 声音大，爱
吵人

繻繻吊吊 ɕy³⁵ɕy⁵⁵tiaɯ²¹tiaɯ³⁵ 形容装饰物很
多的样子

巴巴实实 pa³⁵pa⁵⁵sʅ³³sʅ³¹ 很好：事情做得～

摛摛乩乩 tsʰʅ³⁵tsʰʅ⁵⁵to³³to³¹ 一伸一缩地触碰

亲戚六眷 tsʰɛn³⁵tɕʰi³¹lɤɯ²¹tɕyɛn³⁵

圙古圙转 luan³³ku⁴⁵luan³³tɕyɛn³³ 周围
周围圙转 tsɤɯ³⁵uɛi³¹luan³³tɕyɛn³³

隔壁邻身＝kɛ³³pi³³liɛn³³sɛn⁵⁵ 左邻右舍

翻口□舌 fan³⁵kʰɤɯ⁴⁵lia³³sɛ³¹ 搬弄是非

冇警＝觉得 maɯ³⁵tɕiɛn⁴⁵ko³³tɛ³¹ 不知不觉：～，
今上午就过去了

毛脚毛手 maɯ³³tɕio⁵⁵maɯ³³sɤɯ⁴² 动手动脚

水煮盐相 suɛi⁴⁵tɕy⁴⁵iɛn³³ɕiaŋ³⁵ 清水煮菜

放心落意 faŋ²¹sɛn³⁵lo³³i³³ 放心大胆
放心大胆 faŋ²¹sɛn³⁵ta³⁵tan⁴²

稀乎烂醉 ɕi³⁵fu³¹lan³⁵tsuɛi³³ 酩酊大醉
死乎烂醉 sʅ⁴⁵fu³¹lan³⁵tsuɛi³³

流汤滴水 liɤɯ³³tʰaŋ³⁵ti³³suɛi⁴² 做事半途而废

血长血流 ɕyɛ³⁵tsaŋ³¹ɕyɛ³⁵liɤɯ³¹ 形容血流得多

汗水长流 xan³⁵suɛi⁴⁵tsaŋ³³liɤɯ³¹ 大汗淋漓

猛＝里猛＝懂 moŋ⁴⁵li⁴⁵moŋ⁴⁵toŋ⁴² 恍恍惚惚

飞＝里飞＝实 fɛi³⁵li⁴⁵fɛi³⁵sʅ³¹ 作风不正派

墩墩独＝独＝tɛn³⁵tɛn⁵⁵tu³³tu³¹ 形容身体健壮

慢慢生生 man³⁵man⁵⁵sɛn⁵⁵sɛn⁵⁵ 慢慢吞吞

落落实实 lo³³lo³¹sʅ³⁵sʅ⁵⁵ 形容做事靠谱：简条
人做事～的

抻抻鼓鼓 tsʰɛn³⁵tsʰɛn⁵⁵tʰɤɯ⁴⁵tʰɤɯ⁴² ①整整
齐齐。②明明白白

脚手勤蜷＝tɕio³⁵sɤɯ⁴⁵tɕiɛn³³tɕyɛn³⁵ 形容动作
麻利

笨脚笨手 pɛn²¹tɕio³⁵pɛn²⁴sɤɯ⁴²

躴长躴长 laŋ³⁵tsaŋ³¹laŋ³⁵tsaŋ³¹ 瘦高瘦高

大脚大手 ta³⁵tɕio³⁵ta³⁵sɤɯ⁴² 花钱大手大脚

脚炮手软 tɕio³⁵pʰa³⁵sɤɯ⁴⁵luan⁴² 四肢无力

尖声尖气 tɕiɛn³⁵sɛn⁵⁵tɕiɛn³⁵tɕʰi³³ 形容说话声
音尖：小娃儿～的

眼泡鼻肿 ŋan⁴⁵pʰaɯ³⁵pi³⁵tsoŋ⁴²

睖睛鼓眼 lɛn³³tsɛn⁵⁵ku⁴⁵ŋan⁴² 形容生气的
样子

假巴意思 tɕia⁴⁵pa⁵⁵i²¹sʅ³⁵ 虚情假意地

倒精冇□ tau²¹tɕiɛn³⁵maɯ³⁵xa⁴² 半精不傻

血乎淋裆＝ɕyɛ³⁵fu³¹liɛn³³taŋ³⁵ 血淋淋的样子

几杂麻密 tɕi⁴⁵tsa³¹ma⁴⁵mi²¹⁴ 密密麻麻。"麻"
读轻声

造事生非 tsʰaɯ²¹sʅ³⁵sɛn³⁵fɛi⁴² 惹是生非

□丝严缝 tɕʰiɛn³⁵sʅ⁵⁵ŋan³³xoŋ³³ 严丝合缝

活摇活甩 xo²⁴iaɯ⁴²xo²⁴suai⁴² 活络，不稳固

口扯房＝大 kʰɤɯ⁴⁵tsʰa⁴⁵faŋ³¹ta³⁵ 夸海口，说得
多但做得少

喝卵捧屎 xo³⁵luan⁴⁵pʰoŋ⁴⁵tɕʰiɤɯ³¹ 拍马屁
喝喝捧捧 xo³⁵xo⁵⁵pʰoŋ⁴⁵pʰoŋ⁴²

第六章 语法

# 第一节

# 词法 ①

## 一 构词法

潼南湘语的构词法与普通话基本相同，但构词所用的语素以及语素的组合顺序等也有自己的一些特点。此处着重讨论当地的同素逆序词和动宾式构词。

潼南湘语的同素逆序词相对周边的西南官话较多，主要有两种类型。

一种是偏正式，且基本都是定中型的偏正，所构成的词基本都为名词。如：

| | | | | |
|---|---|---|---|---|
| 鸡公 | 鸡婆 | 鸭公 | 鸭母 | 鸭青<sub>公鸭</sub> |
| 种谷 | 种苕 | 人客 | 鱼鳅<sub>泥鳅</sub> | 钱纸<sub>冥币</sub> |

另一种则是并列式，所构成的词有名词、动词、形容词等多种词性。如：

| | | | | |
|---|---|---|---|---|
| 气力 | 镇乡 | 挂牵 | 慰劳 | 齐斩 |
| 紧要 | 欢喜<sub>高兴</sub> | 闹热<sub>热闹</sub> | | |

另外，有些短语的构造也是逆序的，主要为联合型。如：

| | | | |
|---|---|---|---|
| 大脚大手 | 笨脚笨手 | 毛脚毛手 | 七脚八手 |
| 脚手勤蜷= | 三番几次 | | |

个别同素逆序词在词义上与普通话有别，如"钱纸"在当地专指冥币，较普通话中"纸钱"所指范围窄；"欢喜"指高兴，为形容词，普通话中"喜欢"则为动词。

动宾式词语的词性，主要也为动词。如：

| | | | | |
|---|---|---|---|---|
| 添箱<sub>参加嫁女宴席时送礼</sub> | 烧香<sub>参加葬礼</sub> | 做生<sub>过生日</sub> | 走草<sub>狗交配</sub> | 掌火<sub>负责，掌管</sub> |
| 架柴<sub>往火炉里加柴</sub> | 巴谱<sub>靠谱</sub> | | | |

---

① 本节和第二节主要介绍当地方言中较为特殊的语法现象，各部分内容不一定均衡，且也不能面面俱到。

也有不少名词、形容词和副词采用动宾式构词。如：

| | | | | | |
|---|---|---|---|---|---|
| 陪客 | 开山儿<sub>斧头</sub> | 推刨儿 | 撮沙<sub>混凝土</sub> | 合页 | 开头 |
| 经饿 | 经事 | 经用 | 经污<sub>耐脏</sub> | 归一<sub>舒服</sub> | 起头 |

## 二 重叠与词缀

### （一）重叠

重叠也是潼南湘语中一种非常重要的构词和构形手段。当地有大量通过词根重叠构成的词语，且以名词居多。

重叠式名词在当地有多种形式。最常见的为"AA"式，A可以是名词性语素，也可以是动词性语素、形容词性语素，甚至可以是量词性语素。这些重叠式名词是当地小称的一种表现形式，但有些表小的意义已不明显。如：

| | | | | |
|---|---|---|---|---|
| 盘盘 | 藤藤 | 壳壳 | 索索 | 筐筐 |
| 包包 | 盖盖 | 夹夹 | 筛筛 | 印印 |
| 箍箍<sub>手镯</sub> | 坨坨 | *丝丝* | 尖尖 | |

常见的还有"ABB"式和"AAB"式。"ABB"式中A多为名词性语素，B多补充说明A的形态。如：

| | | | | |
|---|---|---|---|---|
| 肉坨坨<sub>肉块</sub> | 肉颗颗<sub>肉丁</sub> | 树尖尖<sub>树尖</sub> | 笔筒筒<sub>笔筒</sub> | 药粉粉<sub>药粉</sub> |
| 谷线线<sub>谷穗</sub> | 草笼笼<sub>草丛</sub> | 帽撮撮<sub>帽檐</sub> | 脚尖尖<sub>脚尖</sub> | |

部分"ABB"式词语中A是对BB的限定。如：

| | | |
|---|---|---|
| 方礅礅<sub>方墩</sub> | 蛋皮皮<sub>蛋皮</sub> | 油粑粑<sub>油饼</sub> |

"AAB"式中A多为名词性语素，也可以为动词性语素，AA多说明B所呈现出来的形态或功能特点。如：

| | | | | |
|---|---|---|---|---|
| 筒筒骨<sub>筒子骨</sub> | 粉粉盐<sub>粉状盐</sub> | 草草药<sub>中药</sub> | 板板车<sub>板车</sub> | 蠓蠓蚊<sub>黑色的小蚊子</sub> |
| 盘盘帽<sub>警察过去戴的大盖帽</sub> | 梭梭板<sub>滑板</sub> | 凭凭椅<sub>躺椅</sub> | 撮撮帽<sub>鸭舌帽</sub> | |

还有少量"AABB"式，这类词语在当地方言中较有特点，其中的A和B基本都为名词性语素，但重叠形成AABB后，整体却变成了状态形容词，而且所描摹的多是一种消极状态，往往用来表达说话人的消极情绪或感受。入句使用时，一般在词后加"的"。如：

| | | | |
|---|---|---|---|
| 筋筋吊吊 | 筋筋襻襻 | 窝窝凼凼 | 棍棍棒棒 | 缡缡吊吊 |

### （二）词缀

潼南湘语中的词缀主要为后缀，前缀较少。

1.前缀

当地存在大量以"洋"[iaŋ³¹]作前缀的词语，主要表示外来事物。如：

洋油煤油　　　洋灰水泥　　　洋火火柴　　　洋碱肥皂　　　洋马自行车

洋铲铁锹　　　洋钉铁钉　　　洋瓷碗搪瓷碗　　洋火把手电筒　　洋毛钉铁钉

"打"[ta⁴⁵³]后加谓词性词语的构词在当地也较为常见。如：

打野望到处看，形容不专心　　打望有目的地看　　打野白无关的插话　　打盘腿盘腿　　打纵跛　　打落丢

打挤拥挤　　　　打抿笑微笑　　　打喳嚎打岔　　　　打拗挂抬杠　　打灭消失

当地还有不少表示程度的类前缀，参见本章"四 性状与程度"部分，此不重复。

## 2.后缀

后缀主要有"儿"[ɚ³¹]、"子"[tsɿ⁴⁵³]、"性"[ɕien²¹⁴]、"头"[tɤɯ³¹]、"时⁼"[sɿ³¹]，这几个词缀都是名词的标记。

"儿"缀的功能同普通话一样，主要用以表小、亲切或喜爱的感情色彩，在当地主要以儿尾或儿化的形式存在，且儿尾的层次应该更早一些。以儿尾形式存在的"儿"可以用在有生名词和无生名词的后面，表示事物幼小的个体，此时的"儿"多读[ɚ³¹]。如：

狗儿狗崽　　　猪儿猪崽　　　鸭儿小鸭　　　鹅儿小鹅　　　猴儿小猴子

锅儿小锅　　　芋儿小芋头　　勺儿羹匙　　　瓢儿汤匙　　　手帕儿手绢

还有些儿尾表小的功能已不明显，"儿"多读[ɚ³⁵]。如：

猫儿猫　　　　兔儿兔子　　　雀儿鸟　　　　燕儿①燕子　　　裤儿②裤子

蒜儿蒜　　　　偷儿小偷　　　丘儿打工者　　钓儿钓钩　　　旋儿旋

菌儿蘑菇　　　杏儿杏　　　　毽儿毽子　　　须儿鞭炮的引信　鱼泡儿鱼鳔

相较于普通话和潼南话来说，当地方言中的儿化词语并不十分丰富，且儿化词语中"儿"已基本不表小，主要体现修辞方面的功能。如：

地瓜儿豆薯　　　樱桃儿　　　　指拇儿指头　　　开山儿斧头　　汤圆儿元宵

食店儿饭馆　　　驼背儿驼背的人　单身汉儿　　　屠夫儿　　　　盖碗儿

撑花儿伞　　　　抄手儿馄饨　　　豆花儿老豆腐脑　舌条儿舌头　　洋马儿自行车

"子"缀的语法功能也与普通话相同，构成的词可以表示人、身体部位、事物等。但在读音上，"子"缀并非读得又轻又短，一般都读原调[tsɿ⁴⁵³]。如：

讨口子乞丐　　　告⁼花子乞丐　　人贩子　　　　二流子流氓　　厨子厨师

聋子　　　　　　跛子瘸子　　　　癫子疯子　　　　驼子驼背的人　脚肚子小腿肚

心窝子心口　　　心子馅儿。心脏　抹子　　　　　　锯子　　　　　索子绳子

刮子礤床儿　　　罩子蚊帐　　　　啄子镐　　　　　旺子猪血　　　利子猪舌头

---

① 此词中"儿"仍读[ɚ³¹]。

② 此词中"儿"仍读[ɚ³¹]。

"子"缀的范围比普通话要大，有些词在普通话中一般没有"子"缀，但在当地方言中却一般用"子"缀来表示。如：

树子<sub>树</sub>　　锅子<sub>锅</sub>　　烟子<sub>烟</sub>　　驴子<sub>驴</sub>　　羊子<sub>羊</sub>

星子<sub>星星</sub>　　葱子<sub>葱</sub>　　缸子<sub>缸</sub>　　疤子<sub>疤</sub>　　丫头子<sub>丫头</sub>

蒜苗子<sub>蒜苗</sub>　　鸡冠子<sub>鸡冠</sub>　　树林子<sub>树林</sub>　　树苗子<sub>树苗</sub>　　灵牌子<sub>灵牌</sub>

"性"主要用在一些表示质地的性质形容词后，构词后表示物品所具有的某种性质。如：

�性<sub>脆</sub>　　脆性　　快性　　黏性　　硬性

软性　　绵性

"头""时＝"主要用在单音节动词后，表示动作行为的价值，与普通话中动词后面的"头"缀相当。使用时，"头"与"时＝"可自由替换。如：

吃头　　看头　　做头　　喝头　　哈头

吃时＝　　看时＝　　做时＝　　喝时＝　　哈时＝

## 三　数量方所代词

### （一）数量

1.概数的表达

潼南湘语表示概数的方法主要有以下几种形式：

（1）整十、整百或它们的整数倍数的后面加"来""多""几"等。"来"[lai³¹]位于"十"的后面时，韵尾[i]脱落，同时变读为类似轻声的声调。如：十来个、（一）百来个、十多个、（一）百多点、十几个。

（2）数词或数量结构的后面加"上下""左右"或"前后"。如：三十上下、三十左右、五点前后。

（3）数词（只限于位数词"百、千、万"）或量词与"把"组合表示概数，又有多种结构形式。其中，前面的系数词"一"可以出现，也可以省略。有三种形式：

一是"（一）数＋把＋量＋（名词）"。如：（一）百把个（人）、（一）千把块（钱）。

二是"（一）量＋把＋（量）＋（名词/形容词）"。如：（一）斤把（菜/重）、（一）天把（时间）、（一）斤把斤（重）、（一）丈把丈（深）、（一）寸把寸（长）。

三是"（一）＋量＋把＋两＋量（＋名词/形容词）"。如：（一）斤把两斤（重）、（一）里把两里（路）、（一）亩把两亩（地），意思分别相当于：一两斤重、一两里（路）、一两亩（地）。

2.量词结构

（1）量＋量、量＋打＋量

"AA"和"A打A"两种量词叠用形式均表示"每A"的意思。如：

| 次次 | 下下 | 回回 | 样样 | 个个 | 张张 |
|------|------|------|------|------|------|
| 次打次 | 下打下 | 回打回 | 样打样 | 个打个 | 张打张 |

（2）数＋打＋数＋量

"数（数词大于一）＋打＋数＋量"主要用来表示说话人的主观大量，即说话人认为数量已较大，这与"数＋量"结构的客观表实功能相区别，结构中的"打"可能是"大"读为类似轻声调的结果。如：

| （吃）三打三碗 | （还有）两打两瓶 | （车子过去嘎）两打两架 |
|------|------|------|
| （桌子买嘎）三打三张 | （去嘎）三打三天 | （写嘎）两打两页 |

（3）（数）量＋是＋（数）量

"（数）量＋是＋（数）量"表示动作或行为以"数＋量"计数的方式进行，数词为一时，常省略。如："学生个是个地讲"表示学生一个一个地讲；"两个是两个地买"表示两个两个地买。

（4）一＋量词＋量词＋名

当地方言中某些量词重叠后可以用在"一"的后面，但仍表示单数，并非像普通话表示多。如："一筐筐菜"表示一筐菜、"一罐罐水"表示一罐水、"一坛坛酒"表示一坛酒。

## （二）方所

方所的表达主要通过方位词来实现，方位词按构造可以分为单纯方位词和合成方位词。

当地的单纯方位词有：上、下、左、右、前、后、里、内、外、东、西、南、北、中、间、底、脚、头、顶、舷、尖，等等。

合成方位词大多通过在单纯方位词前加"以"，后加"头""边""方"或其他方位语素的方式构成。如：

| 以上 | 上头 | 左边 | 里头 | 后笛＝后面 |
|------|------|------|------|------|
| 以东 | 高头上面 | 北边 | 东方 | 高笛＝上面 |

也可以通过单纯方位词对举、方位语素重叠等方式构成。如：

| 左右 | 前后 | 中间 | 边边 | 底底 |
|------|------|------|------|------|
| 上下 | 东南 | 脚脚物体的下部 | 舷舷边边 | 角角 |

还有部分方位词通过词义隐喻的途径引申而来。如：

| （锅）屁股底 | （桌子）脚底下面 | （站在）尾巴最后 | （眼）当门前面 |
|------|------|------|------|
| （房子）背后头后面 | （城门）舷边 | | |

当地老派方言中，"头"不表示里面，没有"城头""屋头"等说法，此与周围西南官话不同。部分方位词语可以通过重叠的方式表示方位的极限。如：

边边上<sub></sub>最边上　　（树）顶顶<sub></sub>树的最高处　　里头里头<sub></sub>最里面

高头高头<sub></sub>最上面　　底脚底脚<sub></sub>最下面　　中中间间<sub></sub>正中间

### （三）代词

#### 1.人称代词

人称代词的单数形式分别是：你、我、底꞊、他。"他"应该是受方言接触影响而借入的西南官话词。复数标记用"之꞊"。"底꞊"和"之꞊"本字不明。"你、我、底꞊"处于统一的语义小类内，声调相互感染都读为上声。如表6-1所示。

### 表6-1　潼南湘语人称代词表

| 三身代词 | 单数 | 复数 | 领属 |
|---|---|---|---|
| 第一人称 | 我 ŋo⁴⁵³ | 我之꞊ŋo⁴⁵tsʅ⁵⁵ | 我的 ŋo⁴⁵ti⁴²、我之꞊的 ŋo⁴⁵tsʅ⁵⁵ti⁴²<br>我 ŋo⁴⁵³（用于亲属称谓前） |
| 第二人称 | 你 i⁴⁵³ | 你之꞊i⁴⁵tsʅ⁵⁵ | 你的 i⁴⁵ti⁴²、你之꞊的 i⁴⁵tsʅ⁵⁵ti⁴²<br>你 i⁴⁵³（用于亲属称谓前） |
| 第三人称 | 底꞊ti⁴⁵³、他 tʰa³⁵ | 底꞊之 ti⁴⁵tsʅ⁵⁵<br>他之꞊tʰa³⁵tsʅ⁵⁵ | 底꞊的 ti⁴⁵ti⁴²、底꞊之꞊的 ti⁴⁵tsʅ⁵⁵ti⁴²<br>他的 tʰa³⁵ti⁴²、他之꞊的 tʰa³⁵tsʅ⁵⁵ti⁴²<br>底꞊ti⁴⁵³/他 tʰa³⁵（用于亲属称谓前） |
| 反身代词 | 自家 tsʅ³⁵ka⁴²、各人 ko³⁵lɛn³¹ | | 各人的 ko³⁵lɛn³¹ti⁴² |
| 旁称代词 | 别个 pʰiɛ²¹ko³⁵、人家 lɛn³³tɕia³⁵ | | 别个的 pʰiɛ²¹ko³⁵ti⁴²、人家的 lɛn³³tɕia³⁵ti⁴² |
| 统称代词 | 大家 ta³⁵tɕia⁴² ～ ta³⁵ka⁴²、大伙 ta³⁵xo⁴² | | 大家的 ta³⁵tɕia⁴²ti⁴²、大伙的 ta³⁵xo⁴⁵ti⁴² |

第二和第三人称代词没有词化的敬称形式。敬称老年人时，一般用短语来表示，如"你老人家""底꞊老人家"。人称代词后加数量短语（数词大于一）时，代词后可以用复数标记，也可以不用，如：我之꞊两个=我两个、你之꞊两个=你两个。表领属关系时，一般在人称代词的后面加助词"的"，但在亲属称谓和"家"前时一般不加"的"，如：我老汉儿、底꞊哥哥、你家。

#### 2.指示代词

指示代词二分，近指代词为"箇"[ko⁴⁵³]、"勒꞊"[lɛ²¹⁴]，远指代词为"没꞊"[mɛi³⁵]。指示代词后加其他词语可以用来表示人、物、处所、时间等。如表6-2所示。

表6-2　潼南湘语指示代词表

| 表义类别 | 近指 | 远指 |
|---|---|---|
| 人、物 | 箇 ko⁴⁵³<br>单数：箇条 ko⁴⁵liɑɯ⁴²、箇个 ko⁴⁵ko³³<br>勒＝个 lɛ²⁴ko³³<br>复数：箇些 ko⁴⁵ɕi⁵⁵ | 没＝mɛi³⁵<br>单数：没＝条 mɛi³⁵liɑɯ⁴²、没＝个 mɛi³⁵ko³³<br>那个 la²⁴ko³³<br>复数：没＝些 mɛi³⁵ɕi⁵⁵ |
| 处所 | 箇个地势 ko⁴⁵ko³³ti³⁵sʅ³¹、箇坨 ko⁴⁵to³¹、<br>箇个垱 ko⁴⁵ko³³taŋ³³、箇里 ko⁴⁵li⁵⁵ | 没＝个地势 mɛi³⁵ko³³ti³⁵sʅ³¹、没＝坨 mɛi³⁵to³¹、没＝个垱 mɛi³⁵ko³³taŋ³³、没＝里 mɛi³⁵li⁵⁵ |
| 时间 | 箇阵现在 ko⁴⁵tsɛn³³、箇下儿 ko⁴⁵xɚ³³<br>勒＝阵 lɛ²⁴tsɛn³³、勒＝下儿 lɛ²⁴xɚ³³<br>箇个时候 ko⁴⁵ko³³sʅ³³xɤɯ³⁵ | 没＝阵那时 mɛi³⁵tsɛn³³、没＝下儿 mɛi³⁵xɚ³³<br>没＝个时候 mɛi³⁵ko³³sʅ³³xɤɯ³⁵ |
| 性状、方式 | 箇支＝ko⁴⁵tsʅ⁵⁵、箇支＝嘎 ko⁴⁵tsʅ⁵⁵ka⁵⁵、<br>勒＝支＝lɛ²¹tsʅ³⁵ | 没＝支＝mɛi³⁵tsʅ⁵⁵<br>没＝支＝嘎 mɛi³⁵tsʅ⁵⁵ka⁵⁵ |

"箇"和"没＝"是潼南湘语中固有的说法，而"勒＝"[lɛ²¹⁴]应是在方言接触中从潼南话借入的。"条"只在"箇条""没＝条""哪条"中读边音声母，作后字时读轻声调的[liɑɯ⁴²]，这时"条"为通用量词，可称说任何事物。"条"读[tiɑɯ³¹]时，称说的事物有条件限制，用法当是从潼南话借入的。

"没＝条"除了用以指称外，还可以作连词，用于承接前面所说的内容，具有篇章功能。如：

敢哦！没＝条有么个有敢嘛敢啊! 那有什么不敢啊？ kan⁴⁵lo⁴²！mɛi³⁵liɑɯ⁴²iɤɯ⁴⁵mu⁴⁵ko⁴⁵mɑɯ³⁵kan⁴⁵ma⁴²？

3.疑问代词

疑问代词的具体用法参见"四 疑问句"中"（二）特指问"的部分，此不赘述。此处仅列表呈现当地的疑问代词系统。如表6-3所示。

表6-3　潼南湘语疑问代词表

| 表义类别 | 疑问代词 |
|---|---|
| 人 | 单数：哪个 la⁴⁵ko³³、哪条 la⁴⁵liɑɯ⁴²　　　复数：哪些 la⁴⁵ɕi⁵⁵ |
| 事物、事件 | 哪支＝la⁴⁵tsʅ⁵⁵、么个 mu⁴⁵ko⁴²、哪样 la⁴⁵iaŋ⁵⁵ ～ la⁴⁵iaŋ⁴² |
| 指别 | 哪 la⁴⁵³ |
| 处所 | 哪个垱 la⁴⁵ko³³taŋ³³、哪坨 la⁴⁵to³¹、哪个地势 la⁴⁵ko³³ti³⁵sʅ³¹、哪里 la⁴⁵li⁵⁵ |

| 表义类别 | 疑问代词 |
|---|---|
| 时间 | 哪个时候 la⁴⁵ko³³sŋ³³xɣɯ³⁵、哪阵 la⁴⁵tsɛn³³、哪下儿 la⁴⁵xɐr³³ 好久 xɑu⁴⁵tɕixɯ⁴²、好多号 xɑu⁴⁵to⁵⁵xɑu³³；几号 tɕi⁴⁵xɑu⁵⁵ |
| 方式、性状 | 叶⁼支⁼嘎 iɛ²¹tsŋ³⁵ka⁵⁵、叶⁼支⁼ iɛ²¹tsŋ³⁵、药⁼支⁼嘎 io²¹tsŋ³⁵ka⁵⁵、药⁼支⁼ io²¹tsŋ³⁵、哪支⁼la⁴⁵tsŋ⁵⁵、哪样 la⁴⁵iaŋ⁵⁵ |
| 原因 | 为么个 uɛi²⁴mu⁴⁵ko⁴²、为哪样 uɛi²⁴la⁴⁵iaŋ⁵⁵ |
| 数量 | 好多 xɑu⁴⁵to⁵⁵ |

## 四　性状与程度

### （一）状态形容词

潼南湘语的性质形容词与普通话差异不大，此处不论。我们主要讨论状态形容词，当地的状态形容词有前加式、后加式、重叠式和四字格式等。

当地方言中有着非常丰富的前加式状态形容词。它们主要通过在单音节性质形容词的前面加修饰性语素而构成，修饰性语素要么从某一方面对性质进行限定，要么说明后面性质的程度。如：

| | | | | | | |
|---|---|---|---|---|---|---|
| 粉红 | 苍白 | 瓦灰 | 紫红 | 嫩红 | 滚烫 | 纠⁼圞很圆 |
| 稀脏 | 焦湿 | 叽⁼酸 | 清甜 | 溜滑 | 飞红 | |

后加式状态形容词主要通过在性质形容词后添加叠音后缀而构成，表现为"ABB"形式。当地的"ABB"式状态形容词丰富多样，使用时后面多加"的"，且多作谓语。"ABB"形式中，A多为表味觉、嗅觉、触觉、感觉、视觉等类别的形容词，部分甚至可以是名词、动词。如：

| | | | | | | |
|---|---|---|---|---|---|---|
| 辣乎·乎· | 甜咪⁼咪⁼ | 臭熏熏 | 毛糟糟 | 热烘烘 | 冷嗦嗦 | 重坨坨 |
| 尖溜溜 | 白生生 | 灰普⁼普⁼ | 黑笤笤 | 红咚咚 | 绿汪汪 | 虚飘飘 |
| 弯曲曲 | 笑嘻嘻 | 胀鼓鼓 | 肿泡泡 | | | |

"ABB"式状态形容词中的后缀BB具有一定的类化作用，主要表达类化的色彩义。例如"□□"[pʰia⁴⁵pʰia⁴²]、"兮兮"、"戳戳"多用来表某种消极状况，中性色彩的形容词与它们组合后也会带有消极义。如：

| | | |
|---|---|---|
| 淡□□的 tan²⁴pʰia⁴⁵pʰia⁴⁵ti⁴² | 炮兮兮的 | 雨兮兮的 |
| 旧□□的 tɕixɯ³⁵pʰia⁴⁵pʰia⁴⁵ti⁴² | 冷兮兮的 | 丑兮兮的 |
| 黄□□的 uaŋ³³pʰia⁴⁵pʰia⁴⁵ti⁴² | 哭兮兮的 | 瓜兮兮的傻傻的样子 |

□戳戳的 xa⁴⁵tsʰo³³tsʰo³¹ti⁴² 傻乎乎的样子　　　　笨戳戳的 笨拙的样子　　　　忙戳戳的 笨笨的样子

双音节形容词的重叠形式主要为"AABB"式和"A里AB"式，部分也使用"ABAB"的形式。这些重叠形式在使用时，后面也多加"的"煞尾。"AABB"式构词，如：

巴巴适适　　　墩墩独＝独 身体健壮　　　方方正正　　　啰啰唆唆　　　光光生生 漂漂亮亮

清清白白　　　慢慢生生 慢慢吞吞

"A里AB"式构词在当地较为丰富，且常有贬义。如：

宝里宝气　　　　　流里流气　　　　　洋里洋气　　　　　妖里妖气

飞＝里飞＝ 时作风不正派　亡里亡魂 头脑混乱的状态　谎里谎气 整天不干正事　弄里弄嘎 不停哭闹

邋里邋遢　　　　　猛＝里猛＝懂 恍恍惚惚

"ABAB"式构词，如：

□戳□戳 xa⁴⁵tsʰo³¹xa⁴⁵tsʰo³¹　　　甜咪＝甜咪＝　　　四方四方

二麻二麻　　　　　　　二甩二甩

四字格式形容词在当地相当丰富，从结构来看主要为联合型四字格，有多种类型的联合。"陈述＋陈述"型联合，如：

眼泡皮肿　　脚爬手软　　血长血流

"支配＋支配"型联合，如：

打憋作怪 因不顺意而生气，做怪事　　　放心落意　　放心大胆

懒洋磨气（做事情）懒洋洋的　　　颠三倒四

"偏正＋偏正"型联合，如：

笨脚笨手　　尖声尖气　　大脚大手　　毛焦火辣　　毛脚毛手

非联合型的四字格，如：

稀乎烂醉　　　　　汗水长流　　　　　水煮盐相

几杂麻密 密密麻麻　　血乎淋裆＝ 血淋淋的样子

前面所提到的"AABB"式和"A里AB"式重叠形容词可以看作是四字格的一种特殊形式。

**（二）程度表达**

程度表达是体现形容词量级的一种形式。潼南湘语通过在性质形容词前加程度副词和程度类词缀、前加表程度的指示代词以及后加程度补语等手段来表达程度。程度补语的相关论述参见本章第二节"七　动补句"的相关内容，此处主要讨论另外几种本地较有特色的表达形式。

**1. 程度副词**

王力在《中国现代语法》（1985）中把程度副词分为相对程度副词和绝对程度副词。潼

南湘语的相对程度副词有：还、还要、更、更加、最，等等。与普通话相同，此处不论。

绝对程度副词有：好、很①（可作状语和补语）、几坨、几、才、死、老、冇为、冇当、有颗儿、有颗儿崽，等等。潼南湘语本无程度副词"嘿＝很"和"嘿＝们非常"，但受潼南话影响，方言中的"很"正逐渐被它们取代。下面只讨论潼南湘语中几个有特色的程度副词。

（1）"几坨"[tɕi⁴⁵to³¹]、"几"[tɕi⁴⁵³]

"几坨"和"几"相当于普通话中的"很"，使用时，"几坨"和"几"可以互换。修饰对象一般为表事物量度的积极形容词，如：厚、大、宽、长、重、高、多；消极形容词不能受它修饰。如：

几坨大个鱼哟，打落嘎了很大一条鱼，弄丢了。tɕi⁴⁵to³¹ta³⁵ko³³y³¹io⁴², ta⁴⁵lo⁵⁵ka⁴⁵liɑɯ⁴².

箇条棍子几坨粗这根棍子很粗。ko⁴⁵liɑɯ⁴⁵kuɛn²⁴tsʅ⁴²tɕi⁴⁵to³¹tsʰɤɯ³⁵.

颈子上的筋冒起几大脖子上的筋起来很大。tɕiaŋ⁴⁵tsʅ⁴⁵saŋ⁵⁵ti⁴⁵tɕiɛn³⁵mɑɯ²⁴tɕʰi⁴⁵tɕi⁴⁵ta³⁵.

（2）"才"[tsai³¹]

"才"表示的程度相当于普通话中的"特别"，使用时有较强的主观感情色彩。如：

今年潼南才热哟今年潼南特别热。tɕiɛn³⁵iɛn³¹tʰoŋ³³lan³¹tsai³¹lɛ²¹⁴io⁴².

底＝弄的菜才好吃哦他炒的菜特别好吃啊。ti⁴⁵loŋ³⁵ti⁴⁵tsʰai²¹⁴tsai³¹xɑɯ⁴⁵tɕʰia³⁵o⁴².

（3）"死"[sʅ⁴⁵³]

"死"相当于普通话的"非常"，多修饰消极形容词性词语。如：

箇条东西死难吃这个东西非常不好吃。ko⁴⁵liɑɯ⁴⁵toŋ³⁵ɕi⁴⁵sʅ⁴⁵lan³³tɕʰia³⁵.

没＝些豆豉死臭那些豆豉非常臭。mɛi³⁵ɕi⁵⁵tɤɯ³⁵sʅ³¹sʅ⁴⁵tsʰɤɯ²¹⁴.

（4）"老"[lɑɯ⁴⁵³]

"老"相当于普通话的"很"。如：

他站倒老远吼他站在很远喊。tʰa³⁵tsan²⁴tɑɯ⁴⁵lɑɯ⁴⁵yɛn⁴⁵xɤɯ⁴².

老长时间冇有看了很长时间没有看了。lɑɯ⁴⁵tsaŋ³¹sʅ³³tɕiɛn³⁵mɑɯ³⁵iɤɯ⁴²kʰan²⁴liɑɯ⁴².

（5）"冇为"[mɑɯ³⁵uɛi³¹]、"冇当"[mɑɯ³⁵taŋ³³]

"冇为"和"冇当"在表义上都相当于"不很""不太"，表示程度较轻。"冇当"除了表示性状的程度外，还可以修饰动词性词语，表示动量少，相当于"不怎么"。如：

勒＝个海椒冇为辣这个辣椒不太辣。lɛ²⁴ko³³xai⁴⁵tɕiɑɯ⁵⁵mɑɯ³⁵uɛi³¹la²¹⁴.

太阳冇当晒太阳不太晒。tʰai²⁴iaŋ³¹mɑɯ³⁵taŋ³³sai²¹⁴.

有些话我之＝冇当讲有些话我们不怎么说。iɤɯ⁴⁵ɕi³⁵ua³⁵ŋo⁴⁵tsʅ⁵⁵mɑɯ³⁵taŋ³³kaŋ⁴².

（6）"有颗儿"[iɤɯ⁴⁵kʰo⁴⁵ɚ³¹]、"有颗儿崽"[iɤɯ⁴⁵kʰo⁴⁵ɚ³¹tsai⁴²]

"有颗儿"和"有颗儿崽"都表示程度轻微，后者表示的程度比前者更小，二者都比"有

___

① 当地"很"和"好"还可以叠加使用，表示普通话"很"的意思，如：屋里坐起很好多人。

点"表示的程度要小。如：

我心里有颗儿冇安逸我心里有点儿不舒服。ŋo⁴⁵sɛn³⁵li⁴⁵iɣɯ⁴⁵kʰo⁴⁵ɚ³¹maɯ³⁵ŋan³⁵i³¹.

今天有颗儿崽热今天有点儿热。tɕiɛn³⁵tʰiɛn⁵⁵iɣɯ⁴⁵kʰo⁴⁵ɚ³¹tsai⁴²lɛ²¹⁴.

2. 程度类词缀

潼南湘语中还有一些表程度的类词缀，表程度较深，相当于普通话中的"很"。这些类词缀使用时不自由，不同类词缀所能结合的形容词的类别和范围也不一样。个别类词缀仅能结合特定的形容词。如：

蜜~甜mi³¹　　　　抿~甜miɛn⁴⁵³　　　　□~淡pia⁴⁵³　　　　叽⁼~酸tɕi³⁵

碰⁼~香pʰoŋ²¹⁴　　酽~稠iɛn²¹⁴　　　　□~稀laŋ³⁵　　　　锭⁼~重tiɛn²¹⁴

骏~黑tɕʰy³⁵　　　□~薄liaŋ³⁵　　　　瓮~热oŋ²¹⁴　　　　甑~热tsɛn²¹⁴

炸~热tsa²¹⁴　　　掌~平tsaŋ⁴⁵³　　　□~白sɛn²¹⁴

个别类词缀的结合能力稍强，它们常结合的形容词见表6-4。

### 表6-4　潼南湘语程度类词缀

| 程度类词缀 | 修饰对象 | 程度类词缀 | 修饰对象 |
|---|---|---|---|
| 清tsʰɛn³⁵ | 亮、酸、辣、苦、甜、咸、痛 | 嫩⁼lɛn³⁵ | 碎、脆、糟、细 |
| 稀ɕi³⁵ | 巴烂、烂、散 | 焦tɕiaɯ³⁵ | 巴湿、巴、干、巴浑、浑、煳 |
| □laɯ³⁵ | 炟、轻、清稀、松、薄 | 崭tsan⁴⁵³ | 新、齐 |
| 脪pʰaŋ³⁵ | 臭、酸臭、骚臭、煳臭、膫臭 | 飞fɛi³⁵ | 红、薄不能修饰"厚""白"等 |
| 帮⁼paŋ³⁵ | 硬、紧 | 纠⁼tɕiɣɯ³⁵ | 圜圆、酸 |
| 滚kuɛn⁴⁵³ | 爛热、烫 | 迅⁼ɕyɛn²¹⁴ | 黄、白 |

3. 表程度的指示代词

"箇支⁼""没⁼支⁼"分别与普通话中的"这么""那么"一样，"箇"有时也相当于"箇支⁼"，都可以指代程度。如：

我要冇倒没⁼支⁼多我要不了那么多。ŋo⁴⁵iaɯ²¹maɯ³⁵taɯ⁴⁵mɛi³⁵tsɿ⁵⁵to⁵⁵.

箇条东西箇支⁼嘎重这个东西这么重。ko⁴⁵liaɯ⁴⁵toŋ³⁵ɕi⁴⁵ko⁴⁵tsɿ⁵⁵ka⁵⁵tsoŋ³⁵.

我之⁼吃冇完箇大一锅饭我们吃不完这么大一锅饭。ŋo⁴⁵tsɿ⁵⁵tɕʰia³⁵maɯ³⁵uan³¹ko⁴⁵ta⁵⁵i³³ko³⁵fan⁵⁵.

## 五　介引与关联

### （一）介引

1. 介词系统

表时间、处所、方向的介词有：在、倒、从、自从、跟倒、照倒、顺倒、对倒、向倒、照倒、到、往、走。表施事、受事的介词有：把、着。表关涉对象的介词有：跟、问、向、和、帮、对、为。表工具、方式、材料、依据、凭借的介词有：弄、用、拿、按、照、依、照倒、比倒、过。表目的或原因的介词有：为。表比较的介词有：比。

2. 常见介词

（1）"跟" [kɛn³⁵]

"跟"作介词表示动作行为关涉的对象，与普通话中的"向"或"对"相当。如：

我想跟你借点钱<small>我想向你借点钱</small>。ŋo⁴⁵ɕiaŋ⁴⁵kɛn³⁵i⁴⁵tɕie²⁴tiɛn⁴⁵tɕiɛn³¹.

你跟底＝讲几句话<small>你跟他讲几句话</small>。i⁴⁵kɛn³⁵ti⁴⁵kaŋ⁴⁵tɕi⁴⁵tɕy⁵⁵ua³⁵.

"跟"还可表示动作行为的方向，相当于普通话中的"给"。如：

他跟学生上课<small>他给学生上课</small>。tʰa³⁵kɛn³⁵ɕio²¹sɛn³⁵saŋ²⁴kʰo²¹⁴.

你拿点钱跟老人<small>你拿点钱给父母</small>。i⁴⁵la³⁵tiɛn⁴⁵tɕiɛn³¹kɛn³⁵lɑɯ⁴⁵lɛn³¹.

你把没＝条东西递跟我<small>你把那个东西递给我</small>。i⁴⁵pa⁴⁵mɛi³⁵liɑɯ⁴⁵toŋ³⁵ɕi⁴⁵ti²¹kɛn³⁵ŋo⁴².

（2）"倒" [tɑɯ⁴⁵³]

"倒"作介词往往介引时间或处所成分。如：

你把滑肉放倒锅里<small>你把滑肉放在锅里</small>。i⁴⁵pa⁴⁵fa³³lɣɯ³⁵faŋ²⁴tɑɯ⁴⁵ko³⁵li⁴².

时间改倒后天了<small>时间改在后天了</small>。sʅ³³tɕiɛn³⁵kai⁴⁵tɑɯ⁴⁵xɣɯ³⁵tʰiɛn⁵⁵liɑɯ⁴².

（3）"和" [xo³¹]

"和"作介词可以表示动作行为关涉的对象，与普通话中的"跟"相当；也可表示动作行为的方向，与普通话中的"向"相当。如：

箇个杯子和没＝个差冇多<small>这个杯子和那个差不多</small>。ko⁴⁵ko³³pɛi³⁵tsʅ⁴²xo³¹mɛi³⁵ko³³tsʰa³⁵mɑɯ³⁵to⁵⁵.

我和领导汇报一下<small>我向领导汇报一下</small>。ŋo⁴⁵xo³¹liɛn⁴⁵tʰɑɯ³³fɛi²⁴pɑɯ³³i³³xa²¹⁴.

（4）"弄" [loŋ³⁵]

"弄"作介词主要用来介引工具或材料等。如：

底＝弄电打鱼<small>他用电打鱼</small>。ti⁴⁵loŋ³⁵tiɛn²¹⁴ta⁴⁵y³¹.

箇里弄谷草当柴烧<small>这里用谷草当柴烧</small>。ko⁴⁵li⁵⁵loŋ³⁵ku³⁵tsʰɑɯ⁴²taŋ³⁵tsai³¹sɑɯ³⁵.

（5）"拿" [la³⁵]

"拿"作介词除了介引工具或材料外，还可以引进需说明的事物或情况。如：

底＝拿扫把打小娃儿<small>他用扫把打小孩儿</small>。ti⁴⁵la³⁵sɑɯ²⁴pa⁴⁵ta⁴⁵ɕiɑɯ⁴⁵ua³³ɚ³⁵.

讲事情莫拿底＝来讲<small>说事情不要拿他来说</small>。kaŋ⁴⁵sʅ³⁵tsɛn³¹mo²¹la³⁵ti⁴⁵lai³³kaŋ⁴².

（6）"过" [ko²¹⁴]

"过"作介词表示动作行为所凭借的工具或方式，表示"用……工具"或"通过……方式"。如：

箇条肉要过刀切<sub></sub>这个肉要用刀切。ko⁴⁵liɑɯ⁴⁵lɤɯ³⁵iɑɯ²⁴ko²¹tɑɯ³⁵tɕʰiɛ³⁵.

箇支＝多东西，过担还是过背<sub></sub>这么多东西，是担还是背？ko⁴⁵tsŋ⁵⁵to⁵⁵toŋ³⁵ɕi⁴², ko²¹tan³⁵xa³³sŋ³⁵ko²¹pɛi³⁵?

（7）"走"[tsɤɯ⁴⁵³]

"走"作介词多介引位移的始发点，相当于普通话的"从"，一般不介引位移经过的处所。如：

你走箇坨过去<sub></sub>你从这里过去。i⁴⁵tsɤɯ⁴⁵ko⁴⁵to³¹ko²¹tɕʰiɛ³⁵.

我走潼南出发去北京<sub></sub>我从潼南出发去北京。ŋo⁴⁵tsɤɯ⁴⁵tʰoŋ³³lan³¹tɕʰy³⁵fa³¹tɕʰiɛ²⁴pɛ²¹tɕiɛn³⁵.

### （二）关联

语言中语言成分之间显性的关联标记，即关联词语，主要由副词、连词，以及一些连接结构等构成。下面主要讨论几个有特色的连词。

1. "冇是"[mɑɯ³⁵sŋ⁵⁵]

"冇是"作连词相当于普通话的"不然""否则"。如：

好生点，冇是滚倒了<sub></sub>小心点，否则摔倒了。xɑɯ⁴⁵sɛn⁵⁵tiɛn⁴², mɑɯ³⁵sŋ⁵⁵kuɛn⁴⁵tɑɯ⁴⁵liɑɯ⁴².

递＝倒把饭吃嘎，冇是冷了<sub></sub>赶紧把饭吃了，否则冷了。ti²⁴tɑɯ⁴⁵pa⁴⁵fan³⁵tɕʰia³⁵ka⁴², mɑɯ³⁵sŋ⁵⁵lɛn⁴⁵liɑɯ⁴².

2. "在便"[tsai³⁵piɛn³³]、"在随"[tsai²⁴ɕy³¹]

"在便"和"在随"作连词时用法相同，常用于一句话的开头，与普通话中连词"随便"的功能和语义相当，表示随便、不管。如：

在便哪个讲，我都冇去<sub></sub>随便谁说，我都不去。tsai³⁵piɛn³³la⁴⁵ko³³kaŋ⁴², ŋo⁴⁵tɤɯ³⁵mɑɯ³⁵tɕʰiɛ²¹⁴.

在随你来冇来，我都要来<sub></sub>不管你来不来，我都要来。tsai²⁴ɕy³¹i⁴⁵lai³¹mɑɯ³⁵lai³¹, ŋo⁴⁵tɤɯ³⁵iɑɯ²⁴lai³¹.

3. "冇论"[mɑɯ³⁵lɛn⁵⁵]、"冇管"[mɑɯ³⁵kuan⁴²]

"冇论"和"冇管"作连词相当于普通话中的"不论""不管"。如：

冇论你讲么个，我都相信<sub></sub>不论你说什么，我都相信。mɑɯ³⁵lɛn⁵⁵i⁴⁵kaŋ⁴⁵mu⁴⁵ko⁴², ŋo⁴⁵tɤɯ³⁵ɕiaŋ³⁵sɛn³³.

冇管哪阵去，我都冇去<sub></sub>不管什么时候去，我都不去。mɑɯ³⁵kuan⁴⁵la⁴⁵tsɛn³³tɕʰiɛ²¹⁴, ŋo⁴⁵tɤɯ³⁵mɑɯ³⁵tɕʰiɛ²¹⁴.

4. "管（屎）"[kuan⁴⁵（tɕʰiɤɯ³¹）]、"管得"[kuan⁴⁵tɛ³¹]

"管（屎）""管得"作连词，用肯定的形式表达反语，相当于普通话中的"无论""不管"。如：

管（屎）你讲么个，我都来<sub></sub>不管你说什么，我都来。kuan⁴⁵(tɕʰiɤɯ³¹)i⁴⁵kaŋ⁴⁵mu⁴⁵ko⁴², ŋo⁴⁵tɤɯ³⁵ lai³¹.

管得你叶＝支＝讲，我都冇走无论你怎么说，我都不走。kuan⁴⁵tɛ³¹i⁴⁵iɛ²¹tsʅ³⁵kaŋ⁴², ŋo⁴⁵tɤɯ³⁵mɑɯ³⁵tsɤɯ⁴².

5. "一路……一路" [i³³lɤɯ³⁵...i³³lɤɯ³⁵]

"一路……一路" 作连词相当于普通话中的 "一边……一边"。如：

我之＝一路走，一路讲我们一边走，一边说。ŋo⁴⁵tsʅ⁵⁵i³³lɤɯ³⁵tsɤɯ⁴², i³³lɤɯ³⁵kaŋ⁴².

底＝之＝一路看，一路笑他们一边看，一边笑。ti⁴⁵tsʅ⁵⁵i³³lɤɯ³⁵kʰan²¹⁴, i³³lɤɯ³⁵ɕiɑɯ²¹⁴.

## 六　体貌系统

### （一）完成体

1. "嘎" [ka⁴⁵³]

"嘎" 是潼南湘语中使用频率最高的完成体助词，功能和意义相当于普通话中的 "了₁"。"嘎" 用于句中谓词之后，谓词后若有宾语和补语，须用在宾语之前，补语之后，如：

我吃嘎一碗面我吃了一碗面条。ŋo⁴⁵tɕʰia³⁵ka⁴⁵i³³uan⁴⁵miɛn³⁵.

你吃完嘎饭再走你吃完了饭再走。i⁴⁵tɕʰia³⁵uan³¹ka⁴⁵fan³⁵tsai²⁴tsɤɯ⁴².

"嘎" 在句中不能用于煞尾，不能说：没＝条人死嘎那个人死了。mɛi³⁵liɑɯ⁴⁵lɛn³¹sʅ⁴⁵ka⁴².

2. "了" [liɑɯ⁴⁵³]、"嘎了" [ka⁴⁵liɑɯ⁴²]

"了" 和 "嘎了" 常用于煞尾，功能与普通话中的 "了₃" 相当，兼有动态助词和语气词的功能。从使用位置来看，"了" 用于句末表示煞尾没有条件限制，"嘎" 只能用于谓词和补语之后，"嘎了" 一般用在未带宾语的动词或动补结构后煞尾，句中谓词性成分由动宾短语充当时，"嘎了" 不能用于句末。当 "嘎了" 用于句末或 "嘎" 用于补语之后时，"嘎" 也可以省去不说。也就是说，用于句末的 "嘎了" 可以用 "了" 替换，反之则不行。如：

箇条人死嘎了这个人死了。ko⁴⁵liɑɯ⁴⁵lɛn³¹sʅ⁴⁵ka⁴⁵liɑɯ⁴².

箇条人死了这个人死了。ko⁴⁵liɑɯ⁴⁵lɛn³¹sʅ⁴⁵liɑɯ⁴².

鸭子回来齐嘎了鸭子回来齐了。ŋa³⁵tsʅ⁴²uɛi³³lai³¹tɕi³¹ka⁴⁵liɑɯ⁴².

鸭子回来齐了鸭子回来齐了。ŋa³⁵tsʅ⁴²uɛi³³lai³¹tɕi³¹liɑɯ⁴².

底＝做完嘎作业了他做完了作业了。ti⁴⁵tsɤɯ²⁴uan³¹ka⁴⁵tso³³iɛ³¹liɑɯ⁴².

底＝做完作业了他做完作业了。ti⁴⁵tsɤɯ²⁴uan³¹tso³³iɛ³¹liɑɯ⁴².

*底＝做完作业嘎了他做完作业了。ti⁴⁵tsɤɯ²⁴uan³¹tso³³iɛ³¹ka⁴⁵liɑɯ⁴².

"嘎起 [ka⁴⁵tɕʰi⁴²]" 还可以表示未然的完成，多用于祈使句末尾，后面一般不再带宾语、补语等。如：

你把没＝条鱼捉嘎起你把那条鱼捉了。i⁴⁵pa⁴⁵mEi³⁵liɑɯ⁴⁵y³¹tso³⁵ka⁴⁵tɕʰi⁴².

把简个蚊子打嘎起把这个蚊子打了。pa⁴⁵ko⁴⁵ko³³uEn³³tsɿ⁴²ta⁴⁵ka⁴⁵tɕʰi⁴².

## （二）进行体/持续体

进行体和持续体在潼南湘语中多有交叉，有时甚至难以将二者截然分开，因此放在一起讨论。

1. "起" [tɕʰi⁴⁵³]、"起……在" [tɕʰi⁴⁵³...tsai³⁵]、"起在" [tɕʰi⁴⁵tsai³³]

"起"用在动词后面表示动作行为正在进行或状态的持续。如：

屋里坐起很好多人屋里坐着很多人。u³⁵li⁴⁵tso²⁴tɕʰi⁴⁵xEn⁴⁵xɑɯ⁴⁵to³⁵lEn³¹.

底＝屋的电灯还亮起他家的灯还亮着。ti⁴⁵u⁵⁵ti⁴⁵tiEn²¹tEn³⁵xai³¹liaŋ³⁵tɕʰi⁴².

把鸭儿吆起回来把鸭子赶回来。pa⁴⁵ŋa³⁵ɚ³¹iɑɯ³⁵tɕʰi⁴⁵uEi³³lai³¹.

另外，"起"和"在"可以分别用于句中谓语动词的后面和句末，形成"起……在"结构，也可以组合为"起在"用于句末，都表示动作行为的进行或状态的持续。"起在"位于句末时，前面紧跟的一般是光杆谓词。如：

底＝读起书在他在读书。ti⁴⁵tʰɤɯ²⁴tɕʰi⁴⁵ɕy³⁵tsai³⁵.

我吃起在我在吃。ŋo⁴⁵tɕʰia³⁵tɕʰi⁴⁵tsai³³.

底＝屋的电灯还亮起在他家的灯还亮着。ti⁴⁵u⁵⁵ti⁴⁵tiEn²¹tEn³⁵xai³¹liaŋ³⁵tɕʰi⁴⁵tsai³³.

2. "倒" [tɑɯ⁴⁵³]、"倒……在" [tɑɯ⁴⁵³...tsai³⁵]、"倒在" [tɑɯ⁴⁵tsai³³]

"倒"单独表持续或进行时与普通话中的"着"相当。如：

我吃倒饭嘞我吃着饭呢。ŋo⁴⁵tɕʰia³⁵tɑɯ⁴⁵fan³⁵lɛ⁴².

没＝条细娃儿哭倒写那个小孩儿哭着写。mEi³⁵liɑɯ⁴⁵ɕi²⁴ua³³ɚ³⁵kʰu³⁵tɑɯ⁴⁵ɕiɛ⁴².

快躺倒，莫站起快躺着，别站起来。kʰuai²⁴tʰaŋ⁴⁵tɑɯ⁴², mo²¹tsan²⁴tɕʰi⁴².

另外，"倒"和"在"还可以分别用于句中谓语动词的后面和句末，形成"倒……在"结构，也可以组合为"倒在"用于句末，都表示动作行为的进行或状态的持续。"倒在"位于句末时，前面紧跟的一般是光杆谓词。如：

我看倒书在，冇得空我在看书，没有空。ŋo⁴⁵kʰan²⁴tɑɯ⁴⁵ɕy³⁵tsai³⁵, mɑɯ³⁵tɛ³⁵kʰoŋ²¹⁴.

底＝屋的电灯还亮倒在他家的灯还亮着。ti⁴⁵u⁵⁵ti⁴⁵tiEn²¹tEn³⁵xai³¹liaŋ³⁵tɑɯ⁴⁵tsai³³.

## （三）经历体

经历体助词主要用"过" [ko³⁵]，用法与普通话相同。如：

你去过北京冇有你去过北京没有？i⁴⁵tɕʰiɛ²¹ko³⁵pɛ²¹tɕiEn³⁵mɑɯ³⁵iɤɯ⁴²?

简间屋冇有困过人这间房子没有睡过人。ko⁴⁵kan³⁵u³⁵mɑɯ³⁵iɤɯ⁴⁵kuEn²¹ko³⁵lEn³¹.

个别情况下，"过"可以换为"嘎" [ka⁴⁵³]，表义基本相同。如下面两句中的"过"都可以替换为"嘎"：

简个电影底＝看过了这个电影他看过了。ko⁴⁵ko³³tiEn²⁴iEn⁴⁵ti⁴⁵kʰan²¹ko³⁵liɑɯ⁴².

我今天洗过澡了<sub>我今天洗过澡了</sub>。ŋo⁴⁵tɕiɛn³⁵tʰiɛn⁵⁵ɕi⁴⁵ko³⁵tsɑɯ⁴⁵liɑɯ⁴².

### （四）先行体

"哆"[to³⁵]作为先行体助词，用在先行句的末尾，表示先把某事做了，然后再做其他事情。"哆"单念为阴平调，在语流中多读为类似轻声的中平调[to³³]或高平调[to⁵⁵]。如：

我吃个晌午哆，下把"儿再来<sub>我先吃个午饭，下午再来</sub>。ŋo⁴⁵tɕʰia³⁵ko³³sɑ⁴⁵u⁴²to³³, xa³⁵pɐr⁴²tsai²⁴lai³¹.

你莫催我，让我把饭吃完哆<sub>你别催我，让我先把饭吃完</sub>。i⁴⁵mo²¹tsʰuɛi³⁵ŋo⁴², laŋ³⁵ŋo⁴²pa⁴⁵fan³⁵tɕʰia³⁵uan³¹to³³.

吃嘎箇碗饭哆，再讲<sub>先吃了这碗饭，再说</sub>。tɕʰia³⁵ka⁴⁵ko⁴⁵uan⁴⁵fan³⁵to⁵⁵, tsai²⁴kɑŋ⁴².

### （五）动量减小貌

潼南湘语没有类似普通话的动词重叠现象，当地主要采用"动词＋（一）＋下"的形式表示动量小或时量短的语法意义，其中的"一"以不出现为常。如：

明天去打下球嘛<sub>明天去打打球吧</sub>。mɛn³³tʰiɛn⁵⁵tɕʰiɛ²⁴taⁿ⁴xa³³tɕʰiɤɯ³¹ma⁴².

快起来读下书哦<sub>快起来读读书吧</sub>。kʰuai²⁴tɕʰi⁴⁵lai³¹tʰɤɯ²⁴xa³³ɕy³⁵o⁴².

## 七 语气词

潼南湘语的语气词丰富，每个词所表达的语气往往并非单一，不少语气词在使用时会随着所表达语气的不同，读不同的声调。下文语气词在标写时据实标出其在话语中的调值。

### （一）"了"[liɑɯ]

"了"用于句末表示变化或新情况的出现，与普通话中的句末语气词"了"相当，读音一般为[liɑɯ⁴⁵³]。如：

箇条柚子黄嘎了<sub>这个柚子黄了</sub>。ko⁴⁵liɑɯ⁴⁵iɤɯ²⁴tsɿ⁴²uɑŋ³³ka⁴⁵liɑɯ⁴².

箇条柚子黄了<sub>这个柚子黄了</sub>。ko⁴⁵liɑɯ⁴⁵iɤɯ²⁴tsɿ⁴²uɑŋ³³liɑɯ⁴².

没"条人已经死嘎了<sub>那个人已经死了</sub>。mɛi³⁵liɑɯ⁴⁵lɛn³¹i⁴⁵tɕiɛn⁵⁵sɿ⁴⁵ka⁴⁵liɑɯ⁴².

没"条人已经死了<sub>那个人已经死了</sub>。mɛi³⁵liɑɯ⁴⁵lɛn³¹i⁴⁵tɕiɛn⁵⁵sɿ⁴⁵liɑɯ⁴².

### （二）"嘛"[ma]、"唛"[mɛ]

"嘛"可以表祈使语气，多用于表请求、建议或规劝的句子末尾，起舒缓语气的作用。还可以表示追问，也可以用于加重语气表示感叹。如：

公公，再给点钱跟我嘛<sub>爷爷，再给我点儿钱吧</sub>。koŋ³⁵koŋ⁵⁵, tsai²¹kɛ³⁵tiɛn⁴⁵tɕiɛn³¹kɛn³⁵ŋo⁴⁵ma⁴².

敢哦，有么个有敢的嘛<sub>敢啊，没什么不敢的嘛</sub>。kan⁴⁵lo⁴², iɤɯ⁴⁵mu⁴⁵ko⁴²mɑɯ³⁵kan⁴⁵ti⁴⁵ma⁴².

"嘛"在语流中可读为[ma⁴²]或[ma³³]，另一个语气词"唛"[mɛ³³]可以看成是"嘛"的弱化音变形式。如：

你吃馒头嘛，吃饺子<sub>你吃馒头还是饺子？</sub> i⁴⁵tɕʰia³⁵man³³tɤɯ³¹ma³³, tɕʰia³⁵tɕiɑɯ⁴⁵tsɿ⁴²?

你吃馒头唠，吃饺子<sub>你吃馒头还是饺子</sub>？ i⁴⁵tɕʰia³⁵man³³tɤɯ³¹mɛ³³, tɕʰia³⁵tɕiɑɯ⁴⁵tsɿ⁴²?

### （三）"哦" [o]、"哟" [io]

"哦"可以用来表示提醒、惊讶或感叹等多种语气，多读[o⁴⁵³]。"哦"会随前面音节末尾音素的不同而发生非强制性音变，音变情况与普通话中句末"啊"的情况相似，音变规律也基本相同，主要是增加相应的声母或介音，音变形式有[ŋo⁴⁵³][lo⁴⁵³]等。如：

外面冷，多穿衣裳哦<sub>外面冷，多穿衣裳啊</sub>。uai³⁵miɛn³³lɛn⁴², to³⁵tɕʰyɛn³⁵i³⁵saŋ³¹ŋo⁴².

原来你姓周哦<sub>原来你姓周啊</sub>。yɛn³³lai³¹i⁴⁵sɛn²¹tsɤɯ³⁵o⁴².

今天好冷哦<sub>今天好冷啊</sub>。tɕiɛn³⁵tʰiɛn⁵⁵xɑɯ⁴⁵lɛn⁴⁵lo⁴².

"哟"[io⁴⁵³]也是"哦"的音变形式，使用较多，也单独列出来。如：

简条东西好哟<sub>这个东西好啊</sub>。ŋo⁴⁵liɑɯ⁴⁵toŋ³⁵ɕi⁴⁵xɑɯ⁴⁵io⁴².

原来你住简里哟<sub>原来你住这里啊</sub>。yɛn³³lai³¹i⁴⁵tso³⁵ko⁴⁵li⁵⁵io⁴².

快来哟<sub>快来啊</sub>。kʰuai²⁴lai³¹io⁴².

### （四）"欸" [ɛ]、"唻" [lɛ]

"欸"可用于陈述句、疑问句和祈使句的末尾，表示感叹、追问、请求或惊讶的语气，读音为[ɛ⁴⁵³][ɛ³⁵][ɛ³³]等。"唻"当是"欸"在前面音节末尾音素[n]后的音变形式。如：

你简盘牌才好欸<sub>你这次的牌很好啊</sub>。i⁴⁵ko⁴⁵pan³¹pai³¹tsai³¹xɑɯ⁴⁵ɛ⁴².

我姓王，你欸<sub>我姓王，你呢</sub>？ŋo⁴⁵sɛn²⁴uaŋ³¹, i⁴⁵ɛ⁴²?

叶＝支＝欸？底＝喊你喊老汉儿<sub>怎么回事啊? 他喊你爸爸</sub>。iɛ²¹tsɿ³⁵ɛ³⁵? ti⁴⁵xan⁴⁵i⁴⁵xan⁴⁵lɑɯ⁴⁵xɐr³³.

叶＝支＝我喝嘎茶，口还干唻<sub>为什么我喝了茶，嘴还干呢</sub>？iɛ²¹tsɿ³⁵ŋo⁴⁵xo³⁵ka⁴⁵tsa³¹, kʰɤɯ⁴⁵xai³³ kan³⁵lɛ³³?

没＝条叶＝支＝办唻<sub>那可怎么办呢</sub>？mɛi³⁵liɑɯ⁴⁵iɛ²¹tsɿ³⁵pan²¹lɛ³⁵?

### （五）"的" [ti]

"的"主要用于句末表确认的语气，读音多为[ti⁴⁵³]。如：

他是昨天来的<sub>他是昨天来的</sub>。tʰa³⁵sɿ³⁵tsʰo²¹tʰiɛn⁵⁵lai³³ti⁴².

我昨天来嘎的<sub>我昨天来了的</sub>。ŋo⁴⁵tsʰo²¹tʰiɛn⁵⁵lai³³ka⁴⁵ti⁴².

### （六）"噻" [sɛ]

"噻"单念时读[sɛ³⁵]，在句中多读中平调[33]。用于祈使句末时，表示不耐烦、不乐意的语气；用于陈述句末时，表申诉的语气。总体来看，"噻"表达出的多是消极情绪和语气。如：

走快点儿噻，撵倒前头的<sub>走快点儿，去追上前面的</sub>。tsɤɯ⁴⁵kʰuai²⁴tiɛn⁴⁵sɛ³³, iɛn⁴⁵tɑɯ⁴⁵tɕiɛn³³tɤɯ³¹ti⁴².

勒＝阵还早噻，等下儿再去<sub>现在还早呢，等下再去</sub>。lɛ²⁴tsɛn³³xai³³tsɑɯ⁴⁵sɛ³³, tɛn⁴⁵xɐr³⁵tsai²⁴ tɕʰiɛ²¹⁴.

### （七）"啊" [a]

"啊"用于句末主要表达惊讶语气。另外，与普通话中的"啊"一样，它会随前面音节末尾音素的不同而发生非强制性音变，且音变规律也基本相同。用于句中话题的后面表示停顿时，多读中平调[33]，用于句末表示其他语气时多读为上声调[453]。如：

老黄牛啊，还是天上的金牛星<sub>老黄牛是天上的金牛星</sub>lauɯ⁴⁵uaŋ³³iɤɯ³¹a³³, xai³³sʅ³⁵tʰiɛɴ³⁵saŋ³³ti⁴⁵tɕiɛɴ³⁵iɤɯ³¹ɕiɛɴ³⁵.

么个叫我讲啊<sub>为什么叫我讲啊？</sub>  mu⁴⁵ko⁴⁵tɕiaɯ²⁴ŋo⁴⁵kaŋ⁴⁵ŋa⁴²?

底＝一个人敢去啊<sub>他一个人敢去啊？</sub>  ti⁴⁵i³³ko²⁴lɛɴ³¹kan⁴⁵tɕʰiɛ²⁴a⁴²?

叶＝支＝还有讲完啊<sub>怎么还没讲完啊？</sub>  iɛ²¹tsʅ³⁵xai³¹mɑɯ³⁵kaŋ⁴⁵uan³¹la⁴²?

# 第二节

# 句法

## 一 "把"字句和"被"字句

### （一）"把"字句

潼南湘语的处置词为"把"，"把"字句的句法和语义特点与普通话相同。如：

真把底＝冇得办法<sub></sub>真拿他没办法。tsɛn³⁵pa⁴⁵ti⁴⁵mɑɯ³⁵tɛ³⁵pan²⁴fa³¹.

莫把茶杯打烂嘎了哦<sub></sub>别把茶杯打烂了啊。mo²⁴pa⁴⁵tsa³³pɛi³⁵ta⁴⁵lan³⁵ka⁴⁵liɑɯ⁴⁵o⁴².

有些垱把太阳喊日头<sub></sub>有些地方把太阳叫日头。iɣɯ⁴⁵ɕi³⁵taŋ³³pa⁴⁵tʰai²⁴iaŋ³¹xan⁴⁵ɤ·³³tɣɯ³¹.

"拿""弄"等作介词在有些句子中使用时，具有类似"把"的功能，可以替换为"把"，但它们尚未完全虚化为处置词。如：

底＝拿么个字都当真的<sub></sub>他拿什么话都当真的。ti⁴⁵la³⁵mu⁴⁵ko⁴⁵tsʅ³⁵tɣɯ³⁵taŋ²¹tsɛn³⁵ti⁴².

简里弄谷草当柴烧<sub></sub>这里用谷草当柴烧。ko⁴⁵li⁵⁵loŋ³⁵ku³⁵tsʰɑɯ⁴²taŋ³⁵tsai³¹sɑɯ³⁵.

### （二）"被"字句

潼南湘语的被动标记为"着"，与普通话中"被"的功能相当。如：

底＝着妈妈映哭了<sub></sub>他被妈妈骂哭了。ti⁴⁵tsauɯ³¹ma³⁵ma⁵⁵tɕyɛ²¹kʰu³⁵liɑɯ⁴².

帽子着风吹跑嘎了<sub></sub>帽子被风吹跑了。mɑɯ³⁵tsʅ⁴²tsɑɯ³¹xoŋ³⁵tɕʰy³⁵pʰɑɯ⁴⁵ka⁴⁵liɑɯ⁴².

我着雨打得周身焦湿<sub></sub>我被雨淋得浑身很湿。ŋo⁴⁵tsɑɯ³¹y⁴⁵ta⁴⁵tɛ³¹tsɣɯ³⁵sɛn⁵⁵tɕiɑɯ³⁵sɛ⁵⁵.

与普通话中的"被"一样，"着"后的施事成分也可以不出现。如：

张明差点着打伤<sub></sub>张明差点被打伤。tsaŋ³⁵miɛn³¹tsʰa³⁵tiɛn⁴⁵tsɑɯ³¹ta⁴⁵saŋ⁵⁵.

昨天开车又着罚两百<sub></sub>昨天开车又被罚两百（元）。tsʰo²¹tʰiɛn⁵⁵kʰai³⁵tsʰɛ³⁵iɣɯ²⁴tsɑɯ³¹fa³¹liaŋ⁴⁵pɛ³¹.

"把"和"着"还可以在句中套叠使用。如：

我着雨把身上打得焦湿<sub></sub>我身上被雨淋得很湿。ŋo⁴⁵tsɑɯ³¹y⁴⁵pa⁴⁵sɛn³⁵saŋ⁵⁵ta⁴⁵tɛ³¹tɕiɑɯ³⁵sɛ⁵⁵.

## 二　双宾句

潼南湘语双宾语句的语序与普通话相同，也为"主语＋双宾动词＋间接宾语＋直接宾语"，使用时，非给予义动词的后面需带上介词"跟"。如：

老师给嘎我一本书老师给了我一本书。lau⁴⁵sʅ³⁵kɛ³⁵ka³⁵ŋo⁴⁵i³³pɛn⁴⁵ɕy³⁵.

底＝骗走嘎我很多钱他骗走了我很多钱。ti⁴⁵pʰiɛn²⁴tsɤu⁴⁵ka⁴⁵ŋo⁴⁵xɛn⁴⁵to⁵⁵tɕiɛn³¹.

老师拿跟我一本书老师拿给我一本书。lau⁴⁵sʅ³⁵la³⁵kɛn³⁵ŋo⁴⁵i³³pɛn⁴⁵ɕy⁵⁵.

双宾语句的语义还可以通过"动词₁＋直接宾语＋动词₂＋间接宾语"的结构形式来表达，"动词₂"多用"跟"来充当。如：

拿三本书跟底＝拿三本书给他。la³⁵san³⁵pɛn⁴⁵ɕy³⁵kɛn³⁵ti⁴².

给点钱跟老人拿点儿钱给父母。kɛ³⁵tiɛn⁴⁵tɕiɛn³¹kɛn³⁵lau⁴⁵lɛn³¹.

## 三　比较句

### （一）平比句

平比句中所比较的事物在某一方面相同或相近。潼南湘语的平比句有以下两种表达形式：

1. A＋和/跟＋B＋一样/差冇多（＋Adj）①

老王跟老张一样高老王跟老张一样高。lau⁴⁵uaŋ³¹kɛn³⁵lau⁴⁵tsaŋ³⁵i³³iaŋ³⁵kau³⁵.

简条和没＝条差冇多大这个和那个差不多大。ko⁴⁵liau⁴⁵xo³¹mɛi³⁵liau⁴⁵tsʰa³⁵mau⁵⁵to⁵⁵ta³⁵.

2. A＋和/跟＋B＋比较项＋一样/差冇多

简条跟没＝条大小一样这个跟那个大小一样。ko⁴⁵liau⁴⁵kɛn³⁵mɛi³⁵liau⁴⁵ta³⁵ɕiau⁴⁵i³³iaŋ³⁵.

我和底＝考得分数差冇多我和他考的分数差不多。ŋo⁴⁵xo³¹ti⁴⁵kʰau⁴⁵tɛ³¹fɛn³⁵su³³tsʰa³⁵mau⁵⁵to³⁵.

### （二）差比句

差比句中所比较的事物在某一方面有差距。潼南湘语的差比句有以下三种表达形式：

1. A＋比＋B＋Adj/VP＋（数量短语）

底＝比我跑得快两秒他比我跑得快两秒。ti⁴⁵pi⁴⁵ŋo⁴⁵pʰau⁴⁵tɛ³¹kʰuai²⁴liaŋ⁴⁵miau⁴².

简条比没＝条好颗儿崴这个比那个好一点点。ko⁴⁵liau⁴⁵pi⁴⁵mɛi³⁵liau⁴⁵xau⁴⁵kʰo⁴⁵ɤ³¹tsai⁴².

2. A＋比得过＋B

我学习比得过底＝我学习要比他好。ŋo⁴⁵ɕio³³ɕi³¹pi⁴⁵tɛ³¹ko³³ti⁴².

---

① "/"表示前后的词语可互相替换；"（ ）"表示括号中的词语可以出现，也可以不出现。下同。

3. A＋否定性比较标记＋B＋（Adj/VP）

潼南湘语的否定性比较标记有：冇得、赶冇倒、比冇过、V冇赢、赢冇倒，等等。使用"冇得"时，比较结果"Adj/VP"必须出现；使用"赶冇倒、比冇过"时，比较结果"Adj/VP"则可不出现；使用"V冇赢、赢冇倒"时，因为它们本身已蕴含了比较结果，"Adj/VP"一般不出现。如：

我冇得底＝跑得快<sub>我没有他跑得快</sub>。ŋo⁴⁵maɯ³⁵tɛ³⁵ti⁴⁵pʰaɯ⁴⁵tɛ³¹kʰuai²¹⁴.

简些赶冇倒没＝些好<sub>这些没有那些好</sub>。ko⁴⁵ɕi⁵⁵kan⁴⁵maɯ³⁵taɯ⁴⁵mɛi³⁵ɕi⁵⁵xaɯ⁴².

简些赶冇倒没＝些<sub>这些赶不上那些</sub>。ko⁴⁵ɕi⁵⁵kan⁴⁵maɯ³⁵taɯ⁴⁵mɛi³⁵ɕi⁵⁵.

没＝条比冇过简条大<sub>那个没有这个大</sub>。mɛi³⁵liaɯ⁴⁵pi⁴⁵maɯ³⁵ko³³ko⁴⁵liaɯ⁴⁵ta³⁵.

没＝条比冇过简条<sub>那个比不上这个</sub>。mɛi³⁵liaɯ⁴⁵pi⁴⁵maɯ³⁵ko³³ko⁴⁵liaɯ⁴².

跑步我跑冇赢<sub>跑步我跑不过你</sub>。pʰaɯ⁴⁵pu²¹⁴ŋo⁴⁵pʰaɯ⁴⁵maɯ³⁵iɛn³¹i⁴².

我赢冇倒你，你跑得快<sub>我跑不过你，你跑得快</sub>。ŋo⁴⁵iɛn³¹maɯ³⁵taɯ⁴⁵i⁴²,i⁴⁵pʰaɯ⁴⁵tɛ³¹kʰuai²¹⁴.

## 四　疑问句

### （一）是非问

潼南湘语中的是非问可以通过疑问语调或句末疑问语气词"嘛""唠""吧"等来表达，但这些形式使用较少，更为常见的是通过重叠型反复问的形式来表达。如：

你姓孙<sub>你姓孙</sub>？i⁴⁵sɛn²¹sɛn³⁵?

你明天还来唠<sub>你明天还来吗</sub>？i⁴⁵mɛn³³tʰiɛn⁵⁵xai³¹lai³¹mɛ⁴²?

底＝给嘎你很多钱吧<sub>他给了你很多钱吧</sub>？ti⁴⁵kɛ³⁵ka⁴⁵i⁴⁵xɛn⁴⁵to³⁵tɕiɛn³¹pa⁴²?

你明天到到潼南去<sub>你明天去不去潼南</sub>？i⁴⁵mɛn³³tʰiɛn⁵⁵taɯ²⁴taɯ³³tʰoŋ³³lan³¹tɕʰiɛ²¹⁴?

### （二）特指问

特指问是使用疑问代词进行提问的问句，具体的疑问代词可参见前述"表6-3　潼南湘语疑问代词表"，这些疑问代词的用法如下：

1. 问人

当地询问人的疑问代词主要用"哪个"，已少用"哪条"，不用"谁"。如：

是哪个在敲门<sub>是谁在敲门</sub>？sʅ³⁵la⁴⁵ko³³tsai³⁵kʰaɯ³⁵mɛn³¹?

简条诗是哪个写的<sub>这首诗是谁写的</sub>？ko⁴⁵liaɯ⁴⁵sʅ³⁵sʅ³⁵la⁴⁵ko³³ɕiɛ⁴⁵ti⁴²?

2. 问时间

询问时间可以通过"哪"类、"好"类和"几"类等词语来表达，"哪阵""哪下儿"和"哪个时候"可以互换，"好久"既可以询问时点，又可以询问时段。如：

你哪下儿回去<sub>你什么时候回去</sub>？i⁴⁵la⁴⁵xɚ³³uɛi³³tɕʰiɛ³⁵?

你打算好久架势<sub>你打算什么时候开始？</sub> i⁴⁵ta⁴⁵suan³³xɑɯ⁴⁵tɕiɤɯ⁴⁵tɕia²⁴sɿ³³?

你勒＝次待好久<sub>你这次待多久？</sub> i⁴⁵lɛ²⁴tsʰɿ³³tai³⁵xɑɯ⁴⁵tɕiɤɯ⁴²?

今天是九月好多号<sub>今天是九月几号？</sub> tɕiɛn³⁵tʰiɛn⁵⁵sɿ³⁵tɕiɤɯ⁴⁵yɛ⁵⁵xɑɯ⁴⁵to⁵⁵xɑɯ³³?

今天是几号<sub>今天是几号？</sub> tɕiɛn³⁵tʰiɛn⁵⁵sɿ³⁵tɕi⁴⁵xɑɯ⁵⁵?

3. 问地点

询问地点的疑问代词"哪个地势""哪个垱""哪坨""哪里"在当地使用时可以互换。"哪个垱"和"哪坨"的使用频率更高，更有本地特色，"哪里"则较少使用，应该是受方言接触影响而从潼南话中借入的。如：

在哪个垱学的普通话<sub>在哪里学的普通话</sub> tsai³⁵la⁴⁵ko³³tɑŋ³³ɕio²⁴ti⁴⁵pʰu⁴⁵tʰoŋ³⁵ua⁵⁵?

底＝到哪坨去嘎了<sub>他到哪里去了？</sub> ti⁴⁵tɑɯ²⁴la⁴⁵to³¹tɕʰiɛ²⁴ka⁴⁵liɑɯ⁴²?

4. 问方式和原因

"为么个""为哪样"用于询问原因；"叶＝支＝嘎""叶＝支＝""药＝支＝嘎""药＝支＝"既用于询问原因，又用于询问方式，且它们用于询问原因比"为么个""为哪样"更常见。潼南话则用"啷们"询问方式，用"为啥子"询问原因，与潼南湘语明显不同。如：

你为么个冇来读书<sub>你为什么不来上学？</sub> i⁴⁵uɛi²⁴mu⁴⁵ko⁴²mɑɯ³⁵lai³¹tʰɤɯ²¹ɕy³⁵?

你为哪样冇喜欢底＝<sub>你为什么不喜欢她？</sub> i⁴⁵uɛi²⁴la⁴⁵iaŋ⁵⁵mɑɯ³⁵ɕi⁴⁵fan⁵⁵ti⁴²?

简条题叶＝支＝嘎做<sub>这道题怎么做？</sub> ko⁴⁵liɑɯ⁴⁵tʰi³¹iɛ²¹tsɿ³⁵ka⁴⁵tsɤɯ²¹⁴?

简条题叶＝支＝做<sub>这道题怎么做？</sub> ko⁴⁵liɑɯ⁴⁵tʰi³¹iɛ²¹tsɿ³⁵tsɤɯ²¹⁴?

你叶＝支＝嘎冇早点来嘛<sub>你为什么不早点来嘛？</sub> i⁴⁵iɛ²¹tsɿ³⁵ka⁵⁵mɑɯ³⁵tsɑɯ⁴⁵tiɛn⁴⁵lai³³ma⁴²?

你叶＝支＝冇早点来嘛<sub>你为什么不早点来嘛？</sub> i⁴⁵iɛ²¹tsɿ³⁵mɑɯ³⁵tsɑɯ⁴⁵tiɛn⁴⁵lai³³ma⁴²?

5. 问数量

问数量的疑问词有"好"和"几"，"好"的使用频率更高一些。如：

底＝今年好大岁数了<sub>他今年多大岁数了？</sub> ti⁴⁵tɕiɛn³⁵iɛn³¹xɑɯ⁴⁵ta³⁵suɛi²¹sɤɯ³⁵liɑɯ⁴²?

你要好多钱才够哦<sub>你要多少钱才够啊？</sub> i⁴⁵iɑɯ²⁴xɑɯ⁴⁵to⁵⁵tɕiɛn³¹tsai³¹kɤɯ²⁴o⁴²?

你喂起几条鸡<sub>你喂了几只鸡？</sub> i⁴⁵uɛi²⁴tɕʰi⁴⁵tɕi⁴⁵tiɑɯ³¹tɕi³⁵?

6. 问事物和事件

问事物和事件的疑问词多用"么个"，相当于普通话中的"什么"。如：

底＝在做么个<sub>他在做什么</sub> ti⁴⁵tsai³⁵tsɤɯ²⁴mu⁴⁵ko⁴²?

你姓么个<sub>你姓什么？</sub> i⁴⁵sɛn²⁴mu⁴⁵ko⁴²?

（三）选择问句

若将选择问句中的选项分别记作A、B，潼南湘语选择问句的结构形式可以概括为："（是）A（嘛/唛/唉/啊），（还是）B？"该结构中"是"为可有可无的成分，选择项A后的语气词和B前的连词"还是"在使用时需至少出现一种，当然，语气词和连词"还是"也可同时出现。如：

你是吃饭唠，吃馒头你是吃米饭，还是吃馒头？ i⁴⁵sʅ³⁵tɕʰia³⁵fan³⁵mɛ³³, tɕʰia³⁵man³³tɤɯ³¹?

你吃饭唠，吃馒头你吃米饭，还是吃馒头？ i⁴⁵tɕʰia³⁵fan³⁵mɛ³³, tɕʰia³⁵man³³tɤɯ³¹?

你是吃饭，还是馒头你是吃米饭，还是馒头？ i⁴⁵sʅ³⁵tɕʰia³⁵fan³⁵, xa³³sʅ³⁵man³³tɤɯ³¹?

你吃饭，还是馒头你吃米饭，还是馒头？ i⁴⁵tɕʰia³⁵fan³⁵, xa³³sʅ³⁵man³³tɤɯ³¹?

你是吃饭㖫，还是馒头你是吃米饭呢，还是馒头？ i⁴⁵sʅ³⁵tɕʰia³⁵fan³⁵lɛ³³, xa³³sʅ³⁵man³³tɤɯ³¹?

你吃饭㖫，还是馒头你吃米饭呢，还是馒头？ i⁴⁵tɕʰia³⁵fan³⁵lɛ³³, xa³³sʅ³⁵man³³tɤɯ³¹?

## （四）反复问句

潼南湘语的反复问句形式多样，且使用频率较高，主要有以下几种表达形式：

### 1. 谓词重叠型反复问句

潼南湘语可以通过重叠谓词的形式来形成反复问句。形成重叠型反复问句的谓词可以是动词，也可以是形容词。谓词如果是单音节形式则直接重叠，不管谓词后面有没有宾语；谓词如果是一个双音节词AB，则重叠第一个音节，用"AAB"的形式表达反复问。谓词前面如果有能愿动词，则通过重叠能愿动词的形式来形成反复问。补语结构反复问的形式遵循同样的规则。谓词重叠型反复问句在当地的使用频率最高，也最自然。如：

底˭要要他要不要？ ti⁴⁵iɑɯ²⁴iɑɯ³³?

你老家多多你老家多不多？ i⁴⁵lɑɯ⁴⁵ka⁵⁵to³⁵to⁵⁵?

锅里还有有饭锅里还有没有饭？ ko³⁵li⁴⁵xai³¹iɤɯ⁴⁵iɤɯ⁴⁵fan³⁵?

杯子得得烂杯子会不会烂？ pɛi³⁵tsʅ⁴⁵tɛ³⁵tɛ⁵⁵lan³⁵?

箇两种颜色是是一样的这两种颜色是不是一样的？ ko⁴⁵liaŋ⁴⁵tsoŋ⁴⁵iɛn³³sɛ³⁵sʅ³⁵sʅ⁵⁵i³³iaŋ³⁵ti⁴²?

底˭到底肯肯讲他到底愿不愿意讲？ ti⁴⁵tɑɯ²⁴ti⁴⁵kʰɛn⁴⁵kʰɛn⁴⁵kaŋ⁴²?

箇条东西相相因这个东西便不便宜？ ko⁴⁵liɑɯ⁴⁵toŋ³⁵ɕi⁴⁵ɕiaŋ³⁵ɕiaŋ⁵⁵iɛn⁵⁵?

你准准备去你准不准备去？ i⁴⁵tɕyɛn⁴⁵tɕyɛn⁴⁵pi³³tɕʰiɛ²¹⁴?

底˭洗得干干净他洗得干不干净？ ti⁴⁵ɕi⁴⁵tɛ³¹kan³⁵kan⁵⁵tsɛn⁵⁵?

### 2. "VP/AP＋冇＋VP/AP"型反复问句

与普通话一样，潼南湘语也可以将谓词的肯定和否定形式并列形成反复问句，这种类型的反复问句与上述谓词重叠型反复问句等值，使用时可以互换。使用该类型的反复问句时，否定词"冇"放在单音节谓词后，或多音节谓词的第一个音节后；谓词前面如果有能愿动词，则放在单音节能愿动词后，或双音节能愿动词的第一个音节后面。补语结构反复问的形式遵循同样的规则。如：

底˭要冇要他要不要？ ti⁴⁵iɑɯ²⁴mɑɯ³⁵iɑɯ³³?

你老家多冇多<sub></sub>你老家多不多？ i⁴⁵lɑɯ⁴⁵ka⁵⁵to³⁵mɑɯ³⁵to⁵⁵?

锅里还有冇有饭<sub></sub>锅里还有没有饭？ ko³⁵li⁴⁵xai³¹iɤɯ⁴⁵mɑɯ³⁵iɤɯ⁴⁵fan³⁵?

杯子得冇得烂<sub></sub>杯子会不会烂？ pɛi³⁵tsʅ⁴⁵te³⁵mɑɯ³⁵te³⁵lan³⁵?

箇两种颜色是冇是一样的<sub></sub>这两种颜色是不是一样的？ ko⁴⁵liaŋ⁴⁵tsoŋ⁴⁵iɛn³³sɛ³⁵sʅ³⁵mɑɯ³⁵sʅ⁵⁵i³³iaŋ³⁵ti⁴²?

底ᵑ到底肯冇肯讲<sub></sub>他到底愿不愿意讲？ ti⁴⁵tɑɯ²⁴ti⁴⁵kʰɛn⁴⁵mɑɯ³⁵kʰɛn⁴⁵kaŋ⁴²?

箇条东西相冇相因<sub></sub>这个东西便不便宜？ ko⁴⁵liɑɯ⁴⁵toŋ³⁵ɕi⁴⁵ɕiaŋ³⁵mɑɯ³⁵ɕiaŋ³⁵iɛn⁵⁵?

你准冇准备去<sub></sub>你准不准备去？ i⁴⁵tɕyɛn⁴⁵mɑɯ³⁵tɕyɛn⁴⁵pi³³tɕʰiɛ²¹⁴?

底ᵑ洗得干冇干净<sub></sub>他洗得干不干净？ ti⁴⁵ɕi⁴⁵te³¹kan³⁵mɑɯ³⁵kan³⁵tsɛn⁵⁵?

3."VP/AP + 冇有"型反复问句

如果要表达对已然事件和情况的询问，多采用"VP/AP + 冇有"型反复问。需要注意的是，"有冇有"一般不用在动词性词语的前面表示反复问，却可以用于比较句中。另外，当地不用"VP/AP + 冇"的形式来表达对未然情况的询问。如：

老张来嘎冇有<sub></sub>老张来了没有？ lɑɯ⁴⁵tsaŋ³⁵lai³³ka⁴⁵mɑɯ³⁵iɤɯ⁴²?

你吃嘎饭冇有<sub></sub>你吃了饭没有？ i⁴⁵tɕʰia³⁵ka⁴⁵fan³⁵mɑɯ³⁵iɤɯ⁴²?

箇个有冇有没ᵑ个大<sub></sub>这个有没有那个大？ ko⁴⁵ko³³iɤɯ⁴⁵mɑɯ³⁵iɤɯ⁴⁵mɛi³⁵ko³³ta³⁵?

4."求证"型反复问句

当地还有一种反复问句是，先说出意见和看法，然后在句末用"V/A +（冇）+ V/A"的形式进行询问。卢小群（2007：339）把这种问句叫求证问，我们借用此说法。普通话中求证问还可以在句末用"V/A + 不"的形式进行表达，潼南湘语则无此用法。如：

吃嘎饭再去，要冇要得<sub></sub>吃了饭再去，行不行？ tɕʰia³⁵ka⁴⁵fan³⁵tsai²⁴tɕʰiɛ³³, iɑɯ²¹mɑɯ³⁵iɑɯ²⁴tɛ³¹?

吃嘎饭再去，要要得<sub></sub>吃了饭再去，行不行？ tɕʰia³⁵ka⁴⁵fan³⁵tsai²⁴tɕʰiɛ³³, iɑɯ²⁴iɑɯ²⁴tɛ³¹?

## 五　否定句

潼南湘语中叙述性的否定词有"冇""冇得""冇有"等，劝阻性否定词用"莫"。在方言接触中，潼南话的否定词"没"和"不"也在被逐渐借入潼南湘语中。

### （一）"冇"字句

"冇"用来表明句子主体对某种意愿、态度、动作、行为的否定，或表示对句子主体某种性状的否定，用在谓词性词语的前面，基本相当于普通话中的"不"。如：

底ᵑ冇想去读书<sub></sub>他不想去上学。 ti⁴⁵mɑɯ³⁵ɕiaŋ⁴⁵tɕʰiɛ²¹tʰɤɯ²¹ɕy³⁵.

他身体冇好了<sub></sub>他生病了。 tʰa³⁵sɛn³⁵tʰi⁴⁵mɑɯ³⁵xɑɯ⁴⁵liɑɯ⁴².

箇条题冇贵哟<sub></sub>这道题不难啊。 ko⁴⁵liɑɯ⁴⁵tʰi³¹mɑɯ³⁵kuɛi³³io⁴².

普通话中的"不"可以单用，也可以单独回答问题，潼南湘语中的"冇"不能单用，回答问题时只能用"冇＋V/A"的形式，也就是说，使用"冇"进行否定时，否定对象必须出现。

### （二）"冇得"句

"冇得"相当于普通话中作动词的"没有"，后面一般带名词性宾语。"冇得"可以用来构成差比句，也可以单独用来回答问题，一般不用于句末。如：

有些人冇得良心<sub></sub>有些人没有良心。iɤɯ⁴⁵ɕi³⁵lɛn³¹mɑɯ³⁵tɛ³⁵liaŋ³³sɛn⁴².

底ⁿ冇得我高他没有我高。ti⁴⁵mɑɯ³⁵tɛ³⁵ŋo⁴⁵kɑɯ³⁵.

a.你有冇得钱你有没有钱？i⁴⁵iɤɯ⁴⁵mɑɯ³⁵tɛ³⁵tɕiɛn³¹?　　b.冇得没有。mɑɯ³⁵tɛ³⁵.

### （三）"冇有"句

"冇有"相当于普通话中作副词的"没有"，一般用以对已然事件或情况的否定，后面跟的往往是谓词性词语，一般不跟名词性词语。如：

饭冇有过米心米饭没过米心。fan³⁵mɑɯ³⁵iɤɯ⁴⁵ko²⁴mi⁴⁵sɛn⁵⁵.

吃的冷饭，冇有煮吃的剩饭，没有做新饭。tɕʰia³⁵ti⁴⁵lɛn⁴⁵fan⁵⁵, mɑɯ³⁵iɤɯ⁴⁵tɕy⁴².

### （四）"冇"与"冇有"的混同

某些使用"冇有"的句子，可以用"冇"来替代，替代成立的条件基本上是：用"冇"时不会或不能被理解为普通话中"不"的意义，否则就不能替代。下列句子用"冇"或"冇有"均可：

箇回考试冇有考好这次考试没有考好。ko⁴⁵fɛi³¹kʰɑɯ⁴⁵sʅ³³mɑɯ³⁵iɤɯ⁴⁵kʰɑɯ⁴⁵xɑɯ⁴².

箇回考试冇考好这次考试没考好。ko⁴⁵fɛi³¹kʰɑɯ⁴⁵sʅ³³mɑɯ³⁵kʰɑɯ⁴⁵xɑɯ⁴².

买的鸡，还冇有喂熟买的鸡，还没有喂熟。mai⁴⁵ti⁴⁵tɕi³⁵, xai³³mɑɯ³⁵iɤɯ⁴⁵uɛi²⁴sɤɯ²¹⁴.

买的鸡，还冇喂熟买的鸡，还没喂熟。mai⁴⁵ti⁴⁵tɕi³⁵, xai³³mɑɯ³⁵uɛi²⁴sɤɯ²¹⁴.

### （五）"莫"字句

"莫"主要表示劝阻性否定，功能和意义相当于普通话中的"别"。如：

今黑了莫走了今天晚上别走了。tɕiɛn³⁵xɛ³⁵liɑɯ⁴²mo²⁴tsɤɯ⁴⁵liɑɯ⁴².

莫出去，要落雨了别出去，要下雨了。mo²¹tɕʰy³⁵tɕʰiɛ⁵⁵, iɑɯ²⁴lo²⁴y⁴⁵liɑɯ⁴².

## 六　可能句

潼南湘语中的"可能"义可以通过能愿动词加谓词性词语的形式来表达，也可以通过可能补语"得"或相关的补语形式来表达。

### （一）"能愿动词＋VP/AP"型可能句

当地能够用于VP/AP前表示"会、能"的能愿动词主要有"得""能""会"，否定形式分别为"冇得""冇能""冇会"。能愿动词的肯定形式与否定形式并列，或能愿动词重叠后置于动词性词语前，可以形成询问某种动作行为或性状可能性的反复问句。如：

我看底＝黑了才得来<sub>我看他晚上了才会来</sub>。ŋo⁴⁵kʰan²¹ti⁴⁵xɛ³⁵liɑɯ⁴²tsai³¹tɛ³⁵lai³¹.

明天我能来<sub>明天我能来</sub>。mɛn³³tʰiɛn⁵⁵ŋo⁴⁵lɛn³³lai³¹.

底＝冇会来了<sub>他不会来了</sub>。ti⁴⁵mɑɯ³⁵fɛi⁵⁵lai³³liɑɯ⁴².

我看底＝冇得来<sub>我看他不会来</sub>。ŋo⁴⁵kʰan²⁴ti⁴⁵mɑɯ³⁵tɛ³⁵lai³¹.

你穿箇支＝少，得冇得冷<sub>你穿这么少，会不会冷</sub>？ i⁴⁵tɕʰyɛn³⁵ko⁴⁵tsɿ⁵⁵sɑɯ⁴², tɛ³⁵mɑɯ³⁵tɛ³⁵lɛn⁴²?

你穿箇支＝少，得得冷<sub>你穿这么少，会不会冷</sub>？ i⁴⁵tɕʰyɛn³⁵ko⁴⁵tsɿ⁵⁵sɑɯ⁴², tɛ³⁵tɛ⁵⁵lɛn⁴²?

### （二）"V得"型可能句

"V得"结构中的"得"兼有可能补语标记和补语的双重职能，V多为单音节动词。根据"得"前承接的词语和所处语境的不同，"V得"可以表达动作实现的可能性、客观条件许可或适合、某方面能力强、经受得住、值得、情理上应该等多种意义，否定形式为"V冇得"。如：

时间冇早了，回得了<sub>时间不早了，可以回来了</sub>。sɿ³³tɕiɛn³⁵mɑɯ³⁵tsɑɯ⁴⁵liɑɯ⁴², fɛi³³tɛ³¹liɑɯ⁴².

箇双鞋子还穿得<sub>这双鞋子还可以穿</sub>。ko⁴⁵suaŋ³⁵xai³³tsɿ⁴²xai³¹tɕʰyɛn³⁵tɛ³¹.

箇条人吃得，多煮些饭<sub>这个人很能吃，多煮些饭</sub>。ko⁴⁵liɑɯ⁴⁵lɛn³¹tɕʰia³⁵tɛ³¹, to³⁵tɕy⁴⁵ɕi⁵⁵fan³⁵.

箇条鸡煮得，是条老鸡<sub>这只鸡很耐煮，是只老鸡</sub>。ko⁴⁵liɑɯ⁴⁵tɕi³⁵tɕy⁴⁵tɛ³¹, sɿ³⁵tiɑɯ³¹lɑɯ⁴⁵tɕi⁵⁵.

底＝是你妈，箇钱你也给得<sub>她是你妈，这钱你也该给</sub>。ti⁴⁵sɿ³⁵i⁴⁵ma³⁵, ko⁴⁵tɕiɛn³¹i⁴⁵iɛ⁴⁵kɛ³⁵tɛ³¹.

样啥都贵，田种冇得<sub>现在什么都贵，田不能种了（种地不划算）</sub>。iaŋ³⁵sa³³tɤɯ³⁵kuɛi²¹⁴, tiɛn³¹tsoŋ⁴⁵mɑɯ³⁵tɛ³⁵.

### （三）"V＋得＋补语"型可能句

"V＋得＋补语"型可能补语结构与普通话基本相同，补语也多表示动作行为的结果或趋向。整个结构表示动作行为的某种结果或趋向实现的可能性，否定形式为"V＋冇＋补语"，反复问形式为"V（冇）V得＋补语"。有几个可能补语形式的使用频率较高，如"V得了""V得倒""V得来""V得动""V得成""V得起"等，补语往往有类化的引申义。如：

箇些饭我吃得了<sub>这些饭我吃得完</sub>。ko⁴⁵ɕi⁵⁵fan³⁵ŋo⁴⁵tɕʰia³⁵tɛ³¹liɑɯ⁴².

箇条活路底＝做冇来<sub>这项工作他不会做</sub>。ko⁴⁵liɑɯ⁴⁵xo³³lɤɯ³⁵ti⁴⁵tsɤɯ²¹mɑɯ³⁵lai³¹.

你做得起，我做冇起<sub>你做得了，我做不了</sub>。i⁴⁵tsɤɯ²⁴tɛ³¹tɕʰi⁴², ŋo⁴⁵tsɤɯ²¹mɑɯ³⁵tɕʰi⁴².

箇点钱赚得回来<sub>这点钱能赚回来</sub>。ko⁴⁵tiɛn⁴⁵tɕiɛn³¹tɕyɛn²⁴tɛ³¹uɛi³³lai³¹.

你来冇来得成<sub>你来不来得成</sub>？ i⁴⁵lai³¹mɑɯ³⁵lai³¹tɛ³¹tsɛn³¹?

你来来得成<sub>你来不来得成</sub>？ i⁴⁵lai³³lai³¹tɛ³¹tsɛn³¹?

我一个字都认冇倒我一个字都不认识。ŋo⁴⁵i³³ko³³tsʅ³⁵tɤɯ³⁵lɛn³⁵mɑɯ³⁵tɑɯ⁴².

### （四）"V＋得＋宾语"型可能句

动宾结构"V＋宾语"插入"得"后可以表示"可以""可能""能够""应该""很能"或"值得"去实施某种动作行为。"得"在此结构中也兼有可能补语和补语标记的双重职能。结构的否定形式为"V＋冇得＋宾语"，反复问形式为"V（冇）V得＋宾语"。如：

箇条细娃儿走得路了这个小孩儿会走路了。ko⁴⁵liɑɯ⁴⁵ɕi²⁴ua³³ɚ³⁵tsɤɯ⁴⁵tɛ³¹lɤɯ³⁵liɑɯ⁴².

箇条细娃儿吃得亏这个小孩儿很能吃苦。ko⁴⁵liɑɯ⁴⁵ɕi²⁴ua³³ɚ³⁵tɕʰia³⁵tɛ³¹kʰuɛi³⁵.

底＝吃冇得饭，只能喝汤他不能吃饭，只能喝汤。ti⁴⁵tɕʰia³⁵mɑɯ³⁵tɛ³⁵fan³⁵, tsʅ⁴⁵lɛn³¹xo³⁵tʰaŋ³⁵.

底＝吃冇吃得饭他能不能吃饭？ti⁴⁵tɕʰia³⁵mɑɯ³⁵tɕʰia³⁵tɛ³¹fan³⁵?

底＝吃吃得饭他能不能吃饭？ti⁴⁵tɕʰia³⁵tɕʰia⁵⁵tɛ³¹fan³⁵?

种冇得田了，要赔钱不能种田了，要赔钱。tsoŋ⁴⁵mɑɯ³⁵tɛ³⁵tiɛn³¹liɑɯ⁴², iɑɯ²⁴pɛi³³tɕiɛn³¹.

"V得"后面还可以同时出现补语和宾语，补语一般在宾语的前面。如：

我搬得起箇条板凳我能搬起这条板凳。ŋo⁴⁵pan³⁵tɛ³¹tɕʰi⁴⁵ko⁴⁵liɑɯ⁴⁵pan⁴⁵tɛn⁵⁵.

明天我赶冇倒潼南明天我赶不到潼南。mɛn³³tʰiɛn⁵⁵ŋo⁴⁵kan⁴⁵mɑɯ³⁵tɑɯ⁴⁵tʰoŋ³³lan³¹.

## 七 动补句

潼南湘语中情态补语句、趋向补语句、数量补语句、时地补语句等的构造与普通话相同，可能补语在上述"六 可能句"中已讨论，此处不再重复论述。下面只讨论结果补语句和程度补语句。

### （一）结果补语句

结果补语表示动作行为产生的结果。潼南湘语中单个谓词跟在动词后形成结果补语的情况与普通话相同，此处不论。以下只讨论当地常用的结果补语"倒"和"得冇"。

1. 倒

"倒"作结果补语表示动作行为的达成或结果的实现，也可表示遭受某种损害，这时的"倒"与普通话中的"着"相当。动词的受事成分可置于"倒"后作"V倒"的宾语，也可前移作主语。"倒"作结果补语的肯定和否定形式分别为"V倒＋（宾语）"和"V冇倒＋（宾语）"，其中的宾语可有可无，反复问形式为"V（冇）V倒＋（宾语）"。如：

莫跑，你跟我站倒别跑，你给我站住。mo²⁴pʰɑɯ⁴², i⁴⁵kɛn³⁵ŋo⁴⁵tsan²⁴tɑɯ⁴².

小张钓倒一条大鱼小张钓到一条大鱼。ɕiɑɯ⁴⁵tsaŋ³⁵tiɑɯ²⁴tɑɯ⁴⁵i³³tiɑɯ³³ta³⁵y³¹.

箇本书我买冇倒这本书我买不到。ko⁴⁵pɛn⁴⁵ɕy³⁵ŋo⁴⁵mai⁴⁵mɑɯ³⁵tɑɯ⁴².

## 2. 得有

"V得有"结构中的"得有"表示与动作相关的存在性结果，侧重表示存在。"V得有"后可以带表示施事、受事或当事的成分，有时这些成分也可前移作主语。"得有"作结果补语的肯定和否定形式分别为"V得有+（宾语）"和"冇V得有+（宾语）"，反复问形式为"V得有+冇得+（宾语）"，一般不用"V（冇）V得有+（宾语）"表示反复问。如：

门口站得有人门口站着人。$mεn^{33}k^hrɯ^{45}tsan^{24}tε^{31}irɯ^{45}lεn^{31}$.

我带得有钱我带了钱。$ŋo^{45}tai^{24}tε^{31}irɯ^{45}tɕiεn^{31}$.

我冇买得有肉我没有买肉。$ŋo^{45}mαɯ^{35}mai^{45}tε^{31}irɯ^{45}lɤɯ^{35}$.

你买得有冇得肉你有没有买肉？$i^{45}mai^{45}tε^{31}irɯ^{45}mαɯ^{35}tε^{35}lɤɯ^{35}$?

### （二）程度补语句

潼南湘语中的程度补语形式丰富多样，且往往存在一定程度的虚化，简要情况见表6-5：

**表6-5　潼南湘语程度补语表**

| 程度补语 | 读音 | 语法意义及用法 | 是否前加补语标记"得" | 组合及用例 |
|---|---|---|---|---|
| 登 | $tεn^{35}$ | 与普通话中的"极"相当。用于消极或中性形容词的后面，后多带"了" | − | 穷/臭/冷/热/苦/丑/坏/脏/麻/累/饿/忙/黄/熟/老+登了，如：谷子黄登了 |
| 很₁ | $xεn^{453}$ | 指程度深，用于始发句表出现程度深的情况下会出现什么后果，后多带"了" | − | 饿很了肚子冇舒服、冷很了要冷凉、多很了要冇得 |
| 很₂ | $xεn^{453}$ | 指程度深，多用于"得"后表叙述，后不带"了" | + | 天气热得很、人多得很、底＝急得很 |
| 惨 | $ts^han^{453}$ | 形容程度极深，有夸张意味，后多带"了" | − | 今天热惨了、好吃惨了、好看惨了 |
| 要死 | $iαɯ^{24}sʅ^{42}$ | 形容程度极深，有夸张意味 | + | 热得要死、脏得要死 |
| 死人 | $sʅ^{45}lεn^{31}$ | 形容程度深，有夸张意味 | ± | 冷（得）死人、烦（得）死人 |
| 死 | $sʅ^{453}$ | 形容程度深，有夸张意味，后带"了" | − | 今天箇条天热死了、底＝急死嘎了 |
| （好）恼火 | $(xαu^{453})lαu^{45}xo^{42}$ | 相当于普通话中作为补语的"很" | + | 臭/忙/饿/热+得+（好）恼火 |

| 程度补语 | 读音 | 语法意义及用法 | 是否前加补语标记"得" | 组合及用例 |
|---|---|---|---|---|
| 承冇过 | sɛn³¹mɑɯ³⁵ko³³ | 语义相当于普通话中的"受不了"，前面一般是表体感的形容词 | + | 冷/饿/抠/痒/痛/热/憋 + 得 + 承冇过 |
| 冇得了 | mɑɯ³⁵tɛ³⁵liɑɯ⁴² | 相当于普通话中的"不得了""受不了"，前面多为消极义或中性义的形容词 | + | 烦/热/冷/大/臭 + 得 + 冇得了 |

不同的程度补语，前面所承接的词语类别存在一定差异。有些程度补语所承接的词语的范围较广，且基本没什么条件限制，如"很"，而有些程度补语所承接的词语有一定的条件限制，如"登、惨、要死、死人、死"等多承接的是消极义或中性义形容词，"承冇过"承接的多是一些表示体感的形容词。

潼南湘语还可以通过略去程度补语，直接用"V/A + 得"的形式来表示程度，表示程度极深。使用该结构表示程度时，"得"读音为[tɛ³⁵]，且一般要拖长发音。如：

今天热得——今天热极了。tɕiɛn³⁵tʰiɛn⁵⁵lɛ²¹tɛ³⁵——.

底＝饿得——他饿极了。ti⁴⁵ŋo³⁵tɛ³⁵——.

第七章 语法例句

# 第一节

# 《中国语言资源调查手册·汉语方言》①

本节50个例句，取自教育部语言文字信息管理司、中国语言资源保护研究中心合编的《中国语言资源调查手册·汉语方言》（商务印书馆，2016）第171—178页，各个例句的调查要点，请参看该书第162—170页"各例句调查要点"部分。

所有例句均先列调查条目（普通话说法），再列音标和方言句子。普通话同一例句在方言中有两种以上说法的，按自然度和常用度降序排列。按方言实际读音标注，不显示变调及其他音变过程。

所有例句均附视频。视频目录与《中国语言资源调查手册·汉语方言》语法例句条目一致。

01　小张昨天钓了一条大鱼，我没有钓到鱼。

$\varsigma iau^{45}tsaŋ^{35}tso^{21}t^hiɛn^{55}tiau^{24}tau^{45}i^{33}tiau^{31}ta^{35}y^{31}$, $ŋo^{45}mau^{35}tiau^{24}tau^{42}$.

小　张　昨天　钓　倒　一条　大鱼，我　冇　钓　倒。

$\varsigma iau^{45}tsaŋ^{35}tso^{21}ɚ^{35}tiau^{24}liau^{45}i^{33}tiau^{31}ta^{35}y^{31}$, $ŋo^{45}mau^{35}ixɯ^{45}tiau^{24}tau^{42}$.

小　张　昨儿　钓　了　一条　大鱼，我　冇　有　钓　倒。

02　a. 你平时抽烟吗？ b. 不，我不抽烟。

a. $i^{45}p^hiɛn^{33}sҳ^{31}tɕ^hia^{35}iɛn^{35}ma^{42}$? b. $mau^{35}tɕ^hia^{35}$.

a. 你平　时吃　烟吗　b. 冇　吃。

a. $i^{45}p^hiɛn^{33}sҳ^{31}tɕ^hia^{35}mau^{35}tɕ^hia^{35}iɛn^{35}$? b. $ŋo^{45}mau^{35}tɕ^hia^{35}$.

a. 你平　时吃　冇　吃　烟？ b. 我　冇　吃。

---

① 本节和第八章的调查语料由发音人唐昌平提供，个别词语的发音与周少全不同。记音时以唐昌平的发音为准，个别字词的发音可能与前面的音系和单字音有一定差异。

03　　a. 你告诉他这件事了吗？ b. 是，我告诉他了。

　　　a. i⁴⁵kɑɯ³⁵sɛn⁵⁵ti⁴⁵ ko⁴⁵tɕiɛn³³sŋ³⁵mɑɯ³⁵iɤɯ⁴²? b. sŋ³⁵, ŋo⁴⁵kɑɯ³⁵sɛn⁵⁵ti⁴⁵ ka⁴⁵liɑɯ⁴².

　　　a. 你高＝声① 底＝箇件　事冇　有？　　b. 是，我　高＝声　底＝嘎　了。

04　　你吃米饭还是吃馒头？

　　　i⁴⁵tɕʰia³⁵mi⁴⁵fan⁵⁵ma⁵⁵, tɕʰia³⁵man³³tɤɯ³¹?

　　　你吃　米饭嘛，吃　馒　头？

05　　你到底答应不答应他？

　　　i⁴⁵tɑɯ²⁴ti⁴⁵ta³³iɛn³⁵mɑɯ³⁵ta³³iɛn³⁵ti⁴²?

　　　你到　底答应冇　答应底＝？

　　　i⁴⁵tɑɯ²⁴ti⁴⁵ta³¹mɑɯ³⁵ta³³iɛn³⁵ti⁴²?

　　　你到　底答冇　答应底＝？

06　　a. 叫小强一起去电影院看《刘三姐》。b. 这部电影他看过了。／他这部电影看过了。／
他看过这部电影了。

　　　a. xan⁴⁵ɕiɑɯ⁴⁵tɕʰiaŋ³¹i³³lɤɯ³⁵tɕʰy²¹tien²⁴iɛn⁴⁵uan³³kʰan²⁴liɤɯ³³san³⁵tɕiɛ⁴².

　　　a. 喊　小　强　一路去　电影院　看　《刘三　姐》。

　　　b. ko⁴⁵ko³³tien²⁴iɛn⁴⁵ti⁴⁵ kʰan²⁴ka⁴⁵liɑɯ⁴².

　　　b. 箇个电影底＝看　嘎了。

07　　你把碗洗一下。

　　　i⁴⁵pa⁴⁵uan⁴⁵ɕi⁴⁵i³³xa³³.

　　　你把碗　洗一下。

　　　i⁴⁵pa⁴⁵uan⁴⁵ɕi⁴⁵xa³³.

　　　你把碗　洗下。

08　　他把橘子剥了皮，但是没吃。

　　　ti⁴⁵ pa⁴⁵tɕy³⁵tsŋ⁴⁵po³⁵ka⁴⁵pi³³pi³¹, tan²⁴sŋ³³mɑɯ³⁵iɤɯ⁴⁵tɕʰia³⁵.

　　　底＝把橘子剥嘎皮皮，但是冇　有吃。

09　　他们把教室都装上了空调。

　　　ti⁴⁵ tsŋ⁵⁵pa⁴⁵tɕiɑɯ²⁴sŋ³³tɤɯ³⁵tsuaŋ³⁵saŋ³³ka⁴⁵kʰoŋ³⁵tʰiɑɯ³¹liɑɯ⁴².

　　　底＝之＝把教　室都　装　上　嘎空调　了。

　　　ti⁴⁵ tsŋ⁵⁵pa⁴⁵tɕiɑɯ²⁴sŋ³³tɤɯ³⁵tsuaŋ³⁵tɕʰi⁴⁵ka⁴⁵kʰoŋ³⁵tʰiɑɯ³¹liɑɯ⁴².

　　　底＝之＝把教　室都　装　起嘎空　调　了。

---

① 高＝声：应为"告声"，告诉的意思。发音人由于口误发成了"高＝声"。

10　帽子被风吹走了。

maɯ³⁵tsʅ⁴⁵tsaɯ³¹xoŋ³⁵tsʰuɐi³⁵pʰaɯ⁴⁵ka⁴⁵liaɯ⁴².

　　帽　子　着　风　吹　　跑　　嘎　了。

maɯ³⁵tsʅ⁴⁵tsaɯ³¹xoŋ³⁵tsʰuɐi³⁵tɕʰi⁴⁵pʰaɯ⁴⁵tɕʰiɤɯ³¹ka⁴⁵liaɯ⁴².

　　帽　子　着　风　吹　起　跑　　屎　　嘎　了。

11　张明被坏人抢走了一个包，人也差点儿被打伤。

tsaŋ³⁵miɛn³¹ti⁴⁵paɯ³⁵tsaɯ³¹fai³⁵zɛn³¹tɕʰiaŋ⁴⁵tsɤɯ⁴⁵ka⁴⁵liaɯ⁴², tsʰa³⁵tiɛn⁴⁵zɛn³¹iɛ⁴⁵tsaɯ³¹ta⁴⁵saŋ⁵⁵.

　　张　明　的　包　遭　坏　人　抢　　走　嘎　了，　差　点　人　也　着　打　伤。

tsaŋ³⁵miɛn³¹tsaɯ³¹fai³⁵zɛn³¹tɕʰiaŋ⁴⁵tsɤɯ⁴⁵liaɯ⁴⁵i³³ko³³paɯ³⁵, zɛn³¹tsʰa³⁵tiɛn⁴²xai³³tsaɯ³¹ta⁴⁵saŋ⁵⁵.

　　张　明　着　坏　人　抢　　走　了　一　个　包，　人　差　点　还　着　打　伤。

12　快要下雨了，你们别出去了。

mo²¹tɕʰy³⁵tɕʰiɛ⁵⁵, iaɯ²⁴lo²¹y⁴⁵liaɯ⁴².

　　莫　出　去，　要　落　雨　了。

13　这毛巾很脏了，扔了它吧。

ko⁴⁵liaɯ⁴⁵maɯ³³tɕiɛn³⁵xɛ⁴⁵lɤɯ³¹liaɯ⁴², suai⁴⁵ka⁴².

　　箇　条　毛　巾　嘿＝楼＝了，　甩　嘎。

ko⁴⁵liaɯ⁴⁵maɯ³³tɕiɛn³⁵xɛ⁴⁵lɤɯ³¹liaɯ⁴², suai⁴⁵tiaɯ³³ka⁴².

　　箇　条　毛　巾　嘿＝楼＝了，　甩　掉　嘎。

14　我们是在车站买的车票。

ŋo⁴⁵tsʅ⁵⁵sʅ³⁵tsai²¹tsʰɛ³⁵tsan³³mai⁴⁵ti⁴⁵tsʰɛ³⁵pʰiaɯ³³.

　　我　之＝是　在　车　站　买　的　车　票。

ŋo⁴⁵tsʅ⁵⁵sʅ³⁵tsai²¹tsʰɛ³⁵tsan³³li⁴⁵mai⁴⁵ti⁴⁵tsʰɛ³⁵pʰiaɯ³³.

　　我　之＝是　在　车　站　里　买　的　车　票。

15　墙上贴着一张地图。

tɕiaŋ³¹kaɯ³⁵ti³¹ tʰiɛ³⁵ka⁴⁵i³³tsaŋ³⁵ti²⁴tɤɯ³¹.

　　墙　高　笛＝贴　嘎　一　张　地　图。

tɕiaŋ³¹kaɯ³⁵tɤɯ³¹tʰiɛ³⁵tɕʰi⁴⁵i³³tsaŋ³⁵ti²⁴tɤɯ³¹.

　　墙　高　头　贴　起　一　张　地　图。

tɕiaŋ³¹saŋ³⁵tʰiɛ³⁵tɕʰi⁴⁵i³¹tsaŋ³⁵ti²⁴tɤɯ³¹.

　　墙　上　贴　起　一　张　地　图。

16　床上躺着一个老人。

tsuaŋ³¹saŋ³⁵kʰuɛn²⁴tɕʰi⁴⁵ko³³laɯ⁴⁵zɛn³¹.

　　床　上　困　起　个　老　人。

tsuaŋ³¹kau³⁵tɤɯ³¹kʰuɛn²⁴tɕʰi⁴⁵ko³³lau⁴⁵ʐɛn³¹.

床　高　头　困　　起　个　老　人。

tsuaŋ³¹kau³⁵ti³¹　kʰuɛn²⁴tɕʰi⁴⁵ko³³lau⁴⁵ʐɛn³¹.

床　高　笛⁼困　　起　个　老　人。

17　河里游着好多小鱼。

xo³³li⁴⁵iɤɯ⁴⁵tɕʰi⁴⁵xɛ⁴⁵to³⁵ɕiau⁴⁵y⁴².

河　里　游　起　嘿⁼多　小　　鱼。

18　前面走来了一个胖胖的小男孩。

tɕiɛn³³tɤɯ³¹tsɤɯ⁴⁵lai³¹i³³ko³⁵pʰaŋ²¹tɛn³⁵tɛn³⁵ti⁴⁵ɕiau⁴⁵ua³³ɚ³⁵.

前　头　走　来　一个　胖　墩　墩　的小　娃儿。

tɕiɛn³³tɤɯ³¹tsɤɯ⁴⁵lai³¹liau⁴⁵i³³ko³⁵pʰaŋ²¹tɛn³⁵tɛn³⁵ti⁴⁵ɕiau⁴⁵ua³³ɚ³⁵.

前　头　走　来　了　一个　胖　墩　墩　的小　娃儿。

19　他家一下子死了三头猪。

tiɤɯ⁴⁵　u³¹i³³xa²¹⁴sɿ⁴⁵ka⁴⁵san³⁵ko³⁵tɕy³⁵.

[底⁼屋]屋一下　死　嘎　三　个　猪。

tiɤɯ⁴⁵　u³¹i³³xa²¹⁴sɿ⁴⁵ka⁴⁵san³⁵tiau³¹tɕy³⁵.

[底⁼屋]屋一下　死　嘎　三　条　猪。

20　这辆汽车要开到广州去。／这辆汽车要开去广州。

ko⁴⁵pu³³tsʰɛ³⁵tsɿ⁴⁵iɑu²¹kʰai³⁵tɑu⁴⁵kuaŋ⁴⁵tsɤɯ⁵⁵tɕʰiɛ³³.

箇　部　车　子　要　开　倒　广　州　去。

21　学生们坐汽车坐了两整天了。

ɕio³³sɛn³⁵mɛn⁵⁵tso²⁴tɕʰi²¹tsʰɛ³⁵tso²⁴ka⁴⁵liaŋ⁴⁵kɛn⁴⁵tʰiɛn⁵⁵liau⁴².

学　生　们　坐　汽　车　坐　嘎　两　梗⁼天　了。

22　你尝尝他做的点心再走吧。

i⁴⁵saŋ³¹xa³³ti⁴⁵　tso²⁴ti⁴⁵tiɛn⁴⁵ɕiɛn⁵⁵tsai²⁴tsɤɯ⁴⁵ma⁴².

你尝　下　底⁼做　的点　心　再　走　嘛。

23　a. 你在唱什么？ b. 我没在唱，我放着录音呢。

a. i⁴⁵tsai²¹tsʰaŋ²⁴mu⁴⁵ko⁵⁵? b. ŋo⁴⁵mau³⁵iɤɯ⁴⁵tsʰaŋ²¹⁴, sɿ³⁵faŋ²⁴ti⁴⁵lu³³iɛn³⁵.

a.你　在　唱　么　个? b.我　冇　有　唱，　是放　的录音。

a. i⁴⁵tsai²¹tsʰaŋ²⁴mu⁴⁵ko⁵⁵? b. mau³⁵sɿ⁵⁵ŋo⁴⁵tsai²⁴tsʰaŋ²¹⁴, ŋo⁴⁵faŋ²⁴tɕʰi⁴⁵lu³³iɛn³⁵ti⁴².

a.你　在　唱　么　个? b.冇　是我　在　唱，　我放　起录音　的。

24     a. 我吃过兔子肉，你吃过没有？ b. 没有，我没吃过。

      a. ŋo⁴⁵tɕʰia³⁵ko⁵⁵tʰɤɯ²¹ɚ³⁵lɤɯ³⁵, i⁴⁵tɕʰia³⁵ko⁵⁵mɑɯ³⁵iɤɯ⁴²? b. ŋo⁴⁵mɑɯ³⁵iɤɯ⁴⁵tɕʰia³⁵ko⁵⁵.

      a. 我 吃 过兔 儿肉，你吃 过冇 有？ b. 我 冇 有 吃 过。

      a. ŋo⁴⁵tɕʰia³⁵ko⁵⁵tʰɤɯ²¹ɚ³⁵lɤɯ³⁵, i⁴⁵tɕʰia³⁵ko⁵⁵mɑɯ³⁵iɤɯ⁴²? b. mɑɯ³⁵iɤɯ⁴².

      a. 我 吃 过兔 儿肉， 你吃 过冇 有？ b. 冇 有。

25     我洗过澡了，今天不打篮球了。

      ŋo⁴⁵tɕiɛn³⁵tʰiɛn⁵⁵ɕi⁴⁵ka⁴⁵tsɑɯ⁴⁵liɑɯ⁴², mɑɯ³⁵ta⁴⁵lan³³tɕʰiɤɯ³¹liɑɯ⁴².

      我 今 天 洗 嘎澡 了， 冇 打篮 球 了。

26     我算得太快算错了，让我重新算一遍。

      ŋo⁴⁵suan²⁴tɛ³¹tʰai²⁴kʰuai²¹⁴, suan²⁴tsʰo²¹⁴ka⁴⁵liɑɯ⁴², laŋ³⁵ŋo⁴⁵kɛ³³uai³⁵suan²⁴i³³tau²¹⁴.

      我 算 得太 快， 算 错 嘎了， 让 我 格外 算 一道。

27     他一高兴就唱起歌来了。

      ti⁴⁵ i³¹kɑɯ³⁵ɕiɛn³³, tɤɯ²⁴tsʰaŋ²⁴tɕʰi⁴⁵ko³⁵lai³¹liɑɯ⁴².

      底＝一高 兴 斗＝唱 起 歌 来 了。

28     谁刚才议论我老师来着？

      kaŋ³⁵xɐr⁵⁵la⁴⁵ko³³tsai²¹i²⁴lɛn⁵⁵ŋo⁴⁵lɑɯ⁴⁵sʅ³⁵?

      刚 下儿哪个 在 议论 我 老 师？

      la⁴⁵ko³³kaŋ³⁵ŋan⁵⁵tsai²¹i²⁴lɛn⁵⁵ŋo⁴⁵lɑɯ⁴⁵sʅ³⁵?

      哪个 刚 安＝在 议论 我 老 师？

29     只写了一半，还得写下去。

      tsʅ⁴⁵ɕiɛ⁴⁵ka⁴⁵i³³pan²¹⁴, xai³³iɑɯ³³ɕiɛ⁴⁵xa⁴⁵tɕʰiɛ³³.

      只 写 嘎一半， 还 要 写 下 去。

      tɤɯ²⁴ɕiɛ⁴⁵ka⁴⁵i³³pan²¹⁴, xai³³tɛ³¹ɕiɛ⁴⁵xa⁴⁵tɕʰiɛ³³.

      斗＝写 嘎一半， 还 得 写 下 去。

30     你才吃了一碗米饭，再吃一碗吧。

      i⁴⁵tsai³¹tɕʰia³⁵ka⁴⁵i³³uan⁴⁵fan³⁵, xai³¹tɕʰia³⁵i³³uan⁴⁵ma⁴².

      你才 吃 嘎一碗 饭， 还 吃 一碗 嘛。

      i⁴⁵tsʅ⁴⁵tɕʰia³⁵ka⁴⁵i³³uan⁴⁵fan³⁵, xai³¹tɕʰia³⁵i³³uan⁴⁵ma⁴².

      你只 吃 嘎一碗 饭， 还 吃 一碗 嘛。

      i⁴⁵tɤɯ²¹tɕʰia³⁵ka⁴⁵i³³uan⁴⁵fan³⁵, tsai²¹tɕʰia³⁵i³³uan⁴⁵ma⁴².

      你斗＝吃 嘎一碗 饭， 再 吃 一碗 嘛。

31　让孩子们先走，你再把展览仔仔细细地看一遍。

xan⁴⁵ua³³ua³¹mɛn⁵⁵ɕiɛn³⁵tsɤ̯u⁴², i⁴⁵tsai²⁴pa⁴⁵tsan⁴⁵lan⁴⁵xɑu⁴⁵xɑu⁴⁵sɛn³⁵sɛn⁵⁵kʰan²⁴i³³tɑu²¹⁴.

喊　娃娃们　先走，　你再把展览好好生生看　一道。

32　他在电视机前看着看着睡着了。

ti⁴⁵ tsai²¹tiɛn²⁴sɹ̩³³tɕi³⁵tɕʰiɛn³¹, kʰan²⁴tɑu⁴⁵kʰan²⁴tɑu⁴⁵kʰuɛn²¹tsʰo³⁵liɑu⁴².

底=在　电　视机前，　看　倒看　倒困　着　了。

33　你算算看，这点钱够不够花？

i⁴⁵suan²⁴i³³xa³³, ko⁴⁵tiɛn⁴⁵tɕiɛn³¹kɤ̯u²¹mɑu³⁵kɤ̯u²¹ioŋ³⁵?

你算　一下，箇点　钱　够　有　够　用?

34　老师给了你一本很厚的书吧？

lɑu⁴⁵sɹ̩³⁵kɛ³⁵ka⁴⁵i⁴⁵i³³pɛn⁴⁵xɛ⁴⁵xɤ̯u²¹ti⁴⁵ɕy³⁵pa⁴²?

老　师给嘎你一本　嘿=厚　的书吧?

lɑu⁴⁵sɹ̩³⁵sɹ̩³⁵mɑu³⁵sɹ̩³⁵kɛ³⁵ka⁴⁵i⁴⁵i³³pɛn⁴⁵xɛ⁴⁵xɤ̯u²¹ti⁴⁵ɕy³⁵?

老　师是冇　是给嘎你一本　嘿=厚　的书?

35　那个卖药的骗了他一千块钱呢。

mɛi³⁵ko³³mai³⁵io²¹⁴ti⁴⁵pʰiɛn²⁴tsɤ̯u⁴⁵ka⁴⁵ti⁴⁵ i³³tɕʰiɛn³⁵kʰuai⁴⁵tɕiɛn³¹.

没=个卖　药　的骗　走　嘎底=一千　块　钱。

36　a. 我上个月借了他三百块钱。借入　b. 我上个月借了他三百块钱。借出

a. ŋo⁴⁵tɤ̯u³³ko³⁵ye³⁵tɕie²⁴ka⁴⁵ti⁴⁵ san³⁵pe³⁵kʰuai⁴⁵tɕiɛn³¹.

a. 我头　个月借　嘎底=三　百块　钱。

a. ŋo⁴⁵tɤ̯u³³ko³⁵ye³⁵ɕiaŋ²⁴ti⁴⁵ tɕie²⁴ka⁴⁵san³⁵pe³⁵kʰuai⁴⁵tɕiɛn³¹.

a. 我头　个月向　底=借嘎三　百块　钱。

b. ŋo⁴⁵tɤ̯u³³ko³⁵ye³⁵tɕie²⁴ka⁴⁵san³⁵pe³⁵kʰuai⁴⁵tɕiɛn³¹kɛn³⁵ti⁴².

b. 我头　个月借　嘎三　百块　钱　跟底=。

b. ti⁴⁵ tɤ̯u³³ko³⁵ye³⁵tɕie²⁴ka⁴⁵ŋo⁴⁵san³⁵pe³⁵kʰuai⁴⁵tɕiɛn³¹.

b. 底=头　个月借　嘎我三　百块　钱。

37　a. 王先生的刀开得很好。王先生是医生，施事　b. 王先生的刀开得很好。王先生是病人，受事

a. uaŋ³¹ɕiɛn³⁵sɛn⁵⁵ti⁴⁵tɑu³⁵kʰai³⁵tɛ³¹xɛ⁴⁵xɑu⁴².

a. 王　先　生的刀　开　得嘿=好。

a. uaŋ³¹ɕiɛn³⁵sɛn⁵⁵kʰai³⁵tɑu³⁵kʰai³⁵tɛ³¹xɛ⁴⁵xɑu⁴².

a. 王　先　生开刀　开　得嘿=好。

重庆潼南湘语

282

b. uaŋ³¹ɕiɛn³⁵sɛn⁵⁵ti⁴⁵tɑɯ³⁵i³⁵sɛn³⁵kɛn³⁵ti⁴⁵ kʰai³⁵tɛ³¹xɛ⁴⁵xɑɯ⁴².

b. 王 先 生 的 刀 医生 跟 底ⁿ开 得 嘿ⁿ好。

b. kɛn³⁵uaŋ³¹ɕiɛn⁵⁵sɛn³⁵kʰai³⁵tɑɯ³⁵kʰai³⁵tɛ³¹xɛ⁴⁵xɑɯ⁴².

b. 跟 王 先 生 开 刀 开 得 嘿ⁿ好。

b. uaŋ³¹ɕiɛn³⁵sɛn⁵⁵ti⁴⁵tɑɯ³⁵kʰai³⁵tɛ³¹xɛ⁴⁵xɑɯ⁴².

b. 王 先 生 的 刀 开 得 嘿ⁿ好。

38 我不能怪人家，只能怪自己。

ŋo⁴⁵mɑɯ³⁵lɛn³¹kuai²⁴pʰiɛ²¹ko³⁵, tsɿ⁴⁵lɛn³¹kuai²¹tsɿ³⁵ka⁴².

我 冇 能 怪 别 个, 只 能 怪 自家。

39 a.明天王经理会来公司吗？ b.我看他不会来。

a. mɛn³³tʰiɛn⁵⁵uaŋ³¹tɕiɛn³⁵li⁴⁵lai³¹mɑɯ³⁵lai³¹koŋ³⁵sɿ⁵⁵? b. ŋo⁴⁵kʰan²⁴ti⁴⁵ mɑɯ³⁵fɛi⁵⁵lai³¹.

a. 明 天 王 经 理 来 冇 来 公 司？ b.我 看 底ⁿ冇 会 来。

a. mɛn³³ɚ³⁵uaŋ³¹tɕiɛn³⁵li⁴⁵tɛ³⁵mɑɯ³⁵tɛ³⁵lai³¹koŋ³⁵sɿ⁵⁵? b. ŋo⁴⁵kʰan²⁴ti⁴⁵ mɑɯ³⁵tɛ³⁵lai³¹.

a. 明 日 王 经 理 得 冇 得 来 公 司？ b.我 看 底ⁿ冇 得 来。

40 我们用什么车从南京往这里运家具呢？

ŋo⁴⁵tsɿ⁵⁵ioŋ³⁵mu⁴⁵ko⁴⁵tsʰɛ³⁵pa⁴⁵tɕia³⁵tɕy³³tsʰoŋ³¹lan³³tɕiɛn³⁵yɛn²⁴tɑɯ⁴⁵ko⁴⁵li⁵⁵?

我 之ⁿ用 么 个 车 把 家 具 从 南 京 运 倒 简 里?

41 他像个病人似的靠在沙发上。

ti⁴⁵ tɕʰiaŋ²⁴ko³³piɛn²⁴zɛn³¹iaŋ⁵⁵pʰɛn³⁵tsai³³sa³⁵fa³¹saŋ³³.

底ⁿ像 个 病 人 样 凭 在 沙 发 上。

42 这么干活连小伙子都会累坏的。

ko⁴⁵tsɿ⁵⁵tsɤɯ²⁴xo²¹lɤɯ³⁵liɛn³¹ɕiɑɯ⁴⁵xo⁴⁵tsɿ⁴⁵tɤɯ³⁵iɑɯ³³luɛi³⁵fai³⁵ti⁴².

简 支ⁿ做 活 路 连 小 伙 子 都 要 累 坏 的。

43 他跳上末班车走了。我迟到一步，只能自己慢慢走回学校了。

ti⁴⁵ tʰiɑɯ²⁴saŋ³³tsuɛi²⁴xɤɯ⁵⁵i³³pan³⁵tsʰɛ³⁵tsɤɯ⁴⁵liɑɯ⁴².ŋo⁴⁵ŋan²⁴liɑɯ⁴⁵i³³pu²¹⁴, tsɿ⁴⁵xɑɯ⁴⁵

底ⁿ跳 上 最 后 一 班 车 走 了。 我 晏 了 一 步, 只 好

tsɿ³⁵ka⁵⁵tsɤɯ⁴⁵fɛi³¹ɕio³³ɕiɑɯ³³liɑɯ⁴².

自 家 走 回 学 校 了。

44 这是谁写的诗？谁猜出来我就奖励谁十块钱。

ko⁴⁵liɑɯ⁴⁵sɿ³⁵sɿ³⁵la⁴⁵ko³³ɕie⁴⁵ti⁴²? la⁴⁵ko³³tsʰai³⁵tuɛi²¹⁴, ŋo⁴⁵tsɤɯ²⁴tɕiaŋ⁴⁵la⁴⁵ko³³sɛ²⁴kʰuai⁴⁵tɕiɛn³¹.

简 条 诗 是 哪 个 写 的? 哪 个 猜 对, 我 斗ⁿ奖 哪 个 十 块 钱。

ko⁴⁵liɑɯ⁴⁵sʅ³⁵sʅ³⁵la⁴⁵ko³³ɕiɛ⁴⁵ti⁴⁵? la⁴⁵ko³³tsʰai³⁵tuɛi²¹⁴, ŋo⁴⁵tɤɯ²⁴tɕiaŋ⁴⁵ti⁴⁵ sɛ²⁴kʰuai⁴⁵tɕiɛn³¹.

箇 条　诗 是 哪 个 写 的? 哪 个 猜 　对,　我 斗ᵈ 奖　底ᵈ十 块　钱。

45　我给你的书是我教中学的舅舅写的。

ŋo⁴⁵la³¹kɛn³⁵i⁴⁵ti⁴⁵su³⁵sʅ³⁵ŋo⁴⁵tɕiɑɯ³⁵tsoŋ³⁵ɕio³¹ti⁴⁵tɕiɤɯ²¹tɕiɤɯ³⁵ɕiɛ⁴⁵ti⁴².

我 拿 跟　你的 书 是 我 教　　中 学 的 舅　　舅　　写 的。

46　你比我高，他比你还要高。

i⁴⁵pi⁴⁵ŋo⁴⁵kɑɯ³⁵, ti⁴⁵ pi⁴⁵i⁴⁵xai³³iɑɯ³³kɑɯ³⁵.

你比 我 高，　底ᵈ比 你 还 要　高。

47　老王跟老张一样高。

lɑɯ⁴⁵uaŋ³¹kɛn³⁵lɑɯ⁴⁵tsaŋ³⁵i³³iaŋ³⁵kɑɯ³⁵.

老 王 跟 老 张 一样 高。

48　我走了，你们俩再多坐一会儿。

ŋo⁴⁵tsɤɯ⁴⁵liɑɯ⁴², i⁴⁵liaŋ⁴⁵ko³³tsai²¹to³⁵tso²¹xa³⁵xɐr⁵⁵.

我 走　了，　你 两　个 再 多 坐 下 下儿。

49　我说不过他，谁都说不过这个家伙。

ŋo⁴⁵kaŋ⁴⁵mɑɯ³⁵ko²⁴ti⁴², la⁴⁵ko³³iɛ⁴⁵kaŋ⁴⁵mɑɯ³⁵ko²⁴ti⁴².

我 讲 有　过 底ᵈ,哪 个 也 讲 有　过 底ᵈ。

50　上次只买了一本书，今天要多买几本。

saŋ³⁵fɛi³¹ŋo⁴⁵tsʅ⁴⁵mai⁴⁵ka⁴⁵i³³pɛn⁴⁵ɕy³⁵, tɕiɐr³⁵ŋo⁴⁵iɑɯ²¹to³⁵mai⁴⁵tɕi⁴⁵pɛn⁴².

上 回 我 只 买 嘎 一本　书，今儿 我 要 多 买 几 本。

# 第二节

# 《汉语方言语法调查例句》

　　本节语法例句共248句，总称为《汉语方言语法调查例句》，可以作为《中国语言资源调查手册·汉语方言》50个语法例句的补充和扩展。这些例句根据以下几个来源综合：（1）中国社会科学院语言研究所方言组《方言调查词汇表》第叁拾壹部分"语法"，参看《方言》1981：201—203；（2）丁声树《方言调查词汇手册》第18部分，参看《方言》1989：91—97；（3）中国社会科学院语言研究所"汉语方言重点调查"（1988—1992）课题组编印的《语法调查例句》（油印本）；（4）中国社会科学院A类重大研究课题"中国濒危语言方言调查研究与新编《中国语言地图集》"（2002—2007）编印的《词汇语法调查条目》（油印本）；（5）根据通行语法著作适当选取的其他一些语法例句。

001　**这句话用茶店话怎么说？**

　　ko⁴⁵tɕy³³ua³⁵ioŋ³⁵tsa³³tiɛn³⁵tsʅ⁴⁵ti⁴⁵ua³⁵iɛ²¹ tsʅ³⁵kaŋ⁴²?

　　箇　句　话　用　茶　店　子　的　话　叶ᵓ支ᵓ讲？

002　**你还会说别的地方的话吗？**

　　i⁴⁵fɛi³⁵fɛi⁵⁵kaŋ⁴⁵pʰiɛ²¹ko³⁵taŋ³³ti⁴⁵ua³⁵?

　　你　会　会　讲　别　个　垱　的　话？

　　i⁴⁵fɛi³⁵mɯ³⁵fɛi⁵⁵kaŋ⁴⁵pʰiɛ²¹ko³⁵taŋ³³ti⁴⁵ua³⁵?

　　你　会　冇　会　讲　别　个　垱　的　话？

003　**不会了，我从小就没出过门，只会说茶店话。**

　　mɯ³⁵fɛi⁵⁵liau⁴²，ŋo⁴⁵tsoŋ³³ɕiau⁴⁵tau²¹ɕiɛn²⁴tsai³³tɕʰy⁴⁵sʅ³¹mɯ³⁵tsɤu⁴⁵ko⁵⁵yɛn⁴⁵taŋ⁵⁵，

　　冇　会　了，　我　从　小　到　现　在　取ᵓ时　冇　走　过　远　垱，

tsʅ⁴⁵fɛi³⁵kaŋ⁴⁵tsa³³tiɛn³⁵tsʅ⁴⁵ua³⁵.

只　会　讲　茶　店　子　话。

**004　会，还会说潼南话，不过说得不怎么好。**

fɛi³⁵, xai³³fɛi³⁵kaŋ⁴⁵tʰoŋ³³lan³¹ua³⁵, tsʅ⁴⁵sʅ³³kaŋ⁴⁵tɛ³¹maɯ³⁵taŋ³³xaɯ⁴².

会，还 会 讲 潼　南 话，只 是 讲 得 冇　当　好。

**005　会说普通话吗?**

fɛi³⁵fɛi⁵⁵kaŋ⁴⁵pʰu⁴⁵tʰoŋ⁵⁵ua⁵⁵?

会 会 讲 普 通 话?

fɛi³⁵maɯ³⁵fɛi⁵⁵kaŋ⁴⁵pʰu⁴⁵tʰoŋ⁵⁵ua⁵⁵?

会 冇　会 讲 普 通 话?

**006　不会说，没有学过。**

maɯ³⁵fɛi⁵⁵kaŋ⁴², maɯ³⁵iɤɯ⁴⁵ɕio²¹ko³⁵.

冇　会 讲，冇 有 学 过。

**007　会说一点儿，不标准就是了。**

fɛi³⁵kaŋ⁴⁵kʰo⁴⁵ɚ³¹tsai⁴², tsʅ⁴⁵sʅ³³maɯ³⁵taŋ³³piaɯ³⁵tɕyɛn⁴².

会 讲 颗 儿 崽，只 是 冇　当 标　准。

**008　在什么地方学的普通话?**

tsai³⁵la⁴⁵ko³³taŋ³³ɕio²⁴ti⁴⁵pʰu⁴⁵tʰoŋ⁵⁵ua⁵⁵?

在 哪 个 垱 学 的 普 通　话?

**009　上小学中学都学普通话。**

tʰɤɯ²⁴ɕiaɯ⁴⁵ɕio³¹tsoŋ³⁵ɕio³¹tɤɯ³⁵ɕio²⁴pʰu⁴⁵tʰoŋ⁵⁵ua⁵⁵.

读　小　学 中 学 都　学 普 通 话。

**010　谁呀? 我是老王。**

sʅ³⁵la⁴⁵ko³³? ŋo⁴⁵³, laɯ⁴⁵uaŋ³¹.

是 哪 个? 我，老　王。

**011　您贵姓? 我姓王，您呢?**

i⁴⁵kuɛi²⁴sɛn²¹⁴? ŋo⁴⁵sɛn²⁴uaŋ³¹, i⁴⁵ɛ³³?

你 贵　姓? 我 姓 王，你 嗳?

**012　我也姓王，咱俩都姓王。**

ŋo⁴⁵iɛ⁴⁵sɛn²⁴uaŋ³¹, ŋo⁴⁵liaŋ⁴⁵ko⁵⁵tɤɯ³⁵sɛn²⁴uaŋ³¹.

我 也 姓 王， 我 两 个 都 姓 王。

013 巧了，他也姓王，本来是一家嘛。

xau⁴⁵tɕʰiau⁴⁵o⁴², ti⁴⁵ iɛ⁴⁵sɛn²⁴uaŋ³¹, ŋo⁴⁵tsʅ⁵⁵pɛn⁴⁵lai³¹tɤɯ³⁵sʅ⁵⁵i³³tɕia³⁵ma⁴².

好　巧　　哦，底=也姓　王，我　之=本　来　都　是一家　嘛。

014 老张来了吗？说好他也来的！

lau⁴⁵tsaŋ³⁵lai³³ka⁴⁵maɯ³⁵iɤɯ⁴²? kaŋ⁴⁵xau⁴⁵ka⁴⁵ti⁴², ti⁴⁵ iɛ⁴⁵iau³³lai³¹!

老　张　来嘎冇　有？　讲　好　嘎的，底=也要　来！

015 他没来，还没到吧。

ti⁴⁵ xai³¹maɯ³⁵iɤɯ⁴⁵loŋ⁴², xai³¹maɯ³⁵iɤɯ⁴⁵loŋ⁴⁵ŋo⁴².

底=还冇　有　拢，还　冇　有　拢哦。

016 他上哪儿了？还在家里呢。

ti⁴⁵ tɑɯ²⁴la⁴⁵to³¹tɕʰiɛ²⁴ka⁴⁵liɑɯ⁴²? ti⁴⁵ xai³¹tsai³⁵u³⁵li⁴⁵tɤɯ³¹o⁴².

底=到　哪坨去　嘎了？　底=还在　屋里头　哦。

017 在家做什么？在家吃饭呢。

tsai³⁵u³⁵li⁴²tsɤɯ²⁴mu⁴⁵ko⁴²? tsai³⁵u³⁵li⁴⁵tɕʰia³⁵ia³⁵fan⁵⁵lo⁴².

在　屋里做　么个？在　屋里吃　夜饭　哦。

018 都几点了，怎么还没吃完？

tɤɯ³⁵mu⁴⁵ko⁴⁵sʅ³³xɤɯ³⁵liɑɯ⁴², iɛ²¹ tsʅ³⁵xai³¹maɯ³⁵tɕʰia³⁵uan³¹lo⁴²?

都　么个时候　了，叶=支=还冇　吃　完　哦？

019 还没有呢，再有一会儿就吃完了。

xai³¹maɯ³⁵iɤɯ⁴⁵o⁴², tɛn⁴⁵kaŋ⁴⁵kɐʴ⁴²　tɤɯ³⁵tɕʰia³⁵uan³¹liɑɯ⁴².

还　冇　有　哦，等　岗=岗=儿都　吃　完　了。

020 他在哪儿吃的饭？

ti⁴⁵ tsai³⁵la⁴⁵ko³³taŋ³³tɕʰia³⁵ti⁴⁵fan⁵⁵?

底=在　哪个垱　吃　的饭？

021 他是在我家吃的饭。

ti⁴⁵ tsai³⁵ŋo⁴⁵u⁵⁵tɕʰia³⁵ti⁴⁵fan⁵⁵.

底=在　我屋吃　的饭。

022 真的吗？真的，他是在我家吃的饭。

taŋ³⁵tsɛn³⁵la⁴²? tsɛn³⁵ti⁴², ti⁴⁵ ŋɛn³⁵sʅ⁵⁵tsai³⁵ŋo⁴⁵u⁴⁵tɕʰia³⁵ti⁴⁵fan⁵⁵.

当　真　啊？真　的，底=硬　是在　我屋吃　的饭。

023 先喝一杯茶再说吧！

ɕiɛn³⁵xo³⁵pɛi³⁵tsa³¹to³⁵, tsai²⁴kaŋ⁴⁵ma⁴²!

先　喝杯茶哆，再　讲　嘛！

024 说好了就走的，怎么半天了还不走？

kaŋ⁴⁵xau⁴⁵liau⁴⁵tɤɯ³⁵tsɤu⁴⁵ti⁴², iɛ²¹tsŋ³⁵ko⁴⁵ta⁵⁵pan²¹tʰiɛn⁵⁵liau⁴⁵xai³¹mauu³⁵tsɤu⁴²?

讲　好　了　都　走　的，叶=支=箇大半天　了　还有走？

025 他磨磨蹭蹭的，做什么呢？

ti⁴⁵ man³⁵tʰɛn⁵⁵tʰɛn³⁵ti⁴², tsai³⁵tsɤu²⁴mu⁴⁵ko⁴²?

底=慢　吞　吞　的, 在　做　么　个？

026 他正在那儿跟一个朋友说话呢。

ti⁴⁵ tsɛn²¹tsai³⁵kɛn³⁵poŋ³³iɤɯ⁴⁵kaŋ⁴⁵ua³⁵o⁴².

底=正　在　跟　朋　友　讲　话　哦。

027 还没说完啊？催他快点儿！

xai³¹mauu³⁵kaŋ⁴⁵uan³¹la⁴²? xan⁴⁵ti⁴⁵ kau⁴⁵kʰuai²⁴tiɛn⁴⁵lo⁴²!

还　有　讲　完　啊? 喊　底=搞　快　点　哦!

028 好，好，他就来了。

iauu²⁴tɛ³¹, iauu²⁴tɛ³¹, ti⁴⁵ li³³ma⁴⁵lai³³liauu⁴².

要　得，要　得，底=立马　来　了。

029 你上哪儿去？我上街去。

i⁴⁵tauu²⁴la⁴⁵ko³³taŋ²⁴tɕʰiɛ²¹⁴? ŋo⁴⁵tauu²¹kai³⁵saŋ⁵⁵tɕʰiɛ²¹⁴.

你到　哪　个　垱　去? 　我到　街　上　去。

030 你多会儿去？我马上就去。

i⁴⁵xauu⁴⁵tɕiɤɯ⁴⁵tɕʰiɛ²¹⁴? ŋo⁴⁵kɛn³⁵tauu⁴⁵tɤɯ³⁵tɕʰiɛ²¹⁴.

你好　久　去? 　我跟　倒　都　去。

031 做什么去呀？家里来客人了，买点儿菜去。

tɕʰiɛ²⁴tsɤu²⁴mu⁴⁵ko⁴⁵o⁴²? u³⁵li⁴⁵lai³¹kʰɛ³⁵liauu⁴², tɕʰiɛ²⁴mai⁴⁵tiɛn⁴⁵tsʰai²¹⁴o⁴².

去　做　么　个哦?屋里来客　了，　去　买　点　菜　哦。

032 你先去吧，我们一会儿再去。

i⁴⁵ɕiɛn³⁵tsɤu⁴⁵tauu⁴², ŋo⁴⁵tsŋ⁵⁵man²⁴tsɛn³³tsai²⁴lai³¹.

你先　走　倒，　我之=慢　阵　再　来。

033 好好儿走，别跑！小心摔跤了。

xauu⁴⁵sɛn⁵⁵tsɤu⁴², mo²⁴pʰauu⁴²!mo²⁴kuɛn⁴⁵tauu⁴².

好　生　走，莫跑！莫滚　倒。

034 小心点儿，不然的话摔下去爬都爬不起来。

xauu⁴⁵sɛn⁵⁵tiɛn⁴², mauu³⁵sŋ⁵⁵kuɛn⁴⁵tauu⁴⁵liauu⁴⁵pa³¹tɤɯ³⁵pa³¹mauu³⁵tɕʰi⁴⁵lai³¹.

好　生　点，有　是　滚　倒　了　爬　都　爬　有　起　来。

035　不早了，快去吧！

maɯ³⁵tsɑu⁴⁵liɑu⁴², kʰuai²⁴tɕʰiɛ²⁴ma⁴²!

冇　　早　了，　快　　去　　嘛！

maɯ³⁵tsɑu⁴⁵liɑu⁴², tɕʰiɛ²⁴tɛ³¹liɑu⁴²!

冇　　早　了，　去　得　了！

036　这会儿还早呢，过一会儿再去吧。

lɛ²⁴tsɛn³³xai³¹tsɑu⁴⁵sɛ³³, tɛn⁴⁵kaŋ⁴⁵kɐr⁴²　tsai²⁴tɕʰiɛ²⁴ma⁴².

勒゠阵　还　早　嘞，　等　岗゠岗゠儿再　去　　嘛。

037　吃了饭再去好不好？

tɕʰia³⁵ka⁴⁵fan³⁵to⁵⁵tsai²⁴tɕʰiɛ²¹⁴, iɑu²⁴iɑu²⁴tɛ³¹?

吃　嘎　饭　哆　再　去，　　要　要　得？

tɕʰia³⁵ka⁴⁵fan³⁵to⁵⁵tsai²⁴tɕʰiɛ²¹⁴, iɑu²⁴maɯ³⁵iɑu²⁴tɛ³¹?

吃　嘎　饭　哆　再　去，　　要　冇　要　得？

038　不行，那可就来不及了。

iɑu²¹maɯ³⁵tɛ³⁵, maɯ³⁵sʅ⁵⁵kan⁴⁵maɯ³⁵tɑu⁴⁵liɑu⁴².

要　冇　得，　冇　是　赶　冇　倒　了。

039　不管你去不去，反正我是要去的。

kuan⁴⁵i⁴⁵tɕʰiɛ²⁴tɕʰiɛ³³, fan⁴⁵tsɛn³³ŋo⁴⁵sʅ³⁵iɑu²⁴tɕʰiɛ²⁴ti⁴².

管　你　去　去，　反　正　我　是　要　去　的。

kuan⁴⁵i⁴⁵tɕʰiɛ²⁴maɯ³⁵tɕʰiɛ³³, fan⁴⁵tsɛn³³ŋo⁴⁵sʅ³⁵iɑu²⁴tɕʰiɛ²⁴ti⁴².

管　你　去　冇　去，　反　正　我　是　要　去　的。

maɯ³⁵kuan⁴⁵i⁴⁵tɕʰiɛ²⁴tɕʰiɛ³³, fan⁴⁵tsɛn³³ŋo⁴⁵sʅ³⁵iɑu²⁴tɕʰiɛ²⁴ti⁴².

冇　管　你　去　去，　反　正　我　是　要　去　的。

maɯ³⁵kuan⁴⁵i⁴⁵tɕʰiɛ²⁴maɯ³⁵tɕʰiɛ³³, fan⁴⁵tsɛn³³ŋo⁴⁵sʅ³⁵iɑu²⁴tɕʰiɛ²⁴ti⁴².

冇　管　你　去　冇　去，　反　正　我　是　要　去　的。

040　你爱去不去。你爱去就去，不爱去就不去。

kuan⁴⁵tɛ³¹i⁴⁵tɕʰiɛ²⁴tɕʰiɛ³³.i⁴⁵ɕi⁴⁵fan⁵⁵tɕʰiɛ²¹⁴tɤɯ³⁵tɕʰiɛ²¹⁴, maɯ³⁵tɕʰiɛ²¹⁴suan²⁴tɕʰiɤɯ³¹liɑu⁴².

管　得　你　去　去。你　喜　欢　去　都　去，　冇　去　算　屎　　了。

kuan⁴⁵tɛ³¹i⁴⁵tɕʰiɛ²⁴maɯ³⁵tɕʰiɛ³³.i⁴⁵ɕi⁴⁵fan⁵⁵tɕʰiɛ²¹⁴tɤɯ³⁵tɕʰiɛ²¹⁴, maɯ³⁵tɕʰiɛ²¹⁴suan²⁴tɕʰiɤɯ³¹liɑu⁴².

管　得　你　去　冇　去。你　喜　欢　去　都　去，　冇　去　算　屎　　了。

041　那么说起来的话，我非去不可！（那我非去不可！）

mɛi³⁵tsʅ⁵⁵kaŋ⁴⁵tɕʰi⁴², ŋo⁴⁵maɯ³⁵tɕʰiɛ²¹⁴ŋɛn³⁵sʅ⁵⁵maɯ³⁵ɕiɛn³¹!

没゠支゠讲　起，　我　冇　去　　硬　是　冇　行！

**042** 那个东西不在那儿，也不在这儿。

mɛi³⁵liɑɯ⁴⁵toŋ³⁵ɕi⁴⁵mɑɯ³⁵tsai⁵⁵mɛi³⁵to³¹, iɛ⁴⁵mɑɯ³⁵tsai⁵⁵ko⁴⁵to³¹.

没= 条 东 西 冇 在 没= 坨, 也 冇 在 箇坨。

mɛi³⁵liɑɯ⁴⁵toŋ³⁵ɕi⁴⁵mɑɯ³⁵iɤɯ⁴⁵tsai⁵⁵mɛi³⁵to³¹, iɛ⁴⁵mɑɯ³⁵iɤɯ⁴⁵tsai⁵⁵ko⁴⁵to³¹.

没= 条 东 西 冇 有 在 没= 坨, 也 冇 有 在 箇坨。

**043** 那么说起来的话，到底在哪儿？（那到底在哪儿？）

mɛi³⁵tsʅ⁵⁵kɑŋ⁴⁵tɕʰi⁴², tɑɯ²⁴ti⁴⁵tsai³⁵la⁴⁵ko³³tɑŋ²¹⁴?

没= 支=讲 起, 到 底 在 哪个 垱?

**044** 那个嘛，我也说不清楚，你问他去！（我也说不清楚，你问他去！）

mɛi³⁵tsʅ⁵⁵ma⁴², ŋo⁴⁵iɛ⁴⁵kɑŋ⁴⁵mɑɯ³⁵tsʰɛn³⁵tʰɤɯ⁴², i⁴⁵tɕʰiɛ²¹uɛn³⁵ti⁴²!

没= 支=嘛, 我 也 讲 冇 �'敨, 你 去 问 底=!

**045** 怎么办呢？不是那么办，要这么办才对。

iɛ²¹tsʅ³⁵pan²¹lɛ³⁵? mɑɯ³⁵sʅ⁵⁵mɛi³⁵tsʅ⁵⁵tsɤɯ³³, iɑɯ²⁴ko⁴⁵tsʅ⁵⁵tsɤɯ²¹⁴tsai³³te³⁵ɕiɛn³¹.

叶=支=办 咪? 冇 是 没= 支=做, 要 箇 支=做 才 得 行。

**046** 要多少才够呢？

iɑɯ²⁴xɑɯ⁴⁵to⁵⁵tsai³³kɤɯ²⁴o⁴²?

要 好 多 才 够 哦?

**047** 太多了，要不了那么多，只要这么多就够了。

to³⁵xɛn⁴⁵liɑɯ⁴², iɑɯ²⁴mɑɯ³⁵tɑɯ⁴⁵mɛi³⁵tsʅ⁵⁵to⁵⁵, tsʅ⁴⁵iɑɯ³³ko⁴⁵tsʅ⁵⁵to⁵⁵tɤɯ³⁵iɤɯ⁴⁵liɑɯ⁴².

多 很 了, 要 冇 倒 没= 支=多, 只 要 箇 支=多 都 冇 了。

**048** 不管怎么忙，也得好好儿学习。

mɑɯ³⁵kuan⁴⁵iɛ²¹tsʅ³⁵mɑŋ³¹, iɛ⁴⁵iɑɯ³³xɑɯ⁴⁵sɛn⁵⁵tʰɤɯ²¹ɕy³⁵.

冇 管 叶=支=忙, 也 要 好 生 读 书。

**049** 你闻闻这朵花香不香？

i⁴⁵uɛn³¹xa³⁵ko⁴⁵to⁴⁵fa³⁵ɕiɑŋ³⁵ɕiɑŋ⁵⁵?

你 闻 下 箇 朵 花 香 香?

i⁴⁵uɛn³¹xa³⁵ko⁴⁵to⁴⁵fa³⁵ɕiɑŋ³⁵mɑɯ³⁵ɕiɑŋ⁵⁵?

你 闻 下 箇 朵 花 香 冇 香?

**050** 好香呀，是不是？

xɑɯ⁴⁵ɕiɑŋ³⁵ŋo⁴², sʅ³⁵sʅ⁵⁵?

好 香 哦, 是 是?

xɑɯ⁴⁵ɕiɑŋ³⁵ŋo⁴², sʅ³⁵mɑɯ³⁵sʅ⁵⁵?

好 香 哦, 是 冇 是?

051 你是抽烟呢，还是喝茶？

i⁴⁵sๅ³⁵tɕʰia³⁵iɛN³⁵mɛ³³, xa³³sๅ³⁵xo³⁵tsa³¹?

你是吃　烟　唠，还 是 喝 茶？

i⁴⁵tɕʰia³⁵iɛN³⁵mɛ³³, xa³³sๅ³⁵xo³⁵tsa³¹?

你吃　烟　唠，还 是 喝 茶？

i⁴⁵tɕʰia³⁵iɛN³⁵, xa³³sๅ³⁵xo³⁵tsa³¹?

你吃　烟，还 是 喝 茶？

052 烟也好，茶也好，我都不会。

iɛN³⁵iɛ⁴⁵xɑɯ⁴², tsa³¹iɛ⁴⁵xɑɯ⁴², ŋo⁴⁵tɤɯ³⁵mɑɯ³⁵ɕi⁴⁵fan⁵⁵.

烟 也 好，茶 也 好，我 都 冇　喜 欢。

053 医生叫你多睡一睡，抽烟喝茶都不行。

ɕiɛN³⁵sɛN⁵⁵xan⁴⁵i⁴⁵to³⁵kʰuɛN²⁴xa³³, tɕʰia³⁵iɛN³⁵xo³⁵tsa³¹tɤɯ³⁵mɑɯ³⁵tɛ³⁵ɕiɛN³¹.

先 生 喊 你 多 困　下，吃 烟 喝 茶 都 冇 得 行。

054 咱们一边走一边说。

ŋo⁴⁵tsๅ⁵⁵i³³lɤɯ³⁵tsɤɯ⁴², i³³lɤɯ³⁵kaŋ⁴².

我 之〓一路　走，一路　讲。

055 这个东西好是好，就是太贵了。

ko⁴⁵liɑɯ⁴⁵toŋ³⁵ɕi⁴⁵xɑɯ⁴⁵sๅ³⁵xɑɯ⁴², tɤɯ³⁵sๅ⁵⁵kuɛi²⁴xɛn⁴⁵liɑɯ⁴².

箇 条　东 西 好 是 好，都 是 贵 很 了。

056 这个东西虽说贵了点儿，不过挺结实的。

ko⁴⁵liɑɯ⁴⁵toŋ³⁵ɕi⁴⁵ɕy³⁵lan³¹kuɛi²⁴kʰo⁴⁵ɚ³¹, pu³³ko³³xɛn⁴⁵tsuai³³sๅ³⁵.

箇 条　东 西 虽 然 贵 颗 儿，不 过 很 □ 实。

057 他今年多大了？

ti⁴⁵ tɕiɛN³⁵iɛN³¹xɑɯ⁴⁵ta³⁵liɑɯ⁴²?

底〓今　年 好　大 了？

058 也就是三十来岁吧。

iɛ⁴⁵mɑɯ³⁵ko³³san³⁵sๅ⁵⁵lai³¹suɛi²⁴ma⁴².

也 冇　过 三 十 来 岁　嘛。

059 看上去不过三十多岁的样子。

kʰan²⁴tɕʰi⁴⁵lai³¹mɑɯ³⁵ko³³san³⁵sๅ⁵⁵to³⁵tiɛn⁴².

看　起 来 冇　过 三 十 多 点。

060 这个东西有多重呢？

ko⁴⁵liɑɯ⁴⁵toŋ³⁵ɕi⁴⁵iɤɯ⁴⁵xɑu⁴⁵tsoŋ³⁵ŋo⁴²?

箇 条 东 西 有 好 重 哦?

061 怕有五十多斤吧。

pʰa²⁴iɤɯ⁴⁵u⁴⁵sʅ⁵⁵to³⁵tɕiɛn³⁵lo⁴².

怕 有 五 十 多 斤 哦。

062 我五点半就起来了，你怎么七点了还不起来？

ŋo⁴⁵u⁴⁵tiɛn⁴⁵pan³³tɤɯ³⁵tɕʰi⁴⁵lai³¹ka⁴⁵liɑɯ⁴², i⁴⁵iɛ²¹ tsʅ³⁵tɕʰi³⁵tiɛn⁴⁵pan³³tɤɯ³⁵xai³¹mɑɯ³⁵

我 五 点 半 都 起 来 嘎 了, 你 叶゠支゠七 点 半 都 还 冇

tɕʰi⁴⁵ lai³¹ io⁴²?

起 来 哟?

063 三四个人盖一床被。一床被盖三四个人。

san³⁵sʅ³³ko³⁵lɛn³¹kai²⁴i³³tsuɑŋ³⁵pʰu³⁵kai⁵⁵.i³³tsuɑŋ³¹pʰu³⁵kai⁵⁵kai²¹san³⁵sʅ³³ko³⁵lɛn³¹.

三 四 个 人 盖 一 床 铺 盖。一 床 铺 盖 盖 三 四 个 人。

064 一个大饼夹一根油条。一根油条外加一个大饼。

i³³ko³³pɛn⁴⁵tsʅ⁴⁵li⁴⁵tɤɯ³¹ka³⁵kɛn³⁵iɤɯ³³tiɑɯ³¹.i³³kɛn³⁵iɤɯ³³tiɑɯ³¹ta³³ko³³ta³⁵pɛn⁴².

一 个 饼 子 里 头 夹 根 油 条。一 根 油 条 搭 个 大 饼。

065 两个人坐一张凳子。一张凳子坐了两个人。

liaŋ⁴⁵ko⁵⁵lɛn³¹tso³⁵i³³kɛn³⁵pan⁴⁵tɛn⁵⁵.i³³kɛn³⁵pan⁴⁵tɛn⁵⁵tso³⁵ka⁴⁵liaŋ⁴⁵ko⁵⁵lɛn³¹.

两 个 人 坐 一 根 板 凳。一 根 板 凳 坐 嘎 两 个 人。

066 一辆车装三千斤麦子。三千斤麦子刚好够装一辆车。

i³³tɕia³³tsʰɛ³⁵tsʅ⁴⁵tsuɑŋ³⁵san³⁵tɕʰiɛn⁵⁵tɕiɛn⁵⁵mɛ²⁴tsʅ⁴².

一 架 车 子 装 三 千 斤 麦 子。

san³⁵tɕʰiɛn⁵⁵tɕiɛn⁵⁵mɛ²⁴tsʅ⁴⁵tɕiaŋ³⁵ŋan⁵⁵kɤɯ²¹tsuɑŋ³⁵i³³tɕia³³tsʰɛ³⁵tsʅ⁴².

三 千 斤 麦 子 刚 安゠够 装 一 架 车 子。

067 十个人吃一锅饭。一锅饭够吃十个人。

sɛ²¹ko³⁵lɛn³¹tɕʰia³⁵i³³ko³⁵fan⁵⁵.i³³ko³⁵fan⁵⁵kɤɯ²⁴tɛ³¹tɑu⁴⁵sɛ²¹ko³⁵lɛn³¹tɕʰia³⁵.

十 个 人 吃 一 锅 饭。一 锅 饭 够 得 倒 十 个 人 吃。

068 十个人吃不了这锅饭。这锅饭吃不了十个人。

sɛ²¹ko³⁵lɛn³¹tɕʰia³⁵mɑɯ³⁵uan³¹ko⁴⁵ko³⁵fan⁵⁵.ko⁴⁵ko³⁵fan⁵⁵kɤɯ²¹mɑɯ³⁵tɑu⁴⁵sɛ²¹ko³⁵lɛn³¹tɕʰia³⁵.

十 个 人 吃 冇 完 箇 锅 饭。箇 锅 饭 够 冇 倒 十 个 人 吃。

069 这个屋子住不下十个人。

ko⁴⁵liɑɯ⁴⁵u³⁵tso³⁵mɑɯ³⁵xa⁵⁵sɛ²¹ko³⁵lɛn³¹.

箇 条 屋住 冇 下 十个 人。

ko⁴⁵liɑɯ⁴⁵u³⁵tso³⁵mɑɯ³⁵tɑɯ⁴⁵sɛ²¹ko³⁵lɛn³¹.

箇 条 屋住 冇 倒 十个 人。

070 小屋堆东西，大屋住人。

ɕiɑɯ⁴⁵u⁵⁵faŋ²¹toŋ³⁵ɕi⁴², ta³⁵u⁵⁵tso³⁵lɛn³¹.

小 屋放 东 西，大屋 住 人。

071 他们几个人正说着话呢。

ti⁴⁵ tsʅ⁵⁵tɕi⁴⁵ko³⁵lɛn³¹kaŋ⁴⁵tɑɯ⁴⁵ua³⁵tsai⁵⁵.

底⁼之⁼几 个 人 讲 倒 话 在。

072 桌上放着一碗水，小心别碰倒了。

tso³⁵tsʅ⁴⁵kɑɯ³⁵tɤɯ³¹tɛn²⁴tɕʰi⁴⁵uan⁴⁵suɛi⁴⁵o⁴², xɑɯ⁴⁵sɛn⁴⁵tiɛn⁴⁵³, mo²⁴ta⁴⁵tɑɯ²¹⁴liɑɯ⁴⁵o³³.

桌 子 高 头 顿⁼起 碗 水 哦，好 生 点， 莫 打 倒 了 哦。

073 门口站着一帮人，在说着什么。

mɛn³³ɕiɛn³¹tsan²⁴tɕʰi⁴⁵xo⁴⁵lɛn³¹, ti⁴⁵ tsʅ⁵⁵tsai³⁵kaŋ⁴⁵mu⁴⁵ko⁴².

门 舷 站 起 伙人， 底⁼之⁼在 讲 么 个。

074 坐着吃好，还是站着吃好？

tso³⁵tɑɯ⁴⁵tɕʰia³⁵xɑɯ⁴⁵ma⁴², xa³³sʅ³⁵tsan²⁴tɑɯ⁴⁵tɕʰia³⁵xɑɯ⁴²?

坐 倒 吃 好 嘛， 还 是 站 倒 吃 好？

tso³⁵tɕʰi⁴⁵tɕʰia³⁵xɑɯ⁴⁵ma⁴², xa³³sʅ³⁵tsan²⁴tɕʰi⁴⁵tɕʰia³⁵xɑɯ⁴²?

坐 起 吃 好 嘛， 还 是 站 起 吃 好？

075 想着说，不要抢着说。

ɕiaŋ⁴⁵tɑɯ⁴⁵kaŋ⁴², mo²⁴tɕʰiaŋ⁴⁵tɑɯ⁴⁵kaŋ⁴².

想 倒 讲， 莫 抢 倒 讲。

ɕiaŋ⁴⁵tɑɯ⁴⁵kaŋ⁴², mo²⁴tɕʰiaŋ⁴⁵tɕʰi⁴⁵kaŋ⁴².

想 倒 讲， 莫 抢 起 讲。

076 说着说着就笑起来了。

kaŋ⁴⁵tɑɯ⁴⁵kaŋ⁴⁵tɑɯ⁴⁵tɤɯ³⁵ɕiɑɯ²⁴tɕʰi⁴⁵lai³¹liɑɯ⁴².

讲 倒 讲 倒 都 笑 起 来 了。

077 别怕！你大着胆子说吧。

mo²⁴pʰa²¹⁴!i⁴⁵ta³⁵tɕʰi⁴⁵tan⁴⁵tsʅ⁴⁵kaŋ⁴².

莫 怕！ 你 大 起 胆 子 讲。

078　这个东西重着呢，足有一百来斤。

ko$^{45}$liɑɯ$^{45}$toŋ$^{35}$ɕi$^{45}$ko$^{45}$tsʅ$^{55}$ka$^{55}$tsoŋ$^{35}$, pʰa$^{24}$iɤɯ$^{45}$pɛ$^{35}$lai$^{31}$tɕiɛn$^{35}$.

简　条　东　西　简　支＝嘎重，　怕　有　百　来　斤。

079　他对人可好着呢。

ti$^{45}$ tuɛi$^{24}$lɛn$^{31}$xɑɯ$^{45}$tɛ$^{31}$xɛn$^{45}$lo$^{42}$.

底＝对　人　好　得　很　哦。

080　这小伙子可有劲着呢。

ko$^{45}$liɑɯ$^{45}$ɕiɑɯ$^{45}$xo$^{45}$tsʅ$^{45}$tɕʰi$^{24}$li$^{31}$ta$^{35}$tɛ$^{31}$xɛn$^{42}$.

简　条　小　伙　子气　力大　得　很。

081　别跑，你给我站着！

mo$^{24}$pʰɑɯ$^{42}$, i$^{45}$kɛn$^{35}$ŋo$^{45}$tsan$^{24}$tɑɯ$^{42}$!

莫　跑，　你　跟　我　站　倒！

082　下雨了，路上小心着！

lo$^{24}$y$^{45}$liɑɯ$^{42}$, lɤɯ$^{35}$saŋ$^{55}$xɑɯ$^{45}$sɛn$^{55}$tiɛn$^{45}$lo$^{42}$!

落　雨了，　路　上　好　生　点　哦！

083　点着火了。着凉了。

tiɛn$^{45}$lan$^{31}$ka$^{45}$xo$^{45}$liɑɯ$^{42}$.lɛn$^{45}$liɑŋ$^{31}$ka$^{45}$liɑɯ$^{42}$.

点　燃　嘎火　了。冷　凉　嘎　了。

tiɛn$^{45}$lan$^{31}$xo$^{45}$liɑɯ$^{42}$.lɛn$^{45}$liɑŋ$^{31}$liɑɯ$^{42}$.

点　燃　火　了。冷　凉　了。

084　甭着急，慢慢儿来。

mo$^{24}$tɕi$^{31}$, man$^{35}$man$^{55}$lai$^{31}$.

莫　急，慢　慢　来。

085　我正在这儿找着你，还没找着。

ŋo$^{45}$tsɛn$^{21}$tsai$^{35}$ko$^{45}$to$^{31}$tsɑɯ$^{45}$i$^{45}$ɛ$^{31}$, xai$^{31}$mɑɯ$^{35}$iɤɯ$^{45}$tsɑɯ$^{45}$tɑɯ$^{45}$o$^{42}$.

我　正　在　简坨找　你嗳，还　冇　有　找　倒　哦。

ŋo$^{45}$tsɛn$^{21}$tsai$^{35}$ko$^{45}$to$^{31}$tsɑɯ$^{45}$i$^{45}$ɛ$^{31}$, xai$^{31}$mɑɯ$^{35}$tsɑɯ$^{45}$tɑɯ$^{45}$o$^{42}$.

我　正　在　简坨找　你嗳，还　冇　找　倒　哦。

086　她呀，可厉害着呢！

ti$^{45}$ o$^{42}$, lɛn$^{33}$kan$^{35}$tɛ$^{31}$xɛn$^{45}$lo$^{42}$!

底＝哦，能　干　得　很　哦！

087　这本书好看着呢。

ko⁴⁵pɛn⁴⁵çy³⁵xɑɯ⁴⁵kʰan³³tɛ³¹xɛn⁴⁵lo⁴².

　　箇　本　书　好　看　得　很　哦。

088　饭好了，快来吃吧。

fan³⁵xɑɯ⁴⁵liɑɯ⁴⁵o²¹⁴, kʰuai²⁴lai³¹tɕʰia³⁵io⁴².

　　饭　好　了　哦，快　来　吃　哟。

089　锅里还有饭没有？你去看一看。

ko³⁵li⁴⁵xai³¹iɤɯ⁴⁵iɤɯ⁴⁵fan³⁵? i⁴⁵tɕʰiɛ³³kʰan²⁴xa³³.

　　锅　里　还　有　有　饭？　你　去　看　下。

ko³⁵li⁴⁵xai³¹iɤɯ⁴⁵mɑɯ³⁵iɤɯ⁴⁵fan³⁵? i⁴⁵tɕʰiɛ³³kʰan²⁴xa³³.

　　锅　里　还　有　冇　有　饭？　你　去　看　下。

090　我去看了，没有饭了。

ŋo⁴⁵tɕʰiɛ³³kʰan²⁴ka⁴², mɑɯ³⁵tɛ³⁵ka⁴⁵liɑɯ⁴⁵o⁴².

　　我　去　看　嘎，冇　得　嘎　了　哦。

ŋo⁴⁵tɕʰiɛ³³kʰan²⁴ka⁴², mɑɯ³⁵tɛ³⁵liɑɯ⁴⁵o⁴².

　　我　去　看　嘎，冇　得　了　哦。

ŋo⁴⁵tɕʰiɛ³³kʰan²⁴ka⁴², mɑɯ³⁵tɛ³⁵ka⁴⁵fan³⁵liɑɯ⁴⁵o⁴².

　　我　去　看　嘎，冇　得　嘎　饭　了　哦。

091　就剩一点儿了，吃了得了。

tsʅ⁴⁵iɤɯ⁴⁵kʰo⁴⁵ɚ³¹tsai⁴⁵liɑɯ⁴², tɕʰia³⁵ka⁴⁵suan²⁴liɑɯ⁴².

　　只　有　颗　儿　崽　了，吃　嘎　算　了。

092　吃了饭要慢慢儿地走，别跑，小心肚子疼。

tɕʰia³⁵ka⁴⁵fan³⁵iɑɯ²¹man³⁵man⁵⁵ti⁴⁵tsɤɯ⁴², mo²⁴pʰɑɯ⁴², pʰa²⁴tɤɯ⁴⁵tsʅ⁴⁵tʰoŋ²¹⁴.

　　吃　嘎　饭　要　慢　慢　地　走，莫　跑，怕　肚　子　痛。

tɕʰia³⁵ka⁴⁵fan³⁵iɑɯ²¹man³⁵man⁵⁵ka⁴⁵tsɤɯ⁴², mo²⁴pʰɑɯ⁴², pʰa²⁴tɤɯ⁴⁵tsʅ⁴⁵tʰoŋ²¹⁴.

　　吃　嘎　饭　要　慢　慢　嘎　走，莫　跑，怕　肚　子　痛。

093　他吃了饭了，你吃了饭没有呢？

ti⁴⁵ tɕʰia³⁵ka⁴⁵fan³⁵liɑɯ⁴⁵o²¹⁴, i⁴⁵tɕʰia³⁵ka⁴⁵mɑɯ³⁵iɤɯ⁴⁵o²¹⁴?

　　底⁼吃　嘎　饭　了　哦，你　吃　嘎　冇　有　哦？

094　我喝了茶还是渴。

ŋo⁴⁵xo³⁵ka⁴⁵tsa³¹, kʰɤɯ⁴⁵xa³³sʅ³⁵kan³⁵.

　　我　喝　嘎　茶，口　还　是　干。

095  我吃了晚饭，出去溜达了一会儿，回来就睡下了，还做了个梦。

ŋo⁴⁵tɕʰia³⁵ka⁴⁵ia³⁵fan⁴², tɕʰy³⁵tɕʰiɛ⁵⁵xai³⁵ka⁴⁵kɑŋ⁴⁵kɐr⁴²,  tɕyɛɴ⁴⁵lai³¹tɤɯ³⁵kʰuɛɴ²⁴ka⁴⁵liɑɯ⁴²,

我  吃  嘎夜饭，出  去  哈嘎岗＝岗＝儿,转  来  都  困    嘎了，

xai³³tsɤɯ²⁴ka⁴⁵ko³³moŋ³⁵.

还  做    嘎个梦。

ŋo⁴⁵tɕʰia³⁵ka⁴⁵ia³⁵fan⁴², tɕʰy³⁵tɕʰiɛ⁵⁵xai³⁵ka⁴⁵kɑŋ⁴⁵kɐr⁴²,  tɕyɛɴ⁴⁵lai³¹tɤɯ³⁵kʰuɛɴ²⁴ka⁴⁵liɑɯ⁴²,

我  吃  嘎夜饭，出  去  哈嘎岗＝岗＝儿,转  来  都  困    了，

xai³³tsɤɯ²⁴ka⁴⁵ko³³moŋ³⁵.

还  做    嘎个梦。

096  吃了这碗饭再说。

tɕʰia³⁵ka⁴⁵ko⁴⁵uan⁴⁵fan³⁵to⁵⁵, tsai²⁴kɑŋ⁴².

吃  嘎箇碗饭哆，再  讲。

097  我昨天照了相了。

ŋo⁴⁵tsʰo²¹tʰiɛɴ⁵⁵tsɑɯ²⁴ka⁴⁵ɕiaŋ²⁴liɑɯ⁴².

我  昨  天  照  嘎相  了。

098  有了人，什么事都好办。

iɤɯ⁴⁵liɑɯ⁴⁵lɛn³¹, mu⁴⁵ko⁴⁵sʅ³⁵tsɛn³¹tɤɯ³⁵xɑɯ⁴⁵pan³³.

有  了  人，么  个  事  情  都  好  办。

099  不要把茶杯打碎了。

mo²⁴pa⁴⁵tsa³³pɐi³⁵ta⁴⁵lan³⁵ka⁴⁵liɑɯ⁴⁵o⁴².

莫  把茶  杯  打  烂  嘎了  哦。

mo²⁴pa⁴⁵tsa³³pɐi³⁵ta⁴⁵lan³⁵liɑɯ⁴⁵o⁴².

莫  把茶  杯  打  烂  了  哦。

100  你快把这碗饭吃了，饭都凉了。

i⁴⁵ti²⁴ tɑɯ⁴⁵pa⁴⁵ko⁴⁵uan⁴⁵fan³⁵tɕʰia³⁵ka⁴², fan³⁵tɤɯ³⁵lɛn⁴⁵ka⁴⁵liɑɯ⁴².

你递＝倒  把箇碗  饭吃  嘎，饭  都  冷  嘎了。

i⁴⁵ti²⁴ tɑɯ⁴⁵pa⁴⁵ko⁴⁵uan⁴⁵fan³⁵tɕʰia³⁵ka⁴², fan³⁵tɤɯ³⁵lɛn⁴⁵liɑɯ⁴².

你递＝倒  把箇碗  饭吃  嘎，饭  都  冷  了。

101  下雨了。雨不下了，天晴开了。

lo²⁴y⁴⁵liɑɯ⁴².y⁴⁵ɕiɑɯ⁴⁵ka⁴⁵liɑɯ⁴², tʰiɛn³⁵liaŋ³⁵kʰai³⁵ka⁴⁵liɑɯ⁴².

落  雨了。雨小  嘎了，  天  亮  开  嘎了。

lo²⁴y⁴⁵liaɯ⁴². y⁴⁵ɕiaɯ⁴⁵liaɯ⁴², tʰiɛn³⁵liaŋ³⁵kʰai³⁵liaɯ⁴².

落 雨 了。雨 小 了， 天 亮 开 了。

102 打了一下。去了一趟。

ta⁴⁵ka⁴⁵i³³xa³³. tɕʰiɛ²⁴ka⁴⁵i³³tʰaŋ³³.

打 嘎 一下。去 嘎 一趟。

103 晚了就不好了，咱们快点儿走吧！

ŋan²⁴liaɯ⁴⁵tɤɯ³⁵maɯ³⁵xau⁴⁵liaɯ⁴², ŋo⁴⁵tsɿ⁵⁵lɤɯ⁴⁵sɿ⁴⁵ tsɤɯ⁴⁵ma⁴²!

晏 了 都 冇 好 了， 我 之＝篓＝ 使 走 嘛！

296

104 给你三天时间做得了做不了？

kɛ³⁵i⁴⁵san³⁵tʰiɛn⁵⁵sɿ³³tɕiɛn⁵⁵, tsɤɯ²¹tsɤɯ²⁴tɛ³¹xau⁴²?

给你三 天 时 间， 做 做 得 好?

kɛ³⁵i⁴⁵san³⁵tʰiɛn⁵⁵sɿ³³tɕiɛn⁵⁵, tsɤɯ²¹maɯ³⁵tsɤɯ²⁴tɛ³¹xau⁴²?

给你三 天 时 间， 做 冇 做 得 好?

105 你做得了，我做不了。

i⁴⁵tsɤɯ²⁴tɛ³¹liaɯ⁴², ŋo⁴⁵tsɤɯ²¹maɯ³⁵liaɯ⁴².

你做 得了， 我做 冇 了①。

i⁴⁵tsɤɯ²⁴tɛ³¹tɕʰi⁴², ŋo⁴⁵tsɤɯ²¹maɯ³⁵tɕʰi⁴².

你做 得起， 我 做 冇 起。

106 你骗不了我。

i⁴⁵xo³⁵maɯ³⁵tau⁴⁵ŋo⁴².

你豁＝冇 倒 我。

107 了了这桩事情再说。

pa⁴⁵ko⁴⁵liaɯ⁴⁵sɿ³⁵tsɛn³¹tsɤɯ²⁴uan³¹ka⁴⁵to⁵⁵o⁴², tsai²⁴kaŋ⁴².

把 箇条 事情 做 完 嘎哆哦，再 讲。

108 这间房没住过人。

ko⁴⁵kan⁵⁵u⁵⁵maɯ³⁵iɤɯ⁴⁵kʰuɛn²¹ko³⁵lɛn³¹.

箇 间 屋冇 冇 困 过 人。

109 这牛拉过车，没骑过人。

ko⁴⁵liaɯ⁴⁵iɤɯ³¹la³⁵ko⁵⁵tsʰɛ³⁵, lɛn³¹maɯ³⁵iɤɯ⁴⁵tɕi³³ko³⁵.

箇条 牛 拉过车， 人 冇 冇 骑过。

---

① 此句话有两个意思：第一，"了"表完结义，此时"了"可以用"完"代替；第二，"了"表可以把事情做好。末尾用"起"时只表能力。

110 这小马还没骑过人，你小心点儿。

ko⁴⁵pi³¹ɕiɑɯ⁴⁵ma⁴⁵lɛn³¹xai³¹mɑɯ³⁵tɕi³³ko³⁵, i⁴⁵iɑu²⁴xɑɯ⁴⁵sɛn⁵⁵tiɛn⁴².

箇 匹 小 马 人 还 有 骑 过，你 要 好 生 点。

ko⁴⁵pi³¹ɕiɑɯ⁴⁵ma⁴⁵lɛn³¹xai³¹mɑɯ³⁵iɤɯ⁴⁵tɕi³³ko³⁵, i⁴⁵iɑu²⁴xɑɯ⁴⁵sɛn⁵⁵tiɛn⁴².

箇 匹 小 马 人 还 有 有 骑 过，你 要 好 生 点。

111 以前我坐过船，可从来没骑过马。

i⁴⁵tɕiɛn³¹ŋo⁴⁵tso²¹ko³⁵tɕyɛn³¹, tɕʰy⁴⁵sɿ³¹mɑɯ³⁵tɕi³³ko³⁵ma⁴².

以前 我 坐 过 船， 取＝时 有 骑 过 马。

112 丢在街上了。搁在桌上了。

tsai³⁵kai³⁵saŋ⁵⁵sɛ²⁴ka⁴⁵liɑɯ⁴². tɛn²⁴tɑɯ⁴⁵tso³⁵tsɿ⁴⁵saŋ⁵⁵liɑɯ⁴².

在 街 上 失 嘎 了①。顿＝倒 桌 子 上 了。

suai⁴⁵tɑɯ⁴⁵kai³⁵saŋ⁵⁵liɑɯ⁴². tɛn²⁴tɑɯ⁴⁵tso³⁵tsɿ⁴⁵saŋ⁵⁵liɑɯ⁴².

甩 倒 街 上 了②。顿＝倒 桌 子 上 了。

113 掉到地上了，怎么都没找着。

lo²⁴tɑɯ⁴⁵ti³⁵tɕia⁴⁵liɑɯ⁴², suɛi³³piɛn³⁵iɛ²¹tsɿ³⁵tɤɯ³⁵tsɑɯ⁴⁵mɑɯ³⁵tɑɯ⁴².

落 倒 地 下 了， 随 便 叶＝支＝都 找 有 倒。

114 今晚别走了，就在我家住下吧！

tɕiɛn³⁵xɛ³⁵liɑɯ⁴⁵mo²⁴tsɤɯ⁴⁵liɑɯ⁴², tɤɯ³⁵tsai³⁵ŋo⁴⁵u³⁵ɕie³⁵ma⁴²!

今 黑 了 莫 走 了， 都 在 我 屋 歇 嘛!

115 这些果子吃得吃不得?

ko⁴⁵ɕi³⁵ko⁴⁵mu³¹tɕʰia³⁵tɕʰia⁵⁵tɛ³¹?

箇 些 果 木 吃 吃 得?

ko⁴⁵ɕi³⁵ko⁴⁵mu³¹tɕʰia³⁵mɑɯ³⁵tɕʰia³⁵tɛ³¹liɑɯ⁴²?

箇 些 果 木 吃 有 吃 得 了? ③

116 这是熟的，吃得；那是生的，吃不得。

ko⁴⁵ɕi⁵⁵sɿ³⁵sɤɯ²⁴ti⁴², tɕʰia³⁵tɛ³¹; mɛi³⁵ɕi⁵⁵sɿ³⁵sɛn³⁵ti⁴², tɕʰia³⁵mɑɯ³⁵tɛ³⁵.

箇 些 是 熟 的，吃 得；没＝些 是 生 的，吃 有 得。

---

① "丢"为丢失义时对应的句子。

② "丢"为甩扔义时对应的句子。

③ 加"了"表示是否成熟可以吃了，不加则只表示能不能吃。

117 **你们来得了来不了？**

i⁴⁵lai³¹lai³³tɛ³¹tsɛn³¹?

你来 来 得 成？

i⁴⁵lai³¹mɑɯ³⁵lai³³tɛ³¹tsɛn³¹?

你来 冇 来 得 成？

118 **我没事，来得了；他太忙，来不了。**

ŋo⁴⁵mɑɯ³⁵tɛ³⁵sๅ³⁵, lai³³tɛ³¹tsɛn³¹; ti⁴⁵ maŋ³³tɛ³¹xɛn⁴², lai³¹mɑɯ³⁵tsɛn³¹.

我 冇 得事，来得成； 底⁼忙 得很， 来 冇 成。

119 **这个东西很重，拿得动拿不动？**

ko⁴⁵liɑɯ⁴⁵toŋ³⁵ɕi⁴⁵xɛn⁴⁵tsoŋ³⁵, la³⁵la⁵⁵tɛ³¹toŋ³⁵?

箇 条 东 西很 重， 拿拿 得动？

ko⁴⁵liɑɯ⁴⁵toŋ³⁵ɕi⁴⁵xɛn⁴⁵tsoŋ³⁵, la³⁵mɑɯ³⁵la³⁵tɛ³¹toŋ³⁵?

箇 条 东 西很 重， 拿冇 拿得动？

120 **我拿得动，他拿不动。**

ŋo⁴⁵la³⁵tɛ³¹toŋ³⁵, ti⁴⁵ la³⁵mɑɯ³⁵toŋ³⁵.

我 拿得 动， 底⁼拿冇 动。

121 **真不轻，重得连我都拿不动了。**

xɑɯ⁴⁵tsoŋ³⁵ŋo⁴², tsoŋ³⁵tɛ³¹liɛn³¹ŋo⁴⁵tɤɯ³⁵la³⁵mɑɯ³⁵toŋ³⁵ŋo⁴².

好 重 哦， 重 得连 我 都 拿冇 动 哦。

122 **他手巧，画得很好看。**

ti⁴⁵ sɤɯ⁴⁵i⁵⁵xɑɯ⁴², fa²⁴tɛ³¹xɛn⁴⁵kuaŋ³⁵sɛn⁴².

底⁼手 艺好， 画 得很 光 生。

123 **他忙得很，忙得连吃过饭没有都忘了。**

ti⁴⁵ maŋ³³tɛ³¹xɛn⁴⁵lo⁴², liɛn³¹tɕʰia³⁵ka⁴⁵fan³⁵mɑɯ³⁵iɤɯ⁴⁵tɤɯ³⁵uaŋ³⁵tɕiɛn⁵⁵liɑɯ⁴².

底⁼忙 得很 哦，连 吃 嘎饭 冇 有 都 忘记 了。

ti⁴⁵ maŋ³³tɛ³¹xɛn⁴⁵lo⁴², maŋ³³tɛ³¹liɛn³¹tɕʰia³⁵ka⁴⁵fan³⁵mɑɯ³⁵iɤɯ⁴⁵tɤɯ³⁵uaŋ³⁵tɕiɛn⁵⁵ka⁴⁵liɑɯ⁴².

底⁼忙 得很 哦，忙 得连 吃 嘎饭 冇 有 都 忘 记 嘎了。

124 **你看他急得，急得脸都红了。**

ti⁴⁵ tɕi³³sๅ⁴⁵liɑɯ⁴⁵o⁴², tɕi³³tɛ³¹liɛn⁴⁵tɤɯ³⁵xoŋ³¹liɑɯ⁴⁵o⁴².

底⁼急 死了 哦，急 得脸 都 红 了 哦。

ti⁴⁵ tɕi³³sๅ⁴⁵ka⁴⁵liɑɯ⁴⁵o⁴², tɕi³³tɛ³¹liɛn⁴⁵tɤɯ³⁵xoŋ³¹liɑɯ⁴⁵o⁴².

底⁼急 死嘎了 哦，急 得脸 都 红 了 哦。

125 你说得很好，你还会说些什么呢？

i⁴⁵kaŋ⁴⁵tɛ³¹xɛn⁴⁵pa³⁵sʅ³¹, i⁴⁵xai³³fɛi³⁵kaŋ⁴⁵ɕi³⁵mu⁴⁵ko⁴²?

你讲　得　很　巴适，你还　会　讲　些么　个？

126 说得到，做得了，真棒！

kaŋ⁴⁵tɛ³¹tau⁴², tsɤu²⁴tɛ³¹tau⁴², tsɛn³⁵tɛ³⁵ɕiɛn³¹!

讲　得　倒，做　得　倒，真　得　行！

127 这个事情说得说不得呀？

ko⁴⁵liau⁴⁵sʅ³⁵tsɛn³¹kaŋ⁴⁵kaŋ⁴⁵tɛ³¹?

箇条　事情　讲讲　得？

ko⁴⁵liau⁴⁵sʅ³⁵tsɛn³¹kaŋ⁴⁵mau³⁵kaŋ⁴⁵tɛ³¹?

箇条　事情　讲　冇　讲　得？

ko⁴⁵liau⁴⁵sʅ³⁵tsɛn³¹kaŋ⁴⁵tɛ³¹kaŋ⁴⁵mau³⁵tɛ³¹?

箇条　事情　讲得讲　冇　得？

128 他说得快不快？听清楚了吗？

ti⁴⁵ kaŋ⁴⁵tɛ³¹kʰuai²⁴kʰuai²¹⁴? tʰɛn²¹tsʰɛn³⁵tʰɤu⁴⁵mau³⁵iɤu⁴²?

底＝讲　得快　快？　听　抻　敲　冇　有？

ti⁴⁵ kaŋ⁴⁵tɛ³¹kʰuai²⁴mau³⁵kʰuai²¹⁴? tʰɛn²¹tsʰɛn³⁵tʰɤu⁴⁵ka⁴⁵mau³⁵iɤu⁴²?

底＝讲　得快　冇　快？　听　抻　敲　嘎　冇　有？

129 他说得快不快？只有五分钟时间了。

ti⁴⁵ kaŋ⁴⁵tɛ³¹kʰuai²⁴kʰuai²¹⁴? tsʅ⁴⁵iɤu⁴⁵u⁴⁵fɛn⁵⁵tsoŋ⁵⁵liau⁴⁵o³³.

底＝讲　得快　快？　只　有　五分　钟　了　哦。

ti⁴⁵ kaŋ⁴⁵tɛ³¹kʰuai²¹mau³⁵kʰuai²¹⁴? tsʅ⁴⁵iɤu⁴⁵u⁴⁵fɛn⁵⁵tsoŋ⁵⁵liau⁴⁵o³³.

底＝讲　得快　冇　快？　只　有　五　分　钟　了　哦。

130 这是他的书。

ko⁴⁵sʅ³⁵ti⁴⁵ ti⁴⁵ɕy³⁵.

箇　是　底＝的书。

ko⁴⁵liau⁴⁵sʅ³⁵ti⁴⁵ ti⁴⁵ɕy³⁵.

箇条　是底＝的书。

131 那本书是他哥哥的。

mɛi³⁵pɛn⁴⁵ɕy³⁵sʅ³⁵ti⁴⁵ u⁵⁵ko³⁵ko⁵⁵ti⁴².

没＝本　书是底＝屋哥哥　的。

132　桌子上的书是谁的？是老王的。

tso³⁵tsʅ⁴⁵kɑɯ³⁵tɤɯ³¹ti⁴⁵çy³⁵sʅ³⁵la⁴⁵ko³³ti⁴²? sʅ³⁵lɑɯ⁴⁵uaŋ³¹ti⁴².

桌　子　高　头　的书是　哪个的? 是　老　王　的。

133　屋子里坐着很多人，看书的看书，看报的看报，写字的写字。

u³⁵li⁴⁵tso³⁵tɕʰi⁴⁵xɛn⁴⁵xɑɯ⁴⁵to³⁵lɛn³¹, iɤɯ⁴⁵ti⁴⁵kʰan²¹çy³⁵, iɤɯ⁴⁵ti⁴⁵kʰan²⁴pɑɯ²¹⁴, iɤɯ⁴⁵ti⁴⁵çie⁴⁵tsʅ³⁵.

屋里坐起　很　好　多人，有　的看　书，有　的看　报，　有　的写　字。

134　要说他的好话，不要说他的坏话。

iɑɯ²⁴kaŋ⁴⁵ti⁴⁵ ti⁴⁵xɑɯ⁴⁵ua⁵⁵, mɑɯ³⁵kaŋ⁴⁵ti⁴⁵ ti⁴⁵pʰiɛ²¹ua³⁵.

要　讲　底꞊的好　话，冇　讲　底꞊的孬　话。

iɑɯ²⁴kaŋ⁴⁵ti⁴⁵ ti⁴⁵xɑɯ⁴⁵ua⁵⁵, mo²⁴kaŋ⁴⁵ti⁴⁵ ti⁴⁵pʰiɛ²¹ua³⁵.

要　讲　底꞊的好　话，莫　讲　底꞊的孬　话。

135　上次是谁请的客？是我请的。

tɤɯ³³fɛi³¹sʅ³⁵la⁴⁵ko³³tsʰɛn⁴⁵ti⁴⁵kʰɛ³⁵? sʅ³⁵ŋo⁴⁵tsʰɛn⁴⁵ti⁴².

头　回是哪个请　的客? 是我请　的。

136　你是哪年来的？

i⁴⁵sʅ³⁵la⁴⁵iɛn³¹lai³³ti⁴²?

你是哪年　来的?

137　我是前年到的北京。

ŋo⁴⁵sʅ³⁵tɕiɛn³³iɛn³¹tɑɯ²⁴ti⁴⁵pɛ²¹tɕiɛn³⁵.

我是前　年到　的北京。

138　你说的是谁？

i⁴⁵kaŋ⁴⁵ti⁴⁵la⁴⁵ko³³?

你讲　的哪个?

i⁴⁵kaŋ⁴⁵ti⁴⁵sʅ³⁵la⁴⁵ko³³?

你讲　的是哪个?

139　我反正不是说的你。

fan⁴⁵tsɛn³³ŋo⁴⁵mɑɯ³⁵sʅ⁵⁵kaŋ⁴⁵ti⁴⁵i⁴².

反　正　我冇　是讲　的你。

140　他那天是见的老张，不是见的老王。

ti⁴⁵ mɛi³⁵tʰiɛn⁵⁵sʅ³⁵tɕiɛn²⁴ti⁴⁵lɑɯ⁴⁵tsaŋ³⁵, mɑɯ³⁵sʅ⁵⁵tɕiɛn²⁴ti⁴⁵lɑɯ⁴⁵uaŋ³¹.

底꞊没꞊天　是见　的老　张，冇　是见　的老　王。

141 只要他肯来，我就没的说了。

tsʅ⁴⁵iɑɯ³³ti⁴⁵ kʰɛn⁴⁵lai³¹, ŋo⁴⁵tɤɯ³⁵mɑɯ³⁵tɛ³⁵mu⁴⁵ko⁴⁵kaŋ⁴⁵ti⁴⁵liɑɯ⁴².

只 要 底＝肯 来，我 都 冇 得 么 个 讲 的 了。

142 以前是有的做，没的吃。

i⁴⁵tɕiɛn³¹iɤɯ⁴⁵tsɤɯ²⁴ti⁴², mɑɯ³⁵tɛ³⁵tɕʰia³⁵ti⁴².

以 前 有 做 的，冇 得 吃 的。

143 现在是有的做，也有的吃。

ko⁴⁵tsɛn³³iɤɯ⁴⁵tsɤɯ²⁴ti⁴², iɛ⁴⁵iɤɯ⁴⁵tɕʰia³⁵ti⁴².

箇 阵 有 做 的，也 有 吃 的。

144 上街买个蒜啊葱的，也方便。

tɑɯ²¹kai³⁵saŋ⁵⁵mai⁴⁵tsʰoŋ³⁵suan³³, mu⁴⁵ko⁴⁵tɤɯ³⁵pʰiɛ²⁴tʰo⁴².

到 街 上 买 葱 蒜， 么 个 都 撇 脱。

145 柴米油盐什么的，都有的是。

tsai³³mi⁴⁵iɤɯ³³iɛn³¹tsa³³tɕʰi³⁵tsa³³pa³⁵ti⁴², iaŋ³⁵sa³³tɤɯ³⁵iɤɯ⁴².

柴 米 油 盐 杂 七 杂 八 的，样 啥 都 有。

146 写字算账什么的，他都能行。

ɕiɛ⁴⁵tsʅ³⁵suan²⁴tsaŋ³³mɑɯ³⁵kuan⁴⁵mu⁴⁵ko⁴², ti⁴⁵tɤɯ³⁵tɛ³⁵ɕiɛn³¹.

写 字 算 账 冇 管 么 个，底 都 得 行。

147 把那个东西递给我。

pa⁴⁵mɛi³⁵liɑɯ⁴⁵toŋ³⁵ɕi⁴⁵ti³⁵kɛn³⁵ŋo⁴².

把 没＝条 东 西 递 跟 我。

148 是他把那个杯子打碎了。

sʅ³⁵ti⁴⁵ pa⁴⁵mɛi³⁵liɑɯ⁴⁵pɛi³⁵pɛi⁵⁵ta⁴⁵lan³⁵liɑɯ⁴².

是 底＝把 没＝条 杯 杯 打 烂 了。

149 把人家脑袋都打出血了，你还笑！

pa⁴⁵pʰiɛ²¹ko³⁵lɑɯ⁴⁵kʰo⁴⁵tɤɯ³⁵ta⁴⁵tɕʰy³⁵ɕɛ³⁵liɑɯ⁴², i⁴⁵xai³¹ɕiɑɯ²¹⁴!

把 别 个 脑 壳 都 打 出 血 了， 你 还 笑！

150 快去把书还给他。

ti²⁴ tɑɯ⁴⁵pa⁴⁵ɕy³⁵uan³¹kɛn³⁵ti⁴².

递＝倒 把 书 还 跟 底＝。

151 我真后悔当时没把他留住。

ŋo⁴⁵tsɛn³⁵xɤɯ³⁵fɛi⁴⁵taŋ³⁵sʅ³¹mɑɯ³⁵pa⁴⁵ti⁴⁵ liɤɯ³³tɑɯ⁴².

我 真 后 悔 当 时 冇 把 底＝留 倒。

152 你怎么能不把人当人呢?

i⁴⁵iɛ²¹ tsʅ³⁵mɑɯ³⁵pa⁴⁵lɛn³¹taŋ²⁴lɛn³¹kʰan³³lɛ³⁵?

你 叶=支=冇 把 人 当 人 看 咪?

153 有的地方管太阳叫日头。

iɤɯ⁴⁵ɕi⁵⁵taŋ²¹⁴pa⁴⁵tʰai²⁴iaŋ³¹xan⁴⁵ɚ³³tɤɯ³¹.

有 些 垱 把 太 阳 喊 日 头。

154 什么? 她管你叫爸爸!

iɛ²¹ tsʅ³⁵ɛ³⁵? ti⁴⁵ xan⁴⁵i⁴⁵xan⁴⁵lɑɯ⁴⁵xɚ³³!

叶=支=嗳? 底=喊 你喊 老 汉儿!

155 你拿什么都当真的,我看没必要。

i⁴⁵la³⁵mu⁴⁵ko⁴⁵tɤɯ³⁵taŋ²¹tsɛn³⁵ti⁴², ŋo⁴⁵kʰan²⁴iɑɯ²¹mɑɯ³⁵tɛ³⁵.

你 拿 么 个 都 当 真 的,我 看 要 冇 得。

156 真拿他没办法,烦死我了。

tsɛn³⁵pa⁴⁵ti⁴⁵ mɑɯ³⁵tɛ³⁵pan²⁴fa³¹, tɕʰi²⁴sʅ⁴⁵ŋo⁴⁵liɑɯ⁴².

真 把 底=冇 得 办 法,气 死 我 了。

157 看你现在拿什么还人家。

kʰan²⁴i⁴⁵ko⁴⁵xa³³la³⁵mu⁴⁵ko⁴⁵uan³¹pʰiɛ²¹ko³⁵.

看 你 简 下 拿 么 个 还 别 个。

158 他被妈妈说哭了。

ti⁴⁵ tsɑɯ³¹ma³⁵ma⁵⁵tɕyɛ²¹kʰu³⁵liɑɯ⁴².

底=着 妈 妈 映 哭 了。

159 所有的书信都被火烧了,一点儿剩的都没有。

so⁴⁵iɤɯ⁴⁵ti⁴⁵sɛn²¹⁴tɤɯ³⁵tsɑɯ³¹xo⁴⁵³sɑɯ³⁵ka⁴⁵liɑɯ⁴², kʰo⁴⁵tɤɯ³⁵mɑɯ³⁵sɛn⁵⁵.

所 有 的 信 都 着 火 烧 嘎 了, 颗 都 冇 剩。

160 被他缠了一下午,什么都没做成。

tsɑɯ³¹ti⁴⁵ liɤɯ⁴⁵tɑɯ⁴⁵i³³xa³⁵pɐɹ⁴², mu⁴⁵ko⁴⁵tɤɯ³⁵mɑɯ³⁵tsɤɯ²⁴tsɛn³¹.

着 底=扭 倒 一 下 把=儿 么 个 都 冇 做 成。

161 让人给打蒙了,一下子没明白过来。

tsɑɯ³¹pʰiɛ²¹ko³⁵ta⁴⁵fɛn³⁵ka⁴⁵liɑɯ⁴², i³³xa³³mɑɯ³⁵iɤɯ⁴⁵mɛn³³pɛ³⁵ko²⁴lai³¹.

着 别 个 打 昏 嘎 了, 一 下 冇 有 明 白 过 来。

tsɑɯ³¹pʰiɛ²¹ko³⁵ta⁴⁵fɛn³⁵liɑɯ⁴², i³³xa³³tsʅ⁴⁵mɑɯ³⁵iɤɯ⁴⁵mɛn³³pɛ³⁵ko²⁴lai³¹.

着 别 个 打 昏 了, 一 下 子 冇 有 明 白 过 来。

162 给雨淋了个浑身湿透。

　　tsɑɯ³¹y⁴⁵ta⁴⁵tɛ³¹tsɣɯ³⁵sɛn⁵⁵tɕiɑɯ³⁵sɛ⁵⁵.

　　着　雨打得周　身焦　湿。

163 给我一本书。给他三本书。

　　kɛ³⁵ŋo⁴⁵i³³pɛn⁴⁵ɕy³⁵.kɛ³⁵ti⁴⁵ san³⁵pɛn⁴⁵ɕy⁵⁵.

　　给我 一本　书。给底＝三　本　书。

　　la³⁵kɛn³⁵ŋo⁴⁵i³³pɛn⁴⁵ɕy⁵⁵.la³⁵kɛn³⁵ti⁴⁵ san³⁵pɛn⁴⁵ɕy⁵⁵.

　　拿跟　我 一本　书。拿跟　底＝三　本　书。

164 这里没有书，书在那里。

　　ko⁴⁵to³¹mɑɯ³⁵tɛ³⁵ɕy³⁵, ɕy³⁵tsai³⁵mɛi³⁵to³¹.

　　箇 坨 冇　得书，书 在 没＝坨。

165 叫他快来找我。

　　xan⁴⁵ti⁴⁵ kʰuai²⁴lai³¹tsɑɯ⁴⁵ŋo⁴².

　　喊　底＝快　来 找　我。

166 赶快把他请来。

　　ti²⁴ tɑɯ⁴⁵pa⁴⁵ti⁴⁵ tsʰɛn⁴⁵lai³¹.

　　递＝倒＝把 底＝请　来。

167 我写了条子请病假。

　　ŋo⁴⁵ɕiɛ⁴⁵ka⁴⁵tiɑɯ³³tsɿ⁴⁵tsʰɛn⁴⁵pɛn³⁵tɕia⁴².

　　我 写 嘎条　子请　病 假。

168 我上街买了份报纸看。

　　ŋo⁴⁵tɑɯ²¹kai³⁵saŋ⁵⁵tɕʰiɛ²⁴mai⁴⁵ka⁴⁵fɛn³³pɑɯ²⁴tsɿ⁴⁵kʰan²¹⁴.

　　我 到　街 上 去 买 嘎份 报　纸 看。

169 我笑着躲开了他。

　　ŋo⁴⁵ɕiɑɯ²⁴tɕʰi⁴⁵to⁴⁵kʰai³⁵ka⁴⁵ti⁴².

　　我 笑　起 躲 开 嘎底＝。

170 我抬起头笑了一下。

　　ŋo⁴⁵maŋ³⁵tɕʰi⁴⁵lɑɯ⁴⁵kʰo⁴⁵ɕiɑɯ²⁴ka⁴⁵xa³³.

　　我 望　起 脑 壳 笑　嘎下。

　　ŋo⁴⁵maŋ³⁵tɕʰi⁴⁵lɑɯ⁴⁵kʰo⁴⁵ɕiɑɯ²⁴ka⁴⁵i³³xa³³.

　　我 望　起 脑 壳 笑　嘎一下。

171　我就是坐着不动，看你能把我怎么着。

　　　ŋo⁴⁵tɤɯ³⁵sɿ⁵⁵tso³⁵tɑɯ⁴⁵mɑɯ³⁵iɤɯ²¹⁴, kʰan²⁴i⁴⁵pa⁴⁵ŋo⁴⁵iɛ²¹ tsɿ³⁵ka³⁵.

　　　我　都　是　坐　倒　冇　趄，　看　你　把　我　叶＝支＝嘎。

172　她照顾病人很细心。

　　　ti⁴⁵ fu³³sɿ³⁵pɛN³⁵lɛN³¹xɛN⁴⁵ɕia³⁵ɕi²¹⁴.

　　　底＝服　侍　病　人　很　下　细。

173　他接过苹果就咬了一口。

　　　ti⁴⁵ la³⁵ko³³piɛN³³ko⁴²ŋɑɯ⁴⁵ka⁴⁵i³³kʰɤɯ⁴².

　　　底＝拿　过　苹　果　咬　嘎　一　口。

174　他的一番话使在场的所有人都流了眼泪。

　　　ti⁴⁵ kaŋ⁴⁵ti⁴⁵i³³ ɕi³⁵ua³⁵sɿ⁴⁵tsai³⁵tsaŋ³¹ti⁴⁵i³³ pʰa⁴⁵la⁵⁵ lɛN³¹tɤɯ³⁵liɤɯ³¹ka⁴⁵ŋan⁴⁵luɛi³⁵suɛi⁴⁵liɑɯ⁴².

　　　底＝讲　的　一　些　话　使　在　场　的　一　□　拉＝人　都　流　嘎　眼　泪　水　了。

175　我们请他唱了一首歌。

　　　ŋo⁴⁵tsɿ⁵⁵tsʰɛN⁴⁵ti⁴⁵ tsʰaŋ²⁴ka⁴⁵i³³ko³³ko³⁵.

　　　我　之＝请　　底＝唱　嘎　一　个　歌。

176　我有几个亲戚在外地做工。

　　　ŋo⁴⁵iɤɯ⁴⁵tɕi⁴⁵ko⁵⁵tsʰɛN³⁵tɕʰi³¹tsai³⁵uai³⁵tɤɯ³¹tsɤɯ²⁴xo³³lɤɯ³⁵.

　　　我　有　几　个　亲　戚　在　外　头　做　活　路。

177　他整天都陪着我说话。

　　　ti⁴⁵ i³³tʰiɛN³⁵tɑɯ²¹xɛ³⁵tɤɯ³⁵pɛi³³tɑɯ⁴⁵ŋo⁴⁵kaŋ⁴⁵ua³⁵.

　　　底＝一　天　到　黑　都　陪　倒　我　讲　话。

178　我骂他是个大笨蛋，他居然不恼火。

　　　ŋo⁴⁵tɕyɛ²⁴ti⁴⁵ sɿ³⁵ko³³ta³⁵pɛN²⁴tan³³, ti⁴⁵ xai³¹mɑɯ³⁵fa³⁵tɕʰi²¹⁴.

　　　我　映　底＝是　个　大　笨　蛋，底＝还　冇　发　气。

179　他把钱一扔，二话不说，转身就走。

　　　ti⁴⁵ pa⁴⁵tɕiɛN³¹i³³suai⁴⁵, ua³⁵tɤɯ³⁵mɑɯ³⁵kaŋ⁴⁵, tsʰɛ³⁵sɛN³⁵tɤɯ³⁵tsɤɯ⁴².

　　　底＝把　钱　一　甩，　话　都　冇　讲，　侧　身　都　走。

180　我该不该来呢？

　　　ŋo⁴⁵kai³⁵kai⁵⁵lai³³o⁴²?

　　　我　该　该　来　哦？

　　　ŋo⁴⁵kai³⁵mɑɯ³⁵kai³⁵lai³³o⁴²?

　　　我　该　冇　该　来　哦？

181 **你来也行，不来也行。**

i⁴⁵lai³¹iɛ⁴⁵iɑɯ²⁴tɛ³¹, mɑɯ³⁵lai³¹iɛ⁴⁵iɑɯ²⁴tɛ³¹.

你来 也 要 得， 冇 来 也 要 得。

i⁴⁵lai³¹mɑɯ³⁵lai³¹tɤɯ³⁵iɑɯ²⁴tɛ³¹.

你来 冇 来 都 要 得。

182 **要我说，你就不应该来。**

iɑɯ²⁴ŋo⁴⁵kaŋ⁴⁵ŋa⁴², i⁴⁵tɤɯ³⁵mɑɯ³⁵kai³⁵lai³¹.

要 我 讲 啊，你 都 冇 该 来。

183 **你能不能来？**

i⁴⁵lɛn³¹lɛn³³lai³¹?

你能 能 来？

i⁴⁵lai³¹lai³³tɛ³¹tsɛn³¹?

你来 来 得 成？

i⁴⁵lɛn³¹mɑɯ³⁵lɛn³³lai³¹?

你能 冇 能 来？

i⁴⁵lai³¹mɑɯ³⁵lai³³tɛ³¹tsɛn³¹?

你来 冇 来 得 成？

184 **看看吧，现在说不准。**

kʰan²⁴ma⁴², ko⁴⁵tsɛn³³xai³¹kaŋ⁴⁵mɑɯ³⁵xɑɯ⁴².

看 嘛，箇 阵 还 讲 冇 好。

185 **能来就来，不能来就不来。**

lai³³tɛ³¹tsɛn³¹tɤɯ³⁵lai³¹, lai³¹mɑɯ³⁵tsɛn³¹mɑɯ³⁵lai³¹iɛ⁴⁵iɑɯ²⁴tɛ³¹.

来 得 成 斗⁼ 来， 来 冇 成 冇 来 也 要 得。

186 **你打算不打算去？**

i⁴⁵tɕyɛn⁴⁵tɕyɛn⁴⁵pi³³tɕʰiɛ²¹⁴?

你准 准 备 去？

i⁴⁵tɕyɛn⁴⁵mɑɯ³⁵tɕyɛn⁴⁵pi³³tɕʰiɛ²¹⁴?

你准 冇 准 备 去？

187 **去呀！谁说我不打算去？**

tɕʰiɛ²⁴a⁴²! la⁴⁵ko³³kaŋ⁴⁵ti⁴⁵ŋo⁴⁵mɑɯ³⁵tɕʰiɛ²¹⁴?

去 啊！哪 个 讲 的 我 冇 去？

188　他一个人敢去吗?

　　ti⁴⁵ i³³ko²⁴lɛn³¹kan⁴⁵kan⁴⁵tɕʰiɛ²¹⁴?

　　底＝一个人 敢 敢 去?

　　ti⁴⁵ i³³ko²⁴lɛn³¹kan⁴⁵mɑɯ³⁵kan⁴⁵tɕʰiɛ²¹⁴?

　　底＝一个人 敢 冇 敢 去?

189　敢! 那有什么不敢的?

　　kan⁴⁵lo⁴², mɛi³⁵liɑɯ⁴⁵iɤɯ⁴⁵mu⁴⁵ko⁴⁵mɑɯ³⁵kan⁴⁵ti⁴⁵ma⁴²?

　　敢 哦! 没＝条 有 么 个 冇 敢 的 嘛?

190　他到底愿不愿意说?

　　ti⁴⁵ tɑɯ²⁴ti⁴⁵kʰɛn⁴⁵kʰɛn⁴⁵kaŋ⁴²?

　　底＝到 底 肯 肯 讲?

　　ti⁴⁵ tɑɯ²⁴ti⁴⁵kʰɛn⁴⁵mɑɯ³⁵kʰɛn⁴⁵kaŋ⁴²?

　　底＝到 底 肯 冇 肯 讲?

191　谁知道他愿意不愿意说?

　　la⁴⁵ko³³ɕiɑɯ⁴⁵tɛ³¹ti⁴⁵ kʰɛn⁴⁵kʰɛn⁴⁵kaŋ⁴²?

　　哪个 晓 得底＝肯 肯 讲?

　　la⁴⁵ko³³ɕiɑɯ⁴⁵tɛ³¹ti⁴⁵ kʰɛn⁴⁵mɑɯ³⁵kʰɛn⁴⁵kaŋ⁴²?

　　哪个 晓 得底＝肯 冇 肯 讲?

192　愿意说得说, 不愿意说也得说。

　　yɛn²⁴i³³kaŋ⁴⁵iɑɯ²⁴kaŋ⁴², mɑɯ³⁵yɛn²⁴i³³kaŋ⁴⁵iɛ⁴⁵iɑɯ²⁴kaŋ⁴².

　　愿 意讲 要 讲, 冇 愿 意讲 也 要 讲。

193　反正我得让他说, 不说不行。

　　kɑɯ³⁵ŋai⁴⁵ŋo⁴⁵iɑɯ²⁴xan⁴⁵ti⁴⁵ kaŋ⁴², mɑɯ³⁵kaŋ⁴⁵mɑɯ³⁵tɛ³⁵ɕiɛn³¹.

　　高 矮我 要 喊 底＝讲, 冇 讲 冇 得 行。

194　还有没有饭吃?

　　xai³³iɤɯ⁴⁵iɤɯ⁴⁵fan³⁵tɕʰia⁵⁵?

　　还 有 有 饭 吃?

　　xai³³iɤɯ⁴⁵mɑɯ³⁵iɤɯ⁴⁵fan³⁵tɕʰia⁵⁵?

　　还 有 冇 有 饭 吃?

195　有, 刚吃呢。

　　iɤɯ⁴⁵³, tɕiaŋ⁴⁵ŋan⁵⁵tsai³¹tɕia²⁴sɿ³³tɕʰia³⁵io⁴².

　　有, 刚 安＝才 架 势 吃 哟。

196 没有了，谁叫你不早来！

mɑɯ³⁵tɛ³⁵ka⁴⁵liɑɯ⁴², la⁴⁵ko³³xan⁴⁵i⁴⁵mɑɯ³⁵tsɑɯ⁴⁵tien⁴⁵lai³³ma⁴²!

冇　得嘎了，　哪个喊你冇　早　点　来　嘛！

197 你去过北京吗？我没去过。

i⁴⁵tɑɯ²¹ko³⁵pɛ²¹tɕiɛn³⁵mɑɯ³⁵iɤɯ⁴²? ŋo⁴⁵mɑɯ³⁵tɕʰiɛ²¹ko³⁵.

你到　过北京冇　有？我冇　去　过。

i⁴⁵tɑɯ²¹ko³⁵pɛ²¹tɕiɛn³⁵mɑɯ³⁵iɤɯ⁴²? ŋo⁴⁵mɑɯ³⁵iɤɯ⁴⁵tɕʰiɛ²¹ko³⁵.

你到　过北京冇　有？我冇　有去　过。

307

198 我十几年前去过，可没怎么玩，都没印象了。

ŋo⁴⁵sɛ²⁴tɕi⁴⁵iɛn³¹tɕiɛn³¹tɕʰiɛ²¹ko³⁵, tan²⁴sʅ³³mɑɯ³⁵iɤɯ⁴⁵iɛ²¹ tsʅ³⁵xai³⁵, tɤɯ³⁵mɑɯ³⁵tɛ³⁵iɛn²⁴ɕiaŋ³³liɑɯ⁴².

我十几年前　去　过，但是冇　有叶˭支˭哈，都冇　得印象了。

199 这件事他知道不知道？

ko⁴⁵tɕiɛn³³sʅ³⁵tsɛn³¹ti⁴⁵ ɕiɑɯ⁴⁵ɕiɑɯ⁴⁵tɛ³¹?

箇件　事情　底˭晓　晓　得？

ko⁴⁵tɕiɛn³³sʅ³⁵tsɛn³¹ti⁴⁵ ɕiɑɯ⁴⁵mɑɯ³⁵ɕiɑɯ⁴⁵tɛ³¹?

箇件　事情　底˭晓　冇　晓　得？

200 这件事他肯定知道。

ko⁴⁵liɑɯ⁴⁵sʅ³⁵tsɛn³¹ti⁴⁵ kʰɛn⁴⁵tien³³ɕiɑɯ⁴⁵tɛ³¹.

箇条　事情　底˭肯　定　晓　得。

201 据我了解，他好像不知道。

tɕy²⁴ŋo⁴⁵liɑɯ⁴⁵tɕiai⁴², ti⁴⁵ xɑɯ⁴⁵ɕiaŋ³³ɕiɑɯ⁴⁵mɑɯ³⁵tɛ³⁵.

据我了　解，底˭好　像　晓　冇　得。

202 这些字你认得不认得？

ko⁴⁵ɕi⁵⁵tsʅ³⁵, i⁴⁵lɛn³⁵lɛn⁵⁵tɛ³¹tɑɯ⁴²?

箇些字，你认　认　得倒？

ko⁴⁵ɕi⁵⁵tsʅ³⁵, i⁴⁵lɛn³⁵mɑɯ³⁵lɛn³⁵tɛ³¹tɑɯ⁴²?

箇些字，你认冇　　认得倒？

203 我一个大字也不认得。

ŋo⁴⁵i³³ko³³tsʅ³⁵tɤɯ³⁵lɛn³⁵mɑɯ³⁵tɑɯ⁴².

我一个字都　认冇　倒①。

---

① 此句中的否定结构不能用"认冇得"，句中的"都"也不能用"也"替换。

204 只有这个字我不认得，其他字都认得。

tsʅ⁴⁵iɤɯ⁴⁵ko⁴⁵ko³³tsʅ³⁵ŋo⁴⁵lɛn³⁵maɯ³⁵tɑɯ⁴², mɛi³⁵ɕi⁵⁵tsʅ³⁵tɤɯ³⁵lɛn³⁵tɛ³¹tɑɯ⁴².

只 有　箇 个 字 我 认 冇　　倒，没＝ 些 字 都　认 得 倒。

205 你还记得不记得我了？

i⁴⁵xai³¹tɕi²⁴tɕi²¹⁴tɛ³¹tɑɯ⁴⁵ŋo⁴⁵o⁴²?

你还 记 记 得 倒 我 哦?

i⁴⁵xai³¹tɕi²¹maɯ³⁵tɕi²⁴tɛ³¹tɑɯ⁴⁵ŋo⁴⁵o⁴²?

你还 记 冇　记 得 倒 我 哦?

206 记得，怎么能不记得！

tɕi²⁴tɛ³¹tɑɯ⁴², iɛ²¹ tsʅ³⁵lɛn³¹tɕi²¹maɯ³⁵tɑɯ⁴⁵ma⁴²!

记 得 倒，叶＝支＝能 记 冇　倒 嘛!

207 我忘了，一点都不记得了。

ŋo⁴⁵uaŋ³⁵tɕiɛn⁵⁵ka⁴⁵liaɯ⁴², i³³kʰo⁴⁵ɚ³¹tɤɯ³⁵tɕi²¹maɯ³⁵tɑɯ⁴⁵liaɯ⁴².

我 忘 记 嘎 了， 一 颗 儿 都 记 冇　倒 了。

208 你在前边走，我在后边走

i⁴⁵tsai³⁵tɕiɛn³³tɤɯ³¹tsɤɯ⁴², ŋo⁴⁵tsai³⁵xɤɯ³⁵tɤɯ³¹tsɤɯ⁴².

你 在 前 头 走， 我 在 后 头 走。

209 我告诉他了，你不用再说了。

ŋo⁴⁵kaɯ²¹sɛn³⁵ti⁴⁵ liaɯ⁴², i⁴⁵maɯ³⁵ɕiaɯ³⁵tsai²¹kaŋ⁴⁵liaɯ⁴².

我 告 声 底＝了， 你 冇　消 再 讲 了。

210 这个大，那个小，你看哪个好？

ko⁴⁵liaɯ⁴⁵ta³⁵, mɛi³⁵liaɯ⁴⁵ɕiaɯ⁴², i⁴⁵kʰan³³la⁴⁵ko³³xaɯ⁴²?

箇 条　大，没＝ 条　小， 你 看 哪 个 好? ①

211 这个比那个好。

ko⁴⁵liaɯ⁴⁵pi⁴⁵mɛi³⁵liaɯ⁴⁵tɕiaŋ³¹.

箇 条　比 没＝ 条　强。

212 那个没有这个好，差多了。

mɛi³⁵liaɯ⁴⁵maɯ³⁵tɛ³⁵ko⁴⁵liaɯ⁴⁵xaɯ⁴², tsʰa³⁵yɛn⁴⁵liaɯ⁴².

没＝ 条　冇　得 箇 条　好， 差 远 了。

① 当地无"哪条"表"哪个"的用法。"哪条"表"谁"。

213　要我说这两个都好。

tɕiauɯ²⁴ŋo⁴⁵kaŋ⁴⁵ŋa⁴², ko⁴⁵liaɯ⁴⁵ko⁵⁵tɤɯ³⁵xaɯ⁴².

叫　我讲　啊，箇两个都　好。

214　其实这个比那个好多了。

tɕʰi³³sɿ³¹ko⁴⁵liaɯ⁴⁵pi⁴⁵mɛi³⁵liaɯ⁴⁵xaɯ⁴⁵to³⁵liaɯ⁴².

其　实箇条　比没＝条　好　多了。

215　今天的天气没有昨天好。

tɕiɛn³⁵tʰiɛn⁵⁵ti⁴⁵tʰiɛn³⁵sɛ⁵⁵maɯ³⁵tɛ³⁵tsʰo²¹tʰiɛn⁵⁵xaɯ⁴².

今　天　的天色　冇　得昨　天　好。

216　昨天的天气比今天好多了。

tsʰo²¹tʰiɛn⁵⁵ti⁴⁵tʰiɛn³⁵sɛ⁵⁵pi⁴⁵tɕiɛn³⁵tʰiɛn⁵⁵xaɯ⁴⁵to³⁵liaɯ⁴².

昨　天　的天　色比今　天　好　多了。

217　明天的天气肯定比今天好。

mɛn³³tʰiɛn⁵⁵ti⁴⁵tʰiɛn³⁵sɛ⁵⁵kʰɛn⁴⁵tien³³pi⁴⁵tɕiɛn³⁵tʰiɛn⁵⁵xaɯ⁴².

明　天　的天　色肯　定　比今　天　好。

218　那个房子没有这个房子好。

mɛi³⁵liaɯ⁴⁵faŋ³³tsɿ⁴⁵maɯ³⁵tɛ³⁵ko⁴⁵liaɯ⁴⁵xaɯ⁴².

没＝条　房　子冇　得箇条　好。

mɛi³⁵liaɯ⁴⁵faŋ³³tsɿ⁴⁵maɯ³⁵tɛ³⁵ko⁴⁵liaɯ⁴⁵faŋ³³tsɿ⁴⁵xaɯ⁴².

没＝条　房　子冇　得箇条　房　子好。

219　这些房子不如那些房子好。

ko⁴⁵ɕi⁵⁵faŋ³³tsɿ⁴⁵kan⁴⁵maɯ³⁵tauɯ⁴⁵mɛi³⁵ɕi⁵⁵.

箇　些房　子赶　冇　倒　没＝些。

ko⁴⁵ɕi⁵⁵faŋ³³tsɿ⁴⁵kan⁴⁵maɯ³⁵tauɯ⁴⁵mɛi³⁵ɕi⁵⁵faŋ³³tsɿ⁴⁵.

箇　些房　子赶　冇　倒　没＝些房　子。

220　这个有那个大没有？

ko⁴⁵ko³³iɤɯ⁴⁵iɤɯ⁴⁵mɛi³⁵ko³³ta³⁵?

箇　个有　冇　没＝个大？

ko⁴⁵ko³³iɤɯ⁴⁵maɯ³⁵iɤɯ⁴⁵mɛi³⁵ko³³ta³⁵?

箇　个有　冇　冇　没＝个大？

221　这个跟那个一般大。

ko⁴⁵ko³³xo³¹mɛi³⁵ko³³i³³iaŋ³⁵ta³⁵.

箇　个和没＝个一样　大。

222 这个比那个小了一点点儿，不怎么看得出来。

ko⁴⁵liɑu⁴⁵pi⁴⁵mɛi³⁵liɑu⁴⁵ɕiɑu⁴⁵kʰo⁴⁵ɚ³¹tsai⁴², mɑu³⁵tɑŋ³³kʰan²¹tɛ³¹tɕʰy³⁵lai³¹.

箇　条　比没ᵈ条　小　颗儿崽，冇　当　看　得出　来。

223 这个大，那个小，两个不一般大。

ko⁴⁵liɑu⁴⁵ta³⁵, mɛi³⁵liɑu⁴⁵ɕiɑu⁴², liaŋ⁴⁵ko⁵⁵mɑu³⁵sɿ⁵⁵i³³iaŋ³⁵ta³⁵.

箇　条　大，没ᵈ条　小，　两　个　冇　是一样　大。

224 这个跟那个大小一样，分不出来。

310

ko⁴⁵liɑu⁴⁵xo³¹mɛi³⁵liɑu⁴⁵ta³⁵ɕiɑu⁴⁵i³³iaŋ³⁵, fɛn³⁵mɑu³⁵tɕʰy³⁵lai³¹.

箇　条　和没ᵈ条　大小　一样，分　冇　出　来。

225 这个人比那个人高。

ko⁴⁵liɑu⁴⁵lɛn³¹pi⁴⁵mɛi³⁵liɑu⁴⁵lɛn³¹kɑu³⁵.

箇　条　人　比没ᵈ条　人　高。

226 是高一点儿，可是没有那个人胖。

sɿ³⁵iɑu²¹kɑu³⁵kʰo⁴⁵ɚ³¹, tan²⁴sɿ³³mɑu³⁵tɛ³⁵mɛi³⁵ko³³lɛn³¹pʰaŋ²¹⁴.

是　要　高　颗儿，但是　冇　得没ᵈ个人　胖。

227 他们一般高，我看不出谁高谁矮。

ti⁴⁵ tsɿ⁵⁵liaŋ⁴⁵ko³³i³³iaŋ³⁵kɑu³⁵, ŋo⁴⁵kʰan²¹mɑu³⁵tɕʰy³⁵la⁴⁵ko³³kɑu³⁵la⁴⁵ko³³ŋai⁴².

底ᵈ之ᵈ两　个一样　高，我看　冇　出　哪个高　哪个矮。

ti⁴⁵ liaŋ⁴⁵ko³³i³³iaŋ³⁵kɑu³⁵, ŋo⁴⁵kʰan²¹mɑu³⁵tɕʰy³⁵lai³¹la⁴⁵ko³³kɑu³⁵la⁴⁵ko³³ŋai⁴².

底ᵈ两　个　一样　高，我看　冇　出　来哪个高　哪个矮。

228 胖的好还是瘦的好？

pʰaŋ²⁴ti⁴⁵xɑu⁴², xa³³sɿ³⁵sɤɯ²⁴ti⁴⁵xɑu⁴⁵ɛ⁵⁵?

胖　的好，还是瘦　的好　嗳？

pʰaŋ²⁴ti⁴⁵xɑu⁴²ɛ⁵⁵, xa³³sɿ³⁵sɤɯ²⁴ti⁴⁵xɑu⁴⁵ɛ⁵⁵?

胖　的好　嗳，还是瘦　的好　嗳？

229 瘦的比胖的好。

sɤɯ²⁴ti⁴⁵pi⁴⁵pʰaŋ²⁴ti⁴⁵xɑu⁴².

瘦　的比胖　的好。

230 瘦的胖的都不好，不瘦不胖最好。

sɤɯ²⁴ti⁴⁵pʰaŋ²⁴ti⁴⁵tɤɯ³⁵mɑu³⁵xɑu⁴², mɑu³⁵pʰaŋ³³mɑu³⁵sɤɯ³³tsuɛi²⁴xɑu⁴².

瘦　的胖　的都　冇　好，冇　胖冇　瘦　最　好。

231 这个东西没有那个东西好用。

ko⁴⁵liɑɯ⁴⁵toŋ³⁵ɕi⁴⁵mɑɯ³⁵tɛ³⁵mɛi³⁵liɑɯ⁴⁵toŋ³⁵ɕi⁴⁵xɑu⁴⁵ioŋ³⁵.

箇 条 东 西 冇 得 没＝条 东 西 好 用。

ko⁴⁵liɑɯ⁴⁵toŋ³⁵ɕi⁴⁵kan⁴⁵mɑɯ³⁵tɑu⁴⁵mɛi³⁵liɑɯ³⁵toŋ³⁵ɕi⁴⁵xɑu⁴⁵ioŋ³⁵.

箇 条 东 西 赶 冇 倒 没＝条 东 西 好 用。

232 这两种颜色一样吗?

ko⁴⁵liaŋ⁴⁵tsoŋ⁴⁵iɛn³³sɛ³⁵sʅ³⁵sʅ⁵⁵i³³iaŋ³⁵ti⁴²?

箇 两 种 颜 色 是 是 一样 的?

ko⁴⁵liaŋ⁴⁵tsoŋ⁴⁵iɛn³³sɛ³⁵sʅ³⁵mɑɯ³⁵sʅ⁵⁵i³³iaŋ³⁵ti⁴²?

箇 两 种 颜 色 是 冇 是 一样 的?

233 不一样,一种色淡,一种色浓。

mɑɯ³⁵i³³iaŋ³⁵, i³³tsoŋ⁴⁵tan³⁵ɕi⁵⁵, i³³tsoŋ⁴⁵loŋ³³ɕi³⁵.

冇 一样, 一种 淡 些, 一种 浓 些。

234 这种颜色比那种颜色淡多了,你都看不出来?

ko⁴⁵tsoŋ⁴⁵iɛn³³sɛ³⁵pi⁴⁵mɛi³⁵tsoŋ⁴⁵iɛn³³sɛ³⁵tɕʰiɛn⁴⁵to³⁵liɑɯ⁴², i⁴⁵tɤɯ³⁵kʰan²¹mɑɯ³⁵tɕʰy³⁵lai³¹ia⁴²?

箇 种 颜 色 比 没＝种 颜 色 浅 多了, 你 都 看 冇 出 来 啊?

235 你看看现在,现在的日子比过去强多了。

i⁴⁵kʰan²⁴xa³³, ɕiɛn²⁴tsai³³ti⁴⁵ɚ³⁵sʅ⁴⁵pi⁴⁵yɛn³³lai³¹xɑu⁴⁵ko³³to³⁵liɑɯ⁴².

你 看 下, 现 在 的 日子 比 原 来 好 过 多了。

236 以后的日子比现在更好。

ɚ³⁵tʰiɛn⁵⁵ti⁴⁵ɚ³⁵sʅ⁴⁵pi⁴⁵ɕiɛn²⁴tsai³³kɛn²⁴xɑu⁴².

二 天 的 日子 比 现 在 更 好。

237 好好干吧,这日子一天比一天好。

xɑu⁴⁵xɑu⁴⁵tsɤɯ²⁴ma⁴², ko⁴⁵liɑɯ⁴⁵ɚ³⁵sʅ⁴²i³³tʰiɛn³⁵pi⁴⁵i³³tʰiɛn³⁵xɑu⁴².

好 好 做 嘛, 箇 条 日子 一天 比 一天 好。

238 这些年的生活一年比一年好,越来越好。

ko⁴⁵ɕi⁵⁵iɛn³¹ti⁴⁵sɛn³⁵xo³¹i³³iɛn³¹kɛn²⁴pi⁴⁵i³³iɛn³¹xɑu⁴², yɛ²⁴lai³¹yɛ²⁴xɑu⁴².

箇 些 年 的 生 活 一年 更 比 一年 好, 越 来 越 好。

239 咱兄弟俩比一比谁跑得快。

ŋo⁴⁵tsʅ⁵⁵liaŋ⁴⁵ɕioŋ³⁵ti⁵⁵pi⁴⁵xa³³kʰan²⁴la⁴⁵ko³³pʰɑu⁴⁵tɛ³¹kʰuai²¹ɕi³⁵.

我 之＝两 兄 弟 比 下 看 哪个 跑 得 快 些。

ŋo⁴⁵liaŋ⁴⁵ɕioŋ³⁵ti⁵⁵pi⁴⁵i³³xa³³kʰan²⁴la⁴⁵ko³³pʰɑɯ⁴⁵tɛ³¹kʰuai²¹ɕi³⁵.

我 两 兄 弟 比 一下 看 哪个 跑 得 快 些。

**240 我比不上你，你跑得比我快。**

ŋo⁴⁵kan⁴⁵mɑɯ³⁵tɑɯ⁴⁵i⁴², i⁴⁵pʰɑɯ⁴⁵tɛ³¹pi⁴⁵ŋo⁴⁵kʰuai²¹⁴.

我 赶 冇 倒 你，你 跑 得 比 我 快。

**241 他跑得比我还快，一个比一个跑得快。**

ti⁴⁵ pʰɑɯ⁴⁵tɛ³¹pi⁴⁵ŋo⁴⁵xai³¹iɑɯ²⁴kʰuai²¹⁴, i³³ko³³kɛn²⁴pi⁴⁵i³³ko³³pʰɑɯ⁴⁵tɛ³¹kʰuai²¹⁴.

底ᵈ跑 得 比 我 还 要 快， 一个 更 比 一个 跑 得 快。

**242 他比我吃得多，干得也多。**

ti⁴⁵ tɕʰia³⁵tɛ³¹pi⁴⁵ŋo⁴⁵to⁵⁵, tsɤɯ²⁴tɛ³¹iɛ⁴⁵pi⁴⁵ŋo⁴⁵to³⁵.

底ᵈ吃 得 比 我 多， 做 得 也 比 我 多。

**243 他干起活来，比谁都快。**

ti⁴⁵ tsɤɯ²⁴tɕʰi⁴⁵xo³³lɤɯ³⁵lai³¹, pi⁴⁵la⁴⁵ko³³tɤɯ³⁵iɑɯ²⁴kʰuai²¹⁴.

底ᵈ做 起 活 路 来， 比 哪个 都 要 快。

**244 说了一遍，又说一遍，不知说了多少遍。**

kaŋ⁴⁵ka⁴⁵i³³tɑɯ²¹⁴, iɤɯ³⁵i³³tɑɯ²¹⁴, ɕiɑɯ⁴⁵mɑɯ³⁵tɛ³⁵kaŋ⁴⁵ka⁴⁵xɑɯ⁴⁵to⁵⁵tɑɯ²¹⁴.

讲 嘎 一道， 又 一道， 晓 冇 得 讲 嘎 好 多道。

**245 我嘴笨，可是怎么也说不过他。**

ŋo⁴⁵tsuɛi⁴⁵pa⁵⁵pɛn²¹⁴, suɛi³³piɛn³⁵iɛ²¹ tsʅ³⁵tɤɯ³⁵kaŋ⁴⁵mɑɯ³⁵iɛn³¹ti⁴².

我 嘴 巴 笨， 随 便 叶ᵈ支ᵈ都 讲 冇 赢 底ᵈ。

**246 他走得越来越快，我都跟不上了。**

ti⁴⁵ tsɤɯ⁴⁵tɛ³¹yɛ²⁴lai³¹yɛ²⁴kʰuai²¹⁴, ŋo⁴⁵tɤɯ³⁵iɛn⁴⁵mɑɯ³⁵tɑɯ⁴⁵liɑɯ⁴².

底ᵈ走 得 越 来 越 快， 我 都 撵 冇 倒 了。

**247 越走越快，越说越快。**

yɛ²⁴tsɤɯ⁴⁵yɛ²⁴kʰuai²¹⁴, yɛ²⁴kaŋ⁴⁵yɛ²⁴kʰuai²¹⁴.

越 走 越 快， 越 讲 越 快。

**248 慢慢说，一句一句地说。**

man³⁵man⁵⁵kaŋ⁴², tɕy²¹⁴sʅ³⁵tɕy²¹⁴ti⁴⁵kaŋ⁴².

慢 慢 讲， 句 是 句 地 讲。

man³⁵man⁵⁵ti⁴⁵kaŋ⁴², i³³tɕy²¹⁴i³³tɕy²¹⁴ti⁴⁵kaŋ⁴².

慢 慢 地讲， 一句 一句 地 讲。

第八章 话语材料

本章收录调查点当地的俗语谚语、歌谣、故事等口头文化内容，均附视频。视频目录与小节标题一致。

# 第一节

# 俗语谚语

## 一 歇后语

1. u³⁵kuɐi⁵⁵ta⁴⁵pʰi²¹⁴——tsʰoŋ²⁴kʰo³³tsʅ⁴²

   乌龟　打屁①　——冲　壳　子②

2. tsu³⁵toŋ³¹tɑɯ²⁴tɤɯ³⁵tsʅ⁴²——i³³kan³⁵ɚ²⁴tɕiɛn³³

   竹③筒　倒　豆　子　——一干　二净

3. ŋai⁴⁵tsʅ⁴⁵ko²⁴xo³¹——ŋan³⁵ka⁴⁵sɛn³⁵ti⁴²

   矮　子过河　——淹　嘎心　的

   矮子过河——淹（安）了心

4. ŋai⁴⁵tsʅ⁴⁵pa³⁵lɤɯ³³tʰi⁴²——pu²⁴pu³³kɑɯ³⁵sɛn³⁵

   矮　子爬楼　梯　——步步高　升

5. pia³⁵tɤɯ³¹sɑŋ³⁵kua²⁴tuan³³y³¹——sʅ²¹tɕio³⁵u³³kʰɑɯ²¹⁴

   壁头　上　挂团　鱼——四脚　无靠④

6. tɕi³⁵koŋ⁵⁵ta⁴⁵tɕia²¹⁴——mɑɯ³¹tsʰɛn³⁵tɕʰi⁴²

   鸡　公　打架　——毛　抻　起⑤

---

① 打屁：放屁。

② 冲壳子：吹牛，说大话。

③ 发音人将此处"竹"[tsɤɯ³⁵]的读音临时口误念成了读字音，属于偶发现象。

④ 四脚无靠：比喻无所依靠。

⑤ 毛抻起：比喻生气后摆开架势，虚张声势。

7. ŋai⁴⁵tsʅ⁴⁵ta⁴⁵tɛn³⁵loŋ³¹——tsɑɯ²¹tsʅ³⁵ka⁴²

   矮　子　打　灯　笼　——照　　自　家

8. xa³⁵tsʅ⁴⁵tai²⁴ŋan⁴⁵tɕiɐr³³——to³⁵i³³fu³³kʰuaŋ³⁵kʰuaŋ⁵⁵

   瞎　子　戴　眼　镜儿　——多　一　副　框　　框①

9. uai³⁵tsuɛi⁴⁵pa⁵⁵tsɑɯ²⁴tɕiɛn²⁴tsʅ⁴²——taŋ³⁵miɛn³³tiɤɯ³⁵tsʰɤɯ⁴²

   歪　嘴　巴　照　镜　子　——当　面　　丢　丑

10. mɑɯ³³sʅ³⁵li⁴⁵ta⁴⁵tiɛn²⁴tʰoŋ³¹——tsɑɯ²⁴sʅ⁴²

    茅　司　里打　电　筒　——照　屎

    厕所里打电筒——照（找）屎（死）

11. mu³⁵tɕiaŋ⁵⁵tai²¹tɕia³⁵——tsʅ³⁵tso³¹tsʅ³⁵sɤɯ²¹⁴

    木　匠　　戴　枷　——自　作　自　受

12. uaŋ³³i³³pa⁵⁵luɛi³⁵kʰu²⁴taŋ⁴²——mɑɯ³⁵sʅ⁵⁵sʅ⁴⁵iɛ⁴⁵sʅ³⁵sʅ⁴²

    黄　泥　巴　礌　裤　裆　——冇　　是　屎　也　是　屎

    黄泥巴抹裤裆——不是屎（死）也是屎（死）

13. lai²⁴ɚ³¹li⁴⁵lɑɯ⁴⁵kʰo³¹——u³³fa³¹

    癞　儿　哩脑　壳　——无　发

    癞子的头——无发（法）

（唐昌平，2016年10月6日）

## 二　谚语

1. toŋ³⁵kaŋ³³tʰai²⁴iaŋ³¹ɕi³⁵kaŋ³³y⁴², kaŋ²¹tɑɯ³³lan³³faŋ³⁵tsaŋ⁴⁵ta²⁴ɕy⁴².

   东　虹　太　阳　西　虹　雨，虹　到　南　方　涨　大　水。

   东面有彩虹会出太阳，西面有彩虹会下雨，南面有彩虹会发洪水。

2. yɛn³¹uaŋ⁴⁵toŋ³⁵, i³³tsʰaŋ⁴⁵kʰoŋ³⁵.

   云　往　东，一　场　　空。

   yɛn³¹uaŋ⁴⁵pɛ³¹, xɑɯ⁴⁵sai²⁴mɛ³¹.

   云　往　北，好　　晒　麦。

   yɛn³¹uaŋ⁴⁵ɕi³⁵, pɛi³⁵so³⁵i⁵⁵.

   云　往　西，背　蓑　衣。

   yɛn³¹uaŋ⁴⁵lan³¹, y⁴⁵tsʰɛn³⁵tsʰuan³¹.

   云　往　南，雨撑　　船。

   乌云往东走，不会下雨；乌云往北走，要出太阳；乌云往西走，要下雨；乌云往南走，要下大雨。

———————

① 多一副框框：比喻形式上多此一举。

3. ɕiɛn³⁵ta⁴⁵luɛi³¹, xɣɯ³⁵lo³³y⁴², lo³¹pu³³tɑɯ⁴⁵pan²¹kua³⁵ɕy⁴².

　先　　打雷，　后　落雨，落不倒　半　瓜①水。

先打雷，后下雨，下不了半瓢水。形容雨不会下很大。

4. li³³ɕia³⁵pu³³ɕia³⁵, li³³tʰɣɯ³¹kɑɯ³⁵kua³³.

　立夏不下，犁头　高　挂。

如果立夏当天不下雨，犁就要高高地挂起来。形容后面就会少雨干旱，难以犁田耕种。

5. mɑŋ³³tsoŋ³³mɑŋ³³mɑŋ³¹tsai³⁵, ɕia³⁵tsʅ⁵⁵ku³⁵fai³¹tʰai³⁵.

　芒　种　忙　忙　栽，　夏至谷怀胎。

芒种时节要抓紧时间栽秧，之后再种，秧苗就不会长好了。到了夏至时节，谷子就已经孕穗了。形容要抓紧农时，及时耕种。

6. tuan³⁵iaŋ³¹pu³³lo³¹kʰan²⁴sʅ³³san³⁵, sʅ³³san³⁵pu³³lo³¹i³³toŋ³⁵kan³⁵.

　端　阳不落看　十三，　十三　不落一冬　干。

如果端午节不下雨，就要看农历五月十三日会不会下雨②；如果五月十三日不下雨，整个冬天就都会干旱。

7. tsɛn³⁵ye³¹ɕia²¹liɑɯ⁴⁵ɕye³⁵, ɚ²⁴ye³¹y⁴⁵mɑɯ³⁵tɛ³⁵.

　正　　月下了　雪，　二月雨冇　得。

san³⁵ye³¹mɑɯ³³mɑɯ³⁵y⁴², sʅ²⁴ye³¹tʰiɛn³¹kʰai³⁵tsʰɛ³⁵.

　三　月毛　毛　雨，四月田　开坼。

正月下了雪，二月就没有雨。三月下了毛毛雨，四月田地就会因干旱而干裂。

8. li³³toŋ³⁵tɕiɛn³¹, iaŋ⁴⁵tɕioŋ³³zɛn³¹.

　立冬　晴，　养穷　人。

li³³toŋ³⁵lo²¹⁴, tɕioŋ³³zɛn³¹mɑɯ³⁵tɛ³⁵xo²¹⁴.

　立冬　落，穷　人冇　得　活。

如果立冬这天是晴天，冬天就会很暖和，对穷人很好；如果立冬这天下雨，冬天就会很冷，穷人会冷得没法活。

9. ta³⁵ɕye³¹, ɕiɑɯ⁴⁵ɕye³¹, sɑɯ³⁵xo⁴⁵pu³³ɕie³¹.

　大雪，　小　雪，　烧　火不歇。

大雪与小雪这两个节气到来的时候，因白昼变短，每天三顿饭的时间间隔变得较短，一天不停地忙着烧火做饭。也有人认为该谚语表达的是大雪与小雪两个节气，已经进入隆冬时节，会不停地烧火取暖。

10. tsʰu²⁴ɕy⁴⁵mɑɯ³⁵kɣɯ³⁵tɣɯ³¹, ko³⁵tɕʰi⁴⁵uɛi²⁴lɑɯ⁴⁵iɣɯ³¹.

　处暑冇　勾　头，　割起　喂老牛。

处暑时稻穗如果还没下垂，就只能割掉喂牛了。因过了处暑，天气会转凉，植物基本就停止生长了。

────────────

① 瓜：此处指瓢，即用葫芦做成的舀水工具。

② 民间传说五月十三日是关公磨刀日，常会下雨。

11. yɛn³¹uaŋ⁴⁵iɛ⁴⁵mɑɯ³¹tɕʰi³⁵, san³⁵tʰiɛn⁵⁵pɛi³⁵so³⁵i⁵⁵.

云　往　野　猫　溪①，三　天　背　蓑　衣。

yɛn³¹uaŋ⁴⁵ku⁴⁵tɕʰi³⁵xo³¹, iɣɯ⁴⁵y⁴²tɣɯ³⁵mɑɯ³⁵lo³¹.

云　往　古　溪　河，有　雨　都　冇　落。

yɛn³¹uaŋ⁴⁵ɚ²⁴laŋ³¹tsaŋ³¹, san³⁵tʰiɛn⁵⁵ta³⁵tʰai²⁴iaŋ³¹.

云　往　二　郎　场，三　天　大　太　阳。

乌云往野猫溪方向飘，未来三天都要下雨；乌云往古溪河方向飘，有雨都不会下；乌云往二郎场方向飘，未来三天都是晴天。

12. iɑɯ²⁴xɑɯ⁴⁵sua⁴², tɕʰiɛ²⁴tsɣɯ²⁴ua⁴².

要　好　耍，去　做　瓦。

lo²⁴tɑɯ⁴⁵san³⁵tʰiɛn⁵⁵ma³³ma³⁵y⁴², lɑɯ⁴⁵kʰo³¹tɣɯ³⁵iɑɯ³³suɛi²⁴pia⁴².

落　倒　三　天　麻　麻　雨，脑　壳　都　要　睡　□②。

如果想好玩，就去做瓦；如果连着下三天雨，头都要睡扁。形容做瓦，天气晴朗很重要。

13. san³⁵sɿ⁵⁵ia³⁵sɣɯ³¹ tsʰuɛi³⁵ka⁴⁵xoŋ³⁵, sɛ²¹kan³⁵iɣɯ³³tɕyɛn³⁵tɕiɣɯ⁴⁵kan⁵⁵kʰoŋ³⁵.

三　十　夜［时候］吹　嘎　风，十　间　牛　圈　九　间　空。

如果年三十晚上刮了风，十个牛圈九个都会空。形容年三十晚上刮风，天气会很冷，很多牛都会被冻死。

14. yɛ²⁴pʰa²⁴sɿ³³u⁴², iɛn³¹pʰa²¹tsoŋ³⁵tɕʰɣɯ⁵⁵.

月　怕　十　五，年　怕　中　秋。

每月过了十五，这个月很快就过完了；每年过了中秋，这一年很快就过完了。形容时间过半以后会感觉过得很快。

15. ly³³tsɿ⁴⁵ɕiɛn³¹, i²⁴tsoŋ²¹⁴mɑɯ³⁵i³³tɕʰiɛn³⁵.

驴　子　形，宜　重　冇　宜　轻。

像驴驮东西一样，驮重一点的东西才舒服，不愿意驮少了。形容不能无所事事，应该多做事，多挑担子。

16. tɕi³⁵tɕiɑɯ²¹pan²¹ia³⁵, kɣɯ⁴⁵tɕiɑɯ²¹liaŋ³⁵.

鸡　叫　半　夜，狗　叫　亮。

鸡叫就说明已经是半夜了，狗叫就说明天已经亮了。过去没有钟表，通过鸡狗的叫声来判断时间。鸡通常在三更以后开始叫，天亮后，狗看见来往的行人才会叫。

17. tɕioŋ³¹suan²⁴pa³³tsɿ³⁵, fu²¹sɑɯ³⁵ɕiaŋ³⁵.

穷　算　八　字，富　烧　香。

pɛi²⁴sɿ³¹tɑɯ⁴⁵tsɑɯ²¹⁴uɛn²¹ɕiɛn³⁵iaŋ⁵⁵.

背　时　倒　灶　问　仙　娘。

穷的时候算八字，富的时候烧香。运气不好的时候就拆了灶台重建，还要问巫师是什么原因。

———————

① 野猫溪、古溪河、二郎场：均为当地地名。

② "□" [pia⁴⁵³]：扁。

18. san³⁵yɛ³¹san³⁵, sɛ³¹ɕia²¹san³⁵.

    三　月　三，　蛇　下　山。

19. tɕiɤɯ⁴⁵yɛ³¹tɕiɤɯ⁴², uɛn³³tsɿ⁴⁵sɿ⁴⁵i³³tɤɯ⁴².

    九　月　九，　蚊　子　死　一　斗。

20. y⁴⁵ta⁴⁵u⁴⁵tɕiɤɯ⁴⁵tɤɯ³¹.

    雨　打　五　九　头。

    如果五九天开头几天下雨，就意味着春雨会来得早，将来收成就好。

21. zɛ²¹mɑɯ³⁵ko²¹san³⁵fu³¹, lɛn⁴⁵mɑɯ³⁵ko²¹san³⁵tɕiɤɯ⁴².

    热　冇　过　三　伏，冷　冇　过　三　九。

    三伏天最热，三九天最冷。

22. li³³toŋ³⁵xoŋ³³tan³⁵, mɑɯ³⁵tsɛn⁴⁵lɤɯ³⁵kan⁵⁵.

    立　冬　逢　单，　冇　准　路　干。

    逢单日子立冬，路都不会干。形容单日子立冬的话，雨水会很多。

23. tɤɯ³³ta²¹⁴uɛi⁴⁵ta²¹⁴, tsɤɯ²¹sɿ³⁵mɑɯ³⁵pʰa²¹⁴.

    头　大　尾　大，　做　事　冇　怕。

    如果正月和腊月都是大月，一年做事都会很顺利，不用担心。

24. liaŋ⁴⁵tɕʰyɛn³⁵tɕia³¹i³³toŋ³⁵, sɛ²¹ko³⁵iɤɯ³³lan³¹tɕiɤɯ⁴⁵ko³³kʰoŋ³⁵.

    两　春　夹　一　冬，十　个　牛　栏　九　个　空。

    如果阳历的一年有两个立春，十个牛圈九个都会空。形容阳历年里有两个立春时天气会很冷，很多牛都要被冻死。

25. ɚ³⁵yɛ³¹ɚ³⁵ta⁴⁵liɑɯ⁴⁵san⁴², fu³³tɤɯ³⁵kuaŋ³⁵kan⁴⁵kan⁴².

    二　月　二　打　了　闪，　胡　豆　光　秆　秆。

    如果二月二有闪电的话，蚕豆将会歉收。

26. tsʰɛn³⁵mɛn³¹xɤɯ²¹⁴, po³⁵fu³³tɤɯ³⁵.

    清　明　后，　剥　胡　豆。

    清明后，就可以剥蚕豆了。形容清明后，蚕豆就成熟了。

27. tɕʰi³⁵yɛ³³li³³tiɛn³¹, i³³uan⁴⁵iɤɯ³¹.

    七　月　犁　田，　一　碗　油。

    pa³⁵yɛ³³li³³tiɛn³¹, pan²⁴uan⁴⁵iɤɯ³¹.

    八　月　犁　田，　半　碗　油。

    tɕiɤɯ⁴⁵yɛ³³li³³tiɛn³¹, kuaŋ³⁵ku²⁴tɤɯ³¹.

    九　月　犁　田，　光　骨　头。

    七月犁地，收成会很好。八月犁地，只有一半的收成。九月犁地，什么收成也没有。

28. ɕia³⁵tsʅ⁵⁵tsai³⁵sɑɯ³¹, tɤɯ⁴⁵uan⁴⁵ta³⁵tiɑɯ³¹.

夏 至 栽 苕, 斗 碗 大 条。

夏至时节栽红薯的话，红薯将长得很大。

29. tsʰɛn³⁵mɛn³¹kɑɯ³⁵liaŋ³¹, ku³³y⁴⁵tɤɯ²¹⁴.

清 明 高 粱, 谷 雨 豆。

iaŋ³⁵pɛn³³li³³ɕia³³, ku³⁵pɛn²¹tɕʰiɤɯ³⁵.

秧 奔 立 夏, 谷 奔 秋。

清明时节种高粱，谷雨时节种豆子。秧苗要等立夏了才栽，立秋后水稻逐渐成熟。

30. tɕʰiɤɯ³⁵tɕʰiɛn³¹sɛ²¹tʰiɛn⁵⁵u³¹ku³⁵ta⁴², tɕʰiɤɯ³⁵xɤɯ³³sɛ²¹tʰiɛn⁵⁵man⁴⁵tiɛn³¹uaŋ³¹.

秋 前 十 天 无 谷 打, 秋 后 十 天 满 田 黄。

立秋前十天，水稻还没有成熟；立秋后十天，田地里黄灿灿的，水稻就成熟了。

31. ɚ³⁵yɛ³³tsʰɛn³⁵mɛn³¹mo²¹tsai³⁵tɕiɛn³¹, san³⁵yɛ³³tsʰɛn³⁵mɛn³¹mo²¹tsai³⁵xɤɯ²¹⁴.

二 月 清 明 莫 在 前, 三 月 清 明 莫 在 后。

如果清明在农历二月，不要在清明前春耕，时间太早；如果清明在农历三月，不要在清明后春耕，时间太晚。

32. toŋ³⁵tsʅ⁵⁵xoŋ³¹, kan³⁵tsɛn²⁴loŋ³¹.

冬 至 红, 干 正 垄①。

toŋ³⁵tsʅ⁵⁵u³⁵, man⁴⁵tiɛn³¹pʰu³⁵.

冬 至 乌, 满 田 铺。

如果冬至当天大太阳，会发生干旱，水田里的水都要干涸；如果冬至当天天很暗，来年庄稼会长得很好，收成会很好。

33. pɛ²¹lɤɯ³⁵xoŋ³³tan³⁵, mɑɯ³⁵tsɛn⁴⁵lɤɯ²¹kan³⁵.

白 露 逢 单, 冇 准② 路 干。

pɛ²¹lɤɯ³⁵xoŋ³³suaŋ³⁵, sai²⁴sʅ⁴⁵ku³³tsuaŋ³⁵.

白 露 逢 双, 晒 死 谷 桩。

如果白露逢单日子，接下来会经常下雨，地面都不会干；如果白露逢双日子，接下来天气会很热，会把谷桩都晒死。

34. iɛn³⁵tsʅ⁴⁵ko²⁴loŋ³¹, kan³⁵tuan³³tsɛn²⁴loŋ³¹.

烟 子 过 垄, 干 断 正 垄。

iɛn³⁵tsʅ⁴⁵pa²¹pʰo³⁵, y⁴⁵suɛi⁴⁵xɛ⁴⁵to³⁵.

烟 子 霸⁼坡, 雨 水 嘿⁼多。

如果烟雾经常在沟里散不去，田地都要干裂；如果烟雾经常在半山腰散不去，雨水会很多。

———————————

① 正垄：沟里的田，往往不缺水。

② "准"在此的读音无介音 [u]，当是发音人临时读错音所致。

35. tsʰɤɯ³⁵i³¹lo²⁴y⁴⁵man⁴⁵tʰiɛn⁵⁵xoŋ³¹, tsʰɤɯ³⁵ɔ³⁵lo²⁴y⁴⁵tai²⁴tɤɯ⁴⁵poŋ³¹.

初　　一落雨满天　红，　初　　二落雨带斗　篷。

初一下雨的话，很快就会雨过天晴，后面不会下雨；初二下雨的话，后面就会经常下雨，出门要带上斗笠。

36. iɛn²⁴tsɿ⁴⁵tsʰu³³ŋo³⁵, iaɯ²⁴lo²⁴y⁴².

燕　子出　窝，要　落雨。

37. tɕʰi³¹lo³¹pa³¹ŋaɯ²¹⁴tɕiɤɯ⁴⁵tʰiɛn⁵⁵tsɛn³¹, ɔ²⁴sɿ³¹piɛn³⁵kan⁵⁵i³³tsaɯ⁴⁵sɛn³¹.

七　落八　坳　九　天　晴，二十边　间　一早　晨。

农历十七日下雨，十八日天不下雨也不晴，十九日天晴，到了二十日早晨还会下雨。此谚语讲的是一个月如果逢七的一天下雨，逢八的一天阴天，逢九的一天天晴，则逢十的一天早晨还会下雨。

38. xan³³lu³³suan³⁵tɕiaŋ³³, mɛ²⁴tsɿ⁴⁵faŋ²⁴tau⁴⁵pʰo³⁵san⁵⁵.

寒露霜降，　麦子放倒坡　上。

到了寒露霜降的节气，小麦成熟了，都已经收割在坡上了。

39. iɤɯ⁴⁵y⁴⁵sɿ²¹ko³⁵liaŋ²¹⁴, u³³y⁴⁵man⁴⁵tʰiɛn⁵⁵kuaŋ⁵⁵.

有　雨四角亮，　无雨满天　光。

天顶上乌云笼罩，四角周围都发亮，往往会下雨；天上没有乌云，一片光亮的话，往往不会下雨。

40. u³⁵yɛn³¹tsɛ³⁵ka⁴⁵toŋ³⁵, maɯ³⁵lo²⁴y⁴⁵tɤɯ²⁴iaɯ³³tsʰuɛi³⁵xoŋ³⁵.

乌云遮嘎东，冇　落雨斗⁼要　吹　风。

乌云遮住东边，不下雨就要刮风。

41. u³⁵yɛn³¹tsɛ³⁵tʰai²⁴iaŋ³¹, pan²¹ia³⁵tʰiɛn²⁴y⁴⁵ɕiaŋ⁴².

乌云遮太阳，半夜听　雨响。

白天乌云遮住太阳，半夜往往要下雨。

42. i³³lo³¹i³³liaŋ³⁵, sɿ³³tɤɯ³¹pʰaɯ²⁴tsaŋ²¹⁴.

一落一亮，　石头泡　胀。

天一会儿下雨，一会儿出太阳，就要下很长时间的雨，会把石头都泡胀。

43. tɕi³⁵ia⁵⁵fɛi³³tɛ³¹tsaɯ⁴², y⁴⁵suɛi⁴⁵lai³¹maɯ³⁵tau⁴².

鸡　鸭回得早，雨水来冇　倒。

如果鸡鸭很早回窝，一般不会下雨。

44. iɛn³⁵tsɿ⁴⁵maɯ³⁵tɕʰy³⁵mɛn³¹, pi³³iɤɯ⁴⁵y⁴⁵lai³³liɛn³¹.

烟　子冇　出　门，必有　雨来临。

如果烟雾在房子里散不出去，必然要下雨。

45. y⁴⁵lo³¹ɔ³⁵sɿ³¹u⁴², ɕia³⁵yɛ³¹u³¹kan³⁵tʰu⁴².

雨落二十五，下　月无干　土。

如果农历二十五日下雨，下个月就会经常下雨，地上连干土都没有。

46. yɛ²¹liaŋ³⁵tɕʰi⁴⁵mɑɯ³¹, ta³⁵y⁴⁵pɑɯ³³pɑɯ³¹.

月 亮 起 毛， 大 雨 咆 咆。

如果发生月晕，即月亮周围像长了毛一样，往往要下大雨。

47. y³³ɚ³¹luan³⁵tʰiɑɯ²¹⁴, ta³⁵y⁴⁵lai³³tɑɯ²¹⁴.

鱼 儿 乱 跳， 大 雨 来 到。

如果鱼在水面上乱跳，往往会下大雨。

48. tsɑɯ³⁵xoŋ³⁵y⁴², uan⁴⁵xoŋ³⁵tsɛn³¹.

朝 风 雨，晚 风 晴。

早上刮风天要下雨，晚上刮风天会晴。

（唐昌平，2016年10月6日）

## 三　其他

1. san³⁵sɿ⁵⁵iɛ²⁴uan⁴⁵ta²⁴yɛ²¹liaŋ⁵⁵, tsuɛi³³ua³³tsɿ⁴⁵tɕʰi⁴⁵lai³¹tʰɤɯ³⁵suɛi⁴⁵kaŋ⁵⁵.

三 十 夜 晚 大 月 亮， 贼 娃 子 起 来 偷 水 缸。

loŋ³⁵tsɿ⁴⁵tʰiɛn²⁴tɑɯ⁴⁵tɕio³³pɐr⁴⁵ɕiaŋ⁴², ɕia³³sɿ⁴⁵kʰan²⁴tɕiɛn³³fan³⁵uɛi³³tɕʰiaŋ³¹.

聋 子 听 倒 脚 板 儿 响， 瞎 子 看 见 翻 围 墙。

三十晚上天上出着圆月，小偷起来去偷水缸，聋子听见了脚步声，盲人看见他翻围墙。此为当地的"颠倒歌"，属语言游戏，说的全都是反话。

2. tɕiɛn³⁵tsɿ⁵⁵tɕiɛ³¹, iɛn³³sɿ³⁵tɕiɛ³¹, ka³³ma⁴⁴mo²¹tsai³⁵tʰiɛn³³kʰan⁴⁵saŋ⁵⁵ɕiɛ³¹.

惊 蛰 节， 银 蛰 节， 蛤 蟆 莫 在 田 坎 上 歇。

po³³po³⁵pa⁴⁵i⁴⁵ta⁴⁵tsʰɛn³¹liaŋ⁴⁵pan²⁴tɕiɛ³¹.

婆 婆 把 你 打 成 两 半 截。

惊蛰时节，青蛙不要在田埂上停留，奶奶会把你打成两半截。此句主要说明惊蛰时节开始春耕，蛤蟆在田埂上会影响春耕，故要进行驱赶。

3. ti⁴⁵ ta⁴⁵ti⁴², i³³xa³⁵ta⁴⁵tɑɯ⁴⁵ŋo³³taŋ³⁵ li⁴².

底⁼打 底⁼，一 下 打 倒 鹅 塘① 里。

ŋo⁴⁵tɕʰiɛ²⁴la³⁵ti⁴², ti⁴⁵ kaŋ⁴⁵ŋo⁴⁵ta⁴⁵ka⁴⁵ti⁴².

我 去 拉 底⁼，底⁼讲 我 打 嘎 底⁼。

ti⁴⁵ kaŋ⁴⁵ŋo⁴⁵ta⁴⁵ka⁴⁵ti⁴², tɤɯ²⁴ta⁴⁵ka⁴⁵ti⁴², i⁴⁵pa⁴⁵ŋo⁴⁵io²¹ tsɿ³⁵ka³⁵?

底⁼讲 我 打 嘎 底⁼，斗⁼ 打 嘎 底⁼，你 把 我 药⁼支⁼嘎?

他打他，一下打到了屋前的平地上。我去拉他，他说我打了他。他说我打了他，就打了他，你能把我怎么样? 此为当地的方言绕口令，无甚实际意义。

---

① 鹅塘：屋前平地。

4. tsɿ³³pa³⁵miɑu³⁵u³¹miɑu³⁵mɛn³¹, kɑu³⁵liaŋ³¹ka³⁵pia³⁵, pia³⁵ka³⁵pia³⁵.

池 坝 庙① 无庙 门， 高 粱 夹 壁，壁 夹 壁。

liaŋ³³saŋ³⁵tiau²¹tau³⁵tau³⁵tiau²¹tau³⁵.

梁 上 吊 刀 刀 吊 刀。

xɑu²⁴tsɿ⁴⁵tsʰɛ⁴⁵lan³⁵ku⁴², tsʰɛ⁴⁵tsʰɿ³⁵pu²¹⁴lai³³pu⁴².

耗 子 扯 烂 鼓，扯 尺 布 来 补。

kʰan²¹sɿ³⁵ku⁴⁵pu⁴⁵pu²¹⁴ma⁴², pu²¹⁴pu⁴⁵ku⁴²?

看 是 鼓 补 布 嘛，布 补 鼓?

池坝庙没有庙门，高粱夹在墙壁中，墙壁又夹着墙壁。梁上吊着刀，刀上又吊着刀。老鼠咬烂鼓，扯点儿布来补。看看是鼓补布还是布补鼓? 此为当地的方言绕口令，无甚实际意义。

5. ta²¹ko³⁵ta³⁵tɤu⁴⁵pi³¹,

大哥 大 肚 皮，

ɚ²¹ko³⁵liaŋ⁴⁵tɤu³¹tɕi³¹,

二哥 两 头 齐，

san³⁵ko⁵⁵tai²⁴tʰiɛ³³mɑu³⁵,

三 哥 戴 铁 帽，

sɿ²¹ko³⁵tɕiɛn³⁵tɕiɛn⁵⁵tiau²¹⁴,

四 哥 筋 筋 吊，

u⁴⁵ko⁵⁵② lai²⁴kɛ³³pɑu⁴².

五 哥 癞 蛤 宝③。

谜底分别为：南瓜、冬瓜、茄子、豇豆、苦瓜。

（唐昌平，2016年10月6日）

---

① 池坝庙：当地一座庙的庙名，在池坝村。

② 发音人此处读为去声，当是临时读错所致。

③ 癞蛤宝：癞蛤蟆。

# 第二节

# 歌谣

1. **墙上的冬瓜两边倒**

tɕiaŋ³³saŋ³⁵ti⁴⁵toŋ³⁵kua⁴²liaŋ⁴⁵piɛn⁵⁵tɑɯ⁴², i⁴⁵kuai²⁴lɑɯ⁴⁵xɐr³³　mɑɯ³⁵mai⁴⁵piɑɯ⁴².

墙　上　的冬　瓜　两　边　倒，你怪　老　汉儿①冇　买　表。

mai⁴⁵tɕʰi⁴⁵piɑɯ⁴², i⁴⁵mɑɯ³⁵tai²¹⁴, i⁴⁵kuai²⁴lɑɯ⁴⁵xɐr³³mɑɯ³⁵mai⁴⁵tsʰai²¹⁴.

买　起　表，　你　冇　戴，你怪　老　汉儿冇　买　菜。

mai⁴⁵tɕʰi⁴⁵tsʰai²¹⁴, i⁴⁵mɑɯ³⁵tɕy⁴², i⁴⁵kuai²⁴lɑɯ⁴⁵xɐr³³mɑɯ³⁵mai⁴⁵ɕy⁴².

买　起　菜，　你　冇　煮，你怪　老　汉儿冇　买　水。

mai⁴⁵tɕʰi⁴⁵ɕy⁴², i⁴⁵mɑɯ³⁵ioŋ³⁵, i⁴⁵kuai²⁴lɑɯ⁴⁵xɐr³³mɑɯ³⁵tsoŋ³⁵ioŋ³⁵.

买　起　水，　你　冇　　用，你怪　老　汉儿冇　　中　用。

（唐昌平演唱，2016年10月5日）

2. **二娃子吆鸭子**

ɚ²⁴ua³³tsʅ⁴², iaɯ³⁵ia³³tsʅ⁴², i³³iaɯ³⁵iaɯ³⁵tɑɯ⁴⁵kɑɯ³⁵miaɯ⁵⁵tsʅ⁴².

二　娃　子，吆②鸭　子，一吆　吆　倒　高　庙　子③。

tɕiɛn⁴⁵tɑɯ⁴⁵ko²¹ia³³lɑɯ⁴⁵kʰo³¹, kʰan⁴⁵tɕʰi⁴⁵kʰan⁴⁵tɕʰi⁴⁵i³³kɑŋ³⁵po³¹.

捡　　倒　个鸭　脑　壳，砍　起　砍　起　一缸　钵④。

---

① 老汉儿：父亲。

② 吆：赶。

③ 高庙子：地名。

④ 缸钵：钵形陶瓷缸子，口大底小。

tɕiɛn⁴⁵tɑɯ⁴⁵ko²¹ia³³tɕio³¹pan⁴², kʰan⁴⁵tɕʰi⁴⁵kʰan⁴⁵tɕʰi⁴⁵i³³ta²⁴uan⁴².

捡　倒　个　鸭　脚　板，砍　起　砍　起　一　大　碗。

（唐昌平演唱，2016年10月5日）

### 3. 娃儿头打酱油

ua³³ɚ³⁵tʰɤɯ³¹, ta⁴⁵tɕiaŋ²⁴iɤɯ³¹, kuan²¹kuan³⁵tiɛ³³tɑɯ⁴⁵xo³³li⁴⁵tɤɯ³¹.

娃　儿　头①，打　酱　油，罐　罐　跌②倒　河　里　头。

mo³⁵tɕʰi⁴⁵lai³¹, i³³kuan²⁴iɤɯ³¹.

摸　起　来，一　罐　油。

（唐昌平演唱，2016年10月5日）

### 4. 捡柴歌

iɑɯ³⁵ɚ²¹iɑɯ³⁵, tɕiɛn⁴⁵tsai³¹sɑɯ³⁵.

幺　二　幺，捡　柴　烧。

tɕiɛn⁴⁵mɑɯ³⁵tɑɯ⁴², tsɑɯ³¹tiɑɯ³³tiɑɯ³⁵.

捡　冇　倒，着　条　条③。

一二一，捡烧火的柴火。捡不着，就要挨打。

（唐昌平演唱，2016年10月5日）

### 5. 又哭又笑

ɯ²⁴　kʰu³⁵iɤɯ²⁴ɕiɑɯ²¹⁴, uaŋ³³kɤɯ⁴⁵tso²⁴tɕiɑɯ²¹⁴.

又　哭　又　笑，黄　狗④　坐　轿。

i³³xa³⁵tso²⁴tɑɯ⁴⁵tsʅ³³pa³⁵miɑɯ²¹⁴, ta⁴⁵xa⁴⁵lai³¹ta⁴⁵tɛ³¹tsʰɛn³⁵tɕiɑɯ²¹⁴.

一　下　坐　倒　池　坝　庙⑤，打　下　来　打　得　抻　叫。

（唐昌平演唱，2016年10月5日）

### 6. 豌豆尖掉下崖

an³⁵　tɤɯ⁵⁵tɕiɛn³⁵, tiɑɯ²⁴ɕia⁴⁵ŋai³¹.po³³po³⁵ti⁴⁵sɛn³⁵, ŋo⁴⁵iɑɯ²⁴lai³¹.

豌　豆　尖，掉　下　崖。婆　婆　的　生⑥，我　要　来。

---

① 娃儿头：小孩儿。

② 跌：落。

③ 条条：细棍子。过去小孩儿不听话，多用黄荆条打。

④ 黄狗：喻指小孩儿。

⑤ 池坝庙：当地一座庙的庙名，在池坝村。

⑥ 生：生日。

i³³ko³³tɕi³⁵, i³³ko³³ŋo³¹, pan²¹tɕiɛn³⁵zɤɯ²¹⁴, pai⁴⁵pa³³tso³¹.

一个 鸡，一个 鹅，半 斤 肉， 摆 八 桌。

kʰuai²⁴ɚ³¹i³³tsʰɛn³⁵, tɤɯ²⁴sa⁴⁵ko⁴².

筷 儿一抻， 斗⁼①撒⁼果⁼②。

豌豆苗，掉下山崖。奶奶过生日，我要来。一只鸡，一只鹅，半斤肉，摆了八桌席。筷子刚伸出去，就结束了。

（唐昌平演唱，2016年10月5日）

### 7. 豌豆管管

uan³⁵tɤɯ⁵⁵kuan⁴⁵kuan⁴², ka³⁵ka⁵⁵tsʰai²¹⁴, ŋo⁴⁵tsai³⁵xo³³piɛn³⁵tsɤɯ²⁴mai⁴⁵mai²¹⁴.

豌 豆 管 管③，夹 夹 菜， 我 在 河 边 做 买 卖。

iɤɯ⁴⁵tɕiɛn³¹tʰɑɯ⁴⁵ko²¹xua³⁵ta²⁴tɕiɛ⁴², u³³tɕiɛn³¹tʰɑɯ⁴⁵ko²¹sʐ³³pa³¹lai²¹⁴.

有 钱 讨 个 花 大 姐④，无 钱 讨 个 十 八 赖。

（唐昌平演唱，2016年10月5日）

### 8. 幺儿来来

iɑɯ³⁵ɚ³¹lai³¹lai³¹, tsɤɯ⁴⁵lu³³kuai⁴⁵kuai⁴².

幺 儿来来，走 路拐 拐。

mɑɯ³⁵tɛ³⁵ma³⁵ma⁵⁵, tsʐ³⁵ka⁵⁵uɛi³³lai³¹.

冇 得 妈 妈，自 家 回 来。

（唐昌平演唱，2016年10月5日）

### 9. 月亮走，我也走

yɛ²¹liaŋ³⁵tsɤɯ⁴², ŋo⁴⁵iɛ⁴⁵tsɤɯ⁴², ŋo⁴⁵kɛn³⁵yɛ²¹liaŋ³⁵pɛi³⁵pa³⁵lɤɯ³¹.

月 亮 走， 我 也 走， 我 跟 月 亮 背 笆 篓⑤。

i³³pɛi³⁵pɛi³⁵tɑɯ⁴⁵ta³⁵mɛn³³kʰɤɯ³¹, ta⁴⁵kʰai³⁵mɛn³¹, kʰan²⁴sʐ³³liɤɯ³¹.

一 背 背 倒 大 门 口， 打 开 门， 看 石 榴。

sʐ³³liɤɯ³¹su²⁴saŋ³³i³³o³⁵iɤɯ³¹, ta²⁴tɕiɛ⁴⁵ɚ²⁴tɕiɛ⁴⁵xɑɯ⁴⁵su³⁵tʰɤɯ³¹.

石 榴 树 上 一 窝 油， 大 姐 二 姐 好 梳 头。

---

① 斗⁼：就。

② 撒⁼果⁼：结束。

③ 豌豆管管：豌豆荚。

④ 花大姐：一种昆虫，即瓢虫。

⑤ 笆篓：鱼篓，竹编器具。

ta²⁴tɕiɛ⁴⁵su³⁵ko²¹pʰan³³loŋ³¹tɕi³⁵, ʅ²⁴tɕiɛ⁴⁵su³⁵ko²¹tsuan²⁴ko³¹lɤɯ³¹.

大姐　梳个盘　龙　髻，二姐　梳个转　角楼。

tsʅ⁴⁵iɤɯ⁴⁵san³⁵tɕiɛ⁴⁵pu³³fɛi³³su³⁵, su³⁵ta³⁵ma⁵⁵ko²¹lo³³sʅ³⁵tɕiɤɯ²¹tɕiɤɯ³⁵.

只有　三姐　不会梳，梳他妈个螺蛳骰　骰①。

（唐昌平演唱，2016年10月5日）

## 10.　半崖上一管坟

pan²⁴ŋai³¹sɑŋ³⁵, i³³kuan⁴⁵fɛn³¹.

半　崖上，一管②坟。

sɑɯ³⁵pu³³tɛ³¹tsʅ⁴², tɕʰiɛ²⁴pu³³tɛ³¹zɛn³¹.

烧　不得纸，去　不得人。

（唐昌平演唱，2016年10月5日）

## 11.　马豌豆管管长

ma⁴⁵uan³⁵tɤɯ⁵⁵, kuan⁴⁵kuan⁴⁵tsɑŋ³¹, pa³⁵san³⁵pa³⁵sʅ³³tɕʰiɛ²⁴kʰan²⁴iɑŋ³¹.

马　豌豆③，管　管④长，巴三巴四去　看　娘。

iɑŋ³¹iɤɯ²⁴yɛn⁴², lɤɯ³⁵iɤɯ²⁴tsɑŋ³¹, xai³⁵tɛ³¹mɛi³⁵ɚ³¹kʰu³⁵i³³tsɑŋ³¹.

娘又远，路又长，害得妹　儿哭　一场。

（唐昌平演唱，2016年10月5日）

## 12.　小老鼠上灯台

ɕiɑɯ⁴⁵lɑɯ⁴⁵ɕy⁴², sɑŋ²¹tɛn³⁵tai³¹.

小　老鼠，上　灯台。

tʰɤɯ³⁵iɤɯ³¹tɕʰia³⁵, xa³⁵mɑɯ³⁵lai³¹.

偷　油　吃，下　冇　来。

xan⁴⁵ma³⁵ma⁵⁵, ma³⁵mɑɯ³⁵tsai³⁵.

喊　妈妈，妈冇　在。

tɕi³⁵li⁴⁵ku³⁵lu³⁵kuɛn⁴⁵xa⁴⁵lai³¹.

叽里咕噜滚　下来。

（唐昌平演唱，2016年10月5日）

---

① 螺蛳骰骰：将头发绾成一团，看着像螺蛳一样。

② 管：量词，座。

③ 马豌豆：一种野豌豆。

④ 管管：豆荚。

13. 张打铁，李打铁

tsɑŋ³⁵ta⁴⁵tʰiɛ³¹, li⁴⁵ta⁴⁵tʰiɛ³¹, ta⁴⁵pa⁴⁵tɕiɛn³⁵tɑɯ⁵⁵soŋ²⁴tɕiɛ⁴⁵tɕiɛ⁴².

张　打铁，李打铁，打把尖　刀　送　姐　姐。

tɕiɛ⁴⁵tɕiɛ⁴⁵liɤɯ³¹ŋo⁴⁵ɕiɛ³¹, ŋo⁴⁵pu³³ɕiɛ³¹, ŋo⁴⁵iɑɯ²⁴fɐi³¹tɕʰiɛ³⁵ko³¹ta³⁵mɛ³¹.

姐　姐　留　我　歇，我　不　歇，我　要　回去　割大麦。

ta³⁵mɛ³¹ko³¹pu³³tɛ³¹, ko³¹ɕiɑɯ⁴⁵mɛ³¹, ɕiɑɯ⁴⁵mɛ³¹li⁴⁵tʰɤɯ³¹i³³kɐn³⁵sɛ³¹.

大麦　割　不　得，割　小　麦，小　麦　里头　一根　蛇。

pa⁴⁵ŋo⁴⁵ɚ⁴⁵to⁵⁵ŋɑɯ⁴⁵tsʰu³¹ɕyɛ³¹.

把　我　耳朵　咬　出　血。

（唐昌平演唱，2016年10月5日）

14. 黄牙猫儿快出来

xuɑŋ³³ia³³mɐr³⁵, kʰuai²⁴tsʰu³³lai³¹.

黄　牙　猫儿①，快　出　来。

ta²¹ko³⁵pu³³lai³¹, ɚ²¹ko³⁵lai³¹.

大　哥　不　来，二　哥　来。

ti³⁵ti⁵⁵ta⁵⁵ta⁵⁵, i³³lu²¹⁴lai³¹.

嘀　嘀　嗒　嗒，一路　来。

蚂蚁，快出来。大的不来，小的来。嘀嘀嗒嗒，一起来。这是小孩子弄一些食物逗引蚂蚁过来时所唱的歌谣。

（唐昌平演唱，2016年10月5日）

15. 老婆婆尖尖脚

lau⁴⁵po³³po³⁵tɕiɛn³⁵tɕiɛn⁵⁵tɕio³¹, tɕʰi²¹tsʰɛ³⁵lai³³liɑɯ⁴⁵pʰɑɯ⁴⁵pu³³tʰo³¹.

老　婆婆　尖　尖　脚，汽车　来了　跑　不　脱。

pʰi³³li⁴⁵pʰu³³lu³⁵ tsuai³⁵ɕia²⁴xo³¹, xo³³li⁴⁵iɤɯ⁴⁵ko³³kuɐi⁴⁵lau⁴⁵kʰo³¹.

皮　里　扑　噜②　跩③　下　河，河里　有　个　鬼　脑　壳。

（唐昌平演唱，2016年10月5日）

16. 点脚帮帮

tiɛn³⁵tɕio³¹pɑŋ³⁵pɑŋ⁵⁵, tɕio³¹tsʰɑɯ³¹lan³³fɑŋ³⁵.

点　脚　帮　帮，脚　朝　南　方。

---

① 黄牙猫儿：此处指蚂蚁。

② 皮里扑噜：拟声词。

③ 跩：摔倒。

lan³³faŋ³⁵ta²⁴tɤɯ⁴², i³³tsaŋ²¹⁴ɚ²⁴tɤɯ⁴².

南 方 大 斗， 一 丈 二 斗。

tsu³⁵tʰi³¹ma⁴⁵tʰi³¹, san³⁵zɛn³¹tsʰai⁴⁵tʰi³¹, mɛi⁴⁵zɛn³¹so³³tɕio³¹.

猪①蹄 马 蹄，三 人 踩 蹄，每 人 缩 脚。

ta³¹tɕiɛn³⁵tɤr⁵⁵, ko²¹tɕiɛn³⁵tɕʰiaɯ³¹, uɛn³⁵i⁴⁵ta³⁵lau⁴⁵iɛ³¹zau³¹pu³³zau³¹?

跶 筋 斗儿,过 金 桥， 问 你 大 老 爷 饶 不 饶?

此为过去小孩子们玩"捉猫"游戏前，确定谁当"猫"角色的环节中所念的歌谣。做法是：小孩子们坐成一排，把各自的腿蜷缩起来竖放，膝盖朝上。一个人念这个童谣，念一个字音就点一个人的膝盖，等最后一个字音"脚"落在谁身上，谁就做要躲藏起来的"猫"。众人捉到"猫"之后，捉的人假装要打"猫"的耳光进行惩罚，就对"猫"念出最后一句话，以此来问要不要饶过"猫"，"猫"一般都要回答"饶"，以此来免受惩罚。

（唐昌平演唱，2016年10月5日）

17. 红萝卜咪꞊咪꞊甜

xoŋ³³lo³³pu³⁵, mi³⁵mi⁵⁵tiɛn³¹, kʰan²⁴taɯ⁴⁵kʰan²⁴taɯ⁴⁵iaɯ²⁴ko²⁴iɛn³¹.

红 萝 卜，咪꞊咪꞊甜②，看 倒 看 倒 要 过 年。

iɛn³¹loŋ⁴⁵liaɯ⁴², ɚ³¹iaɯ²⁴tɕiɛn³¹, y⁴⁵iaɯ²¹fa³⁵.

年 拢③了， 儿 要 钱， 女 要 花。

koŋ³⁵koŋ⁵⁵iaɯ²⁴tɕiɛn³¹ko³¹ka⁴⁵ka⁴², po³³po³⁵iaɯ²⁴tɕiɛn³¹mai⁴⁵tsɿ³³pa⁴².

公 公 要 钱 割 嘎꞊嘎꞊④，婆 婆 要 钱 买 糍粑⑤。

红萝卜，很甜很甜，看着看着要过年。年到了，儿子要钱，女儿要花。爷爷要钱买肉，奶奶要钱买"糍粑"。

（唐昌平演唱，2016年10月5日）

18. 耗儿药

xaɯ²⁴ɚ³¹ io³¹, xaɯ²⁴ɚ³¹io³¹, xaɯ²⁴ɚ³¹tsʰɿ³³liaɯ⁴⁵pʰaɯ⁴⁵pu³³tʰo³¹.

耗 儿⑥药，耗 儿 药，耗 儿 吃 了 跑 不 脱。

tso⁴⁵tɕio³¹ta⁴⁵iɤɯ²⁴tɕio³¹, iɤɯ²⁴tɕio³¹ta⁴⁵lau⁴⁵kʰo³¹, ta⁴⁵te³¹xa⁴⁵tsʰo³³tsʰo³¹.

左 脚 打 右 脚， 右 脚 打 脑 壳，打 得 □ 戳 戳⑦。

（唐昌平演唱，2016年10月5日）

① 发音人将此处"猪"[tɕy³⁵]的读音临时口误念成了潼南话的读音，属于偶发现象。

② 咪꞊咪꞊甜：很甜。

③ 拢：到。

④ 嘎꞊嘎꞊：肉，儿语。

⑤ 糍粑：糯米蒸熟捣烂后制成的食品。

⑥ 耗儿：老鼠。

⑦ "□戳戳"[xa⁴⁵tsʰo³³tsʰo³¹]：傻乎乎的样子。

### 19．月亮光光

yɛ²¹liaŋ³⁵kuaŋ³⁵kuaŋ⁵⁵, tsʅ⁴⁵mei³³sɑɯ³⁵ɕiaŋ³⁵.

月 亮 光 光， 姊 妹 烧 香。

sɑɯ³⁵tɑɯ⁴⁵la⁴⁵to³¹? sɑɯ³⁵tɑɯ⁴⁵tsʰuaŋ³⁵tɕio³¹.

烧 倒 哪 坨①？烧 倒 窗 脚②。

ta⁴⁵kʰai³⁵kʰan²⁴kʰan³³, sa⁴⁵pa⁴⁵kʰɑŋ³⁵kʰo³¹.

打 开 看 看， 撒 把 糠 壳。

（唐昌平演唱，2016年10月5日）

---

① 哪坨：哪里。

② 窗脚：窗户下面。

# 第三节

# 故事

## 1. 牛郎和织女

tɕiɛn³⁵tʰiɛn⁵⁵, ŋo⁴⁵tsai²¹ko⁴⁵li⁵⁵kɛn³⁵ta³⁵tɕia⁵⁵kaŋ⁴⁵i³³xa³³iɤɯ³³laŋ³¹xo³¹tsɿ³⁵y⁴⁵ti⁴⁵ku²⁴sɿ³³. ku⁴⁵sɿ³³
今　　天，　我　在　简　里　跟　大家　讲　一下　牛　郎　和织　女的　故事。古时

xɤɯ³³, iɤɯ⁴⁵ko³³ua³³ɚ³⁵, tɕia³⁵li⁴⁵fu²⁴mu⁴²tsauɯ⁴⁵tɤɯ³³sɿ⁴⁵ka⁴⁵liauɯ⁴², iɤɯ²⁴mauɯ³⁵tɛ³⁵ɕioŋ³⁵ti⁵⁵, iɤɯ²⁴
候，　冇　个　娃儿，家　里　父　母　早　斗=①死　嘎了，　又　冇　得兄　弟，又

mauɯ³⁵tɛ³⁵tsɿ⁴⁵mɛi⁵⁵, i³³ko²⁴zɛn³¹ku³⁵kʰu⁴⁵liɛn³³tɛn³⁵, tsɿ⁴⁵iɤɯ⁴⁵uɛi³⁵i³¹ti⁴⁵i³³tɤɯ³¹lauɯ⁴⁵uaŋ³³iɤɯ³¹.
冇　得姊　妹，　一个人　孤　苦　伶　仃，　只有　唯一的一头　老　黄　牛。

lauɯ⁴⁵uaŋ³³iɤɯ³¹, iɤɯ³³laŋ³¹tɤɯ²⁴kʰauɯ²¹lauɯ⁴⁵uaŋ³³iɤɯ³¹a³³kɛn³⁵ti²¹⁴lai³³uɛi²¹sɛn³⁵.tɕʰi³³sɿ³¹,
老　黄　牛，　牛　郎　斗=靠　老　黄　牛　啊耕　地来　为　生。　其实

lauɯ⁴⁵uaŋ³³iɤɯ³¹a³³, xai³³sɿ³⁵tʰiɛn³⁵saŋ³³ti⁴⁵tɕiɛn³⁵iɤɯ³¹ɕiɛn³⁵.so⁴⁵i⁴⁵so³¹, tɕiɛn³⁵iɤɯ³¹ɕiɛn³⁵kʰan²⁴
老　黄　牛　啊，还　是　天　上　的金　牛　星。　所以说，金　牛　星　看

tauɯ⁴⁵liauɯ⁴⁵iɤɯ³³laŋ³¹tɕʰiɛn³³kʰuai³³, pʰu³³sɿ³¹, san²⁴liaŋ³¹, tʰa³⁵tɤɯ²⁴ɕiaŋ⁴⁵kɛn³⁵i⁴⁵tsauɯ⁴⁵i³³ko³³
倒　了　牛　郎　勤　快、　朴实、善　良，　它　斗=想　跟　你找　一个

ɕi³³fu³⁵,tsauɯ⁴⁵tiɛn⁴⁵tsʰɛn³¹ko²¹tɕia³⁵.
媳妇，早　点　成　个家。

iɤɯ⁴⁵i³³tiɛn³⁵la³³, tɕiɛn³⁵iɤɯ³¹ɕiɛn³⁵tʰiɛn²¹tauɯ⁴⁵liauɯ⁴⁵tʰiɛn³⁵saŋ⁵⁵li⁴⁵ɕiɛn³⁵y⁴⁵mɛn³¹iauɯ²⁴ɕia²¹san³⁵
有　一天　呢，金　牛　星　听　倒　了　天　上　哩仙　女们　要　下　山

---

① 斗=：就。下文同。

lai$^{31}$tauɯ$^{45}$toŋ$^{35}$piᴇn$^{55}$ti$^{45}$fu$^{33}$li$^{42}$tɕ$^{h}$iɛ$^{21}$ɕi$^{45}$tsauɯ$^{42}$.t$^{h}$a$^{35}$pa$^{45}$lɛ$^{24}$ i$^{33}$ɕiauɯ$^{35}$ɕi$^{31}$tsɿ$^{35}$tauɯ$^{33}$ko$^{24}$xɤɯ$^{33}$a$^{33}$, tɤɯ$^{24}$
来倒东边的湖里去洗澡。它把勒$^{=}$①一消息知道过后啊，斗$^{=}$
ma$^{45}$saŋ$^{33}$liᴇn$^{33}$iɛ$^{33}$soŋ$^{21}$moŋ$^{35}$kᴇn$^{35}$iɤɯ$^{33}$laŋ$^{31}$.
马上连夜送梦跟牛郎。

kauɯ$^{35}$sᴇn$^{55}$ti$^{42}$: “mᴇn$^{33}$t$^{h}$iᴇn$^{55}$i$^{45}$tsai$^{35}$fu$^{33}$piᴇn$^{35}$tɕ$^{h}$iɛ$^{24}$k$^{h}$an$^{214}$, zu$^{33}$ko$^{45}$iɤɯ$^{45}$ɕiᴇn$^{35}$y$^{42}$tsai$^{35}$
高$^{=}$声②底$^{=}$：“明天你在湖边去看，如果有仙女在
xo$^{33}$li$^{45}$ɕi$^{45}$tsauɯ$^{42}$, i$^{45}$tɤɯ$^{24}$pa$^{45}$ti$^{45}$ li$^{45}$i$^{35}$saŋ$^{31}$lauɯ$^{45}$i$^{33}$tɕiᴇn$^{33}$tsɿ$^{33}$tɕiɛ$^{31}$p$^{h}$auɯ$^{45}$uᴇi$^{33}$lai$^{31}$.tsɛ$^{24}$iaŋ$^{55}$
河里洗澡，你斗$^{=}$把底$^{=}$哩衣裳拢③一件直接跑回来。这样
ŋa$^{33}$, tɤɯ$^{24}$iɤɯ$^{45}$i$^{33}$uᴇi$^{35}$ɕiᴇn$^{35}$y$^{45}$iauɯ$^{24}$ts$^{h}$ᴇn$^{33}$uᴇi$^{35}$i$^{45}$ti$^{45}$tɕ$^{h}$i$^{35}$tsɿ$^{42}$.”
啊，斗$^{=}$有一位仙女要成为你的妻子。”

taŋ$^{35}$sɿ$^{31}$ɕiᴇn$^{45}$lai$^{31}$ia$^{33}$, iɤɯ$^{33}$laŋ$^{31}$pan$^{24}$ɕiᴇn$^{33}$pan$^{24}$i$^{31}$, liᴇn$^{33}$tauɯ$^{45}$, pu$^{33}$kan$^{45}$ɕiaŋ$^{35}$sᴇn$^{214}$, tan$^{24}$
当时醒来啊，牛郎半信半疑，临倒④，不敢相信，但
sɿ$^{33}$ti$^{45}$ i$^{33}$ta$^{21}$tsauɯ$^{45}$xai$^{33}$sɿ$^{35}$tɕi$^{33}$tɕi$^{31}$maŋ$^{33}$maŋ$^{31}$ti$^{45}$p$^{h}$auɯ$^{45}$tauɯ$^{45}$fu$^{33}$piᴇn$^{35}$tɕ$^{h}$iɛ$^{24}$k$^{h}$an$^{214}$, sɿ$^{35}$
是底$^{=}$一大早还是急急忙忙地跑倒湖边去看，是
mauɯ$^{35}$sɿ$^{35}$iɤɯ$^{45}$ko$^{45}$liauɯ$^{45}$sɿ$^{35}$.
冇是有箇条事。

i$^{33}$k$^{h}$an$^{24}$la$^{33}$, taŋ$^{35}$sɿ$^{31}$t$^{h}$iᴇn$^{35}$sɛ$^{31}$moŋ$^{33}$moŋ$^{31}$loŋ$^{33}$loŋ$^{31}$ti$^{42}$, tsɿ$^{45}$ɕi$^{33}$i$^{33}$k$^{h}$an$^{214}$, ti$^{45}$tɕ$^{h}$io$^{31}$iɤɯ$^{45}$
一看呢，当时天色朦朦胧胧的，仔细一看，的确有
tɕ$^{h}$i$^{35}$ko$^{55}$ɕiᴇn$^{35}$y$^{42}$tsai$^{35}$xo$^{33}$li$^{42}$, tsai$^{35}$fu$^{33}$li$^{45}$tɤɯ$^{31}$ɕi$^{45}$tsauɯ$^{45}$.taŋ$^{35}$sɿ$^{31}$, t$^{h}$a$^{35}$k$^{h}$an$^{24}$tauɯ$^{45}$ɕy$^{35}$tsɿ$^{45}$
七个仙女在河里，在湖里头洗澡。当时，他看倒树子
kauɯ$^{35}$t$^{h}$ɤɯ$^{31}$kua$^{24}$tɕ$^{h}$i$^{45}$i$^{33}$tɕiᴇn$^{33}$xoŋ$^{33}$sɛ$^{31}$li$^{45}$i$^{35}$saŋ$^{31}$, t$^{h}$a$^{35}$tɤɯ$^{33}$ma$^{45}$saŋ$^{55}$pa$^{45}$lɛ$^{24}$ tɕiᴇn$^{33}$i$^{35}$saŋ$^{31}$
高头挂起一件红色哩衣裳，他斗$^{=}$马上把勒$^{=}$件衣裳
pauɯ$^{24}$tɕ$^{h}$i$^{45}$tɤɯ$^{24}$uaŋ$^{45}$u$^{35}$li$^{45}$p$^{h}$auɯ$^{42}$
抱起斗$^{=}$往屋里跑。

ɛ$^{35}$, tᴇn$^{45}$tauɯ$^{45}$ɕiᴇn$^{35}$y$^{45}$ɕi$^{45}$ka$^{45}$tsauɯ$^{45}$ko$^{24}$xɤɯ$^{214}$a$^{33}$, i$^{33}$k$^{h}$an$^{24}$la$^{33}$, tɕ$^{h}$ia$^{33}$tɕ$^{h}$ia$^{31}$lɛ$^{24}$ tɕiᴇn$^{33}$
哎，等倒仙女洗嘎澡过后啊，一看呢，恰恰勒$^{=}$件
i$^{35}$saŋ$^{31}$sɿ$^{35}$la$^{45}$kɤ$^{33}$lia$^{33}$, tɤɯ$^{21}$sɿ$^{35}$ɕiᴇn$^{35}$y$^{45}$taŋ$^{35}$tsoŋ$^{55}$li$^{45}$tsɿ$^{33}$y$^{45}$ti$^{42}$. tsɿ$^{33}$y$^{45}$i$^{33}$k$^{h}$an$^{214}$, t$^{h}$a$^{35}$
衣裳是哪个［哩啊］，斗$^{=}$是仙女当中哩织女的。织女一看，她

---

① 勒$^{=}$：这。

② 高$^{=}$声：应为“告声”，告诉的意思。发音人由于口误发成了“高$^{=}$声”。

③ 拢：拿。

④ 此处为发音人一句话未说完，后面又转说了另外的话。

ti⁴⁵i³⁵saŋ³¹sɛ²¹ka⁴⁵liɑɯ⁴², liɛn³³iɛ²¹⁴tɤɯ²¹pʰɑɯ⁴⁵tɑɯ⁴⁵iɤɯ³³laŋ³¹tɕia³⁵tsoŋ⁵⁵, tɕʰiɛn³⁵tɕʰiɛn⁵⁵ti⁴⁵
的 衣裳 失 嘎 了， 连 夜 斗⁼ 跑 倒 牛 郎 家 中， 轻 轻 地

pa⁴⁵tʰa³⁵li⁴⁵mɛn³¹kʰaɯ³⁵kʰai³⁵, liaŋ⁴⁵ko³³zɛn³¹la³³, tɤɯ²¹tsʰɛn³¹lɑɯ⁴⁵i³³tuɛi³³ŋɛn³⁵ŋai³³fu³⁵tɕʰi³⁵liɑɯ⁴².
把 他 哩 门 敲 开， 两 个 人 呢，斗⁼ 成 咾 一 对 恩 爱 夫 妻 了。

taŋ³⁵sɿ³¹, tʰa³⁵liaŋ⁴⁵ko³³tɕʰiɛn³³fɛn³³, iɤɯ³³laŋ³¹ŋa³³, xɛ⁴⁵tɕʰiɛn³³kʰuai³³, tʰa³⁵lɛ²⁴ i³³ sɛn³⁵taŋ³⁵tsoŋ⁵⁵
当 时， 他 两 个 勤 奋， 牛 郎 啊， 嘿⁼勤 快， 他 勒⁼一 生 当 中

mɑɯ³⁵ɕiaŋ⁴⁵tɑɯ⁴⁵lɛn³⁵kɤɯ³³kaŋ⁴⁵tɑɯ⁴⁵i³³ko³³ɕiɛn³⁵y⁴². tʰa³⁵tsɛn³⁵ɕi³¹pɛ³³pɛi³⁵, ɕiɛn²¹ɕiɛn³⁵
冇 想 倒 能 够 讲 倒 一 个 仙 女。他 珍 惜 百 倍、 信 心

pɛ³³pɛi³⁵, tuɛi²¹tɕia³⁵tʰiɛn³¹, tɕʰiɛn³³lɑɯ³¹kʰɛn⁴⁵kan²¹⁴, xo³¹fu²¹ɕiaŋ³⁵, fu²⁴tɕiɛn³³li⁴⁵lɑɯ⁴⁵pɛ³³ɕiɛn³³
百 倍， 对 家 庭， 勤 劳 肯 干， 和 互 相， 附 近 哩 老 百 姓

la³³liɛn³³li⁴⁵kuan³⁵ɕi³³a³³iɛ⁴⁵ɕiaŋ³⁵tsʰu³⁴tɛ³¹xɛ⁴⁵xɑɯ⁴². tʰa³⁵, tʰa³⁵u³¹, tsɿ³³y⁴⁵a³³tɤɯ²¹tsai³⁵tɕia³⁵
呢 邻 里 关 系 啊 也 相 处 得 很 好。 她， 她 屋①，织 女 啊 斗⁼ 在 家

li⁴⁵tɤɯ³¹tsɿ³⁵pu²¹⁴faŋ⁴⁵miɛn³¹, tsɿ³³y⁴⁵tsɿ³⁵ti⁴⁵pu²¹⁴a³³, xɛ⁴⁵sɤɯ²⁴zɛn³¹ɕi⁴⁵fan⁵⁵.tʰa³⁵pa⁴⁵liɛn³³li⁴⁵,
里头 织 布 纺 棉， 织 女 织 的 布 啊，嘿⁼受 人 喜 欢。她 把 邻 里、

liɛn³³tɕy³⁵ɕiaŋ³⁵tɕʰiɛn⁵⁵mɛn³¹ti⁴⁵kuan³⁵ɕi³³iɛ⁴⁵tsʰu²⁴xɑɯ⁴⁵liɑɯ⁴², tɕia³⁵li⁴⁵ia³³, faŋ³³tsɿ⁴⁵iɛ⁴⁵kai²⁴tɕʰi⁴⁵liɑɯ⁴².
邻 居 乡 亲 们 的 关 系 也 处 好 了， 家 里 啊，房 子 也 盖 起 了。

i³³xuaŋ²¹⁴ŋa³³, tɤɯ²¹san³⁵iɛn³¹to³⁵liɑɯ⁴², tsɿ³³y⁴⁵a³³xo³¹iɤɯ³³laŋ³¹liaŋ⁴⁵ko³³tɤɯ²⁴sɛn³⁵tɕʰi⁴⁵liɑɯ⁴⁵
一晃 啊， 斗⁼ 三 年 多 了， 织 女 啊 和 牛 郎 两 个 斗⁼ 生 起 了

liaŋ⁴⁵ko³³ua³³ɚ³⁵, i³³ko³³ua³³ɚ³⁵, i³³ ko³³ mɛi²⁴tsai⁴², sɛn³⁵xo³¹ko²⁴tɛ³¹sɿ³³fɛn³⁵mɛi⁴⁵man⁴².
两 个 娃 儿②， 一 个 娃 儿③， 一 个 妹 崽④，生 活 过 得 十 分 美 满。

ɛ⁴⁵³, tsɛn²¹tsai⁵⁵tsɛ²⁴i³³ko³³sɿ³³xɤɯ³⁵a³³, tɤɯ²⁴y³⁵tɑɯ⁴⁵tʰiɛn³⁵saŋ⁵⁵li⁴⁵y²⁴uaŋ³¹ta²¹ti⁵⁵ɕiɑɯ⁴⁵
哎， 正 在 这 一 个 时 候 啊，斗⁼ 遇 倒 天 上 哩 玉 皇 大 帝 晓

tɛ³¹liɑɯ⁴²,ɕiɑɯ⁴⁵tɛ³¹tsɿ³³y⁴⁵sɿ³⁵tsɿ³³pʰɑɯ⁴⁵ɕia²¹san³⁵mɑɯ³⁵iɤɯ⁴⁵uɛi³³tɕʰiɛ³⁵ti⁴⁵ɕiɑɯ³⁵ɕi³¹, ma⁴⁵
得 了， 晓 得织 女 私 自 跑 下 山 冇 有 回 去 的 消 息，马

saŋ³³tɤɯ²⁴pʰai²¹tʰiɛn³⁵piɛn⁵⁵tʰiɛn³⁵tɕiaŋ²¹⁴ɕia²¹san³⁵sɤɯ³⁵fɛi³¹ɕiɛn³⁵y⁴².
上 斗⁼ 派 天 兵 天 将 下 山 收 回 仙 女。

iɤɯ⁴⁵i³³tʰiɛn³⁵, fu³⁵zan³¹tiɛn²⁴san⁴⁵luɛi³³miɛn³¹, kʰuaŋ³³xoŋ³⁵pɑɯ²⁴y⁴², i³³tsɛn²¹⁴, ɕiɛn³⁵y⁴⁵
有 一 天， 忽 然 电 闪 雷 鸣， 狂 风 暴 雨，一 阵⑤， 仙 女

───────────

① 此处为发音人一句话没说完。

② 娃儿：此处指孩子。

③ 娃儿：此处指男孩儿。

④ 妹崽：女孩儿。

⑤ 此处为发音人一句话没说完。

maɯ35tɕiᴇn33liaɯ42, liaŋ45ko33ua33ua42kʰu35tso31xan45tso31iaɯ21ma35, ma35, tsaɯ45ti45 li45ma35ma55ia42.
冇 见 了，两 个 娃 娃 哭 着 喊 着 要 妈，妈，找 底⁼哩妈 妈 啊。
taŋ35sɿ31, iɤɯ33laŋ31ɕiᴇn35li42tɕiaɯ35tɕi31uan21fᴇn35, xaɯ33u31tuᴇi24tsʰɛ31.tɤɯ214, tsai24tsɛ24ko33sɿ33xɤɯ35
当 时，牛 郎 心 里焦 急 万 分，毫 无对 策。斗⁼，在 这 个 时候
laɯ45uaŋ33iɤɯ31fu35zan31kʰai35kʰɤɯ45liaɯ42, so31: "iɤɯ33laŋ31, mo21tso35tɕi31, ŋo45iɤɯ45pan24fa31, i45
老 黄 牛 忽 然 开 口 了，说："牛 郎，莫 着 急，我 有 办 法，你
pa45ŋo45laɯ45ko31saŋ33li45lai35ko55 pan35xa45tɕʰiɛ214piᴇn24tsᴇn31liaŋ45ko33lo33tɤɯ55, pa45liaŋ45ko33
把 我 脑 壳 上 哩癞⁼角① 扳 下 去 变 成 两 个 箩 篼，把 两 个
ua33ua42ia33tsuaŋ35taɯ45li45tɤɯ31, ioŋ35piᴇn45tʰiaɯ45tan35tɕʰi45tɤɯ24kʰo45i45saŋ21tʰiᴇn35tɕʰiɛ21
娃 娃 啊 装 倒 里 头，用 扁 挑 担 起 斗⁼ 可 以上 天 去
tsaɯ45i45li45tsɿ33y45liaɯ42."
找 你哩织 女 了。"

taŋ35sɿ31, iɤɯ33laŋ31maɯ35kan45ɕiaŋ35ɕiᴇn214, maɯ35kʰo45lᴇn31ti45sɿ35sɛ35, fa35kaŋ35lo33ti35, liaŋ45
当 时 牛 郎 冇 敢 相 信，冇 可 能 的事 噻，话 刚 落 地，两
tsɿ55iɤɯ31lai35 ko31tɤɯ24tɕʰy35ɕiᴇn33tsai214iɤɯ33laŋ31sᴇn35piᴇn55, piᴇn24tsᴇn31ka45liaŋ45ko33lo33tɤɯ55.tʰa35
只 牛 癞⁼角 斗⁼ 出 现 在 牛 郎 身 边，变 成 嘎两 个 箩 篼。他
liᴇn33maŋ31pa45liaŋ45ko33ua31ɚ35tsuaŋ35taɯ45lo33tɤɯ35i45tɤɯ31, ioŋ21piᴇn45tan33tan35tɕʰi42, fu35
连 忙 把 两 个 娃 儿装 倒 箩 篼 里头，用 扁 担 担 起，忽
zan31 i31 tsᴇn33 tɕʰiᴇn35 xoŋ55 tsʰuᴇi35 ko24 lai31, liaŋ45 ko33 lo33 tɤɯ55 tɕʰiaŋ21 tsaŋ45 tɕʰi45 iɛ21 tsɿ35
然 一阵 清 风 吹 过 来，两 个 箩 篼 像 长 起 腋 翅
kuɐr55 i33 iaŋ35, fu45 fu45 li45 fᴇi35 ia45 fᴇi35 ia42, iɤɯ33 laŋ31 tɤɯ24 tsai55, tʰiaɯ35 tɕʰi45 liaŋ45 ko33
拐儿②一样，呼 呼 哩 飞 啊 飞 啊，牛 郎 斗⁼ 在，挑 起 两 个
ua33 ua42 tsuᴇi35 o42 tsuᴇi35 o42.
娃 娃 追 哦 追 哦。

iᴇn45kʰan33tɕiɤɯ24iaɯ33tsuᴇi35taɯ45tsɿ33y45liaɯ42, xɛ453, faŋ33mu45iaŋ33iaŋ31tsɛ24i42kʰan24
眼 看 就 要 追 倒 织 女了，嗨，皇 母 娘 娘 这 一看
taɯ45liaɯ42,ma45saŋ33tɕiɤɯ35ioŋ55tʰɤɯ33saŋ55li45tɕiᴇn35tsan55fa24liaɯ45i33tʰiaɯ31tʰiᴇn35xo31, kɛ33
倒 了，马 上 就 用 头 上 哩金 簪 划 了 一条 天 河，隔

① 癞⁼角：动物头上的角。

② 腋翅拐儿：翅膀。

tuan³³liau⁴²——, la²¹tʰiɛn³⁵xo³¹a³³po³⁵laŋ²¹kuɛn⁴⁵kuɛn⁴², i³³kʰan²¹⁴kʰan²⁴pu³³tau⁴⁵tʰiɛn³⁵piɛn⁵⁵,
断 了 ——,那 天 河 啊波浪滚 滚, 一 看 看 不 倒 天 边,

xo³³piɛn³⁵, tsɛ²⁴xa³³iɤɯ²⁴pa⁴⁵iɤɯ³³laŋ³¹xo³¹tsʅ³³y⁴⁵liaŋ⁴⁵ko³³kɛ³³kʰai³⁵ka⁴⁵liau⁴².
河边, 这下又 把 牛 郎 和 织 女两 个 隔 开 嘎了。

iɤɯ³³laŋ³¹tsɛn²⁴tsai³³tɕyɛ³³uaŋ⁵⁵li⁴⁵sʅ³³xɤɯ³⁵, tʰiɛn³⁵saŋ³³ti⁴⁵ɕi⁴⁵tɕʰio³¹iɤɯ²⁴kʰan²⁴tau⁴⁵
牛 郎 正 在 绝 望 哩时候, 天 上 的喜 鹊① 又 看 倒

iɤɯ³³laŋ³¹xo³¹tsʅ³³y⁴⁵tsɛ²⁴i³³tuɛi³³ŋɛn³⁵ŋai²¹fu³⁵tɕʰi⁵⁵fan²⁴lan²¹fu³⁵tɕʰi⁵⁵, tʰa³⁵mɛn³¹tɕiɤɯ²⁴tɕyɛ³³
牛 郎 和织 女这 一 对 恩 爱 夫 妻 患 难 夫 妻, 它 们 就 决

tiɛn³⁵paŋ³⁵tʰa³⁵i³³pa⁴².
定 帮 他 一 把。

tsai²¹mɛi⁴⁵iɛn³¹li⁴⁵tɕʰi³³yɛ³¹tsʰɤɯ³⁵tɕʰi³⁵la²⁴i³³tʰiɛn³⁵, tsʰɛn³³tɕʰiɛn³⁵saŋ²⁴uan²¹li⁴⁵tʰiɛn³⁵ŋo³¹
在 每 年 哩七 月 初 七 那 一 天, 成 千 上 万 哩天 鹅①

tɤɯ³⁵lai³³tau⁴⁵liau⁴⁵tʰiɛn³⁵xo³¹saŋ²¹⁴, i³³tsʅ³⁵xan³³tso³¹liɛn²⁴i³³tsʅ³⁵li⁴⁵uɛi⁴⁵pa⁵⁵, i³³ko³⁵ŋai³⁵i³³
都 来 倒 了 天 河 上, 一只 衔 着另 一只 哩尾 巴, 一个 挨 一

ko³⁵li⁴⁵ta³³tsʰɛn³³liau⁴⁵i³³tso³³tʰiɛn³⁵tɕiau³¹, tɕiɤɯ²¹tsɛ²⁴iaŋ³³, sʅ⁴⁵tɕʰi⁴⁵liau⁴⁵iɤɯ³³laŋ³¹xo³¹
个 哩搭成 了 一座 天 桥, 就 这 样, 使 起 了 牛 郎 和

tsʅ³³y⁴⁵iɤɯ²⁴tsʰoŋ³³ɕiɛn³⁵ɕiaŋ³⁵tɕy³³.
织 女又 重 新 相 聚。

tsʅ³⁵so⁴⁵i⁴⁵mɛi⁴⁵iɛn³¹li⁴⁵tɕʰi³³yɛ³¹tsʰɤɯ³⁵tɕʰi³⁵tsʅ³³tɛ³¹ŋo⁴⁵mɛn⁵⁵ta²¹tɕia³⁵, tuɛi²⁴iɤɯ³³laŋ³¹
之 所 以每 年 哩七 月 初 七 值 得我 们 大 家, 对 牛 郎

sʅ³⁵tɕi²⁴iɛn³³li⁴⁵zʅ³³tsʅ⁴², tɤɯ²⁴tsʰɛn³⁵uɛi³¹lau⁴⁵tɕʰi³³ɕi³³tɕie³¹.
是 纪 念 哩日 子, 斗⁼称 为 咾 七 夕 节。

（唐昌平讲述，2016年10月14日）

# 2. 龙多山的故事

tɕiɛn³⁵tʰiɛn⁵⁵, ŋo⁴⁵lai³³tau³³ɕi³⁵lan³¹ta²⁴ɕio³¹lai³¹kaŋ⁴⁵xa³³ŋo⁴⁵tsʅ⁵⁵  tʰoŋ³³lan³¹ɕiɛn²¹⁴tsa³³
今 天, 我 来 到 西 南 大 学 来 讲 下 我 之⁼②潼 南 县 茶

tiɛn²⁴tsʅ⁴²iɤɯ⁴⁵ko³³loŋ³³to³⁵san³⁵ti⁴⁵ku²⁴sʅ³³. kaŋ⁴⁵kɛn³⁵ta³⁵tɕia⁵⁵tʰiɛn²¹⁴i³³xa³³. loŋ³³to³⁵san³⁵sʅ³⁵
店 子 有 个龙 多 山 的故 事。 讲 跟 大 家 听 一 下。龙 多 山 是

---

① 此处为发音人口误，实际应为"喜鹊"。

② 我之⁼：我们。

tsʰu⁴⁵tsai³³tsa³³tiɛn²⁴tsๅ⁴²ti⁴⁵toŋ³⁵miɛn³³xo³¹xo³³tɕʰyɛn³⁵, tʰoŋ³³lan³¹tɕiau³⁵tɕiai³³ti⁴⁵ti³⁵sๅ³¹. san³⁵

处 在 茶 店 子 的 东 面 和 合 川、 潼 南 交 界 的 地势①。山

la³³, pi⁴⁵tɕiau³³iɤɯ⁴⁵tiɛn⁴⁵kɑɯ³⁵, saŋ³⁵miɛn³³la³³xɛ⁴⁵to³⁵miɛn³³sɛn³³ku⁴⁵tɕi. iɤɯ⁴⁵fɛi³⁵ɕiɛn³¹sๅ³¹,

呢, 比 较 有 点 高, 上 面 呢 嘿=多 名 声 古 迹。有 飞 行 石、

ta⁴⁵ɚ³¹toŋ³³, suɛi⁴⁵loŋ³¹toŋ³³, kan³⁵loŋ³¹toŋ³³, ɕiɛn³⁵zɛn³¹liɤɯ³³tɕi²¹⁴, tsu³⁵ɚ³¹sๅ³¹, tʰiɛ³⁵so⁵⁵fɛn³¹,

打 儿 洞、 水 龙 洞、 干 龙 洞、 仙 人 留 记、 猪②儿 石、铁 索 坟,

tɛn⁴⁵tɛn⁴². ŋo⁴⁵tɤɯ²¹fɛn³⁵piɛ³¹tɕy²⁴ŋo⁴⁵ɕiau⁴⁵tɛ³¹ti⁴⁵kɛn³⁵ta³⁵tɕia⁵⁵fɛn³⁵ɕiaŋ⁴⁵i³³xa³¹loŋ³³to³⁵

等 等。我 斗=分 别 据 我 晓 得 的 跟 大 家 分 享 一下 龙 多

san³⁵ti⁴⁵ku²⁴sๅ³³.

山 的 故 事。

tsʰoŋ³¹fɛi³⁵ɕiɛn³¹sๅ³¹kaŋ⁴⁵tɕʰi⁴⁵tsɤɯ⁴². fɛi³⁵ɕiɛn³¹sๅ³¹, tsɛ²⁴ko³³lai³³li³¹a³³, sๅ²¹⁴taŋ³⁵sๅ³¹sๅ²¹tʰiɛn³⁵

从 飞 行 石讲 起 走。飞 行 石, 这 个 来 历 啊,是 当 时 是 天

saŋ³³iɤɯ⁴⁵tɕi⁴⁵ko³³ɕiɛn³⁵y⁴²lu²⁴ko³³tsʰๅ⁴⁵ti³³, ɕiaŋ⁴⁵tsai³³ɕia²¹san³⁵lai³¹kʰan²⁴i³³kʰan²¹⁴lɛ²⁴ li⁴⁵ti³⁵

上 有 几 个 仙 女 路 过 此 地,想 在 下 山 来 看 一 看 勒=里地

ɕiɛn³¹xoŋ³⁵mɑɯ³³, sɛn³⁵liɛn³¹tsʰoŋ³³tsʰoŋ³¹, xoŋ³⁵tɕiɛn⁴⁵pi⁴⁵tɕiau³³xɛ⁴⁵xɑɯ⁴², tʰa³⁵mɛn⁵⁵ɕia²¹

形 风 貌, 森 林 重 重, 风 景 比 较 嘿=好, 她 们 下

san³⁵lai³¹iɤɯ²⁴lai³¹kʰan²⁴i³³kʰan²¹⁴.fu³⁵zan³¹tɕiɛn³⁵la³³, tɤɯ²⁴y²⁴tau⁴⁵tɕʰyɛn³⁵pɛn³¹ta²⁴y⁴⁵a³³,

山 来 又 来 看 一 看。忽 然 间 呢,斗=遇 倒 倾 盆 大 雨 啊,

luɛi³³miɛn³¹san⁴⁵tiɛn³³ta⁴⁵tɕʰi⁴². lɛ²¹ ɕi³⁵ɕiɛn³⁵y⁴⁵a³³tɤɯ²⁴kan⁴⁵kʰuai³³fɛi³³saŋ³³liau⁴⁵tʰiɛn³⁵kʰoŋ⁵⁵,

雷 鸣 闪 电 打 起。勒=些 仙 女 啊斗=赶 快 回 上 了 天 空,

iɤɯ⁴⁵i³³ko³³ɕiɛn³⁵y⁴⁵a³³mɛi³⁵iɤɯ⁴²lai³³tɛ³¹tɕi³¹tsɤɯ²⁴, tsɤɯ²⁴tsɑɯ³¹pa⁴⁵tʰa³⁵ti⁴⁵tsๅ²⁴paŋ⁴⁵ta⁴⁵

有 一 个 仙 女 啊没 有 来 得 及 走, 走 着 把 她 的 翅 膀 打

tuan²¹⁴i³³ko³³, so⁴⁵i⁴⁵so³¹tʰa³⁵tɤɯ²¹⁴u³³fa³¹saŋ²¹tʰiɛn³⁵.tɤɯ²⁴tsai³³lɛ²⁴ li⁴²tie³³tau⁴⁵loŋ³³to³⁵san³⁵

断 一 个, 所 以 说 她 斗=无 法 上 天。斗=在 勒=里 跌 倒 龙 多 山

ɕia³³.tsai³³lɛ²⁴ li⁴⁵ta²¹tɕia³tɤɯ²⁴tsʰɛn³⁵uɛi³¹tɕiau²¹"fɛi³⁵ɕiɛn³¹sๅ³¹", fɛi³⁵ɕiɛn³¹sๅ³¹ti⁴⁵lai³³li³¹ta²⁴

下。在 勒=里 大 家 都 称 为 叫 "飞 行 石",飞 行 石 的 来 历大

kʰai⁴⁵sๅ²¹tsɛ²⁴iɑŋ³³ti⁴².

概 是 这 样 的。

tɕʰi³³tsʰๅ³³a³³, ŋo⁴⁵kaŋ⁴⁵xa³³ta⁴⁵ɚ³¹toŋ³³.ta⁴⁵ɚ³¹toŋ³³lɛ²⁴ ko³³ku²⁴sๅ³³a³³, tsʰuan³³so³¹, tan²⁴

其 次 啊,我 讲 下 打 儿 洞。打 儿 洞 勒=个 故 事 啊,传 说,但

---

① 地势:地方。

② 发音人将此处"猪"[tɕy³⁵]的读音临时口误念成了潼南话的读音,属于偶发现象。

sๅ³³iɛ⁴⁵sๅ³⁵ɕiɛn²⁴sๅ³¹ti⁴². iɤɯ⁴⁵la⁴⁵uɛi³³ɕiaŋ⁴⁵sɛn³⁵lan³³ua³³ɚ³⁵ti⁴², tɤɯ²⁴tɕʰiɛ²¹⁴tsai²¹san³⁵ye³¹
是　也是现　实的。有　哪位想　生　男娃儿的，斗꞊去　在　三　月

san³⁵la³³, tsʰu³³i³¹a³³, sๅ³³u⁴⁵a³³saŋ²¹san³⁵, tɤɯ³⁵kʰo⁴⁵i⁴⁵ioŋ³⁵tsๅ²⁴tɕi⁴⁵ti⁴⁵ŋɛn²⁴pi³³, tɤɯ²¹sๅ³⁵ɕi²¹
三　呢，初　一啊，十五啊上　山，都可　以用　自己的硬　币，斗꞊是锡

pa³⁵ɚ³¹, pa⁴⁵tʰa³⁵suai⁴⁵tɕiɛ²¹tɕʰiɛ³⁵.zu³⁵ko⁴⁵i³³xa²¹⁴suai⁴⁵tuɛi²⁴liaɯ⁴², tʰa³⁵tɤɯ⁴⁵iaɯ³³sɛn³⁵
巴儿①，把它甩　进　去。如果一下甩　对了，他斗꞊要生

ua³³ɚ³⁵; suai⁴⁵maɯ³⁵tuɛi²¹⁴, tɤɯ²¹sɛn³⁵maɯ³⁵taɯ⁴⁵ua³¹ɚ³⁵. lɛ²¹ tɕiɤɯ²¹sๅ³⁵ta⁴⁵ɚ³¹toŋ³³ti⁴⁵ku²⁴sๅ³³.
娃儿；甩　冇　对，斗꞊生　冇　倒娃儿。勒꞊就　是打儿洞的故事。

　　suɛi⁴⁵loŋ³¹toŋ³³ŋa³³, lɛ²⁴ ko³³ku²⁴sๅ³³a³³, so³³tɕʰi⁴⁵tiɛn⁴⁵tɕʰi³³kuai²¹⁴.so³¹suɛi⁴⁵loŋ³¹toŋ³³lɛ²⁴
　　水　龙洞啊，勒꞊个故事啊，说起点②奇怪。说水　龙洞勒꞊

ku⁴⁵suɛi⁴⁵tʰa³⁵sๅ³⁵tsaŋ³³iɛn³¹luɛi⁴⁵ye³¹tɤɯ³⁵tsai³³uaŋ⁴⁵uai²¹⁴liɤɯ³¹, mɛi³⁵kan³⁵ko³³. ko²⁴tɕʰy⁴⁵iɤɯ⁴⁵zɛn³⁵
股水　它是长　年累　月都在往　外流，　没干过。过去有人

so³¹: "pa⁴⁵lɛ²⁴ ko³³ia³³tsๅ⁴⁵a³³, faŋ²⁴tai³³ suɛi⁴⁵loŋ³¹toŋ³³li⁴², faŋ²⁴tsai³³tsɛn²¹tɕʰiɛ³⁵, iaɯ²⁴tsʰoŋ³¹ xo³³
说："把勒꞊个鸭子啊，放待③水　龙洞里，放在　进去，要从　合

tɕʰyɛn³⁵ti⁴⁵tsoŋ³⁵tɕiɛn⁵⁵toŋ²¹ko³³tsๅ³³tɕʰy⁴⁵lai³¹."tan²⁴sๅ³³, lɛ²⁴ tiɛn⁴⁵uɛn²⁴tʰi³¹a³³, ŋo⁴⁵tsๅ⁴⁵ iɛ⁴⁵maɯ³⁵tʰiɛn²⁴
川　的中　间洞各自出来。"但是，勒꞊点　问题啊,我之꞊也冇　听

taɯ⁴⁵ko³³, tɕʰiɛ²⁴kaɯ²¹ko³³. tan²⁴sๅ³³xai³³iɤɯ⁴⁵i³³ ko³³, suɛi⁴⁵loŋ³¹toŋ³³li⁴⁵tɤɯ³¹iɤɯ⁴⁵tsaŋ³³iɛn³¹luɛi⁴⁵ye³¹
倒　过，去较过。但是还有　一个，水　龙洞里头有长　年累　月

liɤɯ³³suɛi⁴⁵a³³, tʰa³⁵iɤɯ⁴⁵tsaŋ⁴⁵tɛ³¹iɤɯ⁴⁵xɛ⁴⁵xaɯ⁴²i³³moŋ⁴⁵tɕʰiɛn³⁵tsʰaɯ⁴², ta²¹tɕia³⁵tɤɯ³⁵zɛn²⁴uɛi³¹la²⁴
流　水　啊,它有长　得有嘿꞊好　一亩青　草，大家都认为那

ko³³paɯ⁴⁵tsaŋ³³a³³tsai³⁵tse²⁴li⁴⁵tɤɯ³¹.xɛ⁴⁵³, tɤɯ²⁴y²⁴taɯ⁴⁵pa³³ta²⁴uaŋ³¹tɕiaɯ⁴⁵sๅ²¹tsʰuan³⁵ti⁴⁵sๅ³³xɤɯ³⁵,
个宝　藏啊在这里头。嗨，斗꞊遇倒　八大王④剿　四川　的时候，

i³³ko³³tʰuan³³tsaŋ⁴²tɕiɛn²⁴laɯ⁴⁵sๅ²¹tsʰuan³⁵, tʰa³⁵tsuan³⁵tsʰɛn³¹tsɤɯ⁴⁵taɯ⁴⁵laɯ⁴⁵loŋ³¹to³⁵san³⁵lai³¹tɕʰy⁴⁵
一个团　长　进　唠四川，　他专　程　走　倒唠龙多山来取

paɯ⁴². tʰa³⁵tɕi³⁵tɕi³¹maŋ³³maŋ³¹li⁴⁵pʰaɯ⁴⁵taɯ⁴⁵la²⁴li⁴²y²⁴taɯ⁴⁵iaɯ²⁴ɕiaŋ⁴⁵ŋo⁴⁵sๅ⁴⁵liaɯ⁴².tʰa³⁵
宝。　他急急忙　忙　哩跑　倒那里遇倒要想　屙屎了。他

tɤɯ²⁴tsai³³lɛ²⁴ suɛi⁴⁵loŋ³¹toŋ³³pʰaŋ³³piɛn³⁵iɤɯ⁴⁵ko³³tɕʰiɛn³⁵tsʰaɯ⁴⁵pʰaŋ³³piɛn³⁵tɕʰiɛ²⁴kai⁴⁵sɤɯ⁴².
斗꞊在　勒꞊水　龙洞旁　边有个青　草　旁　边去解手。

―――――――

① 锡巴儿：硬币。

②"点"前吞掉了"有"的音。

③ 待꞊：在。下文同。

④ 八大王：张献忠。

kai⁴⁵sɤɯ⁴⁵ŋo³⁵sŋ⁴⁵a³³tɤɯ²⁴y²⁴tau⁴⁵mɛi³⁵tai³³mie²⁴kʰuai⁴²ko²⁴tɕʰy³³.tʰa³⁵tɤɯ²¹sŋ³⁵suɛn²⁴sɤɯ⁴⁵tsʰɛ⁴⁵
解 手 屙 屎 啊斗= 遇 倒 没 带 篾 块① 过去。 他 斗= 是 顺 手 扯

i³³pa⁴⁵tsʰau⁴⁵tɕie²¹kʰai³⁵pʰi²⁴ku⁴², tsɤɯ⁴⁵tɕie³³i³³kʰan²¹⁴ia³³, sŋ³³    ma³⁵i³³kʰo⁴⁵xo³⁵ma³¹, pa⁴⁵
一 把 草 去 揩 屁股, 走 去 一 看 啊, 适=② 妈 一 棵 蘁麻③, 把

pʰi²⁴ku⁴⁵xo³⁵ liau⁴². taŋ³⁵sŋ³¹tʰa³⁵tɕʰi²⁴tɛ³¹xɛ⁴⁵lau⁴⁵xo⁴², tʰo³⁵tɕʰi⁴⁵pau⁴⁵tau³⁵fu⁴⁵tsŋ⁵⁵i³³xa²¹⁴
屁股 蘁④了。 当 时 他 气 得 嘿=恼 火, 托 起 宝 刀 呼哧 一下

tɕiɤɯ²⁴pa⁴⁵lɛ²⁴ko³³tɕʰiɛn³⁵tsʰau⁴⁵tsʰuan⁴⁵kʰai³⁵. tsʰuan⁴⁵lau⁴⁵tsʰuan⁴⁵lau⁴⁵tɕi⁴⁵çia³³ia³³, tɕʰia³³
就 把 勒=个 青 草 铲 开。 铲 唠 铲 唠 几 下 呀, 恰

tɕʰia³¹tɤɯ²⁴iɤɯ⁴⁵i³³ko³³pau⁴⁵u³¹tsau³¹taŋ³⁵sŋ³¹tɕiau²¹tʰa³⁵tau²⁴tɕʰi⁴⁵pʰau⁴⁵tɕʰiɤɯ³¹ka⁴⁵liau⁴².
恰 斗= 有 一 个 宝 物 着 当 时 叫 他 盗 起 跑 尿 嘎 了。

so⁴⁵i⁴²suɛi³⁵zan³¹pau⁴⁵u³¹pu³¹tsai²⁴liau⁴², suɛi⁴⁵loŋ³¹toŋ³³çiɛn²⁴tsai³³liɤɯ⁴⁵tsʰuan³¹pɛ³¹iɛn³¹,
所以 虽 然 宝 物 不 在 了, 水 龙 洞 现 在 流 传 百 年,

tan²⁴sŋ³³lɛ²⁴lɛ²⁴ku⁴⁵sɛn³³suɛi⁴⁵xai³³iɤɯ⁴⁵ioŋ²¹⁴.zu³³ko⁴⁵i⁴⁵saŋ²¹san³⁵tɕʰie²⁴ti⁴⁵zɛn³¹tsŋ⁴⁵iau³³
但 是 勒=勒=股 神 水 还 有 用。 如 果 你上 山 去 的 人 只 要

ioŋ²¹⁴pa⁴⁵lɛ²⁴ ko³³suɛi⁴⁵ioŋ³⁵pʰiɛn³³tsŋ⁴⁵a³³toŋ²⁴  tiɛn⁴⁵uɛi³³tɕʰie³⁵,i³¹kʰo⁴⁵i⁴⁵tsŋ²⁴pɛ³³piɛn³³,i⁴⁵pu³³
用 把 勒=个 水 用 瓶 子 啊冻=⑤ 点 回 去, 一 可 以 治 百 病, 你 不

kuan⁴⁵sa²⁴tsŋ⁴⁵piɛn²¹⁴, tɤɯ²¹xo³⁵ka⁴⁵lɛ²⁴ ko³³sɛn³³suɛi⁴², tɤɯ³⁵kʰo⁴⁵i⁴⁵tɕiai⁴⁵tsʰu³¹. so⁴⁵i⁴⁵so³¹suɛi⁴⁵
管 啥子 病, 斗= 喝 嘎 勒=个 神 水, 都 可 以 解 除。 所以 说 水

loŋ³¹toŋ³³sŋ³⁵loŋ³³to³⁵san³⁵tsʰau³³uaŋ⁴⁵ti⁴⁵zɛn³¹sŋ³⁵tsuɛi²¹to³⁵ti⁴⁵ti²⁴sŋ³¹. lai³¹san³⁵saŋ³⁵ti⁴⁵zɛn³¹
龙 洞 是 龙 多 山 朝 往 的 人 是 最 多 的地势。 来 山 上 的 人

tɤɯ³⁵iau²⁴tau³³suɛi⁴⁵loŋ³¹toŋ³³tɕʰie²¹⁴ta⁴⁵tiɛn⁴⁵sɛn³³suɛi⁴⁵uɛi³³tɕʰie³⁵. zu³³ko⁴⁵i⁴⁵tsŋ⁵⁵iɤɯ⁴⁵tɕi³⁵
都 要 到 水 龙 洞 去 打 点 神 水 回 去。 如 果 你之=有 机

fɛi³³a³³tɤɯ³⁵kʰo⁴⁵i⁴⁵tau²⁴suɛi⁴⁵loŋ³¹toŋ³³tɕʰie³³kʰan²⁴i³¹kʰan²¹⁴.
会 啊都 可 以 到 水 龙 洞 去 看 一看

xaɯ⁴⁵³, tɕʰi³³tsʰŋ³³a³³, lɛ²⁴ ko³³kan³⁵loŋ³¹toŋ³³ŋa³³, iɤɯ⁴⁵tiɛn⁴⁵tɕʰi³³kuai²¹⁴.kan³⁵loŋ³¹toŋ³³
好, 其 次 啊, 勒=个 干 龙 洞 啊, 有 点 奇 怪。 干 龙 洞

li⁴⁵miɛn³³la³³, lɛ²⁴ ko³³toŋ²⁴çie³¹xɛ⁴⁵ta³³xɛ⁴⁵kʰuan³⁵, tan²⁴sŋ³³i³³tiɛn⁴²kʰan²⁴pu³¹tau⁴⁵toŋ²⁴mɛn³¹
里 面 呢, 勒=个 洞 穴 嘿=大 嘿=宽, 但 是 一点 看 不 倒 洞 门

---

① 篾块：此处所指相当于手纸。

② 适=：食。

③ 蘁麻：荨麻。皮肤接触这种植物会产生痛痒的感觉。

④ 蘁：让人发痒。

⑤ 冻=：舀。

toŋ²⁴kʰɤɯ⁴², tʰa³⁵sʅ³⁵ko³³sa²⁴tsʅ⁴⁵ɕiɛn²⁴tsuaŋ³³ŋa³³? i³³iɛn³¹sʅ²⁴tɕi³³tɕiɤɯ²¹sʅ³⁵lɛ²⁴ tsoŋ⁴⁵u²¹⁴, u²⁴
洞口，  它是个啥子现 状 啊? 一年四季就  是勒˭种 雾，雾

lu³³  loŋ³³tsau³³tso³¹lɛ²⁴ ko³³san³⁵kʰɤɯ⁴², lɛ²¹ san³⁵toŋ³³kʰɤɯ⁴². zu³³ko⁴²iau²⁴ɕiaŋ⁴⁵tɕiɛn²¹san³⁵,
露① 笼 罩 着 勒˭个 山 口，  勒˭山 洞口。  如果要想 进 山，

kan³⁵loŋ³¹toŋ³³tɕiɛn²¹tɕʰiɛ³⁵,tɤɯ³⁵iau³³tɛn⁴⁵tau⁴⁵loŋ³¹,loŋ³³ŋa³³tʰa³⁵iau²⁴pa⁴⁵lɛ²⁴ ko³³u²¹⁴sɤɯ³⁵
干龙洞进 去，  都要 等 倒 龙，龙 啊它要 把勒˭个雾收

lau⁴²ko²⁴xɤɯ²¹⁴. man²¹man³⁵ti⁴⁵sɤɯ³⁵lau⁴⁵ko²⁴xɤɯ²¹⁴, i⁴⁵tsʰai³¹kʰan²⁴tɛ³¹tɕʰiɛn³⁵li⁴⁵tʰɤɯ³¹loŋ³³
唠 过后。  慢 慢 地收 唠 过后，  你才 看 得清 里头 龙

toŋ³³ti⁴⁵tsɛn³⁵ɕiaŋ³³.tʰa³⁵lɛ²⁴ ko³³loŋ³³toŋ³³sɤɯ³⁵loŋ³¹sɤɯ³⁵u²¹⁴ti⁴⁵sʅ³³xɤɯ³⁵a³³, tʰa³⁵iau²¹fɛn³⁵
洞 的真 相。它勒˭个 龙 洞收 龙 收 雾的时候 啊，它要 分

piɛ³¹tsʰoŋ³¹tsau⁴⁵saŋ³³kʰai³⁵sʅ⁴². iau²¹sɤɯ³⁵tau⁴⁵tsoŋ³⁵u⁴⁵ko²⁴xɤɯ²¹⁴a³³, man²⁴man³³li⁴⁵lɛ²⁴
别 从 早 上 开 始。要 收 倒 中 午过后 啊，慢 慢 哩勒˭

ko³³ta²⁴u³³a³³, iau²¹ɕiau³⁵sʅ³¹. ɕiau³⁵sʅ³¹liau⁴⁵ko²⁴xɤɯ²¹⁴, zɛn³³mɛn³⁵tɤɯ²⁴kʰo⁴⁵i⁴⁵tɕiɛn²¹kan³⁵
个 大雾啊，要 消 失。消 失了 过后，  人 们 斗˭可以进 干

loŋ³¹toŋ³³li⁴⁵tɕʰiɛ²¹⁴, tɕʰiɛ²⁴kʰan²¹⁴. kan³⁵loŋ³¹toŋ³³tʰa³⁵tsu⁴⁵iau³³sʅ³⁵loŋ³³to³⁵san³⁵ti⁴⁵loŋ³¹
龙 洞里去，  去 看。  干 龙洞 它主要 是龙 多 山 的龙

tʰa³⁵sʅ³³i³¹ti⁴⁵tɕy³⁵tsu³³ti⁴⁵ti²¹faŋ³⁵, so⁴⁵i⁴⁵so³¹i³³pan³⁵tʰa³⁵pu³⁵sʅ³⁵ pu³³taŋ³³ɕy³⁵iau³³lɛ²¹ ɕi³⁵zɛn³¹
它 适宜的居 住 的地方，  所以说一般 他 不是②不当③需 要 勒˭些人

tɕiɛn²¹tʰa³⁵lɛ²⁴ ko³³loŋ³³toŋ³³li⁴⁵tʰɤɯ³¹tɕʰiɛ²¹xai³⁵.tɕʰiɛ²¹, tɕʰiɛ²¹xai³⁵ia³⁵, tʰa³⁵so⁴⁵i⁴⁵so³¹lɛ²⁴ ko³³
进 它勒˭个 龙 洞里头  去 哈。去，去 哈啊，它所以说 勒˭个

u²⁴lu³³ pu³³san²¹⁴, so⁴⁵i⁴⁵ tʰa³⁵tɤɯ²¹sʅ³⁵tsɛ²¹mɛn³⁵lai³³li³¹. iau²⁴ɕiaŋ⁴⁵pa⁴⁵lɛ²⁴ u²¹⁴san²⁴ka⁴⁵tɕiɛn²¹
雾露 不 散，  所以她 斗˭是这们 来 历。要 想 把 勒˭雾散 嘎进

tɕʰiɛ³⁵ia³³, tɤɯ²⁴iau³³tɛn⁴⁵tau⁴⁵mɛi⁴⁵i³³tʰiɛn³⁵ti⁴⁵xa³⁵pɚ⁴²  tsʰai³¹kʰo⁴⁵i⁴⁵tau³³lɛ²⁴ ko³³ loŋ³³
去 啊，斗˭要 等 倒 每 一天 的下把˭儿④才 可 以到 勒˭个 龙

toŋ³³li⁴⁵tɤɯ²¹tɕʰiɛ²⁴kʰan²¹⁴. tan²⁴sʅ³³lɛ²¹⁴iɛ⁴⁵ sʅ³⁵ta²¹tɕia³⁵iau²⁴ɕiaŋ⁴⁵tsʅ³⁵ tau³³ti⁴².
洞里头  去 看。  但是勒˭也 是大家 要 想 知 道 的。

tɕʰi³³tsʰʅ³³, xai³³iɤɯ⁴⁵ko³³ɕiɛn³⁵zɛn³¹liɤɯ³³tɕi²¹⁴ia³³. lɛ²¹ sʅ³⁵ko²⁴tɕʰy³¹i³³ko³³tau²⁴sʅ³³xo³¹ko³³
其 次，  还 有 个仙 人 留 记 啊。勒˭是过去 一个道 士 和 和⑤

---

① 雾露：雾气。

② 此处表达口误，多了"不是"。

③ 不当：不太。

④ 下把˭儿：下午。

⑤ "和"此处读 [k] 声母。

saŋ³⁵, iɛ⁴⁵tɕiɑɯ³³"ɕiɛN³⁵zEN³¹", tʰa³⁵tɕiɛN³⁵saŋ³¹tɤɯ²⁴tsai³³lɛ²¹ ko³⁵, lɛ²¹ ko³⁵ti³⁵sʅ³¹liɛN²¹koŋ³⁵.
尚, 也 叫 "仙 人", 他 经 常 斗˭在 勒˭个, 勒˭个 地 势 练 功。

liɛN²¹koŋ³⁵ŋa³³, tʰa³⁵mEi⁴⁵i³³tʰiɛN³⁵tsɑɯ⁴⁵saŋ³³i³³tsɑɯ⁴²tɤɯ³⁵iɑɯ²⁴tsai³³lɛ²⁴ ko³³ti³⁵sʅ³¹lai³¹, lai³¹
练 功 啊, 他 每 一 天 早 上 一 早 都 要 在 勒˭个 地 势 来, 来

tuan²⁴liɛN³³, lai³¹liɛN²¹koŋ³⁵, tʰa³⁵tsʰan³³iɛN³¹luEi⁴⁵ye³¹tɤɯ³⁵saŋ³³lɛ²⁴ ko³³tʰi³⁵tsʅ⁴⁵saŋ³³tsɤɯ⁴⁵lai³¹
锻 炼, 来 练 功, 他 长 年 累 月 都 上 勒˭个 梯 子 上 走 来

tsɤɯ⁴⁵tɕʰy³³, tsɤɯ⁴⁵tɑɯ⁴⁵iɤɯ⁴², iɤɯ⁴⁵i³³tʰiɛN³⁵tʰa³⁵sʅ³⁵tɕio³³tɛ³¹xɛ⁴⁵kɑɯ³⁵ɕiɛN³³ti⁴⁵sʅ³³xɤɯ³⁵,
走 去, 走 倒 有, 有 一 天 他 是 觉 得 嘿˭高 兴 的 时 候,

fu³⁵zan³¹tɕiɛN³⁵, tʰa³⁵lɛ²⁴ ko³³tɕio³¹i³³xa²¹⁴tsʰai⁴⁵tsoŋ²¹⁴liɑɯ⁴², tɕiɤɯ²⁴pa⁴⁵lɛ²⁴ ko³³tʰi³⁵tsʅ⁴⁵saŋ²¹³
忽 然 间, 他 勒˭个 脚 一 下 踩 重 了, 就 把 勒˭个 梯 子 上

ŋa³³, tsʰai⁴⁵lɑɯ⁴⁵i³³ko³³xEN³³tɕi³¹.lɛ²⁴ ko³³xEN³³tɕi³¹ɕiɛN²⁴tsai³³tɤɯ³⁵xai³¹liɤɯ³¹, liɤɯ³³tɕʰi⁴⁵
啊, 踩 咾 一 个 痕 迹。勒˭个 痕 迹 现 在 都 还 留, 留 起

tsai³³lɛ²⁴ ko³³tʰi³⁵tsʅ⁴⁵saŋ³³.i⁴⁵mEn⁵⁵kʰo⁴⁵i⁴⁵tɕʰi²¹kʰan²⁴i³¹kʰan²¹⁴lɛ²⁴ ko³³xEN³³tɕi³¹. tʰa³⁵lɛ²⁴ ko³³
在 勒˭个 梯 子 上。你 们 可 以 去 看 一 看 勒˭个 痕 迹。它 勒˭个

tɕio³³iɛN³³la³³tɤɯ²⁴liɤɯ³³tsʰuan³¹tɑɯ⁴⁵tsʅ²¹tɕiɛN³⁵.so⁴⁵i⁴², ta³⁵tɕia⁵⁵tɤɯ³⁵tɕiɑɯ²¹tʰa³⁵"ɕiɛN³⁵zEN³¹
脚 印 呢 斗˭留 传 倒 至 今。所 以,大 家 都 叫 它 "仙 人

liɤɯ³³tɕi²¹⁴", tɤɯ²¹sʅ³⁵ko⁴⁵tsʅ⁵⁵ lai³³ti⁴².
留 记", 斗˭是 简 支˭①来 的。

xai³³iɤɯ⁴⁵i³³ ko³³tɕy³⁵ɤ³³sʅ³¹a³³, ko⁴⁵tɕy³⁵ɤ³¹sʅ³¹lɛ²⁴ li⁴⁵ ia³³, kʰo⁴⁵lEn³¹ i⁴⁵tsʅ⁵⁵tɤɯ³⁵mɑɯ³⁵
还 有 一 个 猪 儿 石 啊,简 猪 儿 石 勒˭里②啊, 可 能 你 之˭都 冇

tsʅ³⁵.tʰa³⁵lɛ²⁴liaŋ⁴⁵to³¹sʅ³³tɤɯ³¹tɕʰiaŋ²⁴liaŋ⁴⁵ko³³tsu³⁵ɤ³¹. lɛ²⁴ liaŋ⁴⁵ko³³tɕy³⁵ɤ³¹ia³³, lɛ²⁴ ko³³sʅ³³
知。它 勒˭两 坨 石 头 像 两 个 猪③儿。勒˭两 个 猪 儿 啊, 勒˭个 石

tɤɯ³¹ti⁴⁵lai³³li³¹ia³³, tɕiɤɯ²¹sʅ³⁵loŋ³³to³⁵san³⁵saŋ³³lɛ²¹ ɕi³⁵loŋ³¹, mu⁴⁵loŋ³¹ŋa³³ɕia²⁴ti⁴⁵tan²¹⁴, tɤɯ²¹
头 的 来 历 啊, 就 是 龙 多 山 上 勒˭些 龙, 母 龙 啊 下 的 蛋, 斗˭

sEn³⁵ti⁴⁵tan³⁵.sEn³⁵tai³³ lɛ²⁴ ko³³liaŋ³³tsʅ⁴⁵saŋ²¹⁴, i³³tsʅ³¹tsai²⁴lɛ²⁴ li⁴⁵soŋ⁴⁵li³¹tɕʰi⁴².lɛ²¹ ɕi³⁵xɤɯ²⁴
生 的 蛋。生 待˭勒˭个 梁 子 上, 一 直 在 勒˭里耸 立 起。勒˭些 后

pEi³³zEn³¹la³³, tɕiɛN³⁵saŋ³¹tɤɯ³⁵iɑɯ³³tsʰoŋ³¹ɤ²⁴ŋai³¹ko²¹⁴, tɤɯ³⁵iɑɯ³³tsʰoŋ³¹tɕiɛN³⁵ko³³tɕy³⁵ɤ³¹
辈 人 呢, 经 常 都 要 从 二 崖④过, 都 要 从 经 过 猪 儿

---

① 简 支˭:这样。

② 勒˭里:这里。

③ 发音人将此处"猪"[tɕy³⁵]的读音临时口误念成了潼南话的读音,属于偶发现象。

④ 二崖:地名。

sʐ̩³¹. tɕy³⁵ɚ³¹sʐ̩³¹liaŋ⁴⁵to³¹sʐ̩³³tɤɯ³¹, tʰa³⁵i³³tɤɯ³¹i³³to³¹pai⁴⁵tɕʰi⁴², tsoŋ³⁵tɕiɛN⁵⁵sʐ̩³⁵i³³ko³³ɕia³³tsɛ³¹

石。 猪 儿 石 两 坨 石头， 它 一头 一坨 摆 起， 中 间 是一个 狭 窄

ti⁴⁵ɕiɑɯ⁴⁵lu³³. so³¹mɛi⁴⁵iɛN³¹tsʐ̩⁴⁵ta³¹tɕia³⁵tsʰoŋ³¹la²⁴li⁴⁵fan³⁵ko²¹tɕʰiɛ³⁵iɑɯ²⁴tsʰoŋ³¹ɚ²⁴ŋai⁴⁵ko²¹⁴,

的 小 路。说 每 年 子 大家 从 那里翻 过去 要 从 二崖 过，

tɤɯ³⁵iɑɯ²⁴tsʰoŋ³¹pi³³tɕiɛN³⁵tsʐ̩⁴⁵iɤɯ⁴⁵tsʰoŋ³¹tɕy³⁵ɚ³¹sʐ̩³¹lɛ²¹ ko³⁵, lɛ²⁴ ko³³lu²¹⁴ko²¹tɕʰiɛ³⁵. lɛ²⁴

都 要 从 必经 只 有 从 猪 儿 石 勒⁼个， 勒⁼个 路 过去。 勒⁼

ko³³lu²¹⁴xɛ⁴⁵tsɛ³¹, ta²¹tɕia³⁵tsɤɯ⁴⁵tɑɯ⁴⁵la²⁴li⁴⁵tɤɯ³⁵iɑɯ³³tsai²¹tɕy³⁵ɚ³¹sʐ̩³¹lɛ²⁴ ko³³ti³⁵sʐ̩³¹tɕʰiɛ²¹⁴

个 路 嘿⁼窄， 大家 走 倒 那里 都 要 在 猪 儿 石 勒⁼个 地势 去

tso²⁴i³³xa³⁵. kʰan²⁴i³¹kʰan²¹⁴, mo³⁵i³¹mo³⁵, tsɛ²¹sʐ̩³⁵ŋo⁴⁵mɛN⁵⁵loŋ³³uaŋ³¹sɛN³⁵ti⁴⁵tan²¹⁴, ŋo⁴⁵mɛN⁵⁵

坐 一下。 看 一看， 摸 一摸， 这 是 我 们 龙 王 生 的 蛋， 我 们

tɤɯ³⁵iɑɯ³³tsai²⁴lɚ¹²tɕʰiɛ²¹⁴kʰan²⁴i³¹kʰan²¹⁴, tɤɯ²⁴tɕʰy⁴⁵uɛi³¹tɕiɑɯ²¹"tɕy³⁵ɚ³¹sʐ̩³¹".

都 要 在 那儿 去 看 一看， 斗⁼ 取 为 叫 "猪 儿 石"。

tɕʰi³³tsʰʐ̩³¹a³³, xai³³iɤɯ⁴⁵ko³³tʰiɛ³³so⁵⁵fɛn³¹.tʰiɛ³⁵so⁵⁵fɛn³¹1a³³, tsɛ²⁴liaɯ⁴⁵sʐ̩³⁵ko²⁴tɕʰy³³i³³

其 次 啊，还 有 个 铁 索 坟。铁 索 坟 呢， 这 条 是 过去 一

ko³³y⁴⁵iɑɯ⁵⁵, sʐ̩⁴⁵lɑɯ⁴⁵ko²⁴xɤɯ²¹⁴mai³¹tɕʰi⁴⁵tsai³³loŋ³³to³⁵san³⁵.loŋ³³to³⁵san³⁵la²⁴li⁴⁵a³³mai³¹tɕʰi⁴⁵

个 女 妖， 死 咾 过 后 埋 起 在 龙 多 山。龙 多 山 那里 啊埋 起

ko²⁴xɤɯ²¹⁴a³³, tʰa³⁵mɛi⁴⁵i³¹tʰiɛN³⁵lɛ²¹ ɕi³⁵tɤɯ³⁵iɑɯ³³, uan⁴⁵saŋ³³tɤɯ³⁵iɑɯ³³tsʰu³³lai³¹ɕioŋ³¹, tso³³

过 后 啊，她 每 一 天 勒⁼些 都 要， 晚 上 都 要 出 来 熊⁼①， 作

ŋo³¹. xɛ⁴⁵³, lɛ²¹⁴, lɛ²¹ kɛN³⁵lu²¹⁴a³³, iɤɯ²¹sʐ̩³⁵ko²⁴tɕʰy³³lɛ²¹ ɕi³⁵su³⁵sɛN⁵⁵tu³⁵su³⁵tɕiɛN³⁵ko³³li⁴⁵i³³

恶。 嗨， 勒⁼， 勒⁼根 路 啊， 又 是 过去 勒⁼些 书 生 读 书 经 过 哩一

ko³³xɑɯ⁴⁵ti⁴⁵ti³⁵sʐ̩³¹, tɕiɛN³⁵saŋ³¹tsai²⁴la²⁴li⁴⁵ɕiɛ⁴⁵³, tu³³su³⁵, kʰan²¹⁴, kʰan²¹su³⁵, ɕiɛ⁴⁵tso³³uɛn³¹,

个 好 的 地势， 经 常 在 那里 写， 读 书， 看， 看 书， 写 作 文，

tɤɯ³⁵iɑɯ³³tsai²⁴lɛ²⁴ ko³³ti²¹faŋ³⁵.tan²⁴sʐ̩³³a³³, tʰa³⁵kʰan²⁴tɑɯ⁴⁵lɛ²¹ ɕi³⁵ɕio²¹sɛN³⁵tɕʰy³⁵lai³¹tsai²⁴

都 要 在 勒⁼个 地方。但 是 啊，她 看 倒 勒⁼些 学 生 出 来 在

lɛ²⁴ li⁴⁵lai³¹a³³, lɛ²⁴ ko³³iɑɯ³⁵kuai³³a³³, tʰa³⁵ɕiɛ⁴⁵tsʰɛn²¹tɕi³⁵tsʰu³³lai³¹piɛN²⁴tsʰɛn³¹liɑɯ⁴⁵i³³ko³³xɛ⁴⁵

勒⁼里 来 啊，勒⁼个 妖 怪 啊，她 也 趁 机 出 来 变 成 了 一个 嘿⁼

pʰiɑɯ²⁴liaŋ³³ti⁴⁵mɛi⁴⁵y⁴², lai³¹mi³³fu³¹lɛ²¹ ɕi³⁵su³⁵sɛN⁵⁵.taŋ³⁵zan³¹, iɤɯ⁴⁵ɕi⁵⁵su³⁵sɛN⁵⁵la³³, tʰa³⁵

漂 亮 的 美 女， 来 迷 糊 勒⁼些 书 生。 当 然， 有 些 书 生 呢， 他

iɛ⁴⁵ɕiaŋ⁴⁵tsʰɛn²¹tɕi³⁵a³³, tsai²⁴lɛ²⁴ ko³³sʐ̩³³xɤɯ³⁵a³³, kʰan²⁴i³¹kʰan²¹⁴lɛ²⁴ ko³³mɛi⁴⁵y⁴². zan³³xɤɯ³³

也 想 趁 机 啊，在 勒⁼个 时 候 啊，看 一看 勒⁼个 美 女。然 后

---

① 熊⁼：作恶。

a³³, tʰa³⁵tɤɯ³³tɕiɑɯ⁴⁵tɑɯ⁴⁵lɛ²⁴ ko³³mɛi⁴⁵y⁴⁵i³³kʰuɐɹ⁴². tʰiɛn²⁴lɑɯ⁴⁵mɛi⁴⁵y⁴⁵li⁴⁵fa³⁵iɛn³¹tɕʰiɑɯ⁴⁵

啊，他 斗゠ 搅　 倒 勒゠个 美 女 一块儿。听　 咾 美 女 哩花 言 巧

y⁴⁵io³³, pa⁴⁵tʰa³⁵, ɛ⁴⁵³, kɤɯ³⁵sɑŋ³³liɑɯ⁴⁵fɐɹ³¹.　 kʰo³⁵lɑɯ⁴², tsʰɛn²¹tʰa³⁵pu³¹tsu²⁴i³³li⁴⁵sʅ³³xɤɯ³⁵

语哟，把 他， 嗳， 勾　 上　 了 魂儿。渴 咾， 趁　 他 不 注 意哩时 候

tɤɯ²¹xo³⁵liɑɯ⁴⁵lɛ²¹ ɕi³⁵su³⁵sɛn⁵⁵li⁴⁵ɕyɛ³⁵io⁴², xai²⁴sʅ⁴⁵xɛ⁴⁵to³⁵zɛn³¹. lɛ²⁴ ko³³tʰiɛ³³so⁵⁵fɛn³¹la³³,

斗゠ 喝 了 勒゠些书 生 哩血 哟，害 死 嘿゠多 人。 勒゠个 铁 索 坟 呢，

lɛ²⁴ ko³³y⁴⁵iɑɯ⁵⁵,lɛ²¹ ɕi³⁵lɑɯ⁴⁵pɛ³¹ɕiɛn³³,tsʰɛn³³tɕiɛn³⁵tɤɯ³⁵liɛn³³tʰiɛn³⁵xan⁴⁵ti³³,　 zu³³ko⁴²la⁴⁵

勒゠个 女妖， 勒゠些 老 百 姓， 曾 经 都 连 天 喊 地①，如果 哪

ko³³lɛn³¹pa⁴⁵la²⁴ko³³iɑɯ³⁵kuai²⁴tsɛn²⁴tɑɯ⁴², tɕiɤɯ²¹sʅ³⁵ŋo⁴⁵mɛn⁵⁵tʰiɛn³⁵ɕia³³pɛ³³ɕiɛn³³li⁴⁵i³¹ta²⁴

个 能 把 那 个 妖 怪 镇 倒， 就　 是 我 们 天 下 百 姓 哩一 大

ɕiɛn²⁴yɛn³³.xɛ⁴⁵³, fu³⁵zan³¹iɤɯ⁴⁵i³³tʰiɛn³⁵, i³³ko³³iɛn³⁵iɑŋ³¹ko²⁴lai³¹, ko²⁴lai³¹ko³³tsʰʅ⁴⁵ti³³. xɛ⁴⁵³,

缘 运。嗨， 忽 然 有 一 天， 一个 阴 阳② 过 来，过 来 过 此 地。嗨，

lɛ²⁴ tʰiɛn²⁴so³¹iɤɯ⁴⁵ko³³tʰiɛ³³so⁵⁵fɛn³¹. tʰa³⁵tɕiɤɯ²⁴tsai³³lɛ²⁴ li⁴⁵fa²¹⁴, tsu²⁴lɑɯ⁴⁵i³³tɑɯ³³tɕi²¹⁴,

勒゠听 说 有 个 铁 索 坟。他 就　 在 勒゠里 画， 做 咾 一 道 祭，

tɕi²⁴y⁴², tɕi²⁴uɛn³¹.pa⁴⁵iɛn²⁴sɑŋ³³lɑɯ⁴⁵tsɤɯ²⁴y⁴², pa⁴⁵lɛ²⁴ ko³³tʰiɛ³³so⁵⁵fɛn³¹ɕiaŋ⁴⁵tɕiɛn³³liɑɯ⁴⁵

祭 语，祭 文。 把 念 上 咾 咒 语，把 勒゠个 铁 索 坟 想 尽 了

i³³tɕʰiɛ²¹⁴pan²⁴fa³¹. sʅ⁴⁵tɕʰi⁴⁵lɛ²⁴ ko³³iɑɯ³⁵kuai³³a³³tsai²⁴iɛ⁴⁵pu³³lai³¹tsʰan³³xai³³pɛ³³ɕiɛn³³xo³¹

一切　 办 法。使 起 勒゠个 妖 怪 啊再 也 不 来 残 害 百 姓 和

lɛ²¹ ɕi³⁵su³⁵sɛn⁵⁵liɑɯ⁴², ɕiɛn³³zɛn³¹liɑɯ⁴². tʰa³⁵tɕiɤɯ²⁴tsai³³lɛ²⁴ ko³³tʰiɛ³³so⁵⁵fɛn³¹sɑŋ³³fa²⁴lɑɯ⁴⁵

勒゠些书 生 了， 行 人 了。他 就　 在 勒゠个 铁 索 坟 上 画咾

i³³tɑɯ²¹⁴fu³¹, tiɛn²⁴lɑɯ⁴⁵i³³ko³³tʰiɛ³³tiɛn³⁵, pa⁴⁵lɛ²⁴ ko³³fɛn³¹tɕiɤɯ²⁴lɛ²¹ mɛn⁵⁵so⁴⁵tsu³³liɑɯ⁴².

一道 符，钉 咾 一个 铁 钉，把 勒゠个 坟 就　 勒゠们 锁 住 了。

tsʰoŋ³³tsʰʅ⁴⁵i⁴⁵xɤɯ²¹⁴, tsai²⁴iɛ⁴⁵mɛi³⁵tɛ³¹iɑɯ³⁵kuai³³tsai²⁴loŋ³³to³⁵san³⁵tsʰu³³ɕiɛn³³liɑɯ⁴². ta²¹tɕia³⁵

从　 此 以后， 再 也 没 得 妖 怪 在 龙 多 山 出 现 了。大 家

iɛ⁴⁵xɛ⁴⁵pʰiɛn³³tɕiɛn³³liɑɯ⁴². so⁴⁵i⁴²so³¹zɛn³³mɛn³⁵tɤɯ³⁵tsʰɛn³⁵uɛi³¹lɛ²¹ sʅ³⁵ "tʰiɛ³³so⁵⁵fɛn³¹".

也 嘿゠平　 静 了。 所 以 说 人 们 都 称 为 勒゠是 "铁 索 坟"。

so⁴⁵i⁴⁵so³¹a³³, loŋ³¹to³⁵san³⁵li⁴⁵ku²⁴sʅ³³a³³sʅ³⁵xɛ⁴⁵to³⁵, tɕiɛn⁴⁵tiɛn⁴⁵iɛ⁴⁵xɛn⁴⁵to³⁵. taŋ³⁵zan³¹,

所 以 说 啊，龙 多 山 哩故 事 啊是 嘿゠多， 景　 点 也很 多。当 然，

---

① 连天喊地：哭天喊地，叫苦连天。

② 阴阳：风水先生。

ŋo⁴⁵ti⁴⁵tɕi²⁴i³¹tsoŋ³⁵, tsɿ⁴⁵lɛn³¹tɕiɛn³⁵tʰiɛn⁵⁵la³³tsan²⁴sɿ³¹pʰiɑu⁴⁵pʰi³¹ti⁴⁵kɑu²⁴su³³liɑu⁴⁵ta²¹tɕia³⁵
我 的 记 忆 中， 只 能 今 天 呢暂 时 瞟⁼ 皮①地 告 诉 了 大 家

i³³ɕi³⁵, i³¹pu²⁴fɛn³³. ɕi³⁵uaŋ³³ŋa³³, iɤu⁴⁵tɕi³⁵fɛi³³, fan³⁵iɛn³¹ko³³uɛi²¹⁴pʰoŋ³³iɤu⁴²tɑu²⁴ŋo⁴⁵mɛn⁵⁵
一 些、一 部 分。 希 望 啊， 有 机 会， 欢 迎 各 位 朋 友 到 我 们

loŋ³³to³⁵san³⁵lai³¹kuan³⁵kuɑŋ⁵⁵ly⁴⁵iɤu³¹.kʰan²⁴i³¹kʰan²¹⁴miɛn³³sɛn³³ku⁴⁵tɕi³¹, kʰan²⁴i³¹kʰan²¹⁴ŋo⁴⁵
龙 多 山 来 观 光 旅游。看 一 看 名 胜 古 迹， 看 一 看 我

mɛn⁵⁵loŋ³³to³⁵san³⁵li⁴⁵xoŋ³⁵suɛi⁴⁵pɑu⁴⁵ti³³. tɑu²⁴la²⁴ko³³sɿ³³xɤu³⁵a³³, ŋo⁴⁵mɛn⁵⁵tsai²⁴tsɛn²⁴
们 龙 多 山 哩风 水 宝 地。到 那 个 时 候 啊，我 们 再 正

tɕʰio³¹ʐɛn²⁴ʐɛn³³tsɛn⁵⁵tsɛn⁵⁵li⁴⁵kɛn³⁵ta²¹tɕia³⁵tɕiai⁴⁵sɿ³¹loŋ³³to³⁵san³⁵li⁴⁵ɕiaŋ³³ɕi³³ku²⁴sɿ³³. tɕiɛn³⁵
确 认 认 真 真 哩跟 大 家 解 释龙 多 山 哩详 细 故 事。今

tʰiɛn⁵⁵la³³, ŋo⁴⁵tɤu³³tsan²⁴sɿ³¹kaŋ⁴⁵tɑu⁴⁵ko⁴⁵li⁵⁵.
天 呢，我 斗⁼暂 时 讲 倒 简 里。

（唐昌平讲述，2016年10月14日）

---

① 瞟⁼皮：表面，浅显。前字疑似是发音人将"表"[piɑu⁴⁵³]口误念成送气音所致。

# 参考文献

陈　晖 2006《湘方言语音研究》，长沙：湖南师范大学出版社。

陈　晖 2019《湖南泸溪乡话》，北京：商务印书馆。

陈凌川 2010 广汉市"小汉话"语音研究，四川师范大学硕士学位论文。

陈荣泽 2006 宜宾（白花镇）方音研究，西北大学硕士学位论文。

崔荣昌 1985 四川方言的形成，《方言》第1期。

崔荣昌、李锡梅 1986 四川境内的"老湖广话"，《方言》第3期。

崔荣昌 1987 四川方言的类别，《文史杂志》第1期。

崔荣昌 1988 四川乐至县"靖州腔"音系，《方言》第1期。

崔荣昌 1989 四川达县"长沙话"记略，《方言》第1期。

崔荣昌 1993 四川湘语记略，《方言》第4期。

崔荣昌 1996a《四川境内的湘方言》，台北："中研院"历史语言研究所。

崔荣昌 1996b《四川方言与巴蜀文化》，成都：四川大学出版社。

国家统计局农村社会经济调查司 2020《中国县域统计年鉴（乡镇卷）—2019》，北京：中国统计出版社。

韩子京 1999 四川营山县"安化腔"与其祖籍方言音系的对比研究，《重庆广播电视大学学报》第4期。

韩子京 2000 四川石湾话和湖南温塘话声调比较——一种方言从原籍到移民地后的演变轨迹，《重庆师院学报》（哲学社会科学版）第2期。

何大安 1990 方言接触与语言层次——以达县长沙话三类去声为例，"中研院"《历史语言研究所集刊》第六十一本，第4分册。

贺凯林 1999《溆浦方言研究》，长沙：湖南教育出版社。

霍伟丽 2016 四川达州市安仁乡"长沙话"语音研究，西南大学硕士学位论文。

教育部语言文字信息管理司、中国语言资源保护研究中心 2016《中国语言资源调查手册·汉语方言》，北京：商务印书馆。

李　琴 2010 宜宾大坪方音研究，西南大学硕士学位论文。

梁三姗 2016 四川金堂湘语语音研究，西南大学硕士学位论文。

廖　强 2003 达县大树乡方言"呱"的用法分析，《达县师范高等专科学校学报》第1期。

刘海燕、黄丹 2007 重庆潼南龙形土话探略，《重庆文理学院学报》（社会科学版）第2期。

刘　萍 2016 开江"永州腔"语音调查研究，西南交通大学硕士学位论文。

刘宗艳、罗昕如 2013 湘黔"酸汤话"与四川"靖州腔"，《湖南科技学院学报》第10期。

卢小群 2007《湘语语法研究》，北京：中央民族大学出版社。

罗昕如 2004《湘南土话词汇研究》，北京：中国社会科学出版社。

罗昕如 2006《湘方言词汇研究》，长沙：湖南师范大学出版社。

罗昕如 2022《中国语言文化典藏·新化》，北京：商务印书馆。

孟小湲、刘海燕 2010 龙形土话中的亲属称谓与当地风俗文化论略，《重庆文理学院学报》（社会科学版）第6期。

欧雪雪 2019 四川营山安化湘语语法研究，西南大学硕士学位论文。

彭春林 2008 四川乐至方言中的"咖"，《现代语文》（语言研究版）第7期。

彭建国 2010《湘语音韵历史层次研究》，长沙：湖南大学出版社。

彭金祥 2005 达县安仁长沙话调查记要，《达县师范高等专科学校学报》第6期。

瞿建慧 2010《湘语辰溆片语音研究》，北京：中国社会科学出版社。

饶冬梅 2006 浅析德阳黄许话中的"咖"字，《四川理工学院学报》（社会科学版）第6期。

饶冬梅 2007 四川德阳黄许话音系调查研究，四川师范大学硕士学位论文。

饶冬梅 2015a 四川德阳黄许镇湘方言岛的代词系统，《方言语法论丛》第六辑。

饶冬梅 2015b 四川中江话非晓组字演化分析，《语言历史论丛》第八辑。

孙红举 2014 论汉语合音现象的研究，《西南大学学报》（社会科学版）第1期。

孙红举、顾军霞 2022 重庆潼南龙形镇湘语的音韵特点，《区域文化与文学研究集刊》第十二辑。

孙红举 2023a 重庆潼南（龙形）湘语同音字汇，《方言》第2期。

孙红举 2023b 重庆潼南（龙形）湘语的疑问句，《后学衡》第七辑。

王　力 1985《中国现代语法》，北京：商务印书馆。

王春玲 2019 四川湘语古全浊声母今读音考察，《绵阳师范学院学报》第12期。

吴立友 2001 重庆开县话语音记略，四川师范大学硕士学位论文。

吴　萍 2005 四川仪陇（新城）"永州话"语音词汇研究，湖南师范大学硕士学位论文。

吴伟军 2019《贵州晴隆长流喇叭苗人话》，北京：商务印书馆。

杨荣华 2006 四川安岳大平话音系研究，四川师范大学硕士学位论文。

杨荣华 2007 四川安岳"辰州话"记略，《西华师范大学学报》（哲学社会科学版）第5期。

杨荣华 2010 语言认同与方言濒危：以辰州话方言岛为例，《语言科学》第4期。

杨　雪 2019 四川南充"长乐话"研究，西华师范大学硕士学位论文。

尹　蔚 2005 四川达县新胜"长沙话"语音研究，湖南师范大学硕士学位论文。

尹　蔚 2006 四川达县新胜"长沙话"与湘语的比较，《株洲师范高等专科学校学报》
第6期。

曾晓舸 2000 四川岳池顾县话的音系，《四川师范学院学报》（哲学社会科学版）第2期。

曾晓舸 2001 四川岳池顾县话的词汇，《四川师范学院学报》（哲学社会科学版）第3期。

曾晓舸 2003 四川岳池顾县话的语法，《四川师范学院学报》（哲学社会科学版）第3期。

曾晓舸 2009《南充方言研究》，成都：四川人民出版社。

曾晓渝 1996《重庆方言词解》，重庆：西南师范大学出版社。

张　健 2013《潼南方言歌谣》，北京：中国文联出版社。

张一舟 1987 从中兴话古全浊声母字的读音看全浊声母的演变，《四川大学学报》（哲
学社会科学版）第1期。

赵　涵 2020 四川安岳辰州话语法研究，西南大学硕士学位论文。

赵　迎 2016 方言接触视角下的四川湘方言体貌范畴研究，西南大学硕士学位论文。

郑　伟 2008 达县安仁乡"长沙话"帮系、知系声母与中古音之比较，《科教文汇》（中
旬刊）第10期。

中国社会科学院语言研究所 2016《方言调查字表》（修订本），北京：商务印书馆。

中国社会科学院语言研究所方言研究室资料室 2003 汉语方言词语调查条目表，《方
言》第1期。

左福光 1995 四川省宜宾王场方言记略，《方言》第1期。

# 调查手记

　　第一次去潼南龙形镇进行调查是在 2015 年 12 月 20 日，当时主要是为了探查刘海燕、黄丹《重庆潼南龙形土话探略》一文所称作的"龙形土话"或"神州话"的情况，进一步明确它的方言归属和大致的音韵特点。当天上午，我来到潼南区教委，向语委办说明来意，时任主任的李淑芬女士就安排语委办干部陆德生老师开车带我来到龙形镇。当时找了一位在镇上敬老院看门的老大爷和一位修摩托车的小伙子来了解情况，主要调查了《中国语言资源调查手册·汉语方言》中"一 音系"声调、声母和韵母调查例字的读音情况。通过调查，我们认识到"龙形土话"就是一种湘语，而且当地湘语入声字的声调归派比较特殊和"混乱"。随后向北京语言大学赵日新教授回复重庆市内方言岛的情况时，报告了潼南湘语在语音、词汇和语法方面最典型的一些特征。没想到这一次调查之后，我与潼南湘语结下了不解之缘。

　　2016 年三四月份，在赵日新教授的举荐下，我非常荣幸地获批主持"濒危汉语方言调查·重庆潼南龙形镇湘语"的研究工作。6 月上旬，赵老师带领着濒危汉语方言调查团队中各子课题的负责人，在安徽南陵对当地湘语方言岛的语言面貌进行调查指导。由于我当时正在香港科技大学朱晓农、孙景涛、张敏老师处访学，便又临时返回，同李姣雷、徐建、阳蓉、赵晓阳、张健等一起，在赵老师的指导下进行了为期一周左右的调查。合适的发音人是确保调查能够顺利进行和成功的重要基础。6 月底，我从香港科技大学访学回来后，就积极通过潼南区教委和语委办，物色合适的发音人。7 月中下旬，在潼南区语委办和龙形镇政府的支持下，通过潼南本地人，也是我的同事田义贵教授和龙形镇政府时任宣传干事的刘霞英女士的热情帮助，并在重庆市语委办时任干部的邱小红女士的亲自参与下，我们几番周折之后终于筛选到了参与濒危语言项目前期调查阶段的发音人——老男唐昌平、老女杨秋平、青男周雪进、青女邹红梅、地普3发音人唐当等。

重庆的夏天，异常酷热。2016年8月8日，赵日新老师刚一结束当年在绵阳举办的汉语方言调查高级研修班的授课任务，就冒着酷暑来到潼南，亲自带着我到龙形镇进行了为期两天的现场记音指导，基本确定了当地湘语的音系和连读变调情况。

新学期开学后，趁着新生军训，还没正式开始上课，9月12日至20日，我就又赴潼南区，以《中国语言资源调查手册·汉语方言》为调查工具，完成了《手册》中老男发音人的音系、单字音、词汇、语法和口头文化部分的调查，以及青男发音人音系和单字音的调查。

因龙形镇没有合适的住宿条件，调查在潼南区交通宾馆进行，发音人每天骑摩托车往返于龙形镇和县城之间，单边距离6公里左右。在调查老男和青男发音人的过程中，发现老男发音人总体上来讲所保留的湘语特点要多于青男；但在日母字声母的读音上，老男发音人多读[z]，青男则多读[l]，后来发现读[l]才是当地湘语原来常见的读法。当时就在调查日志中感慨："每个发音人或许都并非完美无缺，关键是看你如何处理和深挖。方言特征在城市化进程中的极速磨损靠个人样本很难完全将其过程揭示和描述出来。越来越感觉有些方言特征是分散地呈现在一个群体中不同的个体上的。"临近摄录时，跟青男发音人联系，他已外出打工，不能再配合下一阶段的工作，无奈只能另请时任民主小学副校长的石志国

赵日新教授在龙形镇指导调查工作　龙形镇政府/2016.08.08/吴伟军　摄

担任青男发音人，并重新进行了音系和单字音部分的调查。摄录工作于2016年10月1日至15日分两次进行并完成，摄录地点在西南大学网络与继续教育学院专用录课室。我们先将发音人唐昌平请到西南大学进行单字音、词汇、语法条目和口头文化等的摄录工作，然后又在潼南区语委办陆德生老师的协助下，亲自开车将杨秋平、石志国、邹红梅等另外几位发音人带到西南大学进行相应内容的摄录。原本计划国庆节期间完成摄录工作，但由于摄录时强烈灯光的刺激、要求的严格，再加上高强度的工作和其他原因，唐昌平老人在最后关头中断了摄录工作。一周后，发音人唐昌平又主动联系我，说可以继续摄录了。这次跟他一起来的还有地普3的发音人——龙形镇檬子小学教师唐当。老男发音人这次到来时，特意带了一壶10斤他自酿的并且已经存放了多年的粮食酒，以向他上次中断摄录工作表示歉意。濒危汉语方言调查第一阶段的任务，即《中国语言资源调查手册·汉语方言》的纸笔调查和音像摄录工作，在10月中旬全部完成，并于2018年年初，完成了语料的整理工作并上报语保中心通过验收。

　　2016年至2017年，在承担繁重教学任务的同时，我还承担了语保工程潼南县城点和石柱点的调研工作，同时，还参加了多个省份语保工程语料的中期检查、预验收或验收工作，因此，潼南湘语第二阶段的调研工作从2018年才正式开始。因第一阶段的发音人

摄录工作现场　　重庆北碚西南大学 /2016.10.04/ 叶天喜 摄

唐昌平没有空闲时间，不能继续参与后面的调研工作，我们必须寻找新的老男发音人。2018年2月4日，我再次来到潼南区，麻烦石志国副校长协助我们继续寻找新的发音人。几番周折过后，最终选定龙形镇池坝村卿家垄时年75岁的老支书周少全作为发音人，并在接下来的一星期中完成了《方言调查字表》中单字的记音工作。这期间，在发音人家里过了小年，并且参加了发音人家族的团聚会，品味到了当地多种特色美食，也体验到了当地的过年习俗，更感受到了当地村民的热情好客。春季学期开学后，基本每周完成教学任务后，我都会利用剩余时间到发音人家里调查。为把尽可能多的时间留给调查，常常一完成教学任务就坐晚上最后一趟动车去潼南，周日晚上又乘坐最末一趟动车返回市内。7月份以前，调查时住在县城的交通宾馆或新星宾馆，每天早晨乘坐半个多小时的乡村小巴士到发音人家里，傍晚又乘最后一班车回到县城，回到县城时常常天已漆黑。

7月开始，由于当地修路，龙形镇通往调查点池坝村的公路被挖，交通中断，无奈只好先坐车到龙形镇上，再步行或搭摩托车前往调查点，这导致我们的出行和调查异常艰辛。不下雨的时候，还能遇上个摩托车，接受高价绕行其他的小路过去；下雨的时候，基本没有摩托跑载客业务，我们不得不踩着满是泥浆的道路步行四五公里到发音人家里，很是辛苦和不便。遇上下雨天，"路"上全是新挖泥土所形成的泥浆，没有一块儿可以下脚的地方，只能踩着泥浆前行。后来，我跟发音人商量能否吃住在他们那里，发音人夫妇见我来回路上也实在太过辛劳，就欣然同意了。这样，我每去一次，可以在发音人家里一连待上几天，少却了不少往返的辛苦。周末从发音人家里去潼南县城坐火车时，由于原来的道路实在难走，发音人的儿子周永生总是主动提出送我，每次他都用小三轮载着我绕行很远的田间小道先把我送到镇上，我再搭乘古溪镇的公交车返回县城，周永生则在夜幕中打着手电筒开着小三轮再次绕行很远返回家中。每个周末从潼南龙形镇返回学校时，满腿和满脚全是泥巴，我常打趣说我这是"泥腿子走田野""泥腿子进城"。曾经多次在行进的路途中感慨调查的不易，既体会到了做一些事情时的"困厄"感，又感觉到做方言语保人的"雄壮"。这样，经过近三十次的往返奔波，2019年春节前基本完成了全部的调查任务。

调查的过程中辛劳、兴奋和感慨交织。调查时发音人年事已高，加上又患有高血压，不能太过劳累，每次调查的时间不能太久，但调查任务的紧迫和调查中费尽心思的询问也常常使我在结束每次调查时疲惫不堪。作为非母语调查人，我生怕错失任何一个方言词语或特殊发音，我常常利用发音人同家里人的聊天捕捉一些特殊词汇，将田野里各种不同的植物拔回去询问它们在方言中的叫法。调查时发现一些独特的语言现象时，常常如获珍宝，兴奋不已。获知本地把"孩"读为声母腭化的[ɕiai³¹]、反复问句可以通过谓词重叠形式来表示时，那种兴奋和获得感是实实在在的。调查中，也常常为当地湘语特征的逐渐消亡而感慨。发音人常常提到有些符合湘语特点的读音和说法小时候听到过，但现在已有了其他读音或说法。比如，古全浊声母平声字今逢塞音和塞擦音时已有不少字有送气声母的读音；"吹、虽、水、随"等字的读音存在"支微入鱼"的现象，但[y]韵母的读音今天仅在个别词语中残存；"行"表走的用法已较少使用；第三人称代词已出现了"他、他之ᵗ"等官话或与官话杂糅的说法，等等。我常常感慨，人们若能够早几十年来调查记录，那该多好！当一种方言的特征在受到各种磨损或逐渐消失时，特别是年轻一代已较少使用或不使用当地方言进行交际的时候，它最终消亡的命运似乎也难以避免。面对这种情况，我常常心生危急之感，深感到自己调研工作的重要性、紧迫性，意识到自己作为方言工作者的责任。于是，在调查时总想问出、记出当地尽可能多的方言说法，以忠实地记录潼南湘语的情况。

2021年8月18日至27日，酷暑中，我再次来到潼南区龙形镇池坝村卿家垄，花了近半个月的时间，对同音字表、某些方言词语的说法等进行了核查和补充调查。再次来到这里的时候，宽敞平整的水泥路早已修好，从县城到发音人的家里坐车十几分钟便可到达。高兴之余，更多的是担忧：当地活态湘语的存在顶多也还有几十年的时间吧。之后，在书稿的修改和完善过程中，又多次通过打电话的方式向周少全、石志国、唐当等几位发音人电话核实有些词语的说法或读音。

语料整理以及书稿的撰写和修改也是一个漫长且艰难的过程。在这个过程中我还同时承担着《中国语言资源集·重庆》相关书稿语料的审核、校订、修改和编写工作以及"重庆语言资源（方言）平台语言资料的采集和审定"课题的调研任务。从2019年到现在，我基本上过着没有周末、没有假期的生活，很少有休息时间，更少有时间陪爱人和孩子们，每想到此，心里便觉惭愧和遗憾。母亲因中风留下一侧肢体活动不便的后遗症后，全靠父亲一人在老家照顾，自己不能常回家看望，更不能侍奉左右，心里常常无限愧疚。

但是，当想着自己博士刚毕业便能够参与到世界上目前规模巨大的语言资源保护项目，能够与时代同频振动，亲身参与到国家的大事件、大工程中，想着自己通过参与工程项目，个人所获得的众多锻炼与成长时，感觉自己又无比荣幸。这本30多万字的记录潼南湘语语音、词汇、语法和口头文化面貌的书稿即将付梓出版，当想着它能够为后世留下一点儿潼南湘语在历史的长河中曾经所存在过的雪泥鸿爪时，自己作为一个方言工作者，又甚感欣慰。

孙红举

2019年11月12日初稿写于学苑

2021年8月26日改于学苑

2022年4月19日深夜再改于雅舍

2022年7月7日深夜再改于雅舍

2022年11月20日深夜再改于雅舍

2023年11月26日改于雅舍

2024年4月8日改定于雨僧楼

# 后　记

重庆潼南湘语的调研工作终于告一段落。从2016年至今，八个年头已经过去了，从对当地方言只有只言片语的了解，到如今这种方言很多神秘的面纱逐渐被揭开，并形成三十余万字的书稿。悠悠八载余，调查途中的各种奔波和困难，调查以及整理过程中所遇到的各种疑难问题和挫折，书稿修改过程中由于时间紧迫所造成的压力感和删减内容时的艰难抉择……一路走来所经历的各种酸甜苦辣，很多情景历历在目，但不少细节也变得逐渐模糊。随着这部书稿的即将交付出版，我五味杂陈的同时，也如释重负，潼南湘语的调研工作终于可以暂时画上一个小小的句号。在这部书稿的最后，想表达最多的是我的感谢之情。

首先要特别感谢的是我的博士生导师邢向东先生。邢老师将我引进了方言研究的大门，使我掌握了方言调查和研究的基本技能和本领，这样我才有机会承担后来的研究课题。求学时，耳濡目染了邢老师进行方言调查、从事方言研究时的严谨和认真，这对我日后调查和研究品格的形成有着极大的影响。博士一毕业，邢老师就推荐我参与到了"中国语言资源保护工程"中来，给了我锻炼和成长的重要机会。这些年，无论在工作上，还是生活上，邢老师都给了我以及整个小家庭很多的关心和指导、帮助。在调查和研究遇到问题时，邢老师也总能帮我答疑解惑，指点迷津。至今还清晰记得在广州街头一起散步时，邢老师帮我分析潼南湘语中两种不以语音为条件的特殊变调现象的场景。书稿的写作和修改过程中，邢老师总勉励我要抓紧时间，高质量地好好写作和修改；另一方面，当邢老师了解到我近些年所担负的语保任务较重时，又总提醒我要多注意身体。同时，还要感谢已经故去的我的硕士研究生导师何洪峰教授，我所接受的学术的启蒙、熏陶和滋养是从何老师这里开始的，何老师的指导和关心使我开始一步步地成长，何老师的为人为学也将一直启迪我前行。如果说这些年我个人能有一点点的进步和成长，可以说全得益于两位老师一直以来的教导和帮助。

承担"濒危汉语方言调查·重庆潼南龙形镇湘语"的课题，还要特别感谢这个课题组的总负责人赵日新教授。感谢赵老师的信任，举荐我承担如此有分量的课题的调查研究工作。2016年暑假，赵老师冒着酷暑带着我到潼南区龙形镇进行现场记音指导，帮助厘清了当地湘语的一些方音特点，为后面调查的顺利进行奠定了重要基础，也为后面的调研工作提供了"定心丸"。在课题推进和实施过程中，赵老师多次鞭策和鼓励我，并在书稿修改过程提出了很多重要而又具体的修改意见和建议。可以说，正是有了赵老师一路的"保驾护航"，我才能顺利地完成该课题的调研工作。

田野调查工作的开展首先得有合适的发音人，在遴选发音人的过程中有很多人提供过帮助。感谢时任重庆市语委办干部的邱小红老师，她亲力亲为，积极与地方语委办进行对接，并陪我到龙形镇遴选合适的发音人。感谢潼南区语委办时任主任的李淑芬女士以及陆德生老师，积极协调龙形镇政府相关部门征选发音人，调研中陆德生老师还多次驾车提供了交通便利。感谢时任龙形镇政府宣传干事的刘霞英女士的积极宣传，帮忙联系了多位候选发音人。感谢我的同事田义贵教授，当我寻求身为潼南人的田老师帮忙时，他没有半句推辞，主动约我并亲自开车陪我到龙形镇进行考察，介绍当地的朋友给我认识。感谢时任龙形镇民主小学副校长的石志国老师，从寻找发音人到调查时提供各种便利，再到后期协助核查语料和补拍相关照片，都多亏了他的帮忙。

调查过程中如果没有发音人的大力支持和配合，调研工作是不可能完成的。感谢老男发音人龙形镇经堂村的老支书唐昌平、老女发音人龙形镇红岩村的杨秋平、青女发音人龙形镇经堂村的邹红梅、青男发音人时任龙形镇池坝村民主小学的副校长石志国、地普发音人龙形镇檬子小学的教师唐当，在他们的全力配合下，我顺利完成了第一阶段的调研任务。还要感谢西南大学文学院汉语国际教育专业2014级的高瑾瑜、李欣雨、张帆、刘容良等几位同学，他们协助完成了摄录工作，并对前期调查的部分语料进行了核对。

后期长时间的语料调查和核查工作多亏了龙形镇池坝村老支书周少全老人的理解和配合。在调查中，老人家总是不厌其烦地回答我的各种问题，尽量满足我对调查时间方面的要求，而且在生活上也极力关照我，尤其是在我吃住在发音人家里的那段时间里。每次调查完要离开的时候，老人总要为我或孩子准备好各种乡村土货，腊肉、土鸡蛋、柚子、李子、红苕粉……常常使我深深地体会到老人家的深情厚谊！发音人的儿子周永生在每一个周末的傍晚，开着小三轮沿着曲曲折折的田间小道将我送到镇上，使我免受了长途的跋涉和道路上的泥泞。

调查过程中，时任潼南区交通局副局长彭鹏、时任潼南区政府办主任和行政服务中心主任张晏、时任潼南区政府办干部米源、时任潼南区龙形镇人民政府镇长蒋亮、时任潼南区龙形镇纪委书记何艾林、潼南区实验幼儿园教师万俊淑等人在交通、住宿和生活等多方面提供了便利和帮助。时任潼南区广播电视台影视部副主任田炆鑫惠赠了大幅的标注详细的潼南区地图。潼南区民间文化爱好者张建惠赠了他自己编写的相关方言资料。一并向各位表示感谢。

感谢罗昕如和陈晖老师在书稿修改过程中所提出的中肯的修改意见和建议。也感谢张振兴、曹志耘、沈明、刘祥柏、谢留文、张树铮、王临惠、莫超、黑维强、庄初升、罗昕如、严修鸿、林亦、辛永芬、陈晖、陈立中等众多专家学者在过去几年语保工作中所给予的帮助和指导。感谢豫籍前辈学者李宇明、郭熙、杨永龙等先生们的关心和帮助。感谢张世方、王莉宁、黄晓东、黄拾全、孙林嘉等语保"悍将"们在过去这些年的支持和信任。写作过程中,同门吴伟军师妹多次传授经验,瞿建慧和高峰师姐也多次鼓励,2019级研究生文瑶协助进行了资料的搜集工作。一并向他们致谢。

感谢西南大学外国语学院文旭教授的诸多帮助,在跟着文老师做博后研究工作的这几年里,个人因语保工作影响了博士后研究工作的进度,文老师给予了充分的理解和支持。同时,感谢众多文门雅士的各种关心和鼓励。

还要感谢中国语言资源保护研究中心在总体上所给予的指导,感谢重庆市语言工作委员会的大力支持,感谢这期间重庆市前后两任语委主任夏蒂和蔡理的重托和信任,感谢重庆市语委时任干部邱小红、陈芳芳、贾宇涵、姚瑶、黄艺等老师的帮助和各方面的协调工作。

本书及"中国濒危语言志"系列丛书的出版,离不开教育部语信司领导的高度重视,离不开商务印书馆的大力支持。这部书的出版还要特别感谢商务印书馆的编辑郑佐之。作为本书的责任编辑,郑佐之老师做工作一丝不苟,在书稿多次的修改过程中指出了不少内容表达、格式规范等方面的问题,对书稿的最终完善付出了不少心血。可以说,没有郑编辑的严格把关,本书也难以与读者见面。

最后,我要特别感谢我的家人们。首先感谢我的爱人,从2015年参加语保工程到现在,这期间她开始读博并获取博士学位,生育了二宝,既要负责"团团缘缘"组合的教育任务,还要承担家里繁杂的家务,但她却任劳任怨,从不计较!同时要感谢父母对我的宽容、理解和关心。二宝出生前后的近两年的时间里,多亏有他们"搭把手",否则,情况真是难以想象。母亲生病后,日常生活和家里的一切全靠老父亲一人支撑,他们从未抱怨过我的迟迟未归,而给予我的温暖却从未减少。感谢两个乖巧懂事的孩子,没有整天闹着让我来陪,特别感谢大宝"缘缘"的理解,节假日期间在她的同学们由爸爸妈妈带着山南海北到处旅游时,她却只能跟着我一起去调查、去办公室或待在家里!

在调研和写作过程中,提供过帮助的人还有很多,恕不能一一列举。如果没有各位的帮助和支持,这部书稿是不可能完成的。现在,这部书稿即将出版,谨以此书向各位表达衷心的感谢。

　　这部书稿的出版，只能算是完成了阶段性任务，我深知潼南湘语中仍有很多问题值得将来做进一步的调查和研究。另一方面，我也深知由于时间和个人能力有限，书中一定还存在着不少疏漏和错谬之处，恳请各位专家学者和读者朋友们批评指正，以便日后进一步改进。

孙红举

2023年11月26日初稿写于雅舍

2024年4月18日改定于雨僧楼